KB071162

CHE GUEVARA
A Revolutionary Life

체 게바라 혁명가의 삶
CHE GUEVARA
A Revolutionary Life
2

Che Guevara: A Revolutionary Life

by Jon Lee Anderson

This Korean edition published by arrangement with the author c/o
The Wylie Agency (UK) Ltd through Milkwood Agency, Seoul.

이 책은 실로 꿰매어 제본하는 정통적인 사철방식으로 만들어졌습니다.
사철방식으로 제본된 책은 오랫동안 보관해도 손상되지 않습니다.

에리카를 위하여

그리고 어머니 조이 앤더슨(1928~1994)을 기억하며

2권 차례

1권 차례

1964년, 체 게바라와 피델. 피델은 동생 라울을 후계자로 삼았지만 많은 사람들은 영향력 강한 체 게바라를 그의 오른팔로 여겼다. 살라스

1959년 1월 초, 승리를 거둔 카스트로의 반군이 아바나를 향해 산타클라라를 지나가고 있다. 버트 글린 촬영, 매그넘

1959년 새해 첫날, 아바나. 바티스타가 달아났다는 뉴스를 듣고 지하 반군과 혁명 동조자들이 거리로 몰려나와 정부 정보원과 경찰 요원들을 쫓고 있다. 버트 글린 촬영, 매그넘

라카바나, 아바나 시와 항구가 내려다보이는 스페인 식민지 시절 요새이자 정부군 수비대. 체는 1959년 1월 3일에 라카바냐 요새의 사령관이 되었고 곧 바티스티아노 전쟁 범죄 용의자들의 검거 본부로 만들었다. 그 후 이곳에서 3개월 동안 55명의 죄수들이 체가 〈최고 검사〉로 참석한 혁명 재판을 받은 후 총살되었다. 살라스

1959년 1월에 체의 첫 아내 일다 가데아와 두 사람의 딸 일다 베아트리스가 아바나에 도착했다. 체는 아내에게 알레이다 마르치와 사랑에 빠졌다고 말하며 이혼을 요구했다. 일다도 이혼에 동의했지만 쿠바에 남기로 결정했다. 2월 15일에 체가 딸의 세 번째 생일 파티에 참석했다. 왼쪽 앞쪽부터 체, 일다, 〈일디타〉. 쿠바 역사 국가위원회

반군이 승리를 거둔 후 체의 부모님과 여동생 아나 마리아, 남동생 후안 마르틴이 쿠바를 방문하러 왔다. 체는 호기심에 찬 구경꾼들이 밀려드는 가운데 아바나 공항에서 가족들을 맞이했다. 왼쪽부터 아나 마리아, 셀리아 게바라, 체, 에르네스토 게바라 린치. 쿠바 역사 국가위원회

체와 딸 일디타, 안토니오 누녜스 히메네스. 지리학자였던 히메네스는 산타클라라에서 체와 합류한 다음 함께 아바나로 왔다. 체는 딸과 오랫동안 떨어져 지낸 것을 보상하기 위해 종종 사람을 보내서 라카바냐로 데려왔다. 살라스

1960년 제1회 어니스트 헤밍웨이 말린 낚시 대회에서, 상의를 벗은 체와 어머니 셀리아. 체의 어머니는 사랑하는 아들을 만나기 위해 쿠바를 여러 번 방문했지만 아버지는 아들이 살아 있을 때 두 번 다시 방문하지 않았다. 오른쪽 끝은 피델의 비서이자 절친한 친구 셀리아 산체스. 쿠바 역사 국가위원회

6월 2일에 체와 알레이다는 경호원 알베르토 카스테야노스의 라카바나 집에서 결혼식을 올렸다. 열흘 후 체는 긴 해외 순방을 떠났다. 앞줄 왼쪽부터 라울 카스트로, 빌마 에스핀, 체, 알레이다, 알베르토 카스테야노스. 쿠바 역사 국가위원회

1961년 아바나 항구에서 일하는 체. 그는 집에 거의 붙어 있지 않았다. 보통 일주일에 6일, 하루에 18시간에서 20시간 동안 일했고 일요일 아침에는 〈자발 노동〉을 하러 갔다. 〈자발 노동〉은 체가 공산주의적 헌신과 희생의 예를 직접 보여 주기 위해서 도입한 제도였다. 리보리오 노발

1960년, 체와 젊은 보좌관 오를란도 보레고가 건설 현장에서 자발 노동을 하고 있다. 체는 쿠바를 떠날 때 보레고에게 소비에트의 정치경제학에 대한 〈이단적인〉 미출간 비평을 남겼다. 살라스

체가 쿠바에 살았던 6년 동안 알레이다는 네 아이를 낳았다. 이 사진은 1965년 3월 체가 콩고로 떠나기 직전에 찍은 마지막 가족사진이다. 왼쪽부터 체와 갓 태어난 아들 에르네스토, 카밀로, 알류샤, 딸 셀리아를 무릎에 앉힌 알레이다. 쿠바 역사 국가위원회

1960년 말 처음 소련을 방문한 체는 쿠바 혁명과 〈사랑에 빠진〉 소비에트 지도자 니키타 흐루쇼프를 만났다. 이들과 동석한 인물은 KGB 〈통역사〉로 체가 멕시코시티에 지낼 때부터 알고 지내던 니콜라이 레오노프. 타스/프렌사 라티나

1960년 11월, 체와 마오쩌둥. 체는 중국이 소비에트보다 〈더 고귀한 사회주의 도덕성〉을 보여 준다고 생각했다. 체가 중국식 〈시골 지역 게릴라 전쟁〉을 서반구에 퍼뜨리려고 노력했기 때문에 크렘린은 나중에 체가 과격한 〈마오쩌둥주의자〉라고 비난했다. 프렌사 라티나

체가 아바나 공항에서 아내 알레이다와 흰 셔츠 차림의 소비에트 대사 알렉산드르 알렉세프를 만나고 있다. 1959년에 KGB 관리 알렉세프가 쿠바로 파견되었을 때 제일 먼저 찾아간 인물은 게바라였다. 알렉세프는 나중에 〈체가 사실상 소비에트-쿠바 관계를 수립한 사람이었다〉라고 말했다. 프렌사 라티나

1959년에 가말 아브델 나세르 이집트 대통령은 전 세계 신생 독립국들 최고의 〈반제국주의〉 지도자였고, 체와 그는 형제처럼 친밀한 관계를 맺는다. 그러나 나중에 체가 콩고 전쟁에 참여할 계획을 세웠을 때 나세르는 그것이 현명하지 못하다고 생각했고, 결국에는 체가 〈타잔〉 같은 인물이 되어 실패할 수밖에 없다고 경고했다. 나세르 뒤의 인물은 안와르 사다트. UPI/코르비스-베트만

1964년, 체와 알제리 지도자 벤 벨라. 두 사람은 무척 친밀한 유대감을 느꼈고 아프리카와 라틴 아메리카의 게릴라 운동 지원 작전을 함께 세웠다. AP/와이드월드포토스

전 세계 좌파 선각자들이 〈자유 쿠바〉로 몰려와서 체 게바라를 만났다. 그들 중에는 시몬 드 보부아르와 장 폴 사르트르도 있었다. 1960년에 두 사람과 체, 안토니오 히메네스(왼쪽 끝)가 만난 모습. 체 게바라가 죽은 후 사르트르는 그가 〈우리 시대의 가장 완벽한 인간〉이라고 극찬했다. 쿠바 역사 국가위원회

1964년 12월, 체가 유엔 총회에서 연설을 하면서 백인 서구 열강들이 콩고에 〈인종주의적〉으로 개입하는 것을 비난하고 있다. 몇 달 후 체는 대중의 눈앞에서 사라져 쿠바 게릴라단을 이끌고 콩고 혁명가들을 도왔다. UPI/코르비스-베트만

1962년 12월 29일, 존 F. 케네디와 그의 아내 재클린이 마이애미 경기장에서 쿠바 망명자들을 대상으로 연설을 하고 있다. 짧게 끝난 케네디의 대통령직은 쿠바와의 대립으로 그늘졌다. 존 F. 케네디 도서관 소장 사진 NO. ST-C75-2-62

1961년 8월, 우루과이 푼타델에스테에서 열린 미주기구의 경제 정상 회의에 참석한 체 게바라가 잠시 휴식을 취하며. 체가 마테 차를 마시며 빅토르 아에도 우루과이 대통령(오른쪽 흰색 모자를 쓴 인물)과 넋을 잃은 관중들에게 장황한 이야기를 늘어놓고 있다. 정상 회의에서 미국 대표단은 라틴 아메리카 원조 계획 〈진보를 위한 동맹〉을 발표했다. 이것은 공산주의 쿠바를 〈제어〉하려는 케네디 정책의 초석이었다. AP/와이드월드포토스

1963년 아바나 메이데이 퍼레이드. 쿠바 혁명의 〈3인방〉 체, 라울, 피델 카스트로. 살라스

1965년 3월 15일 아바나 공항. 체가 알제 연설에서 모스크바가 가난한 국가들의 사회주의 혁명을 확실히 지원하지 않는다고 비판하여 논란을 일으킨 후 쿠바로 돌아오자 피델과 알레이, 염소수염을 기른 〈코무니스타〉 카를로스 라파엘 로드리게스(중앙), 오스발도 도르티코스 대통령이 그를 맞이했다. 체의 도착 직후 피델은 그에게 쿠바 원정 군단을 이끌고 콩고에 가라고 제안했다. 2주일 후 체는 변장한 모습으로 쿠바를 떠났고 그 후 두 번 다시 대중 앞에 모습을 드러내지 않았다. 프렌사 라티나

위 쿠바 국립은행 총재였던 체는 쿠바의 자본주의 시대의 종말을 감독했다. 그는 새로운 쿠바 지폐에 간단하게 〈체〉라고 서명함으로써 경제계 전체에 불안한 소동을 일으켰다.

아래 체가 세상을 떠난 후 그를 기리기 위해 발행된 쿠바 지폐. 그는 〈영웅적인 게릴라〉라는 공식 칭호를 얻었다.

왼쪽 체의 모습을 담은 쿠바 우표도 발행되었다. 저자 수집품

왼쪽 1940년에 출판된 체의 게릴라 전쟁 안내서 『게릴라 전쟁』.

오른쪽 체가 1964년 3월 『쿠바 소시알리스타』지에 실은 글 「은행, 신용, 그리고 사회주의」는 쿠바의 사회주의 경제가 올바른 길로 나아가기 위한 방향을 제시하는 그의 이론적 개요를 보여 주는 일련의 연재 시리즈 가운데 일부였다. 저자 수집품

1965년 벨기에 식민지였던 콩고의 〈해방 구역〉에서 코만단테 〈타토〉로 활동한 체. 체는 게릴라 캠프에서 쿠바 전사들을 대상으로 매일 일반 문화와 프랑스어 수업을 했다. 쿠바 역사 국가위원회

체, 알레이다, 체의 경호원 아리 비예가스 타마요(《폼보》)와 그의 아내 크리스티나가 이례적으로 흥겨운 순간을 보내고 있다. 폼보는 체가 가장 믿었던 제자 중 하나로 콩고와 볼리비아에서 함께 싸웠다. 아헨시아 콘트라스토

1965년 콩고. 왼쪽부터 〈타토〉체, 쿠바 보건부 장관 호세 라몬 마차도 벤투라, 쿠바 지배 정당 통일사회혁명당 서기관 에밀리오 아라고네스 (큰 체구 때문에 〈템포〉[코끼리]라고 불렸다), 체의 친구 오스카르 페르난데스 멜(《시키》[식초]).쿠바 역사 국가위원회

1966년 11월, 체가 직접 찍은 보기 드문 사진. 게릴라 모험을 시작하기 위해 중년의 우루과이 경제학자 아돌포 메나 곤살레스로 변장하여 볼리비아에 도착한 직후 라파스의 코파카바나 호텔 특실에서 찍은 사진. 리카르도 딘도 제공

체가 볼리비아로 떠나기 전에 피델이 가장 친한 동지들과 만나는 자리에 변장한 체를 초대했는데, 동지들은 피델이 사실을 알려 주기 전까지 그를 알아보지 못했다. 쿠바 역사 국가 위원회

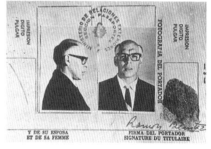

〈라몬 베니테스〉로 변장한 체의 가짜 여권 사진. 리카르도 딘도 제공

1961년, 〈타니아〉라고 알려지게 될 동독 출신 아르헨티나인 하이데 타마라 분케가 쿠바 군복 차림으로 어느 쿠바 병사와 이야기를 나누고 있다. 1964년에 쿠바 정보부는 그녀를 비밀 요원으로 볼리비아에 파견했지만 타니아는 체가 볼리비아에 도착한 후 그의 군단에 합류했고 1967년 8월 31일 매복 공격에서 죽임을 당했다. 토머스 빌하트 제공

1967년 봄, 체의 볼리비아 게릴라 기지 낭카우아수에서. 왼쪽부터 체의 아르헨티나 사절 시로 〈엘 펠라오〉 로베르토 부스토스, 페루인 후안 파블로 〈치노〉 창, 〈라몬〉이라고 불리던 체 게바라, 〈당통〉이라는 암호명을 쓰던 프랑스인 레지 드브레. 체 게바라로부터 압수한 필름, 루이스 레케 테란 장군 제공

낭카우아수 캠프에서 체와 대원들. 체의 오른쪽에서 모자를 쓰고 파이프 담배를 피우는 사람은 코만단테 차림을 흉내 낸 경호원 카를로스 코에요(〈투마〉). 왼쪽부터 알레한드로, 폼보, 우르바노, 롤란도, 체, 투마, 아르투로, 모로 혹은 〈모로고로〉. 리카르도 딘도 제공

볼리비아 게릴라 작전 당시 체는 건강이 나빠서 걸어 다닐 수 없었다. 그는 가능하면 당나귀나 말을 타고 다녔지만 그와 게릴라 대원들은 너무 굶주린 나머지 타고 다니던 가축을 도살해서 연명해야 했다. 리카르도 딘도 제공

게바라의 눈에 비친 볼리비아 농민들. 체가 모로코라는 작은 마을에서 찍은 이 사진은 고(故) 안드레스 셀리치 중령이 압수한 체의 소지품 중 하나였던 필름에 담겨 있던 것이다.
소코로 셀리치 제공

볼리비아 오지 어딘가에서 원시적인 사탕수수 기계를 밀고 있는 체. 이 사진은 지금까지 발표되지 않은 것 중 하나로, 저자가 입수한 볼리비아 장교 고(故) 안드레스 셀리치의 소유물이다. 체 게바라로부터 압수한 필름, 소코로 셀리치 제공

1967년 10월 9일, 처형당하기 몇 시간 전의 체. 옆에 서 있는 사람은 쿠바-미국 CIA 요원 펠릭스 로드리게스. 로드리게스는 사진을 찍은 직후 체에게 그가 처형될 것이라고 알려 주었다. 펠릭스 로드리게스 제공

EL FIN

.DEL "CHE"

볼리비아 정부군이 체의 게릴라단에 맞서 작전을 펼칠 때 배포했던 볼리비아 정부군 선전 소책자. 이 책자에서 체는 정부군에게 끝까지 쫓기는, 겁에 질린 돈키호테 같은 인물로 묘사되고 있다.
루이스 레케 테란 장군 제공

허세가 심했던 볼리비아 군부 대통령 레네 바리엔토스 장군(중앙)이 볼리비아 바예그란데에서 찍은 사진. 오른쪽에 선글라스를 끼고 뾰족한 장교 모자를 쓴 사람(머리만 보임)이 고(故) 안드레스 셀리치 중령이다. 셀리치는 게바라가 처형되기 전에 대화를 나누었고 체와 동지들을 바예그란데 근처에 비밀리에 매장하는 일을 맡았다. 소코로 셀리치 제공

체가 레지 드브레의 논쟁적인 책 『혁명의 혁명?』에 대해서 쓴 노트 중 한 장으로, 그가 정부군과 짧은 접전을 벌이다가 잃어버린 것이다. 필자는 이것을 비롯한 몇 페이지를 고(故) 안드레스 셀리치 중령의 미망인으로부터 입수했다.
소코로 셀리치 제공

고(故) 안드레스 셀리치 장군의 카메라에 남아 있던 사진. 체가 24시간 동안 갇혀 있다가 처형되었던 라이게라의 학교. 소코로 셀리치 제공

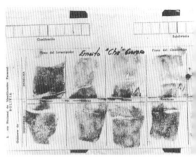

체 게바라의 시신에서 채취한 지문. 10월 10일 밤, 시신이 사라지기 전에 체의 손은 절단되어 포름알데히드가 담긴 병에 보존되었다. 그 후 지문이 채취되어 아르헨티나 감식 전문가들에게 넘겨진 다음 부에노스아이레스의 파일에 남아 있던 지문과 대조되었다. 소코로 셀리치 제공

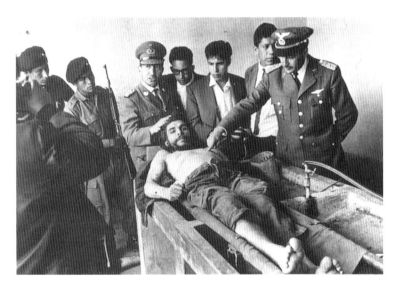

바예그란데의 누에스트로 세뇨르 데 말타 병원 세탁실에서 대중에 공개된 체의 시신을 제복을 입은 적들이 살펴보고 있다. 1967년 10월 10일. 프레디 앨보타 제공

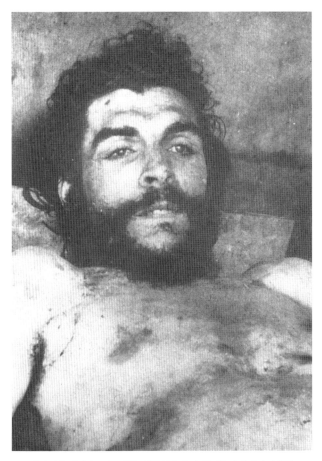

호기심 많은 민간인들과 군인들, 언론인 수백 명이 줄을 지어 체의 시신을 보러 왔다. 바예그란데 병원에서 일하던 수녀들은 체 게바라가 예수 그리스도를 닮았다고 생각했고 지역 여인들은 체의 머리카락을 잘라서 부적처럼 간직했다. 그들은 지금까지도 행운을 가져다주는 그 부적을 간직하며 죽은 자들의 날에 체의 영혼을 위해 기도한다. 리카르도 딘도 제공

1967년 10월 아바나 혁명 광장에서 열린 체의 장례식. 체 게바라는 세상을 떠난 후 곧 전 세계에서 거의 신화적인 민중 영웅의 지위를 얻었다. 그의 이미지는 포스터, 스카프, 야구 모자, 열쇠고리, 심지어는 〈체〉라는 브랜드의 시가와 맥주로 재생산되었다. 상업적 제품으로든 역사적 인물로든 전 세계를 사로잡은 체 게바라의 매력은 그가 죽은 뒤 40년이 지나도록 계속되고 있으며, 따라서 〈체 비베!(체는 살아 있다!)〉라는 1960년대의 슬로건은 어떻게 보면 진실을 이야기한 셈이다. 살라스

3부

새로운 인간 만들기

20장
최고 검사

정부 자체가 혁명적이지 않은 한 혁명법은 시행될 수 없다.
  - 루이 앙투안 레옹 드 생쥐스트,
1789년 프랑스 혁명 〈공포 시대〉 당시

총살대에 의한 처형은 쿠바 인민에게 반드시 필요할 뿐 아니라
인민이 내리는 형벌입니다.
  - 체 게바라,
1959년 2월 5일 부에노스아이레스의 루이스 파레데스 로페스에게 보낸 편지에서

1

게바라 가족은 부에노스아이레스에서 새해를 축하하다가 바티스타가 달아났다는 긴급 속보를 들었다. 미지의 인물이 〈테테〉의 편지를 전해 주며 그가 아직 살아 있다고 확인해 준 이후 정확히 2년 만에, 에르네스토를 위해 기뻐할 일이 한 번 더 생긴 것이다. 국제 통신사들은 체 게바라와 카밀로 시엔푸에고스가 이끄는 혁명 군단이 아바나로 전진하고 있다고 보도했다.

그러나 기쁨도 잠시였다. 게바라의 아버지는 이렇게 회상했다. 〈우리가 집에 모여서 바티스타의 몰락을 축하하며 축배를 들었던 잔을 손에서 내려놓기도 전에 끔찍한 소식

이 들려왔다. 에르네스토가 쿠바 수도를 점령하려고 하다가 치명적인 중상을 입었다는 소식이었다.〉 게바라 린치는 이 소식이 사실인지 알아보려고 열심히 수소문했다. 애타는 두 시간이 흐른 후에 7월 26일 운동 부에노스아이레스 대표가 전화를 걸어와 오보라고 알려 주었다. 게바라 린치는 이렇게 썼다. 〈우리는 그날 밤 에르네스토가 멀쩡히 살아서 아바나의 라카바냐 수비대를 맡았다는 소식을 듣고 기뻐하며 새해를 축하했다.〉

체와 측근들은 1월 3일 동이 트기 전 어둠 속에서 거대한 구 스페인 식민 요새에 도착했다. 체가 도착하기 전에 이미 7월 26일 운동 민병대에게 항복한 3천 명 규모의 연대는 정렬을 하고 서 있었다. 체는 정부군을 〈신식민 군대〉라고 거만하게 칭하면서 정부군은 혁명군에게 〈행군법〉을 가르쳐 주고 혁명군은 정부군에게 〈전법〉을 가르쳐 줄 수 있다고 말했다. 그런 다음 체와 알레이다는 아바나가 내려다보이는 곳에 석조 버팀벽을 대서 지은 코만단테 관저에 자리를 잡았다.

그 전날 카밀로는 도시 반대편 군사본부 캠프 콜룸비아로 가서 라몬 바르킨 대령에게서 지휘권을 넘겨받았다. 칸티요 장군은 이미 체포된 상태였다. 피델도 승리를 축하하며 산티아고에 입성했다. 그는 환호하는 군중 앞에서 연설을 하며 산티아고를 쿠바의 예비 〈수도〉로 선언하고 베네수엘라에서 비행기를 타고 온 마누엘 우루티아를 새 대통령으로 선포했다.

피델과 함께 있던 카를로스 프랑키는 체가 왜 라카바

냐로 좌천되었는지 이해할 수 없었다. 〈나는 피델이 왜 그런 명령을 내렸는지 곰곰이 생각했던 기억이 난다. 캠프 콜룸비아는 폭정의, 그리고 군사력의 심장이자 영혼이었다. ……체는 장갑열차와 산타클라라 시를 탈취했고 혁명에서 두 번째로 중요한 인물이었다. 피델이 그를 별로 중요하지 않은 라카바냐로 보낸 이유가 무엇이었을까?〉

피델이 체에게 눈에 덜 띄는 자리를 준 것은 분명 체가 주목을 받는 걸 원치 않았기 때문이었다. 패배한 바티스타 정권과 그 정권의 추종자들, 미국의 눈에 체는 끔찍한 〈국제 공산주의자〉였기 때문에 일찍부터 그에게 눈에 띄는 역할을 맡기는 것은 문제를 자초하는 것에 지나지 않았다. 반대로 잘생기고, 챙 넓은 스테트슨 카우보이모자를 쓰고, 야구를 잘 하고, 여자들과 자주 시시덕거리며 뛰어난 유머 감각을 발휘하는 카밀로는 쿠바인이었고 공산주의자로 알려지지도 않았으며 벌써부터 민중들 사이에서 큰 인기를 누리던 영웅이었다. 따라서 그가 중앙 무대를 차지할 수 있었다.

피델의 입장에서는 체가 옛 군대의 숙청이라는 불가피한 임무를 맡을 필요가 있었다. 치바토, 즉 배신자들과 바티스타 정권의 전쟁 범죄자들에게 혁명 재판을 실행함으로써 승리를 확고히 하기 위해서였다. 또 다른 급진주의자인 동생 라울이 오리엔테에 머물러야 했듯이 ─ 피델은 라울을 군사 총독으로 오리엔테에 남기고 왔다 ─ 체 역시 아바나에서 혁명 재판을 성공하기 위해 반드시 필요했다.

2

라카바냐와 바로 옆의 엘모로 요새가 아바나 항을 지키며 펼쳐진 완만한 초록빛 대지의 맨 꼭대기에서 1959년 1월에 체가 내려다본 광경은 그 몇 달 전에 출판된 그레이엄 그린의 소설 『아바나의 첩보원*Our Man in Havana*』에 그려진 풍경과 무척 비슷했을 것이다.

〈기다란 도시는 탁 트인 대서양을 따라 펼쳐져 있었다. 파도가 마세오로(路) 위로 부서지며 자동차 앞유리에 김이 서리게 했다. 귀족들이 살던 지역의 분홍색, 회색, 노랑색 기둥들은 바위처럼 부식되어 있었다. 허름한 호텔 출입구에는 고대의 문장이 뭉개져서 특징이 사라진 채 새겨져 있었고 나이트클럽의 셔터는 바다의 소금기와 습기로부터 보호하기 위해 밝고 조악한 색으로 칠해져 있었다. 서쪽으로는 신시가지의 강철 고층 건물들이 등대보다 더 높이 솟아 있었다.〉

가까이에서 본 아바나는 천박하고 흥미로운 도시였고 카지노와 나이트클럽, 사창가 들이 넘쳐났다. 포르노 영화관들도 있었고 차이나타운 상하이 극장에서는 〈수퍼맨〉이라는 남자 배우가 등장하는 라이브 섹스 쇼도 벌어졌다. 마리화나와 코카인 등 마약은 원한다면 언제든지 구할 수 있었다. 그레이엄 그린을 매료시킨 것은 아바나의 천박한 면이었고 그즈음 그린은 쿠바를 여러 번 다녀가기도 했다. 「바티스타 시절에 나는 누구든지 약이든 여자든 염소든 원하는 것은 무엇이든 마음대로 구할 수 있다는 점이 좋았습니다.」그린이 만들어 낸 주인공인 영국인 진공청소기 판매원 워몰드는 구 아바나 거리를 걸어 다니며 그린의 눈을 통해서 모든 것을 받아들였다. 〈길모퉁이마다 이방인을 대하듯 그에게《택시 있습니다!》를 외치는 남자들이 있었고, 파세오로 이어지는 길 내내 몇 미터 간격으로 포주들이 접근해서 별다른 희망도 없이 자동적으로 말을 붙였다.《좀 도와드릴까요?》《예쁜 여자들이 있습니다.》《아름다운 여성을 원하세요?》《엽서 찾으세요?》《야한 영화 보실래요?》〉

이것이 바로 체와 부하들이 산 속에서 2년 동안 대체적으로 금욕적인 생활을 한 후 돌진해 들어간 혼돈스러운 환경이었고, 이는 예상할 만한 결과를 낳았다. 체는 경호원들을 엄격하게 통제했지만 알베르토 카스테야노스가 감당하기에는 그 유혹이 너무 컸다. 「나는 경탄을 금치 못했습니다. ……난생 처음으로 수도를 접한 나는 큰 충격을 받았습니다. ……그의 지시로 나는 새벽까지 그와 함께 일했기 때문에 그 무엇도 구경할 시간이 없었습니다. 나는 밤에 도시, 특히 카바레를 구경하려고 몇 번 몰래 빠져나갔습니다. 미녀들을 그렇게나 많이 볼 수 있다는 사실이 나를 매료시켰지요.」

대기는 에로틱한 분위기로 충만했다. 게릴라들은 라카바냐의 성벽 밖으로 빠져나와 항구를 내려다보고 있는 하얀색의 거대한 그리스도 동상 아래 수풀에서 여자들을 몰래 만났다. 알레이다 마르치는 이 시절을 회상하면서 가소로운 추문에 대해 언급하듯이 눈살을 찌푸렸다. 이 혼란스러운 상황을 통제해야만 했다. 체는 반군의 공적 이미지와 내적 기강을 위해서 곧 〈공식적〉으로 결혼을 하지 않은 병사들의 합동 결혼식을 마련했다. 그는 결혼 서약을 주도할 판사를 불렀고 종교 의식을 원하는 사람들을 위해 사제도 불렀다. 불행히도 카스테야노스는 오리엔테에 약혼녀를 두고 왔기 때문에 라카바냐에서 체가 직접 주도한 결혼식에 참가하지 못한 이들 중 하나였다.

라틴 아메리카 전역에서는 쿠바의 혁명 승리가 가져온 축제 분위기에 도취할 정도까지는 아니었지만 그래도 널리 공감하는 분위기가 퍼졌다. 혁명전쟁은 대중의 관심을 사로잡았고 수많은 외국 기자들이 새로운 정권의 출범을 보도하기 위해 아바나로 몰려왔다. 체의 아버지는 이렇게 썼다. 〈부에노스아이레스에서는 모든 사람들이 그 이야기만 했다. 허공에 붕 뜬 기분이었다. 친척과 친구들이 우리에게 질문을 퍼부었고 우리는 아는 대로 전부 대답해 주었다. 그러나 사실 우리 가족의 가장 큰 관심사는 에르네스토의 생사였다. 에르네스토는 살아남았고 전쟁은 끝났다.〉

그러나 쿠바에서도 이 모든 소동의 의미를 이해하는 사람은 별로 없었다. 피델은 여전히 산티아고에 머무르며 신중하게 생각한 끝에 새로운 정권에 중도적인 간판을 내걸었다. 그러나 〈대통령〉에게는 법무부 장관 한 명만을 임명하도록 허락하고 나머지는 자신이 직접 임명함으로써 우루티아 대통령과 그와의 관계에 틀을 만들었다. 우루티아는 자신을 대통령으로 만들어 준 피델에게 감사하고 있었기 때문에 싸움을 걸지 않았다. 그렇지만 최초의 내각 명단에는 7월 26일 운동 대원 중 소수만이 올랐고 그것도 대부분 야노 출신이었다.

피델은 산티아고에서 출발하여 산을 넘고 들을 건너 천천히 아바나로 향하면서 열광하는 군중 앞에서 승리를 마음껏 즐겼다. 기자들이 피델 일행의 여정을 쫓으며 외부 세계로 특전을 보냈다. 피델은 기자들의 질문에 본인은 정치적 야망이 없다고 되풀이해서 말했다. 그는 자신이 〈우루티아 대통령〉의 명령에 따르고 있으며 앞으로의 정책을 묻는 기자들의 질문에 혁명은 〈인민의 뜻〉에 따를 것이라고 대답했다. 그러나 피델은 〈군대 총사령관〉을 맡아 달라는 우루티아 대통령의 요청을 〈승낙했다〉.

게릴라들이 가는 곳마다 민간인들이 모여들어 환호하며 소란을 피웠다. 올긴 출신의 젊은 반군 레이날도 아레나스는 당시의 분위기를 이렇게 회상했다. 〈산에서 내려온 우리는 영웅처럼 환영받았다. 올긴에서 우리 동네를 지날 때 누군가 나에게 준 7월 26일 운동 깃발을 한 블록 내내 들고 걸었다. 약간 우스꽝스러운 기분이었지만 온통 행복감이 넘치고 있었고 마을 거리거리마다 찬송가와 국가가 울려 퍼졌다. 씨앗으로 만든 사슬에 십자가상을 매단 채 반군들이 계속해서 내려왔다. 그들은 영웅이었다. 사실 반군에 가담한 지 기껏해야 네다섯 달밖에 안 된 사람들도 있었지만 도시의 여자들 대부분과 많은 남자들은 수염이 무성한 친구들을 보고 열광했다. 모두들 수염이 성성한 반군 한 명을 집으로 데려가고 싶어 안달이었다. 나는 고작 열다섯

살이었기 때문에 아직 수염이 없었다.〉*

아바나의 분위기는 흥겨운 무정부 상태와 불안이 뒤섞인 것이었다. 무장 반군 수백 명이 여러 호텔 로비에 진을 치고서 시골의 게릴라 야영지에서처럼 지냈다. 정부군은 바티스타가 달아난 후 대부분 항복을 하고 막사에 남았지만 여기저기에서 몇몇 저격병들이 여전히 저항 중이었고 달아난 경찰과 부패 정치가, 전쟁 범죄자 들을 쫓는 사냥이 계속되었다. 일부 장소에서 폭도들이 카지노와 주차 미터기 등 바티스타 부패의 상징들을 공격했지만 7월 26일 운동 시민군이 거리로 나서자 곧 통제되었다. 보이스카우트들조차 임시 경찰관처럼 활동했다. 한편 여러 대사관에는 바티스타가 급히 달아나면서 내버려 두고 간 군 장교와 경찰, 정부 관료 들이 가득 숨어 있었다.

1월 4일, 카를로스 프랑키는 천천히 전진하는 피델의 무리와 카마구에이에서 헤어져 한발 먼저 아바나로 향했다. 수도 아바나의 모습은 변해 있었다. 〈독재와 범죄의 원천이자 한때 내가 감금되어 있었던 음산한 캠프 콜롬비아는 이제 상상할 수도 없을 만큼 생생한 극장으로 변해 있었다. 한쪽에는 카밀로와 채 500명도 안 되는 털북숭이 반군들이 있었고, 또 다른 한쪽에는 장군에서부터 일개 병사에 이르기까지 정부군 2천 명이 털끝 하나 다치지 않고 있

---

* 아레나스의 『밤이 오기 전에*Before Night Falls*』에서 인용. 결국 아레나스는 유명한 작가가 되었지만 동성애 성향 때문에 수난을 겪었다. 수 년 후 그는 쿠바를 떠나 뉴욕에 정착했고 그곳에서 죽었다.

었다. 정부군은 우리가 지나가는 모습을 보고 차려 자세로 멈춰 섰다. 웃음을 터뜨리기에 충분한 모습이었다. 사령관실에는 영웅답게 수염을 기른 카밀로가 흥청망청 즐기는 그리스도 같은 모습으로 장화를 바닥에 벗어 던져 놓고 발을 탁자에 올린 채 미국 대사를 영접하고 있었다.〉

나중에 체가 도착했다. 대통령궁에서 문제가 생겼다. 혁명지도자단이 대통령궁에 자리를 잡고서 물러날 생각이 없는 듯했다. 체가 혁명지도자단 지도자들과 대화를 시도했지만 그들은 체를 만나길 거부했다. 프랑키는 이렇게 썼다. 〈카밀로는 농담 반 진담 반으로 경고 삼아 대포를 몇 발 쏘아야 한다고 말했다. ……나는 원래 대통령궁이 그다지 마음에 들지 않았기 때문에 좋은 생각이라고 말했지만 체는 책임감을 가지고 대포알을 낭비할 때가 아니라고 말하더니 끈질기게 대통령궁으로 돌아갔고 결국 파우레 초몬을 만나 상황을 바로잡았다. 카밀로는 항상 체의 말을 들었다.〉

1월 8일, 피델이 아바나에 도착했을 때 우루티아는 이미 대통령궁에 자리를 잡고 있었고 정부의 권위는 회복된 상태였다. 반군이 공공건물과 경찰서, 신문사, 무역 연합 사무실을 점령했고 공산당이 난데없이 등장해서 승승장구하는 반군을 지원하기 위해 대중 집회를 열었다. 망명 갔던 공산당 지도자들이 돌아오기 시작했고 정간되었던 신문 「오이」가 다시 발행되기 시작했다. 카를로스 프리오 전 대통령까지 마이애미에서 쿠바로 돌아왔다. 해외에서는 7월 26일 운동 대표들이 주요 쿠바 대사관들을 점령했다. 베네수엘라가 새로운 쿠바 정부를 인정했고 미국도 마찬가지였다. 소련도 1월 10일에 이러한 움직임을 따랐다.

쿠바의 시민단체와 사업체 들은 과도한 충성과 고마움을 표현하며 혁명에 대한 지지를 선언했다. 바티스타의 〈악몽〉은 이제 끝나고 피델리스타의 밀월이 시작되었다. 실업계는 태도를 180도 바꾸어 반군에 찬사를 보내며 자진하여 세금을 납부했고, 몇몇 주요 기업은 쿠바의 새롭고 멋진 미래에 대한 낙관을 드러내며 새로운 투자 계획을 발표했다.

언론은 피델과 용맹한 털복숭이들을 치켜세웠다. 주간지 『보에미아』는 혁명 세력을 숨김없이 추종하는 잡지가 되어 피델에게 아부하며 그에게 충성을 바치는 기사들로 지면을 채웠다. 어느 미술가는 피델을 그리스도처럼 그려서 후광까지 달았다. 『보에미아』는 시류에 잘 영합한 상업 광고로 가득했다. 폴라 맥주 양조장이 낸 한 쪽짜리 광고는 강건한 농부가 사탕수수를 자르는 그림을 보여 주면서 다음과 같은 글을 달았다. 〈그래! 이제는 일을 할 때다. 다시 한 번 자유를 되찾은 행복과 그 어느 때보다 쿠바인이라는 것에 자부심을 느끼면서 우리는 새로운 일을 개척해야 한다. 조국의 절박한 요구에 부응하기 위한 건설적이고 맹렬한 일을 말이다. ……그리고 노동을 하고 난 후에는, 폴라를 마실 시간이다! 임무를 마친 만족감을 완성하기에 정말 시원한 폴라 맥주만큼 좋은 것은 없다.〉 칸차 의류 회사는 신인류의 셔츠 〈리베르타드〉를 가지고 나왔고 광고에 등장하는 모델은 맞춤하게 혁명 세력들과 같은 수염을 기른 모습이었다.

카를로스 프랑키는 예전에는 비밀리에 운영되었던 7월 26일 운동 신문 「레볼루시온」을 발행하기 시작하여 피델을 쿠바의 〈영웅이자 길잡이〉라고 칭송하며 찬사의 홍수 속에 끼어들었다. 「여명의 피델 장군」이라는 연극이 무대에 올랐고 수염을 기르고 제복을 입은 배우가 피델 카스트로의 역할을 맡았다. 피델에게 감사하던 몇몇 시민들이 피델의 청동 흉상을 급히 주문하여 아바나 군사 시설 근처한 교차로의 대리석 대좌 위에 세웠다. 대좌에는 〈자유의 불꽃으로 독재의 사슬을 끊은〉 피델을 기리는 문구가 새겨졌다.

체 역시 열광적인 찬사를 받았다. 당대 최고의 쿠바 시인이자 공산주의자인 니콜라스 기옌은 반군이 승리를 거두었을 때 부에노스아이레스에서 망명 중이었다. 그는 어느 주간지 편집자의 요청을 받고 게바라를 기리는 시를 썼다.

체 게바라

산마르틴이 그의 형제 마르티에게
순수한 손을 뻗었던 것처럼,
나무로 둘러싸인 플라타 강이 바다로 흘러들어
사랑으로 가득한 카우토 강의 서곡과 합쳐지는 것처럼,

우렁찬 목소리를 지닌 가우초 게바라는

자신에게 흐르는 게릴라의 피를 피델에게 증명했다네.
우리의 밤이 가장 어둡고 흐릿할 때
그의 넓적한 손은 가장 동지다웠다네.

죽음은 물러갔다네. 그 더러운 그림자와,
단검과, 독과, 짐승들의
포악한 기억들만이 남으리.

두 사람의 영혼이 합쳐져 하나의 영혼으로 빛나네.
산마르틴이 그의 형제 마르티에게
순수한 손을 내밀었던 것처럼.

체는 이미 해외의 독자들에게 잘 알려진 인물이었을지
모르지만, 기엔 ─ 그는 페데리코 가르시아 로르카, 파블
로 네루다, 라파엘 알베르티의 동료였다 ─ 의 문학적인
헌사는 체를 라틴 아메리카에서 가장 존경받는 역사적 영
웅들의 전당에 입성시켰다. 여기서 고작 서른 살의 체 게바
라는 〈해방자〉 호세 데 산마르틴에 비교되고 있었다.

과장법은 영웅에 굶주린 쿠바 대중에게 큰 효과가 있었
다. 아바나에 도착하고 나서 며칠 후에, 체가 에스캄브라
이에 머물 당시 자신에게 경제 첩보 보고서를 몰래 가져다
주었던 설탕 전문가 후안 보로토를 불렀을 때, 그는 위압
감을 느꼈다. 〈그는 이미 하나의 전설이었다〉고 보로토는
회상했다. 「많은 쿠바 사람들은 체 게바라를 실제로 마주
하게 되면 마치 환영을 보기라도 한 것처럼 눈을 비볐습니

다. 눈처럼 하얀 피부와 짙은 밤색 머리카락을 가진 그는 사람들의 이목을 끌었습니다. 아주 매력적이었지요.」

그러나 아바나 주재 미 대사관 관리들은 진작부터 체가 제정 러시아의 신비주의 수도사인 라스푸틴처럼 새로운 정권의 막후에서 막강한 영향력을 행사하는 무시무시한 인물이 될 거라고 생각하고 있었다. 그들은 체가 피델에게 끼치는 사상적 영향과 출입이 금지된 라카바냐의 벽 너머에서 체가 맡은 알 수 없는 새로운 역할을 추측하며 불안감을 떨치지 못했다.

3

아바나에 도착한 피델은 승리를 축하하며 노획한 탱크에 올라탄 채로 요란한 행렬의 선두에 서서 유명 연예인처럼 아바나 입성식을 치렀다. 피델은 대통령궁으로 가서 우루티아에게 인사를 한 다음 아바나로 옮겨져 항구에 정박하고 있던 그란마 호에 훌쩍 뛰어 올라탔다. 그런 다음 그는 카밀로, 라울과 함께 ― 체는 신중하게 사람들의 시선을 피해 라카바냐에 머물러 있었다 ― 깃발을 흔들며 열광적인 환호를 보내는 아바나 시민 수천 명이 줄지어 늘어선 거리를 지나 캠프 콜롬비아로 전진했다.

그날 밤 피델은 텔레비전 생방송에 출연하여 긴 연설을 하면서 법과 질서, 혁명적인 단결이 필요하다고 강조했다. 〈새로운 쿠바〉에는 단 하나의 혁명 세력을 위한 공간밖에 없으며 〈사병(私兵)〉은 존재할 수 없다는 것이었다. 그의 말은 혁명지도자단을 향한 경고였다. 혁명지도자단 투사들은 대통령궁을 비워 주었지만 아직도 대학 부지를 점령 중이었고 보고에 따르면 무기도 비축해 둔 상황이었다. 머잖아 충돌이 일어나리라는 불길한 징조들에 더해서 혁명지도자단 지도자 초몬은 자기 그룹이 권력에서 배제되고 있다는 우려를 공개적으로 표명했다. 그러나 무력 위협을 암시한 피델의 연설은 바라던 결과를 가져왔다. 피델이 연설을 미처 끝내기도 전에 혁명지도자단이 무기를 넘기겠다는 전언을 보내왔다. 이로써 경쟁 무장 세력인 혁명지도자단이 제기한 위협은 사라졌다. 피델의 강압적인 세력 과시가 승리를 거둔 것이었다.

피델은 또한 본인의 존재를 이용해서 새로운 정권의 민족주의적 특성을 강화했다. 어느 기자가 미국 정부가 쿠바 주둔군을 철수할 것이라는 소문에 대해서 어떻게 생각하느냐고 묻자 피델이 얼른 대답했다. 「미군은 철수해야만 합니다. 우선 미국 정부는 이곳에 영구적인 주둔군을 둘 권리가 없습니다. 다시 말해 그것은 미 국무부의 특권이 아니라 쿠바 혁명 정부의 특권입니다.」 이 말은 미국이 쿠바와 원만한 관계를 원한다면 관계 회복을 해야 하고 그 첫 단계는 쿠바와 동등한 관계에서 교섭해야 한다는 뜻이었다.

한편 피델은 쿠바 국민들에게 군대가 재편되어 〈혁명에 충성하는〉 사람들로 구성될 것이며 필요한 상황이 되면 이들이 나라를 지킬 것이라고 말했다. 그는 아직 승리가 안정적으로 자리를 잡지 않았다고 경고했다. 바티스타는 몇백만 달러를 가로채서 도미니카 공화국으로 달아난 후 욕을 먹고 있는 또 다른 독재자 트루히요 장군에게 보호를 요청하고 있었다. 두 사람이 투합하여 반격할 가능성이 상존하고 있었다.

피델은 앞으로 다가올 일에 대비해 쿠바인들의 각오를 새롭게 다지고 있었지만 그날 밤 쿠바인들의 기억에 오래도록 남은 순간은 군중들 사이에서 흰 비둘기 몇 마리가 날아올라 피델의 어깨에 앉았을 때였다. 많은 사람들이 보기에 이것은 카리스마 넘치는 혁명의 위대한 지도자로서 피델의 입지를 정당화해 주는 신비스러운 장면이었다. 또 어떤 사람들에게 이는 피델이 최적의 순간에 감탄을 자아낼 만한 대중적 모습을 연출하는 능력이 뛰어나다는 사실을 보여 주는 훌륭한 예였다.

그 이후 속사포처럼 여러 가지 일들이 잇달아 일어나는 혼란스러운 상황 속에서, 혁명의 방향에 대한 모순적인 신호들은 혁명의 향방을 알 수 없게 만들었고 쿠바인들은 늘 유동적인 상태에 있었다. 미국은 새로운 정권을 재빨리 인정함으로써 화해의 손짓을 보냈다. 새로운 정권의 기분을 맞추기 위해 미국이 취한 두 번째 외교적인 제스처는 바티스타 정권과 긴밀한 관계를 맺고 있던 얼 스미스를 대사 자리에서 물러나게 하고 대리 대사가 그를 대신하게 한 것이었다.

아이젠하워 행정부는 새로운 정권의 구성에 대해 불평할 거리를 찾을 수 없었다. 우루티아 내각은 정치적으로 〈안전한〉 베테랑 정치가들과 야심이 큰 정치가들로 구성되었다. 이들은 사실상 전부 확고한 중산층에 속했고 재계에 호의적인 반공주의자들이었으며 피델의 정적이었던 이들도 다수 포함되어 있었다. 피델은 새 정부에서 그들에게 권위가 있어 보이는 자리를 줌으로써 보수적인 정계와 재계를 재빨리 달랬고 잠재적인 반대의 원천을 흡수했다.

가장 놀라운 일은 피델이 반대시민전선Civic Opposition Front의 수장이자 저명한 변호사인 호세 미로 카르도나를 국무총리로 임명한 것이었다. 나중에 프랑키는 이렇게 썼다. 〈미로 카르도나의 임명은 폭탄선언이었다. 카르도나는 아바나 변호사협회 회장이자 거대한 자본주의 기업들의 대리인이었고 쿠바에서 가장 친북아메리카적인 정치가 중 한 사람이었다. 그는 여러 해 전에 유명한 그라우 산마르틴 사건에서 8400만 페소를 은닉하여 역대 쿠바 대통령들 중에서 가장 거물 도둑이 된 산마르틴 대통령을 변호한 바 있었다. 카르도나는 또 흑인 설탕 노동자들의 지도자 헤수스 메넨데스를 살해한 카시야 대위도 변호한 적이 있었다. 우리는 피델의 선택을 이해하지 못했지만 그가 이해하기를 바라는 자들은 피델을 이해했다. 그것은 미국인과 부르주아, 정치가 들을 혼란에 빠뜨리는 정말로 뛰어난 수였다.〉

펠리페 파소스는 마이애미 조약 실패로 입은 타격에서 회복하여 국립은행 총재가 되었다. 후스토 카리요는 산업은행 행장이 되었고 하버드 대학에서 공부한 경제학자 레히노 보티는 미국에서 돌아와 경제부 장관이 되었다. 영향력이 큰 보수주의 신문 「디아리오 데 라 마리나」의 분석가이자 경제학자인 루포 로페스 프레스케트는 재정부 장관으로 임명되었고 외무부 장관 자리는 오르토독소당 정치가 로베르토 아그라몬테에게 돌아갔다.

새로 창설된 〈불법 취득 재산 회복부〉의 수장으로 임명된 파우스티노 페레스 등은 7월 26일 운동의 우익 출신이었다. 교육부는 아르만도 아르트가 맡았고, 전쟁 내내 체의 정적이었던 엔리케 올투스키(〈시에라〉)는 통신부 장관이 되었다. 피델의 오랜 발행인 친구로 라디오 레벨데와 「엘 쿠바노 리브레」의 설립을 도왔던 루이스 오를란도 로드리게스는 내무부 장관이 되었다. 새로 만들어진 또 하나의 관직 〈혁명 법무장관〉 자리는 쿠바 공산당에 비밀리에 관련되어 있던 시엔푸에고스의 변호사 오스발도 도르티코스 토라도에게 돌아갔다. 당시에는 토라도가 임명된 것이 별다른 문제가 없어 보였지만 나중에 그는 피델의 계획에서 중요한 역할을 하게 될 터였다.

내각은 일에 착수했다. 마라톤 회의를 열어 쿠바의 헌법을 개정하고 파괴된 기반 시설을 재건하고 타락한 쿠바 사회를 정화했다. 우루티아가 하고자 하는 일의 최상위 항목은 도박과 매춘을 금지하는 법안을 제정하는 것이었다. 동시에 새로 임명된 장관들이 숙청을 시작하여 바티스타 정권으로부터 보테야botella, 즉 특권적인 한직을 받은 공무원들을 해고했다. 그들이 초기에 발표한 법령 역시 숙청의 성격을 띤 것이었다. 모든 정당은 일시적으로 금지되었고 바티스타와 그의 수하에 있던 장관, 바티스타 시절에 치러진 두 차례의 선거에 참여했던 모든 정치가들이 재산을 몰수당했다.

동시에 피델은 그가 〈직접 민주주의〉라고 불렀던 독창적인 활동을 개시하면서 수많은 군중 앞에서 연설을 행하기 시작했다. 그것은 피델이 캠프 콜롬비아에서 했던 첫 연설과 비슷하게 군중의 의중을 파악하는, 즉 혁명 정책에 대한 일종의 즉흥적인 국민 투표였다. 피델은 이론의 여지가 없는 혁명 지도자로서 인기 많은 권한을 이용하여 이러한 포럼을 이용해서 여론을 시험하고 형성하고 급진적으로 만들었으며 궁극적으로는 정부를 압박했다. 그는 혁명은 〈인민〉 투쟁의 결과이므로 〈인민의 뜻〉에 순종하는 것이 새로운 정부의 의무라고 되풀이해서 말했다.

   피델은 또한 자신의 진정한 권력 기반인 군대를 개혁하기 시작했다. 〈옛〉 군인과 경찰의 사병들은 일부 퇴출되었고 장군들은 중심에서 밀려나거나 숙청당했다. 라몬 바르킨 대령은 육군사관학교 교장이 되었다. 정부군의 여름 대공세가 실패한 후 반군에 합류한 고위 장교들 중 한 명인 케베도 소령은 육군 병참을 담당했다. 다른 사람들은 외국의 육군 수행원이 되어 〈허울 좋은 국외 추방〉을 당했다. 육군의 새로운 지도층은 충성스러운 반군들로 구성되었다. 이미 아바나 주의 군사 총독을 맡고 있던 카밀로는 육군 참모총장이 되었다. 라울이 이끄는 제2전선의 회계 감사관이었던 변호사 아우구스토 마르티네스 산체스는 국방장관으로 임명되었다. 라울의 엘리트 〈마우-마우〉 게릴라 공습대의 대장 에피헤니오 알메이헤라스는 경찰청장이 되었다. 최근 몇 달 간 피델의 반군 〈공군〉 사령관이었던 조종사 페드로 디아스 란스는 이제 공식적으로 사령관직을 맡았다. 7월 26일 운동의 충성스러운 인물들이 쿠바의 모든 주에 군사 총독으로 자리 잡았다.

혁명 세력의 진정한 중심지가 구 아바나의 화려한 대통령궁이 아니라 어디든 피델이 모습을 드러내는 곳이라는 사실은 곧 명확해졌다. 그는 어디에나 있는 것 같았다. 피델의 본부는 베다도 시내에 새로 지은 아바나 힐튼의 23층 펜트하우스 특실이었지만, 여기서 가까운 셀리아 산체스의 아파트나 아바나 동쪽으로 30분 정도 떨어진 코히마르라는 어촌의 빌라에서도 그는 잠을 자고 일을 했다. 쿠바의 미래가 진정으로 결정되는 곳은 대통령궁이 아니라 이 빌라였다. 그 후 몇 달 동안 코히마르 빌라는 피델, 그리고 그와 가장 가까운 동지들과 공산당 지도자들이 야간 회의를 여는 장소가 되었다. 쿠바 공산당과 7월 26일 운동을 하나의 혁명 정당으로 병합하기 위한 비밀 연합을 만들려는 목적이었다. 피델과 체, 라울, 라미로, 카밀로는 게릴라를 대표했고 카를로스 라파엘 로드리게스, 아니발 에스칼란테, 블라스 로카 공산당 사무총장은 공산당을 대표했다.

4

표면적으로 체와 라울은 요직에서 소외되어 있었다. 라울은 오리엔테의 군사 총독이었고 체는 〈라카바냐 사령관〉이라는 하찮은 직함을 가지고 있었다. 그러나 직함만으로 판단하는 것은 잘못이었다. 피델이 미국과 때 이른 충돌을 피하고 싶은 마음에 혁명이 온건해 보이게 만드는 것에 집중하는 동안 ─ 그는 공산주의의 영향을 받고 있다는 비난을 요란스레 부정했다 ─ 라울과 체는 비밀리에 쿠바 공산당과의 관계를 다지고 군대 내 피델의 권력 기반을 다지는 작업을 했다.

체는 계속 무서운 속도로 활동했다. 그는 1월 13일에 〈군대의 문화적 수준을 높이기 위해〉 라카바냐에 〈군사 문화 아카데미〉를 발족했다. 아카데미는 기초적인 교육과 더불어 병사들의 〈정치의식〉 함양을 목적으로 삼았다. 시민론, 역사, 지리, 쿠바 경제, 〈라틴 아메리카 공화국들의 경제적 사회적 특징〉, 시사를 가르치는 과정이 있었다. 아카데미는 또한 병사들을 교화하려 했다. 체는 병사들 사이에 투계가 유행한다는 사실을 알고 이를 금지했다. 그 대신 체는 체스 반과 승마 팀, 스포츠 행사를 조직하고 라카바냐에서 미술 전시회와 음악회를 열었으며 연극을 상연했다. 밤이면 요새의 여러 극장에서 영화가 상영되었다. 체는 연대(聯隊) 신문 「라카바냐 리브레」를 창간했고 얼마 후에는 혁명군 잡지 『베르데 올리보』의 창간을 도왔다.

체는 이런 활동을 하면서 학교의 감독을 조용히 쿠바 공산당 당원들에게 맡겼다. 에스캄브라이에서 정치 위원이었던 아르만도 아코스타는 라카바냐 항구에서 무척 가까운 라푼타의 작은 요새를 지휘하고 있었는데 체는 곧 그를 불러 아카데미 관리자로 임명했다.

1월 말에 체는 〈혁명 군대 훈련부대장〉이라는 또 하나의 직함을 달았지만 이 역시 그가 어떤 활동을 하는지 정확히 알려 주지는 못했다. 그는 피델의 지시에 따라 새로운 국가 안보 및 첩보 기구를 만들기 위해 비밀리에 라울 — 그는 아바나와 산티아고를 오가고 있었다 — 과 카밀로, 라미로 발데스, 쿠바 공산당 당원 빅토르 피나를 만났다. 그 결과 탄생한 세구리다드 델 에스타도, 즉 G-2는 전쟁 당시 체의 부관이었던 유능한 라미로 발데스가 맡았다. 쿠바 공산당 정치국의 일원이며 〈군사위원회〉 회장이었던 오스발도 산체스가 발데스의 부사령관이었다.

한편 서반구 곳곳에서 쿠바 망명자들이 고국으로 돌아왔다. 비행기 한 대가 부에노스아이레스에 살고 있던 망명자들을 데려오기 위해 이륙했고, 게바라 가족도 이 항공편을 타고 쿠바로 오라는 초대를 받았다. 체의 부모와 여동생 셀리아, 그녀의 남편 루이스 아르가냐라스, 열네 살의 십 대 소년이 된 후안 마르틴이 초대를 받아들였다(로베르토와 아나 마리아는 가족과 직장 일 때문에 아르헨티나를 떠날 수 없었다. 이들은 2년 반이 더 지난 후에야 체를 보게 된다). 게바라 가족은 1월 9일 아바나에 도착했다. 아바나의 란초 보예로스 공항에 도착하자 게바라 린치는 감격에 겨워 땅에 입을 맞추었다. 그는 이렇게 썼다. 〈수염을 기른 군인들이 순식간에 우리를 에워쌌다. 정말로 더러운 제복 차림에 소총과 기관총으로 무장한 군인들이었다. 그다음에 그들은 의례적인 경례를 하더니 서둘러 우리를 터미널 안으로 데리고 갔다. 그곳에서 에르네스토가 우리를 기다리고 있었다. 내가 알기로는 에르네스토를 놀라게 하고 싶었던 그들은 겨우 몇 분 전에야 우리가 도착한다는 사실을 전해 준 듯했다. 아내가 아들의 품으로 달려가 안기더니 눈물을 터뜨렸다. 산더미 같은 사진 기자들과 텔레비전 카메라들이 그 장면을 기록했다. 그 후 내가 아들을 안았다. 에르네스토를 마지막으로 본 지 6년 만의 일이었다.〉

그날 찍힌 사진 중 한 장을 보면 피곤해 보이는 체가 베레모를 쓰고 듬성듬성 수염이 난 모습으로 어머니와 아버지 사이에 서 있고 호기심에 찬 소란스러운 구경꾼들이 주변에 몰려 있다. 그의 등 뒤로는 경기관총 한 자루가 비어져 나와 있다. 그러나 정말 기억에 남는 것은 셀리아와 체의 얼굴에 비친 깊고 열정적이며 자부심 넘치는 표정이다. 보수적인 옷차림의 아버지는 재미있다는 듯 미소를 지으며 구경꾼처럼 옆에 서 있다.

게바라 가족은 혁명 정부의 손님으로 아바나 힐튼 호텔의 피델의 방 몇 층 아래 스위트룸에 묵었다. 힐튼 호텔은 사실상 정부의 중심지였기 때문에 멋지게 꾸며진 로비는 소란스러운 아수라장이 되어 흐트러진 무장 게릴라들, 무모한 기자들, 구걸하는 사람들, 휴가를 즐기다가 혁명의 방해를 받아 갈팡질팡하는 미국 관광객들로 넘쳐났다. 게바라 린치는 마침내 아들과 단둘이 남자, 고향에 살던 시절 에르네스토가 가장 좋아했던 상표의 아르헨티나 포도주 몇 병을 꺼냈다.

〈포도주 병을 보자 아들의 눈이 빛났다. ……포도주가 행복했던 또 다른 시절, 즉 가족 모두가 부에노스아이레스에서 함께 살던 시절의 즐거운 기억을 되살린 것이 분명했다.〉 두 사람은 축배를 들었다. 게바라 린치는 아들을 살펴보면서 자신이 〈체격과 표정, 행복해하는 모습에서……

6년도 더 지난 어느 추운 7월 오후에 부에노스아이레스를 떠났던 바로 그 소년〉을 봤다고 생각했다.

하지만 게바라 린치의 판단은 상당 부분 희망 사항일 뿐이었다. 아들 에르네스토는 게바라 린치가 되고 싶었던 남자 〈체〉가 되었다. 〈에르네스토〉는 가족을 만나서 기뻤겠지만 사실 그들은 사정이 좋지 않을 때 도착했다. 가족들이 힐튼 호텔에 자리를 잡을 때에도 체는 라카바냐로 서둘러 돌아가야 했다. 혁명 재판이 그곳에서 진행되어야 했고, 담당자는 바로 그였다.

1월 내내 전쟁 범죄 피의자들이 매일 붙잡혀서 라카바냐로 이송되었다. 이들은 대부분 구체제 최고 앞잡이들이 아니었다. 고위층은 대부분 반군이 도시를 장악하여 외부로 나가는 항공과 해운 교통을 정지시키기 전에 이미 달아났거나 대사관에 숨어 있었다. 남은 사람들은 대부분 부관이나 평범한 치바토, 경찰 고문관들이었다. 그러나 체는 최고 검사로서 뛰어난 결단력으로 일을 수행했고, 밤마다 요새의 낡은 담장에서는 총살대의 일제 사격 소리가 울렸다.

미겔 앙헬 두케 데 에스트라다는 체가 맡긴 정화위원회 *Comisión de Depuración*의 일을 이렇게 설명했다. 「전쟁 포로가 천 명이 넘었고 더 많은 포로들이 계속 도착했는데 대부분 관련 서류도 없었습니다. 우리는 포로들의 이름도 다 몰랐습니다. 하지만 우리에게는 해야 할 일이 있었으니, 바로 패배한 군대를 정화하는 것이었습니다. 체는 항상 군대를 정화하고 전쟁 범죄자로 판명된 자들을 재판해야 한다는 굳은 신념을 가지고 있었습니다.」

재판은 저녁 여덟 시나 아홉 시에 시작되어 오전 두세 시면 평결이 나오는 경우가 많았다. 증거와 증언을 수집하고 재판을 준비하는 일을 맡았던 두케 데 에스트라다 역시 〈최고 검사〉 체와 함께 상소 심리석에 앉았다. 체는 그곳에서 죄인들의 운명을 최종적으로 결정했다.

두케는 이렇게 말했다. 「나와 상의를 하기는 했지만 책임자는 결국 체였고 군사 지도자인 그의 말은 결정적이었습니다. 우리는 그의 결정에 거의 백 퍼센트 동의했습니다. 대략 백 일 동안 총살형이 55건 정도 진행되었는데 이에 대한 반대 의견도 많았습니다. 그러나 우리는 각각의 사건을 적절하고 공정하게 생각했고 가볍게 결정을 내리지 않았습니다.」

체는 스물한 살의 회계사 오를란도 보레고에게 라카바냐 재정 관리라는 새로운 업무뿐 아니라 총 재판관직까지 맡겼다. 보레고는 이렇게 회상했다. 「재판을 하는 훈련을 받은 적이 없었기 때문에 무척 힘들었습니다. 우리의 가장 큰 관심사는 혁명의 도덕성과 정의를 퍼뜨리고 어떤 불공정함도 없도록 확실히 하는 것이었습니다. 이 문제에 대해서 체는 무척 신중을 기했습니다. 포로를 폭행했다는 이유로 총살된 사람은 한 명도 없었지만 극심한 고문이나 살인, 죽음이 일어난 경우에는, 그렇습니다, 사형을 당했습니다. ……사건을 전반적으로 분석하고, 모든 증인을 만나고, 죽거나 고문당한 사람의 친척이나 본인이 찾아와서 재판정에서 자기 몸의 흉터를 보여 주면서 어떤 고문을 받았는지 모두 폭로했습니다.」

체는 매일 밤 재판관들과 함께 사건들을 검토했다. 하지만 일부 적대적인 쿠바 텔레비전 기자와의 인터뷰에서 재판에서 자신이 어떤 역할을 맡았는지 상세히 설명할 때에 그는 자신이 재판에 참석한 적도 피고인을 직접 만난 적도 없다고 말했다. 그는 대신 침착하고 중립적으로 최종 평결을 내기 위해서 오로지 증거만을 바탕으로 사건을 검토한다고 설명했다. 보레고의 말에 따르면 체는 재판관과 검사를 선정할 때도 무척 신중을 기했다. 예를 들어 고문을 당한 반군은 자신을 고문했던 사람의 재판에 재판관이나 검사로 참가하는 것이 허락되지 않았다. 보레고는 이렇게 말했다. 「재판 전략을 무척 공 들여서 신중하게 세웠습니다. 때로는 극심한 좌파 검사들도 있어서…… 항상 사형을 요구하는 그들을 진정시켜야 했기 때문이었습니다.」

그러나 처형 자체에 있어서 체는 카마구에이에서 내쫓았던 미국인 자원자 허먼 마크스에게 가지고 있던 거리낌을 극복한 것이 분명했다. 마크스가 라카바냐에 다시 모습을 드러내고 체의 총살대에서 적극적인 역할을 했기 때문이다.*

그 후 몇 달 동안 쿠바 전역에서 수백 명이 정식 재판을 받은 후 총살대에 의해 처형되었다. 범죄자 대부분은 보레고가 설명한 것처럼 약식일지라도 공명정대하게 변호인

---

* 보레고는 라카바냐에서 마크스를 알게 되었는데 그가 〈가학적〉이고 총살대에 참가하기 좋아했으며 이상하고 초연한 사람이라고 설명했다. 마크스는 마흔 살가량으로 스페인어를 거의 하지 못했고 미국에서 재판을 피해 달아났다는 소문이 있었다. 그는 몇 달 후 쿠바에서 모습을 감추었다.

과 증인, 검사, 방청객이 참석한 상태에서 구형을 받았다. 많지는 않았지만 임의 처형도 실시되었다. 가장 악명 높은 것은 라울 카스트로가 산티아고 점령 직후 사로잡은 군인 70명의 집단 처형을 명령한 사건이었다. 반군은 불도저로 참호를 파고 포로들을 참호 앞에 세운 다음 기관총을 난사해 모두 죽였다. 이 일로 인해 라울은 무자비하고 폭력을 좋아한다는 명성을 얻었고 여러 해 동안 이 명성은 사그라들지 않았다.

그러나 사실 그 당시 연달아 실시된 혁명 재판에 대해서 대중이 공공연히 반대하는 일은 거의 없었다. 오히려 반대였다. 흉악한 바티스타 일당은 구역질 나는 여러 범죄를 저질러 왔기 때문에 쿠바 대중은 보복을 가하는 분위기에 취했고 언론은 사형수의 재판과 처형을 즐거운 듯 순차적으로 보도하면서 사형수들의 가장 비열한 범죄를 자세히 캐냈다. 쿠바 신문들을 보면 바티스타 시대의 수뢰 사건과 부패를 다룬 폭로 기사들 사이사이에 바티스타의 앞잡이들이 저지른 잔학한 행위와 소름 끼치는 사건의 음울한 사진들이나 무시무시한 내용으로 가득했다. 『보에미아』는 혁명 재판을 지나칠 정도로 열렬하게 지지하면서 재판을 기다리는 피의자들의 가짜 인터뷰를 실었고 언제든지 사진을 찍을 수 있도록 카메라를 가지고 처형에 참석했으며 짐짓 점잔을 빼는 표제를 붙였다.

2월 8일자 『보에미아』에는 〈폭정의 쥐새끼가 잡히다〉라는 제목으로 바티스타 정권 시절 프로파간다 방송인이었던 사람과의 인터뷰가 실렸다. 그의 사진 밑에는 이런 설명이 붙었다.

이 사진은 독재의 가장 악명 높은 앞잡이 중 한 사람인 오토 메루엘로의 초상이다. 그는 이름을 입에 올리는 것만으로도 국가적 분위기를 더럽히는 자이며 가장 혐오스러운 바티스타토의 대변인 중 하나다. ……메루엘로는 도덕적으로 흠이 많았지만 육체적으로는 여전히 멀쩡하다. 혁명은 〈이것〉을 어떻게 할 것인가? 모든 쿠바인들이 이런 질문을 던지고 있다.

결국 메루엘로는 30년 형을 선고받았다. 『보에미아』는 같은 호에서 〈몰락한 형제〉라는 제목하에 롤란도 마스페레르가 이끄는 〈티그레〉의 총잡이로 만사니요에서 살인 사건을 몇 건 저지른 니콜라르데스 로하스 형제의 재판을 보도했다. 기자는 재판이 절정에 이르렀을 때를 이렇게 묘사했다.

검사인 페르난도 아라고네세스 크루스 박사가 물었다. 「니콜라르데스 형제는 자유를 누릴 자격이 있습니까?」
아니오오오! 수많은 방청객이 우레와 같이 외쳤다.
「언젠가 사회에 유용한 사람이 될 수 있다는 희망을 가지고 감옥에 갇힐 자격이 있습니까?」
아니오오오!
「그렇다면 앞으로 모든 세대의 본보기가 되도록 총살당해야 합니까?」

네에에에!

검사는…… 분노한 방청객을 흘긋 보았다. 그리고 그들의 만장일치 앞에서 그는 분노와 동정이 섞인 표정으로 인민에 의해 사형 선고를 받은 두 사람을 보며 차분히 말했다.

「신사숙녀 여러분, 이것이 시민들의 탄원이며, 저는 이 재판에서 시민들을 대표하는 사람입니다.」

니콜라르데스 형제는 재판이 끝나자마자 밖으로 끌려 나가 총살당했다.

『보에미아』기사는 쿠바의 혁명 재판정에 만연한 분위기를 상당히 정확히 묘사했던 듯하다. 오를란도 보레고의 말에 따르면 그는 민간인 방청객들로부터 가혹한 평결을 내려야 한다는 엄청난 압력을 느끼는 경우가 많았다. 〈그들은 종종 판결이 너무 자비롭다고 생각했습니다. ……때로 한 사람이 10년 형을 요청하면 사람들은 20년 형을 바랐습니다.〉해외에서 혁명 재판에 대한 비판이 점점 거세어짐에 따라 보레고의 일은 두 배로 불편해졌다. 미국 의원들은 혁명 재판을 대학살이라고 공공연히 비난했다. 미국의 비난에 격노한 피델은 1월 말 아바나 스포츠 경기장에서 유명한 인물들의 공개 재판을 열기로 결정했다. 그들은 바로 여러 건의 살인과 고문으로 기소된 소사 블랑카 대령을 비롯한 고위 장교들이었다. 그러나 재판을 방청한 외국 기자들은 다른 방청객들이 조롱을 퍼부으며 신경질적으로 피를 보자고 외치는 모습을 불쾌하게 생각했기 때문에 기선 제압을 노린 피델의 수는 빗나갔다. 호의적이었던 허버트 매슈스는 논평을 써서 〈쿠바인의 시각〉에서 재판을 합리화하려 했지만 「뉴욕 타임스」 편집장은 기사 게재를 거부했다.

체는 흔들림 없이 밀어붙였다. 그는 재판관들에게 각 사건의 증거를 신중하게 평가하여 더 이상 혁명의 적들에게 공격의 빌미를 주지 말아야 한다고 경고했다. 쿠바 혁명이 확실히 자리 잡으려면 재판은 계속되어야 했다. 체는 쿠바 동료들에게 과테말라의 경우 아르벤스가 군대의 불충분자를 숙청하지 않았기 때문에 몰락했으며 그 실수로 인해 CIA가 파고들어 아르벤스 정권을 전복했다는 이야기를 질릴 만큼 늘 이야기하고 다녔다. 쿠바가 그와 같은 실수를 되풀이해서는 안 되었다.

게바라 린치는 회고록에서 체가 재판에서 주요한 역할을 했느냐는 문제에 대한 언급을 회피했지만 아들이 강건한 남자로 변화한 것을 보고 충격을 받았다고 말했다. 게바라 린치가 말했듯이, 어느 날 밤 그는 아들을 만나러 라카바냐에 가기로 마음먹었다. 그러나 그가 도착했을 때 체가 자리에 없어서 그는 기다려 보기로 했다. 오래지 않아 지프차가 입구에 서더니 누군가가 차에서 뛰어내렸다. 체였다. 〈에르네스토가 보초 근무를 서던 무장 청년을 막아서서 그의 소총을 빼앗더니 결연한 목소리로 그를 체포하라고 명령했다. 나는 청년의 절박한 표정을 보고, 그를 왜 체포하느냐고 물었다. 에르네스토가 대답했다. 「아버지, 이곳에서는 보초 근무 중에 졸면 안 됩니다. 막사 전체가 위험해지니까요.」〉

게바라 린치의 글에 따르면 그때까지 그는 아들을 〈1953년에 부에노스아이레스에서 우리에게 작별 인사를 했던 바로 그 아이〉로 생각했다. 그러나 게바라 린치는 이제 자기 생각이 잘못되었음을 깨닫고 아들을 새로운 시각에서 보기 시작했다.

또 어느 날에는 게바라 린치가 체에게 〈의학 공부〉를 어떻게 할 계획이냐고 물었다. 체는 빙그레 웃으면서 두 사람의 이름이 같으니 아버지가 원한다면 자기 대신 의사 간판을 내걸고 〈아무 위험 없이 사람들을 죽일 수 있다〉고 대답했다. 체는 자기 농담에 웃음을 터뜨렸지만 아버지는 아들이 더 진지하게 대답할 때까지 끈질기게 물어보았다. 「저는 이미 오래전에 의사로서의 길을 버렸다고 말씀드릴 수 있어요. 이제 저는 정부 통합을 위해서 일하는 전사입니다. 그럼 나중에 어떻게 되느냐고요? 제가 어느 땅에 뼈를 묻게 될지도 모르겠는데요.」

게바라 린치는 당황했고 체의 마지막 말이 얼마나 중요한 것이었는지는 시간이 훨씬 흐른 후에야 이해했다. 〈나는 고향에 살던 시절의 에르네스토, 정상적인 에르네스토를 알아보기 어려웠다. 어마어마한 책임감이 에르네스토를 짓누르고 있는 것 같았다. ……에르네스토는 아바나에 도착했을 때 이미 자신의 운명이 무엇인지 알고 있었다. 아들은 자기 성격을 잘 알았다. 에르네스토는 자신의 이상이 승리하리라는 믿음이 신비한 균형을 이룬 사람으로 변해 가고 있었다.〉

체의 오랜 친구와 지인들도 게바라 린치와 마찬가지로

어리둥절했다. 친구와 지인들은 처음에 체가 게릴라 전쟁에서 공훈을 세웠다는 소식을 듣고 신이 났지만 그가 약식 처형에서 어떤 역할을 했는지 알려지면서 기쁨은 공포로 변했다. 그들은 도대체 무슨 일이 있었기에 친구 에르네스토가 그렇게 무자비하게 변했는지 이해할 수 없었다.

치치나의 사촌이며 체의 마이애미 시절 룸메이트였던 지미 로카는 타티아나 키로가와 결혼하여 로스엔젤레스에 살고 있었다. 두 사람은 1월 초에 혁명 승리를 축하하는 전보를 체에게 보냈다. 타티아나는 이렇게 회상했다. 「학생이었던 나에게는 무척 큰 돈이었기에 잊을 수가 없습니다. 축하 전보를 보내는 데 5달러가 들었습니다. 그러고 나서 라카바냐의 처형 소식이 들려왔고 저는 정말이지 전보에 5달러를 썼다는 사실이 그렇게 끔찍하게 느껴졌던 적이 없었습니다. 죽고 싶었습니다.」

멕시코시티의 종합 병원에서 체와 함께 일했던 다비드 미트라니 역시 비슷한 혐오감을 느꼈다. 체의 초청으로 18개월 뒤에 아바나에 도착했을 때 미트라니는 체에게 자신이 느낀 바를 가감없이 말했다. 미트라니에게 만족스럽지는 않았지만 체는 노골적으로 이렇게 설명했다. 「이봐, 이런 일에서는 자네가 먼저 죽이지 않으면 죽임을 당하는 거야.」

5

혁명 재판이 〈필요〉했을지는 몰라도 결국 이 재판은 쿠바와 미국의 정치 기후를 양극화하는 데 크게 기여했다. 피델은 비난을 써부었다. 히로시마에 폭탄을 떨어뜨린 나라가 어떻게 그가 하는 일을 피의 숙청이라고 낙인찍을 수 있는가? 재판을 받고 있는 바티스타 수하의 살인자들이 잔학 행위를 저지를 때 지금 피델을 비난하는 자들은 왜 침묵했는가? 피델은 미국 측의 비난은 간섭이나 마찬가지라며 만약 〈미국놈들〉이 쿠바를 침략하려 한다면 〈미국인 20만 명의 죽음〉을 대가로 치르게 될 것이라고 경고했다. 다음으로 피델은 사람들 사이에 소문이 퍼지기 시작한 자신에 대한 암살 위협을 언급하며 자신이 죽임을 당한다 해도 혁명은 살아남을 것이고, 그의 뒤에는 혁명을 이어갈 준비가 된 다른 동지들이 있으며, 그들은 자신보다 〈더욱 급진적인〉 사람들이라고 경고했다. 그가 누구를 암시하는지 의문을 가진 사람이 있었을지도 모르지만 피델은 자신이 선택한 〈후계자〉가 바로 동생 라울이라고 선언하여 금방 의문을 풀어 주었다. 바로 얼마 전에 라울이 산티아고에서 대량 처형을 실시한 터였기 때문에 피델의 선언은 불길하게 들렸다. 사실 라울은 1959년 10월이 되어서야 〈혁명군 장관〉으로 공식 임명되었지만 그는 이미 쿠바 군의 실질적인 참모총장이었다. 그렇다면 체는 어떻게 되었을까? 미국 대사관은 점점 커지는 불안감을 안고 체의 말과 행동을 주의 깊게 감시했다.

1월 27일에 쿠바 공산당이 후원하는 포럼이 아바나에서 개최되었을 때, 체는 이 포럼에서 〈반군의 사회 계획〉이라는 제목으로 연설을 했다. 이 연설은 그의 입장을 분명히 드러냈다. 체는 혁명 세력이 가진 야망은 그 당시까지 피델이 인정한 것보다 훨씬 더 급진적임을 암시했다. 연설의 진의를 파악한 사람들에게, 그 연설은 반군이 권력을 장악한 이래로 피델을 비롯한 혁명 지도자들이 했던 그 어떤 연설보다 훨씬 더 중요한 의미를 담고 있는 것으로 보였다. 체는 아주 간략하게 미래를 그려 보였다.

그는 우선 반군의 〈계획〉 중 하나인 〈무장 민주주의〉가 이미 성취되었지만 해야 할 일이 아직 더 많이 남아 있다고 말했다. 2개월 전 시에라마에스트라에서 발효된 혁명 토지개혁 법령은 쿠바의 오점을 바로잡기에는 충분하지 않았다. 혁명 세력은 농민들을 앞세워 전쟁을 치렀으므로 그들에게 갚아야 할 빚이 있었다. 따라서 진정한 토지개혁을 수행해야 했다. 토지 소유 체계를 1940년 쿠바 헌법에서 의도했던 대로 개혁해야 하며, 그러한 개혁을 이행할 때 혁명 세력은 〈인민〉의 의견을 따라야 한다고 체는 제시했다.

「라티푼디오 금지 법령을 정하는 것은 조직화된 농민 민중의 일이 될 것입니다.」 게다가 헌법에서는 몰수 토지 소유자들에게 먼저 보상을 해야 한다고 정해져 있었지만 이 조항은 포기해야 했다. 〈만약 토지개혁이 이러한 규칙에 따라서 이루어진다면 더디고 성가신〉 과정이 되어 〈진정하고 충분한 토지개혁〉이라는 목표에 방해가 될 것이었다. 쿠바는 또한 든든한 국내 경제를 만들어 산업화 과정을 급속히 진척시킴으로써 설탕 수출 경제에서 벗어날 필요가 있었다. 그래야만 미국의 자본주의 지배로부터 해방될 수 있을 터였다. 「우리는 이 나라의 산업화를 확대하되, 산업화 과정이 불러올 수많은 문제를 경시해서는 안 됩니다. 산업 성장 정책을 실현하기 위해서는 초기 산업을 보호할 모종의 무역 관세 조치와 새로운 상품을 흡수할 내수 시장이 필요합니다. 수많은 농민 대중, 즉 과히로들이 이용할 기회를 주지 않고서는 이러한 내수 시장을 확대할 수 없습니다. 그들은 현재 구매력이 없지만 충족되어야 할 필요는 있습니다.」

체는 미국이 자신이 제안한 것을 곱게 받아들이지 않을 거라고 경고했다.「우리는 오늘날 쿠바의 상거래와 시장의 75퍼센트를 지배하는 자들의 반응에 대비해야만 합니다. 이러한 위험에 맞서기 위해서 우리는 대응 수단을 강구하여 준비해야 하는데, 그중에서 특히 중요한 것은 외부 시장 확장과 관세입니다.」 산업화를 이루기 위해서 쿠바는 먼저 〈바티스타 독재에 의해 외국 합작 기업들〉의 손에 넘어간 천연 자원을 확보해야 했다. 쿠바의 광물 자원과 전기는 쿠바인의 손으로 돌아오고 미국 국제 전신전화 회사ITT의 자회사인 쿠바 전화 회사는 국유화되어야 했다.

「우리에게 이러한 계획을 실행하기 위해서 필요한 자원은 어떤 것이 있을까요? 우리에게는 반군이 있습니다. 반군은 우리의 투쟁에서 가장 주요한 도구, 가장 긍정적이고 강건한 무기가 되어야 합니다. 따라서 바티스타 군대의 잔재를 모두 없애야 합니다. 또한 우리가 보복을 하기 위해, 혹은 단순한 정의감 때문에 잔재를 청산하는 것이 아니라 최단 시간 내에 모든 사람들이 필요한 것을 차지할 수 있도록 분명히 해야 하기 때문에 그렇게 한다는 사실을 잘 이해해야 합니다. ……국가가 회복되려면 수많은 특권을 타파해야 하며, 따라서 우리는 쿠바의 공공연한 적이나 숨은 적으로부터 나라를 수호할 준비를 마쳐야 합니다.」

체는 트루히요가 통치하는 도미니카 공화국에서 쿠바 침공 계획이 세워지고 있다는 소문을 암시하며 위협적인 미국이라는 망령을 다시 한 번 환기했다. 「우리는 작은 섬나라가 우리를 공격한다면 사실상 대륙 강대국의 도움을 받아서 공격하는 것임을 잘 압니다. 또 우리는 우리 땅에서 어마어마한 공격을 견뎌야 할 것입니다. 바로 그렇기 때문에 우리는 미리 경계하며 게릴라 정신과 전략으로 사전 준비를 해야 합니다. ……쿠바라는 나라 전체가 게릴라 군대가 되어야 합니다. 반군은 계속 커지고 있으며 그 한계는 쿠바 공화국 인구수인 6백만 명이기 때문입니다. 쿠바인은 각자 자기 방어를 위해서 무기를 언제 어떻게 사용하는지 방법을 배워야 합니다.」

연설 중에서 가장 극적인 장면은 체가 대륙 혁명에 대한 자신의 비전을 드러낼 때였다. 그는 당이 지도하는 민중 투쟁이라는 전통적인 공산주의 이론에 이의를 제기했을 뿐 아니라 서반구 전역에서의 무력 대치라는 도전장을 내밀었다. 「우리의 혁명 사례와 그것이 라틴 아메리카에 알려준 교훈은 찻집에서 주고받는 말뿐인 이론을 모두 파괴했습니다. 우리는 인민의 지지를 받으며 죽음을 두려워하지 않는 소수의 집단이 잘 훈련된 정규군을 압도하고 패배시킬 수도 있다는 사실을 증명했습니다. 이것은 근본적인 교훈입니다. 또 토지 체계가 우리와 같은 아메리카의 형제 나라들에게 주는 또 다른 교훈이 있습니다. 토지개혁을 실행하고, 평지와 산지에서 싸우며 도시로 나아가서 투쟁하라는 것입니다. ……우리의 미래는 라틴 아메리카의 모든 저개발 국가들과 밀접하게 연관되어 있습니다. 혁명은 쿠바라는 나라에만 제한된 것이 아닙니다. 우리의 혁명이 아메리카의 양심을 건드렸으며, 우리 인민의 적들에게 진지하게 경고했기 때문입니다. ……혁명으로 인해 라틴 아메리카의 독재자들이 경계하게 되었습니다. 독점적인 해외 회사들이 있듯 민중 정권의 적들도 있기 때문입니다.」

혁명 세력은 적도 있지만 친구도 있었고, 〈모든 라틴 아메리카와 압제받는 나라들의 열정을 자극했습니다〉. 그는 마지막으로 〈아메리카 대륙 모든 인민 사이의 정신적인 연합〉을 호소했다. 그것은 〈선동과 관료주의를 넘어 실제적인 도움을 주는 연합으로, 우리 형제들에게 우리의 경험을 통해 얻은 것을 빌려 주는 것〉이었다. 「오늘날 쿠바의 모든 인민은 전시 체제에 임하고 있으며 앞으로도 계속 그래야 합니다. 독재에 대항하여 얻은 승리가 그저 지나가는 승리가 아니라 아메리카의 승리를 위한 첫걸음이 되게 하기 위해서 말입니다.」

체의 연설은 바로 서반구의 미래 혁명가들을 유혹하는 세이렌의 노래였고 미국의 이익에 반하는 전쟁을 명백하게 선언한 것이나 다름없었다.

6

2월 2일에 아바나 주재 미국 대리 대사 대니얼 브래덕은 국무부, CIA, 육군, 해군, 공군, 시우다드 트루히요(도미니카 공화국)의 미 대사관, 니카라과 마나과의 미 대사관에 기밀문서를 보냈다. 표제는 〈기타 라틴 아메리카 국가의 반정부 혁명 작전의 기지로서의 쿠바〉였다.

쿠바에서 성공을 거둔 혁명 운동의 여러 지도자들은 이제 다른 라틴 아메리카 국가 국민들을 〈전제적인〉 정부로부터 〈해방〉시키려는 노력에 착수해야 한다고 생각한다. 일반적으로 에르네스토 〈체〉 게바라 세르나가 이러한 생각의 주요한 근원으로 생각되며 그가 실제로 활발하게 계획을 세우고 있지만 결코 혼자는 아니다. 전하는 바에 따르면 피델 카스트로가 그 입장을 따르는 발언을 했다. 특히 얼마 전 베네수엘라를 방문했을 때 그랬다고 한다.*

---

* 1월 말에 피델은 곧 퇴진할 라라사발 정권에 전쟁 동안 자신에게 무기를 보내 준 데 감사한다는 말을 전하기 위해 베네수엘라에 갔다. 베네수엘라에 머무는 동안 피델은 니카라과의 독재자 소모사를 분명히 위협하는 것으로 해석되는 발언을 했다. 피델은 또한 베네수엘라의 대통령 당선자 로물로 베탕쿠르를 만났으며 — 베탕쿠르는 체가 코스타리카에서 만났을 당시 무척 불신했던 정치가였다 — 베탕쿠르가 나중에 밝혔듯이, 그는 베네수엘라가 쿠바에 석유를 공급해 줄 의향이 있는지 물었다. 〈미국인들과 게임〉을 계획하고 있기 때문에 석유가 필요하다는 것이었다. 확고한 친미파였던 베탕쿠르는 피델에게 다른 고객들처럼 배럴당 현금을 내고 언제든지 석유를 살 수 있다고 쌀쌀맞게 말했다.

이번만큼은 미국의 첩보 평가가 적중했다. 체는 쿠바의 지원을 받아 그란마 호 사건과 같은 무장 투쟁을 실행하려는 장래의 혁명가들을 서반구 전역에서 소집했고 피델도 이를 지원했다. 니카라과인 로돌포 로메로도 그중 하나였다. 그는 카스티요 아르마스가 과테말라를 침공했을 당시 체에게 자동 무기 사용법을 가르쳐 준 사람이었다. 그로부터 4년 반이 지나고 나서 두 사람의 역할은 뒤바뀌었다. 과테말라가 대파국에 이른 이후, 로메로는 니카라과로 돌아가 반소모사 학생 지도자이자 마르크스주의 지식인이었던 카를로스 폰세카의 고문이 되었다. 폰세카가 이끄는 단체는 반바티스타 전쟁 내내 존경을 표하는 행동과 웅변으로 쿠바의 혁명 대의를 지지했다. 이제 체는 니카라과인들이 게릴라 군대와 군대를 이끌 혁명 당을 조직하도록 도왔다. 그러나 브래딕의 문서가 지적했듯이 체가 부추긴 것은 니카라과인들만이 아니었다.

가장 자주 언급되는 국가들은 도미니카 공화국, 니카라과, 파라과이, 아이티다. 파라과이는 쿠바가 직접적으로 간섭하기에는 너무 멀어 보이지만 다른 세 나라에 대해서는 준비 회담과 계획이 상당히 진행되고 있다. 쿠바에는 미겔 앙헬 라미레스 〈장군〉을 포함하여 도미니카 망명자들이 많다. 혁명 지도자들은 임시 정부 관리들과는 구별되는데, 이들은 도미니카 공화국과 관련하여 1947년의 실패한 카요 콘피테스 원정이라는 형태로 그들이 처리해야 할, 끝나지 않은 일이 있다고 생각하는 것으로 보인다. 이 사건에는 피델 카스트로를 비롯하여 많은 혁명 지도자들이 연루되었다.

루이 드쉬는 현재 아바나에 머물며 아이티의 〈부정한〉 뒤 발리에 정부를 전복할 운동 세력 조직과 지원을 바라고 있다. 그는 자칭 〈아바나의 아이티 혁명 전선 대장〉 피에르 아르망의 도움을 받고 있다. 쿠바 혁명 세력이 아이티 계획에 흥미를 가지는 주된 이유는 이를 통해 트루히요 공격 기반을 얻을 수 있다고 생각하기 때문으로 보인다. 그들은 드쉬를 지원하고 그 대가로 아이티를 기지로 삼아 반(反)트루히요 원정을 허락받을 것이다.

쿠바에는 마누엘 고메스 플로레스를 비롯하여 수많은 니카라과 망명자들이 있다. 본 대사관은 금일 상당히 믿을 만한 소식통으로부터 니카라과 그룹이 제일 먼저 공격을 개시하리라 생각한다는 보고를 받았다. ……이 보고서는 게바라가 특히 음모에 활발히 가담하고 있으며 일부 참가자들을 훈련시키고 있다고 구체적으로 언급하고 있다. 그들은 2개월 내에 침략을 시작할 수 있기 바란다고 전해졌다.

브래덕의 문서는 예리하고 통찰력 있는 예측으로 끝을 맺었다. 〈현 단계에서는 이처럼 다양한 모험 계획이 아직 준비 단계이고 비현실적이며 여러 단체들이 단결되어 있지 않은 것으로 보인다. 그러나 쿠바 혁명 주요 지도자들의 배경을 생각할 때, 또 이들의 운동 역시 해외로부터 도움을 받았다는 사실을 생각할 때, 쿠바가 한동안 혁명 계획과 활동의 중심지가 될 것으로 예상되며, 우리 정부를 비롯한 여러 정부들에게 그로 인한 우려와 곤란을 끼칠 것으로 보

인다.〉

　라카바냐의 부하들 사이에서는 체가 외국에서 온 혁명
가들과 만나고 있다는 사실이 공공연히 알려졌고 미 대사
관이 파악한 것과 같은 음모에 대한 소문이 쿠바 전체에
돌고 있었다. 너무 어려서 반바티스타 투쟁에 참가할 수
없었던 어린 학생들은 체에게 편지를 보내 독재자 라파엘
트루히요와 맞서는 전쟁에 참가하게 해달라고 부탁했다.
2월 5일, 체는 투쟁에 자원한 젊은이 세 명에게 정중한 거
절 편지를 보냈다.

　체는 카르데나스에 사는 후안 에옹 킨타나에게 보낸 편
지에서 이렇게 말했다. 〈귀하의 의사에 감사드립니다. 젊
은이들이 산토도밍고를 해방시키는 것처럼 고귀한 대의를
위해 희생하는 것은 언제나 훌륭한 일이지만 나는 우리가
지금 싸워야 할 곳은 극복해야 할 어려움이 많은 바로 이
곳, 쿠바라고 생각합니다. 지금은 우리 혁명을 위해 열정적
으로 일하는 것에 몸 바치십시오. 그것이 바로 도미니카 인
민들에게 우리가 줄 수 있는 최고의 도움입니다. 우리의 완
전한 승리로 그들에게 본보기를 보여 주는 것 말입니다.〉

　체는 편지를 보내서 만류했지만, 그는 사실 라미로 발데
스의 국가 안보 기구 내에 비밀기관의 토대를 닦는 일을 돕
고 있었다. 나중에 정보국DGI 내 〈해방부〉로 널리 알려진
이 비밀스러운 기관은 외국에서의 게릴라 시도를 조직하
고, 훈련하고, 원조할 길을 닦을 예정이었다. 라울이 이끄
는 〈제2전선〉의 부관이었으며 결과적으로 이 기관을 이끌
게 될 마누엘 피녜이로 로사다는 〈쿠바가 지원하는 초기의

게릴라 모험들은 《샘솟듯이 자발적으로》 이루어졌고, 니카라과와 과테말라의 경우에는 체가 중앙아메리카와 멕시코에서 맺은 〈개인적 관계〉 때문에 지원했다고 말했다. 피녜이로의 말에 따르면 아직 초기였던 1959년에는 쿠바 정부에 해외 게릴라 지원 임무에 대한 〈구조적인 정책〉이 아직 없었다. 그러나 이는 곧 바뀌었다. 마탄사스 출신의 물라토 고등학생 오스발도 데 카르데나스는 1959년 1월에 겨우 열여섯 살이었지만 1년도 채 지나기 전에 피녜이로에게 첩보원으로 발탁되어 해외 게릴라 지원 전문가가 되었다. 카르데나스는 쿠바 혁명 초기 몇 달 동안 아직 어렸던 그와 동료들이 느꼈던 감정을 이렇게 회상했다.

「우리는 혁명에 영감을 주는 것이 쿠바의 운명이라고 확신했습니다. ……우리는 쿠바 혁명이 라틴 아메리카에서 일어날 변화의 시작일 뿐이며 그러한 변화가 조만간 일어날 거라고 생각했습니다. ……모두들 어느 나라든 게릴라 군대에 들어가고 싶어 했지요. 파라과이로 갈 계획도 있었습니다. 우리가 파라과이로 보내질 것이라고 생각하게 된 이유는 모르겠지만, 파라과이로 가서 스트로에스네르를 전복시킬 계획이 있었습니다. 또 반트루히요 투쟁 계획도 있었고 몇몇은 도미니카로 가기도 했습니다. 허락을 받은 이들도 있었지만 그렇지 못한 이들도 있었지요. 소모사를 전복시킬 계획도 있었습니다. 그렇습니다, 어디든 전제군주, 라틴 아메리카 독재자가 있으면 그는 자동적으로 우리의 적이 되었습니다.」

체의 젊고 부지런한 부하 오를란도 보레고 역시 해방 열기에 감염되었다. 1959년 2, 3월에 라카바냐 장교들 사이에 도주 중인 니카라과 게릴라를 지원하기 위해 쿠바 혁명 원정대가 조직되고 있다는 소문이 돌았다.

「여러 명이 니카라과 원정에 지원하려 했습니다. 어느 장교가 원정대 조직의 핵심인 것 같았는데, 사실 그 임무는 소위 말하는《용병》으로 판명되었습니다. 즉 체의 승인을 받은 것도, 체가 준비하는 것도 아니었지요. 체가 이들을 소집해서 엄격하게 혼냈던 기억도 납니다. 허락도 없이 운동을 계획하고 무기를 축적했기 때문이었습니다. 그래서 이 계획은 중단되었습니다. 하지만 그때부터 그런 일들이…… 계획되기 시작했다는 것은 분명했습니다.」

사실 그랬다. 그러나 본격적인 게릴라 공모 계획은 보레고가 합류하려 했던 계획보다 더욱 엄격하게 비밀에 부쳐졌다. 체는 니카라과 공산당PSN에 소속된 일부 좌파 인사들과 만났지만 그리 깊은 인상을 받지 못했고, 그 후 2월 말에 오랜 지인 로돌포 로메로에게 전언을 보내 아바나로 와달라고 요청했다. 체는 로메로를 만나서 니카라과 상황을 평가하고 소모사 정권에 타격을 주려면 무엇을 해야 하는지 말해 달라고 요청했다. 로메로는 니카라과 공산당이 정치적으로 〈피폐〉하다며 남은 방법은 단 하나, 〈쿠바의 방법〉밖에 없다고 대답했다. 그러자 체는 이미 니카라과 게릴라 〈군단〉이 전 니카라과 국가방위군 장교 라파엘 소마리바의 지휘하에 쿠바에서 훈련을 받고 있다는 사실을 알려 주며 로메로에게 원한다면 합류해도 좋다고 말했다.

로메로는 게릴라 군단에 합류했고 그 후 6월에 작전을

개시하기 위해 중앙아메리카로 떠난 게릴라 원정대의 일원이 되었다. 작전은 결국 대실패로 돌아갔지만 로메로의 동지들은 시간이 지나면서 체의 지원을 계속 받으며 산디니스타민족해방전선FSLN을 구성하게 된다. 산디니스타는 그로부터 20년 후 마침내 아나스타시오 소모사를 무너뜨리고 권력을 획득했다.

7

2월 7일, 우루티아 정부가 쿠바 새 헌법을 승인했다. 새로운 헌법에는 특별히 체를 위해서 만들어진 조항이 포함되어 있었다. 반바티스타 전쟁에 2년 이상 참가하고 1년 동안 코만단테 계급을 가진 외국인에게 쿠바 시민권을 준다는 조항이었다. 며칠 후 체는 공식적으로 쿠바 〈태생〉 시민이 되었다.

헌법이 승인된 바로 그때 새로운 쿠바 정부에서 최초의 내부 위기가 발생했다. 피델은 우루티아 내각과 마찰을 빚고 있었다. 내각은 국민 복권을 금하는 교화 법령을 공포하고, 권력 장악 이후 폐쇄 명령이 내려졌던 사창가와 카지노를 재개장하는 데 반대했다. 실직당한 해당 업계의 노동자들이 분노하며 시위를 하고 있었고 피델은 자신의 지지층이라고 생각하던 〈노동자들〉을 결코 소외시키고 싶지 않았다. 쿠바에서 가장 두드러진 부문이었던 저속한 〈오락 산업 부문〉은 개혁될 필요가 있었지만, 퇴출될 직업을 가진 사람들에게 새 일과 재교육을 제공하면서 점차적으로 이루어져야 했다. 피델은 내각이 결정을 바꾸어야 한다고 주장하면서 그렇지 않으면 〈자기만의〉 해결책으로 이 막다른 상황을 해결하겠다고 거세게 협박했다. 미로 카르도나 총리는 피델이 내각의 의사와 상관없이 자기 식대로 일을 처리할 생각이라는 사실을 깨닫고 총리직을 내놓았다. 그의 자리를 차지할 사람은 바로 피델이었다.

피델은 총리직을 〈수락〉하면서 우루티아가 자신에게 〈정부 정책을 감독할〉 특별 권한을 주어야 한다고 주장했고, 우루티아는 이 요구를 순순히 받아들였다. 그런 다음 고위 공직을 맡을 수 있는 최소 나이 제한을 서른다섯 살에서 서른 살로 낮추는 법안이 발표되었다. 이제 각각 서른 살과 서른두 살에 불과했던 체와 피델은 장관직을 맡을 수 있었다. 2월 16일에 피델은 쿠바의 새로운 총리 자리에 올랐고 수락 연설에서 쿠바인들에게 〈변화〉를 약속했다. 2월 말이 되자 우루티아 대통령은 사실상 아무런 실권이 없는 수장이 되어 있었다. 피델이 쿠바의 실제적인 지도자라는 사실에는 반박의 여지가 없었다.

〈변화〉가 어떤 의미인지 체는 더욱 구체적으로 밝혔다. 그는 피델의 취임 3일 후 「레볼루시온」에 실린 「게릴라는 무엇인가?」라는 글에서 반군이 쿠바의 정치적 미래를 결정할 권리가 있다고 주장했고, 여기에 급진적인 토지개혁이 포함되어야 한다고 다시 한 번 넌지시 비추었다. 그는 게릴라를 〈매우 우수한 자유의 투사, 인민의 선택, 해방 노력에서 인민의 선봉에 선 투사〉라고 극찬하며 이들의 규율 관념은 군사 위계질서에 대한 맹목적인 복종이 아니라 본인의 이상에 대한 〈개개인의 깊은 확신〉에서 나온다고 말했다. 피델의 게릴라 군단은 개별 군인의 〈의무와 규율이라는 엄격한 양심〉을 통해서 〈인간이 흔히 느끼는〉 유혹에 저항하는 〈순수한 군대〉를 발명해 냈다.

게릴라는 규율이 잡힌 군인일 뿐 아니라 〈정신적, 육체적으로 민첩〉했다. 게릴라는 〈야행성〉이었다. 전투를 할 때 〈게릴라는 적에게 한 면만 보여 줄 필요가 있다. 게릴라는 일보 후퇴 후 기다렸다가 다시 전투를 시작하고 다시 한 번 후퇴하면서 자신이 맡은 특정 임무를 완수했다. 피를 흘리는 정부군을 몇 시간 혹은 며칠씩 내버려 둘 수도 있다. 인민 게릴라는 적절한 순간에 은신처에서 나와 공격할 것이다〉.

체는 게릴라들이 내전 기간에 그랬던 것처럼 그림자 속에 숨어 경계를 늦추지 않고 공격할 준비를 갖춘 채 기다리고 있다고 말했다. 그들의 임무는 끝나지 않았다. 〈게릴라는 왜 싸우는가? ……게릴라는 사회 개혁가다. 그들은 무기도 없는 형제들을 비난과 비참한 현실 속에서 살게 하는 사회 체제에 대항하여 분노로 항거하며 무기를 든다. 게릴라는 주어진 순간에 놓인 기존 질서의 특수한 상황에 항거하여 공격하며 주변 상황이 허락하는 모든 열정을 가지고 그러한 질서의 틀을 부수는 데 자신을 바친다.〉

체는 시골 지역 게릴라 전쟁을 이 글에서 처음으로 옹호하며 그것을 혁명의 중추적인 미래 임무와 연관시켰다. 그는 게릴라가 싸우기 위해서는 전략적으로 필요한 것, 즉 게릴라가 활동하고, 숨고, 도망치고, 또 민중의 지원에 기댈 수 있는 장소들이 있다고 썼다. 이 장소는 필연적으로 시골 지역을 의미했고, 공교롭게도 시골의 주요 사회 문제는 토지 소유였다. 〈게릴라는 근본적으로 무엇보다도 토지 혁명가다. 게릴라는 다수 농민 대중의 토지 소유자가 되고 싶다는 욕망, 자신들의 생산 수단, 가축, 그들이 여러 해 동안 그를 위해 싸워 온 모든 것, 그들의 삶을 구성하며 또 그들의 묘지가 될 것을 소유하고 싶다는 욕망을 이해한다.〉

체는 쿠바 오지에서 태어난 새로운 쿠바 군대의 전투 기준이 토지개혁인 이유는 바로 이 때문이라고 말했다. 〈시에라마에스트라에서 소극적으로 시작〉된 이 개혁은 곧 에스캄브라이로 전파되었으며 최근 〈내각에서 잊혀〉졌지만 이제 〈피델 카스트로의 확고한 결정〉 때문에 앞으로 나아갈 것이었다. 그는 〈누차 반복하지만 《7월 26일 운동》에 역사적인 정의를 내릴 인물이다. 7월 26일 운동이 토지개혁을 발명한 것은 아니다. 그러나 운동은 토지개혁을 수행할 것이다. 7월 26일 운동은 모든 농민이 단 한 명도 빠짐없이 토지를 소유할 때까지, 모든 토지가 빠짐없이 모두 경작될 때까지 포괄적인 토지개혁을 수행할 것이다. 그때가 되면 운동 자체는 존재할 이유를 갖지 못할지도 모르지만 역사적 임무 수행을 끝냈을 것이다. 우리가 할 일은 그 시점까지 이르는 것이며, 할 일이 더 있는지는 미래가 말해 줄 것이다〉.

체의 마지막 말은 다른 정치 동향, 즉 공산당과의 〈단결〉을 위해 결과적으로 7월 26일 운동이 해체될 수도 있다고 미리 경고하는 발언이었다. 〈단결〉은 쿠바 공산당과 반군 합병의 모토가 되었다. 혁명 세력 측의 체와 라울, 쿠바 공산당 측의 카를로스 라파엘 로드리게스의 주도로 쿠바 공산당과 반군의 합병이 이미 진행되고 있었다. 그러나 두 세력 사이에 모든 일이 순조롭게 흘러가지는 않았다. 쿠바 공산당 내에서 피델과 7월 26일 운동에 대한 의견이 나뉘었다. 카를로스 라파엘은 일찍부터 피델을 열렬히 믿었지만 당 서기장 블라스 로카는 분명 그렇지 않았다. 공산당 관리 아니발 에스칼란테는 결국 관계 회복 과정에서 핵심 역할을 했지만 〈구 공산주의자들〉은 피델의 지도자 자격에 대해서 몇 년 동안 계속 유보적인 태도를 유지했다.

또한 자유로운 사상가이자 당원이 아니었던 체 게바라는 당과 공공연히 공감했음에도 불구하고 정통 모스크바 계열 당원들의 동요를 일으켰다. 반군이 〈선봉 역할〉을 해야 한다는 그의 주장 — 이는 도시 지역의 노동자들과 기존 공산당 조직을 무시하는 것처럼 보였다 — 은 이론적인 모독이었고 시골 게릴라 전쟁과 토지개혁에 대한 강력한 옹호는 비정상적인 마오쩌둥주의로부터 영향을 받았다는 뜻이었다. 그러나 체는 문제가 되는 이단 징후들을 보였음에도 불구하고 분명히 친구이자 동지였다. 쿠바 공산당은 피델과 정치적 연대를 도와준 체에게 빚을 지고 있었다. 체가 아니었다면 쿠바 공산당은 피델과 연대할 수 없었을 것이다. 그들이 생각하기에 체의 이데올로기적인 뒤틀림은 시간이 지나면 다시 곧게 펴질 터였다.

한편, 쿠바 공산당은 정치적으로 큰 야망을 계속 유지하면서도 당과 분열을 겪었다. 피델에게 종속되지 않으려는 공산당의 저항과 정치권력이 문제였다. 이 문제는 시간이 어느 정도 더 흐른 후 정점에 이르지만 1959년 1월 말경에도 이미 존재하고 있었다. 쿠바인들이 대부분 눈치채지 못하고 지나간 한 사건에 공산당과 7월 26일 운동 사이의 이면적인 권력 싸움의 초기 징조가 나타나 있었다. 2월 8일 자로 발행된 『보에미아』는 작은 기사에서 〈해방절〉 이후 일어난 〈최초의 내부 위기〉를 보도했다. 체가 라스비야스의 군사 총독으로 임명했던 칼릭스토 모랄레스가 갑작스럽게 사임했다는 보도였다. 모랄레스는 〈공산주의자들과 긴밀한 연락책 역할을 해온〉 인물이었다.

문제의 근원은 라스비야스의 보수적인 7월 26일 운동 조직과 지역 공산당 조직 사이의 불화가 되살아난 데 있었다. 그러나 보도에 따르면 인종차별이 사건에 일조한 것으로 보인다. 산타클라라의 인종차별적인 카스트 체제에 불만을 가진 혁명 급진파 모랄레스는 권력을 과시하며 지나치게 빨리, 지나치게 앞서 나아갔다. 그가 처음으로 취한 행동 중 하나는 직접 불도저에 올라타 산타클라라의 백인 전용 중앙광장을 둘러싼 울타리를 무너뜨린 것이었다. 곧 모랄레스는 그 지방과 지역 7월 26일 운동 당국과 공공연히 반목했다. 라스비야스 쿠바 공산당 대표 펠릭스 토레스가 이 기회를 틈타 모랄레스를 도우러 왔고, 알레이다의 친구 롤리타 로세이의 말에 따르면, 칼릭스토는 곧 토레스의 영향을 받았다. 그러자 상황이 더 악화되기 전에 피델이 칼릭스토를 자리에서 물러나게 했다.

이 사건은 쿠바 전역에서 시작된 7월 26일 운동과 쿠바 공산당 사이의 영역 다툼의 일부를 눈에 띄게 만들었다. 그러나 모랄레스의 해임으로 라스비야스 문제가 종식되지는 못했다. 공산당 대표 토레스의 공격적인 정치 공세 덕분에 결국 쿠바 공산당이 라스비야스에서 우세를 차지했지만 결국 이러한 상황은 수많은 산타클라라 사람들을 소외시키고 널리 퍼진 반정부 정서에 부채질을 했을 뿐이었다. 여전히 라스비야스의 공산주의자들을 경멸했던 알레이다는 직접 나서서 체가 애초에 모랄레스를 임명하여 이런 소동을 일으켰다고 힐난했다. 오래지 않아 7월 26일 운동 내부의 불만분자들이 에스캄브라이에서 무기를 들고 반혁명 폭동을 일으켰다. 폭동은 다른 지역까지 퍼져 CIA의 원조를 받았고, 카스트로 정권이 펼친 진압 작전을 통해 〈반동 세력과의 투쟁Lucha contra bandidos〉이라고 공식적으로 알려지게 된다. 반동 세력과의 투쟁은 1966년까지 계속되었지만 피델의 군대는 스탈린의 성공적인 대(對)게릴라 전술을 흉내 내어 의심스러운 민간인 협력자들을 에스캄브라이에서 강제 추방하여 멀리 피나르델리오에 특별히 건설한 〈전략촌〉으로 쫓아냄으로써 결국 마지막 반군까지 모두 없애는 데 성공했다.

한편 개인적인 면에서 체의 삶은 복잡했다. 체는 알레이다와 단둘이 보낼 시간이 별로 없었기 때문에 그녀와의 관계에 신경을 써야 했을 뿐 아니라 옛 과테말라 친구 훌리오 〈파토호〉 카세레스가 아바나에 등장하자 그를 위한 공간도 마련해야 했다. 파토호는 체가 멕시코시티에서 떠돌이 사진사로 지낼 때 함께 일을 했고 체와 일다와 이따금 같이 지내기도 했다. 체와 혁명이라는 꿈을 공유했던 파토호는 그란마 호에 동승하고 싶어 했지만 피델이 외국인은 한 명만으로도 많다며 거절한 바 있었다. 그랬던 파토호가 쿠바에 오자 체는 두 번 생각할 것도 없이 자기 집에서 지내라며 그를 초대했다.

체는 세 살 난 일디타를 데리고 1월 말에 페루에서 돌아온 일다와의 만남도 피할 수 없었다. 전투에서는 두려움을 모르는 체였지만 부부 관계를 둘러싼 문제에서는 그렇지 않았다. 그는 공항으로 직접 마중을 나가는 대신 친구 오스카르 페르난데스 멜 박사를 보냈다. 화해하기를 원했던 일다는 몹시 실망했다. 일다의 회고록에서 우리는 〈점점 사이가 멀어져〉 헤어졌다는 흔한 이야기가 독특하게 변형된 모습을 볼 수 있다.

에르네스토는 언제나 그랬던 것처럼 솔직하게 다른 여자가 생겼다고, 산타클라라에서 만난 여자라고 기탄없이 말했다. 나는 가슴 깊이 고통을 느꼈지만 우리는 신념에 따라 이혼에 합의했다.

그는 내가 얼마나 상처를 받았는지 깨닫고 이렇게 말했다. 「내가 전투 중에 죽는 편이 나았을 거야.」 나는 아직도 그때의 기억을 지울 수가 없다.

그 순간 나는 아무 말 없이 그를 바라보았다. 나는 당시 너무나 많은 것을 잃어버리고 있었지만 아직 해야 할 중요한 일들이 너무나 많으며, 그가 그런 일들에서 너무나 중요하다는 사실을 떠올렸다. 그는 살아남았어야만 했다. 그는 새로운 사회를 건설해야 했다. 그는 열심히 노력해서 쿠바가 과테말라와 같은 실수를 되풀이하지 않도록 도와야 했다. 그는 아메리카의 해방을 위한 싸움에 전력을 다해야만 했다. 아니, 나는 그가 전투에서 죽지 않아서 기뻤다. 진심으로 기뻤다. 그래서 나는 그에게 내 생각을 열심히 설명하고 이렇게 말을 맺었다. 「이 모든 일들을 위해서 나는 항상 당신이 필요해.」

가슴이 뭉클해진 그가 이렇게 말했다. 「그런 거라면, 좋아…… 친구, 동지로 말이지?」

「맞아.」 내가 말했다.

실제로 일다가 체를 이렇게 순순히 놓아주었는지는 논란의 여지가 있지만, 소원해진 부부는 실제로 빨리, 꽤 우호적인 합의에 다다랐다. 일다는 쿠바에 머물면서 모든 일이 정리되는 대로 괜찮은 일자리를 얻기로 했고 체는 일다와 이혼한 후 알레이다와 결혼을 하기로 했다.

체는 사진으로만 보았던 어린 딸에게 아버지 노릇을 하려고 특별한 노력을 기울였고 오스카르 페르난데스 멜에게도 도움을 요청했다. 쿠바에 도착했을 당시 일디타의 발톱이 살 속으로 파고들고 있었는데, 체는 페르난데스 멜에게 발톱을 뽑아 달라고 부탁하며 이렇게 말했다. 「자네가 하게. 난 거의 만난 적도 없는데 발톱까지 내가 뽑으면 일디타가 나를 미워하게 될 거야.」 체의 부탁을 들어준 페르난데스 멜은 여러 해가 지난 후에도 체의 선견지명이 정말 뛰어났다고 웃으며 말했다. 그 후 일디타는 그를 볼 때마다 발톱을 뽑던 고통스러운 순간을 떠올렸던 것이다.

체는 알레이다를 위해 일다와 직접적인 접촉을 피하려고 — 두 여인은 처음 만나자마자 서로 경멸했다 — 종종 사람을 보내서 일디타를 라카바냐로 데려와 함께 시간을 보냈다. 그의 부하들은 체와 일디타가 손을 맞잡고 요새 주변을 걸어다니는 모습을 자주 목격했고 체가 사무실에서 서류를 검토하는 동안 검은 머리의 어린 소녀가 곁에서 노는 모습도 보았다.

2월 15일에 일다가 일디타의 세 번째 생일 파티를 열었고 체도 그 자리에 참석했다. 그때 찍은 사진을 보면, 일다는 미소를 지으며 일디타를 안고 식탁 제일 윗자리에 앉아 있다. 체는 다른 쪽에 딸과 떨어진 채 구부정한 등을 하고 앉아 있다. 베레모와 가죽 재킷 차림의 그는 마치 그 자리가 싫다는 듯 날이 서고 뚱한 표정을 짓고 있다.

동시에, 체는 여전히 아바나에 한 달 동안 머무르고 있던 가족을 돌봐야 했다. 처음 며칠 동안은 가족들과 함께한 시간도 짧았고 체도 정신없이 바쁜 일정에 쫓겼기 때문에 그런대로 즐거운 시간이 흘러가는 듯했다. 하지만 이내 체와 아버지 사이에 긴장이 고조되기 시작했다. 두 사람의 정치적 관점이 달랐을 뿐 아니라 체는 아버지가 어머니 셀리아를 대하는 방식을 결코 용서할 수 없었다. 체가 가까운 친구들에게 털어놓았듯이, 그의 아버지는 〈늙은 어머니의 돈을 탕진하고서는 그녀를 버린〉 남자였다.

결국, 둘 사이의 긴장이 절정에 이르게 만든 사건이 터졌다. 그 사건은 게바라 린치가 열정적인 햄 라디오 애호가의 집에 가서 부에노스아이레스에 있는 친구들과 통신을 한 후에 일어났다. 아르헨티나에 있을 당시 게바라 린치의 〈쿠바 지원위원회〉는 단파 라디오 송신기를 입수한 바 있었고, 그는 원래 목적으로 사용하기에는 — 즉 라디오 레벨데와 통신을 하기에는 — 이미 너무 늦어 버린 그 라디오 송신기를 시험해 보고 싶어 했다. 그래서 그는 어느 날 오후 부에노스아이레스로 라디오 통신을 하며 시간을 보냈다. 바로 그는 아들의 질책을 받았다. 「아버지, 너무 경솔하시군요. 아버지는 반혁명 분자 라디오 애호가의 집에서 부에노스아이레스로 단파 통신을 하신 거예요.」 게바라 린치가 변명을 하며 정치적인 문제에 대해서는 이야기하지 않았다고 하자 문제는 일단락되었다. 그러나 게바라 린치는 나중에 이렇게 회상했다. 〈초기 혁명 정부의 정보기관이 이미 활동을 시작한 것이 틀림없었다.〉

게바라 가족은 한동안 힐튼 호텔에 머무르다가 아바나 서쪽의 고급 교외 지역인 미라마르에 위치한 멋진 해변 호텔 코모도로로 거처를 옮겼다. 게바라 린치는 아무 때나 리카바냐를 찾아와 아들의 마음을 불편하게 만들곤 했는데, 이제는 거리 때문에라도 그렇게 하기가 힘들어졌다. 그 이후부터, 체는 헬리콥터를 타고 가서 호텔 잔디밭에 내려 가족들을 만났다. 게바라 린치는 〈에르네스토가 헬리콥터에서 내려 어머니 셀리아와 잠시 담소를 나눈 후 다시 떠났다〉고 적었다. 셀리아는 어느 모로 보나 쿠바에 푹 빠져서 아들의 승리를 기뻐했고 어머니로서 자부심을 느끼며 무비판적으로 아들이 공헌한 승리를 함께 누리려 했다.

체는 혁명 임무를 잠시 뒤로한 채 가족을 이끌고 관광을 다니며 산타클라라와 에스캄브라이에 위치한 자신의 옛 본거지를 보여 주었고, 알레이다 가족의 집과 자신이 이끈 전투 장소를 찾아갔다. 그가 페드레로에서 가족을 떠나 아바나로 돌아가자 체 대신 병사 두 명이 말에 타고 게바라 가족을 호위하며 산에 올라 체의 옛 사령부를 보여 주었다. 그곳에서 게바라 린치가 호기심을 누르지 못하고 옛 참모본부의 야전 전화기를 집어 들었을 때 또 사건이 일어났다. 반군 안내인들은 그 전화기가 근처 무선 송신기와 통신할 때 사용되던 것이나 지금은 연결이 끊어져 있다고 그에게 말했다. 그래서 전화기에서 어떤 남자의 목소리가 들려왔을 때 게바라 린치는 화들짝 놀랐다. 「당신 누구요?」 게바라 린치가 물었다. 「그러는 당신은 누굽니까?」 상대방이 받아쳤다. 「체의 아버지요.」 그가 대답했다. 전화를 받았던 남자는 흥분해서 말도 안 된다고 중얼거리더니 거친 말투로 그에게 한바탕 욕을 퍼붓고는 전화를 끊었다.

게바라 가족을 호위하던 군인들은 불안해졌다. 그래서 그들이 직접 무선통신을 시도해 보았지만 이번에는 아무 대답이 없었다. 군인들이 사태를 파악하러 숲으로 들어갔다. 그들이 자리를 비운 동안 체의 아버지는 생생한 상상에 사로잡혔다. 그는 이렇게 적었다. 〈나는 걱정이 되기 시작했다. 전화를 받은 사람들은 누구였을까? 반혁명 세력이라면 우리를 쉽게 잡을 수도 있었다. 우리 쪽에는 호위 군인이 두 명밖에 안 되었고 무기도 권총밖에 없었으니 말이다. 반혁명 세력이 체의 아버지와 어머니, 남동생, 여동생을 포로로 잡는다면, 혁명 세력에게 엄청난 타격이 될 터였

다.〉

게바라 린치는 아내와 딸, 막내아들을 요새 동굴로 데리고 갔다. 〈낯선 이가 나타나면 사위 루이스와 내가 함께 총을 쏘면서 입구를 지키기로 했다.〉 그러나 잠시 후 호위 군인들이 미소를 지으며 돌아왔다. 무선통신 시설에서, 그들은 게바라 린치가 전화를 걸었을 때 마침 송신기를 해체하고 있었던 민방위병들을 발견했다. 민방위병들 역시 게바라 린치의 목소리를 듣고 반혁명 세력이 공격을 해올지도 모른다고 겁을 먹고 방어 태세를 취하고 있었다. 나중에 셀리아가 이 이야기를 전하자 체는 큰 웃음을 터뜨렸고, 곧 온 가족이 다 같이 게바라 린치 덕분에 크게 웃었다.

가족의 방문은 또 다른 면에서 체의 심경을 복잡하게 만들었다. 동지들에 비해, 체는 대중에게 보이는 이미지를 거의 강박에 가까울 만큼 걱정했고, 자신이 권력을 남용한다는 인상을 주지 않으려고 무척 애를 썼기 때문에 정부가 자신의 가족 혹은 친한 친구라는 이유만으로 그들의 편의를 봐주지 않도록 신경 썼다. 카밀로가 체를 놀라게 할 의도로 게바라 가족에게 무료 비행편을 주선해 주지 않았더라면 그들은 공짜 여행을 엄두도 내지 못했을 것이다. 체가 알았더라면 그것을 용납할 리가 없었기 때문이다. 당시 게바라 가족은 쿠바에 머무는 동안 체의 엄격한 조치를 직접 경험했다. 가족들은 아바나 관광을 위해 차 한 대와 기사 한 명을 배당받았지만 체는 기름값을 자비로 지불해야 한다고 단호하게 말했다. 게바라 린치가 시에라마에스트라 전투지에 가보고 싶다고 말하자 체는 지프차 한 대와 안내해 줄 참전 군인 한 명을 붙여 주겠지만 기름값과 식대는 자비로 내야 한다고 말했다. 결국 돈을 충분히 가져오지 않았던 게바라 린치는 아들의 단호한 말 앞에서 방문 계획을 포기하고 말았다.

가족들은 갑작스럽게 쿠바를 떠났다. 게바라 린치는 이렇게 회상했다. 〈부에노스아이레스에 내가 처리해야 할 일이 많았다. 나는 갑작스럽게 떠나기로 결정했다. 그래서 에르네스토에게 전화를 걸어 그날 밤 당장 떠나겠다고 말했다. 에르네스토가 라울 카스트로와 함께 작별 인사를 하러 공항에 나왔다.〉

출국 탑승구에서 담소를 나누고 있을 때 한 남자가 다가와서 심한 부에노스아이레스 사람 억양으로 체에게 인사를 건넸다. 그는 자기도 아르헨티나인이라며 체와 악수를 하고 싶다고 말했다. 체는 아무 말 없이 승낙했지만, 그 남자가 공책과 펜을 꺼내서 사인을 해달라고 부탁하자 체는 등을 돌리며 〈난 영화 배우가 아닙니다〉라고 말했다.

게바라 린치는 아들과의 사이에 더욱 큰 거리감을 안고 아바나를 떠나게 되었지만 이별의 순간에 두 사람은 평화적인 제스처를 취했다. 비행기 탑승 안내 방송이 나올 때, 게바라 린치는 손목에 차고 있던 금시계를 끌러서 아들에게 주었다. 체가 무척 사랑했던 할머니 아나 이사벨 린치로부터 물려받은 시계였다. 금시계를 받은 체는 자기가 차고 있던 시계를 끌러 아버지에게 주면서 자신이 코만단테로 진급했을 때 피델이 준 시계라고 말했다.

8

체의 절친한 옛 동지 로돌포 로메로가 니카라과에서 쿠바로 왔을 때, 체는 이미 라카바냐 요새에 살고 있지 않았다. 3월 4일에 체가 폐 감염 진단을 받은 이후 그와 알레이다는 의사의 지시에 따라 가까운 바닷가 마을 타라라의 징발된 빌라로 이사해 있었다.

한동안 체는 건강이 좋아 보이지 않았고 본인도 그렇다고 느꼈다. 설탕 전문가 후안 보로토도 1월 초 라카바냐에 불려 갔을 때 체의 파리한 모습을 보고 깜짝 놀랐다. 〈마치 죽음의 문턱에 선 사람 같았습니다. 길게 자란 머리털과 푹 꺼진 눈 때문에 무척 수척해 보였습니다.〉체가 베네수엘라 의학계로부터 연설을 해달라고 초청을 받고도 피델과 함께 베네수엘라에 가지 않은 데는 건강 악화도 한몫했다. 그러나 체는 3월 4일이 되어서야 바쁜 일정에서 잠시 짬을 내 의사들에게 엑스레이를 찍어도 좋다고 허락했다. 의사들은 즉시 일정 기간 동안 요양을 하라고 지시하면서 시가도 끊으라고 했지만 전쟁 기간 동안 담배에 맛을 들인 체는 의사들을 설득해서 하루에 한 대는 피워도 좋다는 허락을 받아 냈다.

환자는 이 규칙을 자유롭게 해석했다. 피델의 온갖 일을 돕고 있던 안토니오 누녜스 히메네스는 타라라에 위치한 체의 빌라를 자주 오갔다. 그는 어느 날 아침 목격하게 된 장면을 이렇게 말했다. 「나는 그가 45센티미터나 되는 시가를 피우는 모습을 보았습니다. 그는 말썽꾸러기 같은 미소를 지으며 이렇게 설명했습니다. 〈의사들이라면 걱정하지 말게, 나는 약속을 잘 지키고 있으니까. 하루에 시가 한 대만 피우지, 더 이상은 안 피우거든.〉」

타라라의 집은 체가 오랜 요양 기간 동안 혁명 작업을 더욱 비밀리에 수행할 수 있게 해주었다. 체는 쿠바의 새로운 토지개혁법 준비에 깊이 관여하며 실행 기관을 구상하고 있었다. 이 기관에는 불쾌감을 주지 않는 토지개혁청이라는 이름이 붙었지만 그 기관은 본질적으로 진정한 쿠바 혁명의 시작이었다. 7월 26일 운동의 좌파, 반군 전체, 쿠바 공산당의 연합체인 토지개혁청은 마누엘 우루티아가 이끄는 정권의 기능을 점차적으로 대체하여 결국에는 우루티아 정권을 완전히 무력하게 만들 예정이었다.

체는 라카바냐에 도착한 직후 후안 보로토와 쿠바 공산당원 알프레도 메넨데스를 비롯한 설탕 기관의 비공식 고문단을 불러 이야기를 나누었다. 1959년 사프라zafra, 즉 설탕 수확기가 시작되었으므로 체는 노동 시간을 여덟 시간에서 여섯 시간으로 줄여 일자리를 더 많이 창출하자고 제안했다. 메넨데스는 이에 반대하면서 노동 시간을 줄이면 일자리가 더 생기겠지만 쿠바 노동 시장 전체에 노동 시간 단축 요청이 일어날 것이고 그러면 결국 설탕 생산비가 증가하여 쿠바가 세계 시장에서 얻는 소득에 악영향을 미칠 것이라고 지적했다.

체가 대답했다. 「당신 말이 맞을지도 모릅니다. 하지만 보세요, 혁명의 첫 번째 과제는 쿠바의 실업 문제를 해결하는 것입니다. 우리가 그 문제를 해결하지 않는다면 권력을 유지할 수 없을 것입니다.」

체는 메넨데스에게 근무 시간 단축 제안서를 제출하라고 요청했지만 결국 피델이 이 제안을 거부했다. 노동 시간 단축 조치가 노동자들 사이에서는 많은 인기를 끌지도 모르지만 그 밖에 너무 많은 문제들을 일으키기 때문이었다. 게다가 설탕 산업은 여전히 강력한 쿠바 및 미국 개인 자본가들의 손에 달려 있었기 때문에 피델은 아직까지 그들이 적개심을 품게 할 수는 없었다. 메넨데스는 이렇게 말했다. 「피델은 더욱 장기적으로 전망했습니다. 그는 노동자들에게 빵부스러기를 위해서가 아니라 권력을 위해서 싸워야 한다고 말했습니다. ……피델은 이미 산업 국유화 계획을 세우고 있었습니다.」

2월이 되자 협의에 점점 가속도가 붙었고 메넨데스는 고위 공산당원들의 회의에 합류했다. 그들은 라카바냐와 가까워서 편리했던 코히마르에 프란시스코 가르시아 발스의 이름으로 집을 빌려 그곳에서 만났다. 공산당원인 가르시아 발스는 전쟁에 참가하지 않았지만 영리하고 영어와 불어에 능통한 젊은이였다. 가르시아 발스가 마음에 들었던 체는 그를 중위로 임명한 다음 자신의 실무 보좌관으로 삼았다. 가르시아 발스가 과분한 계급과 임무를 맡은 것이 외부인들의 눈에는 이상해 보였을지도 모르지만 〈판초〉 가르시아 발스는 체를 위해서 중요한 일을 수행했다. 매일 밤 쿠바 공산당 〈경제위원회〉 모임을 그의 집에서 열어 토지개혁법 초안을 작성했던 것이다.

체는 쿠바 공산당의 야간 회의에 직접 참석하지는 않았

지만 오후가 되면 가르시아 발스의 집에 습관적으로 들렀다. 가르시아 발스와 메넨데스가 경제 문제들과 씨름하는 동안 체는 테이프 녹음기에 게릴라 전쟁에 대한 생각을 구술했다. 바티스타의 중사였으며 체가 라카바냐에서부터 곁에 두었던 새로운 개인 비서 호세 마누엘 만레사가 그가 쏟아 내는 말들을 타자기로 쳤다. 때때로 체는 메넨데스를 불러서 일부를 읽어 보게 했다. 이렇게 해서 만들어진 『게릴라 전쟁』은 체의 경험을 바탕으로 한 게릴라 전쟁 입문서였다. 체는 게릴라에 대한 마오쩌둥의 저술에서 영감을 받은 것처럼 이제 쿠바에서 배운 교훈을 다른 라틴 아메리카 국가들에 적용시키려고 했다.

체의 이야기가 워낙 장황했기 때문에 지나치게 오랜 시간 동안 자리에 앉아서 타자기를 쳐야 했던 만레사는 다리가 부어오르는 고생을 치렀다. 이 책은 1960년이 되어서야 출판되었지만 체는 책이 나오기 전에도 대중 연설을 할 때 그 내용을 이용했다. 책이 인쇄소에서 도착하자 체는 키가 아주 작았던 메넨데스에게 제일 먼저 한 권을 주었는데, 그 안에는 이렇게 적혀 있었다. 〈작은 거인 설탕 황제에게, 체.〉

체가 타라라에 머물면서 토지개혁청 출범 작업이 더욱 힘을 얻었다. 비슷한 시기에 코히마르 빌라로 이사한 피델은 누녜스 히메네스를 토지개혁 실무팀 팀장으로 임명했다. 실무팀에는 체와 함께 피델의 공산당 동지였던 알프레도 게바라, 페드로 미레트, 빌마 에스핀, 나이 지긋한 쿠바 공산당 고문 두 명이 포함되었다. 이들은 밤마다 타라라에 있는 체의 집에서 만나 변경 사항을 토론하면서 쿠바 공산당 측이 가르시아 발스의 집에서 작성한 제안서에 새로운 아이디어를 더했다. 알프레도 게바라는 피델의 전기작가 태드 슐츠에게 실무팀은 보통 새벽까지 일했는데 새벽이 되면 〈피델이 와서 내용을 전부 바꿨다〉고 말했다. 그러나 프로젝트는 점점 형태를 잡아 갔지만 우루티아 정부의 각료들에게는 철저히 비밀에 부쳐졌다. 체는 또한 피델의 집에서 열린 반군 및 쿠바 공산당 연합회담에도 참가했다.

당시 체가 국가에 징발된 타라라의 호화 빌라에 살고 있다는 잡지 기사가 나자 그가 격렬한 반응을 보였던 것도 실무팀이 눈에 띄지 않아야 했기 때문이었을 것이다. 3월 10일, 체는 「레볼루시온」 발행인 카를로스 프랑키에게 적의를 드러내며 기사 내용을 반박했다. 체는 〈겉보기에는 아무런 해도 없어〉 보이는 「코만단테 게바라 타라라에 자리 잡다」라는 제목의 기사가 〈나의 혁명적 태도에 대해서 무언가를 넌지시 비추려는 것 같다〉며 은근히 프랑키를 협박했다.

내가 여기서 그 기자분이 누구인지 분석하거나 내가 가지고 있는 파일에서 내가 그에 대해서 알고 있는 사실을 폭로하지는 않겠지만…… 여론을 위해서, 또 혁명가로서 나를 믿는 사람들을 위해서…… 나는 「레볼루시온」 독자들에게 내가 현재 병을 앓고 있다는 사실을, 또 내가 도박 소굴이나 카바레에서 밤새 놀다가 병에 걸린 것이 아니라 혁명을 위해 나의 육체적 한계를 넘을 정도로 많은 일을 하다가 병에 걸렸다는 사실을 분명히 밝힌다.

　의사들은 사람들이 매일같이 찾아오지 않는 조용한 곳에 살라고 당부했다. ……나는 구정권을 대표하는 자들의 소유였던 집에 살아야만 했다. 나의 반군 장교 월급 125달러로는 내가 함께 지내던 사람들이 전부 같이 살 만큼 큰 집을 세낼 수 없었기 때문이다.

　이 집이 바티스티아노의 소유였다는 것은 사치스러운 집이라는 뜻이다. 나는 가장 간소한 집을 골랐지만, 그래도 그것은 여전히 대중의 정서에 대한 모독이다. 나는 몸이 회복되자마자 당장 이곳을 떠날 것을 야노 몬테스 씨와 모든 쿠바 인민들에게 약속한다…….

　　　　　　　　　　　　　　　　　　　　　　　체.

　두 달 후 건강이 나아지고 토지개혁 법안이 완성되자 체는 약속을 지켰다. 그는 타라라의 빌라를 떠나서 아바나의 반대쪽 끝에 위치한 내륙 마을 산티아고데라스베가스 근처의 시골에 훨씬 더 검소한 집을 얻었다.

　비밀회의가 진행되는 동안 신임 미국 대사 필립 본설이 쿠바에 도착했다. 본설은 피델과의 호의적인 첫 만남 이후 카스트로를 〈잘 다룰 수 있을 것〉이라는 긍정적인 평가를 내놓았지만 미군 정보기관의 생각은 달랐다. 3월 10일, 대통령 자문 기관인 국가안전보장회의는 〈쿠바에서 다른 정권이 권력을 획득하도록 만들〉 가능성을 논의했다.

　미국의 정치 분석가들 대부분은 피델이 공산주의자든

아니든 요주의 인물이므로 그가 쿠바 및 인접 지역에 심각한 타격을 주기 전에 고삐를 채워야 한다고 생각했다. 정치적으로 온건하며 과거에 피델을 지지했던 라틴 아메리카 지도자들 몇몇도 점점 힘을 얻고 있던 피델 견제론에 자신들의 목소리를 더했다. 예를 들어 페페 피게레스와 로물로 베탕쿠르 모두 이미 쿠바의 〈주요 지역 대부분〉에 〈확고한 공산주의 통치〉가 들어섰다는 의구심을 미국 측에 털어놓았다. 그러나 피델은 계속해서 공산주의 성향을 열심히 공개적으로 부인했다.

모든 것이 혼란스러운 상황이었지만 곧 미국 측이 젊은 쿠바 지도자를 직접 평가할 기회가 왔다. 미국 신문편집장협회가 피델에게 자신들의 연례 대회에 기조 연설자로 나서 달라고 했을 때 피델은 초대를 받아들이겠다는 의사를 밝혔다. 대회는 워싱턴에서 4월에 열릴 예정이었다. 피델은 혁명에 대한 부정적 평판에 대응하기 위해 〈진실 작전〉이라는 떠들썩한 홍보 캠페인을 벌였고, 그 일환으로 수백 명의 기자들을 아바나로 초대했다. 하지만 이러한 캠페인도 회의론자들의 불신을 잠재우기에는 역부족이었다.

당시에는 반박해야 할 부정적인 평판이 많았다. 피델이 앞장서서 〈사업상의 부정 의혹을 조사한다〉는 명목으로 ITT사의 쿠바 지사에 개입했기 때문이었다. 체가 1월에 연설을 통해 촉구했던 그대로였다. 체는 쿠바를 방문 중이던 호세 〈페페〉 피게레스 코스타리카 대통령이 쿠바는 〈냉전 대립〉에서 미국의 편을 들어야 한다고 제안하자 그가 〈제국주의적 성향〉을 가지고 있다며 공개적으로 맹비난했다.

체는 쿠바 경제에 대해 터무니없는 예측을 내놓으며 심지어 몇 년 내에 쿠바의 생활 수준이 미국보다 앞설 것이라고 주장했다. 체가 지휘하는 혁명 재판 역시 흔들림 없이 계속되었다. 또 그는 민간인 폭격 혐의로 기소된 바티스타 휘하의 비행사 마흔네 명이 증거 부족으로 석방되자 재심을 명령하여 국제적인 스캔들을 일으켰다. 또 다른 여파는 유력한 가톨릭계 내에서 비롯되었다. 성직자들은 혁명 재판을 보면서 공포에 질렸고 ― 수많은 사형수들에게 마지막 의식을 해주는 것은 사제들의 몫이었다 ― 바티스타 축출 운동을 활발히 지지했던 가톨릭 민병대는 혁명의 좌편향에 대해서 점점 더 걱정하고 있었다.

학생들에게 〈대학에서 부패를 조장하는 모든 것을 몰아낼〉 것을 촉구하며 최근 아바나 대학에서 행한 피델의 연설은 대학의 자율성이라는 신성한 전통을 전혀 존중하지 않은 것이었다. 언론의 자유에 대한 탄압은 아직 시작되지 않았지만 풍자 신문 「지그재그」가 피델을 웃음거리로 만들자 그는 기꺼이 언론을 탄압하겠다는 뜻을 드러냈다.

이 모든 상황을 더욱 우호적으로 비추고 해외에 만연한 회의론을 극복하기 위해서 〈혁명〉 언론을 만드는 계획이 진행 중이었다. 쿠바 혁명에 깊이 매료된 아르헨티나 저널리스트 호르헤 리카르도 마세티가 우루과이 저널리스트 카를로스 마리아 구티에레스와 함께 아바나로 돌아왔다.*

---

* 마세티는 부에노스아이레스로 돌아와 시에라마에스트라에서 지낸 경험에 대한 짧은 소책자『싸우는 사람들과 우는 사람들*Los que luchan y los que*

두 사람은 체와 〈독립적인〉 국제 쿠바 통신사 창설에 대해서 이야기를 나누었다. 쿠바 통신사는 페론이 만들었다가 실패하고 만 〈아헨시아 라티나Agencia Latina〉를 본보기로 삼았는데, 체는 멕시코 체류 당시 그곳에서 잠시 일한 적이 있었다. 페론과 마찬가지로 체의 목적은 AP와 UPI 같은 〈양키 자본주의〉 독점 통신사들로부터 자유로워지는 것이었다. 몇 달 후, 전쟁 기간 동안에 거둬들인 7월 26일 운동 미사용 채권 중 10만 달러를 들여서 쿠바의 〈프렌사 라티나Prensa Latina〉가 설립되었다. 마세티가 초대 편집장이 되었고 곧 전 세계에 프렌사 라티나 통신원들이 갖춰졌다. 시에라에서 쿠바의 편으로 돌아선 미국 저널리스트 밥 테이버 역시 몇 달 후 새로 만들어진 쿠바 혁명지원위원회를 통해 혁명 세력의 프로파간다를 도왔다. 쿠바 혁명지원위원회는 미국에서 로비를 하는 친카스트로파였다. 위원회는 초기에 칼턴 빌스, C. 라이트 밀스, I. F. 스톤, 앨런 긴스버그와 같은 진보-좌파 지식인들에게 지지를 얻었다.

피델은 문제 해결에 실용적으로 — 또 때로는 마키아벨리적으로 — 접근하는 한편 쿠바의 여러 문제를 〈해결〉할 기이한 경제 계획에 대한 불안한 집착을 드러내기 시작했다. 그는 남부 해안 쪽 광활한 삼각주 늪지 시에나가데사파타를 간척하여 쌀농사를 짓겠다는 꿈을 가지고 있었다. 또한 고용을 증진할 수단으로 쿠바의 설탕 수확량을 늘리겠다는 피델의 몰지각한 발언은 선물투자자들이 곧 공급

lloran」을 출판하여 쿠바 혁명과 지도자들을 칭송했다.

과잉이 일어날 것이라고 점치게 하면서 세계 설탕 가격을 하락하게 만들었다. 실제로 1959년 설탕 수확량은 평소보다 더 많아져서 총 수확량이 580만 톤에 달했다.

피델의 별난 제안들의 상당 부분은 사방에서 경제적인 문제가 밀려드는 데 따른 절박함 때문에 생겨난 것이었다. 바티스타 시절의 부패와 막바지에 다다른 정권의 절도, 자본 도피로 인해 쿠바의 국고가 텅 비어 준비금은 100만 달러 정도밖에 남아 있지 않았고, 공채는 12억 달러가 넘었으며 예산 결손액은 8억 달러에 달했다. 바티스타에 의해 흡수되기 전에는 공산주의자들의 주된 보루였던 조합원 100만 명 규모의 쿠바노동조합은 새로 임명된 조합장다비드 살바도르의 지도하에 피델의 후원을 받으며 막 숙청을 시작했다. 여러 사건들이 토지개혁이 임박했음을 계속 떠올리게 했기 때문에 지주와 농업 투자자들은 불안감을 느꼈고 자본 투자는 서서히 멈추기 시작했다. 3월이 되자 피델이 대중 사이에 인기가 높은 법안을 추진했다. 그것은 임대료를 50퍼센트 낮추고 빈 토지를 공용으로 수용하는 법안으로, 지주들과 토지 투기꾼들의 이익에 직접적인 영향을 미쳤다. 여러 가지 수입 사치품에 관세가 부과되었고 일시 해고된 노동자들은 작업 복귀를 위해 파업을 시작했으며 다른 노동자들은 임금 인상을 요구했다. 피델은 일단 결정을 유보하고 상황을 바로잡을 시간적 여유를 달라고 했지만 미래에 대한 불안이 커져만 가던 부유층과 중산층 중에는 해외에서 새로운 삶을 찾기 위해 짐을 꾸려 떠나는 사람들이 점점 더 많아졌다. 대부분은 겨우 145킬로미터 정도 떨어진 쿠바 망명자들의 유서 깊은 피난처, 마이애미로 향했다.

4월 14일, 아바나 주재 미국 대사관의 대리 대사 대니얼 브래덕은 〈쿠바 공산주의의 성장〉이라는 제목의 기밀 서류를 워싱턴으로 보냈다. 브래덕은 바티스타 정권이 몰락하자 쿠바 공산당이 〈은신처에서 다시 나타나 반(半)합법적인 위치를 획득했으며 정당 등록이 시작되는 즉시 온전히 합법적인 지위를 얻을지도 모른다〉고 경고했다. 〈지난 3개월 동안 공산당 당원 수가 적어도 3천 명 이상 증가했으며 여전히 증가 추세이다. 아바나의 모든 구역과 내륙 지방의 거의 모든 도시에서 공산당 사무실들이 문을 열었다.〉 브래덕의 전보는 또 공산주의 침투의 주요 목표는 쿠바 군대라고 경고했다.

라카바냐는 공산주의자들의 주요 중심지로 보이며 라카바냐 사령관 체 게바라는 공산주의에 연관된 가장 중요한 인물이다. 게바라가 공산주의자는 아닐지도 모르지만 마르크스주의자인 것만은 분명하다. 라카바냐에서 그의 지도하에 병사들에 대한 정치적 교화 작업이 이루어졌다. 일부 대사관에서 직접 확인한 바에 따르면 교화 과정에 쓰이는 자료는 공산주의 노선을 따르는 것이 확실하다. 게바라는 피델 카스트로에게 무척 큰 영향력을 행사하고 육군 총사령관 라울 카스트로에게는 더욱 큰 영향력을 가지고 있으며, 라울 카스트로의 정치적 입장은 체 게바라와 같은 것으로 보인다.

미 대사관의 분석은 옳았다. 체가 라카바냐에서 진행한 마르크스주의 교화 프로그램에 대한 초기 평가는 체의 부관들이 기억한 내용과 놀랄 만큼 부합한다. 예를 들어 오를란도 보레고가 묘사하는 자신의 당시 모습은 당시 라카바냐의 수없이 많은 병사들의 전형이었다. 즉 〈어떤 사상도 형성되어 있지 않지만〉 혁명 기강이 바로 잡혀 있으며 〈체와 피델에게 대단한 존경심〉을 가지고 있는 젊은 전(前) 반군이었다.

「정치적인 관점에서 보자면 초기 몇 달 동안 우리는 무척 혼란스러웠습니다. 혁명이 사회주의 혁명이 될 것이라는 소문이 돌기 시작했습니다. 부대에 그런 말이 돌기 시작했고 나는 〈아니, 그럴 리 없어〉라고 말하는 사람들 중 하나였습니다. 도대체 사회주의가 뭘까요? 나는 몰랐습니다. 공산주의는 나쁜 것이라는 이미지 때문에 저도 그런 생각을 가지고 있었습니다. ……우리는 정당하고 명예로우며 나라의 이익을 위하지만 공산주의와는 아무 상관이 없는 혁명을 원했습니다. 우리끼리 그런 이야기를 나누곤 했습니다. 하지만 또 〈뭐, 체와 피델이 공산주의자라면 우리도야〉라고도 말했지요. 하지만 그렇게 말한 이유는 어떤 사상적인 입장 때문이 아니라 두 사람에 대한 충성심 때문이었습니다.」

보레고는 혁명 판사로서 전(前) 경찰청장 에르난도 에르난데스 장군의 재판을 주도하면서 의식이 깨기 시작했다. 재판이 진행되던 중 피고 에르난데스 장군이 보레고에게 파스테르나크의 소설 『닥터 지바고』에 〈존경을 담아 오를란도 보레고 중위에게, 에르난도 에르난데스 장군으로부터〉라고 적어서 주었다. 보레고는 파스테르나크가 어떤 인물인지 전혀 몰랐고, 나중에 순진하게도 체에게 그 책을 보여 주었다. 「체가 그것을 보더니 웃기 시작하며 말했습니다. 〈자네 정말 무식하군.〉……그는 러시아 작가 파스테르나크가 어떤 사람인지, 그가 스탈린 시대에 대해서 어떤 폭로를 했는지 설명해 주었습니다. 그 사람은 저에게 일부러 그 책을 선물한 것이었습니다. 소련에 관한 부정적인 모든 것을 내가 이해할런지 보려고 말입니다.」

이 사건 이후 보레고의 정치적 〈무지〉는 점차 사라졌다. 「그때까지 체는 우리에게 정치적 정향을 직접적으로 심어 주려 한 적이 거의 없었습니다. 그러다가 2월인지 3월부터 체가 우리 장교들과 라카바냐의 작은 홀에서 회의를 하기 시작했습니다. 그는 정치적 정향에 대한 이야기를 하기 시작했습니다. 체가 그렇다고 분명히 밝히지는 않았지만 사실이 그랬습니다. 그는 혁명 투사와 혁명 군대의 역할이 무엇이 되어야 하는지에 대해서 우리에게 이야기했습니다.」

이와 같은 세미나에서 체는 권력 획득이 혁명에서 가장 중요한 목표가 아니라는 생각을 특히 강조했다. 보레고는 이렇게 회상했다. 「체는 가장 어렵고 복잡한 과제가 바로 그때 시작되고 있다고 우리에게 말했습니다. 뚜렷이 구분되는 사회를 건설할 단계였습니다. 그가 공산주의나 사회주의에 대해서 말하지는 않았지만 모임 때 역사적인 관점과 국제적인 규모에서 혁명 사상을 소개하기 시작했고, 어느 날은 와서 지도 앞에 서더니 소련에 대해서, 사회주의 블록 국가들에 대해서, 또 레닌이 수행한 역할에 대해서 설명하면서 우리에게 레닌의 사상을 알려 주며 거기에 배워야 할 중요한 교훈이 있다고 말했습니다.」

보레고의 회상에 따르면 그와 동지들은 그날 세미나를 마치고 나오며 〈공산주의 냄새가 지독히 나는군〉이라고 말했다. 그러나 그들은 새로운 사상에 겁을 먹기보다는 흥미를 느꼈다. 라카바냐에 남아 있던 사람들 대부분은 반군 출신이었지만 — 체는 숙청 이후 정부군 병사들을 대부분 해고했다 — 여전히 불안정한 시기였다. 혁명 군대에는 여전히 다양한 군사들이 섞여 있었고 다수는 아직도 반공 사상을 가지고 있었다.

일단 체가 하급 장교들의 분위기를 누그러뜨린 다음 연대 부관 아르만도 아코스타가 교화 작업을 맡았다. 보레고는 이렇게 회상했다.「그가 우리 장교들에게 접근해서 정치 교육을 하기 시작했습니다. 그가 우리에게 여러 가지를 설명하는 방식을 보면 그가 무척 똑똑하고 지적이었다는 사실은 인정해야 합니다. 그는 공산주의에 대해서는 한 마디도 하지 않으면서 혁명 용어로 여러 가지 일을 명확히 설명했고 혁명가들의 단합이 필요하다고 강조하면서 정치적 분열도 절대 없어야 한다고 말했습니다.」

보레고는 아코스타의 이야기들을 듣고 매일 체와 밀접하게 일하면서 〈사상〉을 가지게 되었다. 보레고에게 정말 결정적인 순간은 4월에 찾아왔다. 보레고는 전쟁에 참가하기 전 어느 부유한 쿠바 사업가 밑에서 일했었는데 그 사업가가 과테말라의 보수가 큰 일자리를 제안했던 것이다. 이 제안에 솔깃해진 보레고는 체에게 찾아가 사정을 이야기하고 그의 의견을 물었다.

체는 보레고가 혁명에서 핵심적인 역할을 하고 있다며 무엇이 우선되어야 하는지 심각하게 생각해 보라고 말했다. 체는 보레고에게 며칠 동안 곰곰이 생각해 보고 결심이 서면 다시 오라고 했다. 보레고는 며칠 동안 진지하게 생각한 다음 체를 찾아와 가지 않겠다고 말했다. 「체에 대한 의무감 때문이기도 했습니다. 저는 체와 무척 비슷해졌습니다. 그는 금세 저에게 큰 영향을 미치게 되었습니다.」

이때 이후로 보레고는 결코 뒤를 돌아보지 않았다. 보레고와 체의 관계는 더욱 가까워졌고 그는 결국 게바라가 가장 신뢰하는 친구이자 부하가 되었다. 1959년 봄, 체를 지켜보던 사람들 대부분에게 에르네스토 〈체〉 게바라는 전형적인 사람과 다른 무척 특이한 인물이라는 사실이 분명해졌다. 체는 다른 사람들에게 신비할 정도로 영향력을 행사했고 그의 주변에는 충직한 부하들이 모여들었다. 이들은 보레고처럼 정치적 신조라기보다는 〈체〉라는 인물 자체를 따르는 사람들이었다. 그러나 파벌주의와 거리가 멀었던 체는 라카바냐가 반군 측으로 넘어가는 과도기에 패배한 전 정부군 장교들을 존중했다. 일부 장교들을 총살대로 보내 처형하면서도 말이다. 체는 전 정부군 사령관의 개인 타자수였던 호세 마누엘 만레사를 비서로 기용했다. 신념이 없이는 할 수 없는 그런 체의 행동에 만레사는 평생 감사하는 마음을 가지게 되었고, 그는 체가 쿠바를 떠나기 전까지 항상 그의 곁에 머물며 헌신적으로 일했다.

여러 해가 지난 후 만레사에게 세상을 떠난 사랑하는 헤페에 대해 말해 달라고 요청하자 그는 눈물을 줄줄 흘리며 감정에 북받쳐 말을 잇지 못했다. 만레사는 다리의 혈액 순환이 좋지 않았기 때문에 체의 죽음을 불러온 마지막 볼리비아 작전에 동행하지 못했다. 만레사는 자신이 입을 여는 것은 그를 위해 목숨이라도 기꺼이 바칠 수 있는 사람과 자기 자신 사이의 믿음을 배신하는 것이라고 생각했다.

체는 뚜렷한 사상을 가지고 있었고 피델과 무척 가까웠으며 부하 병사들에게서 아주 특별한 충성심을 얻은 인물이었기 때문에, 미국 측에서 볼 때는 정말 위험한 적이었다. 또 아바나의 미 대사관에서 보낸 전신이 보여 주듯 미국인들은 1959년 초부터 그 사실을 알고 있었다.

9

모스크바 역시 아바나에서 전개되는 상황을 주목하지 않을 수 없었고, 소련 측에게도 체 게바라는 특별히 주의를 기울여야 할 인물로 떠올랐다.

사실 1959년 1월에 소련을 통치하는 공산당 중앙위원회가 아바나에 비밀요원을 파견해 상황을 알아보고 새로운 정권과 관계를 설정할 가능성을 타진했다. 비밀요원이 제일 처음으로 접근할 인물은 체 게바라로 정해졌다.

비밀요원의 이름은 알렉산드르 알렉셰프였다. 마흔다섯 살의 KGB 요원 알렉셰프는 외교관으로 신분을 위장하고 부에노스아이레스 주재 소련 대사관에서 일하던 중

1958년 8월에 모스크바로 불려 갔다. 그는 정보원 초기 시절에 스페인 내전, 대조국 전쟁*에 참전했고 그 후 라틴 아메리카 전문가로 일하고 있었다.

알렉셰프는 아르헨티나에 머물던 1957년부터 부에노스아이레스 대학의 친구들로부터 에르네스토 〈체〉 게바라에 대한 이야기를 듣기 시작했다. 그는 이렇게 회상했다. 「그들은 혁명가였는데 항상 체에 대해서 자부심을 드러내며 이야기했습니다. ……자기들의 동포가 피델과 함께 싸우고 있었기 때문이었죠.」 그러나 당시 소비에트 측의 공식적인 입장이 그러했듯이 알렉셰프는 피델의 정치적 성향을 의심했고 나중에 인정한 것처럼 쿠바에 온전한 관심을 기울이지 않았다. 「나는 쿠바 혁명에 대해서 깊이 생각하지 않았습니다. 그것이 다른 라틴 아메리카 혁명과 마찬가지라고 생각했고…… 정말 진지한 혁명인지 확신하지 못했습니다.」

일단 모스크바로 돌아간 알렉셰프는 해외문화교류위원회 라틴 아메리카부 부장으로 임명되었다. 위원회는 소비에트 지도부의 직속 기관이었다. 1958년 12월에 알렉셰프는 새로운 직책을 맡았고 그 후 몇 주 지나지 않아 쿠바 혁명이 승리했다는 소식이 전해지자 모스크바는 즉시 새로운 정권을 인정했다. 그 직후 알렉셰프의 상관이자 니키타 흐루쇼프 총리와 직접 접촉하던 유리 주코프가 알렉셰프

---

* 제2차 세계 대전 동안 동부 전선에서 소련이 나치 독일에 대항하여 싸운 전쟁을 가리킨다 — 옮긴이주.

를 찾아와서 말했다.

「알렉산드르, 자네가 가서 어떤 혁명인지 알아봐야 할 것 같네. 반미 혁명인 것으로 보이니 자네가 직접 가볼 가치가 있는 것 같아. 자네는 스페인어도 잘하고 아르헨티나에서 지냈으니 가장 적임자일세. 체가 아르헨티나인이고 그와 접촉을 할 방법도 있으니 말이네.」

1년 전 멕시코에서 알렉셰프와 같은 부서에서 일했던 유리 파포로프는 동료의 반응을 이렇게 회상했다. 「그는 〈부르주아 혁명가들과 이야기하고 싶지 않다〉고 말하며 가기 싫어했습니다.」 파포로프는 알렉셰프에게 이 일이 〈경력에 도움〉이 될 테니 망설이지 말고 가라고 충고했는데 알렉셰프에게는 이 말이 더욱 설득력 있었다.

그러나 문제가 하나 남아 있었다. 모스크바가 카스트로 정부를 인정하기는 했지만 두 나라 간에는 아직 실제적인 외교 통로가 마련되어 있지 않았다. 알렉셰프는 기자라는 위장신분으로 쿠바에 가기로 결정되었고 비자 요청은 멕시코시티의 쿠바 대사관을 통해 이루어졌다. 이때부터 기다림이 시작되었다.

1월 말에 아직까지 회의적이었던 알렉셰프가 임무를 준비하고 있을 때 쿠바 공산당 고위 관리 몇 명이 모스크바에 도착했다. 후안 마리네요와 세베로 아기레가 이끄는 쿠바 대표단은 공산당 회의에 참석하기 위해 공식 방문한 것이었지만 여기에는 또 다른 목적도 있었다. 그것은 쿠바 혁명이 놓쳐서는 안 될 기회라고 크렘린을 설득하는 것이었다. 그들은 당이 피델 카스트로를 지지하기로 결정했으며 피델이 사회주의 정부를 세울 것이라고 생각한다며 그 이유를 열정적으로 설명했다. 사실 대표단이 지나칠 만큼 과찬을 늘어놓았기 때문에 알렉셰프는 오히려 꿈쩍도 하지 않았다. 그는 그들이 그렇게 흥분한 까닭은 바티스타 정권에서 여러 해 동안 핍박을 당하다가 당이 새로운 자유를 찾았기 때문이라고 생각했다.

알렉셰프는 비자를 기다리면서 쿠바에 대한 소식을 살펴보았고 위장신분을 뒷받침하기 위해 라디오 모스크바에서 스페인어로 방송하는 라틴 아메리카 프로그램을 통해 쿠바 혁명에 대해 우호적인 방송을 하면서 시간을 보냈다. 시간이 흘러 카리브 해의 섬나라 쿠바에서 무슨 일이 일어나고 있는지 자세히 알게 되면서 알렉셰프의 냉소적인 태도가 사라지고 20년 전 열여덟 살 때 스페인 공화국의 전쟁터에서 느꼈던 열정이 되살아나기 시작했다. 그러나 쿠바 비자는 여전히 나오지 않고 있었다. 몇 달의 시간이 더디게 지나갔다. 봄이 가고 여름이 왔지만 알렉셰프는 여전히 기다리고 있었다.

당시 중앙위원회 정보부에서 일하던 소비에트 고위 관리 기오르기 코르넨코는 카스트로의 반란이 승리를 거둔 다음에야 소비에트의 움직임이 시작되었다는 알렉셰프의 말에 동의한다.

「1959년 1월에 카스트로가 새로운 정권을 만들자 흐루쇼프가 우리 부서 측에 〈그게 어떤 자들이지? 누구야?〉라고 물었던 것이 생각납니다. 하지만 그의 질문에 어떻게 대답해야 할지 아무도 몰랐습니다. 정보기관도, 외교 관계

장관도, 중앙위원회 정보부도 말입니다……. 사실 우리는 아바나 측이 어떤 사람들인지 몰랐습니다. 그래서 해외사무소에 전보를 쳤고 나중에는 정보부와 다른 쪽에도 보냈습니다. 며칠 후 라틴 아메리카 수도 중 한 곳에서 전보를 보내 카스트로와 그의 부하들에 대한 정보를 알려 주었습니다. 아마 멕시코였던 것 같습니다 전보의 요점은, 피델 본인은 아니더라도 아마도 라울이…… 그리고 체가 마르크스주의적 관점을 가지고 있을 가능성이 높으며…… 또 피델의 몇몇 측근 역시 그런 시각을 가지고 있을 거라는 내용이었습니다. 흐루쇼프가 이 정보를 받을 때 나도 그 자리에 있었는데 그가 이렇게 말했습니다. 〈정말 그렇다면, 이 쿠바인들이 마르크스주의자고 그곳 쿠바에서 일종의 사회주의 운동을 전개한다면 정말 환상적이겠군! 서반구 최초의 사회주의 혹은 친사회주의 정부가 되겠어. 아주 좋아, 사회주의 대의를 위해서 정말 훌륭한 일이야!〉

그러나 크렘린 측이 쿠바 혁명에 대한 기사를 읽은 후에 지구본을 돌려 보다가 갑자기 쿠바를 〈발견〉한 것이 아니라는 증거는 수없이 많다. 1월에 소비에트 저널리스트 한 명과 무역조합 대표 한 명이 아바나를 방문한 바 있었다. 또 쿠바 내전이 벌어진 2년 동안 망명 중인 쿠바 공산당 지도부가 크렘린 측과 연락을 지속해 온 터였다. 모스크바는 새로운 정권을 인정하겠다는 결정을 무척 빨리 내렸고, 바티스타 정권이 무너진 후 쿠바 공산당 고위 간부가 너무나 빨리 모스크바에 도착했으며, 피델과 라울, 체는 시에라에서 쿠바 공산당 간부들과 접촉했다. 게다가 나중에 소비에트 밀사로 쿠바에 다시 등장하는 유리 파포로프와 니콜라이 레오노프와 같은 소비에트 간부 및 쿠바 공산당 간부들과 멕시코에서 이미 접촉했다는 것은 기지의 사실이다. 이 모든 사실은 반군이 1959년 1월에 승리를 거두기 전부터 소비에트가 쿠바 혁명에 관심을 가지고 있었음을 시사한다. 모든 상황을 고려할 때 크렘린의 대(對)쿠바 정책은 시에라마에스트라에서 정부군의 공세가 실패하면서 반군이 승리를 거둘 가능성이 커진 1958년 중반의 어느 시점부터 서서히 궤도에 오른 것으로 보인다.

이는 곧 소비에트의 각본에는 쿠바 혁명이 존재하지 않았기 때문에 크렘린에서 카스트로의 혁명을 회의적으로 바라보는 시각도 분명히 있었다는 뜻이다. 쿠바 혁명은 쿠바 공산당이 짠 전략의 결과도 아니었고 공산당이 지배하는 혁명도 아니었으며 피델 카스트로는 여전히 알 수 없는 인물이었다. 긍정적인 징조는 있었다. 피델은 공산당이 일부 역할을 하도록 허락했고 그의 최측근인 체와 라울은 마르크스주의자였다. 하지만 여전히 결론은 알 수 없는 상태였다.

한편 아바나에서 알렉셰프의 비자 발급이 늦어진 데에는 그럴 만한 이유가 있었다. 당시는 유명한 소비에트 정보국 관리에게 〈저널리스트〉 비자를 발급하여 다른 나라들이 눈살을 찌푸리게 하기 좋은 때가 아니었다. 더욱이 당시 쿠바 대사관은 여전히 반공적인 오르토독소당 당원 로베르토 아그라몬테의 수중에 있었다. 그가 아무렇지도 않다는 듯이 비자 발급 요청을 받아들일 리 만무했다. 동맹 세력들은 대부분 피델이 단지 시간을 벌고 있을 뿐이며 언젠가 기회주의적이고 음모를 잘 꾸미는 빨갱이들과 결별할 것이라고 여전히 믿고 있었다. 따라서 이들이 갑자기 피델에 대한 정치적 충성을 철회하게 되면 그가 진압할 수 없는 폭력적인 분열이 생길 수도 있었다.

　더욱 중요한 것은 피델이 아마 가장 위험한 세력, 즉 미국으로부터 숨을 돌릴 여유가 필요했다는 사실이다. 피델의 첫 번째 해외 정책 목표는 당연히 워싱턴 측과 모종의 일시적 타협을 확보하여 최소한 자신의 혁명이 궤도에 오르기도 전에 미국이 끼어들어 중단시키지 못하게 하는 것이었다. 소비에트와 친해지는 것은 미국과의 타협을 이끌어 내기 좋은 방법이 분명 아니었다. 반대로 체는 미국과의 관계에서 아무것도 원하지 않았고 그가 불가피하다고 생각했던 워싱턴과의 대결을 벌써 준비하기 시작했다. 라울도 이 점에 있어서는 체를 지지했다. 두 사람 모두 혁명 정책에서 날카로운 급진주의, 권력의 최종적인 강화, 서구와의 결별을 선호했다.

　4월 15일에 피델이 대규모 수행단을 거느리고 워싱턴으로 향했다. 수행단에는 가장 보수적이고 친미적인 경제 장관들과 재정 고문들이 포함되어 있었다. 체와 라울 같은 급진파들은 쿠바에 남겨졌다. 피델과 동행한 사람들은 흥분했다. 피델은 그동안 라틴 아메리카 국가에 새로운 수장이 들어설 때마다 워싱턴에 경제적 원조를 요청했지만 자신은 그런 전통을 따르지 않을 것이라고 누차 말했음에도 불구하고 고문단은 경제 원조 요청이 이번 여행의 주요 동기

중 하나라고 생각했다. 피델은 이들에게 〈그들이 먼저 말을 꺼내게 한 다음 두고 봅시다〉라고 말했다.

피델은 게릴라 대원 작업복 차림으로 워싱턴의 전국언론협회에서 연설을 하여 좋은 반응을 얻었고 크리스천 허터 국무장관 대리와 우호적인 오찬을 가졌다(존 포스터 덜레스는 암 진단을 받고 피델이 미국의 수도에 도착한 날 국무장관 자리에서 물러났다). 피델은 상원 외교위원회에서 연설을 했고 텔레비전 프로그램 「미트 더 프레스」에 출연했으며 링컨 기념관과 제퍼슨 기념관을 참배했다.

피델은 쿠바 혁명에 대한 미국의 두려움을 없애기 위해 아주 예의 바르게 처신하며 최선을 다했다. 그는 쿠바에 해외 투자를 허락하겠다는 약속을 재확인하며 토지개혁법은 버려진 토지나 미사용 토지에만 적용될 것이라고 주장했다. 또한 미국이 쿠바 관광을 확대하고 쿠바 설탕의 가장 큰 수입국으로서 쿠바의 설탕 할당량을 늘려 주기 바란다고 말했다. 쿠바는 미국과의 상호 방위 조약도 준수할 것이며 미 해군이 관타나모 기지에 계속 주둔하도록 허락할 거라고 했다. 그리고 피델은 또한 자신이 공산주의에 반대하며 자유 언론을 선호한다고 말했다. 이는 아바나의 실제 사정을 잘 아는 사람들에게는 놀랄 만한 일이었다.

피델이 가는 곳마다 언론이 따라다녔다. 당시 정치가들은 천편일률적으로 양복과 넥타이 차림이었다. 따라서 긴 수염과 제복 차림의 피델은 그들과 다른 이국적인 인물로 비쳤고 평범한 시민을 만나기 위해 즉흥적으로 〈민정시찰〉을 하는 버릇은 그의 카리스마를 더욱 돋보이게 했다.

피델은 대중의 관심을 즐겼다. 하지만 비공개 만남에서는 자존심에 상처를 받았다. 그를 만난 유력 인물들은 피델이 순전히 우연의 힘에 의해 더 나이가 많고 현명한 사람에게나 어울릴 권좌에 오른 조심성 없는 청년이라고 취급하면서, 생색을 내고 원하지도 않는 충고와 엄중한 경고를 잔뜩 쏟아 냈다. 피델은 종종 〈숙청 재판〉과 처형에 대한 비판적인 질문이나 선거 일정을 조심스럽게 타진하는 질문 공세를 받았다. 그는 두 가지 문제에 대해 무척 단호했다. 피델은 〈국민〉이 전쟁 범죄자들에 대한 재판과 처벌을 요구했다고 말했고, 쿠바가 선거를 치를 준비가 되려면 더 많은 시간, 대략 4년 정도가 더 필요하다고 생각한다고 대답했다.

아이젠하워는 피델의 방문 기간 동안 잠시 자리를 비우고 조지아로 골프 휴가를 갈 예정이 짜여 있었기 때문에 리처드 닉슨 부통령을 대리인으로 내세웠다. 닉슨과 피델은 두 시간 반 동안 국회의사당에서 비공개 회담을 가졌다. 회담이 끝난 후 두 사람 모두 겉으로는 예의 바르게 행동했지만 사실 회담은 잘 진행되지 않았다. 두 사람은 서로에게 부정적인 인상을 받았다. 나중에 닉슨 부통령은 아이젠하워 대통령에게 카스트로는 공산주의자이거나 쿠바 정부 내의 공산주의 영향에 대해서 〈믿기 힘들 만큼 순진하게 생각하는〉 허수아비라고 말했는데, 이와 같은 평가는 미국과 쿠바의 관계에 중대한 결과를 불러오게 된다.

피델이 만약 미국이 쿠바에 대해 좀 더 개화된 정책을 펼치겠다는 표시를 바랐다면, 결과는 실망스러웠다. 또 정말로 미국이 경제 원조를 제안하리라는 희망을 가지고 있었다면, 닉슨이 빠른 시일 내에는 그 어떤 원조도 없을 것이라고 선언함으로써 그의 희망을 꺾었다. 닉슨은 피델에게 푸에르토리코 총독의 정책을 따라 쿠바 내 민간 투자를 장려하여 경제적 여건을 향상시키라고 무뚝뚝하게 조언했다. 쿠바가 무척 많은 보조금을 지원받는 작은 미국 자치령 푸에르토리코로부터 유익한 교훈을 얻을 수 있으리라는 생각은 모욕적이었으므로 피델은 이에 맞서 닉슨에게 미국이 쿠바에 개입할 권리가 있었던 플랫 수정조항 시대는 〈끝났다〉고 말했다. 피델은 닉슨과의 회담을 끝내면서 미국인들은 자신이 그들의 명령을 따르고 쿠바의 주권을 포기해야 만족할 것이라고 확신했을 것이다.

피델은 워싱턴에서 뉴욕으로 이동했다. 그는 4월 21일에 프린스턴에서 연설을 한 다음 로페스 프레스케트에게 중개를 부탁했던 CIA 관리와 회의를 가지는 데 동의했다. 두 사람은 세 시간 동안 비공개로 이야기를 나누었다. CIA 관리는 〈프랭크 벤더〉라는 가명을 사용하는 독일계 미국인 게리 드레처였다. 나중에 드레처는 카스트로가 〈반공주의자〉라고 확신하며 두 사람은 쿠바 내 공산주의 활동에 대한 정보를 교환하기로 했다고 로페스 프레스케트에게 말했다. 프레스케트가 연락책이 될 예정이었다.*

---

* 많은 역사가들이 이 화의적인 발언을 언급하며 아이젠하워 행정부가 카스트로를 무신경하게 다루어서 쿠바를 〈잃었다〉고 말해 왔지만 그 뒤에 일어난 사건들을 살펴보면 피델이 단순히 사람들이 듣고 싶어 하는 말을 했을 뿐이라는 이론이 무게를 얻는다. 피델이 미국에 다녀오고 한 달이 지났을 때 아바나에서

피델은 CIA와 자기 수행단에게 자신이 그들의 편이라는 인상을 주기 위한 계략으로 이 회의를 이용했을 가능성이 매우 높다. 공산주의자들이 뿌리 뽑히지 못할 만큼 자리를 잡을 때까지 단순히 시간을 벌기 위해서 말이다. 실제로 피델은 동행했던 보좌관 한 명에게 정부 안으로 공산주의가 침투하는 것과 처형을 막아야 할 필요가 있다고 말했고 또 다른 동행에게는 사실상의 망명을 완곡하게 표현해 체를 오랫동안 해외로 내보낼 계획이라고 말했다.

피델이 〈벤더 씨〉와 회의를 마치고 며칠 후 보스턴에서 라울과 통화를 할 때 로페스 프레스케트 역시 그 자리에 있었다. 라울은 피델에게 그가 양키들과 〈내통하여 배반하고〉 있다는 소문이 돌고 있다고 말했다. 피델은 격분했다. 피델이 의심 많은 미국인들로부터 스스로를 방어하느라 엄청난 비난을 감수하고 있었다는 사실을 생각하면, 라울의 말은 틀림없이 그의 상처에 모욕감까지 더해 주었을 것이다.

두 사람이 통화를 하고 나서 며칠 뒤에 휴스턴에서 카스트로 형제의 기이한 만남이 이루어졌다. 피델은 쿠비체크 브라질 대통령의 초청을 받아들였고 그다음에는 미주기

로페스 프레스케트는 〈벤더 씨〉가 피델에게 전하는 메시지를 가지고 온 어느 미국인 관리와 접촉했다. 로페스 프레스케트는 이렇게 회상했다. 「나는 카스트로에게 정보를 주었지만 그는 나에게 대답을 하지 않았고 벤더 씨에게 전할 어떤 정보도 주지 않았습니다……」 아무튼 이로부터 1년도 지나기 전에 우루티아 정부는 피델과 급진적인 동지들에 의해 전복되어 역사 속으로 사라졌고 연락책이 될 예정이었던 로페스 프레스케트는 장관직에서 물러나 망명한다.

구의 후원으로 부에노스아이레스에서 열리는 경제 회의에 참석하기로 했다. 피델이 브라질로 향한 4월 27일에 그가 탄 비행기는 휴스턴에 들러서 연료를 채웠다. 그때 라울과 보좌관 몇 명이 비행기를 타고 피델을 만나러 휴스턴으로 왔다. 공항에서 두 사람이 비공개로 잠시 만난 후 라울은 아바나로 돌아갔고 피델은 남쪽으로의 여행을 계속했다.

두 사람이 만난 이유에 대해서는 지금까지 몇 가지 주장들이 제시되었다. 역사가 휴 토머스는 이렇게 썼다. 〈어떤 이들은 수염을 기르지 않은 사령관 라울이 형에게 혁명의 고결성을 지킬 것을 호소했다고 주장한다. 또 두 사람이 라울 카스트로와 게바라가 5월 1일에 쿠바에서 할 연설의 주제에 대해서 논의했다는 주장도 마찬가지로 그럴듯해 보인다.〉 반면에 카스트로의 전기 작가 태드 슐츠는 형제의 만남을 그즈음에 일어난 몇 가지 당황스러운 사건들과 연관시켰다. 그것은 여러 이웃 나라의 반정부 무장 계획에 쿠바가 공식적으로 연루되어 있다는 미국 정보부 분석가의 경고를 입증하는 듯한 사건이었다.

쿠바에서 다른 나라 혁명가들은 대부분 피나르델리오에서 훈련을 받고 있었는데 4월 18일에 피나르델리오 군 사령관이 공개적으로 니카라과 게릴라 훈련병을 100명 이상 일제히 검거하고 그들의 무기를 압수했다. 그런 다음 사령관은 공개 성명을 발표하여 피델이 쿠바 땅에서 외국 혁명 원정대를 금지했다고 말했다.

같은 날 아바나에서는 루벤 미로라는 파나마 사람이 자신이 속한 그룹이 한 달 내에 파나마를 침략할 계획이라고 공개적으로 말했다. 며칠 후 피델이 보스턴에 머물고 있을 때 파나마 당국이 해안 지역에서 무장 반군 세 명을 붙잡았는데, 그중 두 명이 쿠바인이었다. 마누엘 피녜이로의 말에 따르면 이들은 〈포르 라 리브레por la libre〉, 즉 정부의 승인을 받지 않은 용병 원정대였다.

승인을 받았든 받지 않았든 이러한 일련의 사건은 미국에서 새로운 이미지를 쌓으려던 피델의 노력에 심각한 악영향을 끼쳤다. 피델은 휴스턴에 잠시 들른 후 쿠바 영공을 통과할 때 라디오 방송을 통해 이 사건에 참가한 쿠바인들을 〈무책임〉하다고 비난하면서 쿠바 정부는 〈혁명을 수출하지 않았다〉고 재차 확인했다.

피델은 사건이 일어날 당시 쿠바 섬에 없었기 때문에 법적 책임을 부인할 수 있었고 쿠바인들이 사건에 연루된 것은 당시의 이해할 만한 〈혁명으로 인한 행복감〉 탓이라고 주장할 수 있었다. 피델은 쿠바 정부가 독재를 피해 망명한 사람들에게 일할 기회와 피난처를 준 것은 인정했지만 혁명 수출을 지원하지는 않았다고 주장했다. 사실 대대적인 니카라과 게릴라 검거는 쿠바가 외국의 반정부 혁명을 지원하기는커녕 그런 일이 일어나지 않도록 조치를 취하고 있다는 인상을 주려고 일부러 일으킨 교란 작전이었을 가능성이 더 높다.

한 달도 채 지나지 않아 니카라과 게릴라 단체가 반소모사 투쟁을 시작하기 위해서 배를 타고 몰래 쿠바에서 출발했다. 이 원정대에는 과테말라 국제주의 〈아우구스토 세사르 산디노 부대〉 시절에 체의 동지였던 로돌포 로메로도 소속되어 있었고, 그와 동지들은 새로운 쿠바 군대로부터 훈련과 무기, 자금을 지원받았다. 또 반트루히요 도미니카 반란 단체가 훈련을 받는 중이었고 아이티를 비롯한 다른 여러 나라 단체들도 마찬가지였다.

아무튼 파나마 사건으로 인한 대혼란을 잠재우기 위해서 체가 직접 텔레비전에 출연했다. 4월 28일 저녁에 체는 방송에서 이렇게 말했다. 「혁명은 무슨 일이 있어도 정직해야 하므로 유감스럽지만 나는 쿠바인들이 그 사건에 참여했음을 인정해야 합니다. 그러나 분명히 밝혀야 할 것은 그 쿠바인들은 우리의 허락 없이, 우리의 승인 없이, 우리의 원조 없이 떠났다는 사실입니다. ……우리는 혁명적 사상을 수출하려는 것이지, 혁명을 수출하려고 애쓰는 것은 아닙니다. 혁명은 나쁜 정부가 존재하는 곳에 사는 사람들이 그 정부로부터 고통을 받아야 하는 사람들과 함께 싸워서 이루는 것입니다. 우리는 본보기일 뿐이며 나머지는 그들이 알아서 해야 할 일입니다.」

언제나 그렇듯 미국 대사관 정치 장교들이 체의 발언을 주의 깊게 살폈다. 또 언제나 그렇듯 체는 약삭빠르게 굴려고 노력했지만 그의 정치적 신념이라는 흥미로운 문제를 탐색하는 곤란한 질문들을 피해 가려는 중에 자신의 솔직한 성격을 드러내고 말았다. 체는 〈당신은 공산주의자입니까?〉라는 첫 번째 질문에 공직 생활을 하는 사람으로서 〈그런 질문에 직접적으로 대답할 필요성을 느끼지 못합니다〉라고 대답했다.

「사실은 저절로 드러납니다. 우리의 사고방식은 뚜렷하

며 행동은 투명에 가깝습니다. 내가 공산당과 제휴하는 공산주의자가 아니라는 것은 사실이지만 그것은 하나도 중요하지 않습니다. 우리가 공산주의자라고 비난을 받는 것은 우리가 한 말이나 우리의 존재 때문이 아니라 우리가 한 일 때문입니다. ……나에게 공산당, 쿠바 식으로 말하면 인민사회주의당과 제휴하고 있느냐고 묻는다면 나는 그렇지 않다고 말해야 할 것입니다.」

미 대사관이 5월 5일에 워싱턴으로 보낸 비밀 공문의 결론에서 다음과 같이 요약한 것은 당연한 결과였다. 〈에르네스토 《체》 게바라가 텔레비전에 출연하여 발표한 성명은 공산주의 경향과 반미주의를 보인다.〉

체는 텔레비전 인터뷰를 한 직후에 휴스턴에서 피델을 만나고 막 돌아온 라울을 급히 만났다. 그 후의 흐름을 보면 카스트로 형제가 휴스턴에서 주로 논의한 것은 총살대 활동 중지 문제였음이 분명해 보인다. 피델은 총살대의 활동을 중지하기로 결정했다.

1월 이후 쿠바에서 대략 550명이 처형되었다. 처형은 이미 쿠바에서 논란을 일으키고 있었고 미국 방문 기간 동안 피델을 가장 성가시게 한 문제이기도 했다. 피델은 누그러진 행동을 취함으로써 미국의 신뢰를 얻을 필요가 있다고 생각했다. 체는 총살대 중지 결정에 강력히 반대했지만 결국 피델의 명령에 따랐다.

오를란도 보레고는 이렇게 말했다. 「체는 그 결정에 동의하지 않았지만 피델이 장점과 단점을 설명하며 총살을 중지하는 것이 혁명에 더 이득이 된다고 말하자 받아들였습니다. 결정을 받아들이기는 했지만 한창 진행 중인 사건들이 있었기 때문에 체는 우리들만큼이나 기분이 상했습니다.」

처형은 중단되었지만 결과적으로 피델은 워싱턴에서 큰 신뢰를 얻지 못했다. 이 당시 미국인들의 가장 큰 관심사는 피델 정부에 〈공산주의〉가 어느 정도 〈침투〉했는지, 아직 발표되지 않은 토지개혁법의 내용은 무엇인지, 그리고 쿠바가 이웃 나라 정부들을 전복시키려고 노력한다는 증거가 늘어만 간다는 사실이었다. 코스타리카 주재 미국 대사 화이팅 윌라워의 눈에는 파나마 사건에 관여하지 않았다는 쿠바의 주장은 진실 은폐로밖에 보이지 않았다.

냉전주의 베테랑 정치가이자 온두라스 주재 미국 대사로서 1954년 반아르벤스 작전에서 중요한 역할을 했던 윌라워는 쿠바가 미국에 좋을 것이 하나도 없다는 증거로 파나마 사건을 거론했다. 피델이 부에노스아이레스로 가는 중이던 4월 30일에 윌라워는 타자기로 친 일곱 장짜리 〈기밀〉 편지를 라틴 아메리카국 로이 루버텀 차관보에게 보냈다. 두 사람은 쿠바 문제에 대해서 편지를 계속 주고받는데 윌라워는 루버텀의 온건적 입장에 대한 경멸을 굳이 숨기려 하지 않았고 카스트로가 이끄는 쿠바를 과테말라처럼 선제공격하자고 주장했다.

〈뛰어난 반론이 있다면 모르지만 그렇지 않은 한, 나는 파나마 사건이 최소한 쿠바 정부, 특히 군대 고위 관리의 묵인 없이 일어날 수 있었다고 믿지 못하겠습니다. 쿠바 군대에 공산주의자들이 다수 침투해 있으며 그중에서도 특히 《체》 게바라가 무척 강력한 위치에 있다는 생각이 널리 퍼져 있다는 사실을 고려하면 이러한 결론이 더욱 타당해 보입니다.〉

월라워는 〈카스트로의 미국 방문은 아마도 근래의 공산주의 역사에서 가장 뻔뻔스러운 아첨 행위일 것입니다〉라고 말했다. 그는 《《체》 게바라를 비롯한 고위 공산주의자들을 나라 밖으로 쫓아낼 때, 오직 그때에만〉 공산주의와 관련이 없다는 카스트로의 주장을 믿을 준비가 되어 있었다. 〈간단히 말해서, 당신은 《카리브 지역의 긴장 상황이 현 단계에서는 상당히 가라앉고 있다》고 편지에 썼지만 불행히도 나는 절대 그렇게 생각하지 않습니다. 나는 현재 카리브 지역의 상황은 그 어느 때보다 악화된 상태이며 쿠바의 공산주의 교두보가 해체되지 않는 한 더욱 급속도로 악화될 것이라고 생각합니다.〉

월라워는 〈이 상황의 본질〉은 〈공산주의자들이 군대의 지휘 체제 내에서 아주 강력한 위치를 점하고 있다〉는 증거가 늘어나고 있다는 점에 있다고 썼다. 〈이것은 그들이 과테말라 사태에서는 결코 효과적으로 성취하지 못했던 것입니다.〉

월라워가 옳았다. 〈1954년 과테말라 사태〉는 승자와 패자 모두에게 분기점이 되는 경험이었다. 에르네스토 게바라는 과테말라의 자칭 사회주의 〈혁명〉의 실수를 지켜보며 교훈을 얻었다. 5년 후 체는 미국이 행동을 시작하기 전에 예방책을 세울 수 있는 위치에 있었다.

쿠바 혁명은 이미 미국보다 한발 앞서 나가고 있었다.

체가 피델에게 아르벤스가 실패한 이유를 여러 번 상기시킨 효과가 있었다. 옛 군대는 완전히 숙청되었고 〈새로운 군대〉는 충성도와 정치적 성향 모두에서 의심의 여지 없이 믿을 만한 사람들로 채워지고 있었다. 사병들의 경우에는 이미 정치적 〈재교육〉을 받았다. 또 〈민중〉에게 무기를 주어 훈련을 실시하고 전국에서 민병대를 조직하여 정규군을 보강할 예정이었다. 체는 확실히 알고 있었다. 미국이 군사력을 모을 때쯤이면 쿠바는 무장을 하고 준비가 된 상태로 기다리고 있을 것이었다.

10

라틴 아메리카에서 체는 피델을 제치고 미국의 최대 숙적이 되어 가고 있었다. 5월 4일에 아바나 주재 미국 대사관의 정치 장교였던 J. L. 토핑이 워싱턴에 기밀 전신을 보내 쿠바 담배산업 전문가 나폴레옹 파디야 박사가 4월 29일에 보고한 내용을 자세히 전했다.

파디야는 담배 생산 및 고용 증대 가능성을 타진하기 위해서 세워진 위원회인 〈담배 포럼El Forum Tabacalera〉의 일원으로 얼마 전부터 체와 회의를 수차례 해온 터였다. 토핑은 파디야를 〈자유주의자, 민족주의자, 가톨릭 신자〉이며 과거에 반바티스타 혁명을 지지했다고 설명했지만 또한 〈그가 깊이 우려하고 있으며 그의 말에 진정성이 깃들어 있다는 느낌을 받았다〉고 특기했다.

파디야는 게바라가 〈어리석은 국제 공산주의자〉라고 말한다. 그의 생각에 따르면 라울 카스트로는 더 심하다. 파디야는 게바라가 아무 이유 없이 격렬하게 미국에 반대하며, 미국 제품은 쿠바에서 만들어진 제품조차 판매를 반대한다고 말한다. 그는 미국 담배뿐만 아니라 코카콜라와 케즈*까지 언급했다. 파디야는 게바라와 라울 카스트로가 쿠바에 〈소비에트〉 체제를 세우고 싶어 하며 그들이 곧 속셈을 드러낼 것이라고 생각한다. 게바라는 자신이 피델 카스트로를 어떻게 조종하는지 자주 언급한다.

게바라는 새로운 군대를 〈민중의 군대〉, 〈프롤레타리아트의 수호자〉, 〈민중 혁명〉의 〈주요 정치권력〉이라고 설명한다. 그는 또한 신군부가 쿠바 민중에게 〈사상을 심어 주는〉 주요한 원천이 될 것이고 〈유용한 일〉에 참가하겠지만, 언제든지 혁명 수호를 위해 무기를 들고 일어날 준비를 갖출 것이라고 말한다. 혁명이 분명 미국의 공격을 받을 것이기 때문이다…….

파디야는 게바라가 〈과테말라 사태〉에 대해서 자주 이야기했다고 한다. 게바라는 언론의 자유가 위험하다고 말했다. 그는 아르벤스가 과테말라를 통치할 당시 언론의 자유를 허용한 것이 아르벤스 정권이 몰락한 이유 중 하나라고 지적했다. 게바라는 또한 쿠바에서도 자유가 제한되어야 한다고 말했다.

* 미국의 유명한 신발 브랜드 — 옮긴이주.

체는 보통 〈천하다〉고 묘사되지는 않았지만, 체가 의도적으로 파디야를 도발하기 위해 말했다고 가정해 볼 경우 파디야가 관찰한 다른 점들 대부분은 어느 정도 진실을 내포하고 있다. 체는 항상 쉽게 충격을 받을 것 같은 사람들에게 충격을 주는 것을 좋아했다. 그러나 체가 〈피델을 조종한다〉고 자랑을 하고 다녔다는 주장은 파디야가 미국의 비위를 맞추고 싶어서 꾸며 낸 말로 보인다. 체는 아주 친한 친구들과 이야기를 나눌 때를 제외하면 항상 피델을 존중했기 때문이다.

그러나 피델의 해외 순방 기간에 체가 일의 더딘 진행 때문에 인내심을 잃을 뻔했던 적이 있었음은 분명한 사실이다. 한 기록에 따르면, 체는 젊은 경호원들을 모아 놓고 〈나는 떠난다Yo sigo viaje〉고 말했다. 경호원들은 온갖 소문들을 종합한 끝에 체가 곧 도미니카 공화국의 반트루히요 게릴라 원정대를 꾸려서 떠나려는 것이라고 짐작했다. 체가 정말 그런 생각을 했었는지는 알 수 없는 노릇이지만 어쨌든 체는 쿠바를 떠나지 않았다. 그 후에 일어난 사건들로 미루어 판단하자면 체가 쿠바에 남기로 결정한 것은 피델이 쿠바에 사회주의 국가 건설을 위한 움직임을 가속화할 준비가 되었다는 분명한 신호를 보냈기 때문이었다.

피델이 시간을 끌던 시기는 끝나 가고 있었다. 피델은 부에노스아이레스 경제 회의에서 미국 측에 〈맥아더식 계획〉에 자금을 지원하여 라틴 아메리카의 경제적, 사회적 병폐를 고쳐야 한다고 요구하여 다시 한 번 머리기사를 장식하고 라틴 아메리카 국가들을 당황시켰다. 그는 미국 측에 향후 10년 동안 라틴 아메리카에 300억 달러의 경제 원조를 제공하라고 요구했다.

미국은 지원 의사가 없음을 분명히 밝혔고 라틴 아메리카 장관들도 얼른 미국에 동조했다. 아이러니한 것은 2년 뒤 새로 선출된 미국 대통령 존 F. 케네디가 피델의 아이디어를 수정하여 〈진보를 위한 동맹〉이라는 200억 달러짜리 계획을 출범시킨다는 점이다. 케네디 대통령의 계획은 물론 쿠바의 새로운 지도자의 환심을 사기 위한 것이 아니라 서반구에서 쿠바 혁명과 비슷한 혁명이 더 이상 일어나지 않도록 예방하기 위한 것이었다.

피델은 5월 7일에 아바나로 돌아와서 며칠 뒤 토지개혁 법안을 법률로 승인했고 토지개혁청이 만들어졌다. 개혁을 토론하는 내내 방관만 하던 농업부 장관 움베르토 소리 마린은 즉시 사임했다. 그러자 피델은 혁명 군대 코만단테라는 체의 위상을 공식적으로 재확인해 준 다음 해외 〈친선〉 순방을 보냈다.

체의 공식적인 임무는 일본과 같은 신흥 산업국가들, 아프리카, 아시아 유럽 등지의 새로운 중립 국가들, 특히 인도, 이집트, 유고슬라비아와 외교 및 통상 관계를 강화하는 것이었다. 그러나 비공식적인 이유도 있었다. 피델이 미국에서 슬쩍 암시한 대로, 체를 잠시 아바나에서 내보내면 미국과 7월 26일 운동 보좌관들에게 귀찮은 아르헨티나 공산주의자를 〈내쫓으려 한다〉는 인상을 줄 수 있었기 때문이었다.

실제로 체의 순방은 얼마 전부터 기획되고 있었다. 알프레도 메넨데스는 코히마르에서 토지개혁 법안을 함께 만들 당시 체가 이집트, 인도, 인도네시아, 일본의 경제 상황 분석을 요청했기 때문에 체가 소위 말하는 〈제3국들〉혹은 〈반둥 회의〉 국가들 ─ 미래의 중립 운동의 핵심국들 ─ 에 관심이 있다는 사실을 처음 알았다. 「그는 쿠바와 그 나라들 사이에 어떤 통상 관계가 존재하는지, 우리가 무엇을 수입하고 무엇을 수출하는지, 또 그 나라들과의 통상을 늘린다고 할 때 어떤 가능성이 있는지 알고 싶어 했습니다.」

메넨데스는 연구를 끝낸 다음 분석한 자료를 체에게 주었지만 피델이 토지개혁 법안에 서명하던 날 그를 〈우리 설탕 전문가〉라고 소개했을 때에야 해외 순방 계획을 알게 되었다. 피델은 특유의 당당한 태도로 기념식을 위해 내각 전체를 라플라타에 있는 옛 게릴라 기지로 불렀다. 그는 메넨데스에게 몇 가지 질문을 한 후 갑자기 이렇게 말했다. 「준비하십시오. 체와 함께 여행을 가셔야겠습니다.」 메넨데스는 아바나로 돌아온 후 체로부터 이번 임무의 목적을 들었다. 「여러 가지 일로 미국과의 관계가 냉담해지기 시작했고 미국의 압력이 점점 더 커졌기 때문에 쿠바는 숨 쉴 구멍을 만들어야 했습니다. 혁명 세력의 전략은 최대한 많은 국가와 관계를 맺는 것이었습니다. 그것이 이번 여행의 목적이었습니다. 순방에는 정치적 목적과 경제적 목적이 있었는데, 말하자면 혁명 세력이 고립되지 않게 하는 것이었습니다. 그것은 체가 항상 추구하던 바였습니다. ……그는 늘 나에게 아르벤스 정권이 무너진 이유는 스스로 고립

되도록 방치했기 때문이라고, 혁명은 밖으로 나가 국제 무대에서 싸워야 한다고 말했습니다.」

체는 떠나기 전에 집안 문제를 정리했다. 5월 22일에 그는 일다와의 이혼을 마무리 지었고 6월 2일에는 비종교적인 소규모 예식을 열어 알레이다와 결혼했다. 체가 라카바냐에서 가장 통제하기 힘들었던 경호원 알베르토 카스테야노스가 파티를 열어 주었다. 아바나의 신임 경찰청장 에피헤니오 아메이헤이라스와 아리 비예가스, 셀리아 산체스, 라울과 그의 새 아내 빌마 에스핀도 파티에 참석했다. 카밀로가 흥겹게 고함을 지르며 쳐들어와서 럼주 병을 휘두르며 〈분위기를 띄웠다〉. 하얀 새 옷을 입은 알레이다는 아름다웠지만 체는 평소처럼 짙은 초록색 제복과 검은색 베레모 차림이었다.

체는 그로부터 2주 전에 부에노스아이레스에 사는 옛 친구 훌리오 〈엘 가우초〉 카스트로에게 편지를 써서 쿠바로 초청했다.

가우초에게

우리의 이 경험은 정말 총알 한두 발 정도 맞을 가치가 있다네. 돌아갈 생각일랑은 하지 말게, 혁명은 기다리지 않는다네. 뜨거운 포옹을 전하며, 부름을 받은 사람이자 역사가 부를 사람으로부터……

체.

21장
⟨나의 역사적 임무⟩

1

6월 12일, 체는 카이로에 가기 위해 우선 마드리드로 향했다. 피델은 체에게 결혼한 지 열흘밖에 되지 않았으니 알레이다를 데리고 가서 ⟨신혼여행을 겸하라⟩고 했지만, 알레이다의 말에 따르면 체는 혁명 지도자들이 사생활에서부터 엄격한 태도를 보여 주어야 한다고 주장하면서 그녀를 데려가지 않았다. 알레이다는 ⟨그는 그런 사람이었어요⟩라고만 말한다.

한편, 체의 해고 소식을 듣고 부하들은 벼락을 맞은 듯이 놀랐다. 피델이 체에게 총살대 처형을 중지하라고 명령한 직후 새로 맡긴 임무는 어느 모로 보나 강등이었다. 라카바냐에서 부하들 사이에 소문이 퍼졌다. 보레고는 이렇게 회상했다. 「우리는 그가 떠난다는 소식을 듣고 정말로 기분이 상했습니다. 그들이 체에게서 연대 사령관 자리를 빼앗았다는 인상을 받았지요. 우리는 그것을 나쁘게 해석했습니다.」

〈엄격하고 교양 없는〉 신임 사령관 필리베르토 올리베라가 체의 후임으로 임명되자 분위기는 더욱 악화되었다. 보레고와 몇몇 동지들은 너무 화가 나서 카밀로 시엔푸에고스를 찾아가서 불평을 늘어놓았다. 시엔푸에고스는 동조하기는커녕 그들을 나무라면서 군인은 명령에 복종해야 한다고, 체가 자네들의 행동을 알면 화를 낼 것이라고 말했다. 부하들은 호된 꾸중만 듣고 노여움은 누그러뜨리지 않은 채 라카바냐로 돌아왔다. 그러고 나서 체가 떠난 것에 대해 그들이 가지고 있던 최악의 두려움을 확인해 주는 듯한 일이 벌어졌다. 라카바냐 연대가 해산되고 대원들은 라스비야스로 보내진다는 소식이었다. 보레고는 이렇게 말했다. 「나로서는 집이 무너진 것이나 마찬가지였습니다. 라카바냐에 모든 것을 만들었는데 전부 싸서 트럭에 싣고 라스비야스로 돌아가야 한다는 말이었으니까요.」 그러나 부하들은 명령을 실행에 옮겼고 석 달 후 체가 돌아올 때까지 산타클라라에 머물렀다.

2

체가 이끄는 〈대표단〉은 규모도 작았고 절충적이었다.

그와 함께 순방에 나선 사람들은 쿠바 공산당 보좌관 〈판초〉 가르시아 발스, 설탕 경제학자 알프레도 메넨데스, 반군 대위 오마르 페르난데스, 아직 어린 체의 경호원 호세 아르구딘 중위였다. 최고 연장자는 쉰 살의 살바도르 빌라세카 박사로, 그는 아바나 대학 수학 교수이자 당시 하비에르 카리요가 이끌던 국립쿠바농업개발은행 이사회의 일원이었다. 몇 주 후, 피델의 주장에 따라서 유명한 정치 전문가이자 쿠바 내에 수많은 청취자를 거느린 라디오 평론가 호세 파르도 야다가 뉴델리에서 이들과 합류했다.

대표단의 주요 목적지는 이집트, 인도, 인도네시아, 유고슬라비아, 실론으로 모두 쿠바가 외교 관계 및 더욱 중요한 통상 관계를 맺고 싶어 했던 주요 반둥 회의 국가들이었다. 반둥 회의 국가는 아니었지만 높은 우선순위를 차지했던 나라는 주요 설탕 수입국이자 고도 산업국가인 일본이었다. 토지개혁법이 곧 공표될 예정이었고 피델과 체는 이 법이 쿠바의 지주와 미국인들에게 엄청난 여파를 미치리라는 사실을 잘 알았다. 따라서 만약에 대비해 쿠바 설탕을 판매할 대안 시장을 찾아야 했다.

체와 우익 저널리스트 파르도 야다는 서로를 무척 싫어했으므로 야다를 체의 대표단에 합류시킨다는 피델의 결정은 무척 흥미로운 것이었다. 두 사람은 딱 한 번밖에 만난 적이 없었다. 1월에 파르도 야다가 바티스타 정권에서 정보부 장관을 지낸 친한 친구 에르네스토 데 라 페가 앞으로 어떻게 될지 물어보려고 라카바냐에 찾아갔을 때였다. 체는 파르도 야다에게 담담한 어조로 자신이 해줄 수 있는 일은 아무것도 없다고 말했다. 데 라 페 재판은 혁명 재판소에 달려 있었는데 그에게 불리한 증거가 무척 많았다. 파르도 야다의 말에 따르면 두 사람의 만남이 끝날 때 체가 이렇게 말했다. 「솔직히 말해서 그 재판이 내게 달려 있다면 당장 내일 총살시키겠소.」

그 이후 데 라 페 재판은 계속 지연되다가 쿠바 언론의 주목을 받았다. 체는 4월 28일에 텔레비전에 출연했을 때 데 라 페 재판에 대한 질문을 받자 이 기회를 이용해서 데 라 페 전 장관이 체포 당시 CIA가 만든 악명 높은 공산주의활동진압국의 서류 사본을 잔뜩 가지고 있었다고 지적하여 그를 더욱 곤경에 빠뜨렸다. 오를란도 보레고는 사실 피델이 혁명재판소를 마무리하라고 명령했을 때 체를 괴롭힌 일 중 하나는 데 라 페 사건을 〈종결〉짓지 못한 것이었다고 말했다.

파르도 야다는 자신이 통상 대표단에 들어가야 하는 이유를 모르겠다고 — 그는 일개 저널리스트일 뿐 통상에 대해서는 아무것도 몰랐다 — 피델에게 직접 말했지만 그는 파르도 야다에게 이렇게 대답했다. 「체도 통상에 대해서 아무것도 모르지만 그건 상식 문제요. 내가 통치에 대해서 뭘 알 것 같소? 우리 모두 배우는 중입니다.」 피델이 미국 방문 때 〈부르주아 우익〉을 대동했던 것과 마찬가지로 체의 수행단에 파르도 야다가 포함된 것은 패턴에 들어맞았다. 영향력이 큰 반공주의자 파르도 야다를 체와 함께 보내서 그와 생각이 비슷한 쿠바인들을 안심시키고 친선 방문이 온건하다는 확신을 주어서 해가 될 것은 아무것도 없었다. 피델에게는 또 다른 동기가 있었다. 파르도 야다는 똑똑했고, 저널리스트로서 또 전(前) 야당 정치가로서 널리 존경을 받았으며, 그가 매일 진행하는 라디오 프로그램은 쿠바 전역에 청취자가 무척 많았다. 달리 말해서 앞으로 다가올 수밖에 없는 결별 시기에 파르도 야다는 문제가 될 것이었다. 따라서 피델로서는 파르도 야다에게 위협이 되지 않을 만한 자리를 줄 필요가 있었다.

사실 파르도 야다는 뉴델리로 떠나면서 자신과 체 모두 정권에서 떨려 나는 것이 아닐까 의심했다. 그는 체에게도 그렇게 말했는데 체는 그의 생각을 바로잡아 주려고 하지 않았다. 그러나 피델이 국외로 추방하고 싶었던 사람은 체가 아니라 파르도였다. 델리에서의 둘째 날에 체는 파르도에게 인도에서 대사로 지내는 것은 어떻겠느냐고 — 그의 말에 따르면 그것은 피델의 생각이었다 — 떠보았다. 파르도가 깊이 생각할 필요도 없다며 딱 잘라 거절하자 체는 순순히 물러났다.

파르도 야다는 대표단과 함께 몇 주 동안 인도네시아와 일본을 마지못해 방문했지만 이 순방에서 얻을 것은 하나도 없다고 생각했다. 설탕은 하나도 팔지 못했고 구입한 것도 전혀 없었다. 8월에 대표단이 서쪽의 실론과 유고슬라비아로 이동할 때 파르도 야다는 이 정도면 충분하다는 결론을 내리고 고국으로 돌아가겠다고 체에게 말했다.

체가 물었다. 「유고슬라비아 같은 공산주의 국가를 방문하는 게 꺼림칙해서 그런 것 아닙니까?」 파르도는 그렇지 않다고 부인하며 피델이 자신과 체를 순방에 보낸 것은 일종의 국외 추방이라는 의심을 다시 드러냈다. 체는 군대 사령관이었기에 선택의 여지 없이 명령을 따라야 했지만 일반 시민인 파르도는 스스로 결정을 내릴 수 있었다. 그의 선택은 순방을 그만두는 것이었다.

파르도 야다는 싱가폴에서 대표단과 헤어지면서 체가 알레이다와 피델에게 쓴 편지 두 통을 직접 전해 주기로 약속했다. 아바나에 도착한 파르도는 아바나 외곽 게바라 가족의 새 집으로 가서 알레이다에게 편지를 전해 주고 나서 새로 생긴 토지개혁청 건물 내 피델의 사무실로 갔다. 토지개혁청 건물에서는 혁명 광장으로 이름이 바뀐 커다란 시민 광장이 내려다보였다. 피델은 여행에 대해서, 또 체의 건강에 대해서 몇 가지 질문을 한 다음 봉투를 뜯고 체의 두 장짜리 편지를 천천히 읽었다. 그는 편지를 다 읽고 나서 아무 말 없이 파르도에게 한 장을 건네더니 한 문단을 가리켰다. 파르도 야다는 그 부분을 읽은 다음 체가 쓴 말을 기억하려고 다시 읽었다.

피델,

……당신 친구 파르도가 예상과 달리 일찍 귀국하게 되어 이 기회를 이용해 편지를 보냅니다. 파르도에 대해서 이야기 하자면, 당신도 곧 알게 되겠지만 그는 인도 대사직을 맡으려 하지 않았습니다. 그리고 이제는 우리와 함께 유고슬라비아에 가고 싶어 하지 않는 것 같습니다. 그 나름대로의 이유가 있겠지요. 지난 두 달간 그와 이야기를 나누어 본 나는 파

르도가 우리와 같은 편이 아니라고 확실히 말할 수 있습니다……

파르도는 피델이 이 부분을 자기에게 보여 주면서 〈심술궂은 만족감〉을 드러냈다고 생각했다. 편지를 돌려받고 나서 피델은 단지 〈그렇군, 체가 당신을 별로 좋아하지 않는 것 같군〉이라고만 말했다.

파르도 야다와 체는 이후 몇 차례 더 만나지만 그것은 혁명 세력과 갈등을 일으키던 파르도의 친구 문제를 협의하기 위해서였다. 그러나 그 문제 ─ 그리고 파르도 야다 본인의 십자가의 길 ─ 는 아직 한참 후의 이야기였고, 저널리스트 파르도 야다는 라디오 평론가로서 활동을 재개하여 쿠바의 정치적 방향을 더욱 걱정했다. 한편 체의 통상 대표단은 아시아와 북아프리카를 지나 유럽까지 겉보기에는 아무런 성과도 없는 행진을 계속했다.

3

중요한 점은 파르도 야다가 체의 대표단 중에서 쿠바 공산당 설탕 전문가 알프레도 메넨데스를 한 번도 만나지 못했다는 사실이다. 아마 그럴 만한 이유가 있었을 것이다. 체의 순방은 겉보기에는 아무 목적도 없어 보였지만 사실 중요한 동기가 감추어져 있었다. 피델은 모스크바 및 공산주의 블록과 통상 관계를 맺기 위한 전 단계로 쿠바 설탕을 소비에트에 팔고 싶었고 알프레도 메넨데스는 이러한 목적을 위해 대표단에 동행했다.

이러한 통상 거래 자체는 눈살을 찌푸리게 할 일이 아니었다. 소련은 주요 수입국은 아닐지라도 쿠바 설탕을 계속해서 구매해 온 국가였고 바티스타가 1952년에 소련과 국교를 단절한 뒤에도 연평균 50만 톤 정도씩 구매해 온 터였다. 그러나 메넨데스의 말에 따르면, 쿠바가 모스크바에 마지막으로 설탕을 판매한 1956년에는 워싱턴의 승인을 받은 후에야 거래가 허락되었다. 그것이 사실이라면, 그것은 쿠바가 여러 세대 동안 사실상 미국의 경제적 속국이었음을 드러내는 잔인한 현실을 확인시켜 주는 것이었다. 쿠바 경제는 확실히 설탕에 기초하고 있었다. 미국은 세계 최대의 설탕 소비국으로 쿠바 연간 설탕 작물의 상당 부분을 구매했으며, 이는 곧 미국이 쿠바 경제뿐 아니라 쿠바의 정치와 대외 전략에도 상당한 영향력을 가지고 있다는 뜻이었다. 그러므로 미국이 쿠바 혁명의 정치적 방향을 의심에 찬 눈으로 보고 있다는 사실을 고려하면, 소비에트와의 모든 협상에 가능한 한 신중을 기할 필요가 있었다.

메넨데스에게 이번 임무는 꿈의 실현이나 마찬가지였다. 그는 쿠바가 미국에 대한 의존에서 영원히 해방되는 것을 〈쿠바 공산당의 오랜 염원〉이라고 말하곤 했다. 메넨데스는 이번 협상에서 첨병 역할을 하며 그러한 자신의 염원을 이루고자 했다.

그는 이렇게 말했다. 「1959년에 쿠바는 설탕 700만 톤을 생산할 실재 능력이 있었습니다. 미국의 구매 능력은 더 컸음에도 불구하고 구매량은 300만 톤도 되지 않았습니다. ……따라서 우리는 시장을 바꾸고 싶었습니다. 소련에 설탕을 판매하는 일차 목표는 시장을 확대하는 것이었습니다. ……소련은 물론이고 다른 사회주의 국가까지 말입니다. ……그것이 전략이었습니다.」

이 전략을 위해서 피델은 능란한 솜씨로 만반의 준비를 했다. 체가 대표단을 맡아 아바나를 떠난 다음 날인 6월 13일에 피델은 미국 측에 쿠바 설탕 할당량을 300만 톤에서 800만 톤으로 늘려 달라고 공개적으로 요청했다. 쿠바의 설탕을 모두 사달라는 이 제안은 즉시 거절당했고, 피델도 분명 이를 예상하고 있었을 것이다. 그러나 이 사건으로 쿠바가 설탕 구매자를 찾고 있다는 사실이 전 세계에 알려졌다(그리고 1년 후 니키타 흐루쇼프가 쿠바 설탕의 거의 전량을 세계 시장 가격보다 높은 값에 사기로 했을 때, 피델은 미국 측에 먼저 제안을 했다고 주장할 수 있었다).

체는 파르도 야다가 대표단에 합류하기 전에 카이로에서 처음으로 소비에트 측과 접촉했다. 체는 설탕 판매를 위해 소비에트 측에 접근하는 일을 맡았고 메넨데스는 세부 사항을 맡았다. 세부 사항은 그다음 달에 은밀히 조율되었고 그동안 메넨데스는 피델과 상의하기 위해서 두 번이나 아바나에 다녀왔다. 7월 말이 되자 소비에트가 쿠바 설탕 50만 톤을 구매하기로 합의했고 협상은 런던의 중립 지역에서 진행하기로 했다. 런던 중립 지역에는 소비에트의 대규모 통상단이 있었고 국제 설탕 중개 회사의 비호하에 거래를 할 수 있었다.

메넨데스는 런던에서 거래를 함으로써 〈주목을 피해서

일을 처리할 수 있었고, 우리는 이번 거래에 어떤 정치적 함의도 담지 않았습니다〉라고 설명했다.

나중에 설탕 거래 사실은 공개되었지만 체와 소비에트 측의 복잡한 사전 협상은 알려지지 않았고 체의 1959년 〈친선 대표단〉의 공식 일정표에도 등장하지 않았다. 이 부분을 빠뜨린 이유는 분명하다. 설탕 협상은 쿠바와 소련의 연합으로 이어지는 비밀 협상의 중요한 첫걸음이었다. 쿠바 공식 역사에서는 카스트로 정권이 미국의 적대와 공격 때문에 소비에트 쪽으로 떠밀려 갈 수밖에 없었다고 기술하고 있지만 체와 소비에트의 사전 협상은 이에 반대되는 증거다.

모스크바에서 KGB 요원 알렉산드르 알렉셰프는 1월 이후 계속 쿠바 입국 허가를 초조하게 기다리고 있었는데 갑자기 비자가 승인되었다. 알렉셰프는 이렇게 말했다. 「쿠바 측에서 내 여권에 타스 통신원이라고 써넣었습니다. 그들은 아직 소련의 관리를 초대하기가 조심스럽기 때문에 그렇게 했다고 말했습니다.」 알렉셰프는 9월에 출발하여 이탈리아와 베네수엘라를 거치는 우회 경로를 통해서 마침내 10월 1일에 아바나에 도착했다. 쿠바와 소비에트의 미묘한 춤사위가 더욱 빨라지기 시작했다.

4

이때 체는 쿠바로 돌아온 지 3주밖에 되지 않은 상태였다. 순방은 거의 석 달이 걸렸고 그는 총 14개국을 방문했다. 체는 이집트의 가말 압델 나세르, 인도네시아의 수카르노, 유고슬라비아의 요시프 브로즈 티토, 인도의 자와할랄 네루 등 국가 수장들을 만났다. 그는 가자와 파키스탄에서 군중의 환영을 받았고, 공장과 협동농장을 방문했으며, 옛 식민주의 제국들이 허물어져 가는 세계의 모습을 직접 목격했다. 체는 언론과의 대화에서 전 세계 사람들이 쿠바 혁명을 존경하며 감탄하는 모습을 직접 목격했으므로 자신의 임무는 성공적이라고 말했다. 그는 여러 국가들과 외교 및 통상 관계를 수립했고 쿠바가 곧 그 이득을 얻을 것이라 자신했다.

체는 『베르데 올리보』에 짧고 유용한 글을 몇 편 실어 이러한 공개 선언을 뒷받침했다. 이따금 아이러니와 서정적인 감상의 흔적이 엿보이기는 했지만, 순방에 대한 체의 설명은 대체로 건조했다. 그러나 체와 함께 순방을 다녀온 사람들은 인습을 따르지 않는 헤페의 성격을 잘 보여 주는 화려한 이야깃거리를 새로 잔뜩 가지고 돌아왔다. 대부분 외교 의례를 무시한 이야기들이었는데 그는 워낙 그 방면으로 악명이 높았다. 가장 기억에 남을 만한 몇 가지 이야기는 나중에 파르도 야다에 의해 전해졌다.

뉴델리에서 체는 정부궁에 마련된 호화로운 오찬에서 자신의 오랜 영웅 네루를 만났다. 파르도에 따르면 체는 특별히 오찬을 위해서 늘 입는 짙은 초록색 작업복 대신 개버딘 예장 차림을 갖추었지만 대표단과 궁전으로 들어가면서 불손하게도 이렇게 말했다. 「내 생각에는 충분히 우아한 차림인 것 같은데. 지구 상에서 가장 미개발된 나라의 총리와 식사를 하기에는 말이야.」

네루와 그의 딸 인디라, 인디라의 어린 두 아들 산자이와 라지브가 모두 오찬에 참석했다. 인도 총리는 존경할 만한 인물이었고 뛰어난 매너로 이국적인 요리를 게바라와 동료들에게 하나하나 설명해 주었기 때문에 체는 예의 바른 미소를 지으며 관심을 보이려고 노력했다. 만찬이 그런 식으로 두 시간 넘게 계속되었지만 네루는 그들 앞에 차려진 음식에 대한 말밖에 하지 않았다. 결국 체가 참지 못하고 이렇게 물었다. 「총리님, 공산 중국에 대해서 어떻게 생각하십니까?」 네루는 무표정한 얼굴로 이 말을 듣더니 이렇게 대답했다. 「사령관님, 이 맛있는 사과 드셔 보셨습니까?」 「총리님, 마오쩌둥의 책을 읽어 보셨습니까?」 「아, 사령관님, 사과가 마음에 드셨다니 정말 기쁘군요.」

나중에 체는 인도의 독립을 이루어 낸 네루와의 만남에 대해서 이렇게 썼다. 〈네루는 한 집안의 어르신처럼 우호적이고 친밀한 태도로 우리를 대접했고 쿠바 사람들의 고난과 영고성쇠에 고귀한 관심을 보였다.〉

사실 체는 인도 방문을 끝내고 떠나면서 현대 인도를 건국한 인물들에게서 배울 것이 별로 없다는 결론을 내렸다. 그는 인도의 복잡한 문화적, 역사적 전통이 제기하는 장애를 인정하면서도 네루 정부가 급진적인 토지개혁 정책을 펼치거나 자신이 보기에 인도 국민들을 가난에 허덕이게 만드는 종교 및 봉건 단체들의 힘을 꺾으려는 의지가 전혀 없다는 데 좌절했다.

자카르타에서 체는 친절한 동포 아르헨티나 대사와 친

해졌다. 대표단이 수카르노와 만나기 전에 그 대사는 인도네시아 지도자의 방탕한 생활에 대해서 잔뜩 들려주었다. 수카르노는 군주처럼 지내면서 여러 나라 여인들이 거처하는 하렘을 두고 있었다. 아르헨티나 대사가 체에게 알려 준 바에 따르면, 수카르노가 당시 가장 좋아하는 여자는 니키타 흐루쇼프가 〈선물〉로 보낸 러시아 여자였다.

체가 수카르노를 만나러 궁에 들어갈 때 아르헨티나 대사가 통역으로 동행했다. 수카르노는 자신이 수집한 그림들을 꼭 보여 주고 싶다고 고집했다. 궁 안내가 계속되었고 파르도는 체의 인내심이 점점 바닥을 드러내고 있음을 알았다. 마침내 체가 침묵을 깨뜨렸다. 「그런데 수카르노 씨, 궁을 둘러보는 내내 그 작은 러시아 여자는 아직 보이질 않는군요, 당신의 수집품 중에 가장 뛰어나다고들 하던데요.」 다행히 수카르노는 스페인어를 몰랐다. 아르헨티나 대사는 기절초풍할 정도로 놀랐지만 얼른 정신을 차리고 인도네시아 경제에 대한 질문인 척 꾸며 댔다. 그 뒤에 체는 이 일을 이야기하며 실컷 웃었다.

메넨데스는 도쿄 방문 당시 쿠바 대사가 다음 날 제2차 세계 대전 전사자들을 기리는 일본 무명용사비에 화관을 바치게 되어 있다고 말했을 때를 회상했다. 체는 격렬한 반응을 보였다. 「절대로 안 가겠소! 일본군은 아시아인 수백만 명을 죽인 제국주의 군대였소. ……가지 않겠소. 내가 갈 곳은 미국이 일본인 10만 명을 죽인 히로시마요.」 화가 난 쿠바 대사가 그럴 수는 없다고, 일본 총리와의 일정이 이미 다 잡혀 있다고 얼른 설명했다. 체는 완고했다. 「그건 당신 문제지 내 문제가 아니오. 당신이 내 승인도 없이 일정을 잡았으니 당신이 가서 취소하시오!」

신흥 경제 강국인 일본은 체의 순방 일정에서 가장 중요한 나라에 속했다. 체는 일본의 발전된 전자기술 부문을 보면서 흥분했고 미쓰비시와 도시바 등 고도로 기계화된 공장을 둘러보며 많은 시간을 보냈다. 일본은 세계 시장에서 외국환으로 설탕 100만 톤을 구입했는데 3분의 1이 쿠바 설탕이었다. 체는 쿠바 설탕의 비율을 늘리고 싶었다.

체가 내놓은 아이디어는 일본이 현재 할당량 이상을 구매할 때는 엔화로 지불해도 좋다는 것이었다. 그러면 엔화를 일본에 남겨 두었다가 쿠바가 일본 상품을 구매할 때 쓰면 될 터였다. 체는 일본 통상부 장관과 만나고 싶으니 자리를 마련해 달라고 요청했다. 그러나 두 사람이 만나기 전에 장관이 자기 집무실이 아니라 프랭크 로이드 라이트가 설계한 임페리얼 호텔에서 만나자고 제안할 때부터 전조가 좋지 않았다. 메넨데스가 체와 동행했다.

메넨데스는 이렇게 회상했다. 「체가 그 안을 내놓았지만 장관은 합의할 수 없다고 말했습니다. 일본 경제는 개방되어 있으므로 그런 협정을 맺을 수는 없다고 말입니다. 설탕은 계속 구매하겠지만 그 어떤 의무 조건도 없어야 한다고 했습니다. 체가 물었습니다. 〈북쪽의 금발 머리 사람들로부터 압력을 받고 계시는군요, 맞지요?〉 그러자 장관이 〈사실입니다〉라고 대답했습니다. 그러나 체는 괜찮다고, 그들이 어떤 압력을 받고 있는지 다 이해한다고 말했습니다.」

여행 내내 체의 동행인들은 그의 신변 안전을 걱정했다. 대표단이 아바나를 떠나기 전에 쿠바 공산당 지도자 카를로스 라파엘 로드리게스는 메넨데스에게 체가 경호원을 많이 데려가지 않아서 걱정이라고 말했다. 대표단 중에서 군인은 호세 아르구딘과 오마르 페르난데스밖에 없는 데다가 무장도 갖추지 못한 상태였다. 「저격 계획이 있다는 정보는 없지만 같이 가는 자네들이 신경을 써서 그를 잠시도 혼자 내버려 두지 마시오. 그리고 유럽을 거치면서 무기를 좀 구하시오.」

대표단이 카이로에 가기 전 마드리드에 들렀을 때 메넨데스는 카를로스 라파엘의 지시에 따라 콜트 권총 두 정을 구입했다. 체의 곁을 잠시도 떠나지 않았던 아르구딘이 여행 내내 권총 두 정을 가지고 다녔고 ― 비행기 납치가 없던 시절이었으므로 아무 문제도 없었다 ― 추가적인 보안 조치로 대표단 중 한 명(주로 판초 가르시아 발스였다)이 항상 체와 같은 침실을 썼다. 한동안 보안 조치는 잘 지켜졌지만 도쿄에 체류할 때 체와 빌라세카 박사가 외교관 환영회에 초대되었는데 아르구딘은 참석할 수 없었다. 경호원 아르구딘은 고민을 하다가 빌라세카 박사에게 경호 임무를 억지로 맡겨 권총 두 정을 정장 재킷 아래 허리띠에 채워 주며 헤페를 〈잘 돌봐 달라〉고 부탁했다.

여행 중에 서른한 살이 된 체는 자신보다 열아홉 살 많은 빌라세카 박사를 특별히 존중했다. 대표단이 가지고 있던 쿠바 시가가 바닥나기 시작하자 체는 시가를 모두 거둬들였다. 빌라세카는 이렇게 말했다. 「다른 사람들은 항의했지만 그는 그때부터 자신과 나만 시가를 피울 수 있다고 말했습니다.」 빌라세카는 이러한 제스처를 고맙게 여겼다.

시가 압수와 마찬가지로 체의 엄격한 조치는 때때로 동행자들을 숨 막히게 했다. 파르도는 오사카에서 쿠바 영사가 밤나들이를 가자며 대표단을 600명의 여자들이 있는 세계 최대의 카바레인 메트로폴로 초대했던 일을 회상했다. 그때 체는 관심 없다고 말하며 군인들은 가지 말라고 명령했다. 체는 원한다면 민간인 ― 파르도와 빌라세카 ― 은 갈 수 있지만, 다만 《『타임』지 사진 기자에게 사진을 찍혀서 쿠바 대표단이 창녀들과 술 마시고 파티를 벌이며 돈을 썼다는 보도로 스캔들을 일으킬》 위험은 무릅써야 할 것이라고 엄포를 놓았다.

또 어느 날 저녁에는 수행단 몇 명이 보이지 않았다. 체가 사람들이 어디로 사라진 거냐고 물었지만 메넨데스는 모르겠다고 대답했다. 그러자 체가 말했다. 「어디 갔는지 알아. 창녀들이랑 어울리러 간 거지, 그렇지?」 메넨데스가 계속 모른다고 우기자 체는 기분이 좀 풀린 것 같았다. 체는 자신도 〈그런 사람〉이 될 수 있음을 보여 주려는 듯 이렇게 내뱉었다. 「나도 젊은 시절엔 창녀들과 어울렸지.」 그런 다음 체는 메넨데스에게 배를 타던 시절에 〈창녀 한 명을 자기 선실에 두고 질릴 때까지 함께 지낸〉 이야기를 해주었다.

체는 가끔 더욱 공적인 자리에서 긴장이 풀린 모습을 보이기도 했다. 일본의 전통 게이샤 가게에 갔을 때는 그 자리에 참석한 여자들이 모두 믿을 만하고 나이도 많았기 때문에 그는 마음껏 즐기며 사케를 양껏 마셨고 자리에서 일어나 게이샤의 춤을 따라하기도 했다. 델리의 칠레 대사관 주재소에서는 거실에서 칠레 대사와 이야기를 나누다가 요가에 대해서 잘 안다며 이를 증명하려고 갑자기 물구나무를 서서 대사를 깜짝 놀라게 하기도 했다.

그러나 체는 엄격한 공인의 모습을 유지해야 한다는 압박감 때문에 서서히 지쳐 갔다. 외로웠던 그는 인도 체류 당시 어머니에게 쓴 편지에서 해외 순방 내내 공인으로서 구속복을 입은 것처럼 갑갑한 처지의 괴로움을 달콤씁쓸한 어조로 설명했다.

사랑하는 어머니께

모든 나라에 가보고 싶다는 제 오랜 꿈이 이루어지고 있지만 저는 별로 행복하지 않습니다. 정치적, 경제적 문제들에 대해 이야기하고, 제가 턱시도를 입어야 한다는 아쉬움을 남기는 파티를 열고, 피라미드 그늘 아래나 투탕카멘의 석관이 보이는 곳으로 가서 꿈을 꾸겠다는 저의 가장 순수한 즐거움을 제쳐 두어야 하니 행복할 리가 없지요. 무엇보다도 제 곁에 알레이다가 없습니다. 저의 그 복잡한 정신적 컴플렉스 때문에 그녀를 데리고 올 수 없었어요.

이집트에서는 외교적으로 대단한 성공을 거두었습니다. 전 세계 모든 나라의 대사관 직원들이 우리가 개최한 환송연에 참석했고, 로마 교황 사절이 러시아 대사관 직원과 정말 행복에 넘치는 얼굴로 미소를 지으며 악수하는 모습을 보았습니다. 저는 그 장면에서 외교가 얼마나 복잡해질 수 있는지 직접 목격했습니다.

지금은 인도에 있는데 새로운 외교 의례가 너무 복잡해서 저는 어린아이 때와 똑같은 공포를 느끼고 있습니다.

그런 다음 체는 언제나처럼 어머니에게 속내를 털어놓았다.

제 내면에서는 개인적인 것과 대척점에 있는 집단적인 것에 대한 인식이 상당히 발전했습니다. 저는 예전과 마찬가지로 외톨이이며 그 누구의 도움 없이 저의 길을 찾고 있지만 이제는 저의 역사적 의무를 절감합니다. 나는 집도, 여인도, 아이도, 부모도, 형제자매도 없으며, 친구들도 정치적인 생각이 저와 같아야만 친구로 생각합니다. 하지만 저는 만족합니다. 저는 삶의 무언가를, 제가 항상 느꼈던 강력한 내적 힘만이 아니라 다른 사람들에게 주입할 수 있는 힘을, 그리고 제 임무에 대해서 정말로 숙명적인 인식을 느끼고 있으며, 이것은 저의 모든 두려움을 없애줍니다.

체 게바라를 그토록 유례없는 인물로 만든 힘의 본질을 체 본인이 이 드물고 개인적인 진실의 순간에 밝힌 것보다 더 정확하게 정의할 수 있었던 사람은 지금까지 아무도 없었다. 그러나 체는 언제나처럼 자신의 몽상에서 방어적으로 물러났다.

제가 어머니께 왜 이런 편지를 쓰는지 모르겠군요. 어쩌면 알레이다가 그립기 때문일지도 모르지요. 그저 있는 그대로, 조국과 사랑하는 사람들로부터 멀리 떨어진 인도에서 폭풍이 몰아치는 밤에 쓴 편지로 읽어 주세요.

모두에게 포옹을 전하며, 에르네스토.

체는 알레이다를 그리워하면서도 그녀를 곁에 두고 싶다는 충동을 억눌렀다. 피델은 아르헨티나 동지 체 게바라의 별난 자제심에 어리둥절해하면서도 흥미를 느꼈던 것으로 보이며 계속 그러한 성향을 누그러뜨리기 위해 노력했다.

알레이다는 〈피델은 항상 우리가 함께 지내게 하려고 애썼습니다〉라고 말했다. 알레이다는 체가 일본에 체류 중일 때 피델이 자신을 그의 사무실로 불렀다고 회상했다. 그는 알레이다가 체와 장거리 통화를 할 수 있게 준비를 해두었고 이 기회를 이용해서 체에게 알레이다를 보내 주겠다고 한 번 더 제의했다. 체는 이번에도 역시 제의을 거절했다. 피델은 체가 모로코에 머물 때에도 같은 시도를 한 번 더 했지만 체는 꿈쩍도 하지 않았다.

도쿄에서 어느 날 밤, 체와 사람들이 호텔 방에 모여서 서로 자기 이야기를 들려주거나 철학적인 이야기를 나누었다. 메넨데스에 따르면 체가 대화의 방향을 바꾸어 기묘한 이야기를 꺼냈는데, 메넨데스는 한참 후에야 그것이 얼마나 중요한 이야기였는지 깨달았다. 「체가 자신의 계획을 이야기하기 시작했지만 나는 그 이야기를 실제 계획과 연관시켜서 생각하지 못했습니다. 그는 이렇게 말했습니다. 〈남미의 볼리비아와 파라과이 쪽에 고원이 있소. 브라질과 우루과이, 페루, 아르헨티나와 국경을 접하고 있는 지역인데…… 우리가 게릴라 군단을 침투시키면 혁명을 남아메리카 전체로 퍼뜨릴 수 있을 거요.〉」

5

혁명 시기에 3개월은 긴 시간이었다. 체가 1959년 9월에 쿠바로 돌아왔을 때는 그가 자리를 비운 사이 많은 변화가 일어나 있었다. 피델의 정치적 힘은 더욱 커져 있었지만 나라의 분위기는 어느 때보다 더욱 팽팽하고 양극화되어 있었다.

토지개혁법이 심각한 여파를 일으키기 시작했다. 1차 토지 몰수가 실행되면서 처음에는 쉬워 보였던 토지개혁이 사실 그렇게 수월하지 않다는 사실이 분명해지고 있었다. 정부는 보상에 대해서 애매한 태도를 보이며 토지를 몰수당한 지주들에게 당장 사용 가능한 현금 대신 낮은 이율의 〈채권〉을 주겠다고 제안했지만 미국이 방심하지 않고 이를 감시하고 있었다. 미국은 경고를 보내며 — 피델은 아직까지 응답을 주지 않고 있었다 — 토지를 빼앗긴 미국인 지주 모두에게 즉각 보상하라고 말했다.

카마구에이에서 토지를 몰수당한 부유한 대목장주들이 토지 개입에 반대하는 캠페인을 시작하자 카마구에이 주에서 인기가 많았던 군 사령관 우베르 마토스가 이들과 합류하여 공산주의가 토지개혁청과 군대를 잠식하고 있다고 공개 비난했다. 마토스는 7월 26일 운동 내 반공파의 주요 대변인으로 떠올랐고 세력을 얻기 시작한 쿠바 공산당과의 논쟁은 점점 더 신랄해졌다.

농업부 장관 소리 마린의 사임에 뒤이어, 피델은 계속해서 숙청을 단행했다. 내각에서는 정치적 온건파들이 밀려나고 충실한 피델리스타들이 자리를 차지하기 시작했다. 외무부 장관 로베르토 아그라몬테가 해임당하고 미주기구 대사이자 아바나 대학 사회과학부 학장이었던 라울 로아가 그 자리를 차지했다. 수수께끼 같은 인물 라울 로아는 젊은 시절 공산당과 결별한 후 반공산주의를 공공연히 표방했지만 이제 흔들림 없는 피델리스타이자 명석한 외교관이 되어 쿠바의 최고 지도자가 선택한 정치적 방향이라면 어디든 따라 움직였다. 시에라마에스트라에서 라디오 레벨데 설립을 도왔던 피델의 오랜 친구 루이스 오를란도 로드리게스마저도 내무부 장관직에서 밀려났다.

6월 중순에 전(前) 7월 26일 운동 사령관 델리오 고메스 오초아가 이끄는 200명 규모의 쿠바-도미니카 합동 게릴라 원정대가 도미니카 공화국에 상륙했다. 그러나 그들은 트루히요의 군대에 소탕되어 죽임을 당하거나, 감옥에 갇히거나, 달아났다. 같은 시기에 반카스트로 군대가 자칭 카리브 반공부대라는 이름으로 트루히요의 비호하에 도미니카 공화국 공군 기지에서 훈련을 받고 있었다. 약 350명으로 구성된 카리브 반공부대는 스페인인 150명과 쿠바인

100명, 그 밖에 크로아티아인, 독일인, 그리스인 등 우익 외국 용병들로 이루어져 있었다. 이들이 반군 도망자 추격에 파견되었다. 쿠바인들 중에는 체의 옛 숙적이자 아바나 경찰 관리 겸 바티스타의 개인 조종사였던 앙헬 산체스 모스케라도 있었다. 트루히요는 시골 농부들에게 반군을 잡아 오면 한 명당 1천 달러의 현상금을 주겠다고 발표하여 추격을 도왔다. 곧 트루히요의 말을 문자 그대로 받아들인 농부들이 현상금을 받으려고 수염이 덥수룩한 머리가 잔뜩 담긴 삼베 부대를 들고 도미니카 군부대를 찾아오기 시작했다. 군인들은 농부들이 가져온 머리가 결국에는 실제 침입자 수보다 훨씬 더 많았기 때문에 자기들이 잡을 쿠바인이 남아 있지 않다고 농담처럼 불평했다.

도미니카 원정대의 실패만으로도 상황은 좋지 않는데 설상가상으로 쿠바 공군 참모총장 페드로 루이스 디아스 란스가 미국으로 달아나서 워싱턴의 상원위원회에 출석하여 쿠바 군대에 공산주의가 침투했다고 비난했다. 그러자 마누엘 우루티아 대통령이 텔레비전에 직접 출연하여 디아스 란스의 비난을 부인하며 자신은 공산주의에 확고히 반대한다고 선언했다. 이것은 분명 피델이 입장을 확실히 밝히게 만들려는 시도였다.

피델은 예상치 못한 반격을 당하자 우루티아가 〈혁명 단결〉을 깨뜨리려 한다고 비난하며 그가 배신자 디아스 란스와 한패라는 뜻을 넌지시 비쳤다. 그 후 피델리스타 수천 명이 7월 26일을 기념하기 위해 트럭을 타고 아바나로 몰려왔을 때 피델은 총리직에서 물러나며 군중이 그들의 몫을 하도록 놔두었다. 그러자 피델의 복귀를 주장하는 대중의 소요가 점점 커졌다. 우루티아 대통령은 자신이 만든 덫에 걸렸음을 뒤늦게 알아차리고 즉시 대통령직에서 물러난 다음 대사관으로 피신했다. 7월 26일에 피델이 군중 앞에 다시 나타나 총리로서의 임무를 다시 시작하라는 〈국민들의 요구〉를 받아들이겠다고 발표했다. 그는 다루기 힘든 우루티아를 대신하여 온순한 혁명 정부 법무부 장관 오스발도 도르티코스를 쿠바 신임 대통령으로 재빨리 임명했다.

6

이제 〈반혁명〉이라는 말은 우루티아처럼 혁명 〈단결〉을 〈방해〉하려는 세력의 활동을 나타내는 표어가 되었다. 사실 반혁명 활동의 첫 조짐들이 이미 등장하기 시작한 상황이었다. 도미니카 공화국에서 훈련 중인 반혁명 군단 이외에도 마이애미에서는 망명 단체들이 준(準)군사적인 부대를 공개적으로 조직했다. 아바나에서 폭발 사건이 몇 차례 일어나고 암살 음모가 한 번 드러나자 피델은 〈반혁명〉이라는 새로운 범죄에 대한 사형을 헌법 수정안에 포함시키는 방안을 추진했다.

8월에 마침내 트루히요의 반공부대가 쿠바 침공을 위해 활동을 개시했지만 전사들이 도착했을 때는 피델이 깜짝 놀랄 만한 계획을 마련해 둔 상태였다. 전(前) 제2전국전선 사령관 엘로이 구티에레스 메노요와 미국인 윌리엄 모건과 공모하여 실행한 영리한 계략이었다. 메노요와 모건은 도미니카 독재자 트루히요에게 접근하여 자기들이 반카스트로 봉기를 일으킬 준비가 되어 있다고 속였다(얼마 후 두 사람은 실제로 반카스트로 봉기를 일으키지만, 이 당시에는 피델과 협력하고 있었다). 두 사람은 결정적인 순간에 도미니카 공화국에 전신을 보내 자기들 세력이 쿠바의 트리니다드 시를 점령했다고 알렸는데 이것은 반공부대가 지원을 할 때가 되었다는 청신호였다. 그러나 바티스타의 망명 비행기를 몰았던 조종사가 수송기에 쿠바인 전사 약 100명을 싣고 트리니다드 근처 시골 지역에 착륙했을 때 피델과 군사들이 만반의 준비를 갖추고 대기 중이었다. 그러나 반공부대 전사 일부는 도미니카 공화국에 남아 있었고, 그중에는 라틴 아메리카에서 일어난 여러 사건에 큰 영향을 미칠 인물도 있었다. 바로 열여덟 살의 전(前) 육군사관생도 펠릭스 로드리게스였다.

로드리게스의 삼촌은 바티스타 정권의 공공사업부 장관이었기 때문에 카스트로가 권력을 잡자 그의 전 가족은 미국으로 망명했다. 가족이 겪은 불행으로 인해 카스트로에게 적개심을 품은 로드리게스는 펜실베이니아 퍼키오멘의 육군사관학교를 떠나 트루히요의 부대에 들어갔다. 피델에게 붙잡힌 동지들은 대부분 오랫동안 감옥에 갇혔지만 그는 도미니카 공화국에 남았기 때문에 무사했다. 그러나 부대의 공격 실패로 로드리게스의 좌절감은 더욱 짙어만 갔다. 그는 공부를 마치기 위해 퍼키오멘으로 돌아간 뒤 쿠바 혁명 파괴에 자신을 바치기로 결심했다. 그 이후 로드리게스는 여러 가지 시도를 했고 대부분은 성공하지 못했지만 이력을 쌓으면서 심각한 타격도 몇 번 입힐 수 있었다. 트리니다드 사건으로부터 8년이 지난 후 게바라가 삶을 마감하던 최후의 날에 로드리게스의 행로와 체의 행로는 교차하게 된다.

7

1959년 9월 말, 피델은 보다 직접적인 위협에 직면했다. 바로 우베르 마토스와의 대결이었다. 카마구에이 사령관 마토스는 급진적으로 좌경화된 혁명에 공공연히 적개심을 드러냈고 피델에게 7월 26일 운동 국가지도부 회의를 소집해서 군대와 토지개혁청 내 〈공산주의 침투〉 문제를 논의하자고 촉구했다. 마토스의 임지는 부유하고 보수적인 쿠바 중심지였기 때문에 그는 위협적인 존재가 되었다.

바로 이러한 일촉즉발의 분위기 속에서 소비에트 요원 알렉산드르 알렉세프가 10월 1일 아바나에 도착했다. 알렉세프는 공산주의 일간지 「오이Hoy」 기자들을 만나 구 아바나의 값싸고 눈에 띄지 않는 호텔 세비야로 이동했다. 다음 날 그는 쿠바 공산당 관리 카를로스 라파엘 로드리게스와 라울 발데스 비보를 만났고, 이들은 그에게 당시의 정치적 상황을 간략히 알려 주었다. 그들은 블라스 로카를 비롯한 정치위원회 사람들을 소개해 주겠다고 했지만 알렉세프는 거절했다. 대신 그는 비올레타 카살스를 불렀다.

유명한 여배우 카살스는 공산주의자이자 충실한 피델리

스타였고, 시에라마에스트라에서 라디오 레벨데 아나운서로 일한 바 있었다. 알렉셰프는 여름에 모스크바에서 그녀를 만난 적이 있었다. 그가 체와 접촉할 수 있게 도와 달라고 하자 카살스는 자리를 주선하겠다고 했다. 알렉셰프는 눈에 띄지 않게 지내며 연락을 기다렸고 위장신분을 지키느라 타스에 특전을 몇 번 보냈다.

체는 아바나로 돌아온 지 3주밖에 안 됐지만 피델은 그가 토지개혁청 〈산업부〉 일에 즉시 착수하기 바랐다. 체의 새 사무실은 바티스타가 아바나의 시정 본부로 삼기 위해서 세우는 중이었던 14층짜리 미완성 건물에 있었다. 그의 사무실에서는 호세 마르티의 거대한 흰색 오벨리스크 동상이 우뚝 솟은 시민 광장이 내려다보였는데 이 광장에는 혁명 광장이라는 새 이름이 붙어 있었다.

토지개혁청의 청장은 피델, 행정감독관은 누녜스 히메네스였고 두 사람의 사무실에서 진정한 쿠바 혁명이 시작되고 있었다. 체의 새로운 관직이 공식 발표된 날은 10월 8일이었지만 이미 소문이 돌기 시작했고 미국 대사관도 소문을 잘 파악하고 있었다. 미 대사관은 9월 16일에 워싱턴으로 특전을 보내 이렇게 보고했다. 〈체가 정부 요직의 후보자라는 소문이 돌고 있음. 가장 빈번히 거론되는 것은 산업 개발 기관 수장이나 통상부 장관임.〉

9월 말에 체는 옛 라카바냐 부대를 방문하기 위해 산타클라라에 갔다. 그는 빅토르 보르돈의 집으로 장교들을 불러 모아 자신이 새로 맡은 임무가 무엇인지 알려 주었다. 그러나 그것은 부하들이 듣고 싶거나 예상했던 내용이 아니었다. 「체는 피델과 혁명 지도자들이 나라의 발전을 위해서 산업부를 창설하기로 결정했다고 말했습니다. 그는 산업부 창설이 경제를 위해 얼마나 중요한지 설명했고 자신이 이 나라 산업 발전을 이끌 사람으로 임명되었다고 말했습니다. 우리는 체가 다시 부대를 맡을 것이라고 생각했기 때문에 깜짝 놀랐습니다. ……그가 민간 부문으로 간다니, 정말 충격이 컸습니다.」

몇 개월 동안 체의 강등에 대한 온갖 소문이 돌았던 터라 보레고에게 이 말은 모든 소문이 현실이 되었다는 뜻으로 들렸고 체는 단지 나쁜 상황을 좋아 보이게 하려고 애쓰는 것만 같았다. 「우리가 보기에 라카바냐의 사령관이며 연대의 대장이었던 체는 이런 일을 맡기에는 너무 아까운 인물 같았습니다. ……그러나 그는 우리에게 열정적으로 설명했고 그것은 자신이 정말 하고 싶었던 멋진 일이 될 거라고 말했습니다.」

갑자기 체가 보레고에게 말했다. 「보레고, 나와 함께 이 일을 할 생각이 있나?」 보레고는 자신이 군인이라고, 그러므로 체가 시키는 일은 무엇이든 하겠다고 대답했다. 체가 즐거운 듯이 말했다. 「좋아, 아침에 일어나자마자 아바나의 우리 집으로 오게.」

다음 날 아침 보레고와 체는 토지개혁청 건물 8층을 돌아보았다. 누녜스 히메네스는 이미 4층에 사무실을 마련해 둔 상태였고 토지개혁청 청장이었던 피델은 제일 꼭대기인 14층에 자리를 잡고 있었다. 산업부에는 체와 그의 스물한 살짜리 회계사 오를란도 보레고, 헐벗은 콘크리트 벽밖에 없었다. 체가 주변을 둘러보며 말했다. 「음, 우리가 제일 먼저 해야 할 일은 공사를 마치는 거야. ……그런 다음 자네가 산업부의 행정을 맡아 주게.」

사실 피델이 체를 산업부에 임명한 것은 그리 놀라운 일이 아니었다. 시에라마에스트라 시절부터 아르헨티나인 부관 체는 자급자족 산업 구축을 주장하며 엘옴브리토와 라메사에 빵을 굽는 간단한 화덕과 신발 수선점, 소박한 폭탄 공장까지 만든 사람이었다. 이제 그는 게릴라 활동을 하면서 배운 교훈을 쿠바 전역은 물론, 가능하다면 라틴 아메리카 전체로 퍼뜨리고 싶어 했다. 체는 반군이 승리를 거둔 후부터 쿠바의 산업화를 꾸준히 주장해 왔고, 그와 함께 대중의 군사화를 옹호해 온 터였다. 그는 미국이 쿠바를 침공할 것이라고 예상했고, 침공이 일어나면 모든 쿠바 주민이 도시를 떠나 게릴라가 되어서 싸워야 할 것이라고 생각했다. 또 미국이 침공하지 않는다 하더라도 산업화를 이루면 쿠바는 자본주의 시장, 특히 참견하기 좋아하는 미국이 지배하는 농산물 수출에 더 이상 의존하지 않아도 될 것이었다.

피델은 체가 토지개혁청에 임명되었음을 공식 발표하면서 체의 군대 계급과 그에 따른 의무는 그대로 유지된다고 밝혔다. 오를란도 보레고는 체가 새로운 직책을 맡아 흥분했다고 말했지만, 체는 사실 피델이 10월 16일에 라울에게 부여한 직책, 즉 혁명 군대 장관직에 자신을 임명하기를 남몰래 바라고 있었다는 설도 있다. 하지만 설사 실망했을지라도, 체는 자기감정을 드러내지 않았다.

한편 체는 서반구 다른 지역의 무장 혁명에 대한 쿠바의 지원이 일찍부터 성과를 거두기 바랐지만 그러한 바람이 실현되기는 힘들었다. 도미니카 공화국 원정대가 소탕되었을 뿐 아니라 그가 후원했던 니카라과 부대 역시 비참하게 실패하고 말았다. 쿠바인과 니카라과인을 포함하여 총 54명으로 구성된 부대의 지도자는 체가 직접 선택한 전 니카라과 국가요인경호대 장교 라파엘 소마리바였고 체의 친구 로돌포 로메로와 지식인 카를로스 폰세카도 포함되어 있었다.

6월 초부터 부대 조직원들이 쿠바를 떠나기 시작했다. 이들은 개별적으로 온두라스에 들어간 다음 니카라과 국경 근처 농장에서 접선했다. 이들을 위해서 6월 12일과 13일 밤에 체의 개인 조종사 엘리세오 데 라 캄파가 비행기에 무기를 잔뜩 실어서 날랐다. 3주 후 그들은 국경을 향해 출발했지만 밀고자가 있었던 것이 분명했다. 협곡에서 온두라스-니카라과 연합군에게 매복 공격을 당했던 것이다. 쿠바인 한 명을 포함해 아홉 명이 죽고 폰세카는 큰 부상을 입었다. 살아남은 자들은 검거되어 온두라스 감옥에 갇혔지만 몇 주 만에 풀려났다. 로메로에 따르면 이들이 풀려난 것은 비예다 모랄레스 온두라스 대통령이 〈체의 숭배자〉였고 그의 경호대장은 본인이 열렬한 반(反)소모시스타인 데다 아내가 니카라과 사람이었기 때문이었다. 로메로는 아바나로 돌아왔다. 당시 오랜 해외 순방을 마치고 막 돌아온 체가 로메로를 불러 단둘이 만났다.

로메로는 이렇게 회상했다. 「그는 무척 분노했습니다.

그들이 우리를 어떻게 엿 먹였는지 이야기했을 때 특히 그 랬습니다.」 로메로는 이 소동이 소마리바의 〈멍청함〉 때문이라며 소마리바가 쉽게 매복 공격을 당할 수 있는 협곡에 대원들을 남겨 두고 갔다고 말했다. 「체가 대답했습니다. 〈사실 직업 군인들은 전부 망할 놈들이지.〉」 체의 고집에 따라 로메로가 매복 공격 지점을 그려 가면서 정확히 어떤 일이 있었는지 설명하자 체가 말했다. 「자네가 살아남은 것은 기적일세.」

그 후 로메로는 체를 더욱 띄엄띄엄 만났다. 니카라과 부대는 게릴라 원정을 다시 시도하기 전에 먼저 훈련과 야전 경험을 좀 더 쌓아야 한다는 결론이 내려졌다. 로메로와 동료들은 곧 라미로 발데스와 부관 〈바르바 로하〉, 즉 붉은 수염의 마누엘 피녜이로 로사다가 이끄는 새로운 군대 방첩기관에 들어갔다. 피녜이로 로사다는 마탄사스에서 포도주 수입업체와 맥주 판매 대리점을 운영하는 갈리시아 이민자의 아들로 콜롬비아 대학을 다닌 적이 있었다. 초기의 실패들을 생각하면 쿠바의 게릴라 지원 프로그램 운영은 더욱 조직화될 필요가 있었다.

체는 토지개혁청 업무에 착수했다. 우선 그의 사무실을 지은 다음 알레이다를 위한 공간과 개인 비서 호세 만레사를 위한 공간도 마련했다. 그런 다음 보레고가 쓸 사무실을 지었다. 보레고는 아직도 자기가 하는 일이 무엇인지 전혀 몰랐다. 기술자 세사르 로드리게스와 쿠바 공산당 관리 판초 가르시아 발스도 산업부에 들어왔다. 산업부는 이제 번듯한 모양을 갖추었지만 체 자신도 정확히 일을 어떻게 진행해야 할지 전혀 몰랐다. 그는 쿠바를 산업화해야 했다. 하지만 어떻게?

체가 새 사무실에 자리를 잡은 지 얼마 안 되었을 때 비올레타 카살스가 체에게 전화를 했다. 그녀는 타스 통신원이 와 있으며 그를 만나고 싶어 한다고 설명했다. 체는 그 소비에트 〈저널리스트〉를 만나기로 했다.

알렉셰프는 10월 13일 새벽 두 시에 체의 사무실로 오라는 통보를 받았다. 그가 약속 시간에 도착하자 사무실은 어두웠고 체의 책상과 예쁜 금발 여인이 말없이 일하고 있는 책상의 램프 두 개만 켜져 있었다.

알렉셰프는 이렇게 회상했다. 「우리는 대화를 시작했습니다. 내가 몇 달 전에 아르헨티나에 갔었다는 이야기를 하자 그가 무척 좋아했습니다. 우리는 이야기를 나누었고…… 나는 그가 공산주의자임을 알고 있었으므로 터놓고 이야기를 했습니다. 그가 무척 개방적이라는 사실을 깨달았기 때문이었습니다. ……아르헨티나에서 산 담배가 한 보루 있었기에 그에게 서너 갑을 주었는데, 테하스[텍사스를 뜻한다]라는 담배였습니다. 나는 〈체, 당신이 추억을 떠올릴 만한 것을 주고 싶습니다〉라고 말했습니다. 큰 실수였지요! 그가 진노하여 말했습니다. 〈제게 무엇을 주고 싶다고요? 테하스라니, 그게 뭔지 아십니까? 그건 바로 양키 강도들이 멕시코에게서 빼앗은 땅입니다!〉」 체가 너무나 화를 냈기 때문에 어찌할 바를 몰랐다고 알렉셰프는 말했다. 「나는 〈체, 이렇게 이상한 선물을 드려서 정말 죄송하지만 당신이 우리 공동의 적에 대해서 어떻게 생각하는

지 알게 되어 기쁩니다〉라고 말했습니다. 우리는 함께 웃음을 터뜨렸습니다.」

알렉셰프는 〈미묘한〉 순간이 지나고 나자 대화는 우호적으로 이어졌고, 곧 격의 없는 호칭으로 서로를 부르기 시작했다고 회상했다. 체는 그를 〈알레한드로〉라고 불렀고 알렉셰프는 그를 〈코만단테〉가 아니라 〈체〉라고 불렀다.

마침내 알렉셰프는 시간이 많이 늦었으며 체의 비서처럼 보이는 여인이 아직 일하고 있음을 알아차리고 알레이다 쪽을 가리키며 농담을 던졌다. 「〈체, 당신은 착취에 그렇게 반대하면서 비서를 착취하는군요?〉 그러자 그가 말했습니다. 〈아, 그렇군요! 그 말은 맞지만 그녀는 내 비서일 뿐 아니라 아내이기도 하지요.〉」

두 사람의 대화는 새벽까지 이어졌고, 대화가 끝날 때쯤 체가 알렉셰프에게 말했다. 「우리의 혁명은 정말로 진보적인 반제국주의 혁명, 반미 혁명이고 인민이 이룬 혁명입니다. ……하지만 전 세계적 혁명 운동의 도움, 특히 사회주의 블록과 소련의 도움 없이는 장애를 극복하고 유지할 수 없습니다.」 체는 알렉셰프에게 이것이 본인의 사견임을 강조했다.

알렉셰프는 체의 속뜻을 알아차리고 다른 혁명 지도자들의 생각이 무척 궁금하다며 피델과의 만남을 주선해 줄 수 있느냐고 물었다. 알렉셰프는 이렇게 회상했다. 「체가 말했습니다. 〈문제는 피델이 저널리스트들과의 대화를 별로 좋아하지 않는다는 겁니다.〉 그래서 내가 말했습니다. 〈글쎄요, 내 목적은 그를 인터뷰하는 것이 아닙니다. 언론에 발표하려는 게 아닙니다.〉 체는 무슨 말인지 알아들었습니다.」

사흘 후인 10월 16일 오후, 세비야 호텔에 머물던 알렉셰프의 방으로 전화가 한 통 걸려 왔다. 어떤 목소리가 그에게 물었다. 「알레한드로 알렉셰프 씨, 지금 뭘 하고 계십니까?」 그가 대답했다. 「아무것도 안 합니다.」 「좋습니다. 피델 카스트로 코만단테와 인터뷰를 요청하셨지요. 지금 시간이 괜찮으시다면 당장 만나고 싶으시답니다. 우리가 모시러 가겠습니다.」

알렉셰프는 최대한 빨리 준비를 마쳤다. 「나는 외교관 같은 인상을 주려고 검정색 양복과 흰색 셔츠를 입고 회색 넥타이를 맸습니다.」 그런 다음 이때를 대비해서 선물로 가져온 소비에트 보드카와 철갑상어알을 들고 아래로 내려가 의장대를 기다렸다. 수염을 기르고 기관총을 든 청년 두 명이 입구에서 그를 향해 다가왔다. 알렉셰프는 두 사람의 안내를 받으며 재밌다는 듯 혼자 생각했다. 〈내 정체를 아는 사람이 이 광경을 보면 쿠바의 유일한 러시아인이 체포당하고 있는 줄 알겠군.〉

의장대는 알렉셰프가 체를 만났던 토지개혁청 건물로 그를 데리고 갔지만, 이번에는 엘리베이터를 타고 맨 꼭대기층으로 갔다. 엘리베이터에서 내리자 수염을 기르고 제복을 입은 사람 두 명이 그를 기다리고 있었다. 피델 카스트로와 누녜스 히메네스였다. 두 사람은 알렉셰프를 피델의 집무실로 안내한 다음 커다란 나무 원탁에 둘러앉아 대화를 시작했다.

몇 분 정도 의례적인 잡담을 나눈 후 피델이 알렉셰프에게 들고 있는 꾸러미가 무엇이냐고 물었다. 알렉셰프는 즉시 보드카와 철갑상어알을 꺼내어 맛을 보라고 권했다. 얼마 후 보드카를 마시고 비스킷과 철갑상어알을 먹던 피델이 무척 기분이 좋은 듯 누녜스 히메네스를 향해서 즉석에서 떠오른 생각처럼 이렇게 말했다. 「누녜스, 소비에트 상품은 아주 훌륭하군, 안 그런가? 전에는 한 번도 먹어 본 적이 없어. 소련과 통상 관계를 재개할 가치가 있을 것 같군.」 알렉셰프가 얼른 말했다. 「정말 좋은 생각입니다, 피델. 그럼 다 된 거나 마찬가지군요. 하지만 저는 문화적 관계에도, 그리고 더욱 중요한 외교 관계에도 무척 흥미가 있습니다.」 그러자 피델이 즉각 대답했다. 「아니, 나는 그렇게 생각하지 않소, 아직은 말이오. 형식은 중요하지 않아요. 나는 형식주의에 반대합니다. 크렘린의 밀사인 당신이 여기에 왔으니 우리는 이제 관계를 맺었다고 말할 수 있소. 하지만 아직 쿠바 국민들에게 이 사실을 말할 순 없소. 국민들은 준비가 되지 않았소. 부르주아 미국의 프로파간다 때문에 반공주의에 물들어 있으니 말이오.」

그런 다음 피델은 〈대중을 준비시키라〉는 레닌의 혁명 전략을 인용하며 자신은 그 격언을 따르겠다고 알렉셰프에게 말했다. 반공 언론 캠페인을 뿌리 뽑고 국민의 편견을 서서히 없앨 생각이지만 아직 그에게는 시간이 필요하다는 뜻이었다. 그때까지 알렉셰프는 피델에 대해 회의적인 생각을 가지고 있었지만, 레닌의 저작을 (〈깊게는 아니지만 상당히 제대로〉) 읽었다는 사실에 깊은 인상을 받았다. 그러나 그는 여전히 약간의 의구심을 가지고 있었다. 알렉셰프가 피델의 가슴에 눈에 띄게 늘어뜨려진 쿠바 가톨릭 수호성녀 비르헨 델 코브레가 새겨진 금색 메달을 날카롭게 바라보고 있을 때, 피델이 그의 시선을 알아차렸다. 피델이 말했다. 「알레한드로, 이건 신경 쓰지 마시오. 내가 시에라에 있을 때 어머니가 보내 주신 것이오.」

그러나 알렉셰프는 메달에 그 이상의 의미가 있음을 알았다. 쿠바에서는 가톨릭의 영향력이 컸기 때문에 가슴에 수호성녀의 메달을 걸어 겉모습만이라도 전통을 따른다는 걸 보여줘서 피델에게 해가 될 것은 아무것도 없었다.

자기도 모르게 피델에게 우호적인 생각을 갖게 된 알렉셰프는 두 사람에게 공통점이 많다는 사실을 지적했다. 알렉셰프의 이름을 스페인어식으로 하면 알레한드로인데 피델의 중간 이름도 알레한드로였다. 그들은 또한 13이라는 숫자와 인연이 많았다. 피델은 8월 13일에 태어났고 알렉셰프는 피델보다 열세 살이 많았다. 게다가 알렉셰프는 8월 1일에 태어났기 때문에 두 사람의 생일은 13일 차이였다. 수비학(數秘學)에 관심이 많기로 유명했던 피델은 알렉셰프가 두 사람의 상징적인 유사성을 찾으려 애쓰자 기뻐했다.

대화를 나누는 내내 알렉셰프는 피델의 혁명에 대한 개념이 체 게바라의 개념과 얼마나 비슷한지 혹은 얼마나 다른지 확인하려고 계속 탐색했다. 피델이 말했다. 「이것은 국민에 의해, 국민을 위해 일어난 진정한 혁명이오. 우리는 그 어떤 인간도 같은 인간을 착취하는 않는 세상, 국민이 무장을 하고서 자신이 거둔 승리를 방어하는 공정한 세상을 만들고 싶소. 마르크스가 지금 세상에 나왔다면 내가 국민들에게 무기를 주는 것을 보고 기뻐할 거요.」 알렉셰프는 피델이 체와는 달리 〈사회주의〉라는 단어를 일부러 피하고 있다는 사실을 눈치챘지만 피델은 두 사람이 같은 철학을 가지고 있음을 〈잘 보여 주었다〉.

자리가 파할 때쯤 알렉셰프가 꼭 성사시켜야 할 임무를 부여받았다. 피델이 알렉셰프가 가져온 보드카를 홀짝이며 소비에트와의 통상 관계를 재개해야겠다고 말한 것과 마찬가지로 이것 역시 즉흥적인 결정 같았다. 알렉셰프의 말에 따르면, 피델이 쿠바에 반공주의가 널리 퍼져 있으므로 쿠바 국민들에게 〈천천히 접근해야〉 한다고 설명하자 누녜스 히메네스가 끼어들어서 피델에게 제안을 하나 했다. 알렉셰프가 소련 정부에 요청하여 당시 멕시코에서 개최되던 소비에트 무역 박람회를 아바나로 가져오면 어떻겠느냐는 것이었다. 누녜스 히메네스는 7월 뉴욕 방문 당시 소비에트 부총리 아나스타스 미코얀이 낙성식에 참가한 박람회에 갔다가 깊은 인상을 받은 터였다. 알렉셰프는 누녜스 히메네스가 피델에게 이렇게 말했다고 회상했다. 「정말 그럴 가치가 있습니다! 박람회를 열면 소련이 후진적이라는 미국의 선전이 거짓임을 쿠바 국민들에게 보여 줄 수 있고, 따라서 국민들이 소련에 눈을 뜨게 될 겁니다.」

피델은 이 박람회라는 것이 정말 괜찮으냐며 알렉셰프의 의견을 물었다. 알렉셰프는 그렇다고, 자신은 그렇게 생각한다고 말했지만 박람회 개최를 주선하기는 힘들 것 같다고 말했다. 소비에트 박람회 일정은 이미 정해진 상태였는데 쿠바는 일정에 없었고, 소련의 느려 터진 관료제도를 생각하면 일정을 바꾸기 힘들 것이었다.

그러나 이미 피델은 누녜스의 생각을 받아들여 안 된다는 대답은 받아들이지 않겠다고 말했다. 피델이 알렉셰프에게 단호하게 말했다. 「박람회가 와야 하오! 그리고 미코얀이 와서 낙성식을 해야 하오. 이미 일정이 다 잡혀 있겠지만 그래도 와야 하오! 우리는 혁명가들이오! 멕시코로 가서 미코얀에게 우리 혁명이 어떤 혁명인지 설명하시오. 그가 올 가치가 있는 혁명이라고 말입니다.」 알렉셰프는 노력해 보겠다고 대답했지만 소비에트 여권으로는 여행이 그다지 자유롭지 않다고 경고했다. 피델이 말했다. 「걱정 마시오. 멕시코에 있는 우리 대사가 모든 일을 처리할 겁니다.」

며칠 후 알렉셰프는 미코얀을 만나기 위해 멕시코시티 행 비행기에 올랐다. 지금까지는 그가 아바나에 온 임무가 잘 진행되고 있었다. 체가 조금씩 움직이고 있는데 여기에 피델의 승인까지 더해지면서 쿠바를 소비에트의 궤도로 이끄는 정치적 운명의 수레바퀴가 굴러가기 시작했다.

22장
〈우리가 바로 미래입니다〉

1

아나스타스 미코얀 부총리가 1960년 2월 4일 아바나에 도착했을 때 그는 서른 살짜리 아들 세르고와 멕시코 주재 소비에트 대사, 개인 보좌관, 경호원 겸 통역사인 젊은 KGB 장교 니콜라이 레오노프와 함께였다. 미코얀은 레오노프에게 〈주요 혁명 지도자들〉에게 선물을 전해 줄 것을 부탁했다. 레오노프는 이 임무 덕분에 멕시코에서 은밀히 만났던 옛 지인들과 재회할 기회가 생겼다. 그가 제일 먼저 만나러 간 사람은 체 게바라였다.

체와 알레이다는 얼마 전에 멀리 떨어진 시골집에서 더 안전한 시우다드 리베르타드로 이사해 있었다. 시우다드

리베르타드는 아바나 서쪽 끝에 펼쳐진 옛 군사본부였다. 체 부부는 군사공항 옆쪽 바티스타 정권 관리들이 살던 여러 집 중 한 곳에서 살았다.

체와 레오노프가 멕시코에서 마지막으로 만난 지 3년여가 지난 시점이었다. 마지막으로 만났을 때 레오노프는 사회주의를 무척 배우고 싶어 하던 젊은 아르헨티나 의사 게바라에게 소비에트에서 나온 책을 몇 권 빌려 준 바 있었다. 레오노프가 카스트로의 반란 단체와 일찌감치 접촉한 것은 신중하지 못한 일이었지만 그 정당성은 이미 증명되었다. 그가 소련 〈제2의 요인(要人)〉을 호위하며 쿠바에 온 것이었다. 게바라와 카스트로 형제도 이제 무모한 계획을 꾸미는 절박한 정치 망명자들이 아니라 새로운 혁명 쿠바의 확고한 지도자들이었고, 이들은 미국과의 전쟁을 무릅쓰고 레오노프의 조국과 연합하여 〈사회주의를 향해 나아갈〉 준비가 되어 있었다.

이번에 〈소비에트 인민을 대표하여〉 온 레오노프는 게바라에게 3년 전과는 다른 선물을 가지고 왔다. 소비에트에서 만든 최상의 프레시전 마크스맨 권총과 아름다운 권총집, 상당량의 탄약이었다.

레오노프는 1956년 11월에 멕시코에서 모스크바로 엄중한 소환 명령을 받은 후 해외 근무를 그만두게 되었다. 그는 라틴 아메리카 역사학자가 되기로 결심하여 소비에트 정부의 스페인어 출판사 에디토리알 프로그레소에서 번역가로 일했다. 그러던 1958년 늦여름에 KGB에 들어오라는 요청을 받고 이를 수락했다. 레오노프는 9월 1일에

2년짜리 정보부 교육 과정을 시작했지만 그의 말에 따르면 〈쿠바 혁명 때문에〉 과정을 마치지 못했다.*

1959년 10월, KGB의 상관들이 레오노프에게 교육 과정을 그만두고 미코얀의 호위대로 멕시코에 같이 가라고 명령했다. 미코얀 부총리는 무역 박람회 개최라는 표면적인 구실로 멕시코 정부가 아닌 소비에트 대사의 초청을 받아서 갔기 때문에 보좌관을 여러 명 데리고 갈 수 없었다. 따라서 멕시코 체류 경험이 있는 레오노프만이 부총리와 동행하여 경호원, 스페인어-러시아어 통역사, 〈고문〉 역할을 모두 맡게 되었다.

알렉산드르 알렉셰프가 비밀 임무를 띠고 쿠바를 떠나 멕시코에 도착했을 때 미코얀은 레오노프와 함께 있었다. 알렉셰프는 자신이 곧장 미코얀을 만나러 갔다고 말했다. 「나는 피델과 체, 라울, 혁명에 대해서 이야기했고 그는 큰

* 아나스타스 미코얀, 레오노프와 함께 쿠바를 방문했던 아나스타스의 아들 세르고 미코얀이 들려준 이야기는 레오노프의 말과 다르지만 무척 신빙성이 있다. 1994년에 세르고 미코얀은 저자에게 자신은 쿠바 방문 몇 년 전부터 레오노프를 알고 있었다고 말했다. 두 사람은 나이도 비슷했고 학교도 같이 다녔다. 미코얀이 아는 바에 따르면 레오노프는 KGB에 의해 소비에트 정부 출판사 직원이라는 위장신분으로 멕시코에 처음 파견되었다. 레오노프가 멕시코에 파견되었을 당시 그의 또 다른 친구 역시 비슷한 자격으로 미국에 파견되었는데 그 친구는 미코얀의 말에 따르면 〈확실한 KGB〉였다. 미코얀 역시 레오노프와 라울 카스트로의 첫 만남이 우연이었다는 점은 인정했지만 그 후 멕시코에서 만난 것은 의도적이었다고 말했다. 〈아이러니하게도 KGB는 레오노프에게 접촉을 그만두라고 명령했습니다.〉 미코얀은 쿠바 공산당의 압력 때문에 KGB가 그런 명령을 내렸다고 생각한다. 당시 쿠바 공산당은 피델 카스트로를 아직 인정하지 않았으며 피델과 7월 26일 운동이 〈부르주아적이고 반동적〉이라고 생각했다.

흥미를 보이며 귀를 기울였습니다. 미코얀은 젊은 시절 혁명에 참가했었기 때문에 쿠바 혁명 이야기를 들으며 자신의 청년 시절과 당시의 혁명적 낭만주의를 떠올렸습니다.」

알렉셰프가 미코얀에게 피델의 제안을 전했다. 「박람회만 원하는 것은 아닙니다. 피델은 이야기를 나누고 싶어 합니다.」 알렉셰프의 말에 따르면 미코얀은 그의 말을 다 들은 후 자신도 — 피델과 마찬가지로 — 형식주의에 반대하지만 소비에트 부총리로서 모스크바와 외교 관계가 없는 나라에 가는 것은 어렵다고 말했다. 그는 크렘린으로 전신을 보냈고 상황 설명을 위해 알렉셰프를 모스크바로 보냈다.

알렉셰프는 이렇게 말했다. 「모스크바 측은 박람회를 멕시코에서 쿠바로 옮기기로 했습니다. 흐루쇼프가 쿠바 혁명을 마음에 들어 했기 때문이었습니다. 정확한 이유는 모르지만 흐루쇼프의 입장에서는 미국에 맞설 앞잡이가 하나 더 생긴 셈이라 무척 기뻤기 때문이었던 듯합니다.」

소비에트 박람회는 오랫동안 연기된 끝에 1960년 2월에 아바나에서 개최되었다(원래 개최일은 1959년 11월 28일이었지만 같은 시기에 가톨릭 대회가 아바나에서 열릴 예정이었다. 피델은 보수파의 노여움을 살 이유가 없었으므로 날짜를 뒤로 미루었다).

레오노프는 미코얀과 함께 아바나에 도착한 후 차를 타고 체 게바라의 집으로 갔다. 정오가 거의 다 된 시각이었지만 체는 아직 자고 있었다. 레오노프는 이렇게 말했다. 「그는 무척 지친 상태였지만 잠에서 깨어 저를 보고는 무척 흥분했습니다. 〈세상에! 이게 무슨 기적입니까, 하늘에서 뚝 떨어진 것 같군요!〉 레오노프가 커피를 마시면서 체에게 마크스맨 권총을 건넸다. 체는 선물을 받고 무척 기뻐했다.

레오노프는 체에게 반군의 승리를 축하하고 나서 두 사람이 예전에 나누었던 대화와 체가 멕시코에서 열심히 읽었던 소비에트 문학에 대해서 이야기를 나누다가 이렇게 물었다. 「그런데 당신이 진심으로 사회주의를 건설하려 한다는 것이 정말입니까?」 체가 대답했다. 「그렇습니다, 그것을 위해 내 인생을 바칠 겁니다. 사회주의를 건설하기 위해서 먼저 그런 책들을 읽은 겁니다.」

2

레오노프는 체가 그날 왜 그렇게 늦게까지 자고 있었는지 궁금하게 여겼을지도 모른다. 하지만 그는 곧 답을 알게 되었다. 체는 토지개혁청 업무뿐 아니라 쿠바 국립은행 총재까지 맡고 있었다.

업무량은 지독히 많았고, 이제 그의 특이한 근무 시간은 전설이 되어 있었다. 외국에서 온 고위급 인사들이 세 시에 체를 접견하기로 하고 오후 세 시에 사무실에 찾아갔더니 만레사가 약속 시간이 오전 세 시라고 알려 주었다는 등의 이야기들이 아바나에 넘쳐났다. 알렉셰프는 지난 10월에 체와 자정이 넘어서 약속을 잡았었는데, 이제 이런 일은 예외가 아니라 규칙이 되었다.

체는 부모님께 보낸 크리스마스 편지에서 자신의 이상한 새 생활을 알려 주었다.

사랑하는 부모님께

제가 편지를 쓰기가 얼마나 힘든지 이해하시겠지요. 지금은 아침 6시 반, 저는 잠깐 휴식을 취하면서 두 분이 요즈음 바라는 모든 것을 이루시기를 빌면서 이렇게 편지를 씁니다. 하지만 하루를 시작하면서가 아니라 하루를 끝내면서 취하는 휴식이랍니다. 쿠바가 지금 보내는 순간은 아메리카에 무척 결정적인 순간입니다. 한때 저는 피사로의 병사가 되고 싶었습니다. 그러나 모험을 찾는 여정과 절정의 순간을 바라보고 싶은 갈망을 충족하기 위해서 더 이상 그럴 필요가 없습니다. 지금 그 모든 것이 여기에 있습니다. 제가 싸워서 이루고픈 이상과 모범적인 선례를 남겨야 한다는 책임감과 함께 말입니다. 우리는 인간이 아니라 일하는 기계이며 힘들지만 빛나는 환경 속에서 시간과 맞서 싸우고 있습니다.

산업부는 제 창작품입니다. 그러나 저는 지친 아버지와 같은 고통스러운 심정으로 산업부를 반쯤 포기하고 신이 저에게 주신 금융 재능을 발휘하기로 했습니다. E. 레벨데의 훈련 감독 일도 있고 오리엔테 연대를 직접 지휘하는 일도 해야 합니다. 우리는 아메리카에서 가장 고귀한 순수한 역사의 길을 걷고 있습니다. 우리는 압니다, 우리가 바로 미래입니다. 우리는 개개인의 감정은 접어 두고 행복하게 건설하고 있습니다. 1억 6천만 명의 아메리카인들에게 계산적인 사랑을 나누어 주는 기계이자 때로는 기억 속에서 돌아온 탕아인 제가 애정 넘치는 포옹을 보냅니다.

체.

알레이다와 함께하는 생활에도 정해진 틀이 생겼다. 알레이다는 체의 개인 비서로 일했기 때문에 일터에서 늘 함께했지만 어쩌다가 집에서 시간을 보낼 때에는 두 사람만의 사생활이 거의 없었다. 과테말라인 파토호가 1959년 초부터 두 사람과 함께 살고 있었고 오스카르 페르난데스 멜이 시우다드 리베르타드 집의 빈 앞방으로 이사를 왔다. 멜은 근처에 위치한 옛 바티스타 해군 본부에서 새로운 군대의 의료 총책임자로 일했다.

알레이다는 모든 일을 냉철하게 잘 처리해 나갔지만 그녀를 괴롭히는 것이 하나 있었다. 바로 주변을 계속 맴도는 일다 가데아라는 존재였다. 체의 전처 일다는 토지개혁청 건물의 다른 층에서 전쟁 때 가옥이 파괴된 농부들을 돕기 위해 마련된 사무실에 근무했다. 알레이다가 보기에는 일다는 체를 되찾겠다는 희망을 아직 포기하지 않은 것 같았다. 일다는 기회가 생길 때마다 자신의 존재를 알리려는 듯이 체의 사무실에 일디타를 데려다주기도 하고 딸을 그의 사무실로 데려와 점심을 먹기도 했다. 체는 신경 쓰지 않았다. 외동딸에 대한 체의 감정은 결혼에 실패하고 오랫동안 자리를 비워 딸을 무고한 희생자로 만들었다는 죄책감과 부성애가 뒤섞인 무척 복잡한 것이었다. 그는 가능한 한 딸과 함께 시간을 보내며 죗값을 치르려 했다. 일다가 허락할 때에는 일디타가 체의 집에서 주말을 보내기도 했다.

알레이다는 체를 위해 일디타의 존재를 견뎠지만 일디타가 사무실에 너무 자주 찾아오고 일다가 그 틈을 타서 체와 이야기를 나누며 어울리자 분노가 들끓었다. 체는 일다가 계속 일을 방해해서 화가 났지만 소동을 벌이지 않으려고 분노를 다스렸다. 그러나 어느 날 체는 더 이상 참지 못하고 쿵쿵거리며 사무실에서 나와 비서에게 다 들릴 정도로 큰 소리로 외쳤다. 「이혼한 것 같지가 않군.」

일다는 젊은 여비서와 자주 이야기를 나누며 자신의 감정을 털어놓고 알레이다에 대한 험담을 했다. 알레이다는 알레이다대로 여비서가 일다와 이야기를 나눈다고 크게 화를 내며 두 사람이 무슨 이야기를 했는지 알아야겠다고 했다. 결국 몇 달 후에 여비서는 〈중간에서 겪는 시달림〉을 더 이상 견디지 못하겠으니 다른 부서로 옮겨 달라고 요청했다.

체가 〈친선〉 순방에서 돌아온 후 몇 달 동안 쿠바에서는 분열적인 분위기가 더욱 뚜렷해졌다. 피델이 점점 더 급진적인 정책을 밀어붙이고 혁명 통제를 쿠바 사회에서 지금까지는 신성불가침이었던 영역에까지 확대했기 때문에 극적인 변화의 소용돌이가 일었다. 그러는 내내 체는 사적으로는 감언이설을 늘어놓고 공적으로는 칭찬을 하며 피델을 계속 부추겼다. 사태를 관찰하던 사람들은 흥미로운 양상을 눈치채기 시작했다. 체의 〈급진적으로 보이는〉 제안이 사실 중요한 조기 경고였다. 피델은 곧 체의 제안들을 거의 예외 없이 공식적인 혁명 정책으로 만들었기 때문이었다.

1959년 1월에, 그리고 다시 4월에, 체는 쿠바의 원유 및 광물 자원을 국유화해야 한다고 말했다. 그러자 1959년 9월에 피델이 체의 말을 받아 그것이 〈조심스럽게 검토〉해야 할 문제라고 말했다. 결국 피델은 9개월 후 미국 회사 텍사코와 에소, 영국 회사 쉘이 소유하고 있던 정유소들을 몰수했다.

1959년 11월에 미국 대사는 얼마 전 「레볼루시온」에 실린 게바라의 인터뷰를 주목했다. 기사는 〈……게바라가 관련된 이상 토지개혁은 협동조합이나 코뮌 쪽으로 갈 것이다. 토지개혁법에 농부들을 소규모 부동산 소유주로 만드는 문제에 대해서 어떻게 규정되어 있든 상관없다〉고 분명히 밝혔다.

3개월 후인 1960년 1월에 피델은 모든 설탕 농원과 대규모 목장을 몰수하여 국영 협동조합으로 만든다고 발표했다. 쿠바의 1940년 헌법과 1959년 토지개혁법을 어기고 미국 소유 부동산을 〈무상 불법 몰수〉하는 것은 워싱턴이 가장 불만스럽게 생각하는 문제였지만, 이 조치에 놀란 사람은 거의 없었다. 왜냐하면 혁명이 승리를 거둔 후 초기 몇 주 동안 일찍이 체가 헌법의 보상 조항을 삭제해야 한다고 공개적으로 요구한 바 있었기 때문이다.

1959년 10월은 특히 중대한 달이었다. 10월 말이 되자 휴 토머스가 말하는 〈자유주의자들이 쇠퇴〉하고 혁명 세력 중 반미 〈급진〉파가 최종적으로 득세하기 위한 무대가 마련되었기 때문이었다. 이제는 체가 오랫동안 주장해 온 길을 향해서 피델이 직접 더욱더 공개적으로 나아가고 있었다.

피델은 이 당시 크게 힘을 얻은 〈혁명 단결〉 논리를 이용해서 롤란도 쿠벨라를 통해서 아바나대학 학생연합을 성공적으로 끌어들였다. 혁명지도자단 사령관이었던 롤란도 쿠벨라는 프라하에서 대사관 육군 무관으로 몇 개월 동안 복무하고 얼마 전에 돌아온 참이었다. 쿠벨라가 선거에서 승리함으로써 정부는 예로부터 자치적이고 반정부 음모의 역사적 온상이었던 대학 캠퍼스를 사실상 접수했다.

체는 산티아고에 위치한 쿠바의 두 번째 대학에도 같은 메시지를 전했다. 그는 대학 자치는 끝났으며 앞으로는 국가가 교과 과정을 정할 것이라고 무뚝뚝하게 선언했다. 중앙집중식 계획이 필요했고, 쿠바는 산업화될 것이며, 이를 위해서는 더 많은 변호사들이 아니라 농학자, 농업 교사, 화학 기술자 등 능력 있는 기술자들이 필요했다.

체는 학생들에게 이렇게 말했다. 「한 해에 변호사는 10명만이, 산업화학자는 100명이 배출되어야 한다고 말할 권리가 누구에게 있을까요? 그것을 독재라고 부르는 사람들도 있겠지만, 괜찮습니다. 사실 독재입니다.」 학생들은 〈말만 많은 소규모 세력을 제쳐 두고 실천하는 대군〉에 합류해야 했다.

(그리고 12월에 체는 라스비야스 대학에서 명예 교육학 학위를 받으며 자리에 모인 교수진과 학생들에게 교육이 백인 중산층의 특권이던 시절은 끝났다고 말했다. 그는 〈대학은 흑인과 물라

토, 노동자와 농민으로 채색되어야 한다〉고 말했다. 그리고 그렇게 하지 않는다면 사람들이 대학의 문을 부수고 〈……대학을 그들이 원하는 색으로 칠할 것〉이라고 경고했다.)

본격적인 반혁명 활동의 발발이 일으킨 긴장된 분위기 속에서, 체는 산티아고에서 연설을 했다. 피나르델리오에서는 정체가 밝혀지지 않은 비행기가 설탕 정제소를 폭격했고 미국인 두 명이 포함된 반란 단체가 붙잡혔다. 오랫동안 끓어오르던 우베르 마토스 사건이 마침내 폭발하기 직전이었다.

10월 20일에 라울이 국방장관으로 공식 진급한 후 카마구에이의 마토스가 피델에게 편지를 보내서 사임 의사를 표명하며 현재의 진로를 변경하라고 촉구했고 피델이 〈혁명을 매장하고 있다〉고 비난했다. 마토스 휘하의 장교 열다섯 명이 그와 함께 사임할 예정이었다.

피델은 즉시 답장을 보냈다. 그는 마토스의 주장을 부인하며 마토스가 〈배신〉을 일삼는 등 여러 가지 잘못을 저지르고 있다고 비난했다. 그러고 나서 피델은 카밀로에게 카마구에이로 가서 마토스와 반체제파 장교들을 체포하라고 명령했다. 카밀로는 피델의 명령에 복종했고 마토스와 장교들은 별다른 소동 없이 체포되었다. 그런 다음 피델이 직접 카마구에이로 가서 연설을 하며 마토스가 무장 반란과 〈반역〉을 계획했다고 비난했다. 마토스와 장교들은 아바나로 이송되어 라카바냐의 감옥에 투옥되었다.

마토스 사건 〈공모자들〉에게는 최악의 타이밍이었다. 아바나로 돌아온 피델이 미국의 쿠바 관광을 촉진하기 위해서 2천 개의 미국 여행사가 참가하는 대회에서 할 연설을 준비하고 있을 때 배신자 페드로 루이스 디아스 란스가 B-26 폭격기를 타고 나타나 정권 내 공산주의자 숙청을 요구하는 전단지를 살포했던 것이다. 쿠바 공군 비행기들이 디아스 란스를 요격하기 위해 긴급 발진했고 라카바냐의 군인들이 대공포로 사격을 개시했지만 디아스 란스는 상처 하나 없이 날아가 버렸다.

체와 동료 장교들, 만레사, 비서 크리스티나는 혁명 광장 근처 토지개혁청 건물 창가에 서서 디아스 란스가 저공 비행하는 모습을 지켜보았다. 진동으로 토지개혁청 건물이 흔들렸고 디아스 란스가 얼마나 가까이 비행했던지 조종석 안에 있는 그의 모습이 보일 정도였다. 체는 아무 말도 하지 않았지만 분노와 좌절로 표정이 차갑게 굳었다. 경호원들이 체에게 옥상으로 올라가 비행기를 저격할 테니 허락해 달라고 요청했지만 체는 그들이 더 큰 피해를 입을 것이 뻔하기 때문에 안 된다고 대답했다. 잠시 후 디아스 란스는 사라져 버렸다. 체의 사무실에서 이 사건은 우스운 결말을 낳았다. 비행기가 나타났을 때 비서들 중에서 뚱뚱하고 지나치게 신경질적인 아가씨가 책상 밑에 숨었는데, 사건이 끝나고 사람들이 업무로 돌아가려고 들어와 보니 그녀가 책상 밑에 끼어서 빠져나오지 못하고 있었다. 모두들 웃음을 터뜨렸고 결국 경호원 몇 명이 나서서 그 비서를 꺼내 주었다.

그러나 피델에게 이 사건은 외교적 재난이었다. 그의 관광 촉진 계획이 빛을 보지 못했다. 피델과 쿠바 언론이 민

간인 사상자를 낸 미국의 비행기 〈폭격〉을 비난하자 여행
사들이 깜짝 놀라 아바나를 떠나기 시작했다. 미국으로 무
사히 돌아온 디아스 란스는 비행 사실은 인정했지만 아바
나에 떨어뜨린 것은 전단지밖에 없다며 만약 사상자가 발
생했다면 쿠바 군대의 무차별 사격 때문일 것이라고 말했
다. 그러나 여론은 디아스 란스가 폭격을 했다는 쪽으로
기울었다. 다음 날 대규모 군중이 미국 대사관 앞에서 시위
를 벌였고 피델이 텔레비전에 출연하여 마토스가 디아스
란스와 공모하여 카마구에이에서 군사 반란을 일으키려
했다고 비난했다(중요한 점은 그 전날 미확인 비행기가 카마
구에이의 설탕 정제소를 폭격했다는 것이었다). 피델은 미국이
〈전쟁 범죄자들〉을 숨겨 주고 있으며 디아스 란스에게 전
투기를 제공했다고 비난했다.

피델은 텔레비전에 출연한 다음, 10월 26일에 쿠바인
약 50만 명이 모인 혁명 광장 대중 집회에 참석하여 미국
을 또다시 비난하며 쿠바는 스스로 방어할 것이라고 맹세
했다. 국민들은 무장을 갖추고 훈련을 받을 것이며 쿠바는
필요한 비행기와 무기를 손에 넣겠다는 것이었다. 다음 날
본설 미국 대사가 피델의 비난에 항의하는 공식 서한을 라
울 로아 외무장관에게 전달했다. 바로 이때 피델의 내각은
혁명 재판 복귀를 표결에 붙여 통과시켰다.

10월 28일, 카밀로 시엔푸에고스는 카마구에이의 군령
(軍令)을 재정비한 다음 아바나로 돌아가려고 세스나기에
올랐다. 하지만 그는 결코 돌아오지 못했다. 피델과 체는
행방불명된 비행기를 찾아서 3일 동안 광범위한 지역을 공

중수색했지만 잔해는 하나도 발견되지 않았다. 무슨 일이 일어난 것이었을까? 카밀로의 조종사는 비행 경험이 많았고 날씨도 좋았다. 수많은 음모론이 일어났다. 카밀로가 마토스와 공모했기 때문에, 혹은 카밀로의 인기가 너무 커져서 피델이 카밀로를 처리했다는 주장도 있었다. 또 쿠바 공군 전투기가 카밀로의 비행기를 침입자로 오인하고 격추시켰다는 설도 있었다. 그러나 이유가 무엇이든 카밀로가 죽은 것은 분명했다. 그의 세스나기는 비행 경로 아래 펼쳐진 푸른 카리브 해 밑으로 영원히 사라졌으며 혁명 세력은 가장 카리스마 넘치고 인기 많은 인물을 잃었다.*

11월이 되자 피델은 권력 기반을 계속 다져 나갔다. 그는 직접 집행위원회를 구성하고 조직원들이 대표단을 선출할 권리를 없앰으로써 7월 26일 운동 반공주의자들을 희생시켜 쿠바노동조합에 〈단결〉을 확립하는 것에 성공했다. 쿠바 공산당이 쿠바노동조합을 점차적으로 접수할 포석을 깐 것이었다. 〈전국 혁명 민병대〉의 창설도 발표되었다. 이것은 쿠바를 〈게릴라 사회〉로 탈바꿈시키겠다는 체의 꿈을 실현시키기 위한 첫걸음이었다. 카를로스 프랑키는 「레볼루시온」에서 소비에트 부총리 미코얀이 쿠바에 초

---

* 카밀로 시엔푸에고스가 어떻게 되었는지 진실은 결코 밝혀지지 않겠지만 체가 카밀로의 실종과 관련해서 피델을 한 번도 의심하지 않았던 것은 분명하다. 체는 카밀로에게 무척 깊은 애정을 가지고 있었다. 체는 장남에게 그의 이름을 따서 붙여 주었을 뿐 아니라 쿠바를 떠날 때 그의 개인 서재에 붙어 있던 유일한 사진은 카밀로의 초상이었다. 따라서 체가 카밀로의 죽음에 피델이 연루되어 있다고 의심했다면 그 후 5년 동안 계속해서 피델에게 충실했을 가능성은 무척 낮다.

대되었다는 기사를 실었지만 라울 로아 외무장관은 이를 부인했다.

미코얀의 방문은 11월로 예정되어 있었지만 같은 달에 가톨릭 평신도 대회가 열릴 예정이었기 때문에 일정이 연기되었다. 가톨릭 대회에서 사제들은 공산주의에 반대한다고 공개적으로 발표했다. 지금까지 고위 성직자들은 공식적으로 〈기다려 보자〉는 입장을 유지했지만 교회는 혁명의 움직임을 점점 더 경계했고 젊은 가톨릭 투사들은 얌전히 있지 못했다. 이미 몇몇 사제들이 달아나기 시작했다. 그들은 마이애미의 대대적인 선전 대열에 합류해 쿠바가 〈공산주의화〉되고 있다는 디아스 란스의 주장을 되풀이했다. 한편 워싱턴에서 CIA는 피델 카스트로를 없앨 수단과 방법을 비밀리에 강구하기 시작했다.

3

체가 불확실한 상태에서 토지개혁청 일을 시작한 이후 상황이 변하기 시작했다. 1959년 말 당시 크고 작은 쿠바의 산업 대부분은 아직 개인들이 소유하고 있었고 산업부의 재산은 작은 공장 몇 개밖에 없었다. 그마저도 주인이 버리고 달아났거나 바티스타와 그의 측근 소유였기 때문에 몰수된 것들이었다. 이러한 공장들이 체의 새 권한에 속했기 때문에 그는 반군 퇴역 군인들을 직접 뽑아서 공장 관리자로 파견했다. 몰수한 대농장에 만들어진 새로운 농업 협동조합도 그들이 맡았다.

체는 칠레 공산당과의 친밀한 관계를 이용해서 그를 위해 일할 칠레와 에콰도르 경제학자로 이루어진 작은 팀을 구성했다. 또 쿠바인들이 더 들어오고 회계사도 몇 명 고용한 뒤 쿠바의 산업 발전을 위한 계획이 시작되었다. 처음 몇 주 동안 보레고가 쿠바의 산업 전망을 파악하기 위해 연간 통계 보고서를 작성하느라 애쓰고 있을 때 적어도 하나의 의제가 점차 윤곽을 드러내기 시작했다.

보레고는 이렇게 회상했다. 「그런 다음 곧 공장에 대한 최초의 개입이 시작되었습니다. 국유화가 아니라 개입이었습니다. 노사 분쟁이 있는 공장들이나…… 자본가들이 혁명 과정에 의심을 품고 투자를 하지 않은 공장들이…… 개입을 당했습니다.」

정부 개입은 노동부 — 당시 노동부는 라울의 보좌관이었던 아우구스토 마르티네스 산체스가 이끌었기 때문에 안전했다 — 가 채택한 결의문을 통해 합법화되었고, 이로 인해 체가 이끄는 산업부는 필요한 기간만큼 공장에 개입하여 관리할 수 있었다. 그럼에도 불구하고 보레고는 개입이 영구화될 것이라고는 상상도 해본 적이 없었다고 말했다.

그는 이렇게 덧붙였다. 「물론 체가 가진 사고방식으로는 그것이 당연했지만 아직 합법적으로 선포된 것은 아니었습니다.」 새로 습득한 자산을 운영하는 것이 보레고의 일이었는데 그의 첫 번째 골칫거리는 공장을 운영할 사람을 찾는 것이었다. 「몇몇 행정가들의 이름이 거론되기 시작했습니다. 기본적으로 우리는 학력이 그다지 낮지 않은 반군

중에서 찾았습니다. 제가 말하는 학력은 6학년 이상을 마쳤다는 뜻입니다. 따라서 그들의 문화적 수준은 무척 낮았고 우리는 그런 사람들로 산업을 관리하기 시작했습니다.」

지난 4월에 체는 피델의 반군 중에서 80퍼센트 이상이 문맹이라고 추정했다. 그가 라카바냐에서 벌인 식자(識字) 운동은 문맹을 뿌리 뽑기 위해 계획된 것이었지만 1959년 후반에도 반군은 글을 반 정도밖에 모르거나 아주 최근에 배운 과히로들로 이루어져 있었고 그들 대부분은 십 대를 겨우 넘긴 나이였다. 그런 사람들이 파견되어 공장을 운영하자 당연히 재난과 혼란이 잇따라 일어났다. 그동안 내내 체는 부족한 경제 지식을 극복하기 위해 열심히 공부했다. 체는 멕시코 경제학자 후안 노욜라와 함께 경제학을 공부했고 체의 요청에 따라 빌라세카 박사가 고급 수학을 가르쳤다. 9월부터 빌라세카는 화요일과 토요일 아침 여덟 시마다 토지개혁청 사무실로 와서 체와 가르시아 발스, 파톨로에게 한 시간 동안 수학을 가르쳤다. 빌라세카에게는 이 수업이 하루의 시작이었지만 체에게는 밤새도록 일을 하고 집으로 가기 전에 긴장을 푸는 방법이었다. 수업은 대수와 삼각법으로 시작해서 곧 해석기하학으로 넘어갔다.

4

체는 자신이 은행 총재가 된 경위에 대한 농담을 즐겨 말했다. 그의 이야기에 따르면 파소스 — 그는 마토스가 체포되자 이에 항의하다가 쫓겨났다 — 의 후임을 결정하기 위한 내각 회의에서 피델이 〈에코노미스타(경제학자)〉가 필요하다고 말했다. 그러자 체가 손을 번쩍 들었고, 피델은 깜짝 놀랐다. 「하지만 체, 자네가 경제학자인 줄은 몰랐는걸!」 그러자 체가 대답했다. 「아, 나는 훌륭한 코무니스타(공산주의자)가 필요하다는 줄 알았습니다.」 아무튼 이 이야기는 농담이고, 체가 국립은행 총재로 임명되자 금융 및 산업계에는 혼란스러운 냉기가 감돌았다. 피델은 체가 전임자 파소스만큼이나 〈보수적〉이라고 입심 좋게 장담했지만 그 말을 믿는 사람은 아무도 없었다.

체가 은행 ─ 좁은 구 아바나 거리에 위치한 콜로네이드 석조 건물이었다 ─ 을 인계하고 보니 수많은 책상이 텅 비어 있었다. 고위 관리 대부분이 파소스를 따라 사임했기 때문이었다.* 체는 빌라세카를 불러서 은행 관리 보좌관이 되어 달라고 요청했다.

빌라세카는 주저했다. 그는 금융 경험이 없었을 뿐 아니라 그가 대신할 사람은 〈은행 업무에 특히나 유능〉했고 빌라세카와 무척 친한 사이였다. 빌라세카는 거절하려 했지만 체는 완고했다. 사실 체의 말은 부탁이 아니라 명령이었다. 체가 빌라세카에게 말했다. 「나 역시 은행에 대해서는

---

* 마토스 사건에서 파소스의 편을 든 장관들은 아무런 절차도 없이 단번에 해고되었다. 후스토 카리요, 마누엘 라이, 체의 오랜 숙적 파우스티노 페레스가 여기에 속한다. 카밀로의 형제이자 오랜 쿠바 공산당 당원인 오스마니 시엔푸에고스가 라이를 대신했고 라울의 아내 빌마 에스핀의 형부가 파우스티노를 대신했다. 그러나 파소스와 카리요, 라이는 결국 쿠바를 떠났지만 페레스는 쿠바에 남았고 곧 피델의 호의를 다시 얻었다.

아무것도 모르지만 총재입니다. 하지만 혁명이 직책을 주면 그것이 무엇이든 받아들여서 잘 해내야 합니다.」그래서 빌라세카는 그 일을 수락했다.

체가 처음으로 은행에 불러들인 인물들 중 하나는 니콜라스 킨타나였다. 그는 서른다섯 살의 아바나 건축가로, 그의 회사는 파소스로부터 자금을 받아 말레콘 해변이 내려다보이는 아바나 중앙에 32층짜리 국립은행 건물을 신축하기로 했다. 말하자면 미국식 마천루를 짓기로 한 것이었다. 국립은행 신축은 당시 쿠바에서 진행 중인 가장 큰 건설 계획일 정도로 거대한 프로젝트였고 약 1600만 달러가 들 예정이었다. 1959년 말에 국립은행은 이제 막 터를 닦고 건축을 시작한 상태였다.

파소스는 국립은행 총재 자리에서 해임되어 해외 대사로 임명되었다는 소식을 듣고 급히 킨타나를 불렀다. 그는 킨타나에게 유럽에 도착하자마자 망명할 생각이라고 털어놓으며 그 이유를 이렇게 말했다. 「그들은 이 나라에 아주 잔학한 짓을 하고 있네. 새로운 총재의 이름은 바로 체 게바라일세. 그는 총재직에 어울리지 않아. 그래서 내가 망명을 하려는 걸세. 자네도 가야 하네. 어쩔 수 없어.」

그러나 킨타나의 생각은 달랐다. 그는 젊었고 지금까지 경력 중에서 가장 큰 건축 프로젝트를 맡고 있었다. 또 그는 전쟁 당시 반군에 도움을 제공한 적이 있었기 때문에 그것이 체와의 관계에 도움이 될 것이라고 생각했다. 1958년 말에 킨타나는 7월 26일 운동 측에 에스캄브라이 지역의 지형도를 제공하여 체를 도왔고, 확실히 이것은 그의 호의를 얻을 수 있는 부분이었다.

호출을 받은 킨타나가 체를 만나러 국립은행에 갔다가 달라진 모습을 보고 깜짝 놀랐다. 깨끗했던 건물은 〈더럽고 엉망진창〉이었으며 바닥에 서류가 온통 흩어져 있었다. 「단 보름 만에 모든 것이 변했습니다.」

체가 킨타나에게 던진 첫 질문은 〈당신은 프티 부르주아입니까?〉였다. 킨타나가 대답했다. 「아닙니다.」 「아니라고요? 그럼 혁명가로군요.」 「아닙니다, 코만단테, 저는 혁명가라고 말한 적 없습니다. 저는 대(大)부르주아입니다. 저희 가게 주인이 부르주아지요.」 체의 시선이 따뜻해지더니 그가 기쁘다는 듯이 이렇게 말했다. 「당신은 내가 여기 도착해서 만난 당신네 계층 사람들 중에서 유일하게 정직한 사람이군요.」 킨타나는 게바라의 마음을 얻었다고 생각하고 재치 있게 대답했다. 「아니오, 정직한 사람은 많습니다. 당신이 그들에게 말할 기회를 주지 않은 게 문제지요.」 그러자 체의 표정이 굳어지더니 킨타나에게 〈코만단테 게바라〉에게 이야기하고 있다는 사실을 잊지 말라고 말했다. 킨타나는 자신이 선을 넘었음을 깨달았다.

킨타나와 그의 동업자는 두 번째로 체를 만날 때 그의 승인이 필요한 건설 계획과 시방서를 가지고 왔다. 자금이 국립은행에서 나오고 있기 때문이었다. 킨타나는 게바라에게 수입할 자재 목록을 보여 주면서 바다에 노출된 건물에는 허리케인에 대비한 창문과 녹 방지 스테인리스스틸 골조가 필요하다고 설명했다. 또 엘리베이터는 아바나에 지사를 두고 있는 미국 회사 오티스에서 사는 것이 좋겠다고 추천했다.

체가 킨타나의 제안을 다 듣더니 마침내 입을 열었다. 「왜 엘리베이터를 설치합니까?」 킨타나는 신축 건물이 32층짜리라고 설명했다. 그러자 체는 계단으로 충분할 것이라고 말했다. 천식이 있는 자기가 걸어서 올라갈 수 있다면 다른 사람이 못 오를 이유가 없다는 것이었다. 킨타나의 동업자는 이 말을 듣고 진저리를 치며 자리에서 일어나 나가 버렸지만 젊은 건축가 킨타나는 끈질기게 버텼다.

두 사람은 다시 창문 문제를 논의했다. 체가 킨타나에게 왜 창을 미국 아니면 독일에서 수입해야 하는지 물었다. 왜 좀 더 싼 제품, 예를 들어 아바나에서 만드는 플라스틱 제품으로는 안 되느냐는 것이었다. 그런 다음 두 사람은 계획된 화장실 개수에 대해서 이야기했다. 체가 예정된 숫자를 보더니 이렇게 말했다. 「음, 적어도 반은 줄여도 될 것 같군요.」

킨타나가 〈하지만 혁명에서도 사람들은 예전만큼 화장실을 갑니다〉라고 지적했고, 체가 반박했다. 「신인류는 그렇지 않소. 신인류는 희생을 할 수 있거든.」 건축가 킨타나가 다시 허리케인 대비 창문 문제를 논의하려고 하자 체가 그의 말을 잘랐다. 「보시오, 킨타나. 삼 년 동안 우리가 여기서 지키고 있을 빌어먹을 것들을 생각하면 바람이 전부 가져가는 게 더 나을 거요.」

마침내 킨타나는 체의 말을 이해했다. 문제는 창문이나 화장실이 아니었다. 체는 신축 건물 자체를 원하지 않았다. 「그는 체제가 완전히 변할 것이며, 따라서 우리가 논의하는 모든 것이 불필요하다는 메시지를 저에게 보내고 있었습니다. 그들은 건물을 세우지 않을 생각이었습니다.」

킨타나의 생각이 옳았다. 국립은행 신축 건물은 결코 세워지지 않았다. 킨타나가 시작한 일이 중단된 대신 몇 년 뒤 그 자리에 에르마노스 아메이헤이라스 병원이 세워졌다. 얼마 후 쿠바의 10페소와 20페소짜리 지폐가 새로 발행되었는데 체는 쿠바 국립은행 총재로서 새 지폐에 서명을 해야 했다. 그는 경멸을 나타내듯 단순하게 〈체〉라고만 서명했다. 쿠바의 사업가들은 체의 제스처가 무엇을 상징하는지 금방 깨닫고 비통함을 느끼며 분노했다. 새로운 쿠바에서 화폐는 더 이상 신성한 재화가 아니라 곧 사라질 자본주의 민간 기업 시대의 성가신 유물에 불과했다.

23장
〈개인주의는 사라져야 합니다〉

1

마토스 〈반란〉 재판이 12월에 시작되었다. 라울과 피델이 직접 개입하여 마토스를 비난하면서 재판은 금세 독설과 추문으로 얼룩졌다. 라울은 반란 재판이 열릴 때마다 그랬던 것처럼 마토스의 사형을 요구했고 검사를 맡은 호르헤 〈파피토〉 세르게라 소령도 마찬가지였다. 그러나 군장교와 혁명 전사들로 구성된 판사들은 마토스에게 징역 20년을, 마토스 휘하 장교들에게는 더 적은 형량을 선고했다. 같은 달에 다른 몇 사람도 반혁명 혐의로 재판을 거쳐 판결을 받고 처형되었다. 피델의 오랜 친구이자 1948년 〈보고타소〉 동지였던 라파엘 델 피노도 붙잡혀서 바티스티아노들의 해외 도주를 도왔다는 죄목으로 30년 형을 선고받았다.

피델은 보드카와 철갑상어알을 즐기며 알렉셰프에게 장담했던 것처럼 쿠바 〈반동 언론〉에 대한 전쟁을 시작했다. 보수 일간지 「아반세」는 편집장이 해외로 달아난 뒤 〈개입〉당했다. 피델은 「아반세」 편집장이 디아스 란스의 비난을 신문에 실어 〈반혁명〉의 편을 들었다며 기소했다. 쿠바 제2의 텔레비전 채널 12번 역시 개입당했다. 〈엘 문도〉는 소유권을 빼앗겨 피델리스타 저널리스트 루이스 완구에메르트가 편집장이 되었다. 반대파를 대변하는 여론 「디아리오 데 라 마리나」를 비롯한 나머지 쿠바 독립 언론들도 곧 폐쇄되기 시작했다.

『보에미아』와 「레볼루시온」의 편집장들 역시 피델이 공산주의자들과 가까이 지내는 것을 불안하게 여겼지만 공식적으로는 충성을 다했다. 쿠바의 국제 통신사 프렌사 라티나가 창설되어 헌신적인 편집장 호르헤 리카르도 마세티의 지휘하에 운영되면서 서반구 곳곳에 사무국을 열어 체와 피델의 가장 큰 골칫거리였던 미국의 두 통신사 AP와 UPI의 보도와 전투를 시작했다.

신문사 인수는 인쇄업자 및 저널리스트 조합의 도움을 받아 이루어졌다. 이제 피델리스타들이 장악한 이들 조합은 살아남은 민간 언론매체들 속에서 친정부 타격부대 역할을 하고 있었다. 다비드 살바도르의 항의에도 불구하고 쿠바중앙노동자조합 숙청은 계속되었고 행정위원회를 장악한 공산주의자들이 숙청에 앞장섰다. 심지어는 그래픽

아티스트 조합 내에서도 숙청이 이루어져서 조합장이 〈반혁명주의자〉로 기소를 당한 후 외국으로 달아나자 알렉셰프와 체의 접촉을 처음 주선했던 공산주의자 여배우 비올레타 카살스가 조합장이 되었다.

지난여름에 체가 수행했던 해외 임무도 눈에 띄는 성과를 거두기 시작했다. 가을 이후 일본과 인도네시아, 이집트에서 공식 외교 및 무역 사절단이 쿠바 섬을 방문했고 상업적 이득보다는 상징적으로 중요했던 몇 가지 통상 협정이 맺어졌다. 또 체는 쿠바로 돌아온 후 자신이 방문했던 나라들에 대해 꾸준히 글을 써서 『베르데 올리보』와 『우마니스모』에 실었는데, 그의 글은 더욱 요란한 정치색을 띠고 있었다.

체는 『우마니스모』 9-10월 호에 「아프리카-아시아의 입장에서 본 아메리카」라는 글을 실어 식민 지배를 벗어난 신생 독립국들과 쿠바는 경제적 착취로부터 해방되고 싶다는 공동의 유대감을 가지고 있다고 썼다. 그는 피델 카스트로로 대표되는 혁명 쿠바가 라틴 아메리카뿐 아니라 아시아와 아프리카에서도 변화의 본보기가 될 수 있다고 주장했다. 체는 국제적인 반제국주의 연대를 주장하면서 피델이 그러한 연대의 지도자가 될 수 있다고 말하려는 것 같았다.

……우리 형제들이 넓은 바다와 언어의 차이, 문화적 유대가 없다는 문제를 극복하고 투쟁 동지의 품에 안기는 것은 가능한 일이 아닐까?

······쿠바는 새로운 아프리카-아시아 인민 회의에 초대받았다. 쿠바는 그곳에 가서 그것이 사실이라고, 쿠바는 정말로 존재하며 피델 카스트로는 신화적인 관념이 아니라 한 인간, 사람들이 좋아하는 영웅이라고 말할 것이다. 또한 쿠바는 따로 떨어진 사건이 아니라 아메리카가 깨어나고 있다는 첫 신호일 뿐이라고 말할 것이다······.

〈여러분이 아메리카 해방 투쟁을 이끄는 게릴라 군단의 대원들입니까? 그렇다면 바다 건너의 우리 우방입니까?〉라고 그들이 우리에게 묻는다면 나는 그들에게, 그리고 수억 명의 아프리카인과 아시아인 모두에게······ 내가 또 하나의 형제라고, 세상의 한 부분인 이곳에서 막대한 열망을 가지고 우리가 하나로 연합하여 시대착오적인 식민 지배를 완전히 파괴할 순간을 기다리는 수많은 형제들 중 한 명이라고 말할 것이다.

피델은 자신이 세계 무대로 진출하는 것이 이치에 맞다고 생각했다. 독립 열풍이 아프리카와 아시아를 휩쓸고 있었다. 1957년 이래로 12개의 신생국이 프랑스와 영국, 벨기에의 식민 지배를 벗어나 독립했다. 알제리를 비롯한 몇몇 나라는 독립을 쟁취하기 위해 전쟁을 벌여야 했지만, 대세는 분명했다. 이제 식민 지배 시대는 끝났으며 미래는 죽어 가는 제국에 대항했던 사람, 즉 이집트의 나세르나 인도네시아의 수카르노와 같은 이들의 손에 달려 있었다. 그러니 피델 카스트로라고 해서 안 될 이유는 없었다. 1월에 라울 로아 외무장관이 아시아와 북아프리카를 순방하며 아바나에서 열릴 개발 도상국 국제회의에 여러 나라를 초대했다.

또 체가 게릴라 전쟁을 치르면서 겪은 일화들이 처음으로 지면에 등장하기 시작했고, 나중에는 이러한 이야기들을 모은 책 『쿠바 혁명전쟁 회고록』이 출판되었다. 11월에는 『우마니스모』지에 「살해당한 강아지」라는 비극적인 이야기가 실렸다. 때마침 토지 몰수가 더욱 빠른 속도로 진행되었고 혁명 총살대가 다시 부활했기 때문에 일부 쿠바 사람들이 혁명이라는 대의를 위해 무고한 사람들의 희생이 필요하다는 이 이야기의 현실적인 알레고리에 불안감을 느낀 것은 당연했다.

2

1월 무렵 건축가 니콜라스 킨타나는 쿠바에서의 앞날이 암울하다는 결론을 내렸다. 혁명이 급격히 좌편향되면서 킨타나와 비슷한 사회 계층은 소외되고 있었다. 국립은행을 세우겠다는 킨타나의 개인적 꿈은 무산되어 버렸고 가톨릭청년회 회원이었던 친한 친구 하나는 반공 전단을 배포했다는 이유로 총살대에 의해 처형된 터였다. 킨타나는 불만을 토로하려고 체를 찾아갔다. 그것은 삐걱거리는 만남이 될 수밖에 없었다.

킨타나는 이렇게 회상했다. 「체가 말했습니다. 〈이봐요, 혁명은 추하지만 반드시 필요합니다. 그 사건과 같은 혁명 과정의 일부는 미래의 정의를 위한 것이므로 정당합니다.〉

나는 그 말을 절대로 잊지 못할 겁니다. 나는 그건 토머스 모어의 『유토피아』와 같은 논리라고 대답했습니다. 우리는 현재가 아닌 미래에 무언가를 이룰 것이라고 믿으면서 오랫동안 그런 이야기에 속아 왔다고 말입니다. 그는 한동안 나를 바라보더니 이렇게 말했습니다. 〈그렇군요. 당신은 혁명의 미래를 믿지 않는군요.〉 나는 부당함을 바탕으로 하는 것은 아무것도 믿지 않는다고 대답했습니다.」

그러자 체는 킨타나에게 〈부당함이 깨끗하다고 해도 말입니까?〉라고 물었다. 킨타나는 〈죽은 사람들을 위해서라도 나는 깨끗한 부당함이라고 말할 수 없다고 생각합니다〉라고 대답했다. 그러자 체가 즉각 응수했다. 「쿠바를 떠나셔야겠소. 세 가지 중에서 선택하시오. 쿠바를 떠난다면 문제 삼지 않겠습니다. 그렇지 않으면 조만간 감옥에서 30년을 살든지 총살대 행입니다.」

겁에 질려 말문이 막힌 킨타나가 의자에 얼어붙은 듯 앉아 있는데 체가 이렇게 덧붙였다. 「당신은 참 이상한 일들을 벌이고 있더군요.」

킨타나는 이렇게 말했다. 「나는 아무 말도 하지 않았지만 그 말이 무슨 뜻인지 알았습니다. 내가 놀란 것은 그가 이미 알고 있었기 때문이었습니다. 그게 정말 놀라웠습니다.」

킨타나는 다른 전문직 종사자들과 함께 〈자원봉사대〉라는 단체를 만들었다. 이 단체는 공익사업을 표방했지만 진짜 목적은 반카스트로 세력을 조직하는 데 있었다. 「그것은 밤에 모여서 이런 것들…… 그러니까 우리가 혁명에 어떻게 대처할 것인가와 같은 이야기를 나누기 위한 구실에 불과했습니다……」 킨타나는 체에게서 경고를 받은 후이제 아무것도 할 수 없다는 사실을 깨닫고 몇 주 후 쿠바를 떠났다.

바로 그즈음, 지난여름 말썽 많았던 해외 순방에 동행했던 텔레비전 평론가 호세 파르도 야다가 자신의 친구인 담배 전문가 나폴레옹 파디야 문제를 청탁하려고 국립은행 총재가 된 체를 찾아왔다.

체는 토지개혁청에 임명된 후 파디야에게 자기 밑으로 들어와서 피나르델리오에 담배 협동조합을 세워 달라고 요청했다. 파디야는 게바라의 〈공산주의〉를 혐오하고 두려워했으며 미국 대사관에 그를 비난했지만, 이상하게도 그 제안을 받아들였다. 파디야는 토지개혁청에서 일하면서 협동조합을 세우고, 대규모 담배 수출을 돕고, 체의 끈질긴 부탁에 따라 〈경영 관리〉 과정을 가르쳤다.

그러나 파디야는 토지개혁청에서 목격한 여러 가지 일들 때문에 점점 더 좌불안석이 되어 가고 있었고, 농업 개혁 방법을 두고 누녜스 히메네스와 토지개혁청 최고 관리가 된 쿠바 공산당 출신 오스카르 피노 산토스와 논쟁을 벌였다. 결국 파디야는 화를 참지 못하고 피노 산토스가 〈공산주의를 실천하고 있다〉고 비난했다. 그 이후로 파디야는 배척당하는 기분이 들었다. 그러던 1월 26일 저녁에 익명의 전화가 걸려 와서 〈나폴레옹 씨, 즉시 몸을 숨기시오, 그들이 당신을 체포할 거요〉라고 경고했다. 상대방이 전화를 끊자 파디야는 겁에 질려서 차를 몰고 온두라스 대사관으로 달려가 정치적 보호를 요청했다. 온두라스 대사가 파디야에게 그렇게 극단적인 조치를 취하기 전에 우선 실제 상황을 알아보라고 충고하자 파디야는 파르도 야다에게 전화를 걸어 도움을 청했다.

파르도가 국립은행으로 찾아가서 체에게 파디야가 당국과 무슨 마찰이 있느냐고 물었다. 체는 파르도에게 종이 한 장을 보여 주었다. 그것은 파디야가 일하던 담배 협동조합 육군 중사가 서명한 진술서로, 파디야가 〈반혁명적〉이며 체의 아내 알레이다에 대한 〈험담〉을 했다고 고발하는 내용이었다.

파르도가 체 같은 사람이 그런 시시한 소문에 신경 쓰다니 놀랍다고 하자 체는 자신이 쥔 패를 내놓았다. 그는 파디야가 미국 대사관의 농업 담당관을 빈번히 만났으며 토지개혁청 관리들 앞에서 정부에 대해 부정적인 발언을 한 사실도 알고 있다고 말했다. 파르도는 파디야를 벌할 이유가 없다고 계속 우겼다. 그러자 체가 말했다. 「좋소. 파디야는 자리에서 물러나 토지개혁청에서 나가도 됩니다. 만약 이 나라를 떠나고 싶다면 미국 친구들에게 가도 좋소!」 체의 말이면 충분했다. 6개월 후 파르도는 〈체의 신속한 승인에 따라〉 쿠바를 떠나도 좋다는 허락을 받고 자동차와 가구를 싣고서 마이애미로 향하는 페리선에 올랐다.

3

피델은 1960년을 〈농업 개혁의 해〉라고 불렀지만 사실

〈대립의 해〉라는 표현이 더 어울릴 것이다. 미코얀이 쿠바를 방문하기 한 달 전, 미국과 쿠바의 관계는 급격히 악화되었고 쿠바의 〈사회주의화〉는 공공연하고 급격하게 진행되었다. 1월 초에 허터 장관이 미국인 소유 토지에 대한 쿠바의 무상 〈불법 몰수〉에 항의하는 서한을 보내면서 쿠바와 미국 사이에 보복전이 시작되었다. 쿠바는 항의 서한에 대응하여 미국인 소유를 포함한 모든 대규모 소 목장과 모든 제당 공장을 몰수했다. 그러자 미국에서 더 많은 미확인 비행기가 날아와 쿠바의 사탕수수밭을 폭격했다. 이러한 사보타주는 반카스트로 게릴라 전쟁을 벌이기 위해 쿠바 망명자들을 훈련시키겠다는 계획을 세우고 있던 CIA의 주도하에 조직되고 있었다.

　워싱턴의 대응은 미국 국내 정치 상황 때문에 더욱 격렬해졌다. 아이젠하워 대통령은 두 번째 임기의 마지막 해를 보내고 있었고 차기 대통령 선거운동이 이미 시작된 상황이었다. 리처드 닉슨 부통령은 쿠바를 겨냥한 표어로 선거 캠페인을 시작하여 카스트로가 자신의 행동에 대해서 대가를 치르게 될 것이고 대미 설탕 수출량 삭감도 그중 하나라고 경고했다. 피델은 늘 그랬듯이 과감한 저항으로 대응했다. 1월 19일, 토지개혁청은 쿠바 내에 쿠바인이나 외국인이 소유한 〈모든 대농장〉을 즉각 몰수한다고 발표했다. 남아 있던 대농장은 정부 포고에 따라 모두 혁명 정부의 손에 들어갔다.

　그 뒤에 피델과 후안 파블로 데 로렌디오 스페인 대사 사이의 기이한 언쟁이 텔레비전을 통해 생방송되었다. 피델이 텔레비전 연설 도중 스페인 대사관이 반카스트로주의자들을 쿠바에서 빼돌리려는 미국의 비밀 계획에 연루되어 있다고 비난하면서 먼저 논쟁에 불을 붙였다. 분개한 스페인 대사가 아직 방송 중이던 텔레비전 스튜디오로 쳐들어가서 피델이 중상모략을 하고 있다고 맞섰다. 두 사람 사이에 고성이 오갔고, 마침내 화가 나서 얼굴이 벌게진 대사가 방송국에서 강제로 끌려 나갔다. 피델은 로헨디오 대사가 24시간 내에 쿠바를 떠나야 할 것이라는 말로 텔레비전 연설을 다시 시작하여 미국을 소리 높여 비난했다. 그러자 허터 장관이 연방의회로 달려가서 아이젠하워 대통령에게 쿠바의 대미 설탕 수출량 변경 권한을 주는 법안을 통과시켜 달라고 요청한 다음 본설 대사를 워싱턴으로 〈무기한〉 소환했다.

1월 마지막 주에 미국은 소용돌이치는 위기에서 빠져나올 방법을 찾기 위해서 최후의 시도를 했다. 아이젠하워 대통령은 1월 21일에 성명을 발표하여 쿠바와 미국의 관계가 더 이상 악화되지 않도록 협상을 하자고 제안했다. 같은 날 아바나에서 대니얼 브래딕 대리 대사가 훌리오 아모에다 아르헨티나 대사에게 미국 정부와 카스트로 사이를 중재해 달라고 부탁했다. 아모에다는 부탁을 받아들여 미국 측의 제안을 들고 피델을 만나러 갔다. 피델이 반미 공격을 중지하고 본설 대사를 만나면 미국은 쿠바에 대한 경제 원조 확대를 고려해 보겠다는 제안이었다. 쿠바의 꼭두각시 대통령 오스발도 도르티코스는 다음 날 미국의 제안에 응해 쿠바가 미국과의 〈기존의 우호 관계〉를 지키고 강화하기를 바란다고 발표했다.

휴전이 이루어졌다. 피델은 1월 28일 연설에서 미국을 한 차례도 언급하지 않았다. 이와 같은 잠정적 후퇴는 피델이 다음 싸움을 시작하기 전에 숨을 고를 여유를 주었는데, 사실 그는 다음 싸움이 곧 시작되리라는 사실을 알고 있었다. 1월 31일, 쿠바 정부는 마침내 오랫동안 떠돌던 소문이 사실임을 인정하고 아나스타스 미코얀 소비에트 부총리가 곧 쿠바를 방문할 예정이라고 발표했다.

4

소비에트 무역 박람회는 큰 성공을 거두었다. 3주간의 박람회 기간 동안 수십만 명의 쿠바인들이 스푸트니크 모형, 소련의 가정과 공장 및 스포츠 시설 모형, 트랙터, 농장과 산업 장비를 구경하러 모여들었다. 그것들은 머지않아 미국인들을 〈매장시키겠다〉고 큰소리쳤던 니키타 흐루쇼프의 나라가 이룬 기술적인 성취를 보여 주었다. 1960년대 초 당시 해외를 구경해 본 적이 없던 대다수 쿠바인들에게는 흐루쇼프의 호언장담이 그럴듯하게 느껴졌다. 어쨌거나 러시아는 위성을 — 심지어 살아 있는 개까지 — 궤도에 쏘아 올린 최초의 나라가 아닌가?

그러나 쿠바인들 모두가 깊은 인상을 받은 것은 아니었다. 미코얀이 쿠바를 방문하자 성난 사람들이 시위를 벌였고 쿠바의 독립 언론매체들은 열심히 캠페인을 벌여 미코얀을 공격하고 소비에트 체제의 불공정함과 비능률성을 폭로했다. 미코얀이 쿠바에 머무는 동안에도 미국 경비행기들이 밤마다 쿠바를 습격하여 제당 공장과 사탕수수밭을 쉴 새 없이 공격했다.

2월 말에 쿠바를 공격하던 비행기 한 대가 쿠바 영토에 추락했는데 사망자들 중 한 명이 미국 시민임을 보여 주는 신원 증명서가 발견되었다. 피델은 이것을 증거로 들어 미국이 공격에 연루되어 있다고 주장했다. 뉴스가 보도되자 앨런 델레스 CIA 국장은 진상을 모르고 있었던 아이젠하워 대통령에게 사망자를 비롯해서 방해 공작 임무를 맡고 비행기를 조종한 사람들이 사실은 CIA가 고용한 자들이라고 털어놓았다. 2월 중순에 아이젠하워 대통령이 2월 관세국에 미국에서 출발하는 쿠바 지역으로의 불법 비행을 모두 중지시키고 책임을 물으라고 공개적으로 명령을 내린 터였다. 그러나 이제 대통령은 델레스에게 카스트로를 전복시킬 더욱 포괄적인 계획을 내놓으라고 비밀리에 재촉했다.

바로 닷새 전인 2월 13일에 소비에트와 쿠바는 새로운 〈통상 협정〉을 공개했다. 소비에트는 1960년 한 해 동안 거의 50만 톤에 달하는 설탕을 구매하고 그 후 4년 동안 해마다 설탕 100만 톤을 사기로 했으며, 쿠바는 대금을 현금이 아니라 석유를 비롯한 소비에트 제품으로 받기로 했다. 또한 협정의 마지막 해인 5년째에는 모스크바가 대금을 현금으로 지불하기로 했다. 쿠바는 또 기계류 구입과 공장 건설을 위해서 10년간 2.5퍼센트라는 아주 저렴한 이율로 1억 달러 차관을 받기로 했다. 말하자면 체가 계획했던 〈산업화〉 자금이었다. 시에나가데사파타 늪을 메우겠다는 꿈을 가지고 있던 피델은 미코얀과 함께 헬리콥터를 타고 가서 그에게 늪지를 보여 주었고 미코얀은 소비에트의 기술 지원을 약속했다.

피델과 체는 새로운 협정이 쿠바의 〈경제적 독립〉을 향한 또 하나의 발걸음이라고 생각하여 무척 기쁘고 자랑스러워했다. 미코얀 일행에 가려서 큰 주목을 받지는 못했지만 폴란드와 동독 무역 대표단도 와서 쿠바와의 통상 협정에 서명을 했고 곧 체코슬로바키아와 중국 대표단도 도착했다.

2월 20일에 중앙계획기구, 즉 후세플란JUCEPLAN 창설이 발표되면서 체가 얼마 전에 공식적으로 선언한 대로 소비에트식 〈중앙 계획〉 시대가 열렸다. 피델이 의장이었고 중앙계획기구의 창설을 처음으로 제안한 체 게바라는 운영위원회에 들어갔다. 체가 그즈음 여러 연설에서 언급한 핵심을 놓친 이들도 있었지만 이제 쿠바는 명실공히 중앙 통제 경제 체제로 나아가고 있었다.

소비에트 부총리의 아들 세르고 미코얀은 아버지가 쿠바 섬을 돌아볼 때 거의 빠짐없이 동행하여 쿠바의 지도자들을 자세히 관찰할 기회가 있었다. 그는 체 게바라와 피델 카스트로의 차이를 곧바로 알아차렸다. 미코얀은 아르헨티나인 체의 지난 업적에 대해 여러 기사와 글을 읽고 〈열광적인 게릴라〉, 라틴 아메리카의 혈기왕성한 볼셰비키를 만날 것으로 예상했지만 체는 그런 이미지와 달랐다. 세르고는 이렇게 회상했다. 「내가 만난 사람은 눈매가 무척이나 부드러운 매우 조용한 남자였습니다. 피델과 이야기를 나누면 거리감을 약간 느끼게 되는데, 그 이유는…… 그가 상대의 말을 거의 듣지 않기 때문이었지만, 체 게바라와 이야기를 나눌 때는 그런 느낌이 없었습니다. 나는 그가 완고할 것이라고 예상했지만 전혀 그렇지 않았고, 오히려 대화하고 토론하기를 좋아하며 타인의 말을 잘 듣는 사람이었습니다.」

미코얀의 쿠바 방문의 정점은 라플라타에 위치한 피델의 시에라마에스트라 시절 사령부와 산티아고 시를 둘러보는 의무적인 코스였다. 오리엔테까지는 수행원 전체가 갔지만 라플라타에는 미코얀과 세르고, 레오노프, 피델, 체, 경호원들만 올라갔다. 기자단은 산티아고에 남겨졌다.

피델은 다 함께 라플라타에서 하룻밤을 보낼 계획이었지만 막상 도착해 보니 준비가 하나도 되어 있지 않았다. 몇몇 일꾼들이 오두막을 짓는 중이었지만 일을 아직 끝내지 않은 상태였고 텐트 몇 개밖에 없었다. 피델이 당황하여 화를 냈지만 미코얀은 걱정하지 말라며 텐트에서 자는 것도 나쁘지 않다고 말했다. 그러나 미코얀의 아들 세르고는 이 기회를 틈타 산티아고를 구경하기로 했다. 나중에 세르고는 아버지로부터 그날 밤에 나눈 대화 내용을 들었다. 세르고가 떠난 후 피델과 체는 미코얀에게 사회주의 혁명을 이루고 싶다는 소망과 그 과정에서 부딪칠 문제점들에 대해 이야기하면서 혁명을 수행하기 위해 소비에트의 도움이 필요하다고 솔직히 말했다.

세르고 미코얀은 이렇게 말했다.「그건 정말 이상한 대

화였습니다. 그들은 제 아버지에게 소비에트가 도움을 주어야만 자신들이 살아남을 수 있지만, 쿠바 자본주의자들에게는 그 사실을 숨겨야 한다고 말했습니다. ……그러고 나서 피델이 〈우리는 앞으로 5년, 혹은 10년 정도 이런 상황을 견뎌야 할 것입니다〉라고 말했습니다. 그러자 체가 끼어들어서 피델에게 〈2, 3년 내에 해결하지 못하면 끝장입니다〉라고 말했습니다. 두 사람 사이에 생각의 차이가 있었던 거지요.」

그런 다음 피델은 자신이 이끈 반란의 승리는 마르크스가 틀렸다는 증거라며 일장연설을 늘어놓았다. 「피델은 마르크스에 따르면 혁명은 대중 투쟁, 파업 등등…… 마르크스의 공산당과 〈우리〉 쿠바 공산당이 제시한 방법에 따라서만 일어날 수 있다고 말했습니다. 〈하지만 혁명을 일으킨 것은 우리들이지 그들이 아니었습니다! 그러므로 우리는 마르크스를 뛰어넘었고, 그가 틀렸음을 증명했습니다〉라고 피델이 말했습니다. 그러자 아버지가 반박했습니다. 〈당신이 그렇게 생각하는 것은 당신네 공산주의자들이 교조적이기 때문입니다. 그들은 마르크스주의가 A, B, C, D일 뿐이라고 생각하지요. 하지만 마르크스주의는 교리가 아니라 하나의 방법입니다. 그러니 당신이 증명한 것은 마르크스가 틀렸다는 것이 아니라 당신네 공산주의가 틀렸다는 사실입니다.〉」

세르고 미코얀은 피델과 체가 군사 원조에 관해서는 직접적으로 언급하지 않았지만 소비에트의 경제적 원조는 요청했다고 말했다. 「그들은 경제적 원조를 받지 못한다면 두 가지 이유로 실패할 것이라고 설명했습니다. 첫 번째 이유는 미국 제국주의, 두 번째 이유는 쿠바 자본주의자들과의 싸움이었습니다.」

세 사람은 대화를 마친 후 며칠 후에 발표할 통상 협정이 쿠바와 소련의 전면적인 관계를 복구하는 첫 단계일 뿐이라고 이해했다. 현재로서는 피델이 감수할 수 있는 위험은 거기까지였다. 그러나 라플라타에 동행하지 않았던 알렉셰프는 체와 피델이 소비에트 무기를 사고 싶다고 요청하지 않았다는 말을 듣고 깜짝 놀랐다. 「미코얀과 온갖 문제에 대해서 이야기를 했지만 무기에 대해서만은 이야기하지 않았다니…… 그건 좀 이상했지요. 멕시코에서는 미코얀도 피델이 무기를 요청할지 모른다고 말했었습니다.」

그 예상은 논리적으로 옳았다. 지난해에 피델은 비행기와 무기를 사려고 전 세계에 밀사를 보냈지만 벨기에와 이탈리아에서 구매한 것이 전부였다. 미국에 비행기를 사고 싶다고 요청했을 때는 예상대로 퇴짜를 맞았고, 영국을 비롯한 몇몇 다른 나라들이 무기 거래에 서명하기를 망설였던 것도 아마 미국의 압력 때문이었을 것이다. 그즈음 피델은 연설을 할 때마다 〈쿠바는 스스로를 방어할 권리가 있다〉라든지 〈쿠바는 어디에서 사든 필요한 무기를 손에 넣을 것이다〉와 같이 대담한 말을 자주 되풀이했다.

그러나 곧 무기 문제가 수면 밖으로 드러났다. 3월 4일에 막 아바나 항에 들어온 프랑스 화물선 라쿠브르 호가 폭발하면서 도시 전체에 무시무시한 굉음이 울려 퍼졌다. 첫 폭발이 일어났을 때 호르헤 엔리케 멘도사 토지개혁청 카마구에이 기관장은 토지개혁청 건물에서 피델과 다른 지역 기관장들과 함께 회의를 하고 있었다. 그들은 황급히 항구로 달려가서 라쿠브르 호가 정박해 있던 부두로 내려갔고, 멘도사는 체가 허둥지둥 자신을 지나쳐 불타는 배를 향해 달려가는 모습을 보았다.

체가 멘도사, 피델, 다른 사람들과 함께 배에서 100미터 정도 떨어진 지점까지 다가갔을 때 무시무시한 두 번째 폭발이 일어났다. 멘도사를 비롯한 사람들이 즉시 피델을 감싸며 보호했다. 멘도사는 〈피델이 발을 구르고 주먹을 휘두르며 《제길, 숨이 막히잖아!》라고 고함을 질렀습니다. 바로 그때 하늘에서 뭔가가 떨어지기 시작했습니다〉라고 회상했다. 멘도사가 라울에게 폭발이 다시 일어날지도 모르니 피델을 데려가라고 말했다. 멘도사의 말에 따르면, 라울은 피델을 피신시키기 위해서 말 그대로 포로처럼 붙잡고 억지로 데려가야 했다. 피델이 안전하게 빠져나가자 멘도사는 체에게 주의를 돌렸다. 그는 여전히 불타는 배에 올라가려고 애쓰고 있었다. 「내가 황급히 그에게로 다가갔습니다. 누군지 기억은 안 나지만 어떤 사람이 체가 배에 오르지 못하게 말리는 중이었고, 체가 이렇게 말하는 소리가 들렸습니다. 〈제기랄, 방해하지 마! 두 번이나 폭발했잖아. 터질 건 전부 터졌어. 배에 올라가게 해줘!〉 그러고는 정말로 배에 올랐습니다.」

대량 살상이었다. 사망자는 최대 100명에 달했는데 대부분 하역 인부와 선원, 군인 들이었고 부상자도 수백 명에 달했다. 라쿠브르 호는 피델이 고용한 무기상들이 벨기에에서 구매한 무기를 싣고 있었는데 무슨 이유에서인지 화물에 불이 붙었던 것이다. 피델은 곧바로 CIA의 방해 공작이 틀림없다고 비난하면서 〈조국이 아니면 죽음을!Patria o Muerte!〉이라는 새로운 표어를 외쳤다.

다음 날 장례식이 열렸다. 피델과 체는 장례 행렬의 선두에 서서 군 동지들과 팔짱을 끼고 말레콘 해안가를 따라 난 도로를 걸었다. 그 후 피델이 혁명 지도자들을 양 옆에 거느리고 발코니에 서서 군중들에게 연설을 할 때 알베르토 코르다라는 젊은 사진작가가 사진을 찍기 좋은 자리를 찾았다. 코르다는 렌즈 속에서 체를 발견하고 초점을 맞추다가 그의 얼굴에 나타난 표정을 보고 소스라치게 놀랐다. 그의 얼굴에는 참을 수 없는 분노가 어려 있었다. 코르다는 셔터를 눌렀고 곧 이 사진은 전 세계로 퍼져 나가 결국 수많은 대학 기숙사 방을 장식하는 유명한 포스터가 되었다. 사진 속에서, 체는 궁극적인 혁명 아이콘처럼 보이며 그의 눈은 미래를 담대하게 응시하는 듯하고 그의 얼굴은 사회적 불의에 대한 분노를 힘차게 구현한 상징처럼 보인다.

얼마 지나지 않아 피델이 알렉셰프에게 전화를 걸어 라카바냐의 누녜스 히메네스의 집에서 만나자고 했다. 알렉셰프는 이렇게 말했다. 「피델이 무기 문제를 처음으로 입에 올렸습니다. 그는 폭발 이후 미국의 개입이 불가피할지도 모르며, 곧 닥칠지도 모른다고 말했습니다. 〈사람들을 무장시켜야 합니다〉라고 피델이 말했습니다. 또 그는 필요한 무기의 일부를 소련이 쿠바에 팔기 바랐습니다. 그는 경기관총 등과 같은 무기를 언급하며 이렇게 말했습니다.

〈당신네들이 잠수함에 무기를 실어 오면 됩니다. 쿠바 해안가에는 동굴이 무척 많으니 아무도 모르게 숨길 수 있습니다. 흐루쇼프에게 메시지를 전달해 주십시오.〉」

그즈음 소비에트 통상 사절단이 이미 아바나에 자리를 잡고 있었는데, 그중에는 크렘린과의 통신을 담당하는 암호 전문가도 있었다. 알렉셰프는 피델을 만난 후 곧장 암호 전문가를 찾아갔다. 「피델의 메시지를 흐루쇼프에게 바로 전달했지만 나는 우리 관료제의 특성 때문에 몇 주는 지나야 답이 올 거라고 생각했습니다. 그러나 바로 다음 날 흐루쇼프의 답변이 도착했습니다. 〈피델, 우리도 쿠바의 방어와 공격 가능성에 대해서 당신과 마찬가지로 걱정하고 있으므로 필요한 무기를 제공하겠습니다. 그러나 쿠바가 주권을 가진 독립국이고 원하는 무기를 무엇이든 숨기지 않고 살 수 있다면 왜 우리가 무기를 잠수함에 숨겨서 운반해야 합니까?〉 그것이 그의 대답이었습니다. 곧 무기가 도착하기 시작했습니다.」

5

5월 8일에 피델은 모스크바와 국교를 회복한다고 발표했다. 반란이 성공한 이후 급격히 좌파쪽으로 전향한 전 혁명지도자단 지도자 파우레 초몬이 새로운 쿠바 대사로 모스크바에 파견되었다. 모스크바는 외교관 신분으로 위장하고 활동하던 베테랑 KGB 요원 세르게이 쿠드리아초프를 사절로 보냈다. 타스 통신원 신분이 더 이상 필요 없어진 알렉셰프는 기존의 KGB 위장신분으로 돌아가 문화 담당관이자 세르게이의 제1비서관이 되었다.

피델과 흐루쇼프가 메시지를 주고받은 후 소비에트 군사 대표단이 소리 없이 아바나에 도착했다. 알렉셰프는 이렇게 말했다. 「우리는 즉시 이야기를 나누었습니다. 피델과 라울, 체 모두 그 자리에 있었지요. 그들이 무엇이 필요한지 말했습니다. 무엇보다도 대공 화기와 비행기, 대포, T-34 탱크, 소련에서는 더 이상 쓸모없는 낡은 무기들이 필요했습니다. 또 다른 대표단이 도착해서, 사실상 통상 무역은 아니었지만, 가격에 대해서 이야기했습니다.」

6월이나 7월경 소비에트의 무기와 군사 고문들이 비밀리에 쿠바로 들어왔다. 알렉셰프에 따르면 피델은 여전히 미국의 반응에 신경을 곤두세우고 있었기 때문에 ─ 소비에트도 마찬가지였다 ─ 몇 명은 체코슬로바키아 여권으로 쿠바에 들어왔다.

피델은 소비에트가 서명한 비밀 군사 협정만으로도 미국인들을 도발하기에는 충분히 강력하다고 생각했다. 사실 그는 2월에 소비에트와의 통상 협정에 서명한 직후에 워싱턴이 제의한 임시 데탕트를 추진하기 시작한 터였다. 1월 말에 미 국무부가 예비 교섭을 제안했지만 미코얀의 방문 때문에 잠시 중단되었다가 로아 외무장관이 다시 문서를 보내 워싱턴에 쿠바의 회담 〈조건〉을 알렸다. 워싱턴이 쿠바의 설탕 수출 할당량을 줄이겠다고 위협하는 한 협상은 불가능하다는 내용이었다. 그러자 2월 29일에 미 국무부가 미국은 양보하지 않을 것이며 미국인의 이익을 보호하기 위해 필요하다고 생각하는 조치는 무엇이든 취할 권리가 있다고 주상했다. 나흘 후 라쿠브르 호 폭발 사건이 일어나면서 두 나라의 대화는 다시 적대적으로 변했다. 피델이 이 비극적 사건에 CIA가 연루되어 있다고 비난하자 허터 미 국무장관이 격분하여 쿠바가 협상을 계속할 만큼 〈신의〉가 있는지 모르겠다고 의문을 제기했다.

이러한 상황에서 워싱턴이 피델에게 마지막으로 손을 내밀었다. 3월 초 미국 대사관의 마리오 라소 법률고문이 루포 로페스 프레스케트 쿠바 재정장관에게 접근하여 미국이 쿠바에 군용 비행기와 기술적 조언을 제공할 의사가 있다고 전했다. 피델은 제안을 고려해 보겠다며 이틀의 말미를 달라고 했다. 3월 17일에 도르티코스 대통령이 피델을 대신하여 로페스 프레스케트에게 미국의 제안을 받아들이지 않기로 결정했다고 알렸다. 마지막 남은 구체제 장관이었던 로페스 프레스케트는 이 거절이 무슨 뜻인지 깨닫고 즉시 관직에서 물러난 후 미국으로 떠났다. 프레스케트는 몰랐겠지만 그가 중재를 맡은 때가 피델이 소비에트에 무기를 요청한 때와 일치했거나 혹은 그가 중재안을 가지고 왔기 때문에 피델이 소비에트에 무기를 요청한 것이 분명하다. 피델은 자신이 막 들어서기 시작한 길에 대해 일말의 불안감을 가지고 있었을지도 모르지만, 니키타 흐루쇼프는 신속한 대답으로 그런 불안을 없애 주었다.

피델이 미국의 제안을 거절한 바로 그날 아이젠하워 대통령은 비밀리에 쿠바 망명자 수백 명을 모집하여 군사 조직으로 훈련시킨 다음 반카스트로 게릴라전을 실행한다는

CIA 계획을 승인했다. 덜레스 CIA 국장은 1954년 과테말라의 아르벤스 정권을 약화시켰던, 이름도 그럴 듯한 〈작전 성공〉을 모델로 삼기로 했다. 덜레스 국장은 U-2 정찰기 작전을 짰던 리처드 비셀 부국장에게 쿠바 〈특전팀〉의 총지휘를 맡겼다. 그 밖에 이 팀에는 〈작전 성공〉에 큰 도움이 되었던 비밀작전 베테랑 트레이시 반스와 충성스러운 하워드 헌트 CIA 몬테비데오 지부장 등이 있었다. 이번 작전에 회의적이었던 J. C. 킹 CIA 서반구 지구장은 〈쿠바는 과테말라가 아니다〉라고 경고했다. 킹은 〈더러운 전쟁〉을 통해서 쿠바 정권을 해체하는 쪽을 선호했고 체나 라울, 피델과 같은 주요 인물 암살을 지지했다. 그러나 덜레스는 킹의 제안을 무시하고 반카스트로 조직을 만들어 그들이 쿠바에 〈기반을 잡도록〉 도와주는 쪽을 택했다.

CIA 라틴 아메리카 공산주의 전문가 게리 드레처(프랭크 벤더)가 마이애미로 이동하여 쿠바인 망명자들 중에서 전사를 모집했다. 그는 곧 과테말라 군사 정권 지도자 이디고라스 푸엔테스 장군과 결탁하여 과테말라의 비밀기지에서 이들이 훈련을 받을 수 있도록 했다.

며칠 후 체는 설탕 수출 쿼터제가 쿠바 인민들의 〈경제적 노예 제도〉라고 비난했다. 그는 미국이 쿠바 설탕에 대해서 시장 가격보다 더 높은 값을 지불함으로써 쿠바가 다양한 작물을 도입하는 대신 단일작물 경제를 유지하도록 하고, 그리하여 쿠바가 미국 수입품에 의존하게 되는 악순환을 만든다고 주장했다. 설탕 쿼터제를 공격하는 것은 당시 피델이 내건 주요 기치에 정면으로 도전하는 셈이었지만 ― 피델은 설탕 할당량을 줄이겠다는 미국의 협박이 미국의 〈경제적 공격〉을 잘 보여 준다고 공공연히 비난하고 있었다 ― 의미심장하게도 피델은 체의 말에 반박하지 않았다.

한편 피델은 계속해서 언론을 압박했다. CMQ 텔레비전 방송국 소유주들은 외국으로 달아났고 다른 방송국들은 정부 소유가 되었다. 또 노동부가 쿠바노동조합의 기능 대부분을 침해하기 시작하여 이제는 노동조합이 아닌 노동부가 근로 조건을 독단적으로 정했고, 쿠바노동조합은 단순한 감독 기관으로 급격히 변해 갔다.

6

아바나의 양상이 급격히 변했다. 쿠바 중상류층이 특권을 누리던 시대가 서서히 끝나면서 점점 더 많은 중상류층이 페리선이나 정기 왕복 비행기를 타고 마이애미로 떠났다. 1960년 늦봄 무렵에는 거의 6만 명 가까이가 이미 아바나를 떠난 상태였다. 아바나는 1년 전까지만 해도 회원제 요트 클럽과 개인 해변, 카지노, 사창가, 백인 전용 거주구역을 갖춘 미국인들의 터전이었지만 그 도시는 이제 사라지고 있었다. 대형 호텔에서는 여전히 룰렛이 돌아갔지만 거리의 창녀들은 거의 모두 사라지고 없었다. 그 대신 제복을 입고 무장을 한 흑인들과 과히로들이 혁명 구호를 외치며 도시를 휘젓고 다녔다.

그리고 미국인들과는 무척 다른 종류의 손님들이 아바

나에 자리를 잡았다. 사회주의 블록 여러 국가에서 통상 및 문화 대표단이 속속 도착했고 현재와 미래의 제3세계 지도자들이 몰려들었다. 또 주말마다 찾아오던 미국 관광객과 사업가들이 빠져나간 호텔에는 국제공산주의청년회의에 참가하는 대표단이 들어찼다. 유럽 좌파들과 라틴 아메리카 지식인들이 아바나로 몰려들어 혁명 세력이 준비한 여러 문화 회의에 참가했다. 손님들 중에는 카를로스 프랑키가 초대한 장 폴 사르트르와 시몬 드 보부아르도 있었다.

체는 더욱 신비한 인물이 되었다. 유명한 프랑스 커플 사르트르와 보부아르는 체와 만나 몇 시간 동안이나 이야기를 나누었다. 사르트르의 저작을 읽으며 자란 체에게 저명한 프랑스 철학자를 직접 접대하는 것은 무척 만족스러운 경험이었음이 분명하다. 사르트르 역시 게바라에게서 무척 깊은 인상을 받아서 체가 세상을 떠나자 최대의 찬사를 바치기도 했다. 그에게 체는 〈지식인일 뿐 아니라 우리 시대의 가장 완벽한 인간〉이었다.

마침 사르트르와 보부아르가 쿠바를 방문 중일 때 라쿠브르 호 참사가 일어났기 때문에 두 사람은 희생자들의 장례식을 직접 보았고 다음 날 피델의 두 시간짜리 연설을 직접 들었다. 그런 다음 사르트르와 보부아르는 구 아바나 시가지를 걸어 다니며 무기 구입을 위해 기금 모금 운동을 벌이는 모습을 직접 목격했다. 보부아르는 관능적이고 열렬한 분위기에 매료되었다.

그녀는 회고록에 이렇게 적었다. 〈젊은 여인들이 과일

주스와 스낵을 팔면서 국가를 위해서 돈을 모금했다. 유명한 연주자와 가수들이 광장에서 노래를 하거나 춤을 추면서 기금을 불렸다. 예쁜 여자아이들이 화려한 카니발 의상을 입고 밴드를 따라 거리를 오가며 돈을 모금했다. 사르트르가 내게 말했다. 「이건 혁명의 밀월이군.」 조직도 관료도 없고, 지도자들과 국민은 직접 소통한다. 들끓는 사람들과 약간 혼란스러운 희망들. 영원히 지속되지는 않겠지만 무척 편안한 광경이었다. 우리는 난생 처음 폭력을 통해 얻은 행복을 목격했다.〉

3월 23일에 체는 〈정치적 주권 행사와 경제적 독립〉이라는 제목으로 텔레비전 연설을 했다. 그는 쿠바가 혁명을 통해 권력을 획득함으로써 정치적 독립을 이루었지만 경제적 독립은 아직 이루지 못했으며, 경제적 독립이 없다면 정치적 주권을 행사하는 진정한 국가가 아니라고 말했다. 그것을 획득하는 것이 혁명 세력의 현재 〈전략적 목표〉였다.

쿠바의 경제적 자유를 좌지우지하던 외국 소유의 독점 기업들이 공격을 당했다. 전기세와 전화 요금이 인하되었고 집세도 낮아졌으며 대규모 소유지는 인민의 손으로 넘어갔다. 그러나 쿠바의 풍부한 화학 물질과 광물, 석유는 여전히 미국인들의 손에 있었다.

분명히 말하는 편이 좋습니다. ……무언가를 정복하기 위해서는 누군가로부터 무언가를 빼앗아야 합니다. ……우리는 정복해야 할 무언가를, 즉 이 나라의 주권을 독점기업이라 불리는 누군가로부터 빼앗아야 합니다. ……이 말은 독점기업,

좀 더 구체적으로 말해 미국 독점기업에 승리하면 우리가 자유로 나아가는 길이 열린다는 뜻입니다.

혁명은 〈불공정함을 완전히 뿌리 뽑기〉 위해서 〈급진적〉이어야 하며 〈쿠바를 괴롭히는 악의 근원을 파괴〉해야 했다. 혁명 세력의 조치에 반대하는 사람들, 특권을 잃기 싫어 저항하는 사람들은 반혁명 세력이었다. 힘이 약화된 쿠바노동조합 노동자들은 임금의 4퍼센트를 〈산업화〉 프로그램에 기부했다. 이제 사회의 나머지 구성원들이 혁명적 희생을 공평하게 나누어 책임질 때였다.

그즈음 체는 쿠바가 더 이상 단순한 쿠바가 아니라 혁명 그 자체이고, 혁명은 바로 인민이며, 한 걸음 더 나아가서 인민은, 쿠바는, 그리고 혁명은 피델 그 자신이라고 분명히 이야기했다. 이제 국가라는 새로운 배에 오르든지 내리든지 결정을 할 때였다. 그란마 호에 오른 사람들이 개인적인 삶은 제쳐 두고 필요하다면 목숨까지 바칠 각오로 바티스타와 싸울 준비가 되어 있었던 것처럼 이제 모든 쿠바인들이 완전한 독립이라는 공동의 목표를 위해 희생할 때였다. 체는 적들이 보복하는 것은 당연하다고 경고했다. 그리고 반혁명 군인들 — 아마도 그들의 이익에 직접 영향을 받는 〈독점기업들〉에게서 돈을 받는 군인들 — 이 오면 소수의 사람들이 아니라 수백만 명이 쿠바를 지키기 위해 싸울 것이라고 말했다. 체는 이제 쿠바 전체가 〈시에라마에스트라〉라고 말하면서 〈우리는 다 함께 구원을 받든지 다 함께 가라앉을 것이다〉라는 피델의 말을 인용했다.

체는 〈중산층〉다운 사고방식을 가진 〈개인주의적〉 대학생들을 보면서 특히 분개했다. 어쩌면 그들에게서 자기밖에 모르던 자신의 옛 모습을 보았기 때문에 괴로웠을지도 모른다. 그는 혁명을 위해서 자신의 자아, 자신의 〈천직〉을 포기했다. 그러니 다른 학생들도 그렇게 하지 못하란 법이 어디 있는가? 3월 초에 다시 아바나 대학으로 간 체는 학생들에게 여러분은 쿠바의 경제 발전을 위해 힘써야 할 의무가 있다고 말하며 혁명에서 학생을 제외시키는 이중 원칙은 존재할 수 없다는 사실을 깨우쳐 주었다. 각자의 〈천직〉에 대한 개인의 생각만이 그 사람의 경력을 결정하는 이유가 될 수 없고 혁명에 대한 의무감이 그 자리를 차지해야 하며 또 그렇게 될 것이었다. 체는 본인을 예로 들었다.

통계적으로 단 하나의 예가 중요하다고 생각하지는 않습니다. 그러나 나는 경력을 기술 공부로 시작해서 의사로 끝냈으며, 그 후 코만단테가 되었고 지금은 여러분들이 보는 바와 같이 연설자로 여러분 앞에 서 있습니다. ……즉 한 사람의 여러 가지 개인적인 특성 속에서 천직은 결정적인 역할을 하지 않습니다. ……나는 우리가 개인이 아닌 민중을 위하는 길을 끊임없이 생각해야 한다고 믿습니다. ……개인을 생각하는 것은 죄와 같습니다. 인간 전체의 필요 앞에서 개인의 필요는 완전히 힘을 잃기 때문입니다.

사실상 이 말은 일부 학부는 확장하고 일부 학부는 없앤다는 뜻이었다. 예를 들어 인문학부는 〈국가의 문화적 발전을 위해 필요한 만큼만 남기고 최소한〉으로 축소될 예정이었다.

4월에 토지개혁청 군사훈련부는 체가 쓴 게릴라 전쟁 입문서『게릴라 전쟁』을 펴냈다. 체는 이 책을 카밀로 시엔푸에고스에게 바쳤다. 표지에는 말 등에 두 다리를 벌리고 앉아 소총을 높이 들고 밀짚모자 아래에서 얼굴을 빛내고 있는 카밀로의 사진이 실렸다. 체는 〈카밀로는 인민의 이미지다〉라고 썼다.『게릴라 전쟁』발췌본이 쿠바 언론을 통해 널리 알려졌고 오래지 않아 쿠바뿐 아니라 미국과 라틴 아메리카의 대게릴라전 전문가들도 첨예한 관심을 가지고 이 입문서를 연구하게 되었다.

체는 서문 〈게릴라 투쟁의 본질〉에서 다른 혁명 운동 세력이 쿠바의 성공적인 게릴라 투쟁을 따르려고 할 때 가장 중요한 교훈을 간략하게 정리했다.

1. 민중 군대가 정규군과의 전쟁에서 이길 수 있다.
2. 혁명을 시작하기 적절한 조건을 반드시 기다려야 하는 것은 아니며 반란 게릴라 그룹foco이 그러한 조건을 만들 수 있다.
3. 개발되지 않은 라틴 아메리카의 경우 주로 시골 지역에서 무장 투쟁을 펼쳐야 한다.

쿠바 내의 반대 움직임도 강해지고 있었다. 정부에서 쫓겨난 뒤 아바나 대학에서 학생들을 가르치던 마누엘 라이를 중심으로 지하 운동이 시작되었고 또 다른 단체로는 공격적인 가톨릭청년회가 반대 의견을 공공연히 펼쳤다. 미코얀이 쿠바를 방문한 이후 반대 움직임은 더욱 요란해졌다. 근본적인 개혁이 진행되던 시골 지역에서는 무상 토지 몰수와 전반적인 혼란이 폭력 사태에 불을 붙였다. 소규모 반혁명 단체들의 활동이 활발해졌는데, 대다수 단체는 전(前) 반군으로 구성되어 있었다. 오리엔테에서는 체의 옛 동지 마누엘 베아톤이 국가에 대항하여 무장봉기를 일으킨 후 또 다른 체의 옛 부하를 개인적인 이유로 살해하고 무장한 부하 스무 명과 함께 시에라마에스트라로 달아났다. 라울의 근거지였던 시에라크리스탈에서는 라울의 옛 부하 이히니오 디아스가 7월 26일 운동 용사였지만 불만을 품은 호르헤 소투스와 합세하여 다시 전쟁을 벌였다. 소투스는 1957년 3월에 산티아고에서 산지로 향하는 첫 반군 지원단을 이끈 사람이었다. 이들은 혁명회복운동MRR을 조직하여 마이애미에 망명 중인 전 해군사관학교 교수 마누엘 아르티메 주변으로 모여들었다. 마이애미의 아르티메, 시에라의 디아스, 아바나의 지하 지원자 네트워크와 더불어 혁명회복운동은 곧 CIA의 호의적인 시선을 받기 시작했다.

급속히 불어난 마이애미의 쿠바 망명자들 사이에서 활동하던 피델의 〈귀〉들은 이윽고 CIA가 모병 활동을 벌이고 있다는 소문을 접했다. 4월 말 연설에서 피델은 미국이 반카스트로 〈국제 전선〉을 만들려 한다고 비난하면서 워싱턴을 향해 쿠바는 〈과테말라가 아니〉라고 경고했다. 이디고라스 푸엔테스 과테말라 대통령이 이에 맞서 체가 과테말라에 침입할 게릴라 군단을 조직하려 한다고 공개적으로 비난했다. 4월 25일, 두 나라는 국교를 단절했다.

이러한 공개적인 소란에 개의치 않고 CIA는 작전을 계속 확장했고 케이맨 제도 근처 스완 섬에 설치된 라디오 송신기를 통해 쿠바에 반카스트로 선동 방송을 송출했다. 기지국을 운영하던 데이비드 애틀리 필립스는 6년 전 과테말라에서 CIA가 에르네스토 게바라를 처음으로 주목하게 만든 사람이었다.

그해 여름 CIA의 모병에 지원한 쿠바 망명자들 중에는 펠릭스 로드리게스도 있었다. 당시 열아홉 살이었던 로드리게스는 1년 전 트리니다드 침공 이후 펜실베이니아의 육군사관학교로 돌아왔다. 그는 1960년 6월에 사관학교를 졸업한 후 마이애미의 부모님 집으로 돌아갔다가 집을 나와서 CIA 프로그램에 참가했다. 그 후 9월에 로드리게스는 과테말라에 있던 쿠바 망명자들 수백 명과 합류하여 게릴라 훈련을 받게 된다. 훈련을 담당한 사람은 웨스트포인트 육군사관학교를 졸업한 다음 필리핀에서 일본 및 공산주의자들과 싸운 경험이 있는 필리핀 사람이었다. 이들 병력은 후에 2506여단으로 불리게 된다.

5월 1일 노동절에 피델은 혁명 광장에 가득 들어찬 무장 쿠바 국민들에게 연설을 했다. 무장 쿠바인들은 행군하며 피델의 연단을 지나쳤다. 그는 새로 만들어진 민병대를 칭송한 다음 체가 그랬던 것처럼 눈앞에 닥친 침공 위협을 언급하면서 쿠바인들은 스파르타인들처럼 일어나서 싸우다가 두려움 없이 죽을 것이라고 말했다. 그는 또한 이 기회를 틈타 두 가지를 분명히 밝혔다. 자신이 죽을 경우 라울이 그를 대신해 총리가 될 것이며 선거가 실시되지 않는다는 것이었다. 이미 〈인민〉이 쿠바를 통치하고 있기 때문에 선거는 필요 없다는 논리였다. 군중은 환호하며 〈혁명 찬성, 선거 반대!Revolución Sí, Elecciones No!〉라는 구호와 〈쿠바 찬성, 양키 반대!Cuba Sí, Yanqui No!〉라는 새로운 표어를 연이어 외쳤다.

노동절 즈음에 미국은 쿠바의 병력이 1959년 1월 이후 5만 명으로 두 배가 되었고 그 밖에 민간인 5만 명이 이미 새로운 인민 민병대에 들어갔다고 추정했다. 병력 증가는 끝이 보이지 않았다. 아무런 견제도 받지 않고 훈련과 무장이 계속 진행되면 쿠바는 곧 라틴 아메리카에서 가장 큰 군대를 갖게 될 터였다. 워싱턴은 피델이 이미 소비에트로부터 군사적 지원을 받았을지도 모른다고 남몰래 우려하고 있었는데, 5월 3일에 바티스타 정권의 장교였던 타베르니야 전(前) 참모총장과 우갈데 카리요 대령이 미국 상원에서 증언을 하면서 그러한 우려는 근거를 갖게 되었다. 우갈데 카리요 대령은 피델이 시에나가데사파타에 소비에트 미사일 기지를 짓고 있다고 말했다. 라울 로아 쿠바 외무 장관은 즉시 그러한 혐의를 부인하며 그를 비난했다. 당시 미국의 주장을 믿는 사람은 거의 없었지만 1년도 채 지나지 않아 그 공상에 가까운 생각은 현실로 드러나게 된다.

피델이 노동절에 군국주의적인 집회를 열고 일주일 후에 소비에트와의 국교 회복을 발표하자 피델 정부와 쿠바의 마지막 남은 독립 언론 사이에 최후의 싸움이 시작되었다. 우익 신문 「디아리오 데 라 마리나」가 사설에서 카스트로를 〈그리스도의 적〉에 비교하자 며칠 후 신문사는 〈노동자들〉의 습격을 받아 점령당했고 영구적으로 폐쇄되었다. 편집장은 쿠바에서 달아나 망명을 요청했다. 5월 말이 되자 남아 있던 두 독립 일간지 「프렌사 리브레」와 「엘 크리솔」 역시 더 이상 신문을 내지 못하게 되었고, 곧 영자 신문 「아바나 포스트」와 「라 카예」도 문을 닫았다.

이미 소비에트 유조선들이 미코얀이 서명한 구상 무역 협정을 일부 이행하며 쿠바에 지원할 석유를 싣고 대서양을 건너는 중이었다. 지금까지는 쿠바에 정유소를 가지고 있던 미국 에소 사와 텍사코 사, 영국 쉘 사가 베네수엘라에서 가져온 석유를 쿠바에 공급하고 있었다. 그러나 쿠바 측이 한동안 대금을 지불하지 않았기 때문에 밀린 대금이 5천만 달러에 달했다. 대금 지불을 감독할 사람은 국립은행 총재 체 게바라였다. 에소의 미국인 관리자가 체에게 밀린 대금에 대해서 문의했지만 그는 냉대만 받을 뿐 명확한 대답을 듣지 못했다.

이제 체는 미국 석유회사들에 도전할 정도로 자신만만했다. 그는 알렉셰프에게 미국 석유회사들이 거절할 수밖에 없는 타협안을 제시해서 시설을 몰수할 구실을 만들 계획이라고 말했다. 알렉셰프는 신중을 기하라고 충고했지만 체는 계획을 즉시 실천에 옮겼다. 5월 17일, 체는 미국 석유회사들에게 밀린 대금을 받으려면 각 회사가 소비에트에서 쿠바로 오는 중인 원유 30만 배럴을 사서 그들 정유소에서 가공해야 한다고 통지했다. 석유회사들은 즉답을 하지 않고 워싱턴에 조언을 구했고, 미국 정부는 체의 제안을 거절하라고 했다.

반정부 활동이 점점 더 활발해졌고 정부의 단속도 마찬가지였다. 대부분 라스비야스 대학 학생들로 구성되어 있던 에스캄브라이 반란 단체가 붙잡혀서 총살당했다. 쿠바 노동조합 지도자였던 다비드 살바도르는 지하로 몸을 숨겼다가 곧 마누엘 라이가 만든 인민혁명운동MRP에 합류했다. 피델을 지지했던 엔리케 페레스 세란테스 산티아고 대주교는 〈자유를 잃느니 피를 흘리는 것이 낫다〉는 교서를 발표하여 피델과 공산주의 연합을 비난하는 동시에 점점 더 확산되는 반정부 폭력 사태를 지지하는 듯한 인상을 주었다. 피델은 아직까지는 교회와의 대결을 피하고 싶었기 때문에 아무런 대응도 하지 않았다. 마이애미에서는 CIA가 반카스트로 망명자들의 〈통일〉을 이루어 아르티메의 세력과 후스토 카리요의 혁명회복운동을 프리오 쿠바 전 대통령의 총리였던 토니 바로나가 이끄는 세력과 합병시켰다. 그 결과 탄생한 것이 민주주의혁명전선FDR이었는데, 이것은 과테말라에서 훈련 중인 군사 조직에 정치 전선을 제공하기 위한 단체였다.

그러나 피델 반대자들이 각기 다른 동기로 각기 다른 세력을 형성하는 동안 피델의 혁명은 멈출 수 없는 기세를 얻었다. 6월에 피델은 아바나의 호화로운 호텔 세 곳에 몰수 명령을 내리면서 체가 공장에 〈개입〉할 때와 같은 근거를 내세워 합리화했다. 그 근거란 호텔 소유주들이 의도적으로 자금 부족을 초래하여 손해를 보고 있으므로 국가가 인수할 필요가 있다는 것이었다. 피델은 또 체가 개시한 미국 석유회사에 대한 도전을 이어 갔다. 피델은 미국 석유회사가 쿠바의 요청에 따라 소비에트 석유를 가공해야 한다고 주장하며 그렇지 않으면 그들의 자산을 몰수하겠다고 선언했다. 며칠 후 쿠바는 첩자 활동을 했다는 이유로 미국 외교관 두 명을 추방했다. 그러자 미국은 이에 맞서 쿠바 외교관 세 명을 추방했다.

두 나라의 힘 싸움은 금세 확대되었다. 피델은 미국이 쿠바 내 모든 자산을 잃을 위험을 무릅쓰고 있다고 경고했다. 그는 워싱턴이 경고를 받아들이지 않는다면 쿠바의 설탕 할당량이 1파운드 삭감될 때마다 제당 공장을 하나씩 압류하겠다고 말했다. 소비에트 유조선 두 척이 쿠바에 정박한 6월 29일에 피델은 쿠바 내 텍사코 사의 설비를 몰수하라고 명령했다. 또한 24시간 후 에소와 쉘의 설비도 몰수하겠다고 말했다. 쿠바는 단번에 5천만 달러의 빚에서 벗어났을 뿐 아니라 원유 정유 설비까지 손에 넣었다.

7월 3일, 미국 의회는 아이젠하워 대통령에게 쿠바의 설탕 할당량을 삭감할 권한을 주었다. 피델은 이에 맞서서 쿠바 내 미국인 소유의 모든 자산을 국유화할 수 있도록 법을 개정했다. 7월 6일에 아이젠하워 대통령은 그해 남은 기간 동안의 쿠바 설탕 할당량을 모두 취소했는데, 그 양은 약 70만 톤에 달했다. 피델은 아이젠하워의 행동이 〈경제 공격〉이라고 주장하고 소비에트와의 무기 협상을 노골적으로 암시하면서 쿠바가 〈곧〉 민병대 무장에 필요한 무기를 갖출 것이라고 말했다. 또 600개의 미국인 소유 회사들에 쿠바 내의 자산을 등록하라는 심상치 않은 명령을 내렸다.

이제 흐루쇼프는 미국과 쿠바의 일에 공공연히 끼어들었다. 7월 9일에 흐루쇼프는 〈비유적인〉 말일 뿐이라고 강조하면서 〈만약 필요하다면 소비에트 포병들이 미사일을 발사하여 쿠바 인민을 지원할 수도 있다〉고 미국에 경고함으로써 미국이 소비에트의 신세대 대륙간 탄도 미사일의 사정거리 안에 있음을 암시했다. 아이젠하워는 흐루쇼프의 협박을 비난하면서 미국은 서반구에 〈국제 공산주의가 지배하는〉 정권이 들어서도록 허락하지 않을 것이라고, 그것이 바로 흐루쇼프가 쿠바에 하려는 일이라고 말했다. 바로 다음 날 흐루쇼프는 미국 설탕 할당량에서 삭감된 설탕 70만 톤을 소련이 사겠다고 발표했다.

아바나에서 체는 이제 쿠바가 〈지구 상에서 가장 위대한 군사력〉의 보호를 받고 있으며 〈핵무기가 제국주의의 코앞에 버티고 서게 되었다〉고 말하면서 즐겁다는 듯이 미국을 위협했다. 니키타 흐루쇼프는 〈비유적인〉 말에 지나지 않는다고 주장했지만, 오래지 않아 전 세계는 그의 협박이 사실이었음을 깨닫게 된다. 그리고 항상 그랬듯이 제일 처음 그 사실을 말한 사람은 체 게바라였다.

7

체는 자신의 존재를 객관화하려고 노력했지만 그는 여전히 개인적인 삶을, 혹은 적어도 그 비슷한 것을 가지고 있었다. 1960년 7월에 알레이다는 두 사람의 첫 아이를 임신한 지 거의 5개월째였고 두 사람의 결혼 생활은 비교적 평화롭고 평범했다. 체가 국립은행으로 자리를 옮긴 것도 이와 어느 정도 관련이 있었다. 이제 더 이상 알레이다와 — 프렌사 라티나에서 일하게 된 — 일다가 어쩔 수 없이 얼굴을 마주할 필요가 없었기 때문이었다.

체와 알레이다는 항상 식구처럼 함께 지내던 손님 페르난데스 멜과 함께 미라마르 주택가 18번가와 7번 애비뉴 사이의 집으로 이사했다. 정원이 딸린 신식민지풍의 예쁜 2층 주택이었다. 길 건너에는 하버드 출신의 경제학자이자 아직까지 경제부에서 일하는 몇 남지 않은 온건파 중 한 명인 레히노 보티가 살고 있었다. 한 블록 반 떨어진 5번 애비뉴의 근사한 신식민지풍 대저택은 쿠바 국가안보국 본부였다.

오랜 친구이자 여행의 길동무였던 알베르토 그라나도가 7월 26일 기념일에 맞춰 나타나자 체는 무척 기뻐했다. 카라카스에서 〈푸세르〉가 의사 시험을 마치고 돌아오겠다고 약속하며 〈미알〉에게 작별을 고한 지 8년 만의 일이었다. 에르네스토는 돌아가지 않았지만 알베르토는 베네수엘라 나환자촌에서 계속 일하다가 베네수엘라 여자 델리아와 결혼했다. 우연히도 두 사람의 첫 아이가 태어나던 날에 그란마 호 상륙 소식이 신문에 대서특필되었고 에르네스토 게바라가 죽었다는 오보가 실렸다. 그때 이후로 그라나도는 신문을 통해 옛 친구의 소식을 좇았다. 알베르토가 가족을 만나려고 아르헨티나를 방문했을 때 바티스타가 달아났다는 뉴스가 전해졌기 때문에 그는 부에노스아이레스에서 게바라 가족들과 함께 체가 아바나에 무사히 도착한 것을 축하했다. 알베르토는 1959년에 체가 피델과 함께 카라카스를 방문한다는 소식을 듣고 애타게 체를 기다렸지만 결국 오지 않아 무척 실망했다. 그러나 두 사람은 계속 편지를 주고받았고, 마침내 그라나도 가족이 쿠바를 방문한 것이었다.

그라나도는 가능한 한 많은 시간을 체와 함께 보냈다. 체가 러시아산 원유를 쿠바로 싣고 온 첫 소비에트 유조선 선장을 맞이하러 나갈 때도 그라나도가 함께 갔다. 체는 그라나도를 대동하고서 선장에게 〈필요한 때에 도움을 줄 친구들이 있음을〉 무척 감사히 여긴다고 말했다. 이 말이 그라나도에게 간접적으로 암시하기 위한 것이었다면, 그것은 효과가 있었다. 그라나도는 몇 달 안에 베네수엘라의 교수직을 그만두고 체를 돕기 위해 가족과 함께 쿠바로 이주했다.

또 다른 친구가 체의 초대를 받고 7월 26일 기념일에 맞춰서 찾아왔다. 멕시코 종합 병원 시절의 친구이자 동료였던 다비드 미트라니가 게바라를 만나기 위해 달려온 것이었다. 사실 미트라니는 두 가지 임무를 가지고 왔는데, 하나는 멕시코 대통령을 위한 것이었고 하나는 이스라엘 정부를 위한 것이었다.

유럽 유대인 망명자의 아들이자 그 자신도 시오니스트였던 미트라니는 체가 그란마 호에 오르기 한 달 전에 키부츠에서 일하기 위해 이스라엘로 떠난 터였다. 정치에 관한 의견은 달랐지만 — 게바라는 시오니즘이 〈반동적〉이라고 말했다 — 두 사람은 친구였고, 둘 다 자신이 사회주의 이상을 위해서 헌신하고 있다고 생각했다. 게바라는 멕시코에서 피델을 만났을 당시 미트라니에게 쿠바 혁명 모험에 참가하라고 열심히 권하면서 이스라엘에 〈감자를 캐러〉 가겠다는 그의 계획을 비웃었고, 피델의 오만함에 질렸던 미트라니는 친구 체에게 피델은 〈허풍쟁이〉이며 쿠바를 침공하겠다는 계획은 제정신이 아니라고 말한 바 있었다. 두 사람의 우정은 여전했지만 서로 다른 모험을 떠나면서 그 후 연락이 두절된 상태였다. 쿠바에서 반란이 성공을 거두기 직전에 이스라엘에서 돌아온 미트라니는 체에게 그와 동지들의 성공을 축하한다는 전보를 보냈다.

그 이후 미트라니는 멕시코시티에 개인 병원을 열었고 병원이 이제 막 성공을 거두기 시작하는 참이었다. 그는 쿠바에서 들려오는 소식을 계속 눈여겨보면서 혁명 처형에서 자기 친구가 어떤 역할을 했는지 깨닫고 충격을 받았지만, 1960년에 체가 쿠바로 초청하자 이를 받아들였다. 미트라니는 쿠바로 가기 전에 아돌포 로페스 마테오스 멕시코 대통령을 만났는데, 그는 미트라니에게 체 게바라의 『게릴라 전쟁』 헌정본를 받아다 달라고 부탁했다. 또한 멕시코 주재 이스라엘 대사는 미트라니에게 체와의 연줄을 이용해서 쿠바와 이스라엘의 관계가 개선될 가능성을 타진해 달라고 했다. 마침 쿠바 주재 이스라엘 대사가 미트라니의 친척이었다.

체가 아바나의 나시오날 호텔에 묵고 있던 미트라니를

국립은행의 개인 식당의 점심 식사에 초대했다. 냉소적인 체는 〈자네가 부르주아라서 포도주와 모든 것이 갖춰진 특별식을 준비했네〉라고 말했다.

미트라니는 체가 자기가 기억하는 것보다 훨씬 더 신랄하다는 사실을 깨달았다. 유머 감각은 여전했지만 거기에는 날이 서 있었다. 두 사람은 은행에서 여러 번 만났는데, 처음에는 항상 다른 사람들이 동석했다. 미트라니는 체를 서너 번 찾아간 다음에야 속을 터놓고 이야기할 수 있을 것 같은 기분이 들었다.

체가 피델이 오리엔테에서 7월 26일 기념 연설을 할 예정이라며 미트라니에게 같이 가겠느냐고 묻자 그는 가고 싶지 않다고 대답했다. 미트라니는 체를 만나러 온 것이지 피델을 만나러 온 것이 아니라고 설명하며 쿠바 지도자를 향한 오랜 악감정을 하나도 숨기지 않았다. 미트라니는 관계를 개선하고 싶다는 이스라엘의 의향을 체에게 전했고 체도 이에 동의했다(쿠바가 소련을 따라서 팔레스타인해방기구를 지지하는 것은 한참 후의 일이다).

결국 체는 미트라니에게 혁명에 대해 솔직히 말했다. 「8월 초에 우리는 이 나라를 사회주의 국가로 만들 걸세.」 체는 적어도 자신은 그렇게 되기를 바라고 기대한다며 피델은 사회주의자가 아니기 때문에 아직 완전히 확신하지 못하는 상황이라고 설명했다. 체는 아직까지 피델을 설득하려 애쓰고 있었다.

미트라니는 자신을 가장 괴롭히던 문제, 즉 체가 처형에서 한 역할 문제를 꺼냈다. 미트라니는 체에게 쿠바 사람도 아니고 바티스티아노들의 손에 괴롭힘을 당한 것도 아닌데 처형에 관여하다니 이해할 수 없다고 말했다. 이러한 증오, 이러한 복수심은 어디에서 온 것인가? 체가 말했다. 「이봐, 이런 일에서는 죽임을 당하기 전에 먼저 죽여야 한다네.」 미트라니는 더 이상 아무 말도 하지 않았지만 친구가 제시한 논리에 여전히 괴로워했다. 자신이 알던 에르네스토 게바라와는 결코 연관 지을 수 없는 논리였다.

미트라니가 떠나기 전에 체는 자신의 서명이 담긴 쿠바 신권 지폐와 사인을 한 『게릴라 전쟁』 헌정본 세 권을 주었다. 책은 각각 미트라니와 멕시코의 옛 스승 살라사르 마엔, 로페스 마테오스 대통령을 위한 것이었다. 미트라니에게 준 책에는 〈다비드에게, 자네가 옳은 길로 돌아오기를 바라며〉라고 적혀 있었다.

8

피델은 오리엔테에서 의기양양하게 7월 26일 기념 연설을 했다. 그는 그때까지 체의 개인적 의견에 불과했던 생각을 받아들여 이웃 라틴 아메리카 국가들이 인민의 삶의 조건을 개선하지 않는다면 〈쿠바의 본보기를 따라 안데스 산맥이 서반구의 시에라마에스트라가 될 것〉이라고 경고했다. 피델은 단지 상징적인 말일 뿐이라고 했지만 물론 그 주장은 사실이 아니었다.

피델이 〈대륙 게릴라〉 작전을 받아들이고 흐루쇼프가 워싱턴을 은밀히 협박하자 체는 무척 흥분했다. 이틀 후 제

1회 라틴 아메리카 청년회의 대표단이 모인 자리에서 체는 평소와는 달리 무척 감정적인 어조로 이렇게 말했다.

오늘날 여러분이 보는 이 쿠바 인민들은 그들의 이름으로 핵전쟁이 시작되어 자신들이 지구 상에서 사라진다 하더라도 ……여러분 한 사람 한 사람이 여러분의 땅으로 돌아가서 이렇게 말할 수만 있다면 온전히 행복하고 충만할 것이라고 말합니다.

〈여기 우리가 왔습니다. 우리가 전하는 말에는 쿠바 정글의 습기가 묻어 있습니다. 우리는 시에라마에스트라에 올랐고, 새벽을 압니다. 또 우리의 마음과 우리의 손은 새벽의 씨앗으로 가득합니다. 우리는 이 땅에 그 씨앗을 심고서 그것이 무성하게 자라도록 지킬 준비가 되어 있습니다.〉

그리고 우리의 형제인 아메리카의 다른 모든 국가와 우리의 땅에서 그것이 본보기로 존속된다면 그 순간부터 영원히 인민들의 목소리가 이렇게 답할 것입니다. 〈그렇게 될 것입니다. 아메리카의 구석구석에서 자유가 정복되기를!〉

다시 한 번 체는 죽음의 망령을 불러냈다. 이번에는 자유를 위한 집단 희생에서 느낀 아름다움을 찬미하기 위해 체는 자신의 상념을 진정 대규모로 키워 냈다. 그는 자신이 가진 대의의 순수성을 추호도 의심하지 않으며 굳은 확신을 가지고 말했다. 그의 말은 개종을 위한 성찬식과 같았다. 체 게바라는 서른두 살의 나이로 국제 혁명의 고위 사제가 되어 있었다.

청중 중에는 체의 말을 열렬히 경청하는 사람들이 많았다. 그들은 칠레에서부터 푸에르토리코에 이르기까지 서반구 전역에서 온 좌익 청년들이었다. 체는 그 자리에 참석한 하코보 아르벤스를 칭송하며 과테말라에서 보여 준 그의 〈용감한 사례〉에 감사를 표한다고 비꼬면서 쿠바 사람들이 아르벤스 정부의 〈약점〉에서 교훈을 얻어서 〈문제의 근원에 접근해 단 한 방에 권력을 가진 자들과 수하의 살인자들을 모두 없앨〉 수 있었다고 말했다.

또한 체는 쿠바인들은 쿠바에서 해야 할 일을 한 것이라고 말했다. 쿠바인들은 파레돈, 즉 총살대를 이용했고 독점기업을 내쫓았다는 것이었다. 또 그들은 온건주의를 설파하는 자들도 내쫓았는데, 체는 어쨌든 그들 대다수는 반역자로 밝혀졌다고 말했다. 「〈온건〉이란 식민 대리인들이 사용하기 좋아하는 말입니다. 두려워하는 자들, 어떤 형태로든 배반을 생각하는 자들은 모두 온건주의자들입니다. ……하지만 인민은 결코 온건하지 않습니다.」

다음으로 체는 베네수엘라의 반공주의 대통령 로물로 베탕쿠르를 공격하며 그의 정부를 〈흉악한 악당의 포로〉라고 불렀다. 체는 1953년에 베탕쿠르를 만났을 때부터 그를 경멸했으며, 베탕쿠르 정권이 들어선 이후로 쿠바와 베네수엘라의 관계는 공개적으로 악화되었다. 체는 또한 〈……총알과 총검은 다른 손으로 옮겨 갈 수 있고, 살인자들도 결국 죽어 버릴 수 있기 때문에 베네수엘라 국민들이 총알이나 총검의 노예로 오랫동안 남아 있지는 않을 것〉이라고 자신만만하게 경고했다.

체는 베탕쿠르가 그의 정책에 반대하여 연달아 일어나는 시위와 그의 정부에 대항하여 최근 급증한 마르크스주의 노선 정치 세력을 과도한 비밀경찰 활동을 이용해서 억압하고 있다고 암시했다. 5월에 베탕쿠르 정당의 좌파 청년들이 쿠바 혁명에서 영감을 받고 따로 분리해 나와 좌파 혁명운동MIR을 조직했고, 머잖아 이들은 베네수엘라 공산당과 협력하여 베탕쿠르에 저항하는 반란을 일으키게 될 터였다. 체는 7월에 베탕쿠르에게 경고를 할 때 자신이 무슨 말을 하고 있는지 이미 잘 알고 있었다.

체는 8월 말에 의과 대학생, 의료 노동자, 민병 들을 대상으로 〈혁명 의료〉라는 주제로 연설을 하여 쿠바가 곧 대규모 〈인민〉 게릴라 전쟁을 치를 가능성에 대비시켰다. 그는 쿠바의 신세대 의사들은 〈인민 연대의 궁극적 표현〉인 혁명 민병대에 들어가서 〈사회적 의료〉를 실행하면서 혁명으로 자유로워진 쿠바인들을 건강하게 만들어야 한다고 역설했다.

체는 자신의 삶을 예로 들면서 의학 공부를 시작할 때 〈유명한 연구자〉가 되겠다는 꿈을 가졌었다고 말했다. 「나는 인간을 돕기 위해 쉬지 않고 일하겠다는 꿈을 가졌지만 처음에는 그것이 개인적인 일이라고 생각했습니다.」 그는 대학을 졸업한 다음 〈비참함과 굶주림, 질병〉으로 갈가리 찢긴 라틴 아메리카를 여행하고 난 후에야 정치적 양심이 움직이기 시작했다고 말했다. 체는 과테말라에서 혁명 의사가 될 방법을 연구하기 시작했지만 그때 과테말라의 사회주의 실험이 전복되었다고 회상했다. 「그때 나는 근본적인 사실을 깨달았습니다. 혁명적인 의사가 되기 위해서는, 아니 혁명적인 사람이 되기 위해서는 먼저 혁명이 일어나야 한다는 것입니다. 이상이 아무리 순수하다 해도 한 사람의 고립된 노력만으로는 아무 소용이 없습니다. 소용에 닿기 위해서는 우리가 쿠바에서 그랬던 것처럼 혁명을 일으켜 모든 사람들이 들고 일어나 무기를 사용하여 같이 싸우는 법을 배우는 것이 반드시 필요합니다.」

그렇다면 혁명에서 가장 중요한 것은 개인주의를 없애는 것이었다. 「그러한 개인주의, 즉 사회적 환경 속에서 단 한 사람의 고립된 행동 같은 것은 쿠바에서 사라져야 합니다. 앞으로의 개인주의는 사회의 절대적인 이익을 위해 모든 개인을 적절하게 활용하는 것이 되어야 합니다.」 혁명이란 〈공동 의지를 표준화하는 것〉이 아니라 오히려 〈인간의 개인적 역량을 자유롭게 하는 것〉이었다. 혁명은 개인의 역량이 혁명에 공헌하도록 만들기 때문이었다.

체는 연설을 하면서 자신이 한동안 발전시켜 온 개념을 처음으로 명확하게 정리해서 말했고, 그 말은 곧 체 게바라와 동의어가 되었다. 바로 〈신인류〉였다.

어떻게 해야 개인적인 노력이 사회의 필요와 조화를 이루게 할 수 있을까요? 우리는 다시 한 번 각자의 삶이 어땠는지, 우리 각자 혁명이 일어나기 전에 의사로서 혹은 그 밖의 공중 보건 담당자로서 무엇을 하고 어떤 생각을 했는지 고려해 보아야 합니다. 심오하고 비판적인 열정을 가지고 그렇게 해야 합니다. 그러면 우리는 지난 시대에 우리가 생각하고 느꼈던 것을 모두 버려야 하며 신인류가 창조되어야 한다는 결론에 이를 것입니다. 우리 각자가 이처럼 스스로 신인류가 된다면 새로운 쿠바를 대표할 새로운 유형의 인간을 창조하는 것은 훨씬 더 쉬워질 것입니다.

체는 이 연설을 하고 나서 며칠 후 프랑스 마르크스주의 경제학자 르네 뒤몽을 만났다. 뒤몽은 사회주의로 전환하기 위해 힘든 시기를 보내고 있던 쿠바를 도우러 온 사람이었다. 전 세계를 돌아다녀 본 뒤몽은 새로 설립된 농업 협동조합들의 가장 큰 문제점 중 하나는 노동자들이 무엇 하나도 자신의 소유라고 느끼지 못한다는 것이라고 결론짓고 체에게 협동조합을 유지하기 위해서 농한기에도 추가 노동을 하는 노동자들에게 임금을 지불하여 그들이 공동 주인이라는 생각을 갖도록 하는 계획을 고려해 보라고 제안했다.

그러나 뒤몽에 따르면, 체는 이 생각에 〈과격한 반응을 보였다〉. 체는 쿠바 노동자들에게 필요한 것은 주인이라는 느낌이 아니라 책임감이라고 말하면서 뒤몽에게 그게 무슨 의미인지 자세히 설명했다.

뒤몽의 글에 따르면, 그것은 〈일종의 사회주의 인간의 이상적인 모습으로, 그들은 모든 일의 상업적인 면에는 문외한이며 이익이 아니라 사회를 위해서 일한다. 체 게바라는 소련의 산업적 성공에 무척 비판적이었는데, 그의 말에 따르면 소련에서는 모든 사람들이 일하고 노력하여 주어진 할당량을 넘어서려고 애쓰지만 결국 그로 인해 돈을 더 많이 벌 뿐이다. 그가 보기에 소비에트의 인간은 미국인과 하나도 다르지 않았으므로 진정한 신인류는 아니라고 생각했다. 그는 쿠바를 《또 다른 미국 사회》로 만드는 일에는 참가하지 않겠다고 의식적으로 거부했다〉.

뒤몽은 1956년 중국에서 마오쩌둥이 산업을 강제로 집단화하는 급진적인 〈대약진〉 운동을 벌였던 것처럼 체 게바라 역시 쿠바 사회가 사회주의로 전환되는 과정에서 〈중간 단계를 뛰어넘어〉 자본주의에서 곧바로 공산주의로 넘어가자고 주장한다고 생각했다. 〈간단히 말해서 체는 시대를 훨씬 앞서 나갔다. 생각에 있어서 그는 이미 공산주의 단계에 들어가 있었다.〉

체는 쿠바 혁명이 공산주의의 영향을 받았음을 처음 공개적으로 인정했지만 저절로 그렇게 되었음을 증명하기 위해서 심한 수정론을 펼쳤다. 체의 주장에 따르면 그와 동지들이 시에라마에스트라에서 바티스타 군대의 〈포위 섬멸〉 전략에 맞서 싸운 후에야 〈마오쩌둥의 책자가 우리의 손에 들어왔고〉, 자신들의 전투 전략이 마오쩌둥이 비슷한 적과 싸울 때 사용했던 전략과 거의 같다는 사실을 깨달았다. 마찬가지로 반군 지도자들이 정치적으로 계몽된 것도 시에라마에스트라의 농부들에게 무엇이 필요한지 깨달았기 때문이었다. 체는 자신들의 혁명이 공산주의 혁명인가 수사적인 질문을 던진다. 〈그것이 마르크스주의 혁명이었다면 — 마르크스주의라는 말에 유념해야 한다 — 혁명이 스스로 마르크스가 알려 준 길을 발견했기 때문이다.〉 항상 그랬듯이 체는 피델보다 훨씬 앞서 나가고 있었다. 최고 지도자는 9개월 뒤에야 자신이 이끈 혁명이 〈사회주의적 성향〉을 가지고 있다고 공식적으로 인정했다.

피델의 옛 동맹자들이 점점 미몽에서 깨어나고 있었다면 — 그해 여름 피델의 옛 동지 몇 명은 각자 맡은 직위에서 한꺼번에 물러났다 — 그러한 각성은 쿠바 공산당에까지 퍼지고 있었다.

공산당은 1959년 1월 이후 많은 수확을 거두었지만 분명히 점점 더 피델에게 종속되어 갔다. 게다가 이제는 흐루쇼프도 피델의 공산당 장악을 축복했다. 알려진 바에 따르면 흐루쇼프가 5월에 피델에게 사적인 편지를 보내 크렘린은 피델과 크렘린 사이에 〈어떤 중개인도 고려하지 않는다〉고 밝혔다. 공산주의든 아니든 쿠바에서 일어나고 있던 현상은 시대에 뒤떨어진 개인 숭배였다.

1년 전에 피델을 그리스도에 비유하면서 믿음의 상실을 경험한 『보에미아』의 소유주이자 편집장 미겔 앙헬 케베도는 이제 잡지를 폐간하고 외국으로 달아났다. 그는 쿠바를 떠나기 전에 피델이 쿠바를 한낱 〈러시아의 가신〉으로 추락시켰다며 비난했다. 미로 카르도나 전 총리 역시 미국으로 가서 곧 반카스트로 세력에 합류했다. 산티아고에서는 가톨릭청년회가 대규모 반공 집회를 열었다. 총격전이 벌어져 경찰 두 명이 사망했고 신부 한 명과 가톨릭 단체 회원 몇 명이 붙잡혔다. 아르테아가 추기경은 새로운 교서를 발표하여 정부를 혹독하게 비난했다. 이번만큼은 피델도 교회의 〈체계적 도발〉에 불평하며 이에 맞섰다.

미국 대통령 선거가 막바지 단계에 접어들면서 워싱턴

과 아바나의 알력은 더욱 심해졌다. 대선 후보인 닉슨 부통령과 존 F. 케네디 민주당 상원의원 모두 선거운동에서 쿠바를 중요하게 다루며 상대방보다 쿠바에 더욱 강력하게 대응하겠다고 약속했다. 케네디는 현재의 위기를 불러온 아이젠하워 행정부의 〈무위(無爲)〉 정책을 비꼬면서 쿠바에 〈민주주의〉를 회복시키기 위해 확실한 행동을 취하겠다고 말했다.

케네디의 비난이 효과를 발휘했다. 백악관은 곧 미국에서 제공한 차관으로 쿠바의 설탕을 사들이는 나라에 제재 조치를 취하고 어떤 방식으로든 쿠바를 돕는 나라에 안전 보장 원조를 끊는 법안을 추진했다. 국무부에서는 〈누가 쿠바를 잃었는가?〉라는 논쟁이 계속되었다. 이제 미국은 이 문제를 미주기구로 가져갔다. 미국은 코스타리카에서 열린 미주기구 외무장관 회의에서 새로운 해외 원조를 제공하겠다고 암시하면서 〈대륙 외부 세력〉의 서반구 간섭을 비난하는 선언을 억지로 만장일치로 통과시켰는데, 이것은 점점 발전하는 쿠바와 소련의 협력 관계를 노린 것이 분명했다.

피델은 〈산호세 선언〉에 격렬한 분노로 대응했다. 9월 2일에 그는 〈아바나 선언〉이라고 알려질 선언을 발표하여 쿠바가 서반구에서 혁명 모델이라는 위치를 차지하고 있다고 말했다. 피델은 사회주의라는 단어를 직접 사용하지는 않았지만 쿠바는 착취와 자본주의, 제국주의에 대항해 싸우면서 억압받는 자들의 권리를 옹호하겠다고 천명했다. 피델은 또한 미국이 감히 쿠바를 공격하려 든다면 흐루쇼프가 제안한 미사일을 〈기꺼이 받아들일〉 것이라고 덧붙였다. 마지막으로 피델의 쿠바 정부는 공산 중국을 공식적으로 승인한다고 발표했다.

피델은 아바나 선언 이후 소란스러운 행보를 이어 뉴욕에서 열린 UN 총회 개회식에 참석했다. 이번에는 일부러 워싱턴을 최대한 약 올렸다. 피델은 억압받는 미국 흑인들과의 연대를 보여 주겠다며 할렘 지역인 125번가에 위치한 테레사 호텔에 짐을 풀었다. 피델은 또한 흐루쇼프를 맞이하여 접대했고 흐루쇼프는 그를 힘차게 껴안았다. 피델은 콰메 은크루마 가나 대통령, 나세르 이집트 대통령, 네루 인도 총리와 같은 소위 〈반제국주의자들〉도 만났다. 폴란드와 불가리아의 소비에트 블록 대통령들도 피델을 방문했다. 총회에서 피델과 흐루쇼프는 서로 칭찬을 늘어놓으며 쿠바 혁명을 칭송하는 각자의 연설을 지지하고, 미국의 공격을 비난하고, 세계 핵무기 축소를 요구하고, UN의 중립적 쇄신을 주장했다.

당시 다그 함마르셸드 UN 사무총장은 얼마 전에 벨기에로부터 독립한 콩고에서 한국 전쟁 이후 UN이 연관된 가장 큰 냉전 위기를 해결하려 애쓰고 있었다. 콩고는 국내 권력 싸움과 무장 반군, 구리가 풍부한 카탕가 주 분리 등의 문제로 피폐해져 있는 상태였다. 소비에트와 벨기에, 미국, UN이 콩고 문제에 끼어들어 서로 다른 분파를 지원했다. 이처럼 이미 긴장이 고조된 상황에서 영국의 해럴드 맥밀런 총리가 서구와 동구의 관계 개선을 요구하는 연설을 하는 도중에 흐루쇼프가 역정을 내며 소비에트 대표단

책상에 신발을 내던지는 역사적인 사건을 일으켰다. 그만큼 극적이지는 않았지만, 피델 역시 세 시간이 훌쩍 넘도록 UN 역사상 가장 긴 연설을 하여 사람들을 괴롭혔다. 아이젠하워 대통령은 턱수염을 기른 쿠바의 어정뱅이를 애써 무시했지만 언론이 보기에 피델과 허풍스러운 수행원들은 〈지상 최대의 쇼〉였다.

　피델은 아바나로 돌아온 후 — 미국이 피델의 쿠바 비행기를 압수하였기 때문에 그는 소비에트의 일류신기를 빌려 타고 돌아왔다 — 마지막 남은 미국의 흔적을 없애는 동시에 혁명을 더욱 옥죄었다. 9월 28일에 혁명수호위원회CDR가 창설되었다. 혁명수호위원회는 전국적인 네트워크를 갖춘 민간단체로, 쿠바의 모든 마을과 도시의 각 구획 거주자들이 위원회를 만들어 혁명 법령이 충실히 이행되는지 확인했고 국가안보국의 지역망 역할을 했다.

　아바나의 미국 대사관은 쿠바의 모든 미국인들에게 쿠바를 떠나라고 권하기 시작했다. 쿠바에서는 민병대 모집 — 피델의 말에 따르면 민병대는 이미 20만 명 규모였다 — 과 무기 훈련이 최우선 과제가 되었다.

　아이러니하게도 피델에 대항하며 무기를 들고 싶어 하는 쿠바 망명자들이 CIA가 진행 중인 모병 활동에서 골치 아픈 문제를 일으키고 있었다. 마이애미의 후스토 카리요는 바티스티아노였던 사람들이 반카스트로 동맹에 들어오자 화가 나서 탈퇴했다. 과테말라 캠프에서는 600여 명이 훈련을 받고 있었고 파나마와 루이지애나에서는 그보다 더 적은 사람들이 특수 게릴라 훈련을 받고 있었다. 아바나에서는 마누엘 라이의 단체가 활발히 활동하며 대담하게도 라카바냐 요새를 공격하여 우베르 마토스와 함께 투옥되었던 장교들 몇 명을 풀어 주었다. 나중에 라이는 미국으로 탈출했다. 본질적으로 서로 다른 반카스트로 단체들이 펼치는 여러 활동에서 부족한 것은 바로 어떤 응집력, 혹은 다른 사람들을 굴복시켜 자신의 뜻에 따르게 하여 하나로 통일시킬 만큼 강력한 지도자였다. 간단히 말해서 반피델리스타들에게는 피델이 없었다.

10월 초에 쿠바인과 미국인으로 구성된 무장 단체가 오리엔테에서 정부군과 총격전을 벌이다가 잡혔고, 며칠 후 쿠바 군인들은 CIA 비행기가 에스캄브라이 산지에 투하한 무기 및 탄약 은닉처를 찾아냈다. 이제 에스캄브라이에서 CIA가 비행기로 투하하는 무기와 보급품으로 지탱하는 반군의 숫자는 1천 명에 달했다. 반군은 지상에서는 미국에서 국외 추방된 용병 윌리엄 모건과 그의 옛 동지이자 제2전국전선 장군이었던 헤수스 카레라스의 도움을 받았다. 피델은 시에라마에스트라에서 시련을 겪으면서 뼈저린 교훈을 배웠던 터라 반군이 식량이나 정보를 얻지 못하도록 군대와 민병대를 동원해 그 지역 농민들을 모두 다른 지역으로 이동시켰다. 오래지 않아 반군은 대부분 소탕되거나 잡혀서 총살을 당했고, 윌리엄 모건과 헤수스 카레라스도 마찬가지였다. 그러나 에스캄브라이 지역은 그 후로도 몇 년 동안 반혁명 활동의 중심지였다.

이러한 상황에서 체와 라울, 피델은 쿠바에 파견된 중국 통상 대표단 단장과 함께 중화인민공화국 건국 11주년 기넘식에 참가했다. 또 헝가리, 불가리아와도 통상 협정을 맺었다.

같은 달에 장 폴 사르트르와 시몬 드 보부아르가 피델의 초청으로 쿠바를 다시 찾았다. 그러나 두 사람은 예전만큼 매혹되지 않았다. 〈아바나는 변했다. 이제는 나이트클럽도, 도박도, 미국인 관광객도 없다. 반쯤 빈 나시오날 호텔에서는 무척 어린 남녀 민병대원 몇 명이 회의를 열고 있었다. 거리 구석구석마다 민병대가 훈련을 하고 있었다.〉

미국이 곧 쿠바를 침공할 것이라는 소문이 돌면서 긴장이 고조되었고 혁명은 〈더욱 엄격해〉졌으며 쿠바인들의 삶에 스며든 억압적인 일률성이 눈에 띄게 드러났다. 사르트르와 보부아르가 방직회사를 방문해 노동자들에게 혁명으로 인해서 삶이 어떻게 나아졌는지 물었을 때, 노동자들 대신 노조위원장이 재빨리 앞으로 나서서 정부의 교의를 앵무새처럼 되풀이했다. 문화계에는 소비에트의 〈사회주의 리얼리즘〉이 도입되었다. 작가들은 사르트르와 보부아르에게 자기 검열을 하기 시작했다고 말했고, 시인 니콜라스 기엔은 〈기법과 형식에 대한 모든 연구는 반동적이라〉생각한다고 말했다.

보부아르는 며칠 후 쿠바를 떠나면서 이렇게 결론 내렸다. 〈기쁨과 자유가 줄어들었지만 몇몇 면에서는 많은 발전이 있었다.〉 그녀는 무척 깊은 인상을 받았던 농기업 방문을 많은 발전의 예로 들었다. 그러나 《혁명의 밀월》은 끝났다.〉

10월 11일에 체는 쿠바에서 제일 부유한 설탕 사업가 훌리오 로보를 자기 사무실로 불렀다. 로보는 — 지금은 몰수된 — 방대하고 비옥한 토지와 13개의 제당 공장 소유자였으므로 청산되어야 할 세력가였다.

그러나 교양인이자 예술품과 나폴레옹 시대의 물건 등 고가의 개인 수집품으로 유명한 로보는 수수께끼 같은 인물이었다. 그는 쿠바를 떠나지도 않았고 연달아 일어나는 반카스트로 시위에 자신의 목소리를 빌려 주지도 않았다. 이제 로보를 시험할 때였다. 피델이 며칠 안에 제당 공장을 압수할 예정이었기 때문에 체는 로보가 쿠바에 남도록 — 그리하여 그의 전문 지식을 잃지 않도록 — 설득하고 싶었다. 쿠바의 제당 공장을 관리하던 토지개혁청의 알프레도 메넨데스는 체가 로보에게 어떤 제안을 할지 미리 들어서 알고 있었다. 체는 2천 달러의 월급과 호화로운 집들 가운데 한 채를 가질 권리를 제안하려 했다. 메넨데스는 이렇게 말했다. 「우리는 그가 떠나지 않기를 정말로 바랐습니다. 그가 가진 모든 재능은…… 바로 체가 원하는 것이었습니다.」

추정 재산이 수억 달러에 달하는 사람에게 기껏 그 정도 월급을 제안한다는 게 어이없게 느껴질 수도 있지만 이것은 자신이 가진 이상에 대한 체의 보기 드문 헌신과 다른 사람들, 심지어는 훌리오 로보까지도 그 이상을 함께하리라는 그의 믿음을 더없이 잘 보여 주는 예일 수도 있었다.

경험 많은 전문가나 행정관 등 두뇌층이 쿠바를 빠져나가서 고민이 많던 체는 나폴레온 파디야처럼 경험 많은 인재들에게 그들이 현재 자본주의 체제하에서 받는 임금을 존중하겠다고 약속하면서 떠나지 않도록 설득하려고 꾸준히 노력했다. 사실 〈새로운 쿠바〉의 상황에서 체가 로보에게 제시한 임금은 무척 높은 액수였다. 체 자신도 원칙의 문제라며 국립은행 총재 월급 1천 달러를 거절하고 코만단테 월급 250달러만을 받고 있었다.

체는 로보에게 이제 결정을 내려야 할 때라고 알렸다. 쿠바 혁명은 공산주의 혁명이었다. 따라서 자본가인 로보가 예전처럼 지낼 수는 없었다. 그는 쿠바에 남아 쿠바 사회의 일부가 되든지 아니면 떠나야 했다. 로보는 투지를 발휘하여 흐루쇼프가 서로 맞서는 세계의 정치적, 경제적 체계가 〈평화롭게 공존〉할 수 있다고 믿는다는 점을 지적했다. 그러자 체는 그것이 〈국가 사이에서는 가능하지만 한 국가 내에서는 불가능하다〉고 대답했다.

체가 준비한 제안을 내놓았다. 로보는 쿠바의 설탕 산업 행정관 자리를 제안받았다. 재산은 잃겠지만 제당 공장 중 한 군데의 수입은 가져도 좋다는 제안도 있었다. 로보는 생각해 볼 시간이 필요하다고 말했고 체는 그의 말에 동의했다. 그러나 로보는 이미 결심을 굳힌 상태였다. 그는 집으로 돌아간 다음 이틀 뒤 마이애미로 달아났고 그 후 스페인으로 거처를 옮겨 그곳에서 망명자로 여생을 보냈다. 다음 날 정부는 쿠바의 모든 은행과 대규모 상업, 산업, 운송 업체를 국유화했다. 로보의 제당 공장과 저택, 설비가 모두 몰수되었고 나폴레옹 시대 수집품은 국립박물관으로 옮겨졌다.

제2차 도시개혁 법안에 따라 쿠바인은 주택을 두 채 이상 소유하지 못하게 되었고, 임대 부동산은 모두 몰수되어 세입자들은 모두 국가의 세입자가 되었다. 워싱턴은 여러 미국 회사에 피해를 끼친 대량 몰수에 대응하여 10월 19일에 쿠바에 무역 제재 조치를 내려 식량과 의료품을 제외한 모든 상품의 수출을 금지했다. 10월 25일에 피델은 미국 회사 166개를 국유화함으로써 쿠바에 남아 있던 미국의 모든 상업적 이권에 사실상 마침표를 찍었다.

피델은 침공에 맞서 싸우기 위해서 필요한 인민뿐 아니라 무기까지 모두 가지고 있다고 자랑스럽게 말했다. 이제는 워싱턴도 그의 주장이 사실임을 알았다. 10월 28일, 미국 정부는 쿠바가 여름 이후 소비에트 블록으로부터 〈상당한〉 무기를 받았다고 비난하며 미주기구에 항의했다. 다음 날 필립 본설 대사는 〈장기 논의〉를 위해 워싱턴으로 불려 가서 두 번 다시 돌아오지 않았다. 그때 체는 모스크바로 가는 길에 프라하에 잠시 체류 중이었다.

10

11월 7일, 체는 겨울을 맞이한 모스크바 붉은 광장에서 영예로운 니키타 흐루쇼프의 옆자리에 서서 10월 혁명 43주년 기념 군대 행진을 내려다보고 있었다. 통역사인 니콜라이 레오노프는 외교단이 모여 있는 스탠드에서 행진을 지켜봤다.

방금 전까지 체는 레오노프 옆에 서서 추위에 떨고 있었다. 그때 전령이 와서 흐루쇼프가 체를 초대했다고 전했다. 레오노프는 이렇게 회상했다. 「체는 거절했습니다. 그는 자신이 그토록 신성한 자리에 갈 만큼 스스로가 중요한 존재라고 생각하지 않았습니다.」 자리를 떠났던 전령이 곧 다시 돌아왔다. 소비에트 총리는 완고했다. 체가 레오노프 쪽으로 고개를 돌려 가야 하느냐고 물었고, 레오노프는 가라고 말했다. 소비에트 최고회의의 자리는 방부 처리된 레닌의 시체가 위엄을 갖추고 누워 있는 붉은 대리석 무덤 위 움푹 들어간 곳이었다. 레오노프가 아는 한 국가의 수장도 아니고 〈하다못해 당 대표〉도 아니면서 그 자리에 초대받은 사람은 체 게바라가 처음이었다.

이전에 체와 순방에 동행했던 호세 파르도 야다도 그날 소비에트 저널리스트 조합의 초대를 받아 쿠바 언론 대표단으로 붉은 광장에 참석해 있었다. 파르도는 게바라가 최고회의 간부들만 들어가는 특별 테라스의 니키타 흐루쇼프 바로 옆에 서서 공산권 권위자들에게 둘러싸인 모습을 보고 〈국제 공산주의 인물들 가운데 선 게바라는 만족스럽고 환하고 행복해 보였다〉고 말했다.

그날 체가 소개받은 사람들 가운데에는 그와 같은 나이에 피부색이 짙은 볼리비아 공산당 대표 마리오 몬헤 몰리나도 있었다. 두 사람의 만남은 짧고 형식적이었다. 몬헤의 회상에 따르면 체는 〈당신 나라에 가보았습니다〉 정도의 말밖에 하지 않았고 곧 다른 사람을 소개받았다. 두 사람은 몇 년 뒤 두 사람의 운명이 얼마나 밀접하게 엮일지 전혀 깨닫지 못한 채 각자의 길을 갔다.

체가 공산권 국가를 순방한 것은 이번이 처음이었다. 그는 두 달 동안 프라하, 모스크바, 레닌그라드, 스탈린그라드, 이르쿠츠크, 베이징, 상하이, 평양, 베를린을 방문했다. 체가 한창 순방을 하던 중 막상막하의 접전 끝에 존 F. 케네디가 아주 근소한 차이로 닉슨을 물리치면서 치열했던 미국 대선이 끝났다.

체가 여러 나라를 방문한 목적은 쿠바가 수확할 설탕 중에서 모스크바가 사기로 한 양을 제외한 나머지 분량을 판매하는 것이었다. 아이젠하워가 1960년 남은 기간 동안 쿠바의 설탕 구입을 모두 중단하기로 결정했기 때문에 무척 급박한 임무였다. 체는 아이젠하워의 조치가 서곡일 뿐이며 미국이 곧 쿠바 설탕 수입을 전면 금지하리라는 사실을 알았지만, 어쨌거나 그것은 반란 성공 이후 자신이 실현하려고 열심히 노력해 왔던 바였기 때문에 그는 전혀 괴로워하지 않았다.

체는 미국의 무역 제재 조치가 발표된 지 사흘 뒤인 10월 22일에 아바나를 떠났다. 그는 시에라마에스트라 시절부터 8년 동안 줄곧 함께 지낸 경호원 레오나르도 타마요, 미코얀과의 회담을 마련한 엑토르 로드리게스 욤파르트, 토지개혁청에서 일하던 쿠바, 칠레, 에콰도르의 여러 경제학자들과 동행했다.

첫 목적지였던 프라하에서 체는 트랙터 공장을 시찰하고, 인터뷰를 하고, 쿠바에 자동 조립 공장을 지을 차관

2천만 달러를 확보했다. 모스크바에서는 경제, 군사, 통상 관리들과 회담을 하고 공장을 시찰하면서 틈틈이 관광을 했다. 그는 레닌 박물관과 크렘린 궁을 방문했고 레닌의 무덤을 찾아가 화관을 바쳤으며 차이코프스키 연주회에 참석한 다음 미코얀과 함께 볼쇼이 극장에서 공연을 관람했다. 레오노프는 체가 어디를 가든 함께했다.

레오노프는 이렇게 회상했다. 「그는 아주 계획적인 사람이었습니다. 그런 면에서는 전혀 라틴 사람 같지 않고 오히려 독일인 같았지요. 라틴 아메리카를 잘 아는 우리로서는 시간을 반드시 지키고 항상 정확한 그가 무척 놀라웠습니다. 하지만 다른 대표단 사람들은 규율이 정말 부족했습니다. 어느 날엔가는 오전 10시에 협상을 시작하기로 했는데 차들이 대기 중인 곳에 내려온 사람은 체 한 사람밖에 없었습니다. 다른 대표들은 아직 내려오지 않았고 아직 잠이 덜 깬 상태였습니다. 내가 그에게 〈체, 기다릴까요? 제가 장관님께 15분에서 20분 정도 기다려 달라고 말할 테니 걱정할 것 없습니다〉라고 말했습니다. 그러자 그는 〈아니, 우리끼리 갑시다〉라고 말하더니 나와 단둘이서 협상 장소로 향했습니다. 우리가 도착하자 소비에트 사람들은 깜짝 놀랐습니다. 그쪽은 대표단 전체가 앉아 있었는데 맞은편에는 체 한 사람밖에 없었으니까요.」

회의가 시작되고 20분 정도 지나자 쿠바 대표단이 넥타이도 매지 않은 채로 숨을 헐떡이며 하나둘씩 도착하기 시작했다. 「체는 아무 말도 하지 않았습니다. 한 마디의 비난도 없었고 표정도 전혀 변하지 않았습니다. 하지만 그날 밤 그가 내게 말했습니다. 〈이봐요 니콜라스, 내일 레닌 박물관 방문 일정을 좀 잡아 주고 안내원에게 레닌이 공산당 중앙위원회 정치국 사람들에게 요구했던 규율을 특히 강조하면서 전부 이야기해 달라고 부탁해 주십시오.〉」

레오노프는 체의 요청대로 준비해 두었고 다음 날 대표단은 모두 들뜬 마음으로 박물관에 갔다. 「설명을 하던 젊은 여성 안내원이 레닌이 행정부에 어떤 규율을 요구했는지 설명하기 시작했습니다. 그녀는 각료 회의에 늦으면 처음에는 아주 엄중한 경고를 받는다고 말했습니다. 두 번째로 늦으면 무거운 벌금이 매겨졌고 그들의 잘못이 당 기관지에 실렸습니다. 세 번째로 늦으면 아무 설명도 없이 직위에서 해제되었습니다.」 체의 동지들은 그의 의도를 즉시 알아차렸다. 레오노프는 그들의 얼굴에 드러난 충격을 보았고, 체의 얼굴은 〈심각하고…… 빈정거리는 듯했습니다〉. 레오노프의 말에 따르면 그 이후로 수행원들의 규율이 문제가 되는 일은 더 이상 없었다.

그러나 욤파르트는 체가 방문 예정이었던 루마니아 정부와 공동 서명할 통상 조약 내용을 제대로 검토하지 않아서 벌을 받았다. 체는 욤파르트가 놓친 실수를 발견하고 심하게 꾸짖었다.

욤파르트는 이렇게 회상했다. 「그는 끔찍한 말을 했습니다. 나는 몸 둘 바를 몰랐지만 내가 할 일을 게을리한 것이었기 때문에 변명도 못했습니다. 처음에 체는 무척 격렬한 반응을 보이며 설명을 해보라고 요구했지만 내가 얼마나 모욕감을 느끼는지 깨닫고 말을 멈추었습니다. ……그는 내가 실수를 깨달았으며 부끄럽게 여긴다는 사실을 알았습니다.」

그러나 그것으로 끝이 아니었다. 며칠 후 욤파르트는 아침 일찍 일어나서 그날 일정이 없는 다른 대표단 사람들과 함께 레닌그라드에 관광을 하러 가기로 했다. 그러나 체가 욤파르트를 보고 이렇게 물었다. 「자네, 어디 가나?」 욤파르트가 대답했다. 「음, 코만단테, 레닌그라드에 가는데요…….」

그러자 체가 말했다. 「안 되지, 자네는 우선 자기 임무를 완수하는 걸 배워야 해.」 그래서 욤파르트를 제외한 다른 사람들만 레닌그라드로 출발했다. 그러나 며칠 후 대표단이 다른 곳에 관광을 하러 갈 때에는 체가 욤파르트를 따로 불러서 이제 벌은 끝났으니 따라가도 좋다고 말했다.

체는 진정한 혁명가가 될 자질이 있다고 생각하는 사람들을 항상 제일 엄격하게 다뤘다. 욤파르트도 분명 그런 사람들 중 하나였다. 체는 그들이 실수를 저지르면 무자비하게 혼냈지만 반대로 일을 잘 해내면 신뢰로 보답했다. 몇 주 후 대표단이 중국을 방문했을 때 체는 욤파르트를 대리인으로 임명하여 베트남에 보냈다. 체는 쿠바로 돌아가면서 욤파르트를 남아 있는 동구권 국가들, 즉 폴란드, 헝가리, 불가리아, 루마니아, 알바니아를 방문할 대표단의 단장으로 임명했다.

체는 종종 반감을 일으킬 정도로 무뚝뚝하게 굴었다. 그가 모스크바를 떠나기 전, 레오노프가 개인적으로 식사를 대접해야겠다고 마음먹었을 때의 일이었다. 레오노프는 자신의 아파트가 식사를 대접하기에는 너무 좁았기 때문에 아직 모스크바에 있던 알렉셰프 가족과 의논해서 더 크고 편안한 그들의 아파트를 빌려 특별한 저녁 식사를 준비했다. 그들은 특별한 손님에게 알맞은 식사를 대접하려고 무척 애를 써서 철갑상어를 비롯한 러시아의 진미 생선 요리를 준비했다.

그러나 알렉셰프의 집에 도착한 체는 〈이런! 오늘 저녁은 쫄쫄 굶겠는데!〉라고 외치더니 풀이 죽은 주인들에게 알레르기 때문에 생선을 먹지 못한다고 말했다. 그래서 그들은 황급히 달걀 요리를 준비했다. 조금 뒤 체는 근사하게 차려진 탁자 앞에 앉아서 접시를 톡톡 두드리며 식탁에 둘러앉은 사람들을 날카롭게 살피기 시작했다. 한때 파리에 살았던 알렉셰프 부부는 가장 좋은 도자기를 내놓았다. 체는 한쪽 눈썹 끝을 올리며 이렇게 말했다. 「흐음, 여기서는 프롤레탈리아트가 프랑스산 도자기에다 식사를 하는군요?」

체가 공개적으로 말한 적은 없었지만, 지인들의 말에 따르면 러시아에서 돌아온 그는 검소한 생활을 하는 소비에트 일반 시민과는 대조적으로 크렘린 관리들이 부르주아 사치품을 좋아하고 최상류 생활 방식을 영위하는 모습을 목격하고 환멸을 느꼈다. 45년간 지속된 사회주의 제도가 적어도 당 엘리트 계층 가운데에서는 새로운 사회주의 인간을 만들지 못한 것이 분명했다. 체는 전 세계 사회주의의 모국madre patria인 소련에서 그런 모습을 목격하리라고는 예상하지 못했다.

체는 레오노프와 과테말라에 대해서 진지하게 이야기를 나누었다. 체에게는 확실히 과테말라에서의 경험이 출발점이었다. 그는 얼마 전 쿠바에서 아르벤스를 공개적으로 칭송했지만 레오노프 앞에서는 그가 싸워 보지도 않고 〈전투를 포기했다〉고 비판했다. 체가 생각하기에 지도자라는 지위는 인민이 신뢰를 바탕으로 〈선택한〉 어느 개인에게 주어진 신성한 의무였다. 그 지위는 특권이기도 하지만 필요하다면 자기 목숨을 바쳐서라도 그 신뢰를 지켜야 하는 의무이기도 했다. 체는 쿠바 혁명에 투신하면서 자신의 역할을 분명히 그렇게 인식했고 피델에게도 같은 것을 기대했다.

체가 레오노프에게 말했다. 「나는 쿠바 혁명이 존속할지 존속하지 못할지 모릅니다. 단언하기는 어렵지요. 하지만 쿠바 혁명이 존속하지 못한다고 해서…… 대사관에 모여든 피난민들 사이에서 나를 찾지는 마십시오. 나는 이미 그런 경험을 했고, 다시는 그 경험을 되풀이하지 않을 겁니다. 나는 손에 기관총을 들고서 바리케이드를 향해 나아갈 겁니다. ……끝까지 싸울 겁니다.」

레오노프는 흐루쇼프와 체의 회담 자리에도 참석했다. 무엇보다도 체는 쿠바에 수백만 톤의 강철을 생산할 수 있는 강철 공장 ― 산업화 달성에 반드시 필요한 초석이었다 ― 을 갖추고 싶어 했다. 그는 또한 소비에트가 자금을 지원하여 강철 공장을 지어 주기 바랐다.

레오노프는 이렇게 회상했다. 「흐루쇼프가 그의 말을 주의 깊게 듣더니 〈한번 생각해 봅시다〉라고 대답했습니다. 그 후 며칠 동안 내각의 전문가들이 계획을 검토하는 동안 체는 더욱 완고해졌습니다. 그는 흐루쇼프를 만날 때마다 〈니키타 씨, 공장은 어떻게 되었습니까?〉라고 물었지요. 마침내 니키타가 체에게 말했습니다. 〈이봐요 체, 당신이 원한다면 우리가 공장을 지을 수는 있지만, 쿠바에는 석탄도 철도 없고, 숙련된 기술자도 충분하지 않을뿐더러 아직 산업 초기 단계이기 때문에 강철 수백만 톤이 유통될 시장도 없습니다. 그렇게 많은 돈을 낭비하느니 고철로 강철을 만드는 작은 공장을 짓는 게 더 낫지 않겠소?〉

하지만 체 게바라는 완고했습니다. 그는 〈공장을 지으면 필요한 간부진을 훈련할 겁니다. 철광석은 멕시코나 근처 다른 곳에서 가져올 거고, 또 다른 곳에서 석탄도 찾을 겁니다. 소련에서 쿠바에 설탕을 실으러 가는 선박을 이용해서 이곳에서 가지고 가도 됩니다〉라고 말했습니다.」

레오노프는 나중에 체와 단둘이 남았을 때 어쩌면 흐루쇼프의 말이 옳을지도 모른다고 말했다. 쿠바인들이 차근차근, 좀 더 천천히 건설해 나가는 편이 나을지도 모른다, 그렇게 거대한 공장을 짓기는 너무 이른지도 모른다는 것이었다. 그러나 체는 이렇게 말했다.

「이봐요 니콜라스, 여기에는 다른 문제들, 사회적, 정치적 문제들도 달려 있습니다. 혁명은 거대하고 으리으리해야 합니다. 우리는 설탕 단일작물 경제와 싸워야 하고, 또 산업화를 이루어야 합니다. 어쨌든 당신네들도 아무 기반 없이 산업화를 시작했잖소.」

레오노프는 이렇게 회상했다. 「결국 그 생각은 성공을

거두지 못했습니다. 내가 보기에 체의 구상은 경제적 기초보다 사회적, 정치적 기초를 바탕으로 했기 때문에 억지스러웠습니다.」 레오노프의 말에 따르면, 체는 쿠바 측과 상의한 후 열의가 한풀 꺾였다. 그는 강철 공장을 더 이상 추진하지 않았고 소비에트도 그 문제를 언급하지 않았다.

체는 북한에 가면서 통역사가 필요할지도 모른다고 생각해서 레오노프와 동행했지만 두 사람은 평양에 도착하자마자 헤어졌다. 당시 중국과 소련 사이의 분쟁이 최고조에 이르러 있었고, 북한은 중국의 동맹국이었기 때문이다.

레오노프는 〈그들은 내가 체와 함께 일하도록 허락하지 않았습니다〉라고 말했다. 레오노프는 소련 대사관으로 보내졌고 체 게바라는 국빈용 공식 숙소로 보내졌다. 체가 중국에 다녀오는 동안 레오노프는 소련 대사관에 머물렀고 두 사람은 그 후에 다시 만나서 모스크바로 돌아왔다.

레오노프의 말에 따르면, 체가 북한과 중국을 방문한 이유는 두 가지였다. 「우선 그는 아시아 사회주의의 본보기를 보고 싶었고, 두 번째로…… 설탕을 수출할 곳을 확보하고 싶었습니다. 두 가지 임무를 완수한 셈이었지요. 체는 중국과 북한의 일부 전제적이고 일부 아시아다운 사회주의를 직접 목격했고 설탕 수출에도 성공해서 중국에 20만 톤을 판매했던 것 같습니다.」

사실 체의 중국 방문은 대단히 성공적이었다. 그는 쿠바의 1961년 설탕 수확량 중 100만 톤 수출을 확보했고 거기다가 6천만 달러 어치의 중국 상품을 신용으로 확보했다. 또 전설적인 대장정 지도자 마오쩌둥을 만났고 그의 보좌관 저우언라이에게서 융숭한 대접을 받았다. 저우언라이는 쿠바 혁명을 칭송했고 체는 답례로 중국의 혁명이 〈아메리카〉의 본보기라고 칭송했다. 이 모든 사실은 확실히 소비에트를 안절부절못하게 만들었다. 체가 중국을 떠나면서 그와 베이징 측 사이에 〈대체적으로 단 하나의 의견 차이도 없다〉고 말하자 소비에트는 더욱 당황했다.

미국 역시 체의 우애 넘치는 발언을 그냥 지나치지 않았다. 체 게바라의 이번 임무에 대한 미국의 첩보 보고서에는 그의 중국 체류가 흥미롭게 언급되었다. 〈게바라의 베이징 방문에서 눈여겨볼 만한 특징은 그가 중국-소비에트의 분쟁 중 여러 가지 중요한 점에 있어 확실히 중국 편을 든다는 점이다.

11월 20일에 열린 연회에서도 게바라는 (소비에트가 공격했던) 공산 중국의 인민공사 운동을 칭송했고 그 이틀 전에는 중국 공산당 혁명이 《아메리카 여러 나라에 새로운 길을 보여 준 본보기》라며 치켜세웠다. 게바라가 모스크바에 머물 당시에는 소련에 대해서 그런 식의 발언을 하지 않았다.〉

체의 발언은 그가 개인적으로 어느 편에 동조하는지 보여 주었다. 하지만 체와 피델 모두 두 거대 공산주의 국가 사이의 논쟁에서 공개적으로 어느 한쪽의 편을 들지 않으려고 애썼다. 체는 평양에서 레오노프에게 두 나라 간의 〈이견이 해결되기〉 바란다는 외교적인 발언을 했지만 체와 피델 모두 자신들이 베이징과 모스크바 사이에 싸움을 붙여 이득을 볼 수 있는 좋은 입장이라는 사실을 인식하고 있었을 것이다. 실제로 12월 19일에 체가 모스크바로 돌아오자 소비에트는 더욱 선심을 베풀어 쿠바의 설탕 작물 270만 톤을 국제 시가에 맞추어 구매하겠다고 했다. 그날 발표된 소비에트-쿠바 공동 성명서에서 쿠바는 소비에트의 경제적 원조에 감사를 표했고, 〈부당한 공격에 맞서〉 독립을 지키려는 쿠바의 노력을 소비에트 사회주의 공화국 연방이 〈전폭적으로 지원〉한다고 강조했다. 체가 중국을 절찬했던 것처럼 모스크바 공동 성명서는 쿠바를 〈아메리카 대륙뿐 아니라 아시아와 아프리카의 다른 인민들의 본보기〉라고 극찬했다.

다음 날 체는 모스크바를 떠나 쿠바로 가는 길에 프라하와 부다페스트에 잠시 들렀다. 그는 어린 시절 알고 지냈던 스페인 공화국 피난민 페르난도 바랄이 헝가리에 살고 있다는 소식을 들은 터였다. 두 사람이 마지막으로 만난 것은 10년 전이었고 그 후 바랄은 〈공산주의 선동〉으로 체포되어 아르헨티나에서 추방되었다. 바랄은 헝가리 의과대학에 진학하여 의사가 되었고 1956년 헝가리 폭동과 폭동을 진압한 소비에트의 침략을 겪었다. 지난 몇 년 동안 그는 쿠바 혁명에 대한 기사를 흥미롭게 읽어 왔다. 바랄은 〈체〉라고 불리는 아르헨티나 출신 에르네스토 게바라 코만단테의 소식을 들으며 〈이 사람이 내가 아는 로코 게바라와 정말 같은 사람일까?〉라고 생각했다. 체는 부다페스트에 잠시 머물면서 쿠바 대사관 직원에게 바랄을 찾아 달라고 했지만 그들은 바랄이 어디 있는지 알아낼 수가 없었다. 체는 바랄에게 쪽지를 남겼고 이 쪽지는 나중에 그에게 전해졌다.

친애하는 페르난도에게

자네는 내 정체에 대해서 의구심을 가졌겠지만 나인 줄 알았을 걸세. 사실 세월이 지나면서 변했으니 내가 그 게바라는 아니겠지만 말이야. 자네가 알던 천식을 앓고, 화를 잘 내고, 개인주의적이던 내 모습 중 남은 것은 천식밖에 없다네.

자네가 결혼했다는 소식을 들었네. 나 역시 결혼해서 아이가 둘이지만* 여전히 모험가라네. 다만 이제 나의 모험에 목적이 생겼을 뿐이지. 지난 시대를 살아남은 내가 자네 가족들에게 인사를 전하며, 체의 우애 깊은 포옹을 전하네.

[추신] 새로운 내 이름에 대해서 어떻게 생각하나?

그라나도가 그랬듯이 바랄 역시 게바라와의 재회로 삶의 새로운 방향을 찾았다. 망명자 바랄에게 개인을 침해하는 관료주의적인 헝가리 사회주의 체제는 더 이상 놀랍지 않았고, 쿠바의 〈새로운〉 혁명에 참가할 기회는 무척 매력적으로 보였다. 바랄은 체에게 편지를 써서 쿠바로 가서 일하고 싶다는 관심을 드러냈다. 1961년 2월에 체는 환영한

---

* 체가 베이징에 체류 중이던 11월 24일에 알레이다가 딸을 낳았다. 그녀는 자기 이름을 따서 딸에게 알레이다라는 이름을 지어 주었지만 아이는 아빠를 닮아 검은 머리카락과 검은 눈을 가지고 있었다.

다는 답장을 보냈다. 〈월급이 대단한 사치를 허락할 정도로 넉넉하게 지급되지는 않을 걸세. 하지만 쿠바 혁명을 경험하는 것이 자네처럼 언젠가 자신이 태어난 나라에서 새로 시작할 사람들에게는 충분히 흥미로운 일이라고 생각하네.〉 (바랄은 체의 제안을 받아들여 1961년 11월에 쿠바로 이민을 갔다. 체는 즉시 쿠바 안보국 국장인 라미로 발데스에게 바랄을 보냈고, 발데스는 바랄이 혁명에 얼마나 충성하는지 시험하기 위해 에스캄브라이로 보내 〈반동 세력과의 투쟁〉 전쟁에 투입했다.)

이 여행에서 체의 인생에 새로운 인물이 등장했다. 베를린에서 체는 스물두 살의 독일계 아르헨티나 여성 하이데 타마라 분케를 만났다. 그녀는 체와 독일 관리들의 회의에서 통역을 담당했다. 타마라는 유대인 공산주의자들의 딸로 그녀의 부모는 1931년 히틀러가 통치하는 독일을 떠나 아르헨티나로 달아났다가 2년 후 그곳에서 그녀를 낳았다. 타마라는 아르헨티나에서 어린 시절을 보낸 후 열네 살 때 가족들과 함께 공산주의 독일 민주공화국으로 돌아왔다. 그녀의 부모는 타마라를 공산주의자로 키웠고, 그녀는 사회주의 국가의 충실한 자녀가 되어 열여덟 살에 공산당 청년단에 들어갔다. 타마라는 스페인어를 할 수 있었기 때문에 곧 공식 통역사가 되었지만 1958년에 그녀가 당에 제출한 서명 진술서에 따르면 그녀의 진정한 꿈은 라틴 아메리카로, 가능하다면 태어난 나라 아르헨티나로 돌아가서 〈그곳에서 당을 돕는〉 것이었다.

체가 타마라를 만났을 당시 체의 동지들은 이미 이 매력적인 금발 여인을 알고 있었다. 6개월 전에 체가 오를란도 보레고를 쿠바 통상 대표단으로 베를린에 파견했을 때 타마라가 통역을 담당한 바 있었다. 나중에 두 사람 모두 타마라가 쿠바와 쿠바 혁명에 열렬한 흥미를 보였으며 쿠바에서 일하고 싶어 했다고 회상했다. 체를 만난 지 5개월 만에 그녀의 꿈이 이루어졌다. 1961년 5월에 타마라는 쿠바로 갔고 곧 체가 지휘하는 라틴 아메리카 혁명 작전에서 임무를 맡았다.

체는 분명히 만족하며 쿠바로 돌아왔을 것이다. 그는 사회주의 세계의 지도자들을 만났고 쿠바에 반드시 필요한 수출과 차관을 확보했다. 지난 2년 동안 체는 소비에트-쿠바 동맹을 단단히 굳히는 데 결정적인 역할을 수행했다. 알렉셰프가 말한 것처럼 〈체는 사실상 우리와 쿠바의 관계를 수립한 사람이나 다름없었다〉.

1961년 1월 1일, 피델은 대대적인 군사 동원령을 내렸고 아바나 거리에서 쿠바가 새로 확보한 소비에트 탱크와 무기들을 자랑스럽게 드러내며 힘을 과시했다. 다음 날 피델은 아바나의 미국 대사관 직원 수를 워싱턴의 쿠바 대사관 직원 수와 같은 열 명으로 줄이라고 미국에 요구했다. 임기 말의 아이젠하워에게 이것은 결정타였다. 이제 아이젠하워가 할 일은 60년간의 소란스러운 관계를 끝내는 서류에 서명을 하는 것뿐이었다. 다음 날인 1961년 1월 3일에 아이젠하워는 쿠바와 국교를 단절했고, 이것은 그가 존 F. 케네디에게 대통령직을 넘겨주기 전에 한 마지막 일 중 하나였다.

24장

원자폭탄의 시대

1

1961년 2월 24일 아침에 체는 미라마르 18번가의 집을 나섰다. 그의 차는 오른쪽으로 꺾어 7번 애비뉴를 향해 달렸다. 체가 평소에 이용하는 길은 달랐다. 자신이 살고 있는 거리에서 왼쪽으로 꺾어 나무가 늘어선 5번 애비뉴 대로를 지난 다음 다시 오른쪽으로 꺾어서 국가안보국을 지나 알멘다레스 강 아래 터널을 통과해서 말레콘 해변을 거쳐 구 아바나를 지나서 국립은행 사무실로 갔다.

그러나 이날 체는 혁명 광장으로 향했다. 피델이 토지개혁청을 온전한 정부 부서로 바꾸었기 때문에 이날은 체가 쿠바의 새로운 산업부 장관으로서 보내는 첫 날이었다. 사실 체가 미리 알리지 않고 경로를 바꾸었기 때문에 목숨을 건졌을 가능성도 있었다.

체가 집을 나서고 나서 얼마 후 집 밖에서 총싸움이 벌어졌다. 체의 경호원들이 싸움에 끼어들어 거칠게 총을 쏘아 댔다. 집 안에 있던 알레이다는 1층 계단통 아래로 아이와 함께 몸을 던진 후 겁에 질린 소피아 가토를 만났다. 얼마 전부터 게바라 집안에 살게 된 소피아 가토는 스물다섯 살의 카마구에이 출신 여인으로, 생후 3개월 된 알레이디타의 유모였다.

나중에 소피아는 무슨 일이 일어났는지 알아냈다. 무장 괴한 네댓 명이 18번가와 5번 애비뉴 모퉁이 근처 풀숲에 숨어서 기다리다가 근처에 살던 살리나스라는 장교가 차를 타고 지나가자 자동 화기로 총을 쏘기 시작한 것이었다. 체의 경호 수비대는 체의 집이 공격당한다고 생각하고 반격에 나섰다. 몇 분 후 살리나스는 숨이 끊어진 채 차 안에 쓰러져 있었고 괴한 한 명은 배에 총을 맞고 땅에 쓰러져 괴로워하고 있었다.

총격 소식은 재빨리 은폐되었지만 많은 사람들이 그 소식을 들었다. 체와 쿠바 정부는 공식적으로 발표하지는 않았지만 이 사건이 체의 암살 시도가 아니라고 생각했다. 18번가에 같이 살았던 오스카리토 페르난데스 멜의 말에 따르면 총격 사건으로 사망한 살리나스가 사실 공격자들이 의도한 목표물이었으며, 그는 잘못된 〈연애 사건〉의 희생자였다. 쿠바에서 일어난 많은 일들이 그랬던 것처럼 이 총격 사건은 공식적으로 수수께끼 사건처럼 꾸며졌고, 수

십 년 동안이나 그렇게 남아 있었다.

그러나 당시 쿠바에서 어떤 일이 일어나고 있었는지 생각해 보면 18번가에서 일어난 사건이 체 게바라에 대한 암살 시도였지만 실패했다는 의견도 상당히 신빙성 있다. 전국에서 그날 아침 살리나스의 자동차를 공격했던 것처럼, 전 반군들이 혁명과 공산주의에 항거하여 무기를 들고 있었다. 반공주의자들에게 체는 쿠바가 소련에 〈굴복〉하도록 한 가장 주요한 인물이며 피델의 귓가에 앉은 〈붉은〉 벼룩이라고 널리 알려졌다.

이미 체 게바라를 살해하려던 음모가 실패한 적이 적어도 한 번은 있었다. 미코얀이 쿠바를 방문하기 전 1960년 초 — 알렉셰프와 체가 비밀리에 만나야 했던 때 — 어느 날 밤 소비에트 요원 알렉셰프가 국립은행 안 체의 새 사무실에서 그와 이야기를 나누던 중에 체가 갑자기 이렇게 말했다. 「이봐요 알레한드로, 반혁명 분자들이 어디서 나를 쏘려 했는지 보여 주겠소.」 체가 좁은 거리 바로 건너편에 있는 창문을 가리켰다. 알렉셰프는 깜짝 놀랐지만 체는 쿠바 정보국이 이미 그곳을 감시하고 있으며 곧 그곳으로 이전할 것이라고 안심시켰다.

18번가에서 일어난 총격 사건의 진짜 원인이 무엇이었든, 체는 그 후 더욱 조심하게 되었다. 산업부 경비원들이 방문자들을 몸수색했고 체는 수류탄을 가득 넣은 시가 상자를 자동차 옆 좌석에 놓고 다니면서 매일 다른 길로 출근하기 시작했다.

미국은 현장 정보력을 사실상 모두 잃었다. 마지막 남은 미국 외교관들은 모든 미국 시민의 쿠바 방문을 금지한 후 며칠 뒤인 1월 20일에 대사관을 비웠다. 같은 달에 페루와 파라과이 정부가 쿠바와 국교를 단절하고 외교관들을 모두 자국으로 불러들였다. 그 후 몇 달 동안 반카스트로 노선의 이웃 나라들이 차례차례 그 뒤를 따랐다. 최소 10만 명에 이르는 쿠바 피난민이 망명길에 올랐다. 이들 대부분이 마이애미로 향했기 때문에 미국 정부는 연방 기금으로 쿠바 망명자들을 수용하고 그들에게 일자리를 제공하는 정착 프로그램을 마련했다. 망명자 중에는 체의 첫 해외 순방을 함께하며 문제를 일으켰던 파르도 야다도 있었다. 파르도 야다는 공산당이 정부를 장악하는 것에 대해 경솔한 발언을 한 이후 쿠바에서 피신했다. 그러나 농업부 장관이었던 움베르토 소리 마린은 파르도 야다만큼 운이 좋지 못했다. 소리 마린은 쿠바 군대에 붙잡힌 후 CIA의 지원을 받아 반혁명 활동을 했다는 죄목으로 기소되어 총살당했다. 이렇게 총살뿐 아니라 계속되는 숙청과 집단 이주를 통해서 잠재적인 반역자와 반혁명 분자들을 제거하여 〈늪을 말린다〉는 피델의 목적이 실현되고 있었다.

이들이 빠져나간 자리를 소비에트 기술자, 러시아어 교사, 경제학자, 군사고문 들이 채웠다. 몽고, 알바니아, 헝가리, 중국, 북베트남이 대사관을 열었고 동구권 통상 및 문화 대표단이 쿠바를 오갔다. 1월 17일에 피델은 쿠바 청년 1천 명을 소련으로 보내 〈농업 집단 공동체〉를 연구하도록 하겠다고 발표했다. 너무나 급작스럽고 극적인 변화였기 때문에 쿠바의 노동계급조차도 미국인들과 그들을 대신한 러시아인의 차이에 놀랐다.

미국인들은 부유하고 시끄러우며 형편없는 스페인어를 구사했지만 새로 온 소련 사람들은 옷도 잘 못 입었고 외모도 행동도 투박한 농부 같았다. 여자들은 뚱뚱했고 농부 같은 옷차림에 머리에 스카프를 두르고 다녔고 남자들은 형편없는 천으로 만든 잘 맞지도 않은 양복 차림이었다. 러시아 사람들은 쿠바의 더운 기후 때문에 땀을 흘리면서도 방취제를 쓰지 않았기 때문에 까다로운 쿠바인들은 이들에게서 악취를 느꼈다. 또 러시아인들은 스페인어를 전혀 못 했고 자기들끼리 몰려다녔으며 트럭을 타고 도시를 지나 수많은 소떼들처럼 외딴 새 거주 지역으로 갔다. 소련 사람들은 현대적인 도시를 보고 놀란 것 같았다. 가게 진열장에는 아직도 텔레비전, 냉장고, 에어컨 등 번쩍거리는 미국 소비재가 전시되어 있었고 건축가가 설계한 화려한 주택에는 수영장과 전망 좋은 정원이 딸려 있었다. 그들은 크롬과 핀으로 호화롭게 장식한 커다란 미국제 자동차를 보고 눈이 휘둥그레졌다.

소비에트 사람들의 겉모습은 거들먹거리는 사회주의 〈초강대국〉 대표자들과 달리 많은 사람들에게 깊은 인상을 주지 못했다. 체는 일반 사람들에게 퍼진 회의적인 분위기를 알고 있었기 때문에 1월 6일에 쿠바 텔레비전에 출연해서 얼마 전 소련에 다녀온 이야기를 하면서 그런 분위기를 언급했다. 그는 자신이 다녀온 모든 나라를 시적으로 포장하고 특히 북한과 중국을 칭찬한 다음 모든 사람들이 마음에 품고 있던 문제로 화제를 돌렸다. 바로 많은 쿠바인들이 오랫동안 당연히 여겨 왔던 부분에서 소비에트 사람들이 뒤처진다는 문제였다. 체는 소련 방문에 대해서 이렇게 말했다.

> 우리는 그곳에서 우리를 약간 당황스럽게 만들었던 문제를 꺼내야 했습니다. ……예를 들어, 쿠바 사람들은 방취제를 만들 원료가 필요하다는 문제를 말하면 그쪽 사람들은 이해하지 못했습니다. 그 나라들에서는 모든 생산을 전반적인 인민 복지에 집중하고 있고, 아직도 엄청난 후진성을 극복해야 하며, ……그런 것들에 신경을 쓸 겨를이 없기 때문입니다. 우리도 이제는 더욱 중요한 일에 전념해야 합니다.

체는 주어진 상황 내에서 최대한 부드럽게 표현하고 있었다. 그는 까다로운 아바나 사람들에게 그들의 생각은 이해하지만 시대가 바뀌었다고, 국가적으로 새로운 것을 우선시해야 한다고, 쿠바인들도 러시아인들처럼 데오도란트 없이 견뎌야 한다고 말했다. 체는 또한 소비에트 사람들이 기술적인 진보를 이루었지만 여러 면에서 여전히 소박하다고 인정했다.

경제 면에서는 소비에트 블록의 영향이 더욱 가시화되었다. 정부는 토지 몰수 초기에 선호했던 비조직적인 협동 농장을 더 이상 강조하지 않고 이를 〈인민 농장granjas del pueblo〉* 이라고 불리는 소비에트 형식의 국가 농장으로 대

---

* 대규모 토지 몰수가 실행되었음에도 불구하고 쿠바의 경작지 대부분은 소농

체했다. 이제 체가 이끄는 산업부에서는 체코슬로바키아와 소비에트 고문들이 남아메리카의 1세대 경제학자들과 함께 일했다. 체는 라틴 아메리카계 소비에트 정치경제학자인 아나스타시오 만시야를 교사로 삼아 보레고를 비롯한 보좌관들과 함께 매주 마르크스주의를 공부하는 모임을 만들었다.

미국의 영향을 받은 것 대부분이 그랬듯이 ─ 예를 들면 산타클로스가 이미 금지된 것처럼 ─ 영어를 배우는 것도 더 이상 권장되지 않았다. 〈새로운〉 쿠바에서는 러시아어가 제2의 언어였다. 체는 자신의 통역사이자 개인 교사로 파견된 레르몬스토프 대학 언어학자 유리 펩초프에게서 일주일에 2번 러시아어를 배웠다. 스페인어로 된 러시아어 교본이 없었기 때문에 프랑스어로 된 러시아어 입문서를 사용했다.

처음에는 많은 사람들이 〈허수아비bolo〉들을 비웃었지만 소비에트 〈스타일〉은 어쩔 수 없이 쿠바의 생활 방식에 확고히 스며들었다. 처음에는 표면적인 것에 불과했다. 정부가 상징적 변화의 선봉에 섰다. 이미 소련의 고스플란 GOSPLAN을 본딴 중앙계획기구 후세플란이 설립되어 있었다. 거리와 극장, 공장은 카밀로 시엔푸에고스나 파트리스 루뭄바처럼 그 지역이나 외국 태생의 영웅과 순교자 들의

들의 소유였고, 이들은 국가의 방해 없이 작은 땅을 계속 일구었다. 1963년에 만들어진 새로운 법안으로 인해 개인 소유의 토지 규모는 더욱 줄어들었지만 혁명 세력은 독립적인 과히로 농부들을 결코 완전히 없애지 않았다.

이름으로 다시 태어났다. 1번 애비뉴의 채플린 시네마는 카를로스 마르크스로 바뀌었고 곧 에로에스 데 비에트남 Heroes de Vietnam과 로자 룩셈부르크라는 이름의 탁아소들도 생겨났다.

혁명 이후 쿠바의 수많은 부모들이 새로 태어난 아기에게 피델이나 에르네스토라는 이름을 붙였는데, 이제는 점점 더 많은 사람들이 아기에게 알렉세이나 나타샤 같은 이름을 붙였다. 새로 태어난 체의 딸도 곧 알류샤라는 러시아식 별명을 갖게 되었다.

워싱턴의 첩보 분석가들이 보기에 쿠바가 사회주의 블록을 극적으로 받아들이게 된 가장 큰 원인은 체의 노력이었다. 미 국무부의 정보조사국INR은 3월 23일에 체가 얼마 전에 마치고 돌아온 중국-소비에트 방문에 대한 비밀 평가서를 작성하여 그가 거둔 상당한 성과를 나열했다.

〈순방을 끝냈을 때 쿠바는 모든 공산권 국가와 통상 및 지불 협정과 문화적 연대를 맺었으며 동독을 제외한 모든 나라와 국교를 수립했고 알바니아를 제외한 모든 나라와 과학 및 기술 원조에 합의한 상태였다.〉

게바라가 이번 순방에서 추가 군사 지원을 협상했는지 여부는 알려지지 않았지만 보고서는 그럴 가능성이 상당히 높다고 평가했다. 〈그 문제가 논의되었으며 새로운 무기 전달이 합의되었을 것으로 짐작된다. 어떤 보고에 따르면 게바라가 순방 초기에 흐루쇼프에게 미사일을 요청했으나 흐루쇼프 소비에트 총리가 딱 잘라 거절했고 그 대신 제2차 세계 대전 때 사용했던 자동 무기를 주겠다고 약속

했다.〉

2

CIA에서는 한동안 체와 라울, 피델의 암살을 두고 찬반 논란이 벌어졌다. 1960년 1월에 앨런 덜레스 국장은 〈망명자 부대〉 계획을 선호했고 암살 작전에 퇴짜를 놓았지만, 보수주의자였던 그는 결국 가능한 한 가장 효율적인 방법으로 목적을 달성하는 쪽으로 생각을 바꾸었다. 그가 피에 굶주렸기 때문이 아니라 그게 실용적이기 때문이었다. 쿠바의 최고 지도자들을 암살하는 것이 쿠바 침공이 성공을 거두는 데 도움이 된다면 그 안을 따라야 했다. 덜레스는 그사이 몇 달 동안 비밀작전 지휘자 리처드 비셀에게 암살 가능성을 타진해 보라고 허락했다. 이미 몇몇 계획이 나왔는데 그중에는 피델이 가장 좋아하는 시가 브랜드에 독을 넣는다는 특이한 방법도 있었다. 그 후 몇 달, 아니 몇 년 동안 피델과 그의 동지들을 암살하려는 계획이 수없이 세워지고 시도되었으며, 심지어 미국 마피아와 결탁한 계획도 있었다.*

앨런 덜레스는 동시에 당시 막 부상하던 콩고 문제도 담당하고 있었다. 벨기에의 식민지였던 콩고는 서구에 중요

---

* 초창기 CIA에 관한 책(참고문헌 참조)을 쓴 에번 토머스에 의하면 1960년에 CIA는 목표 대상에 제임스 본드식 암호명까지 붙여 놓고 있었다. 피델은 〈AMTHUG〉(thug는 흉악한 악당이라는 뜻)였고 의사인 체 게바라는 〈AMQUACK〉(quack은 돌팔이 의사라는 뜻)이었다.

한 광물을 공급하는 주요 산지였기 때문에 워싱턴은 모스크바가 그곳에 위성 정부를 세우도록 놔둘 수 없었다. 그러나 흐루쇼프는 덜레스와 그의 부하들이 우려하던 바로 그것을 시도하고 있었다. 정적 모이제 촘베가 벨기에의 지원을 받아 구리의 주요 산지인 카탕가 주를 이탈시키려고 하자, 변덕스러운 파트리스 루뭄바 콩고 총리는 처음에 카탕가 주 이탈을 막기 위해 UN군을 요청했다가 나중에는 소련에 군사 지원을 요청했다.

1960년 8월에 덜레스는 아이젠하워 대통령의 승인을 받은 후 콩고의 수도 레오폴드빌의 CIA 지부장에게 전보를 보내 루뭄바를 〈최우선적으로…… 가장 긴급한 주요 목표물〉로서 〈제거〉해도 좋다고 승인했다. 루뭄바는 이미 조제프 카사부부 콩고 대통령과 조제프 모부투 군 사령관에 의해서 총리 자리에서 쫓겨난 상태였지만 여전히 위협적인 인물로 간주되었다. 9월에 덜레스는 루뭄바가 〈정부 요직을 다시 맡게 될 모든 가능성을 없애라〉고 명령했다.

일주일 후 CIA 레오폴드빌 지부장은 워싱턴에서 온 방문자를 맞이했다. CIA 〈의료 분과〉 소속 의사 시드니 고틀립이었다. 고틀립의 외교관 여행 가방에는 주사기와 고무장갑, 마스크, 추적 불가능한 생물학적 독이 든 작은 병 하나가 들어 있었다. 루뭄바를 〈없앨〉 실제적인 해결책을 발견한 것이었다. 그러나 CIA가 루뭄바에게 접근하기도 전에 콩고 정적이 먼저 접근했다. UN군의 보호를 받고 있던 루뭄바는 콩고 군대에 붙잡혀 촘베 측에 넘겨졌다. 루뭄바는 촘베 측에 잡혀 있다가 1961년 1월 17일에 죽임을 당했지만 그의 죽음은 한 달 가까이 비밀에 부쳐졌다.

2월 중순 마침내 루뭄바의 죽음이 알려지자 분노한 흐루쇼프는 다그 함마르셸드 UN 사무총장이 루뭄바 살인의 〈공범〉이라며 비난했다. 쿠바의 라울 로아 외무장관 역시 흐루쇼프를 따라서 UN에 공식 항의서를 보냈다. 아바나에서 체는 자신과 비슷한 혁명 지도자라고 생각했던 루뭄바가 살해당했다는 소식을 듣고 한탄했고 쿠바 정부는 사흘간의 공식 애도 기간을 선포했다. 물론 CIA 사람들은 조용히 기뻐했다.

3월에는 CIA의 쿠바 침공 부대가 순조롭게 준비를 진행 중이었고 정치 전선도 자리를 잡았다. 마누엘 라이는 쿠바에서 한창 번성하던 지하 조직을 떠나 CIA가 지원하는 쿠바 망명자 연맹에 들어갔고 쿠바 임시 대통령으로 내정된 미로 카르도나 전 총리는 과시용으로 만든 〈쿠바 혁명위원회〉의 수장으로 임명되었다. 그러나 이와 같은 반카스트로 활동은 다른 곳에서 중대한 문제를 일으켰다.

한 해 전인 1960년 11월에 2506여단 소속 쿠바 망명 전사 600여 명이 과테말라에서 3개월간 게릴라 훈련을 마쳤지만 그때쯤 되자 그들의 존재가 — 그리고 CIA가 그들을 지원한다는 사실이 — 언론에 대대적으로 알려졌다. 잇달아 일어난 스캔들 때문에 이디고라스 푸엔테스 과테말라 대통령이 곤경에 처했다. 과테말라 군 장교 상당수가 자기들 땅에 외국 군대가 주둔하고 있다는 사실에 분노하여 군사 반란을 일으켰다. 11월 13일 밤에 반란 군대는 수도의 요새와 동 과테말라의 사카파 막사, 카리브 해의 푸에르토 바리오스 항을 점령했다.

반란을 일으킨 장교와 병사들은 처음에 성공을 거두었지만 그다음에는 무엇을 해야 할지 확신을 하지 못했기 때문에 사카파에서 농민 수백 명이 반란에 동참하겠다며 싸울 무기를 달라고 요구했을 때 이를 거절했다. 아이젠하워 행정부의 움직임이 한발 더 빨랐다. 미 해군 소함대 한 척이 파견되어 해안에서 멀찍이 떨어진 곳에 위치했고 반란 진압을 돕기 위해 CIA의 쿠바 게릴라 군단이 배치되었다. 또 CIA가 제공하고 쿠바 망명자들이 조종하는 B-26 폭격기가 반군을 쫓아냈다. 무력 과시가 효과를 발휘하여 반군은 곧 항복했다.

그러나 당시에는 별것 아닌 문제처럼 보였던 것이 나중에는 중대한 결과를 낳았다. 미국에서 훈련받은 젊은 과테말라 장교 두 명, 즉 스물두 살의 마르코 아우렐리오 욘 소사와 열아홉 살의 루이스 투르시오스 리마가 막사로 돌아가지 않았던 것이다. 두 사람은 지하로 숨은 다음 과테말라 정권에 대항하는 게릴라 전쟁을 시작하기로 결심했다. 15개월 후에 두 사람은 좌익 게릴라 폭동 지도자로 자신들의 존재를 알렸고, 이디고라스 푸엔테스 대통령은 이 폭동을 〈쿠바가 지휘했다〉고 비난했는데, 장차 투르시오스 리마는 체가 가장 아끼는 부하 혁명가 중 한 명이 된다.

같은 11월에 베네수엘라에서도 소동이 일어났다. 친쿠바 미리스타스(좌파혁명운동에 소속된 사람들)와 베네수엘라 공산주의자들이 베탕쿠르 정권에 대항하여 카라카스에서 무력 반란을 일으켰다. 베네수엘라의 전 대통령 올프강

라라사발 제독이 이끄는 중도좌파 민주공화연합당URD은 원래 통치 정부 연합의 일부를 구성하고 있었지만 정부를 전복시키기 위해서 베탕쿠르를 버리고 좌파혁명운동 및 공산당과 연합해 〈국가자유위원회〉를 구성했다. 학생들의 시위와 경찰과의 시가전이 잇달아 일어났지만 결국 반란은 진압되었다. 베탕쿠르는 더욱 심한 탄압 정책을 폈고 그해 말에는 헌법 보장이 무기한 연기되었다. 대학은 폐쇄되었고 좌익 신문은 금지되었으며 베네수엘라 유전은 군대가 점령했다. 이제 베네수엘라는 무장 게릴라 투쟁이 일어나기 좋은 상황이 되었고, 쿠바의 지원 덕분에 머잖아 투쟁이 일어나게 될 터였다.

한편 과테말라에서 훈련을 받던 쿠바 망명자 연대가 〈졸업〉할 무렵, CIA는 앞으로 그들이 쿠바에서 할 역할에 대해 전략을 수정했다. CIA의 원래 생각은 망명자 군대가 게릴라 군대로서 싸우면서 살아남는 것이었지만 최근의 경험에 비추어 볼 때 그 계획이 점점 더 못미덥게 느껴졌다. 주요 병력이 과테말라에서 훈련을 받는 동안 CIA는 비슷한 비밀작전을 실시해 반란 및 방해 공작을 위해서 몇몇 소규모 팀을 쿠바에 파견했지만 대부분 카스트로의 군대에 의해 곧 와해되었다. 마찬가지로 CIA가 공중에서 투하하는 보급품도 산지 반군을 제대로 지원하지 못했다. 따라서 더욱 규모가 큰 계획이 필요했다.

리처드 비셀은 전술을 바꾸어 과테말라 주둔 여단을 훈련시키는 게릴라 교관들을 기존의 전투 교관으로 대체했다. 새로운 계획은 여단이 육해군 합동 작전을 펼쳐 쿠바 해안에 상륙하는 것이었다. 이들이 공습 지원을 받으며 거점을 확립한 다음 쿠바 임시 정부 수립을 선언하면 워싱턴을 비롯해서 이들을 지지하는 라틴 아메리카 정부들이 즉시 쿠바 임시 정부를 인정하는 시나리오였다. 이론적으로는 그렇게 되면 미국이 개입하여 쿠바의 새로운 〈민주 정부〉를 〈지원〉할 수 있었다. 작전이 진행되기 전에 피델과 체, 라울을 미리 없애는 것이 바람직했다. 따라서 CIA는 상륙 작전을 실시하기 전에 쿠바 지도자들을 암살하려고 여러 가지 계획을 검토하고 있었다.

과테말라 여단 중에 〈회색 팀〉이라는 5인 1조의 침투단 일곱 팀이 뽑혔다. 이들은 쿠바에서 활동 중인 지하 저항운동 세력과 접촉한 다음 CIA의 무기 투하 일정을 조정하기로 했다. 주요 침공 병력이 쿠바에 상륙할 때 회색 팀은 특정 목표물을 제거하고 쿠바 전역에서 무장봉기를 이끌어야 했다. 회색 팀에 뽑힌 대원들 중에는 열아홉 살의 펠릭스 로드리게스도 있었다. 로드리게스를 포함한 회색 팀 후보들은 새로 마련된 과테말라 정글 캠프로 이동하여 전쟁에서 단련된 동유럽 반공 망명자들로부터 첩보 활동에 필요한 〈스파이 기술〉을 배우기로 했다. 크리스마스 며칠 후 회색 팀은 창문을 새까맣게 칠한 미군 수송기를 타고 미국령 파나마 운하 지역의 미군기지인 클레이턴 기지로 향했다. 클레이턴 기지에서도 훈련이 계속되었지만 이번에는 소비에트와 동유럽에서 들여온 고급 무기를 다루는 법을 배웠다.

1월 초에 로드리게스는 피델 암살 계획을 세워 미국인

교관에게 알렸다. 며칠 뒤 미군 측은 로드리게스의 계획이 CIA의 승인을 받았다고 통보했다. 로드리게스는 동료 한 명과 함께 마이애미로 가서 망원 조준기가 달린 독일제 저격용 소총을 받았다. CIA는 피델이 자주 들린다고 알려진 아바나의 집을 암살 장소로 미리 골라 놓은 상태였다. 로드리게스는 한밤중에 쾌속선으로 쿠바 해안까지 세 번이나 갔지만 세 번 모두 현장 중개자와 접선하는 데 실패했다. 세 번째 시도마저 실패로 돌아가자 CIA는 작전에 대한 〈생각이 바뀌었다〉며 소총을 회수했다.

한편 다른 회색 팀들은 마이애미 외곽 기지로 이동되었다. 2월 14일에 첫 번째 침투 팀이 쿠바에 잠입했다. 그로부터 일주일 후이자 체의 집 앞에서 매복 공격이 일어난 지 사흘 후에 로드리게스와 동료 네 명이 무기와 폭약, 탄약과 함께 쿠바 북부 해안의 바라데로 해안 리조트와 아바나 사이에 투입되었다. 혁명회복운동 지하 조직원들이 와서 그들을 태워 갔다.

다음 달에 로드리게스와 동료들은 아바나와 카마구에이에서 지하 저항세력을 만났고 안가에 머물며 CIA가 대규모로 투하할 무기를 받을 준비를 했다. 이들의 임무는 무기를 받아서 배포한 다음 체와 카밀로가 반바티스타 전쟁의 마지막 단계에서 썼던 작전을 거의 그대로 따라하는 것이었다. 즉 라스비야스 북부에 게릴라 전선을 열어서 쿠바를 반으로 나눈 다음 정부가 동해안에 있던 병력을 그쪽으로 돌리면 주 침공 병력이 곧장 동해안에 상륙한다는 계획이었다.

3월 중순에 로드리게스는 쿠바 지하 조직이 5번 애비뉴와 14번가, 16번가 사이에 위치한 국가안보국 본부 바로 옆 안가에 숨겨 둔 무기를 다른 곳으로 옮기는 것을 도왔다. 그러나 로드리게스는 그 유명한 체 게바라가 두 블록도 채 떨어지지 않은 곳에 산다는 사실은 몰랐다. 로드리게스가 그 사실을 알았다면 당연히 체의 암살 계획을 짰을 것이다.

　확실히 이러한 활동 중 그 어느 것도 카스트로 정권의 허를 찌를 것 같지는 않았다. 카스트로 정권은 새로운 미국 대통령이 사회주의 쿠바를 있는 그대로 받아들이리라는 희망을 금방 버렸기 때문이다. 케네디 대통령은 선거운동 기간 내내 아이젠하워-닉슨 행정부가 카스트로에게 너무 관대하게 대응한다고 신랄하게 비판해 왔던 터라 자신의 기개를 보여 주려고 단단히 결심한 듯했다. 또 케네디가 대통령에 취임한 지 두 달이 지나자 어떤 형태로든 미국이 지원하는 군사 개입이 여전히 준비 중이라는 사실이 분명해 보였다.

　사실 케네디는 11월 대선에서 승리를 거두자마자 이미 계획되어 있던 〈쿠바 망명자〉 침공 작전을 보고받았고 덜레스 CIA 국장에게 실행해도 좋다고 허락했다. 케네디는 대통령에 취임한 다음 더욱 강화된 CIA의 계획을 주의 깊게 심사숙고했고, 계획의 실현 가능성에 대해서 불안을 드러냈지만 — 케네디의 최측근 민간인 고문들은 이 계획에 강력히 반대했다 — CIA는 경고와 설득을 효과적으로 조합하여 결국 찬성을 얻어 냈다.

CIA는 케네디에게 망명자 군단이 훈련을 잘 끝냈고 무척 싸우고 싶어 하므로 곧 〈실행일〉을 정해야 한다고 보고했다. 당시 상황에서는 CIA가 침공 시작 전에 B-26 폭격기와 씨퓨리로 이루어진 쿠바의 소규모 공군력을 〈유인〉하면 망명자 연대를 공습으로부터 보호할 수 있었다. 그러나 그 기회는 급격히 사라졌다. 쿠바 조종사들이 체코슬로바키아에서 소비에트 미그기 조종 훈련을 받고 있었고, 아직 쿠바에 미그기가 들어오지는 않았지만 머잖아 들어올 가능성이 컸기 때문이다.

CIA는 쿠바 라스비야스 주 트리니다드 근처 남해안을 상륙 위치로 정했지만 케네디는 그곳이 너무 〈눈에 띈다〉고 생각했다. 케네디는 서쪽 멀리 떨어져 있어 눈에 덜 띄는 피그스 만, 즉 플라야히론이라는 외딴 해안을 골랐다. CIA는 반군이 교두보를 확보하지 못하더라도 〈가까운〉 에스캄브라이로 이동해서 다른 반군을 만나 게릴라 저항 운동을 시작할 수 있다며 케네디를 안심시켰다.

사실 이 계획에는 허점이 많았다. 〈가깝다〉던 에스캄브라이 산지는 사실상 160킬로미터 이상 떨어져 있었고, 플라야히론은 고립된 위치 때문에 기습 상륙에 이상적인 곳으로 보였지만 똑같은 이유로 카스트로의 병력이 그곳에 빨리 도착할 경우 죽음의 함정이 될 가능성이 높았다. 반군이 탈출해야 할 경우 퇴로는 두 군데밖에 없었는데, 하나는 광대한 사파타 늪지를 가로지르는 좁은 길이었고 또 하나는 숨을 곳이 없는 해안가의 길이었다. 어느 쪽이든 쉽게 매복 공격을 당해서 꼼짝 없이 대량 학살을 당할 가능성이 있었다. CIA 전략가들은 이런 생각은 전혀 하지 못한 것이 분명했다.

케네디는 불안감을 느끼면서도 진행을 승낙했지만, 일단 공격이 시작된 후에는 미군이 직접 개입하거나 대규모 미군 공습을 지원하지 못하도록 금지했다. CIA는 일단 행동을 개시하고 나면 대통령의 마음이 바뀔 것이라고 믿었던 듯하다. 아무튼 이 중요한 소식이 작전에 참가한 쿠바 망명자들에게는 알려지지 않았다. 망명자들은 미군의 전폭적인 지지를 받을 것이라고 생각했다.

CIA는 또한 〈비밀〉 작전에 카스트로의 첩보가 이미 어느 정도 침투하고 있는지 전혀 몰랐다. 쿠바에 침투한 회색 팀 서른다섯 명 가운데 적어도 한 명이 카스트로 정부의 이중 첩자였고, 그 밖에도 첩자는 많았던 것이 틀림없다. CIA 계획의 대략적인 내용이 마이애미의 쿠바 망명자 사회에 널리 퍼졌는데, 그곳에서는 피델의 첩보 조직이 활발하게 활동 중이었다. 게다가 이제 피델에게는 자기 마음대로 사용할 수 있는 무기도 많았다. 여러 해가 지난 후 알렉셰프는 재밌다는 듯이 이렇게 말했다. 「우리는 이미 플라야히론에 소비에트 무기를 배치한 상태였습니다. 그곳에는 소비에트 무기가 무척 많았지요.」

3

곧 침공이 일어날 것이라는 소문이 퍼지고 야간 공습과 국가가 몰수한 아바나 상점들에 대한 폭탄 공격이 빈발하는 등 긴장이 한껏 고조되었다. 이런 와중에도 체는 연설을 하고, 기사를 쓰고, 외국에서 온 대표단을 접견하면서 바쁜 시간을 보냈다. 중국이 소련에 뒤지지 않으려고 아바나 리브레 호텔에서 〈경제 개발 박람회〉를 개최했기 때문에 체가 개회식과 폐회식에 참석했다. 또 체는 소련이 쿠바에 지어 준 시설 중 하나인 연필 공장에서 테이프를 잘랐고 최근에 국유화시킨 니카로의 니켈 광산을 방문하여 노동자들에게 〈열심히 일하고 희생하여 더 많이 생산하자〉고 촉구했다.

쿠바에 〈새로운 사회주의 인간〉을 창조하려는 체의 탐색 과정 중에서 가장 새로운 기치는 〈자발 노동〉이었다. 체의 첫 자발 노동은 카밀로가 죽은 직후 고인이 된 동지를 기념하는 학교를 짓는 현장에서 몸소 일하는 소박한 것이었지만, 그는 마오쩌둥이 통치하는 중국에서 대규모 자발 노동 운동을 목격한 후 진정한 확신을 가지고 쿠바에서 대대적으로 열심히 모방해야겠다고 결심했다. 체는 쿠바로 돌아온 후 토요일마다 자발 노동을 하기 시작했다. 그는 공장 조립 라인에 참가하고, 사탕수수를 자르고, 건축 현장에서 벽돌을 나르면서 산업부의 새 동료들에게 설탕 수확기 동안 자발 노동의 〈모범을 보이자〉고 했다. 오래지 않아 체의 눈 밖에 나기를 원하지 않던 산업부의 모든 직원들이 토요일에 집에서 쉬는 것을 포기하고 체와 함께 자발 노동을 했다.

나중에 〈공산주의 경쟁emulación comunista〉이라고 불리게 된 체의 계획은 개인이 대가를 바라지 않으며 자발적으로 사회를 대신해서 노동을 제공함으로써 진정한 공산주의 〈의식〉을 크게 향상시킬 수 있다는 원칙을 기반으로 했다. 체는 동지들에게 이러한 사상을 열심히 주입했다. 어느 날 체가 손목시계를 차지 않은 모습을 보고 오스카리토 페르난데스 멜이 자기 시계를 주었다. 멜이 의대를 졸업할 때 자기가 쓰기 위해 산 시계였는데 시곗줄이 금으로 된 무척 좋은 물건이었다. 얼마 후 체가 오스카리토를 찾아와 종이를 한 장 주었다. 멜이 보니 체는 여전히 그 시계를 차고 있었지만 금줄이 아니라 가죽끈으로 바뀌어 있었다. 체가 건네준 종이는 오스카르 페르난데스 멜이 쿠바의 금 보유고에 금시곗줄을 〈기증〉했음을 증명하는 국립은행의 수령증이었다.

모두들 체가 국립은행 총재 월급을 거절했다는 사실을 알고 있었다. 체는 산업부에서도 그 관행을 지켜 변함없이 얼마 안 되는 코만단테 월급만을 받았다. 차관이 된 오를란도 보레고는 자기도 체와 같은 수준의 월급만 받아야겠다고 생각해서 남는 금액은 농업 개혁 기금으로 기증했다. 자기 상사보다 돈을 더 많이 버는 것이 적절해 보이지 않았기 때문이었다.

보레고도 인정했듯이 동료 장관들을 포함한 체의 동지들 모두가 그의 혁명적 허세를 높게 평가한 것은 아니었다. 보레고 역시 체 때문에 꿈의 자동차를 마지못해 포기해야 했다. 쿠바 부유층이 해외로 달아나면서 남겨 두고 간 자동차가 많이 있었는데, 이것들은 모두 국가 소유가 되어 여러 정부 부서 관리와 직원들에게 할당되었다. 보레고의 차는 더 훌륭했다. 보레고가 〈개입당한〉 담배 공장을 방문했을 때 공장 관리자가 주인이 버리고 간 재규어 신형 스포츠카를 가리키며 아무도 그 차를 몰 줄 모르니 가져가라고 했던 것이다. 보레고는 재규어 스포츠카와 곧장 사랑에 빠졌고 일주일 동안 자랑스럽게 몰고 다녔다. 그러던 어느 날 보레고가 체와 함께 사용하는 주차장에 들어갔다가 그와 마주쳤다. 체가 〈자네 뚜쟁이가 됐군!〉이라고 외치며 그에게 다가왔다.

체가 재규어를 가리키며 이런 차를 몰고 다니다니 도대체 무슨 생각이냐고 물었다. 그것은 저속한 〈뚜쟁이나 몰고 다니는 차〉이지 〈인민의 대표자〉가 사람들이 보는 앞에서 몰고 다닐 차가 아니었다. 보레고는 가슴이 철렁해서 즉시 반납하겠다고 말했다. 체가 말했다. 「좋아, 두 시간 주겠네.」

그 후 사무실에 올라온 체는 보레고에게 자기처럼 낡은 초록색 시보레 임팔라같이 수수한 차를 몰아야 한다고 말했다. 보레고는 색상이 두 가지로 이루어졌다는 점만 빼면 헤페와 똑같은 차를 곧 지급받아 그 후 12년 동안 몰게 된다. 보레고는 이렇게 회상했다. 「그는 정말 엄격했습니다, ……예수 그리스도만큼이나 말입니다.」

체가 분주하게 새로운 적과 새로운 동지들을 만드는 동안 옛 친구와 지인 몇 명이 아바나로 왔다. 그라나도는 베네수엘라에서 온 가족을 데리고 와서 아바나 대학에서 생화학을 가르쳤다. 이유는 전혀 달랐지만 리카르도 로호도 나타났다. 얼마 전부터 리카르도 로호는 아르헨티나 아르투로 프론디시 정부의 외교관으로 본에 주재하고 있었다. 아르헨티나 정부는 점점 고조되는 미국과 쿠바의 분쟁을 중재하려고 했으나 실패했기 때문에, 로호가 게바라와의 관계를 이용해서 쿠바의 의도를 알아보려 한 것이 분명했다. 그러나 로호는 쿠바가 이미 전쟁에 대비하고 있음을 깨달았다. 민병들이 아바나 거리에 드릴로 구멍을 뚫어 폭약을 채웠고 어디를 보아도 제복을 입은 남녀가 무기를 들고 돌아다녔다. 로호는 수염을 기르고 무장을 갖춘 남자들이 두 줄로 늘어선 건물 입구를 통과하여 가구가 별로 잘 갖추어지지 않은 사무실에서 옛 친구 찬초 게바라를 만났다. 두 사람이 멕시코에서 마지막으로 만난 지 6년 만의 해후였다. 로호는 게바라에게 살이 찐 것 같다고 말했다. 그러자 체는 살이 찐 것이 아니라며 〈보름달처럼 둥근 얼굴〉은 만성 천식 때문에 코르티손을 복용하는 탓이라고 말했다.

여기저기 연줄이 많은 로호에게 보여 주거나 들려주는 것이 모두 서구의 정치가들에게 흘러들어갈 것이라고 여긴 듯, 체는 로호를 노동자 지방 견학 투어에 데리고 갔다. 로호는 공장 시설과 사탕수수밭을 둘러봤고 에스캄브라이에서 반혁명 분자들과 싸우는 농민 전사들도 만났다. 체는 로호에게 자발 노동 체험을 강요하여 하루 동안 사탕수수를 자르게 시키기도 했다. 로호는 몇 가지 사실을 확신하게 되었다. 쿠바는 분명 공산주의로 가는 도상에 있다. 혁명은 무장을 잘 갖추었을 뿐 아니라 널리 쿠바인들의 지지를 받고 있다. 또 옛 친구의 몇 가지 발언을 바탕으로 추측하자면 체는 혁명을 남아메리카 전역에 퍼뜨리는 데 관심이 있다.

3월 말이 다 되자 체가 로호와 함께 공항으로 향했다. 수많은 대공 총기 포좌를 지나칠 때 체가 로호를 보며 〈그들이 올 거야〉라고 말했다. 미국인들을 가리키는 것이었다. 「하지만 우리가 그들을 맞이할 거야. 이제 막 파티가 시작되려는 참인데 자네가 지금 당장 떠난다니 참 아쉽군.」

4월 3일에 백악관은 쿠바에 대한 〈백서〉를 발행했다. 백서는 쿠바가 아메리카에 〈분명하고 당면한 위험〉을 야기하고 있다고 말했다. 이 백서는 곧 피그스 만 침공이라고 알려질 원정을 위한 케네디 행정부의 군대 동원령이었다.

닷새 후 침공에 대한 불안감이 최고조에 달했을 때 체는 『베르데 올리보』에 「쿠바: 역사의 예외인가, 반식민주의 투쟁의 선봉인가?」라는 글을 발표했다. 그는 자신이 던진 질문에 쿠바는 역사적 예외가 아니며 단지 제국주의의 지배와 경제적 의존이라는 라틴 아메리카 공통의 틀을 깨뜨린 첫 국가일 뿐이라고 자답했다. 쿠바의 본보기는 이웃 나라들이 혁명적 자유라는 목표를 추구하기 위해서 따라야 할 길이었다.

널리 퍼진 제국주의 체제는 각 나라에 꼭두각시 통치자들을 거느리고 있으며, 용병 군대를 이용해서 꼭두각시 통치자들뿐 아니라 인간이 인간을 착취하는 복잡한 사회 체제 전체를 보호한다. 그러한 체제에서 해방되기 위해 우리는 무엇을 했는가? 우리는 어떤 공식들, 우리가 사랑하는 라틴 아메리카의 크나큰 질병을 고칠 경험적 처방을 발견했고 그 결과 급속히 과학적 사실로 자리 잡은 경험적 처방을 적용시켰다.

이것은 에르네스토 게바라가 발견할 운명이었던 〈과학적〉 발견이자 그가 의학에 종사하면서 시작된 탐구의 정점이었다. 그러나 개인의 병을 치료하는 것은 결코 그의 진정한 관심사가 아니었다. 그의 동기는 항상 치료법과 예방법을 찾는 과학적 연구자의 것이었다. 정치를 할 때도 의학을 공부할 때와 마찬가지였다. 체는 탐구하는 자세로 해결책을 찾으며 〈개량주의, 민주주의, 선거〉 등 여러 가능성을 하나하나 지워 가다가 마르크스를 발견했고 그다음으로는 과테말라를, 또 쿠바를 발견했다. 그러한 불세례를 통해 〈경험적 처방〉의 발견은 〈과학적 진실〉로 이어졌다. 그 진실, 그리고 인간의 병에 대한 치료책은 바로 마르크스레닌주의였고, 게릴라 전쟁은 그것을 성취할 수단이었다.

쿠바 혁명 이전에 〈아메리카는 주관적 조건들을 갖고 있지 못했다〉고 체는 설명했다. 〈주관적 조건 가운데 중요한 것은 제국주의 열강과 아메리카 내부의 적에 맞서서 무력 투쟁을 통해 승리를 거둘 가능성에 대한 인식이다. 이러한 조건들은 변화의 필요를 분명히 보여 준 무장 투쟁과…… 민중 세력에 의한 군대의 패배와 섬멸(모든 진정한 혁명에 반드시 필요한 조건)을 통해서 만들어졌다. ……아메리카의 농민 계급은 노동 계급의 이데올로기에 기반을 두고 있으며, 노동 계급의 위대한 사상가들은 우리를 지배하는 사회적 규칙을 발견했다. 그러므로 이들 농민 계급은 쿠바에서 이미 그러하듯이 앞으로 위대한 해방군이 될 것이다.〉

체는 쿠바의 경험에서 〈과학적 진실〉을 이끌어 냈다. 과학적 진실이란 여러 가지 이론에 따라 고칠 수 있는 것이 아니라 자연 법칙이다. 그는 무장 투쟁을 통해 사회주의를 이룬다는 자신의 공식이 본질적으로 과학적 발견과 같으며, 이러한 발견을 통해서 부당함을 끝내고 새로운 형태의 인간을 만들 수 있다고 주장했다.

4

나흘 뒤 아바나에서 가장 크고 호화로운 백화점인 엘 엔칸토가 CIA의 지원을 받는 어느 지하 조직에 의해 전소되었다. 펠릭스 로드리게스는 중개인으로부터 〈모종의 큰 사건〉이 일어날 것이며 그 일이 일어나면 〈열기가 엄청날〉 것이므로 아바나를 떠나는 게 좋을지도 모른다고 미리 경고를 받았다.

다음 날인 4월 15일 오전, 게바라 집안의 유모 소피아는 동이 트기 전의 어둠 속에서 비행기들이 급강하하고 폭탄이 터지는 무시무시한 소리를 듣고 잠에서 깼다. 그녀는 침실에서 혼자 달려 나가 체를 불렀다. 체가 미처 셔츠도 입지 못한 채 즉시 침실에서 뛰쳐나와 말했다. 「빌어먹을 놈들이 드디어 우리를 공격하는군.」

두 사람은 창문을 통해 섬광과 폭발을 보았다. 비행기들이 근처 캄파멘토 리베르타드 비행장에 폭격을 퍼붓고 있었다. 밖에서 경호원들이 고함을 지르고 권총을 휘두르며 거칠게 뛰어다니기 시작하자 체가 창밖을 향해 소리쳤다.

「누구든 맨 처음 총을 쏘는 사람은 내가 쏘겠다!」 경호원들이 침착을 되찾았고, 몇 분 후 체와 경호원들은 차를 몰고 빠른 속도로 사라졌다. 그들은 침공이 개시될 때를 대비해서 체가 비밀리에 마련해 둔 피나르델리오의 전투 기지로 향했다. 피델은 미국과 가장 가까운 쿠바 섬 선단(先端)을 잘 지켜 내기 위해 체에게 쿠바 서부 군대 지휘권을 주었다.

　폭격으로 쿠바의 얼마 안 되는 공군 전력의 대부분이 파괴되자 피델은 다음 날 거행된 폭격 희생자들의 장례식에서 미국의 공격을 맹렬히 비난하는 연설을 했다. 그는 미국이 자기들 바로 코앞에 〈사회주의 혁명〉을 불러온 쿠바를 용서할 수 없었기 때문에 공격을 감행했다고 주장했다. 그는 권력을 잡은 이후 줄곧 피해 오던 사회주의라는 표현을 처음으로 사용했다. 나중에 이 자리에 청동패가 세워져 피델이 〈쿠바 혁명의 사회주의적 본질을 밝힌〉 이때를 기념했다.

　이 역사적인 오후에 피델의 연설에 귀를 기울이던 청중 가운데는 아르헨티나 산지 도시 멘도사 출신으로 젊은 나이에 이미 머리가 벗겨지기 시작한 예술가 시로 로베르토 부스토스와 그의 아내도 있었다. 두 사람은 쿠바 혁명 실험에 참가하려고 자원하여 이제 막 쿠바에 도착한 참이었다. 부스토스 부부는 아바나의 거리를 걸으며 열대 지역의 공기를 흠뻑 들이마셨다. 모든 것이 여전히 새롭고, 낯설고, 흥분되었다. 대기에는 경이로움이 가득했다. 미래는 순조로우면서도 두려워 보였고, 실제로 그랬다. 머지않아 시로 부스토스의 삶은 대륙 혁명이라는 체의 이상에 완전히 빠져들면서 돌이킬 수 없을 정도로 바뀌게 될 터였다.

4월 17일 자정 직후에 쿠바 망명자들로 이루어진 해방군 1,500명이 피그스 만, 즉 플라야히론 해안에 도착했다. 이들 부대는 과테말라에 주둔하고 있다가 며칠 전 니카라과의 카리브 해 항구 푸에르토카베사스로 이동한 다음 니카라과 독재자 루이스 소모사의 배웅을 받으며 출발했다. 소모사는 그들을 응원하며 〈카스트로의 수염 한 올〉을 가져다 달라고 말했다. 언젠가 체가 농담처럼 말한 예측대로 이들은 유나이티드프루트 사가 빌려 준 배를 타고 미 해군 구축함들의 호위를 받으며 쿠바로 건너왔다. 해방군은 바다로 나간 후에야 목적지가 어디인지 들었다.

망명자 군대가 상륙한 후 몇 시간 만에 CIA는 라디오 스완 송신기로 떠들썩하게 선전 포고를 했고, 피델은 군대를 동원해 침입자들을 공격했다. 침공군은 내륙으로 밀고 들어오는 대신 해변에 참호를 파고 들어가 지원군을 기다렸지만 아무도 오지 않았다. 오전 중반쯤 전투가 시작되었다. 다음 날 새벽 덜레스 국장은 케네디 대통령에게 망명자들이 난항에 빠졌다고 보고했다. 미국이 개입하지 않으면 모두 소탕될 지경이었다. 케네디는 최소한의 공중 엄호만 승인했을 뿐 공격 명령을 내리지 않았다.

아바나에 있던 펠릭스 로드리게스는 라디오를 통해 침공 소식을 들었다. 그는 사전 경고를 받지 못했다. CIA는 사전에 정보가 새어 나갈까 봐 쿠바 내 지하 저항세력의 누구와도 접촉할 엄두를 내지 못했다. 로드리게스는 회색 팀의 다른 팀원들과 연락이 두절된 상태였기 때문에 전화로 아바나의 중개인과 연락을 시도했지만 매번 내답이 없거나 모르는 목소리가 〈즉시 오라〉고 말할 뿐이었다. 로드리게스는 저항세력 대부분이 이미 체포되었을 것이며 수화기 너머로 들리는 목소리의 주인공은 쿠바 보안 요원일 것이라는 사실을 깨닫고 그 자리에서 움직이지 않았다. 그 뒤 사흘 동안 로드리게스는 텔레비전으로 사건의 추이를 지켜보면서 절망하여 울었다.

체가 지휘하는 피나르델리오 군대는 실전을 펼치지 않았지만 체는 총기 사고로 큰 상처를 입을 뻔했다. 피델의 여러 가지 일을 돌보던 셀리아 산체스가 알레이다에게 전화를 걸어 체의 권총이 가죽 케이스에서 떨어지면서 총알이 발사되는 바람에 체가 뺨과 귀를 스치는 가벼운 〈부상〉을 입었다고 알려 주었다. 셀리아는 차를 보내서 알레이다를 체의 곁으로 데려다주게 하고 알류샤와 유모 소피아는 다른 차로 자기 집으로 데려와서 위기가 끝날 때까지 함께 지냈다.

엄밀히 말해서 셀리아가 알레이다에게 한 말은 사실이었다. 체는 치명적인 위험에서 벗어났다. 총알은 머리카락 한 올 차이로 가까스로 뇌를 빗겨 나갔다. 그러나 체는 총알 때문이 아니라 항파상풍 주사를 놓아야 한다고 고집한 위생병들 때문에 큰 위험에 처했다. 항파상풍 주사가 유독(有毒) 쇼크 반응을 일으켰던 것이다. 나중에 체는 알베르토 그라나도에게 이렇게 농담을 던졌다. 「적들이 하지 못한 일을 동지들이 할 뻔했지 뭐야. 거의 죽을 뻔했어!」

아바나에서 체의 전처 일다도 부상에 관한 소문을 들었다. 일다는 처음에 암살 시도라고 들었지만 체는 일다의 집으로 급히 병사를 보내 이제 위험에서 벗어났으니 걱정할 필요가 없으며 그저 사고일 뿐이었다고 전했다.

소피아는 그 후 48시간 동안 잠을 제대로 이루지 못하고 몽롱한 상태로 지냈다. 셀리아 산체스의 아파트는 혁명 지도자들의 통신 중심지가 되었다. 셀리아는 끊임없이 전황 보고 전화를 받고 그 정보를 다른 사람들에게 전해 주느라 손에서 전화기를 놓을 틈이 없었다. 한번은 녹초가 된 피델이 전투지에서 돌아와 소피아와 체의 딸이 누워 있던 침대에 쓰러지기도 했다. 피델이 자는 동안 아기가 그의 수염을 가지고 놀았다. 지친 소피아도 마침내 잠이 들었다.

4월 20일 오후에 모든 일이 끝났다. 망명자 부대는 꼼짝도 할 수 없는 상태에서 보급품까지 떨어져 항복하지 않을 수 없었다. 114명이 죽었고 1,200명 정도가 포로로 붙잡혔다. 체는 이 기쁜 소식을 듣고 피나르델리오에서 아바나로 돌아와 알베르토 그라나도를 태우고 플라야히론으로 향했다. 그들은 전투 당시 피델의 사령부였던 센트럴오스트레일리아 제당 공장에 도착했다. 공장은 군장비와 병사들, 일제 검거된 포로들로 뒤죽박죽이었고 군인들이 늪지로 달아난 도망자들을 찾아서 주변 지역을 샅샅이 뒤지고 있었다. 사방에서 지프차가 굉음을 내며 달렸다.

체와 그라나도가 한 무리의 포로들에게 다가가자 포로 한 명이 체를 알아보고 겁에 질려 바지에 오줌과 똥을 쌌다. 체가 그를 심문하려 했지만 잔뜩 겁에 질린 포로는 말도 제대로 하지 못했다. 결국 체가 고개를 돌리고 경호원에게 말했다. 「이 불쌍한 놈한테 물 한 동 갖다주게.」

물론 피델은 무척 기뻐했다. 그는 직접 플라야히론 전투를 지휘했고 몸소 미국 〈모선〉에 전차 포탄을 쏘기도 했다. 나중에 부하들은 피델이 모선을 명중시켰다고 엄숙히 선언했다. 이러한 전설 같은 이야기들은 제쳐 두더라도 플라야히론 전투는 쿠바 혁명의 놀라운 승리였다. 〈인민〉이 미국에 대항하여 일어나서 승리를 거둔 것이었다.

위기가 끝난 후 체가 일다와 일디타를 만나러 갔다. 그는 뺨에 흉터를 남긴 총상을 자랑스럽게 여기는 듯했고, 일다가 흉터를 바라보자 짐짓 아무렇지도 않다는 듯이 이렇게 말했다. 「별로 큰 사고는 아니었지만, 그래도 아슬아슬한 상황이었어. 탄도가 1인치만 휘었어도 내가 여기서 이렇게 말하고 있지 못했을 거야.」

4월 26일 아침에 펠릭스 로드리게스는 스페인 대사 소유의 초록색 메르세데스를 타고 아바나 안가에서 빠져나와 베네수엘라 대사관 지역으로 갔다. 4개월 후 로드리게스는 외교관용 안전 통행권을 받아서 쿠바를 떠났지만 곧 돌아왔다. 로드리게스도 CIA도 카스트로와 공산 정권에 대한 싸움을 포기하지 않았다.

5

4개월 후 우루과이의 푼타델에스테에서 체 게바라는 백악관의 젊은 보좌관 리처드 굿윈에게 케네디 대통령에게 보내는 감사의 메시지를 전했다. 체는 〈플라야히론 일은 고맙소. 침공 전에는 혁명이 불안정했지만 이제 혁명은 그 어느 때보다 강력해졌소〉라고 말했다

최근 몇 달 동안 동구와 서구의 냉전이 더욱 심화되어 있었고 케네디와 흐루쇼프 사이에 개인적인 알력 다툼이 펼쳐졌다. 흐루쇼프는 경쟁을 즐기는 듯했고 기회가 생길 때마다 경험이 부족한 백악관의 젊은 주인을 항상 무시했다.

지난 몇 년 동안 워싱턴과 모스크바는 유럽 식민 정부가 물러난 뒤 공백 상태가 된 아프리카와 아시아, 중동을 두고 영향력 싸움을 해온 터였다. 이때까지는 모스크바가 앞서는 것 같았다. 1956년 이후에 일어난 일련의 국제 위기는 서구가 해외에서 지닌 힘의 한계와 약점을 두드러지게 드러내었고, 워싱턴과 동맹국들은 수에즈, 레바논, 인도네시아, 헝가리에서 연달아 패했다.

소비에트는 핵무기 계획에서 미국을 앞질렀고 이에 따라 미국에서 〈미사일 격차〉 논란이 일어나면서 아이젠하워는 소련에 U-2 첩보기를 띄워야 했다. 그러나 이 역시 당혹스러운 사건으로 이어졌다. 1960년 6월에 미국 U-2 첩보기가 격추당한 후, 조종사 게리 파워스가 소비에트 텔레비전에 출연해서 자신이 정찰 임무를 맡고 있었다고 고백하며 사과한 것이다(1961년이 끝나기 전에 미국 정보부는 자국의 핵 공격 능력이 소비에트를 훨씬 앞선다고 밝혔지만 미사일 격차 논란은 그 후 수십 년 동안 미국의 정책에 계속 영향을 미치게 된다).

1958년에 소련은 우주에 인공위성을 쏘아 올린 세계 최

초의 국가가 되었고 1961년 4월 초에는 유리 가가린이 지구 궤도를 도는 우주 비행에 나섰다. 케네디가 피그스 만 침공의 진행 여부를 결정하기 직전에 흐루쇼프는 우주에서 이룬 성과를 떠들썩하게 자랑하며 서구를 향해 〈따라잡아 보라〉고 의기양양하게 말했다. 케네디는 미국이 2위라니 마음에 들지 않는다며 투덜거렸다.

동시에 세계 곳곳에서 새로운 일촉즉발 사태가 일어났다. 아프리카는 큰 혼란을 겪고 있었다. 콩고에서는 서구가 지원하는 당파와 동구가 지원하는 당파가 권력을 두고 싸움을 계속했다. 르완다, 탕가니카, 시에라리온은 이미 독립을 쟁취한 상태였지만 포르투갈 식민지 앙골라에서는 무장 저항세력이 포르투갈의 식민 통치에 맞서 투쟁을 시작했다.

알제리에서는 독립 전쟁이 7년째 계속되면서 수십만 명의 목숨을 앗아 갔고 이 때문에 프랑스는 내전이 일어날 위기에 처했다. 4월에 드골 대통령이 민족해방전선FLN과 알제리 독립 문제를 협상하겠다고 하자 분노한 프랑스 군대 최고 사령관들이 반란을 일으켰던 것이다.

동남아시아에서는, 호치민의 북베트남 공산 정부가 지원하는 베트콩 게릴라들이 미국이 지원하는 남베트남 정부를 괴롭혔다. 이웃 나라 라오스에서는 소비에트와 중국이 지원하는 라오스 좌파 연합전선 파테트라오 게릴라들이 미국이 지원하는 비엔티안 정권에 맞서 대대적인 공격을 시작했기 때문에, 케네디 대통령은 미국의 군사적 개입 여부를 놓고 고심해야 했다. 결국 휴전이 이루어졌지만 라오스는 여전히 긴장과 불안에 휩싸여 있었다.

카리브에서는 5월 30일에 라파엘 트루히요 총사령관의 삶이 ─ 그리고 그의 30년간의 독재가 ─ 빗발치는 총탄 속에서 갑자기 끝장나면서 걱정해야 할 독재자가 한 명 줄었다. 암살팀의 무기는 CIA가 제공한 것이었다. 그동안 워싱턴은 라틴 아메리카의 〈개량주의〉 정부들로부터 반카스트로 정책을 지원하는 대가로 트루히요를 〈어떻게든 처리하라〉는 강한 압박에 시달리던 터였다.

그러나 케네디에게 쿠바는 여전히 아물지 않은 상처였고 이제 카스트로는 케네디가 원하는 것을 가지고 있었다. 바로 피그스 만에서 사로잡은 포로 1,200명이었다. 케네디는 포로 석방을 확보해야 한다는 윤리적 의무감을 느꼈다. 피델은 불도저 500대를 주면 포로를 풀어 주겠다고 제안했지만 케네디는 트랙터는 줄 수 있지만 불도저는 안 된다고 대답했다. 그러나 피델은 불도저를 고집하다가 나중에는 돈을 요구했다. 옥신각신 계속되던 회담은 6월에 좌절되었고 포로들은 쿠바 감옥에 남게 되었다(포로들은 마침내 1962년 12월에 6200만 달러 상당의 의료품과 교환하는 조건으로 풀려났다).

한편 소비에트-쿠바 동맹은 그 어느 때보다 편안해 보였다. 1961년 5월에 소련은 매년 수여하는 〈레닌 평화상〉을 피델에게 주었다. 백악관은 소비에트가 쿠바 섬에 미사일 기지를 설치하여 기반을 확고히 다지는 것을 우려했다. 흐루쇼프는 그런 일은 없을 거라고 단언했지만 로버트 케네디 법무장관은 4월에 형 케네디 대통령에게 보낸 메모에서 그럴 가능성이 있다고 경고하며 즉각적인 대책 마련을 촉구했다. 〈1, 2년 안에 상황은 훨씬 더 나빠질 것이므로 이제 최종 결단을 내릴 때가 왔습니다.〉

케네디는 여름 주말 내내 게릴라 전쟁에 대한 마오쩌둥과 체의 글을 읽으며 시간을 보냈다. 그는 점점 더 커지는 좌익 폭동 위협에 맞서려면 대게릴라전을 더욱 강화해야 한다고 확신하며 군대에 반게릴라 역량을 강화하라고 지시했다. 케네디의 결정에 따라 9월에 새로운 대테러 정예 군단 그린베레가 창설되었다.

6월 초에 흐루쇼프와 케네디는 빈에서 처음으로 만나 두 시간 동안 거친 회담을 했다. 두 사람은 라오스의 〈중립〉에 합의했지만 핵실험 금지 조약과 군비축소 문제는 결론을 내지 못했다. 흐루쇼프는 이 기회를 틈타 체스판 위의 또 다른 말을 옮겼다. 그는 베를린이 〈비무장화〉되어야 한다고 주장하면서 서구 점령 세력인 프랑스, 영국, 미국이 베를린에 접근하지 못하도록 하겠다고 협박했다. 그러나 서구 열강은 흐루쇼프의 제안을 거절하고 독일 베를린 각자의 점령 구역에 더 많은 군대를 배치했다.

케네디는 〈전 세계적인 소비에트의 위협〉을 호소하며 미국 군비 예산과 군사력의 막대한 증대를 요구했다. 8월에 동독과 소비에트 병사들이 베를린 장벽을 세워 동베를린과 서베를린으로 완전히 나누면서 몇 시간 동안 미국 탱크와 소련 탱크가 새로이 나누어진 도시에서 대치한 채 긴장이 고조되었다.

쿠바를 소비에트에 〈잃었다〉고 생각한 케네디는 라틴

아메리카에서 미국의 헤게모니를 지속시킬 방안을 마련하려 했다. 그는 서반구에서 또 다른 쿠바 혁명이 일어나는 것을 막기 위해 라틴 아메리카를 대상으로 대규모 경제 개발 원조 계획을 내놓았다.

이처럼 긴장이 고조된 국제 정세 속에서 1961년 8월에 미주기구 경제회의가 우루과이의 대서양 해안 리조트 지역인 푼타델에스테에서 개최되었다. 케네디는 더글러스 딜런 재무장관을 회의에 보내 〈진보를 위한 동맹〉 계획을 자랑스럽게 발표했다. 진보를 위한 동맹은 라틴 아메리카에 10년 동안 자그마치 200억 달러를 지원한다는 전례가 없는 대규모 개발 원조 계획이었다. 피델은 쿠바 대표로 체를 회의에 보냈다.

차분하던 푼타델에스테의 분위기는 게바라가 도착하면서 한껏 고조되었다. 체는 단번에 다른 장관들을 제치고 주목을 독차지했다. 체의 사진을 찍거나 그의 말을 인용하고 싶어 안달이 난 사진 기자와 저널리스트들이 어디든 그를 따라다녔다. 체가 도착하자 회의는 최고의 연극이자 역사적인 사건이 되었다. 냉전이 우루과이에 도래했다.

체는 혁명가라는 명성에 걸맞게 행동했다. 체가 어디를 가든 따라다니는 청년 경호원 레오나르도 타마요가 회의에 색다른 분위기를 더했다. 회의에 참석한 다른 장관들은 모두 양복을 입었지만 체는 충충한 짙은 초록색 군복을 입었다. 다른 장관들은 자리에 앉은 채 연설을 했지만 체는 8월 8일에 서서 연설을 했다. 더글러스 딜런 장관은 짐짓 천장을 보면서 하품을 했지만, 체는 미국이 제안한 외교 정책이 쿠바를 더욱 고립시키고 재정 지원이라는 뇌물로 라틴 아메리카 국가들에 대한 지배력을 확대하여 결국 북쪽의 커다란 이웃 미국에 더욱 종속되게 만들려는 계획이라고 혹평했다.

다른 한편으로, 체는 토지 및 주택 개혁을 실행하고, 독점기업을 내쫓고, 스스로 무역 파트너와 채권국을 선택함으로써 정치적, 경제적 독립을 강조하는 쿠바의 본보기가 다른 라틴 아메리카 국가들에게 청사진을 제공할 수 있다고 주장했다. 또한 미국이 진보를 위한 동맹을 통해 라틴 아메리카가 연간 2.5퍼센트라는 놀라운 경제성장률을 달성할 거라고 말하자, 체는 이에 맞서 쿠바가 몇 년 안에 10퍼센트라는 어마어마한 연간 경제성장률을 이루어 미국이 말한 성장률을 앞설 것이라고 선언했다.

체는 쿠바가 단순한 훼방꾼으로 비치지 않도록 하기 위해서, 동맹에 참가하는 나라들에 몇 가지 조건이 갖추어져야 한다고 제안했다. 그 조건들이란 스스로 선택한 나라에 원료를 수출할 자유를 보장할 것, 미국이 미국 상품에 보조금을 지급하여 경쟁을 불가능하게 만드는 보호주의를 그만둘 것, 경제적 독립과 번영을 위한 진정한 초석인 경제의 산업화를 도울 것 등이었다.

체는 미국의 여러 가지 침략 행위와 그 절정이라 할 수 있는 최근 피그스 만 침공에 대해서 일장연설을 늘어놓은 다음 미국인들에게 화해를 제의했다. 체는 쿠바가 이웃 나라들에 해를 끼칠 생각이 없으며 아메리카 국가들과 가족 같은 관계를 이루고 싶다고 설명했다. 또한 아무 조건을 붙이지 않는다면 언제든지 미국과 기꺼이 마주앉아 서로의 의견 차이에 대해 이야기를 나눌 의향이 있다고 말했다. 체는 쿠바가 요구하는 것은 쿠바를 공격하지 않겠다는 확약을 해주고 쿠바 국경 내에서는 다른 길을 갈 권리를 보장해 주는 것뿐이라고 말했다. 〈미국은 우리의 본보기를 다른 나라에 수출하지 않기를 바라지만 그것은 불가능합니다. 본보기란 국경을 넘나드는 것이기 때문입니다. 그러나 우리는 혁명을 수출하지 않겠다고 약속할 수 있습니다. 우리는 단 한 자루의 소총도, 단 한 점의 무기도 다른 아메리카 국가에서 일어나는 투쟁을 위해서 쿠바를 떠나지 않을 것이라고 보장합니다.〉

그러나 체는 다른 나라들이 쿠바의 선례를 따르지 않도록 보장하지는 못한다고 경고했다. 피델이 1년 전 7월 26일 기념 연설에서 〈안데스 산맥이 아메리카의 시에라마에스트라가 될 것〉이라고 경고했던 것처럼 체는 이웃 나라들이 국내의 사회적 여건을 개선하지 않는 한 쿠바의 본보기가 불가피하게 〈불을 붙일〉 것이라고 말했다.

체가 2시간 15분에 걸친 연설을 끝내자 누군가가 〈암살범!〉이라고 크게 외치는 바람에 장내가 소란스러워졌다. 경비원들이 난동을 벌인 사람과 드잡이를 하다가 그를 밖으로 끌어냈다. 그러자 낯선 사람 두 명이 체가 서 있던 연단으로 올라 욕설을 퍼붓기 시작했다. 체는 그들을 무시하며 침착하게 연단에서 내려와 회의실을 나갔다. 나중에 경찰이 언론에 밝힌 바에 따르면 소란을 벌인 사람들은 CIA가 후원하는 반카스트로 단체인 민주주의혁명전선 소속의 쿠바 망명자들이었다.

체의 가족이 우루과이로 찾아왔다. 체는 아르헨티나를 떠난 후 처음으로 남동생 로베르토와 여동생 아나 마리아를 만났다. 게바라의 아버지와 어머니, 남동생 후안 마르틴, 여동생 셀리아, 베아트리스 고모도 왔고 몇몇 친구들도 함께였다. 체가 쿠바로 데려오려 했던 훌리오 〈가우초〉 카스트로, 베토 아우마다, 페페 아길라르, 또 예전에 사업을 같이했던 〈엘 고르도〉 카를로스 피게로아, 그리고 쿠바에서 체를 만난 후 본에서의 직위를 사임하고 고향으로 돌아온 리카르도 로호였다.

체와 남동생 로베르토는 천양지차였다. 로베르토는 아르헨티나 귀족 가문의 여자와 결혼했고, 정치에는 무관심했지만 아르헨티나에서 가장 보수적인 정치적 요새 중 하나인 아르헨티나 해군의 사회복지사무소 변호사였다.

로베르토는 자신과 체가 서로의 차이에 대해서 이야기를 나누었는지에 대해 한 번도 언급한 적이 없었다. 한 인터뷰에서 푼타델에스테에서 형을 만났을 때 8년 전 마지막으로 봤을 때와는 〈근본적으로 달랐다〉고 말한 게 전부였다. 체는 근엄하고 단호하며 유머 감각이 별로 없었다. 로베르토는 자기가 이러한 변화에 대해 말하자 체는 〈나는 이제 더 이상 재담에는 관심이 없어. 이제는 다른 유머 감각을 가지고 있을 뿐이지〉라고 쌀쌀맞게 대답했다고 회상했다.

체의 경호원 〈타마이토〉는 형제 사이에 논쟁이 벌어졌으며 자신이 그 장면을 목격했다고 말했다. 「체는 억압의 앞잡이가 되었다고 로베르토를 비난했고 자신이 의대를 졸업한 후 징병을 피한 이유는 미국 제국주의의 동맹인 부패한 정권의 군대에 복무하고 싶지 않아서였다고 말했습니다.」

타마이토의 회상이 정확하지 않을지도 모르지만, 체의 훈계는 분명 동생의 가슴을 후벼 팠을 것이다. 어쨌든 에르네스토는 고조된 정치적 의식 때문이 아니라 천식 때문에 징병에서 면제받았다. 푼타델에스테에서 찍은 가족사진을 보면 체는 지저분하고 피로한 모습으로 가족들에게 둘러싸여 있다. 그의 옆쪽 약간 뒤에 서 있는 로베르토는 슬랙스와 흰 셔츠, 카디건을 입고 넥타이를 맨 보수적이고 단정한 차림이다. 로베르토는 주머니에 손을 넣은 채로 형을 열심히 바라보고 있다.

에르네스토가 〈찬초〉로 불리던 시절 같이 럭비를 하던 친구였고 여전히 게바라 가족과 친하게 지내고 있던 베토 아우마다 역시 옛 친구가 달라졌다고 생각했다. 아우마다는 이렇게 회상했다. 「그는 항상 자유로웠는데 이제 그곳에서는 책임감을 가지고 어떤 변화에 끌려들고 있었습니다. ……항상 위험을 안고 있는 위치였기 때문에 늘 다른 사람들의 호위를 받았습니다. 그는 변했습니다. 완전히 변했지요. 아주 조심스러워졌고 무슨 말을 하든 신중했습니다.」

체는 어린 시절 친구들과 공개적인 자리에서 무뚝뚝한 첫 만남을 가진 후 일정을 약간 조정하여 친구들과 개인적인 시간을 보냈다. 친구들과 지낼 때 그는 예전 에르네스토의 모습을 어느 정도 되찾았다. 체는 친구들에게 쿠바 시가를 나눠 주었고 다 같이 행복하게 연기를 내뿜었다. 아우마다는 친구들 모두가 이 기회를 놓치지 않고 체에게 자기들이 쿠바에서 쓸모가 있다면 도움을 주겠다는 제의를 했다고 말했다.

아우마다는 이렇게 회상했다. 「그는 농담을 하면서 우리를 놀렸습니다. 부동산 판매업을 하는 카를로스 피게로아에게 쿠바에서는 국가가 토지를 소유하며 아무것도 팔지 않으니 부동산 전문가는 필요 없다고 말했습니다. 그리고 나를 놀리면서 변호사인 저도 필요 없다고 말했습니다. 쿠바에는 소송이 없으니 내가 도대체 무슨 소용이 있겠냐는 거였지요.」

친구들 중에서 카를로스 피게로아만이 체가 〈예전 그대로의 에르네스토〉였으며 친구들을 놀리고 농담을 하며 사춘기 아이들처럼 과장된 이야기로 깊은 인상을 주려 했다고 회상했다. 체는 마치 소년이 된 것처럼 가슴이 두근거리는 경험을 피게로아에게 자랑스레 이야기했다. 그는 뽐내며 이렇게 말했다. 「믿거나 말거나, 나는 네루와 코끼리를 타고 사냥을 하러 갔었지.」 또 그는 러시아 우주 비행사 유리 가가린이 얼마 전 쿠바에 왔을 때 처음으로 우주에 간 인간을 만나는 것이 너무 신나서 하루 종일 그에게 〈딱 달라붙어〉 있었다고 말했다.

그리고 어느 날 밤, 체와 친구들, 가족 모두는 함께 저녁 식사를 했다. 그런데 식사 도중 베아트리스가 체에게 바짝 다가앉아 새 아내 알레이다에 대해 물었다고 피게로아는 회상했다. 체는 이렇게 말했다. 「시골 여자, 그러니까 과히라예요.」 과히라가 뭔 말인지 몰랐던 베아트리스는 재차 물었다. 「그게 뭐니? 지주란 말이니?」 그러자 체가 크게 웃었다. 곱게 자란 고모는 분명 체가 귀족적인 쿠바 지주의 딸과 결혼했다고 생각했던 것이다.

체는 막내 동생 후안 마르틴 게바라에게 특히 신경을 썼다. 이제 막 열여덟 살이 된 후안 마르틴은 아직 어머니 셀리아와 같이 살고 있었다. 그는 부에노스아이레스에서 언론학을 공부했지만 별다른 열의는 없었고, 네 살 연상의 동급생 마리아 엘레나 두아르테와 사귀고 있었다. 그는 특별한 장래 목표도 없었고 아버지가 항상 자기를 형이나 누나들과 비교하면서 혼냈기 때문에 불만으로 가득했다. 또 후안 마르틴은 체를 우상처럼 여기면서 마르크스주의에 관한 책을 열심히 읽었다. 체는 막내 동생의 괴로움을 잘 알았기 때문에 우루과이에서 지내는 동안 방향을 제시해 주려고 애쓰며 쿠바에 와서 대학을 다니라고 권했다. 후안 마르틴은 열띤 반응을 보였지만 정확히 언제 쿠바에 갈지는 정해지지 않았다.

체는 대규모의 공식 수행원들과 평범한 호텔에 묵었지만 가족들은 좌파 저널리스트 훌리아 콘스텐라 데 기우사니가 빌린 근처 빌라에 묵었다. 체구가 작아서 친구들에게 〈치키타(꼬맹이)〉라고 불리던 훌리아는 한 여성지에서 〈체의 어머니〉에 대한 인물 기사를 의뢰받아 셀리아와 인터뷰를 한 후부터 그녀의 친구가 된 터였다.

훌리아는 저널리스트인 남편과 함께 친쿠바 정치 잡지

『체』의 편집을 맡고 있었고, 아르헨티나 사회주의당의 존경받는 인물로 특이한 코밑수염을 기르던 알프레도 팔라시오스와 밀접하게 일했다. 훌리아가 푼타델에스테에 온 목적은 회의의 진행 상황을 보도하고 체 게바라를 인터뷰하는 것이었지만, 그녀의 가장 중요한 임무는 체와 개인적으로 만나는 것이었다. 그녀는 차기 아르헨티나 선거를 준비하고 있던 좌익 페로니스타와 사회주의 정치연합을 대표해서 체에게 한 가지 제안을 전해야 했다. 이들 연합은 체에게 의회 선거 입후보를 제안하면 고국으로 돌아올 의향이 있는지 알고 싶어 했다.

훌리아는 마침내 체와 단둘이 만났지만 그는 이 제안을 단번에 거절했다. 체는 여전히 쿠바가 자신을 필요로 하고, 또 자신이 이곳에서 완수해야 할 사명이 있으며, 자신을 아르헨티나 정치가라고 생각하지 않는다고 설명했다. 그런 다음 체는 아이러니한 미소를 지으며 그녀를 똑바로 쳐다보면서 물었다. 「부인, 저는 장관입니다. 그런 제가 아르헨티나 국회의원감이라고 생각하십니까?」

그러나 훌리아가 가져온 제안은 그뿐이 아니었다. 그녀는 아르헨티나 측에서 체가 좌파의 〈상징적인〉 후보로 나서기를 원한다고 설명했다. 인민전선이 투표를 통해 권력을 장악하면 체가 권력 획득을 돕는 셈이 되고, 반대로 선거가 취소되어 평화적인 해결이 불가능해지면 체가 게릴라 운동의 지도자, 즉 〈아르헨티나의 혁명 개혁 사령관〉이 될 수 있다는 것이었다. 훌리아는 모든 것이 체에게 달렸다고 말했다. 그는 쿠바에 홀로 남을 수도 있었고 라틴 아메리카에 변화의 물결이 일어나는 것을 도울 수도 있었다.

홀리아는 이렇게 회상했다. 「그는 정확한 세부 사항, 여러 정치 단체에 속한 개인에 대한 설명, 노조 단체장들과 아르헨티나 정치 전반에 대한 저의 분석을 요구했습니다. 마치 저를 시험하는 것 같았지요. 제가 그에게 그의 젊은 시절과 한때 자신이 어떠한 모습이었는지 떠올리게 한 것 같았습니다. 그는 자신이 예전에 살던 세계가 어떻게 해서 변화한 세계의 일부가 되었는지 알고 싶어 했습니다.」

체는 홀리아의 제안을 조목조목 살피며 시골 게릴라 전쟁이 도시 게릴라 전쟁과 비교해서 상대적으로 어떤 장점이 있는지 설명해 주었지만, 홀리아는 그의 결심이 흔들리는 것 같다는 인상을 단 한 번도 받지 못했다. 홀리아가 보기에 체는 아르헨티나가 선거를 통해서 바뀔 수 있을 가능성에 대해, 또 진정한 사회 변화를 가져올 좌파의 능력에 대해 완전히 회의적이었다. 체는 노조가 무장 투쟁에 어떤 반응을 보일 것인지, 또 〈도시 민중〉을 동원할 가능성은 어느 정도인지, 게릴라 군대 시설을 세우기에 가장 적합한 장소는 어디인지 홀리아의 생각을 물었다. 또 그는 얼마 전부터 아르헨티나 좌파 측이 퍼붓고 있는 소규모 테러 활동을 언급하면서 자신은 그러한 활동에 반대한다고 말했다. 체가 홀리아에게 말했다. 「모든 행동은 권력 획득에 한 발 다가가는 것이어야 하며, 권력을 획득한 후 목표는 반드시 국가 영토 정복이어야 합니다.」

나중에 홀리아는 체의 모든 의문에는 하나의 논리가 있었음을 깨달았다고 말했다. 이미 쿠바에서 군사 훈련을 받고 있는 아르헨티나인들이 있었다. 훌리아는 아르헨티나에 남아 있던 사람들의 관점을 대변하고 있었다. 그녀의 표현을 따르자면 그들은 〈쿠바 혁명 모델 수출의 관료적 구조 안에 편입되지 않은〉 사람들이었다.

훌리아는 체가 무척 복합적이고 매력적인 사람이지만 심술궂은 면도 있다는 사실을 알게 되었다. 어느 날 훌리아는 체의 가족들과 함께 저녁 식사를 하다가 아르헨티나 사회주의당 설립자인 알프레도 팔라시오스에게 보낸 『게릴라 전쟁』에 적힌 헌사에 대한 이야기를 꺼냈다. 훌리아는 〈내가 아직 아이였을 때 이미 혁명을 이야기하고 계셨던 팔라시오스 박사님께〉라는 체의 헌사를 읽었던 것이다.

팔라시오스는 체가 자신을 존경한다는 생각에 우쭐하고 설레어서 미묘한 뉘앙스를 알아채지 못했지만 훌리아는 팔라시오스는 말만 했을 뿐 행동을 하지 않았다는 행간의 의미를 곧바로 알아차렸다. 훌리아는 체가 잔인했다고 생각했고, 그래서 저녁 식사 자리에서 그러한 자신의 생각을 밝혔다. 체는 간단하게 대답했다. 「그 사람이 한 건 그게 다지요.」

훌리아는 〈대화는 그걸로 끝이었다〉고 말했다. 「그의 성격의 한 단면을 보여 주는 일화였어요. 그는 몇몇 사람들에게 정말 예의에 어긋나는 행동을 했습니다. ……무척 신랄하게 굴거나 상처를 주는 말도 잘 했습니다. ……마치 그의 존경을 받을 자격이 있는 사람은 추방자들, 배고픈 노동자들, 제대로 먹지도 못하는 농부들뿐이라는 것 같았습니다. 그의 부모님도 그 정도의 존경을 받지는 못했어요.」

홀리아는 체의 〈오만한〉 면에도 불구하고 자신이 남편을 사랑하지 않았다면 체에게 금방 빠져들었을지도 모른다고 말했다. 「그는 한 인간으로서 너무나 자연스럽게 흘러나오는 무수한 매력을 가지고 있었습니다. 그가 방에 들어서면 모든 것이 그를 위주로 돌기 시작했습니다. ……독특한 매력을 타고난 사람이었지요.」

홀리아는 또한 체의 몸이 얼마나 허약한지 목격할 기회도 있었다. 푼타델에스테에 도착하고 나서 며칠 후에 체는 심한 천식 발작을 앓아 산소 텐트 안에서 하룻밤을 보내야 했다. 경호원 타마이토가 밤새 그의 곁을 지켰다. 다음 날이 되자 걸어 다닐 수는 있었지만 여전히 몸이 무척 불편했고 호흡도 곤란했다. 그는 공개적인 자리에서 약한 모습을 보이고 싶어 하지 않았다. 다음 날 회의 중에 체가 홀리아에게 바깥 로비에서 만나고 싶다고 조심스럽게 신호를 보냈다.

홀리아가 먼저 나갔고 체가 몇 분 후에 나타났다. 그는 아무 말 없이 사람들을 등진 채 홀리아를 향해 몸을 숙이고는 흡입기를 꺼내서 들이마신 다음 재빨리 주머니에 넣었다. 그 후 홀리아는 체가 고통스러워하지 않는지 계속 살폈고, 그가 신호를 보낼 때마다 즉시 밖으로 나갔다. 「회의 내내 그런 일이 일고여덟 번 정도 있었습니다. 상태가 너무 안 좋아서 벽에 기댄 채 흡입기를 꺼낼 힘도 없이 축 늘어진 손으로 신호를 보낸 적도 있었습니다.」

어느 날 체가 아무 설명도 없이 회의장에서 모습을 감추고 몇 시간 동안 나타나지 않자 언론은 온갖 억측을 내놓았다. 어느 저명한 저널리스트는 게바라의 자동차가 미국 대표단 숙소 쪽으로 가는 것을 보았다고 단언하며 그가 선물용 쿠바 시가 한 상자를 가지고 있었는데 자기가 상표명까지 봤다고 주장했다.

사실 체는 부모님을 만나러 가느라 회의장을 빠져나간 것이었다. 빌려 쓰던 빌라에 도착했을 때 집 안에는 훌리아밖에 없었다. 그래도 체는 안으로 들어갔고, 훌리아는 차와 케이크를 내왔다. 체는 이 모습을 보고 매섭게 말했다. 「좌익 저널리스트들은 아주 멋지게 사는군요.」 그러나 그는 곧 긴장을 풀고 장화를 벗은 다음 난롯가에 앉아 차를 마셨다. 체가 지쳐 보였기 때문에 훌리아는 그를 가만히 놔두었다. 체는 빌라에 한 시간 정도 머물렀지만 두 사람은 거의 아무 이야기도 나누지 않았다.

다음 날 열린 기자 회견에서 체는 전날 그의 행방을 둘러싼 수많은 소문 중에서 어느 것이 진실이냐는 질문을 받았다. 그는 〈어떤 저널리스트들은 다른 사람들보다 더 많은 걸 알고 있지요……〉라고 수수께끼 같은 대답을 하더니 훌리아를 돌아보며 말했다. 「부인, 당신은 뭐 좀 아십니까?」 그러자 훌리아가 대답했다. 「아닙니다, 장군님. 저는 그런 저널리스트가 아닙니다.」

푼타델에스테 회의에 참석한 또 다른 인물은 리카르도 로호였다. 로호가 게바라를 마지막으로 만난 것은 불과 4개월 전, 피그스 만 침공이 있기 바로 전이었다. 로호는 프론디시 대통령의 정책, 특히 미국 회사에 아르헨티나 유전 개발권을 넘겨주겠다는 그의 결정에 반대하여 본 주재 대사 자리에서 물러난 터였다. 대다수의 아르헨티나인들도 그러한 결정은 아르헨티나의 주권에 대한 모욕이라고 생각했다. 하지만 로호는 퇴로를 스스로 차단하고 결사항전에 임하는 스타일은 아니었다. 그는 이번에는 피델의 전갈을 들고 왔다. 아르헨티나 대통령이 체와 물밑 접촉을 원한다는 내용이었다.

중개인이 메시지를 전달하기 위해 처음 접근했을 때 로호는 깜짝 놀랐다. 프론디시는 이미 군대 내에서 인기가 떨어질 대로 떨어졌고 쿠데타 계획과 반란도 수없이 많았기 때문에 체와 만난다는 사실이 알려지면 안 그래도 미미한 그의 권력 기반이 더욱 약화될 것이었다. 그러나 체는 프론디시를 만나겠다고 했다. 사실 체는 푼타델에스테에 참석한 브라질 대표를 통해 자니우 콰드루스 브라질 대통령으로부터 유사한 제안을 받고 이미 이를 수락한 상태였다. 남아메리카의 강력한 두 나라 브라질과 아르헨티나는 케네디 행정부가 제안한 새로운 라틴 아메리카 정책에서 핵심적인 연결 고리였고, 두 나라 모두 쿠바와 강력한 북쪽 이웃 사이를 중재하려 했지만 번번이 성공을 거두지 못하고 있었다. 체는 회의가 끝난 후 부에노스아이레스를 경유해서 브라질리아로 가기로 했다.

체는 8월 16일의 회의 최종 발언에서 쿠바는 진보를 위한 동맹 지지 결의안을 비준할 수 없다고 선언했다. 그는 쿠바가 내놓은 제안이 대부분 진지하게 논의되지 않았고, 자신이 심각한 오류가 있다고 생각한 부분에서 실제적으로 개정된 것이 거의 없다고 지적했다. 마지막으로 그는 결국 진보를 위한 동맹은 쿠바를 고립시키려는 목적을 가진 발의이기 때문에 쿠바 정부는 결코 그것을 승인할 수 없지만 〈어떤 문제에 대해서든 아무런 전제 조건 없이〉 미국과 대화를 나눌 생각이 있다고 다시 한 번 되풀이했다.

그날 밤 브라질 대표단 중 한 명의 생일 파티가 열렸다. 게바라는 끈질긴 부탁 끝에, 또 아르헨티나와 브라질 외교관들의 묵인하에 케네디 대통령의 개인 보좌관이자 미국 대표단의 주요 인물인 스물아홉 살의 리처드 굿윈을 소개받았다. 굿윈이 나중에 케네디 대통령에게 설명한 것처럼, 두 사람의 만남은 그가 브라질과 아르헨티나 사람들의 주선을 여러 번 거절한 끝에 이루어진 것이었다.

굿윈은 아르헨티나 대표단 한 명과 브라질 신문 기자 두 명, 〈금발 여자 몇 명〉과 함께 저녁 식사를 하다가 생일 파티에 초대받았다. 파티 장소로 가는 길에 굿윈이 한 아르헨티나 사람에게 〈체 게바라가 그곳에 없는 게 확실합니까?〉라고 〈농담처럼〉 물었고 그 사람은 〈절대 그런 짓은 하지 않습니다〉라고 강하게 부인했다.

굿윈은 당시 상황을 떠올리며 케네디에게 이렇게 보고했다. 〈파티장에 도착하니 서른 명 정도가 술을 마시며 미국 음악에 맞춰 춤을 추고 있었습니다. 저는 몇몇 사람들과 이야기를 나누다가 약 한 시간쯤 후에 체 게바라가 오고 있다는 말을 들었습니다. 몇 분 지나지 않아 체가 왔습니다. 저는 그에게 말을 걸지 않았지만 파티에 참석한 모든 여자들이 그의 곁으로 몰려들었습니다. 그러고 나서 브라질 사람 하나가 체가 제게 긴히 할 말이 있다고 전해 주었습니다.〉두 사람은 옆방으로 자리를 옮겨 〈이따금 웨이터 나 사인을 받으려는 사람들〉의 방해를 받으며 〈20분에서 40분 정도〉 이야기를 나누었고 마침내 굿윈이 먼저 자리에서 일어나면서 대화가 끝났다.

케네디 대통령에게 제출한 8월 22일자 보고서에 썼듯이, 굿윈은 체 게바라를 직접 만나 보고 나서 그가 자신이 멀리서 지켜봐 온 위협적인 유명인과 사뭇 다르다는 사실을 깨달았다. 〈체 게바라는 초록색 작업복을 입고 언제나처럼 삐죽삐죽하게 웃자란 수염을 기르고 있었습니다. 수염 뒤에 가려진 얼굴은 꽤 부드러워서 여성적으로 보일 정도였고 그의 태도는 진지했습니다. 유머 감각이 뛰어나서 회담 내내 꽤 많은 농담을 주고받았습니다. 처음 대화를 시작했을 때는 무척 불안해 보였지만 곧 긴장을 풀고 자유롭게 말했습니다. 그는 공산주의를 열렬히 따르고 있음을 의문의 여지없이 분명히 드러냈지만 선동적이거나 거드름을 피우는 말은 하지 않았습니다. 차분하고 직설적인 태도로 이야기했고 초연하고 객관적인 모습이었습니다. 그는 단 한 순간도 자신이 쿠바 정부를 대변하고 있다는 사실에 의문의 여지를 남기지 않았고, 자신의 개인적인 생각과 쿠바 정부의 공식적인 입장을 거의 구분하지 않았습니다. 저는 그가 할 말을 아주 주의 깊게 생각해 왔다는 뚜렷한 인상을 받았습니다. 그의 발언은 무척 잘 짜여 있었습니다.〉

굿윈은 체에게 자기는 아무런 협상 권한이 없지만 체의 말을 미국 정부 〈담당 관리들〉에게 보고하겠다고 말했다. 〈그는 《좋습니다》라고 대답하더니 말을 시작했습니다.

게바라는 먼저 제가 쿠바 혁명을 이해해야 한다며 말문을 열었습니다. 그들은 사회주의 국가를 세울 생각입니다. 그들이 시작한 혁명은 취소될 수 없습니다. 또한 그들은 이제 미국의 영향권에서 벗어났으며, 그 역시 취소될 수 없습니다. 그들은 단일 정당 체제를 세울 것이며 피델을 정당 사무총장으로 내세울 겁니다. 쿠바와 동구의 관계는 자연스러운 공감, 그리고 사회 질서의 권력 구조에 대한 공동의 신념에서 비롯되었습니다. 그들은 대중이 혁명을 지지하고 있으며 시간이 지날수록 지지는 더욱 늘어날 것이라고 생각합니다.〉

체는 피델이 쿠바 내부에서 전복될 수 있다고 생각하거나 그가 그저 광신도들에게 둘러싸인 온건주의자이기 때문에 서구 쪽으로 넘어갈 수 있다고 생각한다면 그건 잘못된 가정이라고 굿윈에게 경고했다. 혁명은 강력했고 그 정도의 위협은 견딜 수 있었다. 체는 쿠바가 서반구에 큰 호소력을 가지고 있다고 말하며 쿠바가 공격당한다면 여러 나라에서 내전이 일어날 것이라고 경고했다. 그는 자신이 생각하는 진보를 위한 동맹의 타고난 모순에 대한 이야기를 다시 한 번 꺼냈다. 체는 진보를 위한 동맹이 사회 변화 세력들에게 힘을 실어 주고 그들을 풀어 주어 미국의 통제력에서 벗어나게 할 것이며, 이는 결국 쿠바와 같은 혁명으로 이어질 것이라고 생각했다.〈그는 쿠바가 대륙에 미친 영향과 쿠바라는 모델의 점점 커져 가는 힘에 대해서 힘주어 말했습니다.〉

체는 쿠바가 가진 문제에 대해서 솔직히 말했다. 무장

반혁명 세력의 공격이 계속되고 있고, 쁘띠 부르주아와 가톨릭교회는 불만을 품고 있으며, 미국의 무역 제재로 타격을 입었지만 대체할 여유나 수단이 부족한 데다가 소비재를 수입할 수도 없고 통화 보유고도 부족하다는 것이었다. 체는 굿윈에게 쿠바가 〈미국과의 상호 이해를 바라지는 않지만〉 ─ 쿠바는 이것이 불가능하다는 사실을 알고 있었다 ─ 〈잠정 협정〉을 원한다고 말했다. 그 대가로 체는 쿠바가 〈동구와 어떤 정치적 동맹도〉 맺지 않겠다는 데 동의하겠다고 말했다. 또 몰수된 미국 회사들을 돌려주지는 못하겠지만 무역의 형태로 보상하겠다고 했다. 혁명이 제도화되면 자유선거를 치를 예정이라고도 했다. 체는 관타나모의 미 해군기지를 공격하는 일은 〈물론〉 없을 것이라며 〈그런 생각이 어이없을 정도로 자명하다는 듯이 웃었다〉. 그는 또한 쿠바는 기꺼이 〈쿠바 혁명 세력이 다른 나라에서 벌이는 활동에 대해 논의〉할 생각이 있다고 〈모호하게〉 암시했다.

굿윈은 이렇게 적었다. 〈그런 다음 그는 침공에 대해서 우리에게 큰 감사를 표하고 싶다고, 침공은 그들을 통합시켜 준 위대한 정치적 승리이며 쿠바를 불만을 품은 작은 나라에서 미국과 동등한 나라로 격상시켜 주었다고 말했습니다.〉

체는 한마디 쏘아붙여 줄 기회를 놓칠 수 없어서 그렇게 말했지만 워싱턴을 자극할 정도는 아니었고 일종의 협상 제의에 불과했다. 그는 굿윈과 헤어지기 전에 두 사람의 대화 내용을 피델에게만 알리겠다고 말했다. 굿윈 역시 대화 내용을 〈공표〉하지 않겠다고 했다.

굿윈은 체와 편안하고 재치 있는 대화를 끝낸 후 체의 제안은 쿠바가 약해졌다는 뚜렷한 표시라고 생각하고 8월 22일 케네디 대통령에게 보낸 추가 보고서에 그렇게 적었다. 〈나는 이 대화가 ─ 지금까지 모인 다른 증거들과 함께 ─ 쿠바가 심각한 경제적 압박을 겪고 있고, 소련은 쿠바의 자립에 필요한 많은 노고를 떠맡을 준비가 되어 있지 않으며, 쿠바가 미국과의 상호 이해를 원한다는 사실을 보여 준다고 생각합니다. 반드시 기억해야 할 것은 쿠바 정부 내에서 게바라는 공산주의에 가장 헌신적인 인물이 틀림없으며, 쿠바 내에 의견이 다양하다면 쿠바 지도자들 중에는 미국과의 화해를 더욱 간절히 바라는 사람들도 있을지 모른다는 점입니다.〉

굿윈은 이러한 가정을 바탕으로 케네디가 취해야 할 몇 가지 행동을 대략적으로 제시했다. 쿠바에 대한 경제적 압박을 강화하고, 카스트로 정권에 협력하는 모든 사람에게 보복 조치를 취하며, 반쿠바 선동을 강화하는 동시에 〈체가 시작한 물밑 대화를 계속할〉 방법을 찾는 것이었다. 〈그러면 우리는 쿠바를 돕고 싶다고, 쿠바가 공산주의와 관계를 끊고 민주주의화를 시작한다면 쿠바를 돕겠다는 뜻을 분명히 전달할 수 있습니다. 이러한 방법으로 최고 지도자들 사이에 어떤 분열이 존재하는지 탐색할 수 있을 겁니다.〉

체의 제안이 진심이었을까? 그럴지도 모른다. 체는 워싱턴이 더 이상 〈지역 견제〉 정책을 추구하지 않도록 막을 방법을 찾고 있었다. 그러나 사실 체의 제안은 실체가 별로 없었다. 바르샤바 조약에 가입하지 않겠다는 제안은 쿠바가 쉽게 포기할 수 있는 형식적인 절차였다. 또한 미국이 쿠바로부터 무역이라는 형태로 토지 몰수에 대한 보상을 받겠다고 나서면 미국은 다른 나라들에게도 쿠바에 대한 무역 제재를 강요할 수 없게 될 터였다. 자유선거의 경우 일단 혁명이 제도화되고 남은 불만분자들이 쿠바 섬을 떠나고 나면 선거 역시 혁명 세력이 쉽게 제어할 수 있었다.

의미심장하게도, 체는 라틴 아메리카 지역의 게릴라 전쟁에 대한 지원을 그만두겠다는 말은 결코 하지 않았다. 그는 〈단 한 점의 무기도〉 다른 나라에서 사용될 목적으로 쿠바에서 반출되지 않을 것이라고 공개적으로 약속했지만 게릴라 훈련이나 자금 및 투사 제공에 대해서는 언급하지 않았다. 무기에 관해서라면 어디에서든지, 심지어는 미국에서도 구할 수 있었다.

다음 날인 8월 19일, 체는 작은 비행기를 타고 부에노스아이레스 외곽의 어느 비행장으로 향했다. 프론디시의 명령을 받고 비행기를 맞이하러 나온 장교는 자신이 그곳에서 차에 태워서 대통령 관저로 데려가야 할 사람이 누구인지 몰랐다. 그는 비행기에서 내리는 체 게바라를 보고 너무 놀라 아무 말도 하지 못했다.

체는 프론디시를 만나서 점심 식사를 함께했다. 프론디시 대통령은 체와의 만남을 통해서 쿠바의 의도를 살피고 싶었다. 그는 쿠바와 평화롭게 공존하고 싶다며 쿠바가 모스크바와 〈공식 동맹〉을 맺지 않기 바란다는 희망을 짧게 전했다. 체는 워싱턴이 공격을 하지 않는 이상 쿠바는 그런 행동을 할 의도가 없다며 프론디시 대통령을 안심시켰다.

오찬이 끝난 후 체가 프론디시에게 부탁을 하나 했다. 산이시드로에 사는 마리아 루이사 고모가 위독한 상태이 므로 가서 만나고 싶다는 것이었다. 프론디시가 좋다고 허 락하자 체는 마지막으로 그녀를 만나러 갔다. 비밀리에 고 국을 방문한 체는 대통령 전용차 차창을 통해서 8년 만에 처음으로 부에노스아이레스 거리를 바라보았다. 그런 다 음 체는 비행장으로 돌아가서 리오데라플라타를 지나 우 루과이로 향했다. 우루과이에서는 비행장 밖으로 나가지 않고 수행원들이 기다리는 쿠바 비행기에 곧장 올라 브라 질리아로 향했다.

그러나 체의 〈비밀〉 방문 소식이 급속히 퍼지자 군부는 대경실색했다. 같은 날 밤 부에노스아이레스에서 폭탄이 터져서 체의 삼촌 페르난도 게바라 린치가 살고 있던 아레 날레스 가의 아파트 정문이 날아갔다. 언론이 집요한 질문 공세를 퍼붓자 체의 삼촌 페르난도는 조카를 만나지 못했 으며 그가 떠난 다음에야 잠시 다녀갔다는 사실을 알게 되 었다고 말했다. 〈조카는 1953년에 이 나라를 떠났습니다. 제가 그를 만났다면 정말 기뻤을 것입니다.〉 그런 다음 그 는 게바라 집안 사람답게 친구들과 저녁 식사를 하러 나가 야 한다고 기자들에게 침착한 태도로 양해를 구하며 〈내 차 후드 밑에 폭탄이 설치되어 있지 않다면〉 식사 약속을 지키고 싶다고 말했다.

체의 아르헨티나 방문이 일으킨 여파는 폭탄 공격만이

아니었다. 그 후 며칠 동안 아르헨티나 신문들은 심각한 표정의 장군들이 대통령과의 긴장된 회의에 들어가거나 나오는 사진과 함께 군대가 정통적인 방법에서 벗어난 체의 방문에 대해 〈우려〉한다는 기사를 실었다. 아르헨티나 외무장관은 사임해야 했고 프론디시 대통령은 7개월 후 군사 쿠데타로 대통령직에서 쫓겨났다. 정치 평론가들 대부분은 게바라와의 만남이 프론디시의 몰락을 재촉했다고 평했다.

사실 체가 가는 곳마다 참사가 잇따랐다. 그가 몬테비데오 대학에서 연설을 했을 때는 항의 시위가 일어나 총이 발사되었고 군중 속에 있던 우루과이인 교수 한 명이 죽었다. 타마이토는 CIA가 데리고 온 반카스트로 망명자들이 총격을 벌였으며 체를 암살하려는 음모였음이 틀림없다고 굳게 믿었다. 체는 자니우 콰드루스 브라질 대통령을 만나서 유명한 오르덴 크루제이루 두 술 훈장을 받았다. 닷새후 논쟁적인 훈장 수여에 대한 비판이 쏟아지자 콰드루스 대통령은 사임했다. 콰드루스는 자리에서 물러나겠다는 제스처를 취해도 의회에서 통과되지 않을 것이라고 예상한 것 같지만 그의 사임 의사가 수락되는 바람에 그의 정치경력은 갑작스럽게 끝나 버렸다.

6

워싱턴은 푼타델에스테 회의가 끝나고 나서 몇 주일 만에 체의 제안에 관심이 없다는 메시지를 분명히 전했다. 미국 의회가 쿠바와 거래를 하는 모든 나라에 미국의 원조를 금지하는 법안을 통과시켰던 것이다. 같은 달에 코스타리카는 쿠바와 국교를 단절했고, 11월에는 베네수엘라의 로물로 베탕쿠르 정부도 그 뒤를 따랐다.

라틴 아메리카 군대들은 쿠바가 자신들을 〈전복〉하려는 신호가 없는지 경계했고 미국은 쿠바의 전복 위협에 대처하기 위해서 군사적 원조와 특수 훈련을 제공했다. 1961년 10월에 아르헨티나의 군사 학교Escuela Superior de Guerra에서 최초의 〈아메리카 반혁명 전쟁 과정〉이 시작되었다. 카를로스 투롤로 대령은 개회식에서 〈행동을 통합하고, 공동의 적인 공산주의를 막고 그들과 싸워야 한다는 피할 수 없는 필요성에 직면한…… 아메리카의 인민들이 국제적인 연대〉 정신을 가져야 한다고 호소했는데, 이 말은 〈제국주의〉에 대항하는 공동의 싸움을 위해 라틴 아메리카가 단결해야 한다는 체의 주장을 연상시켰다.

라틴 아메리카에 대(對)게릴라 활동의 시대가 도래했다. 워싱턴은 체와 같은 인물들이 제기하는 위협과 전복이라는 악의 씨앗을 다른 이들에게 주입하는 그들의 힘에 맞서서 서반구를 예방 〈접종〉하기로 결정했다. 백신은 강력했다. 대게릴라 훈련을 실시하고, 아메리카 지역의 군대와 경찰, 정보기관이 합동 작전을 펼치고, CIA의 역할을 강화하고, 진보를 위한 동맹을 통해 경제적-사회적 개발 프로그램을 실시하고, 군대가 뒤떨어진 지역에서 〈시민 활동〉을 펼쳐 게릴라가 목표물로 삼는 민간인의 〈마음〉을 얻는 것 등이었다.

앨런 덜레스 CIA 국장은 피그스 만 침공이 재난으로 끝난 후 자리에서 물러났지만 존 매콘 신임 국장이 지휘하는 CIA는 쿠바에 맞설 더 큰 힘을 갖게 되었다. 1961년 11월에 케네디 대통령은 CIA에 〈몽구스 작전〉이라는 암호명의 대쿠바 비밀 프로그램 예산으로 연간 5천만 달러를 할당했다. 워싱턴과 CIA 마이애미 지국의 합작으로 만들어진 이 대규모 프로그램은 첩보, 방해 공작, 군사 공격, 선별적 암살을 통해 쿠바 정권을 불안정하게 만드는 것을 목표로 했다. 나중에 이 작전은 CIA의 세계 최대 비밀작전이 될 것이었다.

피그스 만 침공 이후 쿠바 보안부대가 반체제파로 의심되는 사람들을 대규모로 일제 검거하면서 쿠바 내 지하 저항 네트워크가 황폐화되었는데 CIA는 몽구스 작적을 진행하면서 이 네트워크를 재건하기 위해 활발한 활동을 펼쳤다. CIA와 계약을 맺고 고용된 펠릭스 로드리게스는 베네수엘라 대사관 보호 시설을 떠난 지 불과 몇 주 후인 10월에 다시 쿠바로 향했다. 그의 임무는 앞으로 준(準)군사활동을 펼치기 위해 CIA의 침투 루트를 재건하는 것이었다.

그해 말까지 케네디의 〈견제〉 정책은 몇 가지 성공을 거두었다. 12월에 쿠바의 이웃 나라들이 쿠바가 소비에트 블록과 제휴를 맺은 것을 비난하며 사실상 만장일치로 통과된 미주기구 결의문을 발표했다. 쿠바의 편을 들어 반대표를 던진 나라는 멕시코뿐이었다. 같은 달에 콜롬비아, 파나마, 니카라과, 엘살바도르가 쿠바와 국교를 단절했다. 피델은 아바나에서 〈나는 마르크스레닌주의자이며 죽을 때까지 그러할 것이다〉라고 선언했다. 이 연설로 쿠바와 서구의 단절은 완선히 봉인되었다.

1962년 1월 말에 미주기구는 투표를 통해서 쿠바의 미주기구 회원 자격을 중지하고 회원국이 쿠바에 무기를 판매하지 못하도록 금지했으며 쿠바의 활동에 대항하는 공동 방위 조치를 취하기로 합의했다. 2월에 케네디는 이미 엄격했던 쿠바 무역 제한 조치를 더욱 강화하여 의료품을 제외한 모든 수출을 금지했다.

몽구스 작전의 지휘자 에드워드 랜스데일은 10월까지 카스트로 전복을 마무리하기 위해 〈주요 지도자 공격〉을 포함한 여러 가지 활동이 포함된 요란한 계획표를 내놓았다(계획은 그 후 축소되었지만 몽구스 작전의 최종 가이드라인은 CIA가 카스트로 전복을 달성하기 위해 〈현지 자원을 최대한 활용〉해야 하며, 또 목표를 이루기 위해서 미국의 군사 개입이 〈필요〉할 것이라는 결론을 내렸다).

2월에는 부에노스아이레스의 아라오스 가에 위치한 셀리아의 집 밖에서 폭탄이 발견되어 경찰에 의해 해체되었다. 일주일 후 아르헨티나는 쿠바와 국교를 단절했다. 3월이 되자 쿠바에서는 농산물이 급격히 감소했고 모든 상점에 소비재가 부족해졌기 때문에 식료품과 기타 생필품에 대한 정부 배급이 시작되었다. 이제부터 쿠바 사람들은 식료품을 사기 위해 매주 할당량을 기록하는 배급 책을 들고 줄을 서야 했다. 체가 쿠바는 곧 사실상 식량을 〈자급자족〉하게 될 것이라고 자신 있게 예측한 지 불과 7개월 만에 벌어진 일이었다.

식량 부족 사태의 책임은 누구에게 있었을까? 미국의 무역 제재 때문이었을까? 부분적으로는 그렇다. 혁명의 급진화로 기술자와 관리자, 무역업자들이 쿠바에서 대거 빠져나갔기 때문일까? 그것도 맞다. 혁명 지도자들이 무능해서 자본주의 경제를 사회주의 경제로 매끄럽게 변화시키지 못했기 때문일까? 그 역시 옳다. 이 모든 요소가 식량 부족을 불러왔다.

체와 피델은 인정하지 않았지만, 식량 배급이 시작되면서 쿠바를 외부 의존에서 자유로운 자급자족 사회주의 국가로 만들겠다는 환상은 끝났다. 사회주의 국가들의 세계적인 동지애가 자본주의의 죽음을 불러올 것이라는 체의 환상은 산산조각 날 참이었다.

7

1962년 4월 말에 니키타 흐루쇼프가 알렉산드르 알렉세프를 모스크바로 급히 소환했다. 아무 설명도 없었기 때문에 알렉세프는 두려움을 느꼈다. 알렉세프는 스탈린주의의 자녀답게 최악의 경우를 상상하며 모종의 벌을 받을 각오를 하는 동시에 자신이 과연 무엇을 잘못했는지 생각해 내려고 기억을 더듬었다.

그는 시간을 벌 구실을 마련하려고 아바나의 노동절 축제 기간 동안에는 쿠바에 머무르게 해달라고 요청했다. 혁명 광장에 백만 명의 인파가 모일 예정이었고 이제 공공연한 사회주의 국가가 된 쿠바에서 〈인터내셔널가〉가 최초로 불릴 예정이었다. 알렉셰프는 축제 기간 동안에는 쿠바에 머물러도 좋지만 축제가 끝나면 즉시 모스크바로 돌아오라는 명령을 받았다.

5월 3일, 알렉셰프가 멕시코로 날아가자 멕시코 주재 소비에트 대사는 그에게 호텔이 아닌 대사관에 머물게 하라는 명령을 받았다고 말했다. 다음 체류지인 런던에서도 마찬가지였다. 크렘린 측에서 알렉셰프를 가까이에서 지켜보고 싶어 하는 것이 분명했다. 알렉셰프는 극도로 긴장한 상태에서 모스크바에 도착했다. 소비에트 외무장관이 공항에서 그를 기다리고 있었다. 보통 그 정도의 고위 공직자가 나올 일은 아니었다. 알렉셰프는 이제 정말로 영문을 몰라 어리둥절했지만 장관 역시 별다른 이야기를 해주지 않고 고국으로 불려 온 이유는 〈내일〉 알게 될 것이라고 말할 뿐이었다.

다음 날 아침 알렉셰프는 호위를 받으며 크렘린 궁으로 가서 흐루쇼프의 부관 미하일 수슬로프의 사무실로 안내되었다. 수슬로프는 자리에 없었지만 고위 중앙위원회 비서관 두 명이 있었다. 유리 안드로포프와 알렉산드르 셸레핀 KGB 국장이었다.

셸레핀은 알렉셰프를 자기 사무실로 데려가서 그를 새로운 쿠바 주재 소비에트 대사로 임명할 것이라고 설명했다. 니키타 흐루쇼프가 직접 내린 결정이었다. 두 사람이 대화를 나누던 도중에 흐루쇼프가 전화를 걸어 알렉셰프를 급히 자기 사무실로 불렀다.

흐루쇼프는 혼자였다. 두 사람은 한 시간 정도 이야기를 나누었다. 흐루쇼프가 알렉셰프를 대사로 임명했다고 다시 한 번 말하자 알렉셰프는 겸손하게 거절하려고 했다. 쿠바의 당면한 문제를 생각하면 경제에 밝은 대사가 필요한데 자신은 경제 분야에 〈문외한〉이라는 이유를 댔다.

흐루쇼프가 알렉셰프에게 말했다. 「그것은 중요하지 않소. 중요한 것은 당신이 피델을 비롯한 지도자들과 친하다는 사실이오. ……또 그들은 당신을 신뢰하고 있는데, 그것이 가장 중요하오.」 경제학자가 문제라면 흐루쇼프는 피델이 필요로 하는 전문가를 얼마든지 보내 줄 것이었다. 흐루쇼프는 그 자리에서 즉시 전화를 걸어 모든 경제 분야에서 최고 수준의 내각 고문 20명으로 당장 팀을 꾸려서 알렉셰프와 함께 쿠바로 보내라고 명령했다. 그런 다음 흐루쇼프는 알렉셰프를 돌아보며 이제 볼일이 끝났으니 몇 주 내에 다시 만나서 더 〈자세히〉 이야기하자고 말했다.

5월 말경 흐루쇼프가 알렉셰프를 다시 불렀다. 이번에는 흐루쇼프 외에 고위 관리 다섯 명이 더 있었다. 프롤 코슬로프 보좌관, 미코얀 부총리, 안드레이 그로미코 외무장관, 로디온 말리놉스키 국방장관, 샤리프 라시도프 중앙위원회 정치국 부위원 등이었다. 그들이 알렉셰프에게 자리에 앉으라고 말했다.

알렉셰프는 이렇게 말했다. 「정말 이상한 대화였습니다. 흐루쇼프가 쿠바와 쿠바 동지들에 대해서 다시 한 번 묻기에 내가 대답했습니다. 그 후 전혀 생각도 하지 못하고 있는데 흐루쇼프가 갑자기 이렇게 말했습니다. 〈알렉셰프 동지, 우리는 쿠바를 돕고, 쿠바 혁명을 유지하기 위해, 쿠바에 핵 로켓을 설치해야 한다고 결정했소. 어떻게 생각하시오? 피델이 어떤 반응을 보이겠소? 받아들이겠소, 안 받아들이겠소?〉」

알렉셰프는 소스라치게 놀랐다. 그는 흐루쇼프에게 피델이 오래전부터 쿠바 혁명은 쿠바의 독립성을 회복하기 위한 것이라는 입장을 취해 왔기 때문에 그 제안을 받아들이지 않을 거라고 말했다. 쿠바는 미국의 군사 고문을 쫓아낸 바 있고 그렇기 때문에 그들 땅에 소비에트 로켓을 받아들인다면 자신들의 원칙을 위배하는 모양새가 될 것이고, 또한 이것이 국제 여론, 특히 라틴 아메리카 이웃 나라들의 눈에는 심각한 신뢰 위반으로 비칠 터였다. 알렉셰프는 〈저는 이러한 이유 때문에 그들이 받아들이지 않을 거라고 생각합니다〉라고 말했다.

그러자 말리놉스키가 화를 냈다. 알렉셰프는 이렇게 회상했다. 「말리놉스키는 받아들이지 않을 것이라고 말하는 건 도대체 무슨 혁명이냐며 나를 공격했습니다. 자신은 부르주아 공화 스페인을 위해 싸웠는데 그들도 우리의 도움을 받아들였다고…… 그러니 사회주의 쿠바는 더욱더 받아들일 근거가 많다고 말입니다!」 알렉셰프가 겁을 먹고 입을 다물자 다른 관리가 그의 편을 들었지만 흐루쇼프는 아무 말도 하지 않았고, 논쟁은 흐지부지되었다. 사람들이 다른 문제에 대해 이야기하기 시작했고 마침내 옆에 딸린 식당으로 자리를 옮겨 오찬을 함께했다.

오찬 자리에서 흐루쇼프는 피델이 제안을 받아들이지 않을지도 모르지만 그래도 고위 사령관들 — 샤리프 라

시도프 정치국 부위원과 세르게이 비류소프 전략 로켓 부대 사령관 — 이 알렉셰프와 함께 가서 피델과 대화를 시도해 보는 것이 좋겠다고 말했다. 흐루쇼프는 이렇게 말했다. 「그를 보호하려면 다른 방법은 없소. 미국인들이 이해하는 것은 무력뿐이오. 우리는 미국이 터키에서 우리에게 취했던 방법을 미국에게도 취할 수 있소. 케네디는 실용적이고 지적이므로 이해할 것이고 전쟁까지 끌고가지는 않을 거요. 전쟁은 전쟁이니까. 우리의 제스처는 전쟁을 피하기 위한 것이오. 어떤 멍청이든 전쟁을 시작할 수 있지만…… 우리는 전쟁을 일으키지 않을 것이고 약간 겁을 주려는 것뿐이오. ……우리가 어떤 느낌이었는지 그들도 느껴 봐야 하오. ……터키 사태 당시 우리가 삼킨 약을 그들도 삼켜야 한단 말이오.」

흐루쇼프는 같은 달에 미국이 소련의 바로 이웃 나라인 터키에 핵탄두 주피터 미사일을 배치하여 위협한 사건을 말하고 있었다. 아이젠하워 행정부가 나토 회원국들과 협상하여 케네디가 마지못해 따른 1959년 협정의 결과였다.

흐루쇼프는 11월 미국 의회 선거가 끝날 때까지 〈아무런 의심을 사지 않도록〉 쿠바 미사일 설치 작전을 최대한 비밀리에 실행해야 한다고 경고했다. 이 작전이 선거운동에 이용되어서는 안 되었다. 흐루쇼프는 잘만 되면 미국이 선거운동으로 바빠서 아무것도 눈치채지 못할 것이고, 눈치챌 때쯤이면 미사일이 이미 설치되어 있으리라 믿는다고 말했다.

알렉셰프가 쿠바로 떠나기 하루 이틀 전에 크렘린 관리

들이 그를 찾아왔다. 니키타 흐루쇼프가 알렉셰프를 다시 만나고 싶어 한다는 것이었다. 그들은 알렉셰프를 모스크바 외곽의 페레델키노 숲 지역에 위치한 흐루쇼프의 별장으로 데려갔다. 총리와 중앙위원회 정치국 전원이 그곳에 모여 있었다. 흐루쇼프는 자리에 모인 관리들에게 알렉셰프를 소개한 다음 〈여기 있는 알렉셰프는 피델이 우리의 제안을 받아들이지 않을 거라고 말하고 있소〉라고 말했다. 흐루쇼프는 괜찮은 접근법을 생각해 냈기 때문에 다른 사람들에게 의견을 듣고 싶었다.

그는 피델에게 오직 최후의 수단으로 미사일을 배치한다고 말할 작정이었다. 소련이 먼저 모든 수단을 다해서 쿠바를 공격하지 말라고 미국을 설득해 보겠지만 미사일만이 그렇게 할 수 있을 것이라고 개인적인 의견을 강력하게 제시하겠다는 거였다. 흐루쇼프는 이것으로 피델이 납득하기 바란다고 말하면서 알렉셰프에게 제안을 전하라고 했다.

며칠 후 알렉셰프는 여전히 소련의 제안이 퇴짜를 맞을 것이라고 확신한 상태에서 〈페트로프〉라는 이름의 기술자로 신분을 위장한 비류소프 사령관과 라시노프를 포함한 〈농업 대표단〉과 함께 쿠바로 돌아갔다. 알렉셰프는 쿠바에 도착하자마자 라울 카스트로를 만나러 가서 흐루쇼프로부터 어떤 임무를 부여받은 대표단이 함께 왔으니 즉시 피델을 만나야 한다고 말했다. 알렉셰프가 라울에게 말했다. 「페트로프는 사실 기술자가 아닙니다. 소비에트 미사일 작전 임무를 맡은 사령관입니다.」

라울은 알렉셰프의 말을 알아듣고 피델의 사무실로 들어가더니 두세 시간이 지난 후에야 나왔다. 그런 다음 그들은 도르티코스의 집무실에서 피델을 만났다. 알렉셰프는 〈라울이 공책에 무언가를 적고 있는 모습을 정말 처음 봤습니다〉라고 회상했다.

소비에트 관리들이 흐루쇼프가 제안한 미사일 설치에 대한 설명을 마쳤을 때 피델은 딱히 분명한 말을 하지는 않았지만 호의적인 태도를 보였다. 그는 다음 날까지 시간을 달라고 말했다. 알렉셰프는 피델이 체와 상의하고 싶은 것이라고 생각했다.

다음 날 피델이 알렉셰프를 불렀다. 역시 도르티코스의 집무실에서 만났지만 이번에는 체와 도르티코스, 카를로스 라파엘 로드리게스, 블라스 로카 등 다른 사람들도 그 자리에 있었다. 그들은 소련의 제안을 고려해 보았으며, 미사일이 미국인들이 쿠바를 침략하지 못하도록 할 수 있다고 의견을 모았고, 미사일 작전을 진행하기로 결정했다고 말했다. 그런 다음 미국의 침공 가능성에 대한 이야기로 화제가 바뀌었다. 알렉셰프는 체가 그 후 이어진 토론에서 〈가장 활기차게〉 이야기하며 미사일 문제에 대한 의견을 분명히 밝혔다고 회상했다. 체는 〈미국인들의 행동을 멈출 수 있다면 무엇이든 가치가 있다〉고 말했다.

소비에트와 쿠바는 즉시 미사일을 어디에 설치할지 의논하기 시작했다. 그때 피델이 알렉셰프에게 〈군사 조약〉을 통해서 이 일을 공식화하고 싶다며 라울을 모스크바로 보내 협의서에 서명을 하겠다고 말했다. 비탈리 코리오노프 중앙위원회 고문의 말에 따르면, 피델은 미사일의 존재가 알려지고 나서 소비에트가 미국과 협상할 때 그 협상에 포함시키고 싶은 내용을 조약에 밝히겠다고 요구했다. 피델은 워싱턴으로부터 쿠바를 침공하지 않겠다는 확약을 받아 내는 것뿐 아니라 관타나모 만에 위치한 미국 해군 기지의 〈해체〉를 원했다. 소비에트는 피델의 요구에 동의했고, 이어 알렉셰프와 라울이 스페인어로 된 협의서를 함께 만들었다. 그러고 나서 라울과 말리놉스키 사령관이 협의서의 각 페이지에 서명을 했다고 알렉셰프는 말했다.

1962년 7월 2일, 라울은 조약 협의서를 지닌 채 모스크바에 있었다. 알렉셰프의 말에 따르면, 라울은 그 후 일주일 동안 흐루쇼프를 두 번 만났다. 그러나 비탈리 코리오노프의 기억은 달랐다. 라울과 그의 아내 빌마 에스핀이 도착했을 때 알렉세이 코시긴 총리가 코리오노프를 불렀고 두 사람이 공항으로 나가서 라울 부부를 맞이했다고 그는 말했다. 그런 다음 두 사람은 국빈관으로 안내를 받았다. 코리오노프, 코시긴, 라울은 그랜드피아노가 놓여 있는 식당에 들어갔다. 식당에는 세 사람밖에 없었다. 「라울이 피델의 요구를 러시아어로 번역한 서류를 피아노 위에 올리자 코시긴과 라울이 자리에 앉지도 않고 서명을 했습니다.」 그 후 코시긴이 자신은 그만 가볼 테니 코리오노프에게 남아서 지나치게 긴장한 라울을 〈진정시키라〉고 말했다.

코리오노프는 이렇게 말했다. 「그는 팽팽한 긴장 속에서 기대감에 들떠 있었습니다. 〈이제 무슨 일이 일어날까?〉,

뭐 이런 생각을 하는 듯했습니다. 쿠바 동지들은 이 일이 어떻게 끝날 수 있는지 알고 있었기 때문입니다.」 코리오노프는 부탁받은 대로 라울과 함께 남아서 그와 밤새도록 미국산 코냑을 마시며 이야기를 나누었다.

피델은 또한 라울에게 작전이 아직 진행 중일 때 미국인들이 알게 될 경우 어떻게 할 것인지 흐루쇼프의 생각을 듣고 오라고 했다. 흐루쇼프의 대답은 짧고 명쾌했다고 알렉셰프는 말했다. 「걱정하지 마시오, 아무 일도 없을 겁니다. 미국인들이 초조해하기 시작하면 발트 함대를 보내서 우리가 뒤에서 받치고 있음을 보여 줄 겁니다.」 라울은 흐루쇼프의 대답을 확실한 지원 약속으로 받아들였다. 알렉셰프는 라울이 이렇게 말했다고 회상했다. 「대단해요, 정말 대단합니다! 피델은 모두 받아들일 겁니다. 몇 가지를 수정할지도 모르지만, 그뿐입니다. 원칙적으로는 받아들일 것입니다.」

그것은 실로 무시무시하고 어마어마한 군사 계획이었다. 각각 미사일 두 대와 핵탄두 하나를 갖춘 준중거리 탄도 미사일 발사대 24대, 중거리 탄도 미사일 발사대 16대, 신형 SAM-2 지대공 미사일 포병 24개 중대, 미그 요격기 42대, IL-28 폭격기 42대, 코마르급 미사일 함정 12대, 해안 방어용 크루즈 미사일이 포함되었다. 이러한 무기들뿐 아니라 총 4만 2천 명에 달하는 소비에트 엘리트 전투 부대가 함께 들어올 예정이었다. 협정은 5년마다 갱신되며 소비에트 군대가 모든 미사일을 지휘한다는 것이 약정 조건이었다.

라울이 모스크바에서 아직 돌아오지 않고 피델이 협의서를 보기도 전이었던 7월 15일경, 소련의 여러 흑해 항구에서 미사일을 숨긴 화물선들이 비밀리에 출발했다. 군인들과 군부대도 비밀리에 쿠바를 향해 출발했다. 7월 17일, 라울이 아바나로 돌아왔고 3주일 후 신임 소비에트 대사가 된 알렉셰프도 돌아왔다. 알렉셰프는 라울이 비준한 협정서를 가지고 왔다.

흐루쇼프는 알렉셰프가 모스크바를 떠나기 전에 소비에트 미사일이 〈이미〉 쿠바에 도착했다고 알려 주며 11월까지는 작전을 철저히 비밀에 부쳐야 한다고 다시 한 번 강조했다. 아바나에 도착한 후 단 한 줄의 전보도 보내면 안되고 의논해야 할 중요한 문제가 생기면 알렉셰프가 직접 모스크바로 오든지 사절을 보내야 한다는 것이었다.

아직까지 흐루쇼프가 협정서에 서명을 하지 않았기 때문에 피델의 최종 승인이 미뤄지고 있었다. 흐루쇼프의 계획은 1월 쿠바 혁명 승리 기념일에 직접 쿠바를 방문해서 피델과 함께 협정서에 서명하고 그 사실을 알려 세상을 깜짝 놀라게 하는 것이었다. 그때쯤이면 미사일이 전부 제자리에 배치되어 있을 것이고 미사일 설치는 이미 기정사실이 되어 흐루쇼프가 막대한 힘을 가지고 미국과 전략적으로 협상할 수 있을 것이었다.

물론 일이 계획대로 착착 진행되지는 않았다. 우선 피델은 협정서 초안이 마음에 들지 않았다. 그것은 〈너무 기술적〉이었고 〈정치적 틀〉이 충분히 담겨 있지 않았다. 특히 피델은 〈쿠바는 자주성을 확보하고 자유를 지키기 위해 소련이 미사일을 설치할 가능성을 검토하고 받아들이기를 요청하며⋯⋯〉라는 서문을 문제 삼았다고 알렉셰프는 말한다.

알렉셰프의 설명에 따르면 피델은 쿠바가 미사일 설치를 요청한다는 부분을 쿠바와 소련이 미사일 설치 결정이라는 무거운 책임을 똑같이 지는 것으로 바꾸었다. 근본적으로 피델은 흐루쇼프가 이미 했던 수사적 약속, 즉 쿠바에 대한 공격은 소련에 대한 공격으로 간주될 것이라는 약속을 공식화하고 싶어 했다. 이에 따라 서문은 다음과 같이 바뀌었다. 〈쿠바 공화국과 소련에 대한 공격 가능성에 당면하여 상호 안보를 보장할 조치를 취해야 할 필요성이 급박하므로 쿠바와 소련 인민들의 합법적인 권리를 공동으로 보호하기 위해 필요한 조치를 취해야 하기 때문에 그렇게 하기로 결정한다.〉

8월 말에 초고의 개정판이 준비되었지만 피델은 라울을 소련으로 다시 보내지 않았다. 대신 그는 7월 26일 사건의 동료이자 지금은 가까운 고문이 된 에밀리오 아라고네스와 체를 소련으로 보냈다. 8월 30일, 체와 아라고네스는 크리미아의 여름 별장에서 흐루쇼프를 만났다. 흐루쇼프는 〈쿠바가 공격을 받을 경우 국토를 방어하기 위한 소련-쿠바 무기 원조 협정〉이라는 제목의 새로운 협정서에 동의를 표했지만 서명은 몇 달 후 쿠바를 방문해서 하겠다며 미루었다.

체는 소비에트의 배신을 염려했기 때문인지 협정을 공개해야 한다고 주장했지만, 흐루쇼프는 현재로서는 협정이 비밀에 부쳐져야 한다고 주장하며 거절했다. 그러자 체와 아라고네스는 미국이 작전을 일찍 발견하면 어떻게 하느냐는 문제를 언급했다. 이것은 피델을 끊임없이 괴롭히던 문제이자 외무장관 안드레이 그로미코를 포함한 몇몇 소비에트 고위 관리들도 걱정하던 문제였다. 나중에 아라고네스가 한 말에 의하면, 흐루쇼프는 라울에게 그랬던 것처럼 체의 염려를 무시했다. 「그는 말리놉스키도 함께 있던 방에서 체와 나에게 이렇게 말했습니다. 〈걱정할 필요 없소. 미국은 아무 문제 없을 겁니다. 또 만약 문제가 생긴다면 우리가 발트 함대를 보내겠소.〉」

아라고네스는 이 말을 듣고 〈체와 내가 눈살을 찌푸리며 마주보았다〉고 회상했다. 두 사람 모두 흐루쇼프의 말에 납득하지 않았지만 당시에는 그의 약속을 받아들이는 것 외에 다른 방법이 없었다.

한편 미국 정보부는 체의 움직임을 민감하게 지켜보면서 러시아에서 그가 한 행동을 신중한 눈길로 면밀히 검토하고 있었다. 8월 31일, CIA는 소련에 파견된 체 게바라의 대표단 〈구성〉으로 미루어 볼 때 〈대표단이 산업 문제 관련이라는 일정 내용보다 훨씬 더 광범위한 임무를 띠고 있을지도 모른다〉는 해외 전보를 보냈다. 〈게바라는 에밀리오 아라고네스와 동행했는데, 그는 분명히 경제나 산업 문제에 대한 경험이나 지식이 없다. 소비에트의 경제 관리들과 소비에트 최고간부회의의 수석 부총리 코시긴이 공항에 나와 게바라 사절단을 맞이했다.〉

체가 아바나로 돌아온 9월 6일 무렵에 쿠바에 소비에트 군비가 들어왔다는 사실은 이미 발각된 상태였다. 그즈음 미국 U-2 정찰기들이 새로운 SAM-2 미사일 기지와 해안 방어 크루즈 미사일 설치 장소를 발견한 터였다. 전문가들은 케네디에게 이 무기들이 미국 국방에 위협을 가할 정도는 아니라고 분명히 말했지만 무기가 존재한다는 사실은 무시할 수 없는 위험 신호였다. 9월 4일, 케네디 대통령은 미사일 기지 문제를 논의하기 위해 동생 로버트 케네디 법무장관을 주미 소비에트 대사 아나톨리 도브리닌에게 보냈다. 도브리닌은 쿠바에 어떤 〈공격용〉 무기도 설치되지 않았으며 새로운 무기는 순전히 쿠바의 〈방어〉를 위한 것이라고 흐루쇼프가 다시 한 번 보증했다고 전했다.

그러나 백악관은 여전히 의심을 거두지 않았다. 새로운 정찰 사진에 따르면 소비에트 잠수함 기지가 건설 중일 가능성이 높았다. 케네디는 공식 성명을 발표해서 미국이 쿠바에서 지대공 미사일을 발견했을 뿐 아니라 소비에트 군부 인물이 점점 많아지고 있다는 사실도 발견했다고 밝혔다. 케네디 대통령은 쿠바에 소비에트 블록의 전투 부대나 공격용 지대지 미사일이 존재한다는 증거는 확보하지 못했다고 인정했지만 만약 전투 부대나 공격용 미사일이 존재한다면 〈아주 중대한 문제〉가 생길 것이라고 경고했다.

다음 날 케네디는 의회에 예비군 15만 명의 소집 승인을 요청했다. 미국은 10월 중순 카리브 해에서 군사 훈련을 실시하겠다는 계획을 발표했고, 쿠바는 그것이 미국의 쿠바 침략 의도를 보여 주는 증거라고 비난했다. 도브리닌은 다시 한 번 모스크바가 쿠바에 〈오직〉 방어용 무기만을 공급하고 있다고 주장했다.

하루하루 지날수록 긴장은 점점 고조되었다. 소비에트 군비 증강에 대한 자세한 사실이 다시 새어 나가자 미국과 소비에트, 쿠바의 비난과 부인이 계속 오갔다. 그 후 9월 9일에 미국 첩보 감시기관은 체가 아바나의 브라질 대사관에서 열린 연회에서 깜짝 놀랄 만한 발언을 했다고 보고했다. 체는 기자와 이야기를 나누는 도중 얼마 전에 이루어진 소비에트 군사 원조 협정은 쿠바의 〈역사적 사건〉이며 동구와 서구의 역학 관계가 반전되었음을 알리는 것이라고 말했다. 이로 인해 저울이 소련 쪽으로 기울었다는 것이었다. 어느 기밀 전보에 따르면 게바라는 〈미국은 항복할 수밖에 없다〉라고 말했다. 이 보고서는 〈그는 쿠바에 대한 소비에트의 군사적 원조가 매우 중요한 제스처라고 느끼는 듯했다〉라고 결론 내렸다.

미국을 비롯한 전 세계가 곧 알게 되듯이, 그것은 사실이었다. 몇 주 지나지 않아 체가 체결한 협상은 전 세계를 핵전쟁 발발 직전까지 몰아갈 터였다.

25장
게릴라 분기점

인민의 피는 우리의 가장 소중한 재산이지만
앞으로 더 많은 피를 흘리지 않기 위해 그것을 제대로 이용해야 한다.
— 체 게바라, 1962년 말, 「라틴 아메리카 혁명의 전략과 전술」에서

어느 날 소총을 들고 어느 산의 정상에 이르자 그때까지 한 번도
느껴 보지 못한 느낌이 들었다. 무척 강해진 느낌이었다!
나는 자유라는 아름다운 감정을 느끼며 이렇게 혼잣말을 했다.
〈우리는 할 수 있어!〉
— 엑토르 호우베, 1963~1964년 체가 지휘하던 게릴라 부대의 아르헨티나인 대원

1

1961년 12월, 체의 친구이자 부하인 과테말라 청년 훌리오 로베르토 카세레스(엘 파토호)가 고국에서 마르크스주의 게릴라 투쟁을 시작하기로 마음먹고 비밀리에 쿠바를 떠났다. 체는 내향적인 파토호를 특히 형제처럼 대하면서 혁명 열망을 키우도록 늘 도와주려 애썼다. 체는 라카바냐 요새에서 토지개혁청, 산업부로 자리를 옮기는 와중에도 계속 파토호를 곁에 두었고, 파토호는 지난 3년 동안 거의 줄곧 체와 알레이다와 함께 살았다.

몇 달 전, 체는 중앙계획기구 후세플란을 지휘하는 경제학자 레히노 보티에게 과테말라 친구 파토호를 위해 그곳

에 자리를 하나 만들어 달라고 부탁한 바 있었다. 보티는 그렇게 했고, 그 직후 파토호가 사라지자 보티는 파토호가 평소 지내던 곳에서 모습을 감추고 쿠바를 떠나는 것을 〈세탁〉할 수단으로 체가 중앙계획기구를 이용했음을 깨달았다.

파토호가 과테말라로 돌아갔을 때, 마침 그곳에서는 혁명에 유리한 분위기가 무르익고 있었다. 얼마 전에 의회 선거가 치러졌는데 선거가 조작되었다는 소문이 널리 퍼져 있었다. 그 후 1962년 1월에 이디고라스 푸엔테스의 비밀경찰 우두머리가 암살되었고, 2주 후에는 욘 소사와 투르시오스 리마가 이끄는 게릴라단이 푸에르토바리오스 근처에서 군사 요새를 치고 빠지는 공격을 처음으로 감행했다. 게릴라단은 이전에 실패한 봉기일을 기념하고 고인이 된 동지를 기리는 뜻에서 〈알레한드로 데 레온 11월 13일 게릴라 운동〉이라는 이름을 붙이고 2월에 자신들의 목적을 정식으로 알리는 공식 성명서를 발표하여 과테말라 정부의 〈폭정〉에 항거하여 민주 통치를 회복하자고 부르짖었다. 파토호는 과테말라 공산당의 지원을 받으며 대략 비슷한 시기에 따로 임무를 시작했다.

그러나 파토호가 과테말라로 떠난 지 불과 4개월 후인 1962년 3월, 체는 친구가 전투 중에 죽었다는 소식을 들었다. 몇 달 후 미르나 토레스가 아바나를 방문해 파토호가 전장으로 떠나기 전 멕시코에 들러 그녀에게 맡겼던 공책을 체에게 전해 주었다. 공책에는 파토호가 쿠바에 남아 있던 연인에게 바치는 시가 적혀 있었다. 8월에 체가 파토호를 위해서 쓴 송덕문이 『베르데 올리보』에 실렸다. 송덕문은 구원에 대한 달곰쏙쓸한 우화로, 쿠바 혁명 군대를 겨냥한 것이었다. 체는 파토호의 일생, 자신과의 관계 ─ 두 사람은 멕시코에서 떠돌이 사진사로 함께 일하며 지냈고 파토호는 그란마 호 원정에 참가하고 싶어 했지만 결국 뒤에 남겨졌으며 나중에 쿠바 혁명이 성공하는 데 기여했다 ─ 에 대해 간략하게 설명한 후 이렇게 썼다.

그가 쿠바로 온 뒤부터 우리는 오랜 친구들답게 거의 항상 같은 집에서 살았다. 하지만 새로운 삶이 시작된 후에는 예전처럼 친밀하게 지내지 못했다. 나는 엘 파토호가 자기 나라 원주민 인디오 언어를 공부하는 모습을 우연히 보고 나서야 그의 뜻을 어렴풋이 알아차렸다. 어느 날 그가 이제 떠나겠다고, 자신의 의무를 다할 때가 왔다고 말했다. ……그는 고국으로 돌아가서 무기를 들고 싸우며 우리의 게릴라 투쟁을 재현하겠다고 했다. 우리는 아주 오랜 대화를 나누었다. 나는 다른 말은 하지 않고 다만 세 가지만을 강조했다. 바로 끊임없는 이동, 끊임없는 신중, 끊임없는 경계였다…….

그것은 우리 게릴라 경험의 총합체였다. 따뜻한 악수를 제외하고 내가 친구에게 줄 수 있는 것은 그것이 전부였다. 내가 그를 말릴 수 있었을까? 그렇다면 무슨 권리로? ……

엘 파토호가 떠나고 시간이 흐른 후 그가 죽었다는 소식이 들려왔다. ……파토호만이 아니라 동지들도 함께 세상을 떠났다. 그들 모두 엘 파토호만큼이나 용감하고 욕심 없고 현명한 사람들이었겠지만 나는 개인적으로 그들을 알지 못했다. 또 한 번 쓰디쓴 실패를 맛보았다…….

다시 한 번 자유를 위해 흘린 젊은 피가 아메리카의 땅을 풍요롭게 만들었으며 또 한 번의 전투가 패배로 끝났다. 우리는 먼저 스러져 간 동지들을 위해 시간을 내어 눈물을 흘리고 마체테를 갈아야 한다. 소중한 고인의 값지지만 불운한 경험으로부터 우리는 그들의 실수를 반복하지 않겠다고, 그들 한 명 한 명의 죽음에 대해서 수많은 전투에서의 승리로 앙갚음을 하겠다고, 절대적인 자유를 성취하겠다고 굳게 다짐해야 한다.

엘 파토호가 쿠바를 떠날 때…… 그는 걱정해야 할 옷도 물건도 거의 없었다. 그러나 우리 두 사람의 오랜 멕시코인 친구가 엘 파토호가 남겨 둔 시 몇 편이 적힌 공책을 나에게 전해 주었다. 이것은 혁명의 마지막 시가이며 또한 혁명과 고국, 그리고 한 여인에게 바치는 사랑 노래이다. 이 최후의 시, 이 마지막 권고는 엘 파토호가 쿠바에서 알고 사랑했던 그 여인에게 바친 것이다.

받아요, 이것은 다만 내 심장입니다.
이것을 당신 손으로 잡아요.
그리고 새벽이 오면
당신의 손을 벌리고
태양이 심장을 덥히게 해주오……

엘 파토호의 심장은 우리 가운데에, 그가 사랑하는 여인의 손에, 그에게 고마움을 느끼는 모든 인민의 손에 남아 과테말라를 비롯한 아메리카 전역에 분명히 밝아 올 새로운 날의 태양 아래에서 덮혀지기를 기다리고 있다.

파토호의 기념비적인 죽음은 쿠바가 지원하는 라틴 아메리카 게릴라 활동이라는 새로운 물결의 시작을 알린 것일 뿐이었다. 체의 노력으로 쿠바는 1962년에 완전한 〈게릴라 중심지〉가 되어 서반구 전역에 널리 퍼진 여러 무장 혁명 근거지에 인적, 물적 자원을 제공하고 있었다. 미국은 계속 적의를 나타냈고 쿠바는 서반구 지역에서 고립되었으며 미국의 군사적 침략 위협이 지칠 줄 모르고 계속되었기 때문에 이제 〈대륙 혁명〉이라는 체의 꿈은 전략적으로 옳은 것이었다. 게릴라 활동의 조짐이 여러 지역에서 나타나자 쿠바에 대한 미국의 압력이 분산되었고 워싱턴은 지역 견제 정책의 대가를 단단히 치러야 했다.

게다가 피델은 게릴라 활동을 아예 정부 정책으로 삼았다. 1962년 1월에 미주기구가 쿠바를 제명하자 피델은 이에 맞서 2월 4일에 〈제2의 아바나 선언〉을 발표하여 라틴 아메리카에 혁명이 〈불가피〉하다고 선언했고, 신경이 곤두서 있던 라틴 아메리카 정부들은 피델의 선언을 자기 나라에 대한 쿠바의 암묵적인 선전 포고로 받아들였다.

당시 쿠바 정보국의 고위 관리였던 후안 카레테로, 일명 〈아리엘〉은 자신이 1962년에 체와 함께 일하며 전 대륙에 반제국주의 〈라틴 아메리카 혁명 무대〉를 만들기 위해 노력했다고 말한다. 아리엘은 일명 〈붉은 수염〉이라고 불리던 마누엘 피녜이로 로사다의 직속 부하였는데, 피녜이로

는 국가안보국 라미로 발데스의 부관으로 게릴라 작전을
감독했다.*

1962년 봄에 체는 혁명 장학생으로 쿠바에 초대된 라틴
아메리카 학생들 수백 명 가운데에서 게릴라 지원병을 모
집하고 조직하는 프로그램을 감독했다. 그들 중에는 전처
일다의 남동생 리카르도도 있었다. 리카르도는 페루에서
고등학교를 마친 후 1958년에 라틴 아메리카 전역에서 학
생들이 몰려드는 아르헨티나의 명문 대학인 라플라타 대
학에 가서 저널리즘을 공부했다. 그곳에서 리카르도는 페
루 아프리스타 청년 운동에 가담했고, 동료 학생들 대다수
가 그랬듯이 금세 쿠바 혁명이라는 이상에 심취하여 쿠바
혁명을 라틴 아메리카 정치적 변화의 본보기라고 생각하
게 되었다. 체가 자형이었으므로 그에게는 개인적인 동기
도 있었다. 리카르도는 시간이 날 때면 부에노스아이레스
의 7월 26일 운동 후원위원회의 일을 도우며 체의 아버지
와 함께 일했다.

1960년에 리카르도는 직접 쿠바로 가서 학업을 마치고
자신이 그토록 열렬히 공감하는 혁명에 참여하기로 마음
먹었다. 일다가 쿠바에 살았기 때문에 모든 일은 순조롭게
풀렸다. 일다는 더 이상 체의 아내가 아니었지만 쿠바에 살
고 있었기 때문에 리카르도를 도울 수 있었다. 리카르도는
쿠바에 도착한 후 저널리즘 공부를 계속할 수 없다는 사실
을 깨달았다. 대학 개혁 과정이 공식적으로 진행 중이었고

* 자세한 설명은 부록 참조.

아바나 대학의 저널리즘 분야는 ― 새로운 쿠바에서 저널 리스트는 주요 직업이 아니었다 ― 그의 표현대로 말하자 면 〈혼란스러웠다〉. 그래서 리카르도는 그 대신 경제학을 공부하기 시작했다. 학장은 다름 아닌 그 훌륭한 〈옛 공산 주의자〉 카를로스 라파엘 로드리게스였다. 플라야히론에 서 CIA가 지원하는 침공이 일어나자 리카르도를 포함한 라틴 아메리카 학생들은 전선에 배치되기를 희망하며 혁 명 민병대에 자원했지만 그를 비롯한 외국 학생들은 아바 나에 남아 공공건물을 지켰다. 리카르도에게는 무척 실망 스러운 결과였지만, 그는 이에 굴하지 않고 대학 민병대에 남았다.

1962년 초에 쿠바가 서반구의 공산당과 급진 야당을 통 해 추진한 초청의 일환으로 볼리비아, 베네수엘라, 아르헨 티나, 우루과이, 니카라과, 과테말라, 콜롬비아에서 라틴 아메리카 학생들 수백 명이 쿠바로 왔다. 페루에서 80명 정도가 왔기 때문에 리카르도는 곧 같은 나라 출신 학생 들과 어울렸다. 그러나 오래지 않아 〈공부만 하고 싶어 하 는〉 학생들과, 로베르토의 설명대로, 〈쿠바 혁명 경험을 배 우고 고국으로 돌아가서 스스로 혁명을 수행하고 싶어 하 는〉 학생들로 무리가 갈렸다. 리카르도 역시 결정을 내릴 순간이었다. 그는 후자에 끌렸다.

마침 리카르도가 그렇게 결심했을 때, 페루에서 1962년 3월 군사 쿠데타가 일어났다. 쿠데타로 선거 결과는 무효 가 되었고 의회 활동은 정지되었으며 페루의 정치 체계 전 체가 불안정한 상태에 놓였다. 쿠바의 본보기를 자기들 나라에 적용하고 싶어 하던 페루인들에게 좋은 기회였다.

1962년 중반 리카르도 가데아와 페루 동지들은 대학을 떠나 시에라마에스트라에서 게릴라 훈련을 받았다. 훈련 교관들은 모두 쿠바 혁명 투쟁에 참전했던 용사들이었고 피델이 직접 리카르도와 동지들에게 연설을 하거나 충고를 해주었다. 그러나 리카르도는 자신들의 혁명 멘토는 당연히 체 게바라였다고 말했다. 〈모든 지도자들 중에서 체가 가장 카리스마 있고 섬세했으며 라틴 아메리카인으로서 어디든 참여하려 했습니다. 그는 우리를 이해했고 우리의 어려움을 알았으며 우리가 많은 문제를 극복하도록 도와주었습니다.〉

체가 〈해방〉을 중요한 목표로 생각하던 또 다른 나라는 니카라과였다. 1959년 여름에 온두라스-니카라과 국경 지대에서 온두라스-니카라과 연합군에게 매복 공격을 당하는 비참한 실패를 맛본 이래 니카라과 반군은 쿠바를 오가며 소모사 왕조와 전투를 벌이고 있었다. 반군을 이끌던 이론가 카를로스 폰세카는 쿠바를 오가다가 부상을 당했지만 몸이 회복된 후 중앙아메리카로 돌아가서 자신이 이끌던 대학 기반 단체와 다른 망명자들, 니카라과 내 반소모시스타들 사이에 정치적 연합을 도모했다.

폰세카가 여러 곳을 돌아다니는 동안 그의 애제자인 전 법학도 토마스 보르헤가 그즈음에 만들어진 니카라과 혁명청년단에 도움을 요청하기 위해 아바나에 왔다. 토마스 보르헤와 노엘 게레로라는 그의 동지는 체의 친구 로돌포 로메로와 함께 국립은행으로 체를 찾아갔다.

보르헤는 자신이 〈니카라과의 청년들을 대표하여〉 미사여구가 가득한 인사로 대화를 시작하자 체가 갑자기 말을 자르더니 차갑게 쏘아붙였다고 회상했다. 「인사는 그만두고 본론으로 들어갑시다.」 그러나 보르헤가 자신이 하려는 말은 〈선동적이지 않다〉고 고집을 부리자 체는 그의 연설을 듣기로 했다. 보르헤가 가슴 절절한 연설을 마치자 체는 그를 끌어안고 그의 인사를 〈받아들인다〉고 말하더니 보르헤와 동지들에게 조직을 정비하는 데 쓰라며 2만 달러를 주었다.

로돌포 로메로가 니카라과 혁명청년단 군사 대장으로 임명되었고 보르헤와 학생들이 체가 준 자금을 이용해서 라틴 아메리카 전역의 니카라과인들을 쿠바로 데려오기 시작했다. 마침내 서른 명 정도가 모였을 때, 그들은 쿠바 혁명 민병대에 가입된 다음 전투 경험을 쌓기 위해 에스캄브라이에서 벌어지고 있던 반혁명 세력과의 전쟁에 투입되었다. 1961년, 로메로는 첩보 활동과 스파이 기술 훈련을 받기 위해 쿠바 방첩활동 학교에 들어갔다. 로메로가 자랑스러워하며 회상했듯이, 그는 〈그곳의 유일한 니카라과인〉이었다. 그 후 보르헤와 폰세카를 비롯한 다른 사람들이 쿠바의 외딴 군사 기지의 포술 훈련 과정에 합류하여 체코 고문들의 지도를 받았다.

1961년 7월, 카를로스 폰세카는 니카라과로 돌아갔다. 여름 내내 폰세카의 조직은 발전을 거듭했다. 폰세카는 니카라과 도시 지역에서 활동하는 반소모사 지하 운동을 감독하며 은행을 습격하거나 선동 및 방해 공작을 수행했고,

토마스 보르헤를 비롯한 게릴라 60여 명은 노엘 게레로의 지도하에 온두라스를 통해 니카라과 북부 정글로 몰래 숨어들어 갔다. 결국 스스로를 산디니스타민족해방전선 FSLN이라 칭하게 되는 이 그룹은 행동에 들어갈 태세를 갖추었다.

체는 장차 라틴 아메리카 혁명의 핵심인물이 될 사람들에게는 너그러운 태도를 보였던 반면, 가족에게는 그런 면이 상당히 부족해서 자신을 찾아오는 부모에게조차 전혀 금전적인 도움을 주지 않았다. 어머니 셀리아는 1959년에 처음 쿠바를 방문한 후 1960년에 다시 한 번 쿠바를 찾았고, 그 이듬해에 게바라 린치는 일다에게 편지를 보내 셀리아와 함께 쿠바에 다시 가려고 돈을 모으고 있다고 했다. 두 사람은 새로 태어난 손녀 알레이디타를 만나고 싶었고 일디타도 다시 보고 싶었다. 게다가 곧 손자가 또 한 명 태어날 예정이라는 소식도 들었다. 둘째 아이를 가진 알레이다가 1962년 5월에 출산할 예정이었기 때문이다.

일다가 직접 나서서 체에게 부모님을 좀 도와 드리는 것이 어떠냐고 말했지만 되돌아온 것은 날카로운 면박뿐이었다. 체는 이렇게 말했다. 「그래, 당신도 내가 정해진 월급을 받는 것이 아니라 공적 자금을 마음대로 쓸 수 있다고 믿는군.」 깜짝 놀란 일다는 그런 뜻이 아니었다고 부인하며 말했다. 「당신 아버지께서 오고 싶어 하시니 여행비를 당신이 대는 게 어떠냐는 말을 하려 했을 뿐이었어. 매달 조금씩 갚아 나가면 되잖아.」 그러자 체도 침착을 되찾고 말했다. 「좋아, 그러지. 하지만 그건 나중으로 미루자고.

지금은 때가 아니야.」*

한편 베네수엘라에서는 베탕쿠르의 집권 연립 여당이 정치적으로 분열되면서 반란 정서가 우세해졌다. 여기저기에서 게릴라 군단이 활동을 시작했다. 1962년 5월에 카라카스 근처 해군 기지에서 군대가 정부에 반발하여 반란을 일으켰다. 공산당이 이 봉기를 공공연하게 지지하자 베탕쿠르는 이에 대한 보복으로 공산당과 좌파혁명운동 모두를 금지시켰다.

6월에 일어난 두 번째 해군 봉기는 현 체제를 옹호하는 군대와 이틀간 피를 흘리며 싸운 끝에 진압되었다. 반체제 장교들과 군대는 산지로 달아나 대부분 신생 게릴라 군단에 합류했다. 불법으로 규정된 공산당은 12월에 〈무장 투쟁〉을 공식적으로 지지한다고 발표했고, 두 달 후 게릴라 연합 단체인 민족해방무장군FALN이 창립을 발표하고 베탕쿠르 정권에 대한 전쟁을 선포했다. 자칭 〈민주주의적, 민족주의적〉 운동인 민족해방무장군에는 공산주의자들이 주도하는 정치 전선인 민족해방전선FLN도 있었다. 민족해

* 그러나 몇 달 후 아르헨티나가 쿠바와 국교를 단절하고 아르헨티나에 있던 아바나 외교관들과 아르헨티나 공산주의자들이 전세 비행기를 타고 아르헨티나를 떠나려고 준비하고 있을 때, 체는 이때가 남동생 후안 마르틴을 쿠바로 데려올 기회라고 생각했다. 당시 후안 마르틴의 아내였던 마리아 엘레나의 말에 따르면, 그는 쿠바로 떠날 준비가 되어 있었지만 최후의 순간에 문제가 생겨서 비행기에 타지 못했다. 결국 후안 마르틴은 아내와 아이들, 생계 등 여러 가지 복잡한 문제 때문에 체 게바라가 살아 있는 동안 두 번 다시 쿠바에 가지 못했고, 어머니 셀리아를 제외하면 게바라 린치를 비롯한 다른 가족들도 모두 마찬가지였다.

방전선은 피델 카스트로가 전쟁 중에 발표했던 것과 비슷한 공식 성명을 발표하여 자신들을 〈공산주의〉 혹은 〈반미〉라고 비난하는 정부의 주장을 부인하며 신조와 상관없이 모든 베네수엘라 사람들이 〈연합 전선〉에 참가하여 베네수엘라를 〈스스로의 운명과 스스로의 부를 결정하는 주인〉으로 만들어야 한다고 촉구했다.

니카라과, 페루, 과테말라의 게릴라 운동을 돕고 있던 체는 새로 생긴 베네수엘라 혁명 조직도 지원했다. 소총이 한 자루 한 자루 높이 들릴 때마다 미 제국주의에 대항하는 대륙 게릴라 투쟁이라는 체의 꿈은 현실에 한 걸음씩 더 가까워졌다.

2

체는 자신의 고국 아르헨티나에서도 반란을 시작하려고 계획을 세우고 있었다. 그는 이미 한동안 그 생각을 키워 오고 있었지만 아르헨티나 군대가 프론디시 대통령을 물러나게 하자 그의 계획은 새로이 활력을 띠었다. 체 게바라는 험준한 볼리비아 국경에서 멀지 않은 아르헨티나 살타 근처 외딴 북부 정글을 실험 무대로 선택했다. 흥미롭게도 이곳은 체가 1950년에 오토바이 여행을 하면서 지났던 곳으로, 그때 그는 이곳에 잠시 머물면서 자신의 운명과 죽음, 삶의 의미에 대해 생각했었다.

체의 계획은 아르헨티나 저널리스트 호르헤 리카르도 마세티가 선발 정찰대를 이끌고 가서 지형을 익히고 게릴라 작전 기반을 조용히 설립하는 것이었다. 마세티의 임무는 적과 교전에 돌입하기에 앞서 먼저 지역 농부들 사이에 지지 기반을 만들고 아르헨티나 도시 지역에 민간인 후원 조직을 만드는 것이었다. 그 후 상황이 무르익으면 체가 와서 직접 게릴라 세력을 이끌 계획이었다.

체는 알베르토 그라나도에게 게릴라 활동을 위해서 아르헨티나인들을 모집하는 활동을 도와 달라고 부탁했다. 1961년 10월에 알베르토는 가족과 함께 아바나에서 산티아고로 이사한 후 대학에서 생물의학 학부를 설립했고, 1962년에는 자신의 직업과 국적을 이용해, 체가 계획하던 아르헨티나 혁명을 위해서 아르헨티나 국적을 버리고 온 동포들의 잠재력을 평가했다. 알베르토는 산티아고에서 자신과 비슷한 시기에 혁명 〈자원자〉로 쿠바에 온 아르헨티나 화가 시로 로베르토 부스토스와 친해졌다. 부스토스는 오리엔테 시골 지역에 작은 도기 공장을 차리고 산티아고 대학에서 회화 수업을 일주일에 두 번씩 하고 있었다. 그라나도는 부스토스가 시내에 나올 때마다 그를 자기 집으로 초대했다. 두 사람의 대화는 곧 〈무장 투쟁〉이라는 주제로 옮겨 갔다. 그라나도는 부스토스가 조국 아르헨티나에 쿠바와 같은 혁명을 일으킨다는 생각을 지지한다는 사실을 파악하고 긍정적인 평가를 체에게 전했다. 곧 그라나도가 두 사람의 만남을 주선했다.

같은 해에 그라나도는 아르헨티나에 갔다. 그는 아르헨티나를 돌아다니며 공산당을 통해서 쿠바에서 일할 〈기술자 및 기타 숙련공들〉을 모집했다. 이것은 사실 게릴라 군단 모집을 그럴듯하게 위장한 것이었다. 그러나 그라나도가 오랜 세월이 흐른 후에 인정했듯이, 아르헨티나 안보기관은 이미 의심을 품고 그의 일거수일투족을 감시하고 있었다. 그 때문에 그라나도가 만난 사람들 중 여러 명이 그가 다녀간 뒤 〈일시적으로 구류〉되었다. 그러나 그라나도는 몇 사람을 성공적으로 모집했고 그들은 곧 게릴라 훈련을 받기 위해 쿠바로 왔다.

마세티는 더 이상 프렌사 라티나에서 일하지 않았다. 그는 피그스 만 침공 후에 방송에서 포로들을 심문했고 그런 다음 시야에서 사라졌다. 공식적으로, 그는 퇴직할 것을 종용받았다. 마세티는 공산주의자가 아니었고, 그 때문에 통신사 내의 교조적인 공산주의 당파와 오랫동안 마찰을 빚은 끝에 제거된 것으로 널리 알려졌다. 사람들은 그 후 마세티가 쿠바 군대 홍보부에서 일했다고 알고 있었지만 사실 그는 체를 위해 일하고 있었다.

프렌사 라티나를 떠난 후, 마세티는 군대 경험을 쌓기 위해 장교 훈련 과정에 들어가 육군 대위로 졸업했다. 그런 다음 그는 체를 위해서 비밀 임무를 띠고 쿠바 해외 첩보 활동의 새로운 중간 지점인 프라하와 알제리로 향했다. 그곳에서 마세티는 플라야히론에서 압수한 대량의 미국 무기를 튀니지를 거쳐서 민족해방전선 반군에 팔았다. 그라나도가 모집한 사람들 가운데 한 명인 아르헨티나 기계공 페데리코 멘데스가 마세티와 동행했다. 그는 군대를 다녀온 20대 초반의 젊은이였다. 여러 달 동안 두 사람은 민족해방전선 참모본부에 머물렀고 멘데스는 그곳에서 훈련

과정을 맡아 알제리인들에게 미국 무기 사용법을 알려 주었다. 쿠바로 돌아올 때쯤 되자, 그들은 그들의 도움에 고마워하는 알제리 혁명 지도자들과 군 최고 장교들과 긴밀한 관계를 구축해 놓고 있었다.

체는 그물을 넓게 치고서 아르헨티나의 정치적 상황에 대한 정보를 수집했다. 1962년 3월에 쿠바 외교관들이 아르헨티나에서 쫓겨나 우루과이에서 비행기를 타고 고국으로 돌아올 당시, 체는 데안 푸네스 고등학교 시절의 친구인 라디칼리스타 청년 민병대 오스카르 스테멜린에게 전보를 쳐서 철수 비행편을 타고 자기를 찾아오라고 불렀다. 스테멜린과 또 다른 데안 푸네스 시절의 급우 한 명이 체의 초대를 받아들여 아바나에 와서 한 달 정도 머물렀다. 나중에 스테멜린은 자신이 체의 옛 친구이고 그가 개인적으로 아는 코르도바 사람들 중에서 정치 활동을 하는 몇 안 되는 부류이긴 했지만, 그 사실을 빼면 정확히 왜 게바라가 자기를 쿠바로 초대했는지 잘 모르겠다고 말했다. 스테멜린은 쿠바에 머무는 동안 체와 여덟 번에서 열 번 정도 만나 옛 시절과 쿠바 혁명, 아르헨티나 정치에 대해 이야기를 나누었다.

5월 25일은 아르헨티나 독립기념일이었기 때문에 쿠바에 사는 아르헨티나인 380명이 한자리에 모여서 전통적인 야외 아사도 파티를 열어 축하하기로 했다. 민속 음악과 전통 춤, 전형적인 아르헨티나 복장이 어우러진 완벽한 행사였다. 특별 손님으로 초대받은 체는 행사를 기획하는 사람들에게 젊은 독일계 아르헨티나인 하이데 타마라 분케를 초대하자고 제안했다. 〈타마라〉는 베를린에서 쿠바로 온 후 교육부에서 독일어-스페인어 번역가로 일했고, 당시 진행 중이던 모든 일에 굉장히 열정적이었다. 그녀는 자발 노동에 참가했고 문맹 퇴치 교사로 일했으며 민병대와 지역 혁명수호위원회 감시위원회에 자원했다. 이처럼 활발히 활동한 덕분에 타마라는 혁명 열정이 높기로 유명해졌다. 그녀는 아바나에서 개최되는 라틴 아메리카 게릴라 사교 모임에 반드시 정기적으로 참석하면서 그들의 큰 뜻에 깊은 공감을 드러냈다.

타마라와 체의 부관 오를란도 보레고는 베를린에서 시작된 우정을 다시 이어 갔다. 타마라는 혁명 전사의 일원으로 라틴 아메리카 게릴라 전쟁에 참가하고 싶다는 소망을 보레고에게 숨기지 않았고, 체를 소개해 달라고 끊임없이 부탁했지만, 보레고는 이런저런 핑계를 대며 계속 미루었다. 그는 체를 만나고 싶어 하는 사람들이 항상 많았기 때문에 헤페의 소중한 시간을 낭비시키고 싶지 않았다. 그러나 타마라는 체의 집 근처 학교 건설 현장의 일일 자발 노동에 참가하여 체와 함께 일하면서 마침내 기회를 얻었다. 보레고는 얼굴을 찌푸리며 〈제가 그녀를 과소평가했지요〉라고 말했다.

독립기념일 아사도 파티에서 체는 평소와 마찬가지로 라틴 아메리카 혁명 투쟁에 대해 연설을 하면서 특히 아르헨티나를 강조했다. 그는 특히 페로니스타를 포함한 아르헨티나의 〈여러 반제국주의 세력들〉이 사상적 차이를 극복할 필요가 있다고 말했다. 그 자리에 있었던 어느 쿠바인의 말에 따르면, 체는 식사 시간 도중에 성냥갑에 뭐라고 갈겨쓰더니 옆에 앉은 아르헨티나인에게 말없이 건네주었다. 거기에는 〈단결unidad〉이라고 적혀 있었다. 성냥갑이 사람들의 손으로 차례차례 넘겨짐에 따라 체의 메시지는 분명해졌다. 내부의 분파 싸움은 더 이상 필요하지 않다는 뜻이었다.

그 자리에 참석한 페로니스타 망명자들에게 이것은 중대한 순간이었다. 그들의 지도자 존 윌리엄 쿡이 자리에서 일어나 혁명을 위해 단결하자는 체의 호소를 그대로 반복하며 쿠바가 라틴 아메리카의 〈제2의 해방〉을 이끈다고 칭송했다. 페로니스타 청년단체 지도자이자 페론의 개인적 대변인이었던 쿡은 여러 해 동안 쿠바에 살고 있는 중이었지만, 그는 마드리드로 망명한 페론과 정기적으로 편지를 주고받았다. 쿡은 쿠바 혁명에 매료되어 페론에게 쿠바 혁명을 장황하게 설명하며 쿠바를 방문해 달라는 피델의 초대를 전했고, 〈국가 원수에 걸맞은〉 연회를 약속했다(페론은 초대를 받아들이지 않았지만 반갑다는 듯이 답장을 보냈다. 여러 페로니스타 당파들이 그의 인정을 받으려고 경쟁했기 때문에 페론은 망명 중에도 계속 실력자 행세를 했다).*

---

* 쿡은 페론이 쿠바의 지원을 받아 재건된 혁명 동맹의 우두머리가 되어 당당하게 고국으로 돌아가기를 꿈꾸었다. 쿡의 옛 동지들의 말에 따르면, 체는 페론에 대해서 회의적이었기 때문에 처음에는 소심하게 행동했지만 이내 쿡과 그의 아내 알리시아 에레구렌과 친구가 되었다. 체는 쿡과 여러 번 대화를 나누면서 그의 주장을 듣고 페론주의가 혁명 세력 내에서 가진 잠재력을 더욱 넓은 시각으로 보게 되었고, 쿡 역시 체의 영향을 받아 마르크스레닌주의 개념을 받아들이게 되었다. 이것은 쿡이 설립한 페로니스타 혁명행동단에 자극을 주었다. 같

은밀히 체는 라틴 아메리카 대륙의 게릴라 전쟁이라는 그의 게임을 위한 체스판을 준비하고 있었고, 그 궁극적인 대상은 자신의 고국이었다. 체는 사실 여러 개의 아르헨티나 행동대를 훈련시키고 있었다. 이들은 각기 사상이 달랐지만 전투를 개시하겠다는 공동의 소망으로 하나가 되었다. 때가 되면 모든 단체가 동원되어 체의 지휘하에 하나의 군대가 되어서 아르헨티나에서 활동할 것이었다. 마세티의 선발 순찰대는 체의 첫 수였다. 때가 되면 다른 수가 그 뒤를 따를 예정이었다.*

비밀 활동 이외에도 체의 미래에 직접적인 영향을 끼칠 몇 가지 사건이 일어났다. 콩고에서 구리가 풍부한 카탕가주의 분리주의 반란 세력이 벨기에와 남아프리카 용병의 지원을 받으며 봉기하자 UN군이 9월에 콩고 사태에 개입했다. 그 후 다그 함마르셸드 UN 사무총장이 콩고를 방문했다가 수상쩍은 비행기 사고로 세상을 떠났다. 새로 UN 사무총장이 된 버마 외교관 우 탄트는 콩고 위기라는 해법이 보이지 않는 사태를 해결해야 한다는 과제를 물려받았다. 콩고의 수도 레오폴드빌에는 서구의 지원을 받는 중앙 정부가 자리를 잡았고 북쪽으로 멀리 떨어진 스탠리빌에

은 해인 1962년 여름에 쿡을 따르는 사람들도 체의 승인을 받아 아르헨티나에서 앞으로 일어날 혁명전쟁에 대비하기 위해 게릴라 훈련을 받기 시작했다.
* 아이러니하게도 체와 마세티, 쿡 모두 살아서 목격하지는 못했지만 그들이 시작을 도와준 세력은 결국 혁명 세력의 폭력 사태와 이에 맞서는 군부의 잔인한 억압의 시대를 불러왔고, 여러 해가 흐른 후 현대 아르헨티나의 정치적 풍경을 극적으로 바꾸게 된다.

서는 세상을 떠난 파트리스 루뭄바 총리를 따르는 사람들이 활동했다. 두 세력은 권력을 놓고 계속 힘을 겨루는 중이었다.*

1961년 10월에 중국의 저우언라이 총리가 모스크바에서 개최된 공산당 회의에서 자리를 박차고 나가면서 오랫동안 서서히 끓어오르던 중국과 소비에트의 분쟁이 마침내 널리 알려졌다. 이제 양국은 전 세계에서 더욱 영향력을 키웠고 쿠바와 라틴 아메리카 공산당들에게 한쪽 편을 들라고 압력을 넣었다.

쿠바에서는 쿠바 공산당의 〈구 공산주의자들〉이 통합혁명조직(피델이 이끄는 새로운 공식 정당으로 쿠바 공산당과 혁명지도자단, 7월 26일 운동을 모두 포괄했다)을 통제하려고 시도하면서 〈분파주의〉가 시작되었고, 1962년 3월에 피델이 이를 공개적으로 비난했다. 다양한 정부 관직에 정당 동지를 우선적으로 선발하면서 비난받았던 통합혁명조직 서기이자 전 쿠바 공산당의 유명 인사 아니발 에스칼란테가 가장 먼저 숙청의 피해자가 되었다. 에스칼란테는 공개적으로 혹평을 받고 모스크바로 망명했다. 나중에 피델은 통일사회혁명당이라는 개혁 정당의 새로운 이름을 발표했는데, 이것은 쿠바에 새로운 공산당을 만들기 위한 다음 단계였다.

---

* 콩고는 나중에 자이르로 이름을 바꾸었고 수도인 레오폴드빌은 킨샤사, 스탠리빌은 키산가니가 되었다(이후 1997년에 자이르는 다시 콩고 민주 공화국으로 국명을 되돌렸다 — 옮긴이).

체는 피델이 단행한 숙청을 무척 흡족하게 여겼다. 체는 독선적인 정당 수뇌부가 자신들의 사상적 가이드라인을 쿠바 전체에 적용하려고 했기 때문에 그들을 무척 혐오했고, 경력에 타격을 입은 많은 사람들을 그의 산업부에 받아들여 자리를 주고 보호하며 방어했다. 5월에 체는 자신의 부에서 〈사상 검증〉을 금지하는 엄격한 가이드라인을 발표했다.

공산당의 교조주의적 시기를 이르는 〈분파주의〉는 시로 부스토스처럼 쿠바인이 아닌 사람들에게도 영향을 주었다. 아르헨티나 공산당은 쇼비니스트적인 쿠바 공산당에서 힌트를 얻어 쿠바에 살면서 일하는 모든 아르헨티나 사람들에게 통제력을 휘두르려고 했다. 부스토스는 올긴에 살 때 쿠바에 머물던 아르헨티나 공산당 대표에게 불려 가서 정치적 배경과 정당 가입에 대한 질문을 받았다. 부스토스가 공산당의 정식 당원이 아니라고 설명하자 공산당 대표는 그의 현재 상황을 〈조정〉하지 않으면 쿠바를 떠나야 할 것이라고 경고했다. 그러나 다행히도 〈반분파주의〉 숙청이 때맞춰 시작되었고, 1962년 여름 그라나도가 체와의 만남을 주선했을 때, 부스토스는 다시 한 번 안도의 한숨을 내쉬었다.

7월 말, 아바나에 위치한 체의 집무실에서 야심한 시간에 이루어진 두 사람의 만남은 사무적이었다. 체는 부스토스에게 아르헨티나에서 활동하기 위해 준비 중인 〈단체〉가 있는데 들어가고 싶지 않느냐고 물었다. 화가 부스토스는 들어가고 싶다고 말했다. 그것이 전부였다. 체는 부스토스에게 사람들이 데리러 갈 테니 호텔을 떠나지 말라고 했다. 부스토스는 혁명가로 탈바꿈하기 위해 우선 아바나 미라마르 지역의 한 가옥으로 옮겨졌다. 신문에서나 봤던 호르헤 리카르도 마세티가 그를 맞이했다. 사실 부스토스는 1959년에 출판된 쿠바 전쟁에 관한 마세티의 책 『싸우는 사람들과 우는 사람들』을 읽고 나서 쿠바에 관심을 갖게 된 터였다.

마세티는 부스토스에게 이것이 〈체의 계획〉이지만 코만단테는 아직 쿠바를 떠날 수 없으므로 시작 단계에서는 자신이 게릴라 군단을 지도할 것이며 그 후에 체가 합류한 다음 전쟁을 시작할 것이라고 설명했다.

마세티가 모든 것을 버리고 계획에 참가할 준비가 되었냐고 묻자 부스토스는 다시 한 번 그렇다고 말했다. 다른 사람의 시선을 의식해서 부스토스는 올긴에 돌아가 기다리기로 했다. 그 뒤 그가 모습을 감추었을 때는 산업부의 체코슬로바키아 유학 〈장학 프로그램〉에 참가했다는 것이 적당한 설명이 될 것이었다. 부스토스의 아내는 뒤에 남아서 비밀을 지키다가 게릴라가 해방 영토를 확보하면 훈련을 받은 다음 그와 합류하기로 했다.

9월이 되자 부스토스는 의사 레오나르도, 그라나도가 모집한 페데리코, 미겔 등 아르헨티나인 세 명과 함께 안가에 숨어서 지냈다. 이들의 새로운 집은 아바나 동쪽 끝 회원 전용 컨트리클럽에 위치한 우아한 대저택이었다. 녹음이 무성하고 나무가 늘어서 있으며 벽으로 둘러싸인 이 외딴 지역은 쿠바의 부유층이 대거 해외로 빠져나가면서 버려진 이후 쿠바 경비대가 지키고 있었기 때문에 이들은 마음껏 지낼 수 있었다. 아르헨티나인들은 이곳에 자리를 잡고 저택의 방 한 칸에서 캠핑을 하고 지내면서 서로를 알아가며 앞으로의 삶을 준비했다. 훈련은 도보 여행과 사격 연습으로 이루어졌다. 밤이면 할 일을 찾아서 밖으로 나가 순찰을 돌았다. 이들은 빈 저택에 침입하여 닥치는 대로 물건을 훔치는 좀도둑들을 잡으려고 애썼지만 운은 별로 없었다. 부스토스는 당시를 이렇게 회상했다. 「하지만 그들이 항상 우리보다 똑똑했습니다. 우리는 소리를 너무 많이 냈지요.」

아리엘과 피녜이로와 같은 정보국 관리들과 마세티, 체가 오갔다. 체의 부하들 ─ 시에라 전투에서 체의 부하 장교였던 오를란도 〈올로〉 타마요 판토하, 체의 경호원 에르메스 페냐 ─ 이 훈련에 활발하게 참여했고 곧 〈에르메스 대위〉가 마세티의 부관이 되어 함께 가기로 했다는 소식이 들려왔다.

1962년 8월, 역시 체의 경호원이었던 알베르토 카스테야노스와 아리 비예가스는 에르메스 페냐가 체의 경호대에서 사라졌다는 사실을 알아챘다. 그들은 출세하기 위해서는 더 배워야 한다는 체의 고집스러운 충고를 받아들여 산업부 행정관이 되기 위한 훈련 과정에 들어갔다가 막 과정을 마치고 돌아온 참이었다. 게릴라 계획에 대해서 미리들은 바는 전혀 없었지만, 그들은 훈련을 마치고 돌아왔을 때 에르메스가 사라지고 없었기 때문에 무슨 일인가가 벌어지고 있음을 깨달았다. 카스테야노스는 체를 찾아가서 진행 중인 계획에 대해 알고 있다며 이렇게 말했다. 「어딘가로 떠나실 거라면 제가 함께 갈 준비가 되어 있다는 말씀을 드리고 싶습니다. 비예가스도 같은 생각이라는 걸 알리고 싶어 합니다.」 체는 긍정도 부정도 하지 않고 다만 카스테야노스와 비예가스를 〈염두에 두겠다〉고만 말했다.

안가에 정기적으로 찾아온 또 다른 인물은 바로 아바나 경찰청장인 아벨라르도 콜로메 이바라, 일명 〈푸리〉였다. 이바라 역시 후방 사령관이자 쿠바의 연락책으로 아르헨티나인들과 합류할 예정이었다. 그러나 그들의 최고 훈련 교관은 쿠바인도 아르헨티나인도 아닌 스페인계 소비에트 장군이었는데, 그들에게는 〈앙헬리토〉라고만 알려졌다. 시로 부스토스를 비롯한 대원들은 앙헬리토에게 너무 많은 것을 물어서는 안 된다는 사실을 잘 알았다. 그 당시에는 쿠바에 러시아 군인들이 주둔하고 있다는 것이 무척 예민한 문제였다. 사실 앙헬리토는 스페인에서 태어난 카탈루냐 사람으로 〈앙헬 마르티네스〉라는 이름으로도 알려져 있었다. 그는 스페인 내전 당시 소련군에서 활동했던 장군으로 본명은 프란시스코 시우타트였다. 스페인 내전의 영웅이었던 그는 모스크바를 근거지로 활동하던 스페인 공산당이 〈반동 세력과의 싸움〉을 위해 쿠바 민병대의 훈련을 도우려고 쿠바에 파견한 스페인 공화국 망명자들 여섯 명 중 하나였다. 부스토스는 〈그는 정말 대단한 사람이었습니다. 체구가 작고 나이가 좀 들었지만 체조 선수처럼 공중제비를 돌 수 있었지요〉라고 회상했다.

에르메스 페냐는 앙헬리토의 부관으로서 대원들의 실제

훈련 교관을 맡아서 시에라 전쟁의 여러 전투를 재구성하여 대원들이 그것을 모방하고 연구하도록 했다. 곧 안가에 머물던 사람들은 각자 두각을 나타낸 분야에서 특별 임무를 맡게 되었다. 레오나르도는 원정대의 위생병을 맡았고 미겔은 병참술을 다루었으며 부스토스의 설명에 따르면 과묵하고 현실적인 터프 가이였던 페데리코는 병기를 관리했다.

체는 항상 매우 늦은 시간인 새벽 두세 시쯤 안가에 도착했다. 시로 부스토스는 동료들과 함께 처음으로 체와 회의를 했을 때 받았던 인상을 이렇게 회상했다. 「사실상 그가 우리에게 한 첫 마디는 이랬습니다. 〈자, 다들 모였군요. 여러분 모두가 참가하겠다고 했으니 이제 우리는 여러 가지를 준비해야 합니다. 하지만 지금 이 순간부터는 자신이 죽은 목숨이라고 생각하십시오. 여기에서 확실한 것은 죽음밖에 없습니다. 몇몇은 살아남겠지만 여러분 모두 이제 남은 삶은 빌려온 시간일 뿐이라고 생각해야 합니다.〉」

체는 쿠바 전쟁 당시 에스캄브라이로 진군하기 전에 〈침투단〉에게 그랬던 것처럼 미래의 게릴라들에게 도전장을 던지고 있었다. 한 사람 한 사람이 앞으로 닥칠 일에 대비해 정신적인 준비를 하는 것이 중요했기 때문에 시로는 체가 전하려던 메시지를 이해했다. 「우리가 그곳에 가서 총에 맞아 죽을지도 몰랐고, 우리 중 누군가가 모든 일을 다 겪고 살아남을지, 또 그 일이 얼마나 오래 걸릴지 알 수 없었습니다.」 그러나 체는 자신도 가능한 한 빨리 합류할 계획이라고 말하며 그들만 불확실한 운명으로 내모는 것이 아니라고 알려 주었다.

3

10월에 발생한 미사일 위기 때문에 체는 아르헨티나 게릴라 계획을 빨리 진행해야만 했다. 체는 피그스 만 침공 때 그랬던 것처럼 미사일 위기 당시에도 쿠바 서부 피나르델리오의 군대를 지휘했다. 그의 전투 사령부는 소비에트 미사일 한 대가 설치된 곳 근처의 어느 산 속 동굴에 위치하고 있었다.

미사일 위기가 발생하자 체는 아르헨티나 게릴라 훈련병들을 데려와서 쿠바 장교들이 지휘하는 대대에 배치했다. 전투가 일어나면 그들도 참가할 예정이었다.

러시아의 지대공 미사일이 미국 U-2 정찰기를 격추시켜 긴장이 최고조에 다다랐을 때, 피델은 흐루쇼프에게 전보를 보내 미국이 지상 침공을 시작할 경우 모스크바가 미사일을 먼저 발사하기 바란다고 전했다. 그는 자신과 쿠바 인민이 싸우다가 죽을 준비가 되어 있다고 다시 한 번 알렸다. 그러나 바로 다음 날 피델은 흐루쇼프가 자신에게는 알리지 않은 채 케네디 대통령과 협상을 했다는 사실을 알게 되었다. 흐루쇼프는 미국이 쿠바를 침공하지 않겠다고 약속하고 터키에서 미국의 주피터 미사일을 철수하면 쿠바에서 모든 미사일을 철수하겠다고 제안했다. 피델은 믿을 수 없다며 크게 분노했고, 전하는 말에 따르면 그는 이 소식을 듣고 맨주먹으로 거울을 부수었다. 소식을 들은 체는 근처 소비에트 미사일 기지와 연결하는 전투 사령부의 통신선을 끊으라고 짧은 명령을 내린 후 피델을 만나기 위해 아바나로 서둘러 돌아갔다.

그 후 며칠 동안 피델과 흐루쇼프는 서로 맹렬하게 비난을 주고받았고, 불쌍한 미코얀이 일을 수습하기 위해 아바나로 왔다. 미코얀은 최선을 다했지만 피델과 체는 흐루쇼프가 전략적 이익을 위해서 자신들을 팔아넘겼다고 굳게 믿었다. 회담은 여러 주 동안 계속되었고 때로는 긴장이 극도로 고조되기도 했다. 어느 날에는 러시아 통역사가 통역을 잘못하는 바람에 고성이 오가는 싸움이 시작되었다. 오해가 풀리자 체는 침착하게 총집에서 마카로프 권총을 꺼내 통역사에게 주며 〈가령 내가 당신이라면, 이제 남은 할 일은 말이지……〉라고 말했다. 알렉셰프의 말에 따르면, 체가 그렇게 말하자 미코얀을 비롯한 모든 사람들이 크게 웃었다. 체의 어두운 유머가 분위기를 바꾸었던 것이다.

소련과 쿠바가 공식적으로는 여전히 〈형제〉 국가였지만 이면의 분위기는 무척 긴장된 상태였고 한동안은 그런 긴장이 계속되었다. 아바나 거리에서는 성난 쿠바 사람들이 〈니키타, 이 계집애 같은 자식, 줬다가 뺏어 가는 게 아니야! Nikita, mariquita, lo que se da no se quita!〉라고 외쳤다.

흐루쇼프는 나중에 회고록에서 쿠바에 미사일을 설치하기로 결정했을 때 〈소비에트의 위상〉이 가장 주요한 관심사였다고 인정했다. 〈나는 쿠바의 운명과 그곳에서 소비에트의 위세를 유지해야 한다는 문제에 몰두했다. ……단한 가지 생각만이 머릿속에 맴돌았다. 우리가 쿠바를 잃으면 어떻게 될 것인가? 나는 그것이 마르크스레닌주의에 엄청난 타격이 되리라는 사실을 알고 있었다. 그렇게 되면 전 세계에서, 특히 라틴 아메리카에서 우리의 위상이 상당히 떨어질 것이었다. 우리가 쿠바에서 실패하면 소련이 온 힘을 다한다 해도 다른 나라들은 우리가 UN에 속 빈 항의를 하는 것 말고는 쿠바를 위해서 아무것도 해주지 못했다고 주장하면서 우리를 거부할 것이었다.〉

위기가 끝나고 나서 몇 주 후 사회주의 잡지 『데일리 워커』의 영국 통신원 샘 러셀은 체와 인터뷰를 하다가 게바라가 여전히 소비에트의 배신에 열을 올리고 있음을 알게 되었다. 게바라는 시가와 천식 흡입기를 번갈아 빨아들이면서 만약 쿠바에게 통제권이 있었다면 미사일을 발사했을 것이라고 말했다. 러셀은 체에 대해서 혼란스러운 생각을 가지고 물러났다. 그는 체가 〈따뜻한 사람이었고 나를 즉시 빠져들게 했으며…… 분명 대단히 지적이었지만 미사일에 대해서는 평소와 달리 지나치게 열중하는 듯했다〉고 묘사했다.

두 사람은 게바라가 중요하게 여기던 또 다른 문제, 즉 세계 공산주의 전략에 대해서도 이야기를 나누었다. 게바라는 서구 공산당이 〈권력을 잡기 위해 평화로운 의회 전략〉을 채택한 것에 극도로 비판적이었다. 〈그는 이러한 전략이 노동 계급의 손발을 묶어 지배 계급에게 갖다 바치게 될 것이라고 말했다.〉

체는 물론 대책을 세우기로 했다. 시로 부스토스는 이렇게 회상했다. 〈미사일 위기가 촉발한 긴장이 느슨해지자 우리는 다시 아바나로 돌려보내졌고 체가 우리에게 말했습니다. 「이제 여러분은 출발합니다. 저는 여러분이 이곳을 떠나기 바랍니다.」 특별한 시절이었습니다. 그들은 여전히 침공이 일어날까 봐 두려워했습니다. 전운이 짙었지요. ……소비에트와의 불화도 있었습니다. ……그는 아주 냉정했고 소비에트에 무척 화가 나 있었습니다.〉

안가에 머물던 사람들은 모든 흔적을 없애고 처음 왔을 때 상태대로 만들라는 명령을 받았다. 페데리코 멘데스는 무선 전보 훈련 과정에 들어갔고 부스토스는 일주일 동안 암호와 해독 기술을 집중적으로 배웠다. 부스토스가 배운 것은 반복되지 않는 10개의 숫자를 이용하는 소비에트 암호 체계였다. 그는 〈제임스 본드 스타일이었다〉고 회상했다. 〈암호를 사용한 후에는 태워 버렸죠.〉

그런 다음 피녜이로가 보낸 〈여권 전문가들〉이 도착하기 시작했다. 그들은 게릴라 한 사람 한 사람에게 각기 다른 국적을 주었다. 부스토스는 우루과이인이 되었는데, 여권을 보고 기분이 상했다. 그는 이렇게 말했다. 「정말 믿기 힘들었습니다. 나에게 무척 젊은 나이와 금발을 할당했더군요. 그때 저는 이미 상당히 머리가 벗겨져 있는 상태였고 그나마 남아 있는 머리카락도 검정색이었는데 말입니다.」 부스토스가 불평하자 여권 전문가는 체코슬로바키아에 갈 때까지만 사용할 여권인데 체코는 쿠바에 우호적이므로 아무것도 묻지 않을 것이라며 설득했다.

쿠바 안보당국이 아르헨티나와 맞닿은 볼리비아 남쪽 국경에 후방 안전 기지를 준비할 때까지 게릴라 군단은 훈련을 계속해야 했다. 그들은 쿠바가 〈볼리비아 친구들〉과 협정을 맺고 도움을 받아 준비를 하기로 했다는 사실 외에 자세한 사항은 거의 알지 못했다. 또 게릴라 군단의 이름이 인민게릴라군Ejército Guerrillero del Pueblo이라는 사실도 알았다. 모두 가명을 하나씩 받았다. 부스토스는 〈라우레아노〉, 마세티는 〈코만단테 세군도(제2사령관)〉였다. 물론 코만단테 프리메로(제1사령관)는 체 게바라였다. 체는 일단 〈마르틴 피에로〉라는 가명을 쓰면서 게릴라 군단을 인도하는 보이지 않는 손으로 남았다. 이들의 작전은 〈그림자 작전Operación Sombra〉이라고 불렸다. 이 모든 이름에는 중의적인 의미가 있었고, 이들의 이름과 작전명은 아르헨티나 가우초의 원형인 마르틴 피에로와 돈 세군도 솜브라에서 따온 것이었다.

다섯 명이 프라하에 도착하자 라파엘 〈파피토〉 세르게라 소령이 이들을 맞이했다. 게릴라들은 아바나에서 훈련을 받을 때 세르게라를 잠깐 만난 적이 있었는데, 이제 그는 프라하의 쿠바 대사관에서 일하고 있었다. 세르게라는 이들을 수도 프라하에서 한 시간 정도 떨어진 시골 지역 슬라피에 호수로 데려갔다. 외딴 호숫가 호텔에 예약이 되어 있었다. 때는 한겨울이었고 다른 손님은 한 명도 없었기 때문에 호텔에는 게릴라들과 호텔 직원들밖에 없었다. 그러나 체코 정보국과 합의한 끝에 그들이 그곳에서 지내는 이유를 설명할 간단한 위장 사연이 주어졌다. 부스토스는 〈우리는 그곳에 당분간 머물게 된 쿠바 장학생들이었습니다〉라고 말했다.

파피토 세르게라가 한두 번 찾아왔지만, 그를 제외하면 장차 게릴라가 될 다섯 명은 외톨이였다. 그들은 할 일이 없었기 때문에 체력을 유지하기 위해서 눈 속에 〈사방 20에서 25킬로미터 정도의〉 크로스컨트리 트랙을 만들기 시작했다. 마침내 몇 주가 천천히 흐르고 점점 더 기세가 꺾인 이들은 프라하 대사관의 세르게라에게 연락해서 불평을 늘어놓았다. 세르게라는 기지로 사용할 볼리비아 농장을 아직 구매하지 못했으며 볼리비아에 가기 전에 세부 사항을 좀 더 정리할 필요가 있으니 인내심을 가지고 기다리라고 말했다. 또 도보 훈련을 중지하라고 말했다. 이들이 허가가 필요한 비공인 군사 지역을 돌아다니는 것이 목격되자 체코 군대 측이 세르게라에게 도보 훈련에 대해서 불평했기 때문이었다.

세르게라는 마세티와 부하들이 외부와 단절된 채 슬라피에 호수 호텔에서 한 달을 더 지낸 다음 마침내 프라하로 와도 좋다고 허락했다. 체코 당국이 보안상의 허점을 탐탁지 않게 여겼기 때문에 그들은 나뉘어 지내기로 했다. 시로 부스토스와 대원들은 같은 호텔에 머물고 마세티는 다른 호텔에 머물기로 했다. 부스토스는 이렇게 말했다. 「마세티는 정말 안절부절못했습니다. 파피토와 회의가 있었는데 그는 우리에게 조금만 더 인내심을 가지라며 모든 일이 거의 다 해결되었다고 말했습니다.」

그러나 어느새 12월이 되었고 체코 측은 쿠바인들의 체류가 길어지자 점점 더 화를 냈다. 결국 마세티가 더 이상 견디지 못하고 자신이 알제리로 직접 가서 준비를 한 다음 그곳에서 게릴라 훈련을 마치겠다고 말했다. 마세티에게 신세를 졌던 알제리 혁명가들이 이제 은혜를 갚을 차례였다. 7월에 알제리는 드골과의 평화 회담을 통해 드디어 프랑스 식민 통치에서 독립했고 민족해방전선이 독립 알제리 정부가 되었다. 새로운 알제리 지도자 벤 벨라는 미사일 위기가 일어나기 직전에 아바나를 방문해서 체와 피델을 만났고, 떠나기 전에 쿠바와 혁명 동지 선언에 서명했다.

부스토스는 이렇게 말했다. 「마세티는 알제에 갔다가 이틀 뒤에 돌아왔습니다. 그는 벤 벨라와 부메디엔이 공항에 나와 그를 환영했고 우리를 돕기로 약속했다고 말했습니다. 우리는 즉시 떠났습니다.」 그러나 알제에 가기 전에 파리에 며칠 묵어야 했는데, 부스토스가 아직도 〈금발〉 여권을 가지고 있다는 점이 문제였다. 부스토스는 과산화수소로 몇 안 되는 머리카락을 염색해서 이 문제를 해결했다. 그는 침울하게 웃으면서 〈머리카락이 갑자기 노란색이 되었지요. 마치 카바레의 복장 도착자처럼 보였습니다〉라고 회상했다.

게릴라단은 1963년 1월 1일에 파리에 도착해서 사나흘 동안 오르세 기차역 위쪽의 낡은 팔레 드 오르세 호텔에 묵었다. 그들은 임무를 절대 비밀에 부쳐야 한다는 생각으로 가득 차서 경계를 게을리하지 않았다. 팀의 안보를 담당하던 부스토스가 해도 되는 일과 하면 안 되는 일에 대한 최종 결정권을 가지고 있었다. 부스토스는 아바나의 경찰청장이었던 푸리가 지금은 자신의 명령에 따라야 한다는 모순이 무척 재미있다고 생각했다. 그는 의심을 사지 않기 위해서 관광객 행세를 하기로 결정했다. 부스토스는 〈루브르에 가서 정말 많이 놀아다녔습니다〉라고 회상했다.

게릴라단은 1월 4일에 비행기를 타고 새하얀 지중해 도시 알제에 도착했다. 넓은 부둣가의 프랑스식 해안도로와 도시 중앙의 석조 식민지풍 건물들을 지나니 담으로 둘러싸인 미로 같은 고대 이슬람 지구가 거대한 입체 벌집처럼 언덕을 뒤덮고 있었다. 총알 자국으로 움푹움푹 패인 건물들과 폭격을 받은 후 아직 치우지 않은 주택 잔해들은 얼마 전에 일어난 인간의 잔혹한 행위를 보여 주는 어지러운 증거였지만 알제가 오랫동안 겪은 유혈 사태도 이 지역의 시선을 사로잡는 아름다움을 파괴하지는 못했다.

혁명 쿠바가 4년 전 치바토와 전쟁 범죄자들을 〈청소〉했던 것처럼 저항군이 국가 정부로 바뀌면서 알제리도 똑같은 과정을 겪고 있었다. 민족해방전선의 총잡이들이 옛 고문기술자들이나 전시 협력자로 의심되는 사람들을 쫓아 도시를 휘젓고 다니면서 전쟁의 광기가 계속되었고, 의심이 가득한 민간인들은 유럽인이나 외국인 들을 보면 적의를 숨기지 않았다. 알제리 혁명 지도자들은 이처럼 불안한 분위기 속에서 게릴라 군단이 위험에 빠질지도 모른다는 사실을 의식하여 장군 두 명과 보안 수행원 한 팀 전체를 공항으로 보냈다. 게릴라 팀은 즉시 알제 외곽의 외딴 해안가 대저택으로 이동되었고 무장한 경호원들의 보호를 받았다.

어느 정도 시간이 흐른 후 게릴라 팀은 높은 담으로 둘러싸이고 정원이 딸려 있는 알제 시내 대저택으로 이동했다. 그러나 프랑스인으로 오인될 위험이 있었기 때문에 거의 밖으로 나가지 않았고 어쩌다가 외부에 나갈 일이 있으면 무장한 알제리 경호원들의 호위를 받았다.

그 후 몇 달 동안 아르헨티나 팀은 알제리 혁명 참전용사인 상시 수행원들과 함께 사격 연습과 유연성을 기르는 체조를 하고 각자의 특기 분야에서 군사 훈련을 받았다. 알제리인들은 아르헨티나 팀을 데리고 다니며 옛 전선들과 전쟁 당시 전사들과 무기들을 숨겨 두었던 교묘한 동굴과 터널을 보여 주었고 옛 프랑스 전선도 보여 주었다. 마침 파피토 세르게라가 새로운 쿠바 대사로 임명되어 알제리에 곧 도착했다. 그는 다른 임무들 외에 게릴라 팀과 체 사이의 통신을 담당하는 역할도 맡고 있었다. 팀의 〈안보 담당〉이었던 부스토스만이 안가에서 빠져나가 대사관에 가서 메시지를 가져오곤 했다. 부스토스는 아직도 머리카락을 과산화수소로 염색해야 했기 때문에 세르게라가 장난삼아 〈엘 소비에티코(소비에트 사람)〉라고 부르기 시작했다.

아르헨티나 팀은 머무는 동안 알제리 측과 친밀한 관계를 확립했다. 알제리 사람들이 연회를 열어 융숭하게 대접하자 아르헨티나 팀은 바닷가 대저택에서 아르헨티나의 전통적인 아사도 파티를 열어 보답했는데, 그 자리에는 우아리 부메디엔 국방장관도 참석했다. 그러나 시간이 계속 지체되고 있었기 때문에 마세티는 일을 빨리 진행하고 싶어 조바심을 냈다. 마세티가 파피토 세르게라에게 일이 어떻게 되어 가고 있는지 계속해서 문의하자 세르게라는 아마도 체가 보낸 듯한 메시지들을 전했다. 부스토스는 그 메시지들이 〈기이하고 모순적〉이었다고 말했다. 푸리가 무슨 일인지 알아보려고 아바나에 갔다가 불안한 소식을 가지고 왔다. 푸리와 체가 아르헨티나 팀이 아바나로부터 받은 메시지들을 함께 살펴보았는데, 체는 그중 몇 개가 자신이 보낸 것이 아니라고 했다. 모든 통신은 〈엘 콜로라도(붉은 사람)〉라고 부르던 바르바 로하 피녜이로를 거쳤기 때문에 그들은 피녜이로가 이끄는 보안기관에 〈기능 장애〉가 있었던 것으로 추측했다. 부스토스를 포함한 몇 명은 그것만이 아닐지도 모른다고, 어쩌면 체의 계획에 대한 의도적인 〈방해 공작〉일지도 모른다고 의심했다. 적어도 부스토스에게 이 일은 결코 풀지 못한 수수께끼였다.*

한편 쿠바에서는 체의 경호원 알베르토 카스테야노스와 아리 비예가스가 코만단테의 진군 명령을 기다리고 있었다. 그러나 몇 달이 지나도 체는 그들을 부르지 않았다. 카스테야노스는 행정관 수업을 마치고 군대로 돌아가 군사 훈련 과정을 시작했다. 카스테야노스가 1963년 2월 말에 주말 외출을 받아 아바나의 집에 도착했을 때였다. 그는 8월에 체와 나누었던 대화를 거의 잊고 있었는데, 헤페가 갑자기 사람을 보내서 그를 불렀다. 무척 엄중한 소환

* 피녜이로는 자신에 대한 몇 가지 불만에 대해 아무 말도 하지 않았지만 부스토스의 해석에 대해서는 마세티가 이끄는 게릴라단의 일이 전부 아바나 밖에서 정해졌다고 지적하며 반박했다. 〈마세티가 알제리로 갔다면 그것은 체의 승인을 미리 받은 것이며, 만약 그렇지 않다면 벤 벨라가 우리의 승인을 요청했을 것입니다.〉

이었기 때문에 낙천적인 카스테야노스마저도 자신이 뭔가 잘못을 저질러서 벌을 받는 것인 줄 알았다. 그는 이렇게 말했다. 「체가 사람을 보내서 부른다는 것은 이런저런 일 때문에 혼을 내려는 것입니다. 그래서 저는 혼잣말을 했지요. 〈세상에, 정말 기막힌 우연이군! 이번 주말에는 아무 짓도 안했는데. 술도 안 마셨다구.〉그래서 나는 체가 무슨 일로 보자고 했는지 상상도 할 수 없었습니다.」

카스테야노스는 잔뜩 걱정하며 체의 사무실로 찾아가 비서인 호세 만레사에게 무슨 일이 있느냐고 물었다. 만레사는 스핑크스처럼 〈아무 일도 없습니다, 전부 정상입니다〉라고만 말했다.

카스테야노스가 사무실로 들어가자 체가 물었다. 「기억나나?」 카스테야노스가 아무 대답도 못하자 체가 의미심장한 시선으로 그를 보았다. 그제서야 카스테야노스는 생각을 떠올렸다. 「그러니까, 우리가 가게 되었다는 뜻입니까? 언제 갑니까?」 카스테야노스가 신이 나서 물었다. 체는 잠깐만 자기 말을 들어 보라고 했다. 그는 카스테야노스에게 생각해야 할 아내가 있다는 사실을 일깨워 주며 이 임무를 가볍게 여겨서는 안 된다고 경고했다. 「이번 임무는 자네가 20년 동안 싸워야 하거나 다시는 돌아오지 못한다는 뜻일세.」

체는 카스테야노스에게 진지하게 잘 생각해 본 다음 결정을 내리라고 말했다. 카스테야노스는 그곳에 서서 잠시 생각한 다음 다시 〈언제 갑니까?〉라고 물었다. 체가 말했다. 「좋아. 하지만 자네는 인디오가 아니니 인디오 차림을 하지는 말게. 그리고 비예가스에게는 흑인이기 때문에 갈 수 없다고, 자네들이 갈 곳에는 흑인이 없다고 전하게.」

체는 더 이상 자세한 설명을 하지 않고 카스테야노스에게 그가 가게 될 곳에서 개인적으로 아는 사람을 만날 것이라고만 말했다. 그리고 이렇게 덧붙였다. 「자네는 동지들과 함께 나를 기다리게 될 거야. 내가 도착할 때까지는 자네가 상관이야.」 체는 그해 말까지는 그들과 합류할 생각이라고 말했다. 나중에 카스테야노스는 피녜이로를 만나서 임무 내용을 듣고 새로운 위장신분과 여행 일정을 전달받았다.

4

바로 그즈음에 젊은 독일계 아르헨티나 여인 타마라 분케는, 그녀의 공식 전기를 쓴 쿠바 작가들의 표현에 따르자면, 〈여러 달 동안의 안전 검증〉을 거친 후 페녜이로의 보안부에서 스파이 기술과 첩보 훈련을 받기 시작했다.

피녜이로의 부관 아리엘은 〈그녀가 우리에게 접근해서 임무를 맡고 싶다며 고려해 달라고 요청했습니다〉라고 말하며 쿠바 첩보부가 〈그녀를 확인하고〉 훈련을 받아도 좋다고 승인했다고 덧붙였다. 아리엘은 당시 첩보부가 타마라 분케를 앞으로 〈필요할 경우 활동을 시작할〉 아르헨티나 첩보에서 가장 중요한 후보로 생각했다고 말했다.

나중에 〈타니아〉라고 알려지게 될 타마라 분케는 오랫동안 미스터리에 둘러싸여 있었기 때문에 첩보부가 그녀의 신원을 확인했다는 아리엘의 가시 돋친 말에 주의를 기울일 필요가 있다. 옛 동독의 국가 안보 파일에 따르면, 타마라 분케는 1961년 쿠바로 오기 전에 슈타지, 즉 동독 국가 공안국의 〈IM(비공식 정보원)〉이었다. 당시 타마라는 동독의 해외 첩보 지국인 HVA에서 우선 아르헨티나로 보냈다가 결국에 미국으로 침투할 극비 잠입 요원으로 고려되기도 했다.

독일 민주공화국의 내부 안보 체계는 엄격하게 통제되며 타마라가 마르크스레닌주의의 울타리 안에서 자랐다는 사실을 생각하면 그녀가 동독 비밀경찰의 정보원이 되었다는 사실은 별로 놀랍지 않다. 타마라에게는 그녀가 그토록 열렬히 믿었던 공산주의 국가를 위해 같은 시민들이나 외국 손님들을 〈밀고〉하는 것이 아무런 가책도 주지 않는 애국적인 의무였을 것이고, 또 그렇게 했음이 분명하다. 하지만 타니아가 쿠바에서는 누구를 위해서 일했을까? 쿠바였을까, 동독 정보기관이었을까, 아니면 양쪽 모두였을까? 타니아의 친구였으며 지금도 쿠바에 살고 있는 오를란도 보레고는 평생 혁명 간부로 지낸 사람답게 몸에 배인 애매한 태도로 〈그녀가 독일 정보기관을 위해서 일했다는 것에 한 치의 의심도 없지만〉 쿠바 혁명에 충성했다는 사실에 대해서도 아무런 의심이 없다고 말했다. 타니아의 사망 후 거의 30년이 지나 무척 많이 변한 모스크바에서 KGB 관리였던 알렉산드르 알렉셰프는 타니아가 독일 요원이었지만 쿠바 측에 넘겨졌다고 암시했다. 알렉셰프는 이렇게 설명했다. 〈독일은 도움이 되고 싶어 했습니다. 우리와 혁명 쿠바가 그랬던 것처럼 독일도 쿠바와 좋은 우정을 맺고 싶어 했고, 그보다 더 나아가고 싶어 했습니다. 그런 이유로 그들은 지도자의 어떤 변덕이나 희망에도 맞춰주었습니다. 우리보다 훨씬 더했지요.〉

더 자세한 이야기를 해달라고 요청하자 알렉셰프는 독일과 소비에트의 정보기관이 체가 추구하는 다른 나라에서의 혁명 모험을 〈분담해서〉 돕기로 합의했다고 넌지시 비쳤다. 「독일 사람들은 혁명에 있어서 그들이 우리보다 더욱⋯⋯ 공격적이라고 생각했습니다. 그들은 더 젊었고 우리는 오래되었으므로 경험이 많고 성숙했습니다. 우리 [KGB]가 관련되면 실패할 위험이 더욱 컸을 것입니다. 우리 정보기관은 큰 관료 조직이었던 반면 독일 측은 기술적으로 장비를 더 잘 갖추고 있었고 타니아의 경우가 가장 중요합니다.」

알렉셰프는 타니아에 대해서 보레고와 같은 의견이었고 그녀가 〈쿠바에, 피델에, 그리고 체에〉 충성했다는 사실에 한 치의 의심도 없다고 말했다. 그는 체가 〈자신의 사상으로 그녀를 사로잡았습니다. 그는 그 정도로 설득력 있고 매력적인 사람이었습니다〉라고 말했다.

체와 긴밀하게 일을 했으며 타니아도 개인적으로 알고 있었던 한 아르헨티나인은 이렇게 말했다. 「저는 타니아가 독일 정보부를 위해서 일했지만 체의 정보부에서 일하기 위해서 이동해 왔다고, 그녀가 이동을 위해 허락을 요청했다는 인상을 받았습니다. 체도 독일 측도 타니아가 두 곳에 동시에 보고서를 보내기를 원하지 않았을 것입니다. 체는 바보가 아니었습니다. 그는 이중 충성은 허락하지 않았을 것입니다.」

최근에 공개된 동독 슈타지 파일에 따르면, 타마라 분케라고 알려져 있는 그녀는 군터 마넬이라는 동독 방첩부대 장교에 의해 정보원으로 채용되어 슈타지 HVA에서 미국 부서를 담당하고 있었다.

1961년에 타마라가 쿠바로 떠나고 나서 한 달 후에 마넬이 변절했다. 그는 서베를린으로 몰래 넘어간 다음 CIA를 위해 일했다. 마넬이 자기 밑에서 일하던 요원들의 정보를 제공했기 때문에 서구에서 활동하던 요원들이 체포되었다. 따라서 마넬이 얼마 전에 쿠바로 떠난 재능 있고 열렬한 젊은 공산주의 요원, 즉 타마라에 대한 정보도 CIA에 넘겼을 것으로 추측된다.

HVA는 확실히 그렇게 추측했다. 1962년 7월 23일자 HVA 내부 보고서에 따르면, 마넬의 변절 직후 그들은 분케에게 편지를 보내 쿠바에서 위험이 닥칠지도 모른다고 경고하며 〈남아메리카나 북아메리카로 가려는〉 시도를 하지 말고 〈어떤 상황에서든 우리와 먼저 논의하라〉고 했다.

보고서에 따르면 HVA는 그때 이후 타마라와 더 이상 접촉하지 않았지만 그녀가 쿠바에서 〈점점 더 자기주장을 내세우면서〉 모든 정부 기관과 일하고 있으며, 독일 민주공화국 대표단이 쿠바를 방문할 때마다 통역을 담당하겠다고 〈성가시게 조른다〉는 사실은 〈알려져〉 있었다. 이 보고서는 또한 그녀가 〈아르헨티나로 가겠다는 결심을 포기한 것으로 보이며 쿠바에 머물면서 쿠바 시민권을 받기로 했다〉고 덧붙였다. 〈그녀는 또한 쿠바 정보기관과도 가까운 관계를 맺고 있으며…… 군복을 입어도 좋다는 허가를 받아 자주 착용한다.〉

슈타지 파일은 동독 방첩기관과 타마라 분케가 합의를 했지만 그녀가 쿠바로 간 뒤 그녀 쪽에서 접촉을 끊었음을 보여 준다. 그러나 슈타지 파일은 다른 의문들을 일으킨다. 쿠바 정보부가 타마라를 받아들였을 때 그녀는 훈련관들에게 자신이 독일 정보기관에 연관되어 있었다는 사실이나 자신을 채용한 사람이 그녀가 쿠바에 도착하고 나서 한 달 후에 변절했다는 사실을 말했을까? 만약 말했다면, 쿠바는 왜 HVA가 원래 그녀를 활동시키려고 계획했던 것과 같은 지역 — 볼리비아와 아르헨티나 — 에서 그녀를 활동시켰을까? 마넬이 변절한 이상 CIA와 동맹 정보기관들이 타마라의 신원과 그녀가 장차 하려 했던 첩보 역할을 모두 알고 있다고 생각해야 했는데 말이다.

이러한 의문에 대해서 바르바 로하 피녜이로는 이렇게 말했다. 「내가 타니아를 직접 통솔했는데 독일 정보기관에 채용된 적이 있느냐고 물었더니 그녀는 〈아니오〉라고 대답했습니다.」 피녜이로는 마넬의 변절이나 HVA가 타니아에게 보낸 편지에 대해서 알았더라도 그녀가 요원으로서 〈우수한 자질〉을 보여 주었기 때문에, 또 자신이 이끄는 기관이 타니아에게 발각되지 않을 위장신분을 새로 만들어 줄 능력이 있다고 믿었기 때문에 그녀를 썼을 것이라고 덧붙였다.

5

타니아가 쿠바에서 훈련을 시작하고 마세티와 부하들이 알제리에서 훈련을 계속하는 동안 체는 고국 아르헨티나의 정세를 분석하고 공격 시작 시기를 결정하기 위해 가능한 모든 정보를 수집하기로 마음먹었다. 정보를 수집하는 방법 중 하나는 ─ 한 해 전에 오스카르 스테멜린에게 그랬던 것처럼 ─ 아르헨티나 친구와 지인들을 불러서 여러 주에 걸쳐서 오랫동안 이야기를 나누며 자세한 정보를 물어보고 자기의 이론을 제시하며 조목조목 토론하는 것이었다. 2월에 체가 사람을 보내 리카르도 로호를 불러왔다. 로호가 도착하자 체는 그에게 〈좀 걷고 싶다〉고 말했다. 두 사람의 정치적 견해는 달랐지만 ─ 로호는 자유주의자였고 사회주의자가 아니었지만 〈반제국주의자〉였다 ─ 두 사람은 오랫동안 잘 지내 왔고 체는 로호가 인맥도 두텁고 예리한 정치 분석가라는 사실을 알고 있었다. 어쨌든 체와 일다를 서로에게 소개해 준 사람도, 처음으로 마세티를 쿠바로 보낸 것도 로호였고, 게다가 그는 얼마 전부터 체의 어머니와 친하게 지내고 있었다.

체는 마세티 팀이 머물렀던 안가에서 그리 멀지않은 미라마르 컨트리클럽 구역의 일급 정부 국빈관을 로호에게 숙소로 제공했다. 로호가 그곳에서 지내는 두 달 동안 체는 그를 자주 불러서 이야기를 나누었다. 후에 로호는 게바라가 점점 더 심해지는 쿠바의 고립 때문에 의기소침해져 있었고 또 미사일 위기 당시 소비에트가 쿠바를 〈아버지처럼〉권위적으로 대한 것에 여전히 화가 나 있었다고 말했다. 체는 다른 여러 라틴 아메리카 국가에서 사회주의 혁명이 권력을 획득하기 전까지는 쿠바가 지역 고립 상태를 벗어날 수 없다는 생각을 토로했고 어떻게 하면 사회주의 혁명을 이룰 수 있을지 열심히 연구 중이라는 사실을 숨기지 않았다. 로호는 둘이서 라틴 아메리카의 각 나라에 대해서 토론했고, 그러던 어느 날 체가 아르헨티나에 대해서 좀 더 〈체계적으로〉 이야기를 나누자는 제안을 했다고 회상했다.

두 사람이 대화를 나누는 동안 체는 메모를 했다. 로호는 체가 아르헨티나의 노동 운동과 대학 운동에 특별히 관심을 보이며 아르헨티나 야권 〈인사들〉에 대한 지식을 갱신하고 싶어 하는 것을 눈치챘다. 그들은 또한 아르헨티나 노동 계층 사이에서 식을 줄 모르는 페론의 인기에 대해 이야기를 나누었고, 체는 권좌에서 물러난 지도자 페론이 쿠바에 대한 감탄을 드러내며 자신에게 보낸 편지를 로호에게 보여 주었다. 로호가 보기에 체는 반란을 일으키기 위해서 페로니스타와 연합할 경우 어떤 장점과 단점이 있는지 가늠해 보는 중인 듯했다. 아르헨티나 군사 정부는 인기가 없었고 노동 투쟁이 점점 증가하는 추세였다. 체는 페론이 쿠바에 와서 살 경우 〈대중의 반응〉은 어떻겠느냐고 물었다. 페론의 추종자이자 좌파인 존 윌리엄 쿡이 체에게 페론을 쿠바로 초청하라고 한참 동안 설득하던 때였다.

1963년 4월 초 로호가 쿠바를 떠나기 직전에 부에노스아이레스에서 해군 봉기가 일어나 유혈 사태가 벌어졌다. 봉기는 곧 군대에 의해 진압되었지만 체에게 이것은 군대 내에서 심각한 분열이 일어나고 있음을 보여 주는 사건이었다. 체는 로호에게 아르헨티나에서 〈투쟁이 일어나기 위한 객관적인 상황〉이 갖춰지고 있다고 말했다. 이제 시민들에게 폭력적인 수단으로 통치자들을 전복할 수 있음을 보여 줄 〈주관적인 조건〉이 뒤따라야 할 때였다. 로호는 쿠바가 혁명에 성공한 것은 미국인들이 불시에 당했기 때문이라며 이제 그런 시절은 이미 지나갔고 미국과 동맹국들이 경계를 늦추지 않고 있다고 말했다. 체 역시 그 생각에 동의했지만 항상 그랬던 것처럼 그는 쿠바의 성공은 〈예외〉일 뿐 다른 나라에서 되풀이될 수 없다는 의견을 받아들이지 않으려 했다.

체는 로호에게 아르헨티나에서 활동할 게릴라 그룹을 준비하고 있다고 확실하게 말하지는 않았지만 로호가 그런 결론을 이끌어 낼 힌트는 충분히 많았다. 예를 들어 로호는 아바나로 올 때 1959년 12월에 투쿠만 주에서 짧은 봉기를 이끌었던 좌익 페로니스타 게릴라와 같은 비행기를 타고 온 터였다. 그 사람도 체를 만나러 오는 길이었다. 또 쿠바를 떠날 준비를 하는 로호에게 체가 마지막으로 한 말도 있었다. 체는 이렇게 말했다. 「자네도 알게 될 걸세, 아르헨티나의 지배 계층은 아무것도 배우질 못해. 혁명전쟁만이 변화를 가져올 수 있다네.」*

---

* 로호는 『내 친구 체』라는 책에서 체와 이야기를 나눌 때 마세티가 몇 번 동석했다고 밝혔지만 시로 부스토스는 마세티가 프라하에서 지낼 당시 알제리에 잠시 다녀온 것을 제외하고는 팀을 떠난 적이 없었다고 주장한다.

한편 알제리에 있던 마세티는 피녜이로의 부하들이 볼리비아에서 게릴라 팀이 사용할 농장을 마침내 구입했다는 소식을 들었지만 마세티와 부하들에게 행동을 개시하라는 연락은 아직 없었다. 마세티는 더 이상 기다릴 수 없다고 판단하고 알제리인들에게 볼리비아로 갈 테니 도와달라고 요청했고, 알제리인들은 즉시 그러겠다고 했다.

　　부스토스는 이렇게 회상했다. 「알제리인들이 우리에게 모든 것을 제공했습니다. 필요하다면 무기도 기꺼이 제공했겠지만 여러 나라의 국경을 거쳐야 했기에 무기는 가져올 수 없었습니다. 하지만 그들은 온갖 군 장비와 여권 등 모든 것을 제공했습니다.」

　　1963년 5월에 마세티가 이끄는 팀이 드디어 남아메리카로 향했다. 아바나를 떠난 지 7개월 만의 일이었다. 그러나 팀원은 한 명이 줄어들어 있었다. 알베르토 그라나도가 모집한 대원 미겔이 다소 오싹한 방식으로 알제리에 남겨졌기 때문이다.*

　　기다리는 시간이 점점 길어지면서 미겔은 점점 더 반항적으로 변해 명령에 따르지 않고 있었다. 팀 모두가 비밀 생활을 시작한 이후 시로 부스토스의 감독하에 지켜야 했던 엄격한 규칙 중에 가족들, 〈심지어 어머니에게도〉 편지를 쓰면 안 된다는 규칙이 있었는데, 미겔은 그 규칙을 어

---

* 살아남은 동지들은 〈미겔〉의 본명은 잊은 것이 분명했지만 교육을 잘 받은 아르헨티나 유대인이었다고 기억했다. 이것은 팀이 아르헨티나에 도착한 이후 일어난 일들에 비추어 볼 때 무척 중요한 사실이었다.

졌다. 게릴라 팀이 파리에 머물 당시 미겔이 편지를 부치려다가 부스토스에게 들킨 것이었다. 이 사건은 끝없는 소용돌이의 시작일 뿐이었다. 알제리에서 미겔은 마세티에게 점점 더 비판적인 태도를 취했고 공공연히 그의 통솔력에 의문을 제기하며 불화를 일으켰다. 마세티와 미겔은 끊임없이 논쟁을 벌였고 경쟁심에 불타올랐다. 마세티는 어느 날 체력 훈련 도중 미겔을 이기려고 하다가 허리를 심하게 접지르는 바람에 몇 달 동안 심한 고통을 겪기도 했다.

알제리를 떠날 준비를 할 때 상황은 절정에 이르렀다. 미겔은 마세티가 팀을 이끈다면 가지 않겠다며 결국에는 두 사람이 서로 총을 겨누게 될 것이라고 말했다. 부스토스는 〈아르헨티나 해군이었으며 항상 《영화에 나올 법한 마초》가 되고 싶었던 마세티는 그 모욕을 참지 못했습니다〉라고 회상했다. 두 사람이 그 자리에서 주먹질을 벌일 태세였다. 다른 사람들이 두 사람을 말렸지만 마세티는 복수를 하고 싶었다. 그는 〈약식 재판〉을 열어서 미겔이 팀에 남을지 떠날지 결정해야 한다고 주장했다. 부스토스가 검사로 정해졌고 페데리코가 미겔의 〈변호사〉가 되었다.

상황이 이렇게 되자 부스토스는 미겔이 겁을 집어먹고 아르헨티나에 가지 않으려고 일부러 마세티와 싸움을 벌였다고 생각했다. 검사 역을 맡은 부스토스는 미겔의 부정적인 태도가 안보상의 위험을 초래하고 있으며, 게릴라단은 여러 국경을 거치는 힘든 여행을 해야 하므로 미겔을 남기고 떠나는 것이 합리적인 해결책이라고 말했다. 미겔을 변호하던 페데리코도 반대하지 않았다.

그러나 그것으로는 마세티의 성에 차지 않았다. 그는 미겔이 팀에서 빠지고 싶어 하는 것은 사형으로 다스려야 할 범죄인 〈배신〉과 마찬가지이므로 미겔을 총살해야 한다고 주장했다. 또한 알제리 군대의 친구들이 그를 처형하도록 자신이 주선할 수도 있다고 말했다. 결국 마세티의 주장이 이겨서 게릴라단은 만장일치로 미겔의 사형을 결정했다. 마세티, 파피토 세르게라, 푸리가 알제리 측에 사정을 이야기하자 군부대가 와서 사형수를 데려갔다.

미겔이 떠나고 나자 부스토스는 결정이 옳았다는 생각에는 변함이 없었지만 그래도 기분이 좋지 않았다. 그는 이렇게 회상했다. 「우리는 그들이 미겔을 데리고 가서 총살할 것이라고 확신하고 있었기 때문에 그가 정말 온순하게 행동하면서 공격적인 태도를 전혀 보이지 않은 데 깊은 인상을 받았습니다. 미겔은 자기 물건을 챙겨서 남자답고 올바른 태도로…… 떠났습니다. 그는 한탄하거나 인정을 베풀어 달라고 애원하지도 않았습니다.」

그 이후로 부스토스와 팀원들은 미겔을 〈엘 푸실라도(총 맞은 자)〉라고 불렀다. 미겔은 아르헨티나 혁명이라는 대의를 위해 죽은 첫 번째 희생자였다. 그러나 게릴라단이 미겔에 대해서 과거형으로 말하는 것이 옳지 않다는 사실을 깨달은 것은 훨씬 후의 일이었다.

마세티와 부하들은 알제리 외교관 여권을 가지고 그 당시 늘 함께 다니던 알제리 요원 두 명과 함께 몇 개의 그룹으로 나뉘어서 위장신분으로 로마에 갔다. 게릴라단이 로마에서 다시 모인 다음 마세티와 푸리는 다른 일정을 진행했고 부스토스, 페데리코, 레오나르도, 에르메스, 알제리 요원 두 명은 브라질의 상파울루로 갔다. 알제리 요원들이 봉인된 외교관 가방에 반군 장비를 넣어 갔다. 그들은 상파울루에서 기차를 타고 육로를 통해 볼리비아 동부 열대 저지대 산타크루스데라시에라로 이동했다. 신중을 기하기 위해 알제리 요원들은 그곳에서 아르헨티나 게릴라 팀과 헤어졌다. 요원들은 라파스로 이동한 후 정해진 장소에 장비를 숨겨놓고 새로운 알제리 정권의 대표자로서 볼리비아의 이웃 나라들을 방문하며 〈외교 임무〉를 계속했다. 며칠 후 부스토스와 동지들이 라파스에 도착하여 중개를 맡은 젊은 볼리비아 공산당원들과 접선했다. 곧 푸리도 합류할 예정이었다.

게릴라단은 푸리와 연락을 취한 후 작전 본부로 가서 산악 지역의 옛 식민지 수도 수크레 근처에서 마세티를 만났다. 이들은 신분을 감추기 위해서 새로 생긴 합작사업체의 아르헨티나 및 볼리비아 파트너로 위장했다. 같이 다니면서 얼마 전에 구입한 토지에서 농장 및 소 목축장 사업을 하려고 구상 중이라는 것이었다. 게릴라단은 곧 〈농장〉에 도착했다. 볼리비아와 아르헨티나의 국경을 이루는 리오베르메호 강이 남쪽으로 가파른 경사를 이루는 외딴 지역이었다. 게릴라단은 전략적인 목적을 위해서 산이 많고 숲이 무성한 삼각지 중앙에 위치한 땅을 구입했다. 양 옆은 아르헨티나 영토였다. 농장으로 드나드는 길은 비포장 도로 하나밖에 없었고, 가장 가까운 이웃과도 몇 킬로미터 떨어져 있었다.

그들은 이미 농장 〈관리인〉을 고용해 두었는데 그는 사실 볼리비아 공산당원이었다. 비교적 나이가 많은 그는 땅콩 수프를 만드는 것 외에는 별달리 하는 일 없이 지내고 있었다. 〈행정 담당자〉 푸리가 지프차를 타고 오가며 보급품과 무기를 날랐다. 그러나 아르헨티나 게릴라단은 피녜이로의 부하들과 볼리비아 협력자들이 그들을 위해 그 지역에서 구입해 둔 장비를 보고 대경실색했다. 부스토스는 이렇게 회상했다. 「반짝거리는 나일론으로 만든 얇은 제복이 있었습니다. 평범한 나일론 셔츠와 영화배우 톰 믹스가 찰 법한 작은 별들이 박힌 권총집 하며…… 정말이지 농담인 줄로만 알았습니다.」

배낭과 장화도 형편없었지만 다행히 알제리인들이 준 유고슬라비아 군복과 탄띠, 전투용 쌍안경이 있었다. 중국제 바주카포, 권총, 톰슨 경기관총 한 자루, 자동 소총, 상당량의 탄약 등 쿠바에서 몰래 가지고 온 군수 물자가 충분했고 상태도 좋았다. 시로 부스토스는 소음기가 달린 총까지 손에 넣었다.

마세티는 아르헨티나로 통하는 접근로를 둘러본 다음 준비가 끝났다고 판단했다. 드디어 6월 21일, 다섯 명으로 이루어진 인민게릴라군 전초 부대가 국경을 넘어 아르헨티나로 들어갔다.

6

마세티가 임무를 시작하기 불과 한 달 전, 페루에서는

쿠바에서 훈련받은 게릴라 군단이 완패했다. 쿠바에서 훈련받은 게릴라 40명으로 구성된 엑토르 베하르의 민족해방군ELN이 5월에 볼리비아에서 페루로 넘어가려고 시도하다가 발각되어 후퇴했다. 베하르의 임무는 페루의 남쪽 안데스 지방 바예데라콘벤시온까지 가는 것이었는데, 그곳에서는 페루 군대가 농부 출신 트로츠키주의자 우고 블랑코가 이끄는 작은 반군을 붙잡으려 애쓰고 있었다. 블랑코가 이끄는 반군은 지난 11월에 헌병 주둔지를 공격한 후 계속 도망 중이었고, 쿠바인들은 이것이 민족해방군이 활동을 시작하기 좋은 기회라고 생각했다.

볼리비아는 남아메리카 대륙 한가운데에 자리 잡고 있으며 규모가 크고 대부분의 지역이 개발되어 있지 않았기 때문에 ― 페루, 칠레, 아르헨티나, 파라과이, 브라질과 접한 국경 역시 허술하고 제대로 보호되지 않았다 ― 논리적으로 생각했을 때 베하르의 게릴라가 페루로 침투하기에는 가장 적당한 곳이었다. 마세티의 게릴라단도 마찬가지였다. 볼리비아가 유리한 또 다른 이유는 빅토르 파스 에스텐소로가 이끄는 볼리비아 좌익 세력 혁명민족주의운동MNR 정부가 쿠바와 우호적인 관계를 맺고 있었기 때문이었다. 볼리비아는 아직까지 쿠바와 국교를 유지하는 몇 안 되는 라틴 아메리카 정부 중 하나였다. 쿠바는 체와 무척 가까운 사람 ― 체와 푼타델에스테 회의에 동행했던 라몬 아하 카스트로 ― 을 외교 사절로 볼리비아에 파견했고 피녜이로의 부하 아리엘을 직원으로 배치했다. 특히 볼리비아에서는 공산당이 합법이었기 때문에 그들이 연락과 안가, 게릴라 수송을 담당하여 쿠바를 도울 수 있었다. 쿠바는 볼리비아 공산당에 베하르 군단을 페루 국경까지, 마세티의 게릴라단을 아르헨티나 국경까지 안내해 달라고 요청했다. 볼리비아 공산당은 그러기로 하고 간부 몇 명에게 두 단체를 돕는 일을 맡겼지만, 이들의 작전 지원은 마지못해서 내린 계산적인 결정이었다.

볼리비아 공산당은 합법적으로 활동했지만 지도자들은 쿠바 — 특히 체 — 가 지지하는 무장 투쟁보다 선거를 통해 더 많은 기반을 얻는 쪽을 선호했다. 근처 국가들의 비슷한 정당 대부분도 마찬가지였다. 볼리비아 공산당은 파스 에스텐소로 정부와 우호적인 관계를 확립했고, 그 관계가 지속되기를 바랐다.

볼리비아 공산당이 아르헨티나와 페루에서 게릴라 활동을 시작하려는 아바나의 계획을 돕기로 결정한 근본적인 이유는 쿠바가 볼리비아에서 폭동을 시작하지 못하도록 막고 싶었기 때문이었다. 볼리비아 공산당 청년지부 내에 호전적인 친쿠바 당파가 존재했기 때문에 이들을 중심으로 게릴라 세력이 만들어질 가능성도 있었다. 그러나 이들 당파에게 아르헨티나와 페루를 도와도 좋다고 하락하면 혁명에 대한 열정을 다른 곳에 분출할 방법을 마련해 주는 셈이었고, 그러면 페루 공산당을 조각 낸 국제적 분열을 막을 수 있을지도 몰랐다. 볼리비아 공산당 총수였던 마리오 몬헤는 쿠바 외교관들이 라파스에서 처음으로 이 문제를 가지고 접근해 왔다고 말했다.

「그들은 페루 공산당 청년들이 훈련을 마친 후 고국으

로 돌아가고 싶어 하므로 도움이 필요하다고 말했습니다. 페루로 들어가기에 가장 좋은 나라는 볼리비아라고, 알티플라노 지역을 통하면 된다고 생각했습니다.」 몬헤는 쿠바 측에 그 전략에 동의하지 않는다고, 쿠바의 경험은 독특한 것이며 다른 곳에서 반복될 수 없다고 말했다. 그는 또 페루 공산당 동지들에게 알리지 않고서는 아무 일도 진행할 수 없으며, 사실을 알리고 그들의 의견을 물어야 한다고 말했다. 몬헤가 칠레와 우루과이에서 개최된 회의에 참석하여 페루 공산당에 쿠바의 제안을 알리자 그들은 단호하게 반대했다. 「그들은 게릴라와 연관되고 싶어 하지 않았습니다.」

몬헤는 페루 공산당과 같은 생각이었지만 아바나와 공개적인 분열을 재촉하지는 말라고 설득하며 〈유연하게 상황을 통제하도록 노력하라〉고 촉구했다. 그렇지 않으면 〈이 일이 온 세상에 알려져서 페루 측을 비롯한 모든 사람들이 피해를 입을 것〉이라고 경고했다.

그런데 아바나가 볼리비아에서도 게릴라 전쟁이 일어나기를 바라고 있다는 소문이 몬헤와 동지들에게 들려오기 시작했다. 볼리비아 공산당 정치국은 회의를 열어서 볼리비아에서의 무장 투쟁에 반대하기로 만장일치 결정을 내렸고, 몬헤가 정치국 동료 일라리오 클라우레와 함께 아바나에 갔다. 몬헤에 따르면, 두 사람의 임무는 볼리비아 지역 전반에 대한 쿠바의 〈간섭주의〉에 반대한다는 볼리비아 공산당의 공식 정책을 알리는 동시에 아바나와 성난 페루 측을 〈중재〉하는 것이었다.

몬헤는 쿠바 게릴라 지원 기관의 실력자 마누엘 피녜이로를 만난 자리에서 1930년대에 스탈린이 지배하던 소비에트가 라틴 아메리카 게릴라를 지원한 적이 있었지만 성공하지 못했다는 사실을 상기시켰다. 몬헤는 피녜이로에게 이렇게 말했다.「그들은 여러 곳에서 무장 투쟁과 게릴라 활동을 추진했고 다른 나라에서도 같은 시도를 하다가 실패했습니다. 그런데 이제 당신들이 그들의 실패를 되풀이하려고 하는군요.」

피녜이로는 피델과 직접 이야기를 나누자고 제안하여 회의를 마련했다. 몬헤는 그 자리에서 자신과 페루 측이 반대하는 이유를 다시 한 번 대략적으로 설명했다. 피델은 쿠바가 경험한 혁명이 공산당의 기존 접근법을 대신할 훌륭한 대안이라고 주장하면서, 쿠바의 투쟁을 모방하고 싶어하는 젊은 게릴라들에게 그 대안을 부정할 수 없으며 부정하지도 않겠다고 말했다. 피델이 몬헤에게 말했다.「우리는 그들을 도울 것입니다. 당신 입장은 이해하지만, 이제 우리가 당신네 나라에 도착할 사람들을 도와야 한다고 생각합니다. 나는 페루 공산당에 도움을 요청하는 것이 아니라 당신에게 도움을 요청하는 것입니다.」

몬헤는 피델이 볼리비아 공산당에 고마움을 느끼고 있으며 볼리비아 내에서 그들 몰래 게릴라 활동을 시작하도록 허락하지 않을 것이라고 믿었기 때문에 클라우레와 함께 피델의 요구에 응했다. 페루 공산당에 알리지 않은 채 베하르 팀이 페루에 들어가도록 돕기로 한 것이었다. 그런 다음 몬헤와 클라우레는 체를 만났지만 그 만남은 그리 우호적이지 않았다. 몬헤는 체가 〈단호하면서도 공격적인 태도로〉 게릴라 작전을 장황하게 설명했고, 그들 사이에는 신뢰가 아닌 긴장의 분위기가 감돌았다고 회상했다.

아바나 회담에 대한 클라우레의 설명은 약간 다르다. 그는 몬헤와 자신이 볼리비아 내에서 쿠바가 후원하는 게릴라 전쟁을 시작하는 것에 반대한다는 입장을 분명히 밝혔다는 점에는 동의했지만, 그의 말에 따르면 피델은 어물쩍거리며 〈외교적〉인 태도를 보였고 체는 〈오만〉하게 그들의 주장을 물리치며 〈우리가 쿠바 혁명을 일으키려 했을 때 쿠바 공산당도 같은 말을 했습니다. 우리가 그들의 말을 들었다면 쿠바 혁명은 일어나지도 않았겠지요〉라고 응수했다.

나중에, 클라우레는 자신과 몬헤 둘 다 쿠바인들은 볼리비아 공산당의 의사와 상관없이 그들이 이미 계획한 대로 일을 진행할 거라는 의심을 품은 채로 라파스로 돌아갔으며 그 이후로 쿠바인들의 동태를 주의 깊게 살피게 되었다고 말한다. 머지않아 두 사람은 자신들의 우려에는 충분한 근거가 있다고 느끼게 되었다. 몬헤는 자신이 아바나를 다시 방문해 어느 날 체와 함께 야외로 나가 잔디에 누워서 긴장을 풀고 이야기를 나누었던 순간을 회상했다. 체가 그를 향해 고개를 돌리고 이렇게 말했다. 「이봐요, 몬헤, 왜 볼리비아에서 게릴라 전쟁을 일으키지 않는 겁니까?」 몬헤가 대답했다. 「왜 그래야 합니까? 전쟁이 우리에게 무엇을 가져다주겠습니까?」 그러자 체가 도전적으로 말했다. 「무서워서 그러는군요, 맞지요?」 그러자 몬헤는 이렇게 쏘아붙였다. 「아닙니다. 당신은 머릿속에 기관총밖에 없어서 반제국주의 투쟁을 전개할 다른 방법은 생각하지도 못하는군요.」그러자 체는 껄껄 웃더니 더 이상 그 문제를 거론하지 않았다.

몬헤와 볼리비아 공산당 동지들은 혁명 이론에 대한 쿠바와의 의견 차이와는 별개로 쿠바의 게릴라 활동이 볼리비아의 이익보다는 쿠바의 이익을 위한 것이 아닐까 의심했다. 몬헤는 체와 이야기를 나눈 후 얼마 지나지 않았을 때 어느 〈쿠바 관리〉가 볼리비아에서 몬헤의 공산당이 무장 투쟁을 시작하면 〈제국주의자들의 관심을 분산시켜 우리에 대한 압력이 줄어들〉 테니 〈정말 좋을〉 것이라는 말을 했다고 했다.

당분간 몬헤는 쿠바와 최대한 좋은 관계를 유지했다. 그는 회유적인 태도를 유지하는 동시에 쿠바의 의도를 파악하려고 노력하면서 심지어 볼리비아 공산당은 〈쿠바의 혁명 경험에서 배우는 것〉에 무척 관심이 많다며 공산당 청년 간부를 아바나로 보내도 되겠냐고 쿠바의 허락을 요청하기도 했다. 한편 볼리비아 공산당은 베하르 군단과 마세티 군단을 돕기 시작했다. 그들은 몇몇 젊은 당원들을 협조자로 배치했고 안가와 식량, 보급품, 운송 수단을 제공했다. 마세티와 부하들이 아직 알제리에 있을 때, 볼리비아 측은 리오베르메호 강 근처에 아르헨티나 팀이 후방 작전 기지로 쓸 장소를 정해서 구입해 놓았다. 또 일정을 몇 번 연기하고 변경한 끝에 라파스에 있던 베하르 군단을 데리고 페루를 향해 출발했다. 강가를 따라 볼리비아 동부 정글을 통과하는 긴 여행이었다.

　5월에 베하르 군단이 페루 국경에 도착했는데, 그때쯤
페루 당국은 이미 그들의 계획을 알고 있었던 것이 분명했
다. 베하르는 선발팀을 국경 너머로 보냈지만 페루 푸에르
토말도나도 시의 경찰이 즉시 선발팀을 발각했고 총격전
이 일어났다. 게릴라 전사 중에서 하비에르 에라울드라는
젊고 훌륭한 시인이 죽었다. 다른 전사들은 대부분 볼리비
아로 탈출했지만 약 열두 명이 지역 당국에 붙잡혔다. 그러
나 파스 에스텐소로 정부는 쿠바에 대한 우호적인 제스처
로 그들을 풀어 주었다. 5월 말에는 우고 블랑코까지 붙잡
혀서 페루의 감옥에 갇혔다. 페루 군사 정권은 1년 전에 권
력을 획득한 후 약속했던 대로 6월 초에 선거를 실시했고
중도우익 후보인 미국에서 교육받은 기술자 페르난도 벨
라운데 테리가 승리를 거두었다. 페루 최초의 게릴라 시도
는 비참하게 실패했지만 베하르와 동지들은 조직을 다시
꾸리기 시작했고 곧 다시 활동을 시도했다.*

　베하르 군단이 너무 이른 시기에 발각되자 의심의 눈초
리가 페루 공산당에 집중되었다. 나중에 베하르는 몬헤의
볼리비아 공산당이 페루 공산당의 요구에 따라 자신들을

---

* 시로 부스토스와 동지들을 포함한 몇몇 전 게릴라 대원들은 쿠바 보안기관이
체의 게릴라 계획을 성공적으로 이행하지 못하고 계속 실패한 것이 피녜이로의
잘못이라고 분명히 말했다. 그러나 피녜이로가 맡은 일 자체가 원래 칭찬받기
힘든 것이었다. 피녜이로의 기관은 베하르 군단과 마세티 군단뿐 아니라 과테
말라, 콜롬비아, 베네수엘라 게릴라를 동시에 지원했고, 그 밖에도 많은 팀이 있
었다. 또한 병참과 통신상의 어려움에서부터 당파 분열, 군사 및 정치적 패배에
이르기까지 모든 면에서 문제가 일어나고 있었다.

방해했다고 비난했다. 그는 볼리비아 측이 블랑코의 활동 지역에서 수백 킬로미터 떨어진 곳으로 경로를 변경해서 게릴라 군단의 입국을 지연시켰다고 지적했다. 그러나 볼리비아 공산당 지도자들은 이러한 비난에 대해서 쿠바가 바라는 대로 해주었다고 반박할 수 있었다. 볼리비아 공산당 간부회는 민족해방군을 페루 국경까지 호위했고 심지어 그들이 실패한 후 피난처와 원조를 제공했다. 그러나 내부의 배신이라는 의혹은 몇 년 동안 계속되었다. 당시 볼리비아 공산당 청년 전사였던 움베르토 바스케스비아냐가 나중에 신랄하게 말했듯이 그가 몸담았던 볼리비아 공산당은 〈신과 악마 모두와 사이좋게 지내려고〉 노력했다.

체의 전 처남 리카르도 가데아로 말하자면, 그는 베하르 원정에 참가하지 못했다. 당파 분열 이후 가데아를 포함한 게릴라 지원자들은 좌파혁명운동을 만들어서 쿠바–민족해방군 모델과는 다른 접근법을 선택했다. 그들은 전쟁을 시작하기 전에 우선 페루에 사회적, 조직적 기반을 만들어야 한다고 생각했다. 쿠바 측은 이를 승인하지 않았고 가데아는 자신이 동지들과 함께 쿠바에 〈억류되었다〉고 말했다. 피녜이로는 가데아의 말이 맞다고 인정하며 〈생각의 차이 때문에 그들을 다르게 대했다〉고 설명했다. 베하르는 망설임 없이 즉시 행동을 시작하려 했고 쿠바는 그것이 최고의 계획이라고 생각했다. 반면에 가데아의 팀은 더욱 느슨하고 장기적이며 따라서 덜 매력적인 계획을 가지고 있었다. 그래서 베하르와 부하들이 배를 타고 볼리비아로 향할 때 가데아 팀은 에스캄브라이 산지에 파견되어 그곳에서 활동 중인 반혁명 분자 〈반디도스〉와 싸웠다. 페루로 돌아가겠다고 요청해도 퇴짜를 맞거나 아예 아무 답변도 듣지 못했다. 몇 달 후 가데아 팀은 자신들이 억류당하고 있음을 깨달았다. 베하르 원정이 실패로 돌아간 후 가데아 팀의 지도자 루이스 데 라 푸엔테 우세다가 아바나를 일부러 방문한 다음에야 그들은 마침내 출발해도 좋다는 허락을 받았다. 가데아는 페루로 떠나기 전에 체를 마지막으로 만났다.

가데아는 이렇게 회상했다. 「저에게는 중요한 대화였습니다. 체가 나를 단순한 학생으로, 혹은 가족의 의무 때문에 만난 것이 아니라 내가 페루 혁명에 대해서 내린 결정 때문에 만난 것은 그때가 처음이었으니까요.」 체는 가데아에게 나쁜 감정은 없다고 분명히 밝힌 다음 행운을 빌어 주었다. 「그는 나에게 이렇게 말했습니다. 〈자, 이제 가서 스스로 경험을 하게. 누구나 자신을 시험해야 하는 법이지. 경험을 통해서 지식을 얻고 배우게 될 거야.〉」

가데아는 쿠바를 떠날 때 자신을 증명해 보이기로 굳게 결심하고 부모님의 반대를 무릅쓰고 집을 떠나는 청년의 기분, 즉 자기 회의로 마음이 복잡하지만 결의에 찬 기분이었다고 설명했다. 가데아는 30년이 넘게 지난 지금도 팀의 모든 동지들이 붙잡히지 않고 페루로 무사히 들어가서 지하 조직을 시작했고, 2년 내에 전쟁을 시작할 준비를 끝냈다는 사실을 자랑스럽게 여긴다.

한편 체는 자신의 미래를 신중하게 계획하며 마세티가 추진 중인 아르헨티나 게릴라 단체 설립 계획의 결과를 초조하게 기다렸다.

7

알레이다는 체가 떠나지 않기를 바랐지만 그를 말릴 수 없다는 사실을 잘 알았다. 그는 처음 만났을 때에도 그 이후에도 줄곧 혁명 전사였다. 체는 언젠가 그녀를 떠나 고국에서 혁명을 일으키겠다고 처음부터 분명히 밝혀 두었다.

1962년까지는 체와 헤어진다는 것이 추상적인 생각에 불과했지만 마세티 군단이 구성되고 훈련이 진행되자 알레이다는 더 이상 모른 척할 수 없었다.

1962년 5월에 두 사람의 둘째 아이 카밀로가 태어났다. 첫 딸 알류샤는 체의 짙은 색 피부를 물려받았고 새로 태어난 둘째는 알레이다의 흰 살결을 물려받았다. 카밀로는 자라서 어머니의 금발, 아버지의 억센 이마와 강렬한 눈빛을 가지게 될 터였다. 미사일 위기 때 알레이다가 다시 임신을 했기 때문에 게바라 가족은 누에보 베다도 주택지 카예 47번지에 위치한 좀 더 큰 집으로 이사했다. 새 집은 동물원에서 몇 블록 떨어진 곳이었고 혁명 광장 근처 정부 청사와 가까웠다. 1963년 6월 14일 ― 체의 서른다섯 번째 생일 ― 에 알레이다가 둘째 딸을 낳자 두 사람은 체의 어머니의 이름을 따서 셀리아라는 이름을 붙여 주었다.

당시 어머니 셀리아는 감옥에 갇혀 있었기에 체가 새로 태어난 딸에게 어머니의 이름을 붙인 것은 가슴 아픈 경의의 표시인 셈이었다. 셀리아는 1963년 1월에 쿠바를 방문하여 3개월 동안 체의 가족과 함께 지낸 다음 4월에 아르헨티나로 돌아갔다가 쿠바의 전복적인 선동 자료를 소지하고 있으며 악명 높은 아들의 대리인 역할을 했다는 죄목으로 감옥에 갇혔다.

6월 9일에 셀리아는 부에노스아이레스 여자 교도소에서 체에게 편지를 썼다. 편지는 이렇게 시작했다. 〈사랑하는 아들아, 내게 편지를 쓰라고 했었지. 그 후 많은 시간이 흘렀구나. 교도소는 편지를 쓰기에 그렇게 좋은 장소는 아니란다. ……현재 나는 내 왕국을 열다섯 명과 함께 나눠 쓰고 있는데 거의 모두가 공산주의자야.〉 셀리아는 그들이 〈지나치게 가혹한 규율과 민족 통일 독단론〉을 강요하기 때문에 참기 힘들지만, 그 점만 빼면 좋은 동료들이라고 말했다. 셀리아는 그 부분만 빼면 충분히 즐거운 시간을 보내고 있다고 했다. 그녀는 언제 풀려날지는 모르지만 〈너도 알다시피 훌륭한 유머 감각으로 감옥을 견딜 수 있는 체질이 있다면 그게 바로 나란다. 또 내가 겸손함을 키우는 데에도 도움이 되겠지……〉라고 썼다.

〈불편한 점은 하루 내내 혼자만의 시간이 전혀 없다는 것이야. 우리는 가로 14미터, 세로 6미터 크기의 감방에서 먹고, 자고, 책을 읽고, 일을 해. 창살 사이로 하늘을 올려다볼 수 있는 복도에서 운동을 하다가 일반 죄수들이 오면 쫓겨난단다. 우리가 그들에게 끔찍한 전염병을 옮기기라도 할 것처럼 말이야…….

나는 여덟 시에 아침 식사를 하고 그다음에는 운동을 해. 세 시부터 네 시까지는 안뜰에서 배구를 하지. 일흔 살인 콘수엘로를 제외하면 사실상 내가 가장 나이가 많고, 다른 팀은 여섯 명 모두 젊은 학생들이야. 사람들은 내가 우리 팀 최고의 선수라고 만장일치로 인정했단다. 내가 속한 팀은 우승팀이야.〉 셀리아는 또 종이죽 인형 만들기 등 감옥 공예를 배웠다. 〈끔찍하지만 시간을 보내기에는 좋은 방법이야.〉

셀리아에게는 좋은 침대와 따뜻한 담요가 제공되었고 음식도 괜찮았으며 교도관들도 〈불필요한 잔혹 행위〉를 하지 않았다. 사생활이 잘 보호되지 않는다는 점 외에 셀리아가 가장 큰 불만을 느꼈던 것은 면회 전후의 몸수색과 특히 모욕적이었던 편지 검열이었다. 〈몸수색을 하면서 수상쩍게 더듬을 때도 있단다. 이곳 수감자들은 거의 모두 레즈비언인데, 교도관들도 같은 성향을 가지고 있기 때문에 이 멋진 직업을 택한 게 아닐까 하는 생각이 드는구나…….

정부가 왜 나를 이곳에 집어넣으려 했는지 잘 모르겠다. 아니 어떻게 생각하면 오히려 알 것도 같구나……. 네가 궁금하게 여길까 봐 한 가지 말해 주자면 아르헨티나 비밀경찰이 나한테 물어본 질문 중 하나는 《피델 카스트로 정부에서 당신이 하는 역할은 무엇입니까?》란다.〉

셀리아는 나쁜 대접을 받지는 않는다며 체를 안심시켰다. 그녀를 심문했던 경찰은 〈목소리를 높이지〉 않았지만 그렇다고 해서 셀리아가 그들을 〈나쁜 놈들〉이라고 생각하지 않았던 것은 아니었다. 셀리아는 아르헨티나를 통치하는 군사 정권이 7월에 실시하기로 한 선거에서 〈된통 매운 맛을 보기를〉 바랐다.

〈너도 알겠지만 그들은 늘 한층 더 심한 생각을 하게 만든단다. 감옥은 일반 죄수들뿐 아니라 정치범들까지도 깜짝 놀랄 만큼 망쳐놓는 곳이야. 미온적인 범죄자는 적극적인 범죄자가 되고, 적극적인 범죄자는 공격적인 범죄자가 되고, 공격적인 범죄자는 무자비한 범죄자가 되지.〉

사실 셀리아는 아들 에르네스토가 〈체〉로 탈바꿈한 이후 정치에 관해서 무척 급진적으로 변화했다. 그녀는 최근 몇 년 동안 이스마엘 비냐스를 적극적으로 지지해 왔는데, 그는 라디칼리스타 정치인이었다가 프론디시와 갈라선 후 스스로 좌파 정당을 만든 인물이었다. 이제 셀리아는 〈사회주의〉를 믿지만 공산주의자는 아니라고 말했고, 그녀를 잘 아는 사람들에 따르면 셀리아는 피델을 전혀 좋아하지도 믿지도 않았다. 무엇보다도 셀리아는 피델이 자기 아들을 꽉 잡고 있으며 체가 피델에게 헌신한다는 사실을 마음에 들어 하지 않았다. 또 개인적으로는 쿠바의 혼란과 무능함을 불안하게 여겼지만 원칙적인 근거에 따라서 쿠바가 자국의 정치적 운명을 결정할 권리가 있다고 열심히 옹호했다. 무엇보다도 셀리아는 아들이 혁명에서 큰 역할을 했기 때문에 혁명을 지지했다.

아르헨티나 보안 당국이 무엇을 의심했는지 모르지만 셀리아가 아르헨티나 공산당원들과 함께 투옥된 것은 씁쓸한 아이러니였다. 편지에는 대수롭지 않게 언급했지만 사실 셀리아는 광신적인 동료 수감자들 때문에 무척 고달팠다. 셀리아의 며느리 마리아 엘레나 두아르테에 의하면, 동료 수감자들이 셀리아의 삶을 얼마나 〈견딜 수 없게〉 만들었는지 면회하러 갔을 때 셀리아가 참지 못하고 울음을 터뜨릴 정도였다.

「그들은 간수들도 강요하지 않는 규칙을 내렸습니다. 예를 들어 셀리아는 독서를 좋아했는데 그들은 셀리아를 괴롭히려는 듯이 불을 꺼버렸지요. 몇 시, 몇 시에는 불을 꺼야 한다는 식이었어요. 셀리아가 안뜰에서 어떤 운동을 하고 싶어 하면 그들은 안 된다고, 운동 시간이 아니라고 말했습니다. 너무 잔인했고…… 셀리아를 괴롭히려는 것이 아주 분명했어요! 셀리아는 그들이 간수들보다 더 나쁘다고 말하곤 했습니다.」

마리아 엘레나가 셀리아를 괴롭힌 주범으로 지목한 사람은 공산주의를 표방하는 아르헨티나 여성연합 설립자이자 베테랑 공산당 활동가인 파니에 에델만이었다. 여러 해가 지난 후 에델만은 자신과 동지들이 〈감옥 생활을 조직〉했고 〈무척 엄격한 행동 기준〉을 내세웠다고 인정했다. 그러나 어떤 식으로든 체의 어머니만 괴롭혔다는 주장에 대해서는 화를 냈다. 「우리는 조화로운 단체였습니다. 오히려 우리는 그녀가 체의 어머니였기 때문에 특히 존경했습니다.」[*]

---

[*] 에델만은 당시 공산당이 〈교조적〉이고 〈개량주의적〉이었으며 혁명을 일으킬 생각이 없었고, 권력 획득 수단으로 〈무장 투쟁〉을 철저히 거부했다고 인정했다. 〈그때는 우리 당의 역사에서 모든 게릴라와 모든 무장 단체가 터부시되던 시기였습니다.〉

사실상 아르헨티나 공산당이 공식적으로는 사회주의 쿠바와의 혁명적 연대를 떠들썩하게 선전했지만 실제로 그 당은 무엇보다도 정치적 위상을 최우선적으로 추구하는 완전히 통일되고 무척 견고한 관료 사회였다. 아르헨티나 공산당 셀리아는 체에게 편지를 보내고 나서 얼마 후 감옥에서 풀려났다. 그러나 이제 삶은 예전과 달랐다. 그녀는 의지할 수 있는 사람들과 헤어진 상태였고 아이들은 다 자라서 그녀를 떠나 있었으며 이제 진정한 의미의 자기 집이라 부를 만한 곳도 없었다.

한 해 전에 폭탄 사건이 일어난 후 셀리아와 열아홉 살의 막내아들 후안 마르틴은 아라오스 가의 집과 그들을 보살펴 주던 인디오 하녀 사비나를 떠나서 작은 아파트로 이사한 터였다. 곧 후안 마르틴의 새 신부 마리아 엘레나도 같이 살게 되었다. 셀리아가 감옥에 있는 동안 마리아 엘레나가 사내아이를 낳았다. 셀리아는 두 사람에게 불편을 끼치고 싶지 않았기 때문에 감옥에서 나온 후 두 사람에게 아파트를 주고 네그로 가의 어둡고 낡은 집에서 딸 셀리아와 함께 살았다.

마리아 엘레나와 후안 마르틴은 몹시 마음이 불편해져서 어머니 셀리아에게 같이 살자고 했다. 셀리아는 〈아니야. 우리는 지금 잘 지내고 있잖니, 같이 살면서 그 관계를 망치고 싶지 않아〉라고 말했다. 세 사람은 자주 만났고 로베르토의 집에서 거의 주말마다 모였지만 셀리아는 한없이 외로운 삶을 살았으며 자식들도 그 사실을 자세히 알지 못했다. 예를 들어 자식들은 셀리아가 영화를 보러 가기 좋

은 볼리비아와 페루, 칠레의 공산당과 마찬가지로 쿠바가 추진하고 젊은 투사들이 주장하기 시작한 무장 투쟁에 격렬히 반대했다. 체는 이 사실을 알고 있었고, 바로 그 때문에 공산당 몰래 게릴라 거점 개발을 시작해야 한다고 주장했을 뿐 아니라 공산당 내 반대자들이 게릴라 전사로 합류하기를 기대했다.

아한다는 사실은 알았지만 그녀가 죽고 난 후 외투 주머니에서 영화표를 발견한 후에야 어머니가 거의 항상 혼자서 영화를 보러 갔다는 사실을 깨달았다.

마리아 엘레나는 이렇게 말했다. 「시어머니는 친구들도 있었고 정치 활동도 했지만 아주 개인적이고 고독한 방식으로 자기 삶에 구획을 나누었습니다. 그리고 저는 셀리아가 어떤 면에서는 고독을 즐겼다고 생각해요. 어머니는 책도 무척 많이 읽고 생각도 무척 많이 했으며 반성의 시기, 그러니까 자신의 정치적 견해를 재감정하는 시기를 거치고 있었습니다.」

물론 체는 가족들 모두의 삶을 어느 정도 바꾸어 놓았지만 특히 셀리아는 체의 어머니가 되면서 삶이 송두리째 변했다. 친구들은 에르네스토가 혁명가 체로 변하면서 게바라 집안에 미친 영향을 〈폭발〉이라고 묘사하면서 가족들은 각자의 정치적 태도를 어쩔 수 없이 포기하고 유명한 〈코만단테 코무니스타〉와 혈연관계라는 이유만으로 자신의 의지와 상관없이 박해를 견뎌야 했다고 설명한다. 그 결과는 어머니 셀리아에게 가장 직접적이고 극적이었다. 혁명과 전쟁이 체의 삶을 장식하면서 셀리아 역시 폭탄과 투옥, 정치적 박해를 겪었다. 에르네스토가 자아를 찾는 여행을 떠나 길에서 여러 해를 보내면서 단절되었던 모자의 독특한 공생 관계가 기묘하게 회복된 것이다.

셀리아는 자신이 속한 사회와 반목하게 되었고 체 역시 자신이 고향으로 받아들인 쿠바에서 새로운 전환점을 맞이하는 중이었다. 셀리아는 감옥에서 보낸 편지에서 체의 생일을 축하하며 그가 〈산업부와 그 문제에 푹 빠져서〉 생일을 보내고 있을 것이 틀림없다며 이렇게 덧붙였다. 〈잊을 뻔했구나, 쿠바 경제에 어떤 진전이 있는지 좀 말해 주겠니?〉

셀리아도 분명히 알고 있었겠지만 사실 진전은 없었다. 리카르도 로호의 마지막 쿠바 방문이 셀리아의 방문과 겹쳤는데, 로호는 지난번에 왔을 때보다 쿠바가 눈에 띄게 쇠퇴했다는 사실을 금방 깨달았다. 한때 아바나를 밝히던 네온사인은 꺼져 있었고 미국산 담배는 더 이상 찾아볼 수 없었으며 크리오요스와 도라도스 같은 쿠바 담배가 그 자리를 대신했다. 자동차와 버스 들은 부품이 없는 데다가 제대로 관리하지 않아서 낡아 보였고 미국산 트랙터 수백 대가 같은 이유로 밭에서 녹슬고 있었다.

쿠바 혁명가들은 미국과의 완전한 단절이 불러올 결과를 충분히 생각해 보지 않았던 것이 분명했다. 옛 체제는 급작스럽게 중단되었고 새로운 체제는 쿠바가 현재 필요로 하는 것을 따라가지 못했으며 야심 찬 미래 계획에 크게 못 미쳤다. 소비에트 석유는 황 함유량이 너무 높아서 미국이 건설한 정유소 배관을 부식시켰고, 동구권 기술자들은 장비를 제대로 갖추지 못했기 때문에 미국인들이 쿠바에 남겨 둔 현대 기술을 이어받지 못했다. 제일 간단한 기호까지도 어마어마한 난관을 가져왔다. 예를 들어 소비에트의 기구는 미터법을 사용했기 때문에 쿠바에 있는 미국제 기계와 맞지 않았다.

실망스러운 일은 그뿐만이 아니었다. 쿠바가 소비에트

블록에서 구입한 산업 장비 대부분이 허울만 번듯한 구식 제품으로 밝혀졌다. 오스카르 페르난데스 멜은 체가 러시아에서 구매한 조잡한 파일 장비를 보며 불같이 화를 냈다고 회상했다. 「체는 〈그들이 우리한테 판 저 쓰레기를 봐!〉라고 말하곤 했습니다.」 체는 그것이 조잡하고 기다란 고철 조각으로 만든 장치를 은색 페인트에 담가 놓은 것일 뿐이라고 말했다.

여러 가지 실제적인 문제에 둘러싸여 있던 체는 로호에게 쿠바에서 산업화를 진행하려면 건축 자재를 생산해야 하지만 내화 벽돌이 없기 때문에 커다란 가마 두 개가 놀고 있다고 말했다. 그는 〈나사까지도 급히 마련해야 해〉라고 설명했다. 게다가 쿠바에서 생산하는 실이 〈너무 고르지 않았기 때문에〉 직조 공장은 문을 닫았다. 그 외에도 문제는 많았다.

로호는 이렇게 썼다. 〈그 당시 몇 달간 게바라의 마음이 어땠는지 한마디로 결론을 낸다면 나는 고난이 그의 낙관주의를 갉아먹고 있었다고 말하겠다. 창의력은 무뎌진 것 같았고 그의 정신은 산더미처럼 쌓인 통계와 생산 방법 밑에서 질식했다.〉

알베르토 그라나도가 보기에 체가 초조해한 까닭은 처음에 그토록 순진한 열정으로 받아들였던 불완전한 소비에트 모델에 믿음을 잃었기 때문이기도 했다. 체는 쿠바에 소비에트 모델을 이식하려는 노력이 엉망진창이었기 때문에 화가 났는데, 한 술 더 떠서 비능률성, 관료주의, 승리주의적인 수사법까지 따라 들어왔다. 그라나도는 체가 과테말라와 멕시코에서 자신이 어떻게 마르크스주의로 전향했는지 설명해 주었다고 회상했다. 체가 그라나도에게 한 이야기에 따르면 그는 마르크스주의에 대해 〈회의적〉이었지만 책에서 〈스탈린을 발견〉하고 깜짝 놀랐다. 「그때 체는 표어와 선언만이 전부가 아닌 세계를 발견했습니다. 제 생각에 체는 그런 세계에 도취되어 소련에 삶의 해결책이 있다고 생각했고 책에서 읽은 내용이 소비에트에 적용되어 있다고 믿게 된 것 같습니다. 하지만 1963년과 1964년에 소련에 속았다는 사실을 깨닫자 ─ 체는 다른 사람이 자신에게 거짓말을 하는 것을 견디지 못했습니다 ─ 폭력적인 반응을 보였지요.」

사르트르가 말했듯이 혁명의 〈밀월〉은 1960년 말에 끝났다. 혁명의 관점에서 보면 그것은 무척 오래전이었다. 체는 중년의 나이에 접어들었고 네 아이를 둔 아버지였으며 혁명 쿠바의 정점에 선 정부 장관이었다. 그는 엄숙한 분위기를 풍겼고 예전만큼 태평스러워 보이지 않았다. 또 체는 자기 나이로 보였다. 그는 시에라마에스트라 시절에 기르기 시작해서 〈자유 쿠바〉 초기까지 기르고 다녔던 머리카락을 짧게 잘랐다. 아직도 베레모를 썼지만 얼굴은 퉁퉁하고 부어 보였다. 체는 리카르도 로호에게 〈코르티손〉 때문에 뚱뚱해 보이는 것이라고 말했지만 사실 체중도 늘었다. 알레이다 역시 계속된 임신 때문에 살이 쪘다.

언제나 인습을 거스르던 체는 짙은 초록색 제복 셔츠재킷을 바지 밖으로 빼서 입고 그 위에 벨트를 맸다. 그는 쿠바 코만단테 중에서 군대의 복장 규정을 따르지 않는 유일한 인물이었다. 체는 또 바지를 장화 안으로 넣지 않고 밖으로 헐렁하게 빼서 입었다. 물론 감히 체를 나무라는 사람은 아무도 없었다. 그의 동료들은 어깨를 으쓱하며 〈체는 체다Che es como es〉라고 말하곤 했다.

체는 집에 있을 때면 검소하고 책으로 가득한 지붕 꼭대기 서재에 틀어박혀서 책을 읽거나 글을 쓰고 연구를 하며 시간을 보냈다. 서재의 장식품이라고는 청동 레닌 조각과 작은 시몬 볼리바르 청동상, 카밀로 시엔푸에고스의 사진을 넣은 커다란 액자가 전부였다. 사람들이 체에게 왜 쉬지 않느냐고 물으면 그는 일 핑계를 댔다. 알레이다나 아이들과 보낼 시간은 별로 없었다. 체는 거의 항상 일 때문에 불려 갔고 장거리 출장은 하나같이 다 장기 출장이었다. 체는 알레이다를 한 번도 출장에 데려가지 않았다. 또 쿠바에 있을 때는 공장, 군부대, 기업, 학교를 시찰하고, 연설하고, 외국 고위 인사를 맞이하고, 외교 연회에 참석했다. 그런 행사에는 가능하면 알레이다를 데리고 갔다. 그러나 체는 월요일부터 토요일까지 밤에도 일을 했고, 일요일 오전에는 자발 노동을 하러 갔다. 체가 가족에게 할애한 시간은 일요일 오후뿐이었다.

체가 가족과 시간을 보낼 때면 거실 바닥에 누워서 아이들과 무라야라는 이름의 커다란 독일산 셰퍼드와 함께 놀았다. 무라야는 체를 사무실까지 경호하기도 했다. 이제 여덟 살이 다 된 장녀 일디타는 주말이면 보통 체의 집에서 지냈고 같이 텔레비전으로 권투 경기와 축구 시합을 보며 누가 이길지 내기를 걸었다. 때로는 체가 일다를 만나러 가기도 했다. 일다는 체가 무척 지쳤다는 사실을 눈치챘다. 그녀는 체가 딸 일디타를 안고서 언젠가 여행에 데려가고 싶다고 말하곤 했지만 결국 한 번도 실행에 옮기지 못했다고 회상했다.

또 체는 가끔 엄한 성격을 드러내기도 했다. 한번은 알류샤가 짜증을 부리자 체가 성큼성큼 다가가서 엉덩이를 때렸다. 그러자 알류샤가 더 크게 울었다. 유모 소피아가 알류샤를 안고 달래려고 하자 체는 알류샤가 왜 벌을 받는지 기억하게끔 아이를 내버려 두라고 했다. 체는 자기 집 별관에 살던 경호원들에게 특히 엄격했다. 한 경호원의 약혼녀는 체가 제일 아끼던 아리 비예가스가 잘못을 저지르자 그 벌로 옷을 벗겨서 벽장에 가두었다고 회상했다. 마침 쿠바를 방문 중이던 어머니 셀리아가 체에게 좀 더 너그럽게 굴라며 고함을 질렀다. 그러자 체는 이 일에서 빠지시라며 자기 행동은 자기가 잘 안다고 말했다.

이것이 바로 〈냉혹한 체〉, 쿠바 혁명의 복수의 천사이며 최고의 정치위원이었다. 그는 주변 사람들에게 불가능을 요구했지만 그 스스로도 엄격한 명령을 따랐기 때문에 비난할 수 없는 사람이었다. 체는 존경과 감탄을 받는 동시에 경멸과 두려움의 대상이기도 했지만 그에게 무관심한 사람은 하나도 없었다. 마누엘 피녜이로는 고인이 된 동지의 독특한 성격을 한마디로 이렇게 정리했다. 「체는 선교사 기질을 가지고 있었습니다.」

아마도 체의 혁신적인 징계 방법 중에서 가장 큰 논란을 일으킨 것은 과나카아비베스였을 것이다. 과나카아비베스는 자발 노동과 마찬가지로 새로운 혁명 도덕을 세우려는 체의 계획의 일부였다. 과나카아비베스는 쿠바 서쪽 끝 울퉁불퉁하고 무더운 벽지에 위치한 재활 캠프였는데 체는 산업부의 규율을 위반한 사람들을 이곳으로 보내 육체노동을 하면서 자신에 대해 다시 생각해 본 다음 본래의 업무로 복귀하게 했다. 이러한 처벌은 〈자발적〉이었고 기간은 무슨 잘못을 저질렀느냐에 따라서 한 달부터 일 년까지 다양했는데, 대개는 다양한 윤리적 문제였다. 족벌주의적인 잘못을 저지르거나, 잘못을 일부러 감추거나, 동료의 아내와 바람을 피운 사람은 체 앞으로 불려 갔다. 체는 잘못을 저지른 사람에게 과나카아비베스에서 일정 기간 머무르는 벌을 〈받아들일〉 기회를 주었고, 그 기회를 거부하는 사람은 산업부를 떠나야 했다. 과나카아비베스에서 정해진 기간을 보낸 다음 자기 잘못이 무엇인지 깨달았음을 보여 주면 산업부로 복귀할 수 있었고 나쁜 기록도 남지 않았지만 이 기회를 거절하면 쫓겨났다(나중에 과나카아비베스는 캠프 코만단테의 월권행위 때문에 무시무시한 명성을 얻어 쿠바의 시베리아 수용소가 되었다. 그 뒤 문제를 일으킨 코만단테가 해임되었지만 논란이 사라지지 않았기 때문에 체가 쿠바를 떠날 때쯤에는 폐쇄되었다).

체가 염두에 두고 있던 또 하나의 계획은 마탄사스 주에 위치한 시로 레돈도 실험 농장이었다. 시로 레돈도는 농기업의 농장으로, 대부분 체의 시에라마에스트라 군단 출신인 문맹 과히로들이 윤리적 자극이라는 체의 신조에 따라서 함께 살며 일하는 곳이었다. 체는 학업을 통해서도 발전할 수 있다고 주장하며 이들에게 교사를 붙여 주었다. 그는 개인 조종사 엘리세오 데 라 캄파에게서 조종법을 배워 작은 세스나 비행기를 타고 종종 그들이 얼마나 발전했는지 알아보러 가곤 했다.

언젠가는 체가 경제학자 레히노 보티와 함께 농장으로 가서 몇 명의 독해력을 시험했다. 그런데 그중 한 명이 너무 못 읽자 체는 〈글쎄, 그렇게 계속 공부하면 20년 안에 황소는 따라잡겠군〉이라며 모욕을 주고 나가 버렸다. 불쌍한 과히로는 너무 창피한 나머지 울음을 터뜨렸다. 그러자 보티가 체를 찾아서 그렇게 가혹하게 구는 것은 잘못이라며 안으로 들어가서 과히로를 달래 주라고 했다.

이런 식의 일화는 셀 수 없이 많았다. 체는 사람들에게 가혹하게 구는 경향이 있었기 때문에 싹싹한 동료나 친구가 대신 상황을 진정시켜야 했다. 체는 자신의 말이 다른 사람을 얼마나 겁주는지 잘 모르는 것 같았다. 하지만 체가 자신이 얼마나 유명한지 실감하게 한 재미난 사건들도 있었다.

운전이 서툴기로 유명했던 체가 어느 날 아바나 말레콘 해변에서 다른 자동차와 부딪쳤다. 상대편 운전자는 전형적인 반응을 보였다. 즉 우선 자기 차를 들이받은 사람의 부모님까지 들먹이며 욕을 퍼부으면서 차에서 내렸던 것이다. 그러나 남자는 상대방이 체인 것을 깨닫고 비겁할 정도로 사과했다. 눈을 부라리고 짜증을 내던 표정은 행복에 넘치는 표정으로 바뀌었다. 그는 한숨을 쉬며 이렇게 말했다. 「체, 코만단테, 당신이 제 차를 들이받다니 이 얼마나

영광입니까!」 그런 다음 그는 움푹 들어간 자국을 쓰다듬
으며 절대로 고치지 않고 체 게바라를 직접 만난 자랑스러
운 기억을 되살려 주는 기념으로 간직하겠다고 말했다.

아바나에서 이러한 이야기들은 사라지지 않는 전설로
남아 있다. 체에 대한 일화는 대부분 길기로 유명했던 근무
시간, 아첨꾼에 대한 증오, 검소함과 관련된 것들이다. 체
는 알레이다에게도 산업부 부하들에게만큼 엄격했다. 사
람들의 입에 오르내리는 일화에 따르면 셀리아 산체스가
피델의 호의를 대신 전하며 알레이다에게 이탈리아제 새
구두 한 켤레를 보내자 체가 그 사실을 알고 돌려보냈다.
쿠바의 보통 사람들이 이탈리아제 구두를 신는가? 아니
다. 그렇다면 알레이다도 신을 수 없다는 것이었다.

체는 미라마르의 카예 18번지 집에서 누에보 베다도의
새 집으로 이사한 후 알레이다가 새 집 벽에 장식 램프를
달고 있는 모습을 보았다. 알레이다가 옛날 집에서 가져왔
다고 설명하자 체는 불같이 화를 내며 도로 갖다 놓으라고
했다. 또 한번은 아이가 아파서 알레이다가 체의 자동차로
병원에 데려다 달라고 부탁했다. 체는 〈다른 사람들처럼
버스를 타라〉며 거절했다. 그녀가 사용하려는 차는 〈인민
들의 것〉이며, 공무에 사용하기 위한 것이지 〈사적인〉 일에
사용하기 위한 차가 아니라는 것이었다.

식량 배급이 시작된 후 어느 동료가 배급량이 적다고 불
평하자 체는 그를 비판하며 자기 가족은 정부가 주는 것만
으로도 잘 먹고산다고 말했다. 그러자 동료가 특별 추가분
을 받는 덕분이라고 지적했고 체는 당장 사실을 알아보라

고 지시했다. 동료의 말이 사실로 밝혀지자 체는 특전을 없 앴다. 체의 가족은 더 이상 특별 취급을 받지 않았다.

게바라 집안에 먹을 것이 부족해서 알레이다가 경호원 들에게 돈을 몰래 빌린다는 소문이 돌았다. 소비에트 일간 지 「프라우다」의 쿠바 통신원이었던 티무르 가이다르는 어 느 소비에트 대사관 직원이 이를 동정해서 외교 연회가 열 렸을 때 체가 안 보는 틈을 타 알레이다의 가방에 음식을 몰래 넣어 주었다고 회상했다. 체의 미망인 알레이다는 이 러한 일화들이 시사하는 것처럼 체가 정말로 그렇게 엄격 했는지에 대해 말하려 하지 않는다. 그녀는 세계적인 신화 가 된 체의 이미지를 지켜야 한다는 의무감 때문에 그가 〈결점이 없는 사람〉이었다고 주장한다.

알레이다와 체는 연구 대상이 될 만큼 대조적이었기 때 문에 두 사람의 관계는 많은 사람들에게 궁금증을 일으켰 다. 체는 지식인이자 학자이며 열렬한 독서가였지만 알레 이다는 영화와 사교 모임을 더 좋아했다. 체는 검소했고 인 생에서 사치스러운 것들을 피했지만 알레이다는 대부분의 사람들처럼 그런 것들을 즐겼고 혁명 쿠바에서 코만단테 의 아내들이 누리던 안락함을 부러워했다. 두 사람이 다투 는 원인은 항상 그런 차이에 있었고 둘은 확실히 자주 언쟁 을 벌였다.

체 부부와 가까웠던 몇몇 쿠바인들은 두 사람의 관계를 카를 마르크스와 그의 무지한 아내 예니 베스트팔렌에 비 교한다. 체는 자신의 일과 철학, 혁명 이론에 대한 공상에 잠겨 있었던 반면 알레이다는 집안을 돌보고 각종 요금을 내고 아이들을 돌봤다. 알레이다는 체에게 무척 헌신적이었다. 그리고 두 사람은 사뭇 달랐음에도 불구하고 함께 있는 것을 좋아했고 육체적으로 강하게 끌렸으며 어느 모로 보나 서로에게 충실했다. 두 사람 모두 개방적이고 솔직하며 재치 넘치는 대화를 즐겼다. 때로 다른 사람들과도 그런 대화를 나누었다. 한번은 체 게바라가 산타클라라의 처가댁을 방문했을 때 나이 드신 장모가 목욕을 하고 싶으냐고 묻자 그는 장난스럽게 〈알레이다가 안에 없으면 안 할 겁니다〉라고 말하기도 했다.

체는 대중에게 낭만적인 면을 거의 보여 주지 않았지만 그와 알레이다 모두 낭만적이었다. 밤에 단둘이 침실에 있을 때면 체가 알레이다에게 시를 암송해 주곤 했는데, 알레이다는 이 습관을 무척 좋아했다. 언제나 그랬듯 체는 파블로 네루다의 시를 가장 좋아했다.

두 사람의 또 다른 공통점은 무뚝뚝한 말투였다. 차이가 있다면 알레이다는 체만큼 재치가 넘치지 않고 잔인할 만큼 솔직했다는 점이다. 알레이다는 어떤 사람이 마음에 들지 않으면 그 사람의 면전에서 그렇게 말했다. 체가 종종 말했듯이 그것이 바로 체가 알레이다에게서 제일 좋아했던 부분이었다.

그러나 가까운 친구들의 말에 따르면 체가 알레이다를 사랑한 주된 이유는 체가 일반적인 의미로는 한 번도 가져 보지 못했던 〈가정〉을 그녀가 주었기 때문이었다. 알레이다의 말에 따르면 체는 자신을 길러 준 아버지를 따뜻하게 생각했지만 아버지의 〈정신 나간 짓〉 때문에 아버지가 미숙하다고, 심지어 자기보다 어리다고 생각했다(알레이다는 게바라 린치와 많은 시간을 보낸 적이 없었고 체가 죽은 후 공공연히 멀어졌다고 인정했다. 체의 아버지가 사람들이 모인 자리에서 체가 어린 시절에 자기가 사회주의를 가르쳤다고 말하자 알레이다는 이 말을 듣고 거짓말이라며 반박했다. 체의 아버지는 이 일로 알레이다를 결코 용서하지 않았다).

어머니 셀리아의 경우는 달랐다. 셀리아와 체는 라틴 아메리카 속담에서 말하는 〈같은 나무에서 나온 조각들〉과 같았다. 알레이다의 말에 따르면 셀리아가 아바나에 오면 체는 몇 시간씩 어머니와 이야기를 나누었고 항상 〈싸웠다〉. 두 사람은 라틴 아메리카 문제에서부터 세계적인 인물에 대한 의견에 이르기까지 모든 주제를 놓고 싸웠다. 예를 들어 셀리아는 옛 〈제국주의자〉인 제2차 세계 대전의 영웅 샤를 드골을 옹호했다. 「셀리아는 무척 정치적이며 독단적이었습니다. 가끔 두 사람의 이야기를 들으면 두 사람이 세상을 끝장내 버리는 게 아닐까 하는 생각이 들었지만, 그건 단지 두 사람이 토론을 하는 방식일 뿐이었습니다.」

체는 어머니를 너무나 사랑했지만 그의 어머니는 사랑을 표현하는 데 인색했다. 그래서 체는 늘 채워지지 않는 갈망에 시달렸다. 청소년 시절에 어머니의 정을 느끼고 싶을 때면 베아트리스 고모를 찾아갔듯이, 체는 성인이 되어서는 알레이다에게서 어머니의 사랑을 찾았다. 알레이다는 체가 무엇을 바라는지 이해하여 어머니처럼 그를 돌보고, 옷을 입혀 주고, 심지어는 목욕까지 시켜 주며 최선을 다했다.

알레이다는 매일 아침 체가 출근하기 전에 〈잘못된 것은 없는지〉 자신이 확인하곤 했다고 말했다. 체는 겉모습에 신경을 쓰지 않기로 유명했기 때문이었다. 체가 코사크 사람들처럼 제복 셔츠를 바지 밖으로 빼서 그 위에 벨트를 매고 첫 단추를 채우지 않았던 것은 쿠바의 높은 습도가 천식을 악화시켜 고통스러웠기 때문이었다. 그는 집이나 사무실에 절대로 카페트를 깔지 않았다. 또 체가 종종 바닥에 앉았던 것은 열기 때문으로 ─ 체의 사무실을 방문했다가 그가 바닥에 앉아 있는 모습을 목격한 사람이 무척 많았다 ─ 바닥이 더 시원했기 때문이었다. 체는 에어컨을 싫어했기 때문에 공기가 통하지 못하도록 사무실 창문을 단단히 봉하는 것이 해결책이었다. 알레이다는 그것이 체의 천식을 제어하는 유일한 방법이었다고 말했다(체의 천식은 끈질긴 유산이었다. 네 명의 자녀 중에서 두 명이 아버지의 천식을 물려받았고, 한 세대를 건너 그의 손자들까지도 천식을 앓고 있다).

체라는 인물을 둘러싼 유명한 전설에 이와 같은 특이함까지 더해졌다. 체도 그 사실을 알았다. 그를 〈이상한 사람〉으로 보는 사람들도 있었지만 본인은 신경 쓰지 않는 것 같았다. 체를 알고 지내던 어느 쿠바 여인은 이렇게 말했다. 「체는 정말 특이하고 쿠바에서 보기 힘든 사람이었습니다. 긴장을 풀 때 애용하던 방법은 수학 문제를 푸는 것이었고 제일 좋아하는 스포츠가 체스였으니까요.」

쿠바에서 사후 신격화된 면도 없지 않지만, 사실 쿠바에서 사는 내내 체는 주변 사람들 사이에서 확실히 튀는 존재였다. 어떤 쿠바인들은 체가 자신들의 민족 문화를 경멸한다고 생각했다. 체는 쿠바의 민족적 오락인 파티를 좋아하지 않았고 사람들을 집으로 초대하는 일이 거의 없었으며 다른 사람의 집에 가지도 않았다. 그와 아주 가까운 사이였던 보레고는 체의 집에서 불과 두 블록 떨어진 곳에 살았지만 체가 자기 집에 찾아온 적은 단 한 번밖에 없었다고 말한다. 쿠바는 온 국민이 춤을 즐기는 나라, 아프리카-카리브 리듬의 선정적인 음악이 문화의 생명인 나라였지만 체는 탱고 음악 감상을 좋아했을 뿐 박자를 잘 못 맞췄고 춤을 추지도 않았다. 또한 쿠바는 아름다운 해변을 가진 카리브 해의 섬나라로, 쿠바인들은 더운 여름이면 해변으로 피서를 갔지만 체는 수영을 하지 않았다.

예로부터 쿠바 사람들은 럼주를 마시며 긴장을 풀고 친구들과 시간을 보냈지만, 체는 그러지 않았다. 그는 적포도주가 있을 때에만 술을 마셨다. 이러한 습관조차도 그를 튀어 보이게 했다. 쿠바인들 대부분은 포도주를 좋아하지 않기 때문이다. 쿠바인들은 커피를 좋아해서 보통 작은 잔에 담긴 뜨겁고 달콤한 에스프레소로 하루를 끝마쳤지만 체는 집에서 끓인 예르바 마테 차를 좋아했다. 마테는 라틴아메리카 남쪽 끝 아르헨티나 사람들이 특히 좋아하는 차였다. 무엇보다도 쿠바인들은 구운 돼지고기를 좋아했지만 체는 그릴에 잘 구운 소고기 스테이크를 좋아했다. 쿠바인들은 단도직입적이고 음탕한 농담이나 배설물과 관련된 유머를 즐겼지만 체의 유머 감각은 반어적이고 재치 넘치며 신랄했다.

체는 쿠바의 명예시민이었고 쿠바에서 오래 살았지만 문화적으로는 아르헨티나 사람이었다. 체는 스스로를 〈라틴 아메리카 사람〉이라고 말하기를 좋아했다. 이것은 서반구 나라들이 사회주의 형제가 되어 하나로 단결하게 만들겠다는 그의 계획과도 잘 맞았다. 그러나 사실 체는 아르헨티나인이었고 쿠바에서 지낼 때도 제일 친한 친구들, 가장 자유롭게 대화를 나누는 사람들은 사랑하는 친구 알베르토 그라나도 등 비슷한 배경을 가진 사람들이었다.

그라나도는 체의 면전에서 그를 비판하고도 무사한 몇 안 되는 사람들 중 하나였다. 그라나도는 겁쟁이, 거짓말쟁이, 아첨꾼 들을 지독하게 경멸하는 체의 지나치게 완고한 성격에 도전했다. 또 그라나도는 마세티의 모험에 참가할 대원 모집을 도왔고 베네수엘라 게릴라의 연락책 역할을 했던 것도 분명하지만, 사실 그는 게릴라 전쟁을 통해서 라틴 아메리카에 혁명 분위기를 〈단번에 불 붙이겠다〉는 체의 신념에 동의하지 않았다. 두 사람은 이 문제로 자주 논쟁을 벌였지만 결코 합의에 도달하지 못했다.

그라나도는 자신과 둘 사이의 근본적인 차이가 드러났다고 생각하는 대화의 한 장면을 회상했다. 소총의 조준경을 통해 한 군인을 바라보았을 때, 체는 그를 죽임으로써 〈3만 명의 아이들을 굶주림으로 점철된 삶에서 구하고〉 억압을 감소시키는 데 기여한다고 생각하며 방아쇠를 당길 수 있었던 반면, 그라나도는 같은 조준경을 통해 아내와 아이들이 있는 사내를 보았다.

그라나도는 춤과 술, 즐거운 시간을 좋아했기 때문에 쿠바 사회에 바로 적응했다. 그러나 체는 결코 그렇지 못했다. 체에게 진심을 다해 충실했던 그라나도조차 체의 신랄한 천성이 몇몇 쿠바인들의 신경을 건드렸다고 인정했다. 많은 사람들의 눈에 체는 혁명을 지나칠 정도로 심각하게 생각하고 가혹할 만큼 도덕주의적이며 거부감이 일 만큼 고고한 사람으로 비쳤다.

체가 즐겼던 쿠바 고유의 습관은 아바나 시가를 피우는 것이었는데, 물론 천식에는 해롭기 그지없는 습관이었다. 그러나 체는 시가를 피울 때에도 특이한 결의를 보였다. 그는 인간의 노동으로 생산한 어떤 것도 〈낭비〉하지 않겠다며 시가를 맨 끝까지 피웠다.

체가 쿠바에서 사는 것이 역설적이었던 또 하나의 이유는 바로 그를 괴롭히던 천식이었다. 쿠바는 기후가 무척 습해서 천식 발작이 일어나기 쉬웠기 때문에 지구 상에서 체가 살기에 가장 나쁜 곳 중 하나였다.

부하들은 대부분 체에게 뒤지지 않으려고 노력했지만 그의 준엄한 태도는 풍요로운 생활을 하며 바람을 피우는 동료 혁명가들에 대한 끊임없는 책망이나 다를 바 없었다. 부하들의 노력은 결코 성공할 수 없었다. 쿠바에서는 많은 남자들이 결혼을 하고도 두 번째, 세 번째 〈아내들〉을 두었고 여러 여자들과의 사이에서 아이를 낳기도 하며 공개적으로 바람을 피웠다. 그러나 체는 유명한 스타를 쫓아다니는 열렬한 팬과 같은 여자들을 몰고 다니면서도 꾸준히 일부일처제를 지켰다.

언젠가 보레고는 체가 여자들에게 인기가 많다는 점을 생각하면서 쿠바인 특유의 둔감함으로 왜 일다 가데아처럼 〈못생긴〉 여자와 결혼했느냐고 물었다. 체는 보레고를 나무랐지만 일다의 겉모습이 아름답지 않다는 것은 인정했다. 그러나 체는 일다를 옹호하면서 그녀가 자신에게 훌륭한 〈동반자〉였다고 말했고 예뻐야만 잠자리에서 훌륭한 것은 아니라고 덧붙였다.

언젠가 체가 보좌관과 함께 사교 모임에 참석했을 때 젊고 예쁜 한 여자가 그에게 노골적으로 들러붙었다. 체는 우쭐해져서 친절하게 대하거나 장단을 맞추어 희롱하는 대신 깐깐하게 꾸짖으며 〈몸가짐을 조심하라〉고 말했다. 그러나 항상 그렇게 엄격했던 것은 아니었다. 체도 예쁜 여자를 볼 줄 알았다. 체가 친구와 함께 어느 대사관에서 열린 저녁 식사 모임에 참석했을 때였다. 그들은 대사의 아름답기 그지없는 딸과 한자리에 앉아 있었다. 그 젊은 여인은 체와 친해지고 싶었던 대사가 〈접대〉를 위해 앉혀 놓은 게 분명했다. 체와 같이 그 자리에 있던 친구의 말에 따르면 대사의 딸은 〈너무나 아름다워서〉 어떤 남자든 그녀와 잘 수만 있다면 결혼도 혁명의 맹세도 잊어버릴 지경이었다. 체 역시 끓어오르는 욕망을 참기가 어려움을 느끼고 있었음이 분명했다. 왜냐하면 체가 마침내 동행한 친구에게 몸을 돌려 이렇게 속삭였기 때문이다. 「내가 넘어가기 전에 여기서 나갈 구실을 좀 찾아봐. 더 이상 못 참겠어.」

체는 어떤 사람이 부탁하지도 않은 호의를 베풀면 비겁한 뚜쟁이 짓, 더 나쁘게는 도덕적 부패의 표시라 여기고 그 사람을 의심했다. 이와 관련된 일화는 시에라 시절부터 체가 쿠바에 사는 내내 아주 많았다. 그중에서 최고는 새로 들어온 경호원이 체에게 반짝반짝 빛나는 장화를 사주었을 때의 일화다. 체는 경호원의 엉덩이를 걷어차면서 아첨꾼이라고 욕했다. 모욕을 당한 경호원이 부츠를 길거리로 던져 버리자 체는 그 벌로 일주일치의 급료를 감봉했다.

그러나 체는 자신의 신뢰를 얻은 사람들에게 헌신적이었고 그들은 열정적인 충성으로 그에게 보답했다. 〈체의 사람들〉이라고 알려진 이들은 경호원, 회계사, 경제학자, 혁명 전사 등이었다. 그들에게 체는 인간의 모습을 한 〈혁명〉이었다. 그렇기 때문에 에르메스 페냐와 알베르토 카스테야노스, 호르헤 리카르도 마세티 등은 모든 일을 무릅쓰고 직업과 아내, 아이들을 기꺼이 떠나 체의 전쟁에서 함께 싸우겠다고 자원했다.

8

마세티와 부하들은 오란 시 남쪽으로 가려고 2주일 동안 아르헨티나 북부 황야를 헤치고 다녔다. 그러나 그들이 선택한 길은 거대한 정글 절벽으로 이어졌기 때문에 게릴라단은 계획을 포기하고 농장으로 돌아가서 기운을 회복한 다음 다른 경로를 찾아보기로 했다.

농장으로 돌아온 그들은 아르헨티나에서 크나큰 정치적 변화가 일어났다는 소식을 들었다. 아르헨티나 군부가 7월 7일에 선거를 실시하도록 허락했는데, 아르헨티나의 최대 유권자들 — 페로니스타 — 은 투표가 금지되었기 때문에 마세티를 포함한 아르헨티나인 대부분은 무장 세력 후보인 우익 아람부루 장군이 이길 것이라고 예상했다. 그러나 아람부루 장군이 아니라 중도파 급진인민당 후보이자 코르도바 출신의 존경받는 63세의 의사 아르투로 이야가 과반수를 아슬아슬하게 넘기며 선거에서 이겼다.

이 뜻밖의 결과는 이제 막 출범한 인민게릴라군에 크나큰 위기를 불러왔다. 게릴라단은 불법으로 권력을 획득한 군사 정권에 전쟁을 선포하는 것과 민주적으로 선출된 문민 대통령에 전쟁을 선포하는 것이 전혀 다른 문제임을 깨달았다. 아르헨티나에서 들려온 소식은 〈민주주의 분열〉이 당장이라도 일어날 것이라는 뜻이었다. 부스토스는 이렇게 회상했다. 「우리의 계획은 그렇게 와해되었습니다. 우리는 며칠 동안 아무것도 하지 않았고 모든 일이 전면적으로 보류되었습니다.」

마세티는 전부 취소하기로 결정했다. 푸리는 대사관을 통해서 아바나에 알리려고 차를 몰고 라파스로 갔고, 마세티는 페데리코 〈엘 플라코(말라깽이)〉 멘데스에게 아르헨티나로 가서 연락책인 젊은 볼리비아 공산당원 호르헤 〈엘 로로(앵무새)〉 바스케스비아냐를 만나라고 지시했다. 로로는 원래 무장 투쟁 참가를 원하는 트로츠키주의 전사들과의 협력 활동을 준비하기 위해서 아르헨티나에 파견되었지만 마세티는 그가 모든 일을 보류하기 바랐다.

마세티와 부하들이 이제 무엇을 해야 할지 고민하는 동안, 체는 혁명 성공 1주년 기념식에 참석하기 위해 알제리에 체류 중이었다. 그는 얼마 전에 아르헨티나인 부하들이 그랬던 것처럼 전투가 일어났던 지역을 둘러보았고 알제리 대통령에게 마세티와 동료들을 도와준 알제리 정부에 감사한다고 인사했다. 체는 7월 26일 기념식에 맞춰서 아바나로 돌아올 때 우아리 부메디엔 알제리 국방장관과 동행하여 알제리와 쿠바가 강력한 혁명 동맹국이며 두 나라는 아프리카-아시아-라틴 아메리카의 〈반제국주의 투쟁〉을 연결하는 중요한 두 지점임을 과시했다.

체가 쿠바로 돌아왔을 때쯤 마세티가 다시 마음을 바꿨다. 사실 마세티는 푸리와 페데리코에게 작전을 중지하라는 명령을 보내고 나서 이틀 만에 아르헨티나 선거를 재분석한 다음 활동을 예정대로 진행하기로 결정했다. 그는 이야 대통령 당선인에게 편지를 써 보내면서 〈반군의 편지〉라는 제목을 붙였다.

마세티는 우선 예전의 이야는 공덕이 높고 존경할 만한 사람으로 명성이 높았다고 칭송한 다음 그가 〈아르헨티나 역사상 가장 수치스러운 선거 사기〉를 통해서 대통령직을 손에 넣으려는 군대의 게임에 말려들어 〈스스로의 품위를 깎았다〉고 혹평했다. 마세티는 이야에게 대통령직에서 자진사퇴함으로써 예전 명성을 회복하고 〈총을 들고 협박하는 제국주의와 독재정치의 경호원〉인 군대로부터 해방되고자 하는 아르헨티나인들과 협력하라고 촉구했다. 그는 인민게릴라군이 무기를 갖추고 조직을 정비해 산으로 들어갔음을 선포했다. 마세티는 〈우리는 이 압제받는 공화국에서 유일한 자유인들이며…… 우리가 산에서 내려간다면 그것은 오직 싸우기 위해서다〉라고 선언했다. 그는 이 편지에 〈1963년 7월 9일, 인민게릴라군 제2사령관, 아우구스토 세사르 산디노 캠프에서…… 혁명이 아니면 죽음을〉이라고 서명했다.

마세티는 편지가 준비되자마자 시로 부스토스에게 페데리코를 쫓아가서 작전 중지 명령을 취소하라고 지시했다. 부스토스는 또한 이야에게 보내는 공개서한을 가지고 가서 서한이 분명히 발표되도록 확인한 다음 지인들이 있는 아르헨티나 여러 도시에 가서 도시 지역 지원 네트워크의 기초를 마련하기로 했다.

그 후 몇 주 동안 부스토스는 코르도바와 부에노스아이레스에서부터 고향인 멘도사에 이르기까지 아르헨티나 전역을 돌아다녔다. 부스토스가 마세티의 편지를 발표하기는 했지만 그것은 좌파 페로니스타 비주류 잡지인 『콤파녜로』에만 실렸기 때문에 사람들에게 큰 인상을 주지 못했다. 그러나 지원 네트워크 구축 임무는 성공적이었다. 마세티는 코르도바에서 어린 시절부터 알고 지내던 좌파 학자이자 지식계층 마르크스주의 신문 「파사도 이 프레센테」의 공동창립자이며 편집장인 오스카르 델 바르코에게 접근해서 자신의 임무를 알리고 도움을 청했다. 델 바르코가 하루도 지나기 전에 여러 사람들을 모아 왔는데, 대부분 그와 마찬가지로 코르도바 대학 철학 및 문학부의 지식인들과 공산당 내 반대파들이었다. 자리에 모인 사람들이 경청하는 가운데 부스토스가 인민게릴라군의 행동 계획에 대해서 아주 솔직하게 말했다. 그는 작전의 배후에 체가 있으며 핵심 그룹은 쿠바와 알제리에서 훈련을 마쳤고 자금 문제는 걱정 없다고 말했다. 게릴라단이 원하는 것은 산지 군대를 확충할 지원자들, 안가, 도시 연락책과 공급책, 즉 간단히 말해서 전국 도시 지역의 비밀 하부조직이었다.

사실 그 자리에 모인 지식인들은 〈혁명 운동〉을 주장해 왔고 그 때문에 아르헨티나 공산당 주류에서 쫓겨난 바 있었다. 며칠 만에 그들은 열정적으로 움직이기 시작했고 오래지 않아 코르도바를 중심으로 부에노스아이레스에서부터 살타에 이르기까지 전국의 크고 작은 6개 도시에 규모는 작지만 잘 조직된 네트워크를 구축했다.

이때 중요한 인물 한 명이 게릴라 기지에 도착했다. 호세 마리아 〈파피〉 마르티네스 타마요였다. 쿠바 육군 대위이자 피녜이로의 정보기관에서 가장 귀중한 인재인 그가 체가 추진하는 계획을 위해 파견된 것이었다. 파피는 전쟁 당시 라울과 함께 싸웠고 군대에 남았다가 1962년 말 이후 피녜이로의 사절이 되어 라틴 아메리카의 여러 게릴라 단체를 찾아다녔다. 그는 과테말라의 투르시오스 리마와도 함께 일했고 쿠바에서 타니아가 비밀 훈련을 받을 때 교관을 맡기도 했으며 아르헨티나 트로츠키파 단체 소속인 바스코 벤고체아의 훈련까지 도왔다.

잘생기고 강하며 힘이 넘치는 파피 — 부스토스는 그를 〈열정적인 음모자이자 놀랄 만한 남자〉라고 말했다 — 는 게릴라 그룹의 초기 단계를 감독하고 체가 도착할 준비를 도우러 온 것이었다.

파피의 또다른 임무는 막중한 책임을 진 푸리의 짐을 덜어 주는 것이었다. 푸리는 기지의 상시 사령관 역할뿐 아니라 라파스의 쿠바 대사관과의 연락, 통신, 병참, 무기 공급을 담당하고 있었다. 푸리는 임무를 어느 정도 나누어 맡을 파피가 도착했기 때문에 새로운 장소를 개척하는 시골 〈농장 주인〉이라는 위장신분을 안전하게 유지할 수 있었다. 그 후 몇 달 동안 파피는 볼리비아와 아르헨티나, 쿠바를 계속 오갔다.

9월이 되자 행동을 개시할 때가 되었다는 징후가 드러났다. 볼리비아 경찰이 수상한 낌새를 채고 이미 농장에 한번 다녀갔던 것이다. 새로 팔린 농장에 이상할 정도로 교통량이 많다는 동네 사람들의 소문을 들은 것이 분명했다. 운 좋게도 농장으로 이어지는 길은 하나밖에 없었고 차가 도착하기 한참 전에 엔진 소리가 들렸기 때문에 경찰은 여기저기 둘러보면서도 딱히 의심스러운 것을 발견하지 못했다. 게릴라단은 경찰이 돌아올 때를 대비해서 참견하기 좋아하는 외부인들의 눈을 피해 약간 떨어진 숲 속에 야영지를 지었다.

그러나 파피가 〈9월 말이나 10월 초〉 알베르토 카스테야노스를 데리고 왔을 때에도 마세티와 부하들은 아직 농장에 있었다. 마세티는 아르헨티나의 상황을 알아보러 갔다가 기지로 돌아와 있었다. 아르헨티나 경찰들이 국경 지역 전역에 초소를 두고 계속 순찰을 돌며 밀수업자들이 없는지 감시했기 때문에 정찰대는 무척 조심해야 했고 보통 밤에 이동했다. 또 시골 지역인 북쪽은 정착민이 아주 드물었기 때문에 이방인들, 특히 무장을 하고 수염을 기르고 제복을 입은 사람들은 눈에 잘 띄었다.

카스테야노스는 체를 기다리라는 명령을 받았지만 마세티의 부하 한 명이 몸져눕자 직접 행동에 나서고 싶어서 안달하면서 마세티에게 자신을 데려가 달라고 부탁했다. 카스테야노스는 체에게 쪽지를 써서 결심을 설명한 다음 파피를 통해서 전달했다. 게릴라단은 여전히 소규모였다. 귀가 유난히 크고 쾌활해서 모두들 〈엘 모노(원숭이)〉라고 부르던 카스테야노스를 제외하면 지금까지 신입은 한두 명밖에 없었다. 부스토스가 처음에 도시 지역 네트워크를 성공적으로 구축했기 때문에 마세티는 그에게 외부와의 연락 임무를 맡기고 자원자들을 받으라고 지시했다.

부스토스가 처음에 모집한 사람들 중에는 코르도바 주의 작은 도시 출신 호우베 형제가 있었다. 에밀리오와 엑토르의 아버지는 무정부주의 건축가로 프랑스쪽 바스크 지방에서 이민 온 사람이었다. 20대 초반의 형제는 예전에 청년 공산당 당원이었지만 공산당이 아무 행동도 하지 않는 것에 실망해서 코르도바에 작은 〈행동 단체〉를 직접 만들기 시작했다. 그러나 총을 몇 자루 모으고 벽에 선전용 낙서를 좀 했을 뿐 크게 한 일은 없었다. 부스토스가 나타나서 자원자를 모집하자 두 사람은 산지로 들어갈 기회를 얼른 붙잡았다.

이때쯤 게릴라단이 트럭을 한 대 구입했고 부스토스의 친구인 코르도바 의사 〈엘 페티소(땅딸보)〉 카넬로가 트럭을 이용해 신병을 북쪽으로 날랐다. 게릴라단은 보급품을 보관하고 산속으로 운반하기 위해 살타 시에 위장 〈서점〉

을 열었다. 또 부에노스아이레스에서 세 명의 자원자가 추가로 도착했다.

10월이 되자 마세티와 부하들은 국경을 넘어서 아르헨티나의 국경 마을 아과스블랑카스에서 15킬로미터 정도 떨어진 리오페스카도 강 위쪽 숲에 야영지를 마련했다. 오란 남쪽 살타에서 이어지는 도로에서 벗어난 산지였다. 부스토스가 살타 시를 오가면서 작은 군단이 커지기 시작했고, 그는 〈무장 선동〉할 농부들을 찾아서 산지 더 깊이 들어갔다. 부스토스는 의식을 고취시키는 즉흥적인 대화로 〈무장 선동〉을 하면서 자기들이 농부들을 가난과 불평등에서 해방시키러 왔다고 설명했다. 그러나 첫 활동 결과는 실망스러웠다.

부스토스는 이렇게 회상했다. 「충격적이었습니다. 그들은 시골 사람이라고 할 수도 없었습니다. 그 사람들은 벼룩과 개…… 그리고 콧물을 흘리는 아이들이 가득한 작은 수풀 속 공터에 살았고 현실 세계와 아무런 접점이 없었습니다. 그나마 인디오에게는 식량이나 같은 부족이 있었지만 이들은 그보다도 못했습니다. 그 사람들은 정말 어쩔 도리 없이 뒤처진 자들이었습니다. 우리 활동의 사회적 기반이라고 부르기도 힘들었습니다. 그 사람들은 실제적인 문제를 겪고 있었지만 비참함이 너무나 극심해서 완전히 무너진 상태였습니다.」

게릴라단이 선택한 지역에는 인구가 너무 적었기 때문에 그들은 몇 시간씩 산길을 걸어서 가파른 정글 숲 속으로 들어가 중간에 강을 몇 번씩이나 건너면서 외딴 지역에 사는 정착민들에게 가야 했다. 우기라 강이 불어나서 게릴라단은 거의 항상 흠뻑 젖었다. 근육은 아프고 발에는 물집이 잡히고 벼룩에게 물렸다. 모기떼도 그들을 괴롭혔다. 농부들이 너무 적어서 식량도 문제였기 때문에 도시에서 트럭에 싣고 온 식량에 전적으로 의지했다. 동시에 의심을 불러일으키지 않도록 조심해서 행동해야 했다.

그때까지는 인민게릴라군이 자생적인 세력이라고 말하기가 힘들었다. 쿠바에서 피델이 소규모 반군을 이끌던 초기에는 크레센시오 페레스와 같은 힘 있는 농부들이 지역을 안내하고 물건을 나르고 전사들을 제공하는 등 도움을 주었지만 마세티와 부하들에게는 그런 도움이 없었기 때문에 타국 토양에 이식된 외부인에 불과했다. 자원자들은 대부분 도시 출신의 젊은 중산층 대학생들로 게릴라 영웅이 되어 새로운 유토피아 사회를 만들겠다는 희망에 부풀어 있었다. 징병을 경험하여 신체적으로 단련되고 무기를 다룰 줄 아는 사람은 몇 명 되지 않았고, 몇몇은 잘 적응했지만 대다수는 거친 지형과 힘든 행군, 식량 부족, 마세티가 요구하는 엄격한 군대식 훈련에 익숙하지 않았다.

마세티의 어두운 성격이 점점 더 자주 드러나기 시작했다. 게릴라 활동이 빨리 시작되지 않는다는 좌절감은 아르헨티나의 정치적 변화로 더욱 악화되었다. 축축한 정글 속에서 새로 들어온 게릴라들을 이리저리 변덕스럽게 데리고 다니면서 마세티의 좌절감은 들끓는 분노로 변했다. 마세티는 좌절감을 힘들어하는 신참에게 풀었다. 그는 신참들을 〈판 블랑코(흰 빵)〉라고 경멸하듯 부르면서 이들이 조

그만 실수만 해도 추가로 보초 서기, 공급품을 나르는 〈노새〉 작업, 이삼일 동안 〈굶기〉 등 엄격한 벌을 내렸다. 쿠바 오리엔테 출신으로 전쟁과 체의 엄격한 규율을 경험한 강한 베테랑 과히로 에르메스가 마세티를 지지했다.

엑토르 〈엘 코르도베스(코르도바 사람)〉 호우베처럼 마세티의 마음에 드는 대원들도 있었다. 마세티는 엑토르를 정치 대표로 삼았고 부스토스에게는 게릴라 거점과 도시 간의 연락책 역할을 계속 맡겼다. 호우베는 키가 크고 체격이 좋으며 군대 경험이 있었기 때문에 게릴라 생활에 쉽게 적응했다. 그러나 쉽게 적응하지 못한 사람들은 곧 마세티의 잔인한 지도를 받았다. 마세티는 알제리에서 운 나쁜 미겔을 적의의 대상으로 삼았던 것처럼 캠프에 합류한 젊은 이들을 주의 깊게 살펴보며 〈잠재적 탈영병〉을 찾았다. 그는 곧 대상을 발견했다.

아돌포 로트블라트는 부에노스아이레스 출신의 스무 살 청년으로 사람들은 그를 〈푸피〉라고 불렀다. 천식 환자였던 푸피는 행군에서 곧잘 뒤쳐지며 가혹한 게릴라 생활에 불평을 터뜨리기 시작했다. 그가 게릴라 생활에 맞지 않는다는 사실이 분명히 드러났지만 마세티는 그를 내보내지 않고 계속 끌고 다녔다. 하루하루 지날수록 푸피의 육체적, 정신적 상태는 점점 더 악화되었다. 곧 그는 완전히 무너졌다.

10월에 몇 주 동안 게릴라 캠프에 합류한 부스토스는 푸피가 무척 비참한 상태에 빠져 있음을 깨달았다. 푸피는 항상 공포에 떨면서 울었고 행군에서 뒤쳐져 다른 사람들의 속도까지 늦췄다. 대원을 보내서 그를 데려와야 했기 때문이었다. 다른 대원들은 그를 경멸했다. 부스토스는 〈파면 과정이 시작되었지요〉라고 회상했다.

어느 날 부스토스는 푸피를 데리고 도보 정찰을 나갔다가 길을 잃었다. 마침내 부스토스는 어느 강에 다다라 위치를 파악했지만 푸피는 강을 건너지 않겠다고 고집했다. 「그는 그 자리에서 자기를 죽여 달라고 했습니다. 그렇게 말다툼이 계속되고 이런저런 일이 있고…… 결국 나는 권총을 꺼내 그의 머리에 대고…… 엉덩이를 차면서 강제로 걷게 했습니다. 밤이 될 때까지 걷게 했지요.」

어두워서 더 이상 나아갈 수 없게 되자 두 사람은 그날 밤을 숲에서 보냈다. 부스토스는 깊은 절망에 빠진 푸피를 위로하려고 했다. 다음 날 아침 두 사람은 다시 길을 떠났다. 캠프까지 절반 정도 갔을 때 두 사람을 찾으러 파견된 에르메스를 만났다. 역시나 푸피 때문에 세 사람의 움직임이 느려졌다.

며칠 후 마세티가 부스토스에게 말했다. 「〈봐, 이제 더 견딜 수 없는 상황이 되고 있네. 그는 정신적으로 게릴라를 망치고 있고 누구도 더 이상 견딜 수 없어. 그를 데리고 다니고 싶은 사람은 아무도 없네. 우리의 정신을 정화할 조치, 우리의 정신을 갉아먹는 것으로부터 해방시킬 조치를 취해야 하네.〉 그것은 전체적인 합의라고 할 수 있었습니다. 세군도는 푸피를 총살하기로 했습니다.」

마세티는 새로운 지원자 세 명이 캠프에 도착한 날 밤에 푸피를 처형하기로 하고 신병 가운데 부에노스아이레스의 부유한 귀족 가정 출신 학생인 〈피린초〉에게 그 일을 맡기기로 했다. 부스토스는 마세티가 피린초의 온화하고 싹싹한 성격이 〈마음에 들지 않아서〉 단련시키고 싶었던 것 같다고 생각했다. 「그는 강한 전사들, 자기처럼 강철 같은 남자들을 원했습니다.」

푸피는 영문도 모른 채 자신의 처형을 〈준비했다〉. 그는 사람들이 준 진정제를 먹었고 캠프에서 약간 떨어져 있던 자신의 해먹에 묶였다. 사람들이 모여들었다. 마세티가 피린초에게 무엇을 해야 하는지 설명했다. 피린초는 겁에 질린 것이 분명했지만 명령에 따랐다.

부스토스는 이렇게 말했다. 「피린초가 간 다음…… 총소리가 들렸습니다. 잠시 후 자포자기한 피린초가 오더니 〈죽지를 않아요〉라고 말했고…… 내가 보내졌지요. ……그곳에 가봤더니 머리에 총을 맞아서 죽은 거나 다름없었지만 그가 몸부림을 치고 있었습니다. 그래서 내가 끝냈습니다.」

부스토스는 권총을 꺼내서 푸피의 머리를 쏜 다음 동지들에게로 돌아갔다. 피린초의 얼굴을 보니 그가 이 사건 때문에 완전히 황폐해진 것이 틀림없었지만 다른 사람들은 모두 기분이 좋았다. 「갑자기 행복감이 퍼졌습니다. ……정말 이상했습니다. 한 사람이 죽어도 다른 사람들은 점심을 먹어야 한다는 필요성을 느끼고, 건배를 하며 술을 마신다는 사실이 떠올랐습니다. ……세군도는 대원들을 진급시키고 다른 지역으로 옮길 계획을 짜기 시작했습니다.」

1963년 11월 5일의 일이었다. 이번 유혈 사태로 인민게릴라군의 존재 이유는 더욱 신성해졌다. 코만단테 세군도는 잠시 기분이 좋아져서 착실히 일을 추진해 나가겠다는 각오를 새롭게 드러냈다.

그러나 때는 이미 너무 늦었다. 오란 근처 숲에 낯선 무장 단체가 있다는 소문이 지역 사람들에게 퍼졌고 아르헨티나 국경수비대가 이 소문을 들었다. 게릴라들을 목격한 시골 가게 주인들과 소목장 주인들을 대상으로 조심스러운 조사가 실시되었고 의심스러운 윤곽이 드러나기 시작했다. 그해 말경에는 숲 속에 사는 사람들이 이야에게 보내는 공식 성명서를 발표한 〈반군〉이 틀림없다는 확신이 생겼다. 보안부대가 잠입 계획을 세우기 시작했다.

파피가 마세티에게 한 지역에 너무 오래 머무르는 것 같다고, 현재 머물고 있는 지역은 게릴라 거점 건설에 적합하지 않다고 말했다. 게릴라단은 안데스의 낮은 산맥에 자리를 잡고 있었는데 파피는 동쪽의 차코 지역에 제2전선을 열자고 제안했다. 〈엘 플라코〉 멘데스가 그곳에 오래 살았기 때문에 아는 사람도 많았다. 파피는 또 전사들을 쿠바에서 자신에게 훈련을 받은 투쿠만 주 바스코 벤고체아의 트로츠키파 단체로 보내서 활동시키자고 제안했다. 파피가 군사 대장을 맡고 엑토르 호우베를 〈담당 정치관〉으로 데려가면 될 터였다.

그러나 마세티는 화를 내며 이 제안을 거절하더니 두 사람이 자신의 권위를 훼손하려 했다고 비난했다. 그가 호우베에게 말했다. 「넌 항상 코만단테가 되고 싶어 했지. 하지만 네가 그렇게 되도록 놔두지 않겠어. 넌 여기 남을 거야.」

파피는 계속 캠프를 오갔다. 그는 11월에 체의 심복 한 명을 볼리비아 기지로 데려왔다. 바로 에스캄브리아에서 체의 심문관으로 일했던 미겔 앙헬 두케 데 에스트라다였다. 두케는 라카바냐 약식 재판소 판사이자 토지개혁청 〈특별 작전〉 담당이었다. 그의 임무는 체가 올 때까지 농장에서 기다렸다가 함께 전투 지역에 들어가는 것이었다.

한편 카스테야노스는 후두염에 걸려 12월이 되자 수술을 받지 않을 수 없었다. 게릴라단의 밀사였던 의사 카넬로가 카스테야노스를 코르도바로 데리고 가서 아무런 의심도 없는 의사에게서 수술받을 준비를 했다. 카스테야노스는 페루인 〈라울 다빌라〉로 위장했다. 그는 코르도바에서 크리스마스와 새해 첫 날을 보내며 수술을 받고 1월 내내 그곳에 머물며 몸을 회복했다.

같은 달에 파피가 카스테야노스를 찾아와서 체가 당분간은 오지 않을 것이며 두케가 농장에서 철수해 아바나로 돌아갔다고 알렸다. 체는 〈탐색을 멈추지 말고…… 우리가 싸울 준비가 될 때까지 농민을 모집하지 말라〉는 명령을 내렸다.

9

한편 아바나에서는 체의 기반이 변하고 있었다. 쿠바 안 팎에 새로운 적이 생겼다. 크렘린은 체가 모스크바가 아닌 베이징과 입장이 비슷하다는 증거가 점점 커지고 있다는 데 우려의 시선을 보내며 체의 정치적 의향을 살피기 위해 크렘린 고위 수뇌부원 한 명을 아바나로 파견했다.

　중국과 소비에트의 불화는 그 어느 때보다 심각했다. 베이징과 모스크바는 전 세계 공산당의 충성을 차지하려고 서로 다투고 있었고, 라틴 아메리카에서는 이러한 경쟁이 공공연한 불화를 일으켜 〈친중국〉 당파가 갈라져 나와 따로 정당을 만들었다. 라틴 아메리카 공산당 대부분은 쿠바와 마찬가지로 살아남기 위해 모스크바의 원조에 의지하고 있었기 때문에 곧 소련과 제휴했다. 쿠바 정부는 계속된 압력에 시달린 끝에 결국 중립이라는 공식 입장을 버리고 피델이 1963년 봄 소련을 직접 방문하여 은연중에 소비에트의 입장을 지지했다. 흐루쇼프는 피델을 정복자 영웅으로 대접했고 피델은 환대에 기뻐했다. 소비에트-쿠바 공동 선언이 발표되었다. 이 선언문에서 모스크바는 쿠바가 사회주의 세계의 인정받는 일원이라고 칭송했다. 모스크바는 쿠바의 〈독립과 자유〉를 수호하는 데 전념하겠다고 공개적으로 서약했고, 피델은 쿠바가 자본주의 서구와의 〈평화적 공존〉과 〈사회주의 단결〉이라는 모스크바의 정책을 지지한다고 다시 한 번 확인했다. 모스크바 정책을 지지하겠다는 피델의 결의는 수사적인 것에 지나지 않았고 흐루쇼프가 원한 것보다 미온적이었지만 중국을 완전히 고립시키지 않으면서도 불안하게 만들기에는 충분한 것이었다. 어쩌면 피델은 그것이 정당한 거래라고 생각했을지도 모른다. 그는 쿠바에 경제적 지원을 제공하겠다는 소비에트의 새로운 약속을 잔뜩 안고 고국으로 돌아왔다. 쿠바 경제가 심각한 곤경에 처해 있었기 때문에 시기는 아주 적절했다. 1963년의 설탕 수확량은 4백만 톤이 채 되지 않아 몇 년 만의 최저치를 기록했고 다른 경제 분야도 무너지고 있었다.

체는 소비에트와 쿠바의 관계를 처음으로 설정한 사람이었지만 이제 요주의 인물이 되었다. 체는 〈평화적 공존〉 정책과 완전히 모순되는 무장 투쟁을 끊임없이 주장했고 여러 국가 기관의 반대에도 불구하고 시골 게릴라 전투를 강조했으며 공산당 내 반대파 ― 심지어는 트로츠키주의자까지 ― 를 훈련시키고, 무장시키고, 자금을 지원하겠다고 완고하게 고집했기 때문에 모스크바는 체가 마오쩌둥의 편을 드는 것이 아닌가 점점 더 의심하게 되었다.

사실 1962년 말 이후 크렘린은 체에게 KGB 요원을 붙여 두었다. 그의 이름은 올레그 다루셴코프로 아바나에서 그가 맡은 공식 임무는 체의 러시아어 통역사였다. 전임 통역사였던 유리 펩초프는 곧잘 일사병에 걸리더니 건강상의 문제로 돌아갔다. 그가 쿠바에 온 지 1년 만이자 미사일 위기가 일어나기 직전의 일이었다. 체가 다루셴코프를 어떻게 생각했는지에 대한 기록은 남아 있지 않다. 그러나 체의 최측근이었던 몇몇 사람들의 비공개 인터뷰에 따르면 그들은 다루셴코프가 〈공작원〉이며 진짜 임무는 체를 몰래 감시하는 것이라 생각했다.

특히 미사일 위기 이후 크렘린에는 쿠바가 게릴라 〈모험〉 지원을 점점 늘리는 것을 염려하는 사람들이 많아졌다. 체 게바라가 그 선봉에 서 있다는 사실을 모두가 알고 있었다. 이것이 소련과 미국의 반목을 불러올지도 몰랐다.

미사일 위기 당시 워싱턴 주재 소련 대사인 아나톨리 도브리닌의 보좌관이었던 기오르기 코르녠코는 이렇게 말했다. 「미사일 위기 이후 소비에트는 쿠바 측이 어떤 행동을 할지 걱정했습니다. 우리는 그들의 행동 때문에 미국과의 관계가 더 복잡해지기를 바라지 않았습니다.」

흐루쇼프의 고문이었던 표도르 부를라츠키는 소비에트 중앙위원회 고위계층은 체를 지지하는 사람들과 체를 믿지 않는 사람들로 나뉘어졌는데, 믿지 않는 쪽이 조금 더 우세했다고 말한다. 부를라츠키는 후자에 속했다. 「우리는 체의 입장을 싫어했습니다. 그는 모험가들의 모델이 되었는데 그것이 소련과 미국 사이에 대립을 일으킬 수도 있었습니다.」

부를라츠키는 체가 미사일 위기 직후에 소비에트 사람들에게 〈미사일을 사용했어야 했다〉고 말했기 때문에 그가 〈위험인물〉이라는 의견이 무게를 얻었다고 말했다. 피델도 비공식적으로는 미사일을 사용했어야 한다는 견해를 피력했지만, 체는 그와 달리 공개적으로 그런 말을 했다. 또 피델은 곧 말을 바꾸었지만 체의 말이 진심이 아니라고 생각하는 사람은 거의 없었다. 체의 입장은 수많은 쿠바인들의 심정과 같았지만 혁명 세력의 고위층 인물의 입에서 나온 말이었기 때문에 훨씬 더 난처했다. 그의 말은 소비에트가 워싱턴에 〈항복했다〉는 베이징의 비난과 마찬가지였기 때문에 더욱 중요했다.

부를라츠키는 〈그렇기 때문에 체는 우리의 전략에 반대하는 위험인물로 보였습니다〉라고 말했다. 하지만 그는

〈체가 우리의 이익과 반대되긴 했지만 여전히 그에게 공감하는 분위기가 있었다〉고 인정했다. 「……그에게는 낭만적인 아우라가 있었습니다. 그는 사람들에게 러시아 혁명을 떠올리게 했지요. ……의견이 갈렸습니다. ……어떤 사람들은 그를 트로츠키에, 혹은 몇몇 볼셰비키 테러리스트에 비교했습니다. 수슬로프는 스스로를 혁명가라고 말했는데, 그와 같은 흐루쇼프의 고문들은 체에게 공감했습니다.」

체가 페루와 아르헨티나의 게릴라 원정에 〈개입〉하면서 그를 반대하는 분위기가 더욱 활기를 띠었다. 빅토리오 코도비야가 이끄는 강력한 아르헨티나 공산당이 그 선봉에 있었다. 당시 소비에트 공산당의 저명한 라틴 아메리카 분석가였던 키바 마이다네크는 아르헨티나 공산당이 체를 반대하면서 모스크바에서 로비를 벌이고 있다는 사실과 그것이 가져올 파급 효과를 잘 알고 있었다.

「아르헨티나 공산당은 체가 모험가이며 친중국파이고 트로츠키주의자라고 비난했습니다. 체는 이 때문에 무척 기분이 상했습니다. 하지만 그런 생각은 이곳에서도, 특히 중앙위원회의 라틴 아메리카 담당 부서에서 무게를 얻었습니다. 소비에트 노선의 왼쪽에 위치한 것은 무엇이든 친중국, 친트로츠키주의라고 여겨졌습니다. 소련은 라틴 아메리카 공산당들 쪽으로 기울기 시작했습니다. 1964년부터 라틴 아메리카 지역은 미국과 소련의 전장이라기보다는 중국과 소련이 영향력을 겨루는 곳으로 보이기 시작했습니다.」

체는 이단이라는 비난에 어울리게 행동하려는 듯 소비에트의 인내심의 한계를 계속 시험했다. 1963년 9월에 피델이 (라틴 아메리카 혁명이 필연적이라고 선언한) 〈제2의 아바나 선언〉을 발표하자 체는 더욱 대담해졌다. 그는 제2의 아바나 선언을 쿠바 혁명을 이끄는 철학으로 인용하면서 『게릴라 전쟁』보다 사상적으로 좀 더 다듬어진 속편 『게릴라 전쟁: 방법론』에서 라틴 아메리카 대륙의 게릴라 전쟁을 주창했다.

체는 라틴 아메리카 공산당이 각자의 나라에서 지도자 역할을 해야 한다는 주장에 반박하며 이렇게 썼다. 〈당의 지도자가 된다는 것은 권력 쟁취를 위한 투쟁을 통해서 노동 계급의 선두에 선다는 뜻이며, 그것은 승리로 가는 지름길로 싸움을 이끄는 법을 안다는 의미이다.〉

체는 피델의 말을 인용해서 자신의 주장을 뒷받침했다. 〈각 나라의 주관적인 조건, 혁명 의식과 조직, 지휘라는 요소들은 각 나라가 얼마나 발전되었느냐에 따라서 혁명을 급속화하거나 지연시킬 수 있다. 조만간 각 나라마다 다른 역사적 시기에 객관적인 조건이 무르익고, 의식이 고취되고, 조직이 이루어지고, 지도자가 일어나 혁명이 이루어질 것이다.〉

또 무장을 해야 한다는 주장에 새로운 면이 뚜렷하게 나타났다. 체는 공산주의자들이 즐겨 사용하는 〈무장 투쟁〉이라는 완곡어법에 의존하기보다 훨씬 솔직하게 〈폭력〉이라는 단어를 사용했다. 〈폭력은 착취자들만의 전유물이 아니다. 착취당하는 사람들도 폭력을 사용할 수 있으며 오히려 때가 되면 폭력을 사용해야 한다. ……폭력은 새로운 사회의 탄생을 돕는 산파이므로 우리는 폭력을 두려워해서는 안 된다. 오히려 지도자들이 가장 알맞은 환경이라고 판단하는 정확한 순간에 폭력을 행사해야 한다. ……게릴라 전쟁은 수동적인 방어가 아니라 공격적인 방어다. ……게릴라 전쟁의 최종 목적은 정치적 권력 획득이다. ……소수 독재 정치와 대중 억압 사이의 균형은 바뀌어야 한다. 독재는 되도록 무력을 휘두르지 않고 기능하려고 노력한다. 따라서 우리는 독재가 폭력에 의지하도록, 그럼으로써 반동적인 사회 계급의 독재로서 본성을 드러내도록 만들어야 한다.〉

체는 마지막으로 양키는 혁명 인민을 분열시키고, 정복하고, 억압하기 위해서 할 수 있는 모든 일을 할 것이므로 양키를 앞서기 위해서는 전 대륙적 차원에서 라틴 아메리카 혁명이 일어나야 한다고 썼다. 〈대중 세력의 단결로 탄압 세력의 단결에 맞서야 한다. 억압이 참을 수 없는 정도에 이른 모든 나라에서 반란의 깃발을 들어야 한다. 그리고 역사적인 필요에 따라서 솟아오른 이 깃발은 전 대륙적인 깃발이 될 것이다. 피델이 말했듯이 안데스 산맥은 라틴 아메리카의 시에라마에스트라가 될 것이다. 그리고 라틴 아메리카 대륙의 거대한 영토는 제국주의에 대항하여 목숨을 건 투쟁의 무대가 될 것이다. ……기나긴 전쟁이 될 것이라는 뜻이다. 수많은 전선이 생길 것이고, 오랫동안 많은 피를 흘리게 하고, 수많은 목숨을 앗아 갈 것이다. ……이것은 예언이다. 우리가 옳았음을 역사가 증명해 주리라 굳

게 믿으며 우리는 전쟁을 수행할 것이다.〉

크렘린은 부유한 아르헨티나를 오랫동안 탐냈기 때문에 아르헨티나 공산당 지도자들은 모스크바에서 특별 대우를 받으며 소비에트의 라틴 아메리카 정책에 유례가 없는 영향력을 휘둘렀다. 라틴 아메리카의 다른 공산당들도 거의 예외 없이 아르헨티나의 입장에 목소리를 빌려 주었고, 1963년 말에는 체가 자기들 나라에 개입하고 있으므로 고삐를 물려야 한다고 목소리를 모았다.

흐루쇼프는 혁명 쿠바와 〈허물없는〉 관계를 맺기를 열렬히 바랐기 때문에 처음에는 그의 바람이 크렘린의 회의적인 보수파를 이겼다. 보수파는 동유럽 위성 국가들처럼 쿠바에서도 자신들이 지배할 수 있는 직선적인 당 대 당 관계를 더욱 선호했을 것이다. 그들이 보기에 쿠바는 여전히 사회주의 블록의 증명되지 않은 야심가나 마찬가지였다. 피델이 사회주의에 대한 헌신과 쿠바에 소비에트와 같은 공산당을 만들겠다는 의도를 밝혔지만 그들은 그 과정을 직접 통제하지 못했기 때문에 계속 쩔쩔맸다.

유리 안드로포프 당 서기의 보좌관으로 유럽 이외의 사회주의 국가와의 관계를 담당했던 니콜라이 메투초프는 소비에트가 쿠바를 더욱 확실하게 통제하려 노력했음을 인정했다. 「우리가 쿠바 동지들을 가르쳐야 한다고 생각하는 동지들이 많았습니다. ……쿠바인들이 이론적으로 충분히 준비되지 않았으니 그들이 마르크스주의자, 진정한 마르크스주의자가 되도록 우리가 도와야 한다고 말입니다. 내가 일하던 중앙위원회의 몇몇 지도자들 가운데는 우리가 쿠바 친구들을 가능한 한 세게 끌어안아야 한다고, 그들이 숨을 쉬지 못할 정도로 비틀어야 한다는 의견들이 있었습니다.」

소비에트의 로비 때문에 〈옛〉 쿠바 공산주의자들과 아르헨티나 공산주의자들이 쿠바의 고삐를 틀어쥐려고 노력했고 결국 1962년에 피델의 숙청이 정점에 달하게 되었다. 흐루쇼프는 미사일 위기 때 한발 물러서는 바람에 입지가 약해졌고 이로 인해 쿠바 회의론자들은 더욱 강력해졌다. 쿠바가 중국과 소비에트 분쟁에 대해서 계속 중립적인 입장을 내세우는 데다가 라틴 아메리카에서 쿠바가 후원하는 게릴라 활동이 왕성해지고 라틴 아메리카 공산당들이 분열하자 이데올로기주의자들은 이에 분노하며 쿠바의 확실한 충성을 요구했다. 그들이 보기에 체는 눈엣가시였다.

메투초프는 원래 베이징에 있었지만 크렘린은 체의 사상이 얼마나 충성스러운지 확인하기 위해 그를 쿠바에 파견했다. 메투초프는 이렇게 말했다. 「나에게는…… 쿠바 지도자들의 사상적 입장이 가장 중요한 일이었습니다. 나에게, 안드로포프에게, 흐루쇼프에게, 그리고 물론 다른 정치국 사람들에게 가장 우선적인 문제는 쿠바 지도자들의 이론적, 사상적 위치를 분명히 밝히는 것이었습니다.」 그는 또 특히 그의 표현대로라면 〈세계 혁명 과정의 이론적 문제들〉, 즉 베이징과 모스크바의 경쟁 관계에 대한 입장을 반드시 결정해야 했다.

메투초프는 1963년 말에 소련 최고회의 간부회 의장 니콜라이 포드고르니가 이끄는 소비에트 대표단 소속으로 쿠바에 갔다. 수년 후 메투초프는 당시 대표단에 대해서 이야기하면서 사실은 피델과 라울 모두 문제가 아니었다고 분명히 밝혔다. 「우리는 그들이 어떤 과정을 거쳐 마르크스주의자가 되었는지, 그들의 마르크스주의에 대한 이해가 얼마나 진실한지 알고 있었습니다. ……우리는 피델이 본질적으로는 자유주의적인 부르주아 민주주의 옹호자임을 알고 있었고, 그의 동생 라울은 공산주의자에 더 가까우며 공산당에 속해 있다는 사실도 알았습니다. 문제는 체 게바라였습니다. 내가 보기에 그는 모든 정치 지도자들 중에서 이론적 준비를 가장 잘 갖춘 사람 같았습니다.」

물론 그것이 문제였다. 피델이 사회주의로 나아가도록, 소비에트와 관계를 맺도록 도왔던 체가 이제는 가장 주시해야 할 혁명의 이단아, 전 세계의 선망의 대상인 문제아가 되었다.

메투초프는 쿠바에 머무는 동안 체와 많은 대화를 나누었는데, 그는 특히 1964년 1월 초에 둘이 밤새도록 이야기를 나누었던 일을 자세히 기억했다. 그날 밤 두 사람은 소비에트 대사의 관사에 앉아서 새벽이 밝아 올 때까지 이야기를 나누었고, 대화가 끝난 후에는 수영장에서 같이 수영을 했다.

메투초프는 이렇게 회상했다. 「대화는…… 그의 비난으로 시작되었습니다. 그는 소련의 당 중앙위원회에서 체 게바라가 친중국 인사, 즉 지도부 내에 마오쩌둥주의 경향을 일으키는 사람으로 간주된다는 이야기를 들었다고 말했습니다.」

메투초프는 체가 그런 다음 자신이 〈왜〉 마오쩌둥주의자가 아닌지 설명했다고 말했다. 「내가 말했습니다. 〈체, 나를 믿으시오. ······당신의 마오쩌둥주의자 성향에 대한 그런 평가는······ 누군가 거미줄을 치고 있는 것이라고 말씀드리지요. ······우리 당 내에 당신을 그렇게 보는 시선은 존재하지 않습니다. 누군가가 우리 사이에 불화를 일으키려고 하는 겁니다.〉」

메투초프가 말했듯이, 그는 자신보다 어린 체와 대화를 나누며 설득을 하려다가 이상한 기분을 느꼈다. 그는 귀가 크고 눈은 연한 파란색에 아래턱이 단단하고 굵은 눈썹이 튀어나온 이 남자와 〈사랑에 빠지고 있음〉을 깨달았다.

「내가 말했습니다. 〈당신도 아시다시피 나는 당신보다 나이가 조금 많지만 당신이 좋습니다, 겉으로 드러난 모습에도 불구하고 당신이 좋습니다.〉 ······그리고 나는 그가 무척 매력적인 젊은이였기 때문에 그에 대한 애정을 고백했습니다. ······나는 온갖 글을 읽었고 온갖 정보들을 알고 있었기 때문에 그의 결점을 잘 알았지만 그와 토론하고, 농담하고, 웃고, 가벼운 대화를 나누면서 그의 결점을 모두 잊었습니다. ······나는 그에게 끌렸습니다, 아시겠습니까? 마치 나는 달아나고 싶은데, 내 자신을 떼어 놓고 싶은데 그가 나를 끄는 것 같았습니다, 보세요, ······그의 눈은 아주 아름다웠습니다. 놀라운 눈, 너무나 깊고, 너무나 따뜻하고, 너무나 정직한 눈, 너무나 정직해서 상대방이 그것을 느끼지 않을 수 없는 시선을 가지고 있었고······ 그는 말을 매우 잘했습니다. 그는 소리 없이 흥분했고, 그의 연설에는 상대를 쥐어짜는 듯한 힘이 있었습니다.」

메투초프는 낭만적인 공상에서 깨어나서 체의 말을 들으면 들을수록 그가 정직하다는 확신이 들었다고 말했다. 「마르크스주의자로서의 사상적, 이론적 확신에 따라 자신은 중국보다 우리와 더 가깝다고 그가 말했습니다. ……또 그는 나에게 그 사실을 기억해 달라고, 자신이 소련과 레닌주의 공산당의 진정한 친구임을 동지들에게 알려 달라고 했습니다.」

그러나 메투초프는 최종적으로 체 게바라를 쉽게 정의할 수 없다는 평가를 내렸다. 「겉으로는 정말, 그래요, 체 게바라가 마오쩌둥주의에 물들었다고 말할 수 있었습니다. 권력은 총구에서 나온다고 마오쩌둥주의적인 구호를 외쳤기 때문입니다. 그리고 그는 혁명 운동을 자극하기 위해 라틴 아메리카에 갔으므로 트로츠키주의자라고 볼 수도 있습니다. ……그러나 어떤 경우에도 저는 이것들이 외적으로 드러난 것, 표면적인 징후일 뿐이며, 마음 깊은 곳, 그의 가장 심오한 부분에는 마르크스레닌주의를 바탕으로 인간을 돕고 싶다는 열망이 있었다고 생각합니다.」

체의 〈특이한 점〉은 그의 개성 자체가 혁명이라는 대의에 기여하게 한 것이라고 메투초프는 지적했다. 「그는 〈체〉라는 별명이 자기 성격을 잘 나타낸다는 사실을 알고 있었습니다. 나는 대화를 나누면서 그가 자신의 초상이 이미 역사의 벽에, 그러니까 민족해방운동의 역사에 걸려 있음을 알고 있다는 인상을 받았습니다. 그는 이 사실을 오만함 없이 이해할 만큼 지적이었습니다. 그러나 그는 평범한 사람으로 남아 동지들이 쿠바에 사회주의를 건설하고 자신의 역사적 초상을 더욱 적절하게, 더욱 영구적으로 만들 방법을 찾았습니다.」

메투초프는 체가 〈무장 투쟁〉을 지지한다는 사실이 일부 중앙위원회 동지들에게는 우려할 만한 일이었을지도 모르지만 크렘린의 지도자들이나 흐루쇼프가 개인적으로 그렇게 생각하지는 않았다고 말했다. 「소련이 세계 혁명 운동을 발전시키는 것에 관심이 있었을까요? 그렇습니다. 그러니 쿠바가 그것을 도와 일정 부분 지원을 한다 해도 그게 무슨 문제가 되었겠습니까? 결국에는 모두 같은 곳으로 흘러갔으니까요.」

메투초프가 체와 밤새도록 대화를 나눌 때 피델은 소련 답방을 준비하고 있었다. 혁명 5주년 기념일이자 여행을 떠나기 직전인 1964년 1월 2일에 피델은 쿠바 사람들에게 긴 연설을 했다.

피델은 다가오는 소련 방문에서 많은 것을 기대한 것이 분명했고 이미 중국과 소비에트 분쟁에서 중립을 버리고 모스크바의 대외 정책에 공개적으로 발맞출 준비를 하고 있었다. 피델은 과장된 열정으로 쿠바 경제의 미래를 이야기하면서 소련과 쿠바의 제휴를 칭송했다. 그는 쿠바가 평화로운 공존 정책을 지지하며 정치 제도와 상관없이 미국을 포함한 모든 나라와 〈평화롭게〉 지내고 싶다는 바람을 몇 번이고 되풀이했다.

피델은 미국인들이 자신의 연설을 들을 것을 고려한 것이 분명했다. 바로 2개월 전에 피델과 케네디 대통령은 관계 〈정상화〉를 염두에 두고 사전 메시지를 주고받으며 비밀 데탕트를 향해 조금씩 움직이고 있었는데 케네디가 댈러스에서 암살되었다.* 피델은 전국적 연설을 통해서, 린든 존슨 대통령이 갑자기 중단된 화해 움직임을 재개하기 바란다는 분명한 메시지를 보내고 있었다.

피델은 한 손에는 6년간 설탕 2400만 톤을 구입한다는 너그러운 새 협정을, 다른 한 손에는 소비에트-쿠바 공동 성명서를 들고 모스크바에서 돌아왔다. 이번에 피델은 일을 완전하게 마무리 지었다. 쿠바와 소련은 세계 공산주의 운동에서 〈당파적, 분파적 활동〉을 부정하고, 단결을 위해 모스크바가 내세운 조건에 합의했다. 또 쿠바는 〈평화적인 공존이라는 원칙하에 이웃 나라로서 미국과 좋은 관계를 만들기 위해 필요한 것은 무엇이든 할 준비가〉 되어 있다고 분명히 합의했다. 흐루쇼프는 쿠바의 새로운 〈동향〉을 칭송하며 〈평화를 공고히 하고 국제 긴장을 완화〉하는 데 도움이 될 것이라고 말했다.

체의 초청으로 쿠바에 와서 학생들을 가르치던 미국의 정치 과학자이자 경제학자 모리스 헬퍼린이 보기에, 피델이 모스크바에서 서명한 서류는 선명한 입장을 드러냈다. 〈피델이 공동 성명에 서명함으로써 중국과 대립하는 소비

---

* 체 게바라는 거의 모든 국제적 사건에서 혐의를 받았던 것이 분명하다. J. 에드거 후버가 이끄는 FBI가 작성한 기이한 보고서를 비롯하여 워런 조사위원회가 케네디 대통령 암살을 조사할 당시 작성된 여러 보고서에서 그의 이름이 거론되었다. 특히 한 요원은 리 하비 오즈월드를 암살한 잭 루비가 파나마에서 체 게바라와 만나는 모습을 목격했다고 보고했다.

에트 《노선》을 지지한다는 입장이 분명해졌다.〉 동시에 〈미국에 ― 특히 라틴 아메리카에 ― 보내는 메시지도 분명했다. 카스트로는 워싱턴과 화해 협상을 하겠다고 제안했고 흐루쇼프가 이를 승인했으므로 라틴 아메리카는 카스트로가 화해를 위해서 라틴 아메리카 혁명을 저버릴 준비가 되어 있다고 추론할 수밖에 없었다〉.

물론 피델이 열정적으로 밝혔던 〈입장〉이 대부분 그랬듯이 그는 이러한 공식적인 태도를 곧 수정하기 시작했고 그 후 몇 년 동안 계속해서 입장을 바꾸었다. 또 〈평화적 공존〉을 지지한다고 분명히 밝힌 가장 큰 의도는 워싱턴과 협상을 바라던 피델이 교섭을 유리하게 이끌 무기로 사용하기 위해서였다. 그 당시 쿠바는 라틴 아메리카의 여러 분쟁에, 또 아프리카에서는 적어도 하나의 분쟁에 무기와 인력을 투입한 상태였다. 피델이 이렇게 말하던 당시에도 마세티의 부하들은 오란 정글을 배회하고 있었고, 엑토르 베하르의 민족해방군 게릴라 군단은 다시 페루에 잠입했다. 또 불과 한두 달 전에 베네수엘라 당국이 붙잡은 선박에는 쿠바가 베네수엘라 게릴라들에게 보내는 무기 300톤이 실려 있었다. 쿠바의 혁명경찰 대장이었던 에피헤니오 아메이헤이라스와 쿠바 군인들은 모로코와 알제리의 국경 분쟁에서 무장 대대의 지휘를 비밀리에 돕고 있었다.

체에게 〈평화적 공존〉이라는 말은 저주와도 같았고, 제국주의 체제를 외교적인 언어로 달래는 것에 불과했다. 당분간 체는 입을 다물었지만 체와 피델이 걷는 길이 갈라지기 시작했다는 것에는 더 이상 의문의 여지가 없었다. 피델의 목표는 쿠바의 경제적 안녕과 자신의 정치적 생존을 공고히 하는 것이었고, 이를 위해 기꺼이 타협할 준비가 되어 있었다. 반면에 체의 임무는 사회주의 혁명을 퍼뜨리는 것이었다. 체가 쿠바를 떠날 때가 다가오고 있었다. 체는 호르헤 리카르도 마세티가 자신이 쿠바를 떠날 기회를 줄 것이라고 굳게 믿었다.

10

쿠바 게릴라 알베르토 카스테야노스는 2월에 코르도바를 떠나 〈전쟁 지역〉으로 돌아갔다. 한 달 동안 도시에서 지내면서 잘 먹고 맥주도 마시며 빈둥거렸기 때문에 살이 찌고 몸이 망가져서 그는 게릴라 캠프까지 여섯 시간 동안 걸어가는 도중에 세 번이나 기절했다. 캠프에 도착한 카스테야노스는 마세티가 인민게릴라군 활동 시작을 결정했다는 소식을 들었다. 게릴라들은 프론디시를 무너뜨린 군사 쿠데타의 2주년이 되는 3월 18일에 〈기습〉하기로 했다.

그러나 오란의 축축한 숲에서 몇 달을 보내면서 마세티의 권위주의적 성향은 점점 더 무서워졌고 잠재적 탈영병에 대한 망상은 이제 병적인 지경에 이르렀다. 그는 아돌포 〈푸피〉 로트블라트가 처형되던 날 밤에 캠프에 도착한 코르도바 출신의 젊은 의대생 엔리 레르네르를 괴롭히기 시작했다.

레르네르는 로트블라트와 마찬가지로 유대인이었지만 당시 본인은 그것이 연관이 있다고 생각하지 않았다. 베테

랑 공산주의자의 아들이자 광신적인 자칭 〈스탈린주의자〉
였던 레르네르는 불굴의 정신과 신념을 자랑스럽게 여겼
고 군사 훈련을 기대했다. 그러나 마세티가 레르네르에게
하는 말이 점점 더 적의를 띠고 그를 따로 지목해서 특별
처벌을 내리자 그는 마세티가 자신을 게릴라에 적당하지
않다고 생각하여 무너뜨리려 한다는 사실을 깨달았다.

레르네르는 절망했다. 명령에 복종하고 혜페를 존경하
도록 훈련받은 그는 과잉 보상을 하려고, 즉 모든 임무를
보란 듯이 잘 해내서 마세티의 인정을 받으려고 노력했다.
그러나 아무리 노력해도 부족한 것 같았다. 마세티가 그를
〈판 블랑코〉로 여기는 것이 분명했다.

크리스마스가 되자 도시 후원자들이 게릴라들을 위해
맛있는 음식을 잔뜩 보내 주었다. 레르네르는 저녁 식사를
마친 후 나무에 기대어 앉아 담배를 피우며 향수에 젖었
다. 그의 생각은 도시에 남겨 두고 온 가족과 아내에게로 향했
다. 그때 마세티가 뒤에서 살금살금 다가왔다. 「무슨 생각
을 하고 있지?」 마세티가 물었다. 레르네르가 사실대로 대
답하자 마세티가 말했다. 「그래, 탈영 계획을 세우고 있군,
그렇지?」

그 후 레르네르는 자신이 심각한 궁지에 몰려 있음을 깨
달았다. 그는 엘 푸실라도에 대한 이야기도 들었고 푸피는
그가 도착하던 날 밤에 처형되었다. 마세티의 관점에서는
탈영을 계획한다는 의심만 가도 죽음으로 벌해야 했다. 부
스토스 역시 캠프로 돌아올 때마다 두 사람 사이의 긴장을
알아채고 경계하기 시작했다. 그는 또 다른 〈푸피 사건〉이

벌어지고 있음을 눈치챘다.

　레르네르는 남몰래 부스토스에게 도움을 청했다. 부스토스가 중재역을 맡아 마세티에게 그가 틀렸다고, 레르네르는 혁명이라는 대의에 충성하는 훌륭한 군인이며 잠재적 탈영병이 절대 아니라고 말했다. 부스토스가 마세티에게 레르네르가 〈스스로를 증명할〉 기회를 주라고 끈질기게 설득하자 마세티도 마침내 찬성했다. 벌을 줄 대원 두명을 지목해 두었던 마세티는 레르네르에게 그들을 감시하는 임무를 맡겼다.

　그중 한 명인 열아홉 살의 나르도는 새로 들어온 대원이었고 본명은 베르나르도 그로스발드이며 코르도바 출신의 유대인 은행원이었다. 나르도는 가혹한 정글에서 거의 즉시 도태되었고 푸피를 끝장낸 것과 같은 절망의 징후를 보이고 있었다. 레르네르는 나르도가 처음 산에 도착했을 때 캠프까지 안내했는데, 이 젊은이는 자신이 어떤 일에 뛰어들고 있는지 전혀 모르는 것이 분명했다고 회상했다.

　「나르도는 무슨 화초 전시회라도 가는 것처럼 ……우리가 연설을 하는지, 회의를 하는지 물었습니다. 그는 이틀만에 지쳤습니다. 나르도는 평발이라서 경사를 내려가는 것을 두려워했고 점점 짐승처럼 변하기 시작했습니다. 정말 불쾌했지요. 시간이 지나면서 그는 육체적으로도 짐승에 가까워지기 시작했습니다. 언덕을 내려갈 때는 엉덩이를 바닥에 대고 내려갔고 네 발로 기어 다녔습니다. 게릴라로서는 정말 한심한 모습이었지요. ……더럽고 지저분했고, 결국에는 벌을 받아 가장 힘든 일을 맡게 되었습니다.」

또 다른 감시 대상자는 〈그리요〉 프론티니였는데, 그는 부유하고 유명한 부에노스아이레스 변호사의 아들로 사진작가였다. 그리요는 부에노스아이레스에서 인민게릴라군을 조직하는 일을 담당하다가 공금을 부주의하게 쓰면서 낭비했다. 마세티는 부스토스에게 재판을 할 테니 프론티니를 체포해서 산으로 데려오라고 명령했다.

마세티는 두 사람을 〈체포〉한 다음 레르네르에게 일주일 동안 숲 속 야영지에서 그들을 지키라고 명령했다. 일종의 시험인 셈이었다. 레르네르는 두 사람을 지켜보고 이야기를 나누면서 그들이 믿을 만한지 아닌지 결정해야 했다. 레르네르의 보고에 따라서 두 사람의 운명을 결정할 약식 재판이 열릴 예정이었다.

캠프에는 광적인 분위기가 맴돌았다. 마세티는 주변 사람 모두를 적으로 생각했다. 그는 점점 예측하기 힘들고 감정적인 사람이 되어 갔다. 어떤 때는 기분이 좋다가도 금세 깊은 우울에 빠져 며칠 동안 그렇게 지내기도 했다. 또 알제리에서 엘 푸실라도와 겨루다가 다친 척추 좌골 신경 때문에 몸도 무척 아팠다.

부스토스는 특히 나르도의 운명이 걱정되었다. 부스토스는 마세티에게 나르도를 피난시킬 준비를 할 때까지는 〈아무것도〉 하지 말아 달라고 애원하다시피 했다. 그는 믿을 만한 농장 주인을 찾아서 나르도를 농장에 가두었다가 안전해진 다음 풀어 주려고 했다. 마세티는 기다리기로 약속했다.

한편 피린초는 특별 임무를 띠고 떠났다. 그는 푸피를

죽인 후 큰 변화를 겪었지만 고뇌를 그럭저럭 잘 숨겼다. 피린초는 마세티의 전면적인 신뢰를 얻은 다음 부에노스아이레스로 돌아가게 해달라고 설득했다. 쿠바 요원이 무기를 가지고 우루과이에 도착할 예정이었는데 피린초가 그를 만나서 자기 가족의 요트를 이용해 리오데라플라타 강을 건너서 무기를 몰래 들여오기로 했다.

마세티의 새로운 행동 계획을 위해서 무기가 필요했다. 페로니스타들이 장악하고 있던 아르헨티나의 거대한 노조 단체 노동자총연맹CGT은 노동조합을 냉대하던 이야 정부에 대항하여 총파업을 시작할 계획이었다. 마세티의 계획은 무기를 벤고체아 그룹에 전달한 다음 살타 주와 투쿠만 주가 만나는 시골 지역의 군사적 목표를 연달아서 합동으로 기습하는 것이었다. 기습 공격이 노동자총연맹의 파업과 동시에 일어나면 인민게릴라군의 존재를 알리는 동시에 아르헨티나 노동자들에 대한 지지를 보여 줄 수 있었다. 게릴라들은 기습 공격 후 탈출해서 안데스 산맥으로 이동한 다음 남쪽으로 몇백 킬로미터 떨어진 새 작전 기지로 옮길 예정이었다. 마세티는 이미 탈출 경로를 찾아서 산지를 몇 번 답사했다. 게릴라단이 모습을 감춘 다음 실제보다 훨씬 더 큰 세력이라는 인상을 만들어서 보안부대를 따돌릴 계획이었다. 이것은 피델과 체가 시에라에서 전쟁 초기에 이용했던 전술이었고 마세티는 그 전술을 따라하려고 했다.

마세티는 또 모든 일을 제대로 준비하려고 세심한 주의를 기울였다. 2월에 그는 부스토스에게 도시에 머물고 있는 피린초와 접선해서 무기 운반 준비가 어떻게 진행되고 있는지 알아보라고 지시했다. 부스토스가 부에노스아이레스로 가서 피린초와 만날 약속을 잡았지만 피린초는 나타나지 않았다. 다시 한 번 접선을 시도했지만 피린초는 또 나타나지 않았다. 마지막으로 피린초는 벨그라노 기차역에서 부스토스와 만나기로 약속했다. 벨그라노 역에 도착한 부스토스는 피린초가 자신에게 〈최종 조치〉가 내려졌을까 봐 우려해서 사전 대책을 마련했음을 깨달았다. 피린초는 부스토스와 공공장소에서 만나기로 했을 뿐 아니라 몇몇 조심스러운 친구들을 근처에 심어 비상구를 감시하게 했다.

부스토스는 이렇게 회상했다.「피린초는 세군도가 아닌 나에게 설명하려고 나를 만나기로 했다고 말했습니다. 그는 내가 이해하리라 생각했기 때문에 왜 돌아가지 않으려하는지 설명하고 싶어 했습니다. 그런 다음 그는 모든 이야기를 해주었습니다. 자신은 무너졌고 푸피를 살해한 일 때문에 신념을 잃었다고 했습니다. 또 세군도의 성격을 떠나서 게릴라 일은 그보다 더 큰 일임을 안다고, 그것을 존중하며 계속 충성을 지킬 것이라고 말했습니다. 그가 말했습니다. 〈저는 여기서 나가고 싶습니다. 유럽으로 갈 겁니다. ……그 누구에게든 아무 말도 하지 않겠다고 약속드립니다.〉」

부스토스가 자리를 비운 사이 마세티는 나르도에 대한 약속을 어겼다. 레르네르는 나르도, 그리요와 일주일을 보낸 다음 함께 캠프로 돌아와 마세티에게 그들의 행동을 보고했다. 그는 그리요는 〈회복 가능〉하지만 행동이 더욱 악화된 나르도에 대해서는 〈아무 할 말이 없다〉고 보고했다.

레르네르는 이렇게 회상했다. 「그는 완전히 망가져서 말도 하지 않았습니다. 그는 네 다리로 질질 끌며 기어 다녔고, 불쌍하게 울고, 자위를 했습니다. 그것은 자신을 정화하는 방법이었습니다. 그게 위생의 원시적인 형태라는 듯이 말입니다.」

마세티는 나르도의 재판을 명령했다. 페데리코가 검사였고 엑토르가 변호사, 에르메스가 재판장을 맡았다. 레르네르는 그들이 〈합창단처럼〉 둥글게 모여 앉았다고 회상한다. 그는 10분에서 15분 정도 진행된 재판을 대부분 기억하지 못했지만 나르도가 〈자진해서 죄를 뒤집어쓰기로 결심〉했다는 생각이 들었다고 회상했다. 대원들은 나르도를 풀어 주었다가 그가 경찰에 붙잡히면 알고 있는 사실을 모두 털어놓을 것이라고 비난했지만, 그가 아무런 반박도 하지 않았기 때문이었다.

물론 결론은 처음부터 정해져 있었고 판결은 금방 나왔다. 레르네르는 이렇게 말했다. 「그는 사형을 선고받았습니다. 혁명법을 지키지 않았으므로 총살대에서 처형한다는 판결이 나왔습니다.」

그러나 나르도의 고통은 아직 끝나지 않았다. 그는 감시를 받으며 마지막 밤을 보내야 했다. 마세티는 다음 날인 2월 19일 새벽에 그를 처형하기로 결정했고, 가장 최근에 들어온 지원자들을 단련하기 위해서 신참들로 〈총살대〉를 구성하기로 했다.

새벽이 되자 사람들이 무덤을 팠다. 나르도는 무덤가에
서 총살되었다. 레르네르는 한쪽 옆에 서서 그 상연을 지켜
보았다. 마지막 순간 발사 명령이 떨어질 때 그는 나르도
가 가슴을 펴는 모습을 보았다. 「그는 정면을 바라보며 떨
지도 않고, 무릎을 꿇지도 않고, 애원하지도 않았습니다.」

총살이 끝나자 모두 아무 말도 하지 않았다. 레르네르
는 〈우리는 모두 자신으로부터 숨으려고 했습니다〉라고
회상했다. 마세티는 아무 일도 없었다는 듯이 행동했다.
「일을 끝내라고 그가 명령했습니다. 나르도가 묻히고, 무
덤이 덮이고, 삶은 계속되고…… 그것은 게릴라 생활의 일
부였습니다.」

인민게릴라군은 그들을 약화시키는 〈흰 빵〉이라는 존
재의 〈오염에서 벗어났다〉. 그 후 마세티는 엔리 레르네르
에게 한층 더 잘 해주었고 그에게 드리워졌던 의심의 장막
이 걷혔다. 레르네르는 많은 세월이 지난 후에야 자신도 마
세티의 희생자가 될 수 있었다는 사실을 깨달았다. 그는 자
신과 미겔, 푸피, 나르도가 모두 유대인이었다는 사실을 떠
올리면서 마세티의 정치적 출발점이 초강경 민족주의와
반유대주의를 표방하는 민족주의해방연합ALN이 아니었
을까라고 추측했다.

부스토스가 돌아왔다. 그는 나르도에게 벌어진 일 때문
에 화가 났지만 이제 와서 할 수 있는 일은 없었다. 그들에
게는 더 큰 문제가 있었다. 부스토스는 마세티에게 피린초
가 이탈했다고 말했지만 마세티는 믿으려 하지 않았다. 마
세티는 피린초가 가장 뛰어난 부하라며 그가 자기를 버릴

리가 없다고 말했다. 그는 피린초와 여자 친구 사이에 문제가 있다는 사실을 알고 있었기 때문에 그게 전부라고, 부스토스가 잘못 생각했다고 말했다. 마세티는 부스토스에게 부에노스아이레스로 돌아가서 피린초를 데리고 돌아오라고 명령했다.

그러나 때는 이미 너무 늦어 있었다. 피린초가 약속대로 자취를 감추고 유럽으로 떠났기 때문만은 아니었다. 인민게릴라군도 이제 때가 너무 늦었다. 부스토스가 떠나고 나서 며칠 후에 부에노스아이레스의 공산당 내 반대파가 보낸 새로운 자원자 다섯 명이 도착했는데, 그중 두 명은 아르헨티나 비밀경찰 요원이었다. 그들은 인민게릴라군에 잠입하여 기지를 파악한 후 정보를 가지고 돌아오라는 명령을 받았다.

비밀경찰 요원들이 잠입했을 때 마침 아르헨티나 국경수비대도 게릴라의 위치를 파악했다. 살타의 인민게릴라군 공급책이자 수송책이었던 고상한 젊은이 엔리케 볼리니 로카는 지방 서점 주인이라고 믿어 주기에는 의심스러운 구석이 너무 많았다. 그는 소형 트럭을 타고 수상한 여행을 지나치게 자주 했고, 또 불행히도 너무 잘생긴 게 탈이었다. 여자들이 그를 쫓아다녔고 그는 사람들의 시선을 끌었다. 국경수비대가 볼리니 로카가 차를 몰고 자주 가는 살타-오란 도로의 외딴 장소를 감시했다. 그리고 숲 속으로 첫 정찰대를 파견했다.

정찰대는 식량을 산지 주요 부대에 보내기 전에 저장해 두는 작은 보급품 캠프에서 게릴라들과 즉각 마주쳤다. 여기에는 카스테야노스, 레르네르, 그리요 프론티니, 그리고 〈엘 마르케스〉라고 알려진 또 다른 게릴라가 있었다. 게릴라들은 자신들이 사냥꾼이며 풀숲에서 〈야생 칠면조〉를 찾는 중이라고 우겼지만 아무도 그 말을 믿지 않았다. 곧 비밀경찰 요원 두 명도 잡혀서 국경수비대에게 신분을 밝히고 지금까지 알아낸 사실을 알려 주었다. 더 많은 정찰대가 파견되었고 인민게릴라군은 무너지기 시작했다.

4월 18일에 체의 선발대는 완전히 와해되었다. 에르메스는 어느 농부의 집에서 정찰대에게 매복 공격을 당해 죽었다. 철학과 대학생 호르헤와 집 주인 농부, 매복 공격하던 정부군 한 명도 같이 죽었다. 나머지 게릴라들은 뿔뿔이 흩어져서 산속에서 길을 찾아 헤맸다.

그들은 산을 오르고 또 올랐다. 오래지 않아 3, 4천 미터 고도의 축축한 구름숲에 도착했다. 식량도 없었고 안개 때문에 앞도 거의 보이지 않았다. 신참 지원자 세 명은 굶주림 끝에 죽었다.

허리가 아파서 거의 걷지도 못하던 마세티는 아틸리오, 엑토르, 안토니오 파울과 함께였다. 그는 엑토르와 안토니오를 보내 다른 대원들을 찾아보라고 했다. 두 사람이 산을 내려가던 중에 안토니오가 강 위 높은 절벽에서 추락했고 엑토르도 안토니오를 잡으려다가 같이 떨어졌다. 안토니오는 바위에 부딪쳐 목이 부러졌지만 엑토르는 물속에 떨어졌다. 엑토르는 안토니오가 쓰러진 곳으로 기어가 모르핀을 놔주고 그가 죽을 때까지 곁을 지켰다.

며칠 만에 남은 생존자들이 모두 잡혔다. 후후이, 오란,

부에노스아이레스에서 볼리니 로카를 비롯한 도시 지하 단체 사람들이 체포되었다. 부스토스와 코르도바 네트워크의 구성원들은 몸을 숨기고 우루과이로 달아났다. 푸리는 무사히 쿠바로 돌아갔다.

마세티와 아틸리오의 소식은 전해지지 않았다. 국경수비대가 두 사람을 찾기 위해 숲을 이 잡듯이 뒤졌지만 빈손으로 돌아왔다. 4월 말에 카스테야노스, 레르네르, 프론티니, 페데리코, 엑토르 호우베를 포함한 게릴라 대원 18명이 오란 감옥에 갇혔다. 대원들은 입을 열지 않았고 잘못을 뉘우치지도 않았다. 그들은 혁명이 목적이었음을 인정하고 옹호했지만 쿠바와의 관계에 대해서는 입을 열지 않았고 체의 경호원 알베르토 카스테야노스의 진짜 신분도 비밀로 지켜졌다.

그러나 쿠바와의 관계는 곧 드러났다. 에르메스의 일기가 발견되었는데 경찰이 그가 쓴 속어를 보고 죽은 자가 쿠바 사람임을 밝혀냈던 것이다. 아르헨티나 보안부대가 압수된 무기의 출처를 조사하여 그들이 가지고 있던 벨기에 FAL 자동 소총이 파브리크나시오날 사가 쿠바에 판매한 선적에서 나온 것임을 밝혔다. 또 게릴라들이 가지고 있던 달러의 출처가 쿠바임이 밝혀졌다. 소비에트에서 생산된 무기들도 있었는데, 서반구에서 그런 무기가 나올 곳은 쿠바밖에 없었다.

언론은 수많은 추측 보도를 했다. 체 게바라가 인민게릴라군 배후 세력인가? 에르메스 페냐가 체의 경호원이었다는 사실이 밝혀졌기 때문에 체와 인민게릴라군의 관계는 쉽게 설명할 수 있었다. 자취를 감춘 코만단테 세군도가 호르헤 리카르도 마세티라는 사실이 밝혀지고 체가 마세티를 〈영웅적인 혁명가〉라고 부르며 공개적으로 경의를 표하자 논쟁은 더욱 뜨거워졌다.

그러나 체를 포함해서 이 모험에 가담한 그 누구도 더이상 구체적인 사실은 확인해 주지 않았다. 〈살타 게릴라〉의 자초지종은 수수께끼로 남았고 더 크고 극적인 사건들에 금방 묻혀 버렸다. 이 일이 체에게 얼마나 중요했는지, 마세티의 실패가 그의 인생과 역사의 경로를 어떻게 바꾸었는지를 아는 사람은 얼마 되지 않았다.

마세티는 끝내 발견되지 않았다. 살아남은 동료들은 그의 운명에 대해 가능한 설명이 세 가지 있다고 생각한다. 첫째, 모든 일이 끝장났다는 사실을 깨닫고 마세티가 아틸리오와 함께 자살했다. 둘째, 굶어 죽었다. 셋째, 국병수비대가 사실은 그들을 찾았지만 마세티가 가지고 있던 약 2만 달러를 빼앗은 다음 두 사람을 죽이고 비밀에 붙였다.

게릴라들은 곧 재판을 받았다. 그들에게는 그리요의 아버지 노르베르토 프론티니와 코르도바의 좌파 변호사 오라시오 로나티, 리카르도 로호, 구스타보 로카를 포함한 훌륭한 변호사 팀이 있었지만 모두 4년에서 14년의 징역을 선고받았다. 페데리코 〈엘 플라코〉 멘데스는 나르도의 처형에서 검사 역할을 했다는 이유로 가장 높은 형량을 선고받았고, 엑토르 호우베 역시 그 재판에 참여했다는 이유로 12년 형을 선고받았다. 카스테야노스와 레르네르는 각각 5년 형을 선고받았다. 항소는 했지만 이들을 위해서 당장 할 수 있는 일은 거의 없었다.*

　체는 게릴라 거점이 몰락했다는 악몽 같은 소식을 듣고 당황하고 절망했다. 그는 1964년 3월 말에 제네바에서 열린 국제연합무역개발회의UNCTAD 창립 회의에 연설을 하러 갔다가 그 일을 마치고 유럽을 돌아다니던 중에 이 소식을 들었다. 체는 파리로 가서 구스타보 로카를 만났고 로카가 재난의 전말을 알려 주었다. 그후 체는 알제와 프라하를 거쳐서 쿠바로 돌아왔다. 그는 에르메스가 죽임을 당한 4월 18일에 도착했다. 몇 주가 흘러도 마세티가 발견되지 않자 체는 그가 죽었다고 생각했다. 마세티의 죽음은 그가 아르헨티나에서 무장 투쟁을 시작하려고 조심스럽게 추진했던 계획이 중대한 차질을 빚었다는 걸 의미했다. 게다가 그것은 개인적으로도 비극이었다.

　체는 자신이 가장 아끼던 두 사람의 부하 — 에르메스와 마세티 — 를 잃었다. 게다가 그들은 체의 경고에 주의를 기울이지 않고 몇 가지 실수를 저질렀기 때문에 발각된 것이 분명했다.

　체가 고국을 얼마나 그리워하는지 아는 사람은 거의 없었다. 아르헨티나 저널리스트 로사 마리아 올리베르는

---

* 구스타보 로카는 마르크스주의자이자 보수적인 저명한 코르도바 가문의 문제아였으며 체의 옛 연인 치치나 페레이라의 사촌이었고 청년 시절부터 체의 친구였다. 그 후 몇 달, 몇 년 동안 로카는 투옥된 게릴라들이 받은 판결의 모순과 〈인권 침해〉를 비난하기 위해 최선을 다했다. 그러나 그의 가장 중요한 역할은 체와 투옥된 사람들, 그리고 아르헨티나에 살아남은 게릴라 지하 조직 사이의 연락을 담당하는 것이었다.

1963년 2월에 체와 대화를 나누다가 그의 감정을 살짝 엿보았다고 생각했다. 두 사람이 함께 마테 차를 마시며 향수에 젖어 고국에 대해 이야기를 나누고 있었는데 체가 갑자기 손바닥으로 무릎을 치며 거의 애원하듯이 소리쳤다. 「이제 됐습니다. 아르헨티나 이야기는 더 이상 하지 맙시다.」

「고국을 그렇게 사랑하신다면서, 왜죠?」 올리베르가 물었다.

「바로 그렇기 때문입니다…….」

마세티가 사라졌다는 소식이 전해진 직후 알베르토 그라나도가 체의 집무실로 찾아왔다. 체가 무척 우울해 보였기 때문에 그라나도가 기분을 풀어 주려고 장난스럽게 말했다. 「체, 무슨 일이야, 꼭 죽은 개 같은 표정인데.」 체가 대답했다. 「페티소, 부하들은 내가 맡긴 임무를 수행하다가 죽었어. 보다시피 나는 완전히 물먹고서 여기 책상 앞에 앉아 있지.」

체는 이야기를 이어 가며 에르메스는 숙련된 게릴라인데 왜 계속 이동하라는 지시를 따르지 않았을까 의아하게 여겼다. 그들이 실패한 이유는 아르헨티나 국경수비대가 찾아낼 정도로 한 곳에 오랫동안 머물렀기 때문이었다. 끊임없는 이동은 게릴라 전쟁에서 가장 중요한 규칙이었고, 마세티는 몰라도 에르메스라면 더 현명하게 행동했어야 했다. 체는 그것을 위해서, 즉 베테랑 게릴라의 본능과 경험을 빌려 주기 위해서 에르메스를 같이 보낸 것이었지만 소용이 없었다.

살타 게릴라의 실패는 체에게 무척 중요한 분수령이었다. 〈뛰어나지만〉 경험이 없는 사람들이 체의 게릴라 전쟁 이론을 시험하려고 노력하다가 다시 한 번 실패했다. 이제는 자기 사상이 옳다는 것을 체가 직접 증명해야 했다. 쿠바 혁명은 피델이라는 인물 덕분에 본질적으로 서로 다른 세력들을 집결시키고 단결시켜 효과적인 전투 조직을 만들 수 있었다. 이와 마찬가지로 라틴 아메리카 대륙 혁명의 성공은 저명한 지도자의 존재에 달려 있었다. 체가 바로 그런 지도자였다.

26장
긴 이별

1

1964년 여름에 체는 쿠바를 떠나 혁명 전쟁터로 돌아가 겠다고 결심을 굳혔다. 문제는 어디로 가느냐였다. 어딘가에 체가 갈 만한 상황이 준비되어야 했다. 이때부터 혁명 전쟁터로 돌아가겠다는 목표는 체의 가장 크고 유일한 집착이 되었다.

체는 더 이상 쿠바에 반드시 필요한 존재가 아니었다. 혁명은 더할 나위 없이 굳건했다. CIA가 지원하는 반혁명 활동이 여전히 활발했고 U-2 정찰기들이 계속해서 쿠바 영공을 날아다녔지만, 가까운 시일 내에 미국이 침공할 가 능성은 별로 없었다. 어쨌거나 케네디 대통령은 소비에트가 쿠바에서 핵미사일을 철수시키면 쿠바를 침공하지 않겠다고 약속한 터였다. 약속은 언제든지 깨질 수 있었지만 케네디의 뒤를 이은 린든 존슨 대통령은 심각한 흑인 인권 문제와 다가오는 대통령 선거, 점점 고조되는 베트남 갈등 때문에 숨 돌릴 틈이 없었다. 미군은 베트남에 직접 개입하여 공산주의 북베트남에 맞서는 불안정한 남베트남을 지원하고 있었다.

흐루쇼프는 쿠바를 소련의 〈딸〉이라고 부르며 찬사를 늘어놓았고 아바나에서 공공연하게 〈니키타 마리키타(계집애 같은 니키타)〉를 외치는 사람은 이제 아무도 없었다. 쿠바 섬으로 흘러들어 오는 소비에트의 원조는 그 어느 때보다 넉넉했지만 이로 인해 쿠바는 모스크바에 눈에 띄게 의존하게 되었다. 체는 이런 상황이 달갑지 않았지만 피델은 적어도 당시에는 체만큼 큰 불안을 느끼지 않았고 어차피 준비된 대안도 없었다.

체는 장기적으로 쿠바의 독립은 소비에트의 보조금이 아니라 라틴 아메리카 혁명의 성공 여부에 달려 있다고 여전히 확신했다. 라틴 아메리카 혁명 국가들이 형제애를 바탕으로 하는 사회를 이루어 자원을 공유하면, 모스크바를 포함한 외부 세력에 대한 의존을 줄이고 개발 도상국가들 사이에서 새로운 사회주의를 이끌 수 있을 터였다.

그 밖의 다른 요소들도 쿠바를 떠나겠다는 체의 결심에 영향을 주었다. 살타 게릴라 거점이 아직 계획 단계였던 1962년에도 이런 요소들이 존재했지만 1964년에는 한층 더 심각해졌다. 쿠바의 정치적 분위기는 폐소 공포로 치달

왔고 국내외에서 체의 새로운 적이 나타났다.

라틴 아메리카의 주류 공산당들은 체가 다른 나라로 무장 투쟁을 전파했다며 분노했다. 존경받는 아르헨티나 공산당 정치 지도자 빅토리오 코도비야가 살타 사건에 격분했고, 그가 이끄는 공산당은 마세티가 이끈 게릴라 그룹을 강력하게 비난하며 이 사건에 연루된 공산당원들은 당에서 〈추방〉된 급진파들이었다고 지적했다. 페루 공산당과 몬헤를 비롯한 볼리비아 공산당도 물론 코도비야와 같은 생각이었고 코도비야가 그랬던 것처럼 모스크바에 자신들의 입장을 분명히 밝혔다.

체가 다시 한 번 부인했지만 크렘린에서는 체가 마오쩌둥주의자이고 위험한 극단주의자이자 〈트로츠키주의자〉라는 여론이 지배적이었다. 이러한 소문을 잘 알고 있던 중국은 끈덕지게 체를 쫓아다녔다. 체가 유엔 무역개발회의에 참석하려고 제네바에 체류할 당시, 중국 요원들은 체의 발자취를 따라다녔고 그가 묵는 호텔 로비를 감시하면서 누가 엘리베이터를 타는지, 또 체의 방이 있는 층에 누가 오가는지 지켜보았다.

당시 제네바에 체류 중이던 세르고 미코얀이 소문을 진화하기 위해서 비공식적인 자리를 마련해 체와 소비에트 통상부 장관 니콜라이 파톨리체프를 소개하려고 했다.

체가 묵는 호텔로 찾아간 미코얀은 로비에서 중국 사람을 보았다. 그가 방으로 들어가자 체는 미코얀과의 재회를 기뻐하며 파톨리체프를 만나라는 제안을 곧장 수락하고 이렇게 물었다. 「혹시 아래층에서 중국 사람을 봤습니까?」

미코얀이 그렇다고 대답하자 체가 고개를 끄덕이며 말했다. 「모스크바에서는 내가 중국 요원이라고, 혹은 그들과 관계가 있다고 생각하지만 아닙니다. 사실은 그들이 항상 나를 쫓아다니고 있습니다.」

　체는 결백을 주장했지만 소비에트 지도자들 대부분은 그의 말을 곧이곧대로 듣지 않았다. 쿠바의 보좌관들 사이에서는 체가 중국의 〈청렴한〉 혁명 연대를 더 높이 평가한다는 사실이 잘 알려져 있었다. 오를란도 보레고는 쿠바에 일을 하러 온 중국 기술자들은 산업부에서 무급으로 일했지만 소비에트 기술자들은 월급과 집을 요구했기 때문에 피델 정부가 모스크바로부터 받은 차관에서 월급을 지급했다고 지적했다. 체는 중국인들이 〈더욱 진정한〉 사회주의 〈도덕성〉을 보여 주고 있다고 생각했고 그러한 자신의 생각을 숨기지 않았다. 크렘린의 정책에서 조금만 벗어나도 이단으로 간주되던 이데올로기의 시대에, 체는 중국의 사회주의 혁명 정책에 계속 발맞추었다. 중국이 체에게 보인 관심은 체가 초래한 것이라고 볼 수밖에 없었다.

　이러한 의혹은 체가 쿠바에서 하던 일과 라울 카스트로를 비롯한 가장 가까운 동지들과의 관계에까지 어두운 그림자를 드리웠다. 라울 카스트로는 소비에트 군대와 소비에트 공산당 지도자들과 강한 연대를 맺고 있었다. 라울은 시에라마에스트라 시절과 멕시코 시절에 체의 가장 중요한 동맹자였고 또한 체를 존경했지만 두 사람의 관계는 꾸준히 악화되어 적대적인 관계에까지 이르렀다. 일부 쿠바인들은 1962년 여름 소비에트 미사일 협상 당시 체가 라울의 〈뒤처리〉를 하기 위해 불려 갔을 때가 전환점이었다고 말한다. 체와 모스크바의 관계가 악화되면서 라울은 점점 더 친소비에트파가 되었고 체가 〈중국의 신하〉가 되었다는 신랄한 농담을 했다고 알려졌다.

산업 정책과 관련하여 또 다른 전선이 펼쳐졌다. 체의 산업 정책은 이제 공공연한 도전을 받았고, 그는 쿠바 경제의 방향과 통제권을 두고 치열한 이데올로기 논쟁에 휘말렸다. 체는 소련이 시행하고 지지하는 〈국가자본주의〉 체제처럼 내부에서 경쟁하는 체제 대신 소위 말하는 〈예산 재정 체제〉, 즉 국유 기업들이 자산과 자원을 공유하는 체제를 옹호했지만, 이러한 체의 주장은 맹렬한 반대에 부딪혔다. 체의 주장에 반대한 주요 인물은 피델이 토지개혁청 장관으로 임명하여 농업 문제를 맡긴 카를로스 라파엘 로드리게스와 7월 26일 운동 시절에 체와 논쟁을 벌였으며 당시에는 통상부에서 근무하던 마르셀로 페르난데스였다.

이념 논쟁의 핵심에는 쿠바 노동계층의 공산주의 의식을 발전시키기 위해서 〈물질적인 인센티브〉뿐 아니라 〈도덕적인 인센티브〉를 적용하자는 체의 주장이 자리 잡고 있었다. 소련이 채택한 국가자본주의 체제의 뿌리는 레닌이 1924년 내전 이후 정체된 소비에트 경제를 급속히 발전시키기 위해서 만든 신경제정책NEP이었다. 신경제정책은 생산을 증대하기 위해서 공장과 개인 노동자들에게 자본주의적 형태의 경쟁을 허락했다. 체는 경쟁 체제 때문에 노동자들이 자신의 노동에 대해 진정한 사회주의적 인식을 갖지 못하며 도덕적 인센티브에 의해서만 진정한 사회주의적 인식을 얻을 수 있다고 생각했다. 공동선을 위해 〈기꺼이 희생하려는 정신〉을 증명하고자 했던 체의 자발 노동 계획 뒤에는 바로 이러한 생각이 숨어 있었다.

또 하나의 문제는 앞으로 쿠바 경제가 나아갈 방향이었다. 쿠바에 급속한 산업화를 이룩하겠다는 체의 꿈은 곧 무산되었다. 그는 인력도 준비되지 않고 자원도 부족한 상황에서 〈너무 빨리〉 행동에 착수했다는 자신에 대한 비난을 일정 부분 받아들였다. 하지만 그가 손쓸 수 없는 다른 요소들도 있었다. 산업 인력이 전반적으로 무능했고 전문 기술도 부족했으며 소비에트 블록에서 수입한 장비와 자원은 질이 낮았다. 체는 특히 소비에트에서 수입한 장비 문제에 크게 화를 내며 거리낌 없이 그 사실을 지적했다. 쿠바의 또 다른 대안은 〈설탕 왕〉으로 돌아가는 것이었다. 1964년 중반에 새로운 소비에트-쿠바 설탕 협상이 타결되었고 흐루쇼프는 설탕 수확을 기계화하기 위해서 사탕수수 수확 기계의 발명을 돕겠다고 제의했다. 이제 쿠바의 미래는 산업이 아니라 농업에 있다는 사실이 분명해 보였다. 이로 인해 새로운 사회주의 인간을 만들겠다는 체의 꿈은 그 가능성의 일부를 상실했다.

마지막으로, 체는 쿠바인이 아니라 아르헨티나인이었다. 공적인 자리에서 체가 그렇게 말한 적은 없었지만 그의 마음속에는 결국 쿠바가 〈그들의〉 나라라는 인식이 있었을 것이다. 체는 그동안 자신의 방식을 믿는 충성스러운 핵심인물들을 키웠으므로 체가 없어도 그들이 싸움을 계속할 수 있었다. 이제 체가 떠나야 할 때였다.

그는 나이도 의식하기 시작했을 것이다. 이제 그는 서른여섯 살이 다 되었다. 아직은 부하들을 이끌고 행군하며 싸울 수 있었지만 더 지체한다면 너무 늦을지도 몰랐다.

2

체의 첫 번째 과제는 살타 원정으로 흔들렸지만 아직 와해되지는 않은 남아메리카의 게릴라 비밀 조직을 재건하고 확장하는 것이었다. 살타 사건에 가담한 볼리비아와 쿠바 사람들은 알베르토 카스테야노스만 제외하고 모두 무사히 빠져나왔고 코르도바와 부에노스아이레스를 비롯한 아르헨티나 도시의 지하 조직도 마찬가지였다. 피해를 입은 것은 게릴라들과 직접적인 살타 지원망뿐이었다. 마세티 군단은 와해되었지만, 체는 남아메리카에 새로운 자원을 확보했다. 타니아가 길을 나서기 시작했다.

1964년 3월에 타니아가 첩보 훈련을 마치자 체는 그녀를 산업부 사무실로 불렀다. 피녜이로 수하의 최고 요원으로 레난 몬테로라는 가명을 쓰던 사람이 체와 함께 있었다. 레난은 그동안 여러 임무를 맡아 왔고 비극으로 끝난 1959년 니카라과 게릴라 원정에도 로돌포 로메로와 함께 참가한 바 있었다. 체는 타니아에게 자신의 비밀요원으로서 볼리비아에 가서 합법적인 신분을 확보한 후 가능한 한 많은 볼리비아 지도자들과 친분을 쌓으라고 말했다. 가짜 신분을 유지하다가 적당한 때가 되면 활동을 시작할 계획이었다. 피녜이로에 따르면, 타니아가 볼리비아에서 활동할 요원으로 선발된 이유는 그녀가 독일어를 할 줄 알았기 때문이었다. 워낙 다재다능하기도 했지만 무엇보다 그녀의 독일어 구사 능력은 볼리비아에서 영향력이 센 독일 이민자 사회에 침투하는 데 쓸모가 많았다. 피녜이로는 체가 종국에는 볼리비아에서 합류할 계획을 가지고 있다는 것을 그녀에게 알리지 않았다고 말했다.

타니아는 자부심을 느끼며 체의 사무실을 나섰다. 체가 그녀의 장점을 알아보고 대륙 혁명에서 중대한 역할을 맡긴 것이었다. 타니아는 곧 변장을 하고 쿠바를 떠나 서유럽을 돌아다니면서 위장신분을 시험했고 그녀의 가짜 이력에 등장하는 장소들을 숙지했다.

타니아와 만난 다음 체는 시로 부스토스를 아바나로 불러서 상황을 보고받고 새로운 지시를 내렸다. 부스토스는 마세티 군단이 붕괴한 후 뒷수습을 하면서 쿠바에서 진격 명령이 떨어지기를 기다리고 있었다. 부스토스는 코르도바 지역 교수들의 도움을 받아 감옥에 갇힌 대원들을 위해 법적 대응팀을 꾸렸고 우루과이 몬테비데오에 안가를 빌린 다음 푸리와 〈페티소〉 베요모, 엑토르 호우베의 형 에밀리오 호우베를 빼돌려 놓았다.

부스토스가 맡은 가장 중요한 일은 살타 게릴라들을 위해서 마련된 무기고의 무기들을 두 독립 단체에 전달하는 일을 지휘하는 것이었다. 하나는 투쿠만에서 새로운 게릴라 거점을 열 계획을 가진 〈엘 바스코〉 벤고체아의 트로츠키주의 분파였고 또 하나는 우루과이의 사탕수수 노동자 좌파 단체 〈카녜로스〉의 지도자 라울 센딕이 만든 신생 단체였다.

부스토스는 이렇게 회상했다. 「센딕이 페티소 베요모의 연락책을 통해서 만나고 싶다는 요청을 전해 왔습니다. 우리는 일요일 오후에 몬테비데오 외곽 산악 지대의 엘세로 해변에서 만났습니다. 그는 늙고 가난한 어부로, 나는 혼자서 산책하는 사람으로 변장했습니다. 센딕의 뒤쪽으로 멀지 않은 해변에서 젊은이들 — 그의 부하들 — 이 축구를 하고 있었습니다. 좀 더 가까운 곳에서는 엑토르의 형 엘 고르도 에밀리오가 〈어부〉로 변장하고 저를 지원했지요. 센딕은 살타가 실패한 이유를 열심히 묻더니 두 가지를 요청했습니다. 비밀 훈련과 〈무기〉였습니다.」

부스토스는 센딕의 부하 한 명에게 기초적인 스파이 기술과 방어술을 훈련시키기로 했다(30년 후, 부스토스는 아이러니하게도 그의 옛 〈제자〉가 우루과이 정부를 위해 일하는 존경받는 저명한 경제학자가 되었다는 걸 알고서 삶의 아이러니를 느끼게 된다). 부스토스는 또 에밀리오에게 우루과이에 숨겨 둔 인민게릴라군의 무기 일부를 센딕의 단체에 전달해도 좋다고 승인했다. 우루과이를 지원하기로 한 부스토스의 결정은 사실 당시 그가 생각했던 것보다 훨씬 더 역사적인 결정이었다. 이처럼 보잘것없는 상태에서 출발한 센딕의 조직은 투파마로 지역에서 치밀한 게릴라 운동을 펼쳐곧 유명해졌으며 이들의 활동은 우루과이 사회를 송두리째 뒤흔들게 될 것이었다.

부스토스는 아바나에 가서 체를 만나기 위해 『파사도 이 프레센테』의 편집장이자 코르도바 협력 단체의 사상적

멘토인 〈판초〉 아리코와 함께 출발했다. 아리코는 협력 단체 사람들 중에서 마세티가 죽기 전에 산에서 그를 만난 유일한 인물이었는데 그때 이후 동지였던 오스카르 델 바르코와 엑토르 〈토토〉 슈무클레르와 마찬가지로, 그는 체의 게릴라 거점 이론이 아르헨티나에서 통하지 않을 것이라고 확신하고 있었다.

토토 슈무클레르는 이렇게 말했다. 「판초는 시골 게릴라 작전이 전략적으로 통하지 않을 것이라는 우리의 비판적인 생각을 전하기 위해 쿠바에 가서 체를 만났습니다. 하지만 막상 도착하자 입을 열 수가 없었습니다. 체가 두세 시간에 걸쳐 이야기를 하는 동안 판초는 아무 말도 하지 않았습니다.」 나중에 판초는 동지들에게 일단 체 앞에 앉고 보니 그의 존재감과 강력한 주장에 압도되어 반박하기가 두려웠다고 말했다. 판초 아리코는 〈그 사람은 체였어〉라고 간단히 설명했다.

살타에서 일어난 일을 검토하고 새로운 활동 계획을 결정하기 위해 체를 여러 번 만났던 부스토스도 체에게 압도당하기는 마찬가지였다. 체는 일부 대원이 굶어 죽은 이유를 이해할 수 없다고 말했다. 부스토스는 사실상 농부도 식량도 없는 오란 주변 정글의 사정을 설명하려 애썼다. 사냥이 무척 어려웠고 게릴라들이 맥*을 1마리 잡은 적도 있었지만 고기가 상해서 먹을 수 없었다. 「내가 그렇게 말하

---

* 중남미와 서남아시아에 사는, 코가 뾰족한 돼지 비슷하게 생긴 동물 —옮긴이주.

자 체는 아니라고, 좀 더 오래 끓여서 산성 물질을 변형시키거나 뭐 그렇게 했어야 했냐고, 그러면 괜찮았을 거라고 말했습니다.」

체의 생각은 분명했다. 시골 게릴라 거점은 성공할 수 있다, 단 제대로 해야 한다는 것이었다. 부스토스는 의구심을 품었지만 아리코와 달리 모든 희망을 잃지는 않았다. 부스토스는 게릴라 거점 개발을 다시 한 번 시도할 때는 생존을 위해서 여러 지역에 기본 조직을 구축하는 데 집중해야 한다고 생각했다. 게릴라 군단이 사냥에만 의지할 수는 없지만 그렇다고 마세티 팀이 그랬던 것처럼 도시에서 조달하는 통조림 식량에만 의지할 수도 없었다. 픽업트럭이 계속 들락날락하면 의심을 사게 되고 결국에는 경찰이 경계할 것이었다. 그러므로 한 지역에 자연스럽게 섞여 들어가서 가능한 한 자급자족적인 생활을 하며 의심을 사지 말아야 했다.

부스토스는 체가 자신의 의견에 동의했다고 말한다. 「그가 말했습니다. 〈이곳 일을 잘 마무리한 다음 돌아가서 당신 계획을 실천에 옮기십시오. 인민들과 연합해서 시작하십시오. 분파 단체들을 이용하면서 어떻게 될지 봅시다.〉」

부스토스는 이 말을 무장 투쟁을 시작할 의향이 있는 단체라면 어떤 단체든 상관없이 연합해야 하며 동시에 전국 연합 게릴라 전선을 구축하기 위해 노력하라는 뜻으로 해석했다. 아직 정치 및 군사 지휘자가 임명되지 않은 상태였고 산지로 들어가기 위한 긴급 소집령도 없었다. 부스토스

는 준비 작업 임무를 맡았지만 그 기간이 얼마나 될지는 알
수 없었다.

준비 계획에서 가장 큰 장애 가운데 하나는 자금 문제였
다. 부스토스는 체가 임무를 시작할 예산을 주지 않았고
〈약간의 도움〉만 주었다고 말한다. 자금을 마련할 방안에
대해서 이야기를 나눌 때 부스토스는 일부 과격파 동지들
이 주장하는 〈징발〉 전략을 언급했다. 체 역시 1958년 말
에 라스비야스로 가서 혁명 군대의 지휘를 맡았을 때 똑같
은 전략을 주장했었지만 그때와 지금은 상황이 달랐다. 당
시 쿠바는 내전이 한창 진행 중이었고 지휘자는 체였다. 그
러나 아르헨티나의 상황은 달랐다. 체는 반란이 뿌리를 내
리기도 전에 사태가 걷잡을 수 없이 흘러가기를 원하지 않
았다. 그는 은행 강도 계획을 제외시켰다. 체가 부스토스
에게 말했다. 「지금 단계에서는 안 됩니다. 은행털이로 시
작하면 결국 은행 강도로 끝날 뿐이오.」

부스토스는 아바나를 떠나기 전에 푸리, 아리엘, 파피
등을 만나 아바나 측과 연락을 취하거나 인력, 자금, 병참
을 주고받을 접선 지점과 진입 노선을 짰다. 그들은 당분
간 아직까지 쿠바와 국교를 유지하고 있던 우루과이를 중
계 지점으로 삼기로 했다.

부스토스가 아직 쿠바에 체류 중이던 5월 20일에 부에
노스아이레스 시내 포사다스 가에서 폭발 사고가 일어났
다는 전보가 도착했다. 〈바스코〉 벤고체아를 비롯한 다섯
사람이 아파트 6층에서 폭탄을 만들다가 사고가 난 것이
었다. 이 사건으로 〈투쿠만〉 단체는 최후를 맞이했다. 부

스토스에게는 이 사건이 또 한 번의 실패를 의미했지만 체는 상당히 〈침착해〉보였다고 회상했다. 「그는 이런 일들에 전혀 동요되지 않는 태도를 보였습니다.」

부스토스가 쿠바를 떠난 다음 체와 피델은 전략 문제로 잠시 갈등을 겪었다. 존슨 행정부가 신랄한 말을 쏟아 내며 무역 제재를 강화하고 미주기구가 미국의 지원을 받으며 쿠바 고립 조치를 재개하자 피델이 유화 정책을 펼치기 시작했다.

피델은 7월에 「뉴욕 타임스」 통신원 리처드 에더와 여러 번에 걸쳐 인터뷰를 하면서 쿠바를 향한 적대 행위를 멈춘다면 라틴 아메리카 혁명 운동 지원을 중지하겠다고 에둘러 제의했다. 피델에게 이것은 현실 정치의 문제였다. 그는 미사일 위기와 그 이후 흐루쇼프의 행보 ─ 그는 미사일 위기의 여세를 몰아 미국과 회담을 갖고 1963년 8월에 핵 실험 금지 조약에 서명했다 ─ 를 통해 비싼 대가를 치르며 주고받기 전략을 배웠고 이 전략을 쿠바의 국익을 위해 이용할 수 있음을 깨달았다. 피델은 리처드 에더와 한 인터뷰에서 소비에트의 충고를 받고 태도를 바꾸었음을 강하게 암시하면서 존슨이 11월에 치러질 대통령 선거에서 극보수주의자 배리 골드워터 공화당 상원의원을 이겨서 케네디 대통령이 물꼬를 텄던 쿠바와의 데탕트를 위한 실험적 회담을 재개하기 바란다고 분명히 밝혔다.

그러나 피델의 인터뷰 기사가 실린 다음 날, 미 국무부가 성명을 발표하여 피델의 화평 제안을 단호히 거절했다. 쿠바가 소련과 유착하여 〈라틴 아메리카 전복 조장〉을 계속하는 한 협상은 없다는 것이었다. 피델은 미국이 퇴짜를 놓았음에도 불구하고 이례적으로 외교적 침묵을 유지하며 자신이 이 일에 얼마나 진지하게 임하고 있는지를 보여 주었다.

7월 19일에 관타나모 기지 내에서 쿠바 군인이 미국인의 총에 맞아 사망하는 사건이 일어났을 때조차 피델은 도발을 피했다. 대규모 장례식이 열리고 라울이 연설대에 올라 형 피델의 지시를 따르고 있다고 분명히 밝히며 그날 발사된 총은 평화라는 큰 뜻을 거슬러 쿠바와 존슨 대통령을 겨눈 것이라고 말했다. 골드워터가 당선되면 전쟁이 일어날 것이었다.

그러나 며칠 후 체가 강경한 입장을 공개적으로 밝혔다. 그는 7월 24일 산타클라라의 한 공장에서 〈제국주의가 나타날 때마다 우리가 사용할 수 있는 모든 무기를 동원해서〉 제국주의와 싸우는 것이 공동의 의무라고 말했다. 미국인들이 누구를 대통령으로 뽑든 상관없이 적은 적일뿐이라는 뜻이었다. 이것은 최고 지도자가 옹호하는 정책을 체가 공개적으로 반박한 순간이었다. 피델이 이 일로 체를 비난했는지는 알려진 바가 없다. 그러나 결국 이번 일에서는 피델이 아니라 체가 더욱 현실적이었던 것으로 판명되었다.

이틀 뒤 미주기구는 모든 회원국이 쿠바에 강제적인 제재를 취하기로 투표를 통해서 결의했고 아직까지 쿠바와 국교를 단절하지 않고 있는 모든 국가들에게 즉시 국교를 단절하라고 명령했다. 국교를 단절하지 않고 버티던 나라

중 하나였던 브라질이 이미 5월에 쿠바와 국교를 단절한 상태였고 이제 남아 있던 나라들도 그 뒤를 따랐다. 8월에는 볼리비아와 칠레가 국교를 단절했고 이어서 9월에는 우루과이가 외교 관계를 끊었다. 미주기구의 결정을 따르지 않기로 한 나라는 멕시코밖에 없었다.

워싱턴이 승리를 축하하는 동안 피델은 계속 데탕트를 제안했다. 7월 26일, 피델은 이웃 나라들과 관계를 정상화하는 대가로 일반적으로 용인되는 〈국제법 규범〉을 기꺼이 따를 의향이 있다고 밝혔다. 피델은 화평을 받아들인다는 것이 〈혁명가들에 대한 물질적 원조 제공〉을 포기한다는 뜻이라 해도 그에 대한 보상이 따른다면 그렇게 하겠다고 말했다. 피델은 소비에트가 내세우던 〈평화적 공존〉이라는 해외 정책의 틀 안에서 이런 제안을 하는 것이라고 분명히 밝히며 다음과 같은 말로 마무리했다. 〈사회적 체제와 상관없이 아메리카 대륙의 모든 나라, 모든 국가와 평화롭게 공존하고 싶다는 것이 우리의 입장이다. 우리는 국제 규범의 체제하에 살면서 모든 나라와 동등한 입장에서 화합하고 싶다.〉

이것은 피델이 미국에 제시한 당근이었고, 그는 이어 체면을 세우기 위해 채찍도 들었다. 〈우리 쿠바 인민은 북아메리카와 카리브 해 유역의 국가들이 현재의 약탈 공격을 멈추지 않고…… 요원과 무기, 폭약을 계속 쿠바 영토로 보낼 경우, 우리도 우리나라 내정에 간섭하는 다른 모든 국가에서 일어나는 혁명 운동을 모든 방법을 동원해서 지원할 권리가 있다고 간주할 것임을 경고하는 바이다.〉

피델은 매우 신중하게 화평 조건을 제시했지만 미국의 정책 담당자들은 1961년에 체가 푼타델에스테에서 비슷한 제안을 했을 때에도 그랬던 것처럼 피델의 새로운 움직임이 그가 약해졌다는 신호라고 여기며 다시 한 번 퇴짜를 놓았다. 미국은 미주기구의 결정과 피델의 유화적인 연설 때문에 승리감에 도취되어 쿠바 압박 정책이 성과를 보이고 있으며 계속 압력을 넣으면 결국 카스트로를 몰아낼 수 있다고 생각했다. 물론 그것은 완전한 오산이었다. 피델은 크렘린이 지지하는 화평 제안이 실패하자 체가 아낌없이 지지하던 대립의 길로 돌아섰다.

국외에서 일어난 여러 사건도 피델의 방향 선회를 촉진했다. 8월 5일, 미국은 하노이의 포함이 통킹 만에 주둔 중인 미 해군을 공격했다고 주장하며 북베트남에 폭격을 퍼붓기 시작했다. 이틀 후 미국 의회는 통킹 만 결의문을 통과시켜 존슨 대통령에게 베트남에 대한 미국의 군사 개입을 확대해도 좋다고 승인했다. 미국인들에게 베트남 전쟁이라고 알려질 전쟁이 본격적으로 시작되었다. 쿠바는 미국의 폭격을 강력하게 비난하며 〈양키 제국주의의 공격〉에 대항하여 베트남을 지키자며 전 세계 사회주의 진영의 〈단결〉을 촉구했다. 쿠바의 입장에서 볼 때, 베트남 위기는 두 공산주의 대국의 반목으로 손상된 찬란한 사회주의 형제애를 복구할 좋은 기회였다.

체가 여기에 앞장섰다. 그는 8월 15일에 아바나에서 자발 노동에서 기록을 세운 우수한 공산주의 노동자 시상식에 참가하여 이제 쿠바는 한층 더 고립되었지만 점점 더 커지는 국제 혁명 국가 사회의 일원이 되었다고 다시 한 번 분명히 밝혔다. 그는 또한 무장 혁명 투쟁이 워싱턴의 〈억압〉 정책을 따르는 여러 라틴 아메리카 국가에서 승리를 거두어 사회주의 동맹이 더욱 확장될 것이라고 말했다.

체가 말했다. 「지금 거센 바람이 분다고 해도, 하루하루 위협이 점점 커지고 우리와 세계 여러 나라들을 대상으로 약탈 공격이 자행되고 있다 해도, 그것은 중요하지 않습니다. 존슨이나 골드워터가 우리를 위협할지라도 그것은 중요하지 않습니다. ……제국주의가 하루하루 더욱 공격적으로 변해도 그것은 중요하지 않습니다. 우리 인민은 자유를 위해 싸우기로, 우리가 획득한 자유를 지키기로 결심했습니다. 우리는 그 무엇도 겁내지 않을 것입니다. 그리고 우리는 새로운 삶을 함께 건설할 것입니다. 우리는 함께이기 때문입니다. 여기 쿠바에서, 또 소비에트에서, 저 멀리 중화인민공화국에서, 남아시아에서 전쟁 중인 베트남에서 말입니다.」

체는 두 라틴 아메리카 국가 ─ 과테말라와 베네수엘라 ─ 에서 혁명 투쟁이 진전을 보이며 〈제국주의를 계속 패배시켜 괴롭히고〉 있다고 말했다. 아프리카 전역에서 민족해방운동이 점점 거세어지고 있었다. 벨기에령 콩고에서는 파트리스 루뭄바가 일군 혁명의 유산을 물려받은 후계자들이 여전히 계속해서 투쟁을 벌이고 있었고 당연히 승리를 거둘 터였다. 포르투갈 식민지 기니에서는 아밀카르 카브랄이 이끄는 해방군이 이미 국토의 절반을 장악한 상태였고 곧 앙골라처럼 독립을 쟁취할 것이었다. 또 얼마 전에는 잔지바르가 독립했는데 체는 쿠바가 잔지바르 독립이라는 기쁜 결과에 한몫 거들었다고 주저 없이 인정했다. 「잔지바르는 우리의 친구입니다. 우리는 그들에게 작은 도움, 형제로서의 원조, 혁명 지원을 필요한 때에 제공했습니다.」

게다가 이제 체는 그 어느 때보다도 급진적인 입장을 공개적으로 밝히고 앞으로 일어날 전쟁이 본질적으로 정당하다고 주장하면서 심지어 원자폭탄이라는 망령까지 불러냈다. 체는 〈제국주의 세력〉과 〈해방 운동〉의 대립이 불가피하며 제국주의 세력이 계산 〈실수〉로 핵전쟁을 일으킬 수도 있다는 점을 고려하면 핵전쟁이 일어날 가능성도 무시할 수 없다고 말했다.

도처에서 수많은 사람들이 목숨을 잃겠지만 그 책임은 그들에게 있으며 그들의 국민 역시 고통받을 것입니다. ……그러나 우리는 걱정할 필요가 없습니다. ……하나의 국가로서 우리는 사회주의 블록에 속하는 전 세계 여러 나라의 커다란 힘과 해방을 위해 싸우는 여러 민족의 크나큰 힘에 의지할 수 있음을 잘 압니다. 또 우리 민족의 단결과 힘에, 최후의 남자, 최후의 여자, 총을 들 수 있는 최후의 한 사람까지 싸우겠다는 굳은 결의에 기댈 수 있다는 사실을 잘 알고 있습니다.

여러 번 되풀이되면서 더욱 치밀해진 체의 주장을 미처 알아채지 못한 사람이 있었을지도 모르지만, 체는 더욱 단호한 표현을 쓰며 자신의 주장을 다시 한 번 반복했다. 체는 전 세계에서 일어나는 반제국주의 투쟁은 정반대의 위치에 신 두 역사적 세력이 세계 패권을 놓고 벌이는 싸움이며, 따라서 적과 일시적인 동맹을 맺으려는 노력은 실패할 수밖에 없고 〈평화적 공존〉과 같은 유화 정책을 펼쳐서 인민의 고통을 연장시키는 것은 아무 의미가 없다고 주장했다. 문제의 근본적인 원인은 반드시 남아서 분쟁으로 이어질 수밖에 없을 것이었다. 온건한 입장은 적이 유리한 위치를 확보할 틈을 줄 수 있다는 점에서 위험했다. 역사와 과학, 정의는 사회주의의 편이었다. 따라서 사회주의는 결과야 어떻든 이기기 위해서 필요한 전쟁을 수행해야 하며 여기에는 핵전쟁도 포함될 터였다. 체는 이러한 결론을 회피하지 않았고 다른 사람들에게도 그래서는 안 된다고 말했다. 혁명 과정에서 많은 사람들이 목숨을 잃겠지만 생존자들이 파괴된 잿더미에서 일어나 과학적 사회주의 원칙을 바탕으로 새롭고 정의로운 세계 질서를 만들 것이었다.

이 모든 일이 이루어지려면, 우선 새로운 사회주의 인간이 출현해야 했다. 새로운 사회를 이룩하기 위해서 가장 필요한 것은 진정한 혁명 의식이었다. 결국 체가 8월에 〈새로운 경향 창출〉이라는 제목으로 발표한 연설의 핵심은 바로 이것이었다. 체는 인간의 고된 노동이라는 비극을 묘사한 스페인 시인 레온 펠리페의 시 중에서 〈누구도 땅에서 태양의 움직임을 캐낸 적 없고, ……누구도 사랑과 자비로 옥수수 이삭을 벤 적 없네〉라는 구절을 인용하면서 연설을 시작했다.

제가 이 구절을 인용한 것은, 오늘 우리는 절망에 빠진 위대한 시인에게 쿠바에 와서 보라고, 인간이 자본주의의 소외 단계를 모두 거친 후에 착취자의 멍에에 묶여 짐을 나르는 짐승 취급을 당한 끝에 어떻게 해서 자신의 길을 다시 찾고 제자리로 돌아갈 방법을 발견했는지 이곳에서 확인하라고 말할 수 있기 때문입니다. 오늘날 우리 쿠바에서 일상적인 노동은 새로운 의미를 가집니다. 사람들은 새로운 행복을 느끼며 일을 합니다.

우리는 이 시인을 사탕수수밭으로 초대하여 우리네 여인들이 사랑과 자비로 사탕수수를 자르는 모습을 보여 줄 수도 있습니다. 그에게 사랑으로 사탕수수를 자르는 우리 노동자들의 강한 힘을 보여 주고, 노동을 대하는 새로운 태도를 보여 주고, 인간을 노예로 만드는 것은 노동이 아니라 생산 수단을 소유하지 못했다는 사실임을 보여 줄 수 있습니다.

사회가 발전을 하다가 어느 단계에 이르면, 즉 힘든 투쟁을 시작하고, 압제적인 권력을 파괴하고, 강력한 무기 ─ 군대 ─ 를 파괴하고, 권력을 획득할 수 있게 되면, 인간은 노동에서 예전과 같은 행복을 다시 느낄 수 있습니다. 의무를 다함으로써 느끼는 행복, 사회 메커니즘 속에서 자신이 중요한 존재라고 느끼는 행복을 말입니다.

인간은 자신이 거대한 수레바퀴의 작은 톱니라는 사실에 행복을 느끼게 됩니다. 인간은 자신만의 특징을 가진 톱니, 대체 불가능하지는 않지만 생산 과정에 반드시 필요한 톱니입니다. 의식을 가진 톱니, 자기만의 모터를 가진 톱니, 사회주의 건설의 기본 전제 ─ 즉 전 인구를 위한 충분한 소비재

생산을 실현시키기 위해서 자신을 더욱 열심히 밀어붙이려고 의식적으로 노력하는 톱니입니다.

체는 인민, 노동자들을 기계의 부품이나 거대한 혁명 농, 산업 집단의 일개미에 비유하는 습관이 있었는데 이는 그가 개개인의 현실과 감정적인 거리를 두고 있음을 보여 준다. 체는 의학을 연구하고 체스를 즐기는 사람답게 냉혹하게 느껴질 만큼 분석적인 태도로 개별 인간에게는 환원주의적이고 비인간적인 표현을 썼지만 사회라는 맥락에서는 인간 노동의 가치를 이상화하고 시적이며 호의적인 표현으로 묘사했다. 그러나 쿠바 농민과 노동자를 〈수레바퀴의 행복한 톱니〉라고 묘사한 것(또 『게릴라 전쟁: 방법론』에서 전 세계에서 투쟁 중인 익명의 게릴라들을 〈벌집〉의 벌이라고 표현한 것)은 자신에게도 해당되는 말이었다.

체는 사회주의라는 대가족에 소속된 혁명가로서의 정체성에서 자기 삶의 의미, 일종의 행복을 발견했다. 체의 경험 — 청년 시절 모험을 하며 동지를 갈구하다가 결국 마르크스주의를 신조로 삼고 게릴라 전쟁의 소용돌이 속에서 진정한 동지를 찾은 경험 — 과 그가 설파하던 혁명 의식 획득 방법에는 확실히 비슷한 점이 있었다. 게릴라 생활의 특징은 형제애였다. 게릴라들은 서로 다른 과거를 가지고 있었지만 공동의 대의로 하나가 되어 곧 죽임을 당하거나 궁극적으로 승리를 거두리라는 이중적인 전망 앞에서 자신을 기꺼이 희생하겠다는 생각으로 똘똘 뭉쳤다. 이것은 체의 변화에서 가장 중요한 경험이자 그를 한 인간으로 완성시킨 경험이었다. 체는 이제 이 경험을 더욱 넓은 세계에 적용시켰다. 공산주의 국가를 건설하려면 이처럼 독특한 의식이 확장되어 인간 본성의 일부로 영원히 자리 잡아야 했다. 사회에는 노동자와 투사가 모두 필요하므로 양쪽 모두 자신의 역할을 똑같이 신성하고 중요한 것으로 인식해야 했다.

자발 노동자들 앞에 선 체는 이렇게 말했다. 「동지들, 여러분은 선봉 중의 선봉이며, 일을 위한 희생정신과 공산주의 정신, 삶에 대한 새로운 태도를 보여 주었습니다. 여러분은 〈우리가 죽음의 위험에 처했을 때의 태도를 생산 현장에서도 가져야 합니다. 자유와 죽음의 일꾼이 되는 법을 배웁시다!〉라는 피델의 말에 항상 어울리는 사람이 되어야 합니다.」

그러나 현실은 체의 철학과 달랐다. 체가 이룩한 공산주의 의식이 많은 사람들에게는 아직 어렵고 추상적이며 원치 않는 것이었다. 스스로 사회주의자라고 생각하며 〈자유 아니면 죽음을〉이라는 체의 말을 따라하던 사람들도 마찬가지였다. 체는 대의를 위해서 물질적 안위는 물론 목숨까지도 기꺼이 희생하겠다는 정신을 확립했을지 모르지만 남녀를 막론하고 다른 사람들은 대부분 그렇지 않았고 아마도 그런 정신을 확립하기 위해 노력하는 데에도 별 관심이 없었을 것이다. 마지막으로 체가 말하는 전 세계의 행복한 사회주의 형제애는 사실 지독히 분열된 집이었다. 일부 라틴 아메리카 공산당은 중국과 소비에트의 분쟁 때문에 이미 분열되어 있었고 친중국파가 독자적인 단체를 만들어 따로 떨어져 나간 상태였다.

제는 8월에 행한 내중 인설에서 중국과 소비에트의 분쟁이 〈우리에게는 가장 슬픈 전개〉라며 자기 생각을 드러냈지만 쿠바는 어느 한쪽을 편들지 않았다고 강조했다. 「우리 당의 입장은 누가 옳고 누가 그르다고 말하지 않는 것입니다. 우리는 입장을 정했고, 미국 영화에서 말하는 것처럼 〈비슷한 점이 있다면 순전히 우연일 뿐〉입니다.」

피델이 모스크바와 친선을 맺으면서 사회주의 쿠바 내에 〈분파주의〉 숙청 때문에 생겨난 반감이 공식적으로는 가라앉은 상태였지만 아직 완전히 사라진 것은 아니었다. 아니발 에스칼란테는 모스크바로 망명하여 세력을 잃었지만 그의 일부 동지는 피델에 대한 영향력을 되찾았다. 체가 제네바에 체류 중이던 지난 3월에는 쿠바 공산당 소속이었던 마르코스 로드리게스의 유죄 여부를 가리는 기이한 재판이 열린 바 있었다. 마르코스 로드리게스가 1957년 대통령궁 습격 후 바티스타 경찰에 동지들을 팔아넘겼다고 혁명지도자단 지도자 파우레 초몬이 고발했기 때문이었다. 로드리게스가 나이 많은 〈구 공산주의자〉 고위 인사들과 긴밀한 관계를 맺고 있었기 때문에 이 사건은 처음에 숙청 재판처럼 보였다. 그러나 수치스러운 일이 더 이상 폭로되는 것을 막기 위해 피델이 개입했다. 재판이 다시 열려 구 공산주의자들의 명예가 회복되었고 마르코스 로드리게스 — 그는 이제 비뚤어지고 분노에 찬 〈단독 행위자〉로 묘사되었다 — 는 총살형에 처해졌다.

체는 멀리 제네바에 체류 중이었기 때문에 불쾌한 재판

에 연루되는 것을 피할 수 있었다. 그가 공산당의 분파주의를 혐오한다는 사실은 잘 알려져 있었다. 체는 바티스타 군대의 중사였던 호세 만레사를 개인 비서로 삼은 것을 시작으로 과거의 직업이나 소속과 상관없이 혁명을 위해서 일할 의지가 있고 성실하다고 여겨지는 사람이 있으면 누구든 상관없이 그를 위해 나섰다. 체는 산업부를 구 공산주의 쇼비니즘의 희생자나 피델의 변덕스러운 숙청에 희생된 소중한 핵심인물, 숙청되거나 치욕을 당한 혁명가들의 피난처로 만들었다.

체는 1961년에 7월 26일 운동 내의 경쟁자였던 엔리케 올투스키가 공산당의 압력에 의해 통신부에서 쫓겨났을 때에도 그를 받아 주었다. 그는 또 프렌사 라티나에서 쿠바 공산당 당파를 소외시킨 호르헤 마세티가 피해를 입지 않도록 도와주었다. 알베르토 모라 역시 체의 도움을 받았다. 그의 아버지는 혁명지도자단이 대통령궁을 습격했을 때 죽은 순교자들 가운데 한 명이었다. 모라는 체를 가장 소리 높여 비판하는 경제비평가였지만 1964년 중반에 피델이 그를 통상부 장관 자리에서 쫓아내자 체는 그를 산업부 고문으로 삼았다.

모라의 오랜 친구이자 시인이며 작가인 에베르토 파디야도 체의 도움을 받은 수혜자였다. 혁명이 시작된 이후 파디야는 프렌사 라티나의 뉴욕 지부와 런던 지부에서 일했고 아바나에서는 「레볼루시온」의 카를로스 프랑키 밑에서, 또 지금은 사라졌지만 소설가 기예르모 카브레라 인판테가 편집장을 맡았던 문학잡지 『루네스 데 레볼루시온』

에서 일한 바 있었다. 점점 더 탄압적인 분위기를 형성해 가던 쿠바 지식인 사회에서 순응하기를 거부하며 논란을 일으키던 카를로스 프랑키와 카브레라 인판테는 유럽으로 외교적 망명을 떠난 후 쿠바로 돌아오지 않았다.

파디야는 소비에트로 파견되어 잡지 『모스크바 뉴스』 스페인어판을 만들었는데 정해진 근무 기간이 끝났을 때 그는 쿠바에서 음모와 권위주의가 문화적 자유를 탄압하기 시작하고 있다는 사실을 잘 알고 있었다. 파디야는 스스로도 의구심을 품고 있었고 프랑키도 그에게 경고했지만, 그는 고국에 돌아가기로 결정했다.

파디야가 아바나로 돌아온 후, 모라는 체와의 만남을 주선했다. 체는 파디야의 시를 좋아했다. 당시 아직 통상부 장관 자리에 있던 모라는 게바라와 함께 대학생들처럼 경제에 대해 토론을 하면서 소비에트식 중앙집중경제를 주장하는 체에 맞서 더욱 시장지향적인 체제를 주장했다. 파디야는 소련의 실태를 보고 부정적인 생각을 가지고 돌아왔기 때문에 모라는 파디야가 체에게 그의 생각을 말해 주기 바랐다.

파디야와 모라가 찾아갔을 때 체는 천식 발작 중이었다. 체가 셔츠를 벗고 사무실 바닥에 엎드려서 호흡을 가다듬으려고 애쓰고 있는 와중에 파디야와 모라는 이야기를 시작했다. 파디야가 소련을 비판적으로 평가하자 체는 당장 말을 자르며 이렇게 말했다. 「한 가지 알려 두자면 나는 당신이 하려는 말을 들을 필요가 없습니다. 나도 직접 가서 봤으니 소련이 돼지우리처럼 엉망진창이라는 걸 압니다.」

이어서 체는 파디야에게 러시아가 아니라 중국을 연구해야 한다고, 중국은 공산주의를 실현하기 위해 진정한 노력을 기울이고 있다고 말했다. 「많은 사람들은 희생을 지나치게 강조한다고 나를 비난하지만 공산주의 교육에서는 희생이 가장 기본입니다. 중국 사람들은 그 사실을 잘 이해하고 있습니다. 러시아 사람들보다 더 잘 말이지요.」

곧 파디야의 시로 화제가 바뀌었다. 체는 대화를 마친 후 모라에게 통상부에 파디야의 자리를 마련해 줄 것을 요구하며 무뚝뚝하게 말했다. 「언론 쪽은 요즘 상황이 좋지 않으니까요.」 파디야는 문화 관련 부서의 부장이 되었다. 알베르토 모라는 장관직에서 쫓겨난 후 쿠바를 떠나 프랑스 마르크스주의 경제학자 샤를 베틀랭(체는 베틀랭과도 경제 이론에 대한 논쟁을 벌였다)과 정치경제를 연구해도 좋다는 허락을 받았다. 파디야 역시 통상부의 프라하 순환 사절로서 쿠바를 떠나기로 했다.

파디야와 모라가 쿠바를 떠나기 전에 마지막으로 체를 만나러 왔다. 모라는 기분이 좋지 않았고 체에게 그 사실을 숨길 수가 없었다. 그는 아침에 잠에서 깨자마자 절망을 느낀다고 말했다. 파디야는 이렇게 회상했다. 「체가 알베르토를 향해 천천히 걸어가더니 그의 어깨를 잡고 흔들면서 눈을 똑바로 바라봤습니다. 〈나는 두 조각으로 찢어진 사람처럼, 하루 스물네 시간 내내 완전히 두 조각 난 사람처럼 살지만 그 말을 할 사람이 아무도 없었소. 만약 내가 말을 한다 해도 아무도 안 믿을 거요.〉」*

이것은 체가 속마음을 직접 표현한 가슴 아픈 순간이었고, 그가 모범적인 공산주의 혁명가라는 페르소나를 유지하기 위해 스스로를 얼마나 압박했는지 암시하는 무척 드문 기록에 속한다. 체는 모라와 파디야에게 〈희생은 공산주의 교육에서 가장 기본〉이라고 말했고 스스로 실험용 쥐가 되기를 고집했지만 그 결과 무거운 대가를 치러야 했다. 체의 아버지는 아들에 대해 통찰력을 보여 준 적이 별로 없었지만, 에르네스토가 혁명가가 되기 위해서 〈인간적인 감수성을 버렸다〉라고 썼을 때는 진상을 잘 파악하고 있었다. 체의 어머니는 우루과이 언론인 에두아르도 갈레아노에게 아들이 천식에 시달리던 어린 시절부터 〈······항상 자신이 할 수 없는 여러 가지 일을 다 할 수 있다고 스스로에게 증명해 보이려고 애쓰면서 놀라운 의지력을 단련했습니다〉라고 말한 적이 있었다.

셀리아는 갈레아노에게 자신이 체를 〈참을성이 없고 지나치게 열광적〉이라고 놀렸다고 말하며 체가 하는 행동의 〈동기는 완전무결함과 청렴함에 대한 엄청난 갈망〉이었다고 설명했다. 갈레아노는 이렇게 썼다. 〈그렇게 해서 그는

* 체가 쿠바를 떠난 후 파디야와 모라 모두 불행한 운명을 맞이했다. 모라는 실추된 명예를 회복하지 못하고 1972년 머리에 총을 쏘아 자살했다. 같은 해에 국가안보기관에 체포된 파디야는 관료주의적인 쿠바작가조합에 의해 〈반혁명 작가〉로 범죄를 저질렀다는 비난을 받았고 수치스러운 공개 〈참회〉를 해야 했다. 그는 여러 해 동안 투옥과 가택연금 등 정부의 괴롭힘을 당하고 추방을 겪은 후 마침내 다른 나라로 이민을 가도 좋다고 허락받았다.

서양 혁명 지도자들 중에서 가장 엄격한 사람이 되었다. 그는 쿠바의 자코뱅 당원이었다. 쿠바 사람들은 농담 반 진담 반으로 《조심해, 체가 온다》라는 표현을 썼다. 전부 아니면 무. 이 엄격한 지식인은 계속 의구심을 던지는 자신의 양심에 맞서서 힘들게 싸웠음이 틀림없다.〉

갈레아노는 셀리아 데 라 세르나의 통찰력이 번뜩이는 이야기를 들은 연후에 1964년 8월에 체를 만났고, 그녀는 이 유명한 혁명가에게서 초조함을 엿보았다고 생각했다. 〈체는 책상 앞에만 앉아서 일하는 사람이 아니었다. 그는 혁명을 만드는 사람이었고, 그 점은 분명해 보였다. 그는 행정가가 아니었고 본성을 억누른 채 행정가 노릇을 하고 있었다. 그는 우리에 갇힌 사자처럼 어쨌든 겉으로는 침착해 보이지만 어쩔 수 없이 드러나는 긴장이 있었고, 그것은 폭발해야만 했다. 그에게는 시에라가 필요했다.〉 갈레아노가 이후 벌어진 일들을 안다는 이점을 안고 이러한 평가를 내린 거라고 생각할 수도 있지만, 어쨌든 그것은 정확한 평가였다. 갈레아노와 이야기를 나눌 당시, 체는 쿠바의 산업 경제를 위해 녹초가 될 만큼 열심히 일하면서 동시에 전장으로 돌아갈 방법을 모색 중이었다.

몇 가지 가능성이 드러났다. 과테말라, 베네수엘라, 니카라과의 반란 단체에 더해 이제 콜롬비아에도 반란 단체가 있었다. 쿠바가 지원하는 게릴라단인 민족해방군ELN이 7월에 결성되었던 것이다. 페루에서는 엑토르 베하르의 게릴라 군단과 루이스 데 라 푸엔테 우세다의 좌파혁명운동 MIR이 제각각 혁명을 시작하려고 준비하는 중이었다. 그

러나 체의 마음은 원뿔형을 이룬 남미 하단부와 고향 아르
헨티나에 가 있었다.

그것이 문제였다. 아르헨티나에서 반란을 다시 시도할
조건이 마련되려면 아직 시로 부스토스와 동지들이 해야
할 일들이 많이 남아 있었고 타니아는 볼리비아의 작전 지
역으로 가기에 앞서 유럽을 여행 중이었다.

당장 가장 〈유력한〉 전장 후보는 아프리카였다. 아프리
카 대륙 전역에 걸쳐 반란 단체들이 결성되어 마지막까지
버티고 있던 식민 지배국들과 전쟁을 벌이고 있었다. 포르
투갈 식민지 앙골라와 모잠비크, 백인이 지배하는 남아프
리카, 아프리카의 지리적 심장부에 위치한 광대한 나라인
벨기에령 콩고가 그런 곳이었다.

1963년 10월, 콩고에서 루뭄바 정권의 관리였던 다양한
인물들과 주로 부족 문제로 불만을 품은 지방의 지도자들
이 민족해방위원회라는 반정부 연합을 구성했다. 민족해
방위원회는 프랑스령 적도아프리카에서 독립한 콩고 인민
공화국의 수도 브라자빌에 사무실을 가지고 있었고 브라
자빌에서 콩고 강을 건너면 레오폴드빌이었다. 중국과 소
비에트가 민족해방위원회의 호의를 얻으려고 경쟁하고 있
었기 때문에 이들은 중국의 지원과 소비에트의 일부 지원
을 받을 수 있었다. 그 후 수많은 반란 동맹 지도자들이 콩
고의 남부, 동부, 중부, 북부에서 반란을 일으켜 지방 도시
와 방어가 미흡한 국토 대부분을 점령했다. 1964년 8월에
중국의 지원을 받는 반란 군단이 먼 북쪽의 스탠리빌 시를
점령하고 〈콩고 인민공화국〉 건립을 선포했고 9월에 정부

가 대응을 시작하면서 새로운 콩고 위기의 무대가 마련되었다.

정부의 대응은 곧 시작될 예정이었다. 게다가 스탠리빌의 〈심바〉 반군이 백인을 상대로 자행한 잔학 행위가 선정적으로 보도되면서, 서방 국가들이 도움의 손길을 내밀었다. 콩고를 다스리던 야심 찬 삼인조 — 전 지도자 모이제 촘베, 조제프 카사부부 대통령, 조제프 모부투 전군 총사령관 — 는 새로운 반란 위협이 다가오자 엉성한 정부군의 전투력을 강화하기 위해 재빨리 남아프리카 용병 사령관 마이크 호어를 불러 남아프리카와 로디지아에서 백인 전사 1천 명을 모집해 달라고 요청했다.

쿠바의 언론 보도와 체의 연설에 아프리카의 항쟁들, 특히 콩고 분쟁이 점점 더 자주 등장하기 시작했다. 사실 체는 대륙 혁명 프로그램을 아프리카 대륙에 잠시 이동시키는 것을 진지하게 고려하고 있었다. 피델은 붉은 수염 피녜이로가 이끄는 정보기관에 그 준비를 맡겼다. 체는 아프리카 지역을 직접 돌아보고 다양한 게릴라 지도자들을 만나 본 후에 범아프리카 게릴라 투쟁 기지를 정하기로 하고 최종 결정을 미루었지만 아프리카 대륙 한가운데에 위치한 거대한 콩고는 시골 중심 게릴라 전쟁을 이웃 나라에 〈전파〉할 완벽한 무대와 배경을 제공하는 듯했다.

아프리카에서 싸우는 것은 다른 장점들도 많았다. 소비에트는 아프리카에 직접 관여하는 것보다는 워싱턴의 〈뒷마당〉인 라틴 아메리카의 일에 관심이 더 많았고 외세, 즉 백인 식민 정권 — 콩고의 경우 서구의 지원을 받는 정치적 정당성이 없는 독재자 ― 에 대항하는 전쟁은 대중의 너른 지지를 받았다. 마지막으로 아프리카 대륙에서는 분쟁이 이미 격렬히 진행되고 있었기 때문에 실패한 아르헨티나 작전과 달리 상황을 〈만들〉 필요가 없었다. 소비에트, 중국, 미국과 서구의 미 동맹국들 모두가 아프리카에 개입하여 각자가 선택한 세력에 돈과 무기, 조언 등을 제공하고 있었다. 또 아프리카의 반제국주의 민족주의자들 중 많은 이들이 쿠바에 우호적이었기 때문에 그들이 확보한 영토를 주요 후방 기지나 환적 지점으로 이용할 수 있었고 분쟁 지역에 접근하기도 쉬웠다. 쿠바에 우호적인 세력은 말리 공화국과 〈브라자빌〉 콩고 인민공화국 외에도 알제리의 벤 벨라, 기니의 세쿠 투레, 가나의 콰메 은크루마, 탄자니아의 줄리어스 니에레레, 이집트의 가말 압델 나세르 등이 있었다. 특히 이러한 〈급진〉 국가들은 콩고에 백인 용병이 돌아오고 레오폴드빌 정권을 대신하여 〈신식민주의〉 서구 세력이 개입하자 크게 분노하며 스탠리빌의 반란 정부를 공개적으로 지지했다.

체는 마침내 아프리카에서 오랫동안 간직해 온 자신의 꿈을 실현할 가능성을 발견했다. 그의 꿈은 바로 쿠바가 이끄는 국제 반제국주의 동맹을 결성하여 카이로 중심의 무력한 아프리카-아시아 민중연대기구를 대체하는 것이었다. 그렇게 되면 협력위원회가 구성되어 아시아와 아프리카에서 비슷한 투쟁을 벌일 수 있게 되어 라틴 아메리카에 대륙적 혁명을 일으키겠다는 체의 계획이 진정한 세계적 규모를 확립하게 될 것이었다. 이상적인 계획은 피델이 새로 결성할 동맹의 정치적 지도자가 되고 사회주의 양대 초강대국이 무기와 자금을 제공하는 것이었다. 간단히 말해서, 체는 전쟁이라는 부담을 공동으로 짊어짐으로써 중국과 소비에트가 분열을 극복하기를 꿈꿨다.

1964년 가을 내내 체는 계획을 정비했고 외국으로 나가서 사태를 살펴보아도 좋다는 피델의 허락을 확보했다. 피델은 국제 무대 진출이라는 생각에 항상 매력을 느꼈기 때문에 미국으로부터 퇴짜를 맞은 후에는 체의 입장을 새삼 더 잘 수용했다. 체는 베이징을 편드는 것처럼 보이지 않으려고 애쓰면서 크렘린의 〈평화적 공존〉 노선을 따르는 것이 얼마나 가치가 있는 것인지 다시 한 번 의문을 제기했다. 지금까지 크렘린의 노선을 따라서 얻은 이득은 거의 없었다.

9월에 미주기구는 또 다른 결의안을 통과시켜 쿠바에 대한 상업적 제재 조치를 더욱 강화했다. CIA의 지원을 받는 쿠바 망명자들의 공격도 더욱 심해져서 무장 기습부대의 쿠바 선박 공격, 방해 공작, 납치가 놀랄 만큼 자주 일어났다. 9월 24일에 니카라과에 본거지를 둔 CIA 해상전투대가 산업 장비를 싣고 쿠바로 향하던 스페인 화물선 시에라데아란사수 호를 공격했다. 공습으로 스페인인 선장과 선원 2명이 사망했고 배는 불이 붙어 파괴되었다. 이 사건은 전 세계에서 성토를 당했을 뿐 아니라 CIA 내부에서도 비난을 받았다. 특히 시에라데아란사수 호를 쿠바 상선 시에라마에스트라 호로 오인하여 공격했다는 사실이 알려지자 비난은 더욱 거세졌다. 기지에서 공격을 승인한 요원은 바로 펠릭스 로드리게스였다.

1963년 말 이후 로드리게스는 마누엘 아르티메가 이끌고 CIA가 자금을 지원하는 니카라과 중심의 반카스트로 특전 연대의 통신을 담당하고 있었다. 300명 이상의 대원들이 니카라과, 마이애미, 코스타리카에 흩어져 있었고 보급품도 넉넉했다. 망명자들은 전장 250피트(약 76미터)의 〈모선〉 2척과 50피트(약 15미터)의 쾌속선 2척, C-47 수송기 1대, 세스나기 여러 대, 비버 수상비행기 1대 등 공습에 필요한 장비를 갖추고 있었다. 또 도미니카 공화국에 연료 보급 및 재보급 시설이 있었고 코스타리카의 은닉처에 숨겨 둔 200톤의 무기 중 필요한 것은 무엇이든 사용할 수 있었다. 여기에는 20밀리미터 대공포, 50밀리미터 및 75밀리미터 무반동총, 50구경 기관총이 포함되어 있었다. 로드리게스의 주장에 따르면, 2년 동안 기습부대는 CIA로부터 600만 달러의 자금을 받아 썼고 쿠바를 14번 공습했는데 가장 성공적인 공격은 그란마 호 상륙 지점에서 멀지 않은 카보크루스 제당 공장에 기습을 가해 중대한 피해를 입힌 것이었다.

그러나 1964년 말에 존슨 행정부의 우선순위가 쿠바에서 베트남으로 넘어가면서 예산이 삭감되었고 시에라데아란사수 호를 오인 공격한 이후에 조종이 울렸다. 로드리게스는 이렇게 썼다. 〈우리는 화물선에 쿠바 사탕수수 공장에 설치할 보일러와 크리스마스용 식량이 실려 있었음을 나중에서야 깨달았다. 끔찍했다. 이 사건 직후 작전은 종료되었다. CIA가 쾌속선을 회수하여 콩고에서 사용하기

위해 아프리카로 보냈다. 니카라과에서 함께 복무하던 일부 동지들도 자원하여 아프리카로 떠났다.〉

펠릭스 로드리게스는 마이애미로 돌아가서 CIA 마이애미 지부에서 일했다. 그로부터 약 3년이 지난 후 로드리게스는 중대한 전화를 한 통 받게 된다. 그것은 그의 일생에서 가장 중요한 임무, 즉 체 게바라를 쫓는 임무를 알리는 전화였다.

3

1964년 11월 4일에 체가 아바나를 떠날 때, 라울 카스트로와 라울 로아 외무장관, 에밀리오 아라고네스가 공항으로 나와서 배웅했다. 쿠바의 전군 총사령관, 외무장관, 공식 지배 정당인 통일사회혁명당PURS*의 〈기관장〉이 배웅하러 나왔다는 사실은 무척 중요한 의미를 담고 있었다. 체는 다시 한 번 혁명 세력의 신성한 사절이 되어 세계 사회주의의 〈모국〉에 파견되었다. 그는 쿠바 대표단을 이끌고 모스크바로 가서 볼셰비키혁명 47주년 기념식과 〈소비에트-쿠바 친교의 집〉 개관식에 참가할 예정이었다. 알레

---

* 1962년에 피델은 아니발 에스칼란테를 통합혁명조직의 중요한 직위에서 축출하고 〈구 공산주의자〉 분파를 숙청한 후 통합혁명조직을 없애고 통일사회혁명당을 쿠바의 공식 지배 정당으로 대체한다고 발표했다. 이것은 쿠바를 단일정당 국가로 탈바꿈시키는 점진적인 변화의 마지막 단계였다. 이러한 과정에 따라 7월 26일 운동은 무력화되었고, 1965년 10월에 새로운 쿠바 공산당이 공식적으로 출범하면서 인민사회당과 혁명지도자단은 종말을 맞이하게 된다.

이다도 아이들 2명을 데리고 작별 인사를 하러 나왔다. 두 사람의 막내인 넷째 아이를 가진 그녀는 임신 6개월째였기 때문에 눈에 띄게 배가 나온 상태였다.

체가 모스크바를 마지막으로 방문한 것은 첫 방문 이후 정확히 3년이 지난 때였다. 그는 겨울 분위기가 물씬 풍기는 11월에 다시 한 번 붉은 광장에 섰지만 이번에는 상황이 달랐다. 체는 1961년과 달리 무비판적이지도, 소비에트와 쿠바의 장밋빛 미래를 꿈꾸지 않았다. 이제는 얼룩진 과거가 너무 많았다. 소련에서도 많은 변화가 있었다. 니키타 흐루쇼프는 국내의 경제적 실패, 국외의 무모한 모험 — 가장 두드러진 사건은 쿠바 미사일 위기였다 — 때문에 신임을 잃어 몇 주 전에 축출되었고 레오니트 브레즈네프가 새로운 소비에트 제1서기가 되었다.

체의 소비에트 방문에는 또 다른 이유가 있었다. 마세티가 쿠바의 지원을 받아 아르헨티나에 침투한 일에 아직도 화가 풀리지 않은 아르헨티나 공산당 지도자 빅토리오 코도비야의 요청에 따라, 크렘린은 그달 말에 아바나에서 제1회 라틴 아메리카 공산당 회의를 개최하려고 추진 중이었다. 소비에트의 결정에는 두 가지 중요한 의미가 있었다. 소비에트는 이 일을 피델에게 맡김으로써 라틴 아메리카 내에서 피델의 위상을 인정한다는 사실을 보여 주었다. 또 한편, 소비에트의 제스처에는 피델이 라틴 아메리카 공산당의 친소비에트 동맹을 확고히 다짐으로써 베이징을 더욱 고립시키기 바란다는 기대가 뚜렷이 담겨 있었다. 그즈음 중국은 마오쩌둥주의 노선을 따르는 세력을 공격적으로 모색하면서 모스크바와의 분쟁을 새로운 국면으로 이끌고 있었다. 1964년 1월에 페루 공산당의 친중국 당파가 따로 경쟁 정당을 만들었기 때문에 페루 공산당은 세력이 극도로 약화되어 있었다. 볼리비아와 콜롬비아에서도 비슷한 당파 분열이 일어나고 있었다. 과테말라에는 트로츠키주의 당파가 생겼고 이로 인해 쿠바가 지원하는 반란무장군 연합은 곧 분열될 터였다.

체와 피델 모두 해볼 만하다고 생각했으므로, 체가 새로운 소비에트 지도자의 의도를 시험해 보기 딱 좋은 때였다. 이미 지난 10월에 피델의 대변인 도르티코스 대통령이 카이로에서 열린 중립국가 연합 지도자 회의에서 쿠바 지도자의 새로운 의중을 알렸다. 도르티코스는 쿠바가 핵 〈세계 전쟁〉을 방지하기 위해 서구와의 관계에서 소련의 평화적 공존 정책을 따르고 있지만 〈제국주의가 약소국을 공격〉하고 있기 때문에 평화적 공존이 불가능하다고 주장했다. 미국과 서구의 미 동맹국들이 동남아시아 정세와 콩고의 정세, 라틴 아메리카의 반게릴라 작전에 점점 더 깊이 개입하고 있었기 때문에 크렘린은 제3세계 동맹국들에게 더욱 단단한 연대를 증명할 필요가 있었다.

체는 모스크바에 도착한 다음 붉은 광장에 형식적으로 모습을 드러냈고 우주 비행사 유리 가가린과 함께 〈친교의 집〉 개관식을 열었다. 또 막후에서는 중국-소비에트 분쟁을 중재하기 위해 크렘린의 여러 관리들을 비밀리에 만나 그들의 의중을 파악하려고 애썼고 쿠바가 제안한 라틴 아메리카 혁명 계획에 대한 그들의 생각도 알아내려 했다.

그러나 이번에는 체의 오랜 지인 니콜라이 레오노프가 통역을 담당하지 않았다. 체가 지난번에 러시아를 방문한 이후, KGB는 레오노프를 다시 멕시코로 보내 그곳에서 기타 여러 임무들과 함께 과테말라 게릴라 지원 임무를 맡긴 터였다.*

크렘린이 쿠바로 보내 준 통역사 올레그 다루센코프와 소비에트 정보기관 관리 루돌프 페트로비치 슬랴프니코프가 레오노프 대신 체를 보좌하며 모스크바에 체류하는 동안 번갈아 가며 통역을 담당했다. 슬랴프니코프는 중앙위원회 국제부 쿠바 담당 부서에서 유리 안드로포프의 부하로 일한 적이 있는 라틴 아메리카 공산주의 청년단체 전문가였다. 그는 각종 사절단 소속으로 쿠바에 다녀왔고 이전에 체를 만난 적이 있었다. 슬랴프니코프는 체가 모스크바에 머무는 동안 밤이면 둘이 숙소 안 계단에 앉아서 새벽까지 체스를 두곤 했다고 말했다. 두 사람이 체스를 두면서 이야기를 나눌 때 체는 우유를 마시고 슬랴프니코프는 코냑을 마셨다.**

슬랴프니코프의 말에 따르면, 체가 마지막으로 모스크바를 방문했을 때 만난 소비에트 고위 관리 중에는 슬랴프니코프의 상관 유리 안드로포프와 소비에트 중앙위원회 아메리카 부서 차장이었던 60대의 비탈리 코리오노프도 있었다. 코리오노프가 맡고 있던 업무는 쿠바를 제외한

* 자세한 내용은 부록 참조.
** 자세한 내용은 부록 참조.

모든 라틴 아메리카 정당 및 자본주의 국가 내 공산당과의 관계를 다루는 것이었다. 코리오노프는 체가 자신에게 따로 만나서 라틴 아메리카 공산당의 〈태도〉에 대해 이야기를 나누자고 요청했다고 말했다.

코리오노프는 이미 라틴 아메리카의 주요 공산주의자들 ─ 특히 볼리비아의 마리오 몬헤와 베네수엘라의 헤수스 파리아 ─ 로부터 심한 불평을 들은 바 있었다. 쿠바 정권이 〈대륙 혁명〉 게릴라 전쟁 계획에 참여하라고 자기들 공산당에 압력을 가하고 있다는 것이었다. 볼리비아 공산당은 공식 투표를 거친 후 반대 입장을 취했고 베네수엘라 공산당은 쿠바가 지원하는 민족해방군 게릴라 연합에 참여할지 고려하는 중이었다.*

체를 만나고 나서, 코리오노프는 체와 피델이 산마르틴과 볼리바르가 100년도 더 전에 썼던 웅대한 독립전쟁 전략을 현대에 적용하자고 제안하고 있음을 깨달았다. 즉 북부의 베네수엘라, 콜롬비아, 에콰도르의 마르크스주의 군대가 연합하여 볼리바르의 군대가 그랬던 것처럼 남부를 휩쓸고, 칠레, 페루, 우루과이, 아르헨티나 등 남부 국가들은 산마르틴이 그랬던 것처럼 북부로 진군하는 것이었다. 두 세력이 만나는 곳은 〈해방자〉의 이름을 딴 나라, 즉 볼리비아가 될 터였다.

---

* 몇 달 후인 1965년 4월에 베네수엘라 공산당 총회는 투표를 거쳐 합법적 형태의 정치 변화를 〈우선시〉하기로 결정했고, 이로 인해 베네수엘라 공산당과 더글러스 브라보가 이끌며 쿠바의 지원을 받던 게릴라는 끝내 분열하고 말았다.

코리오노프는 대화를 나누면서 〈질 좋은 아르메니아 코냑을 상당히 많이〉 마셨고 체는 크렘린 측이 라틴 아메리카 공산당의 정책을 어떻게 생각하는지 알고 싶어 했다고 말했다. 라틴 공산당 지도자들이 모스크바에 와서 새로 선출된 소비에트 지도자와 만나고 갔기 때문이었다.

코리오노프는 자신이 알게 된 사실을 체에게 터놓고 말해 주었고, 그래서 체는 모스크바를 떠날 때쯤 〈일이 어떻게 되어 가는지, 즉 피델과 자신이 주장하는 무장 투쟁 노선이 라틴 아메리카 공산주의자들의 지지를 받지 못하고 있다는 사실을 알았다〉. 크렘린의 공식적인 입장은 지역 공산당의 정책을 〈존중〉한다는 것이었기 때문에 의심할 여지는 전혀 없었다. 모스크바는 쿠바의 생각에 반대했다. 코리오노프 또한 체 게바라에 대해 몇 가지 결론을 내렸다. 아르헨티나인 체 게바라는 라틴 아메리카에서 무장 투쟁을 일으키겠다고 굳게 결심했고, 평화적 공존이라는 크렘린의 정책을 믿지 않았으며, 중국과 소비에트의 분쟁에서 중국 편이었다.

모스크바에서 돌아온 체가 아바나에서 소집된 공산당 회의에 보인 반응은 라틴 아메리카 공산당과 소비에트 지도층의 기운을 빠지게 하는 것이었다. 그는 일주일 동안 지속된 회의에 불참하고 대신 오리엔테로 가버렸다. 하지만 그는 침묵하지 않았다. 11월 30일에 체는 산티아고 연설에서 라틴 아메리카 공산당들이 권력으로 가는 길을 걷지 않고 망설인다며 혹평을 퍼부었다.

체는 또한 콩고를 여러 번 언급했다. 불과 며칠 전에 벨기에 공수부대가 미국 비행기를 타고 스탠리빌 요새에 침입하여 루뭄바파 혁명가들을 몰아낸 터였다. 체는 스탠리빌 〈학살〉이 〈제국주의의 야만성, ……국경도 없고 어느 특정 국가에 속하지도 않은 야만성〉을 잘 보여 주는 예라며 열변을 토했다. 〈히틀러 일당이 짐승이었던 것처럼, 얼마 전까지 알제리에 있던 프랑스 제국주의자들도 짐승이었고, 현재의 미국인들과 벨기에 공수부대도 짐승입니다. 인간을 짐승으로 만드는 것이 제국주의의 본성이기 때문입니다. 제국주의는 인간을 피에 굶주린 들짐승으로 변모시켜 거리낌 없이 다른 인간의 목을 베고, 살인을 저지르고, 그 군홧발 밑에 스러지거나 자유를 찾기 위해 애쓰는 정권의 동맹까지, 혹은 마지막 남은 혁명가까지 파멸시키게 합니다.〉

그 후, 체는 알레이다와 함께 그라나도 부부를 찾아가 폰타나 데 트레비 식당에서 피자를 먹었다. 이것이 오랜 친구 미알과 푸세르의 마지막 만남이었다. 그라나도는 나중에서야 이 만남이 체의 〈말없는 작별 인사〉였음을 깨달았다. 실제로 당시에는 거의 아무도 눈치채지 못했지만, 체가 아바나 회의에 참석하지 않은 것은 모종의 근본적인 변화가 일어났다는 첫 번째 신호였다. 관심을 가지고 지켜본 이들은 체가 이미 평소의 일상에서 이탈하는 중이며 곧 모습을 감추리라는 사실을 눈치챘다.*

---

* 필자가 쿠바에서 만난 정보원의 말에 따르면, 체는 이즈음에 쿠바 혁명 정부를 떠나고 싶다는 뜻을 피델에게 전했다. 체는 모스크바에 다녀온 다음 소비에

한편, 아바나 회의에서는 타협적인 결의안이 비준되었고 피델도 찬성표를 던졌다. 대체적으로 모스크바의 대외 정책을 따르되, 공산당과 모스크바 모두가 〈합법적인〉 정치 참여의 기회가 없다고 간주하는 나라의 경우에는 게릴라 활동을 지원한다는 내용이었다. 그 외에도 합동 친선 대표단을 모스크바와 베이징으로 보내 협정 비준을 도모하고 중국-소비에트 분쟁의 중재를 시도하기로 결정했다.

　체는 오리엔테에서 아바나로 돌아온 다음 일주일 만에 다시 비행기에 올라 뉴욕에 갔다. 뉴욕은 그가 언젠가 베아트리스 고모에게 미국을 진심으로 증오하지만 이곳만은 자기 눈으로 직접 보고 싶다고 말했던 도시였다. 그러나 지금은 혁명 쿠바의 공식 대변인 신분이었다. 체를 유엔총회에 쿠바 대표로 참석시켰다는 것은 피델이 외교적으로 소비에트에 타협적인 태도를 취하고 있었지만 아직 체의 공격적인 〈반제국주의〉 전략을 지지하고 있음을 보여 주는 증거였다. 체는 무척 추웠던 12월 9일에 뉴욕에 도착했다. 당시에 찍은 사진을 보면 체는 두터운 겨울 외투와 베레모 차림으로, 마치 적의 영토에 발을 디디고 있음을 잘 안다

──────────────────────

트가 쿠바에 크렘린 사회주의 모델을 받아들이라며 피델에게 지나친 압력을 넣고 있다고 결론 내리고 결심을 굳혔다. 일부 동지들이 체의 결심을 깨닫고 최소 2년만 더 남아서 소비에트가 피델에게 설득 중인 경제 모델보다 체가 주장하는 〈예산 재정〉 모델이 쿠바에 더 적합하다는 것을 〈증명〉하라고 간청했다. 그러나 체는 이를 거절하며 2년이라는 긴 시간은 필요 없다고, 자신의 산업부가 자신의 이론에 따라 만들어지고 운영됨으로써 그 사실을 이미 증명했다고 답했다.

이미 사의를 전한 ── 그리고 피델의 승낙을 받은 ── 체는 1964년 12월부터 해외 순방을 시작하여 다음 행선지를 결정하기 위해 유심히 살피고 다녔다.

는 듯 무감각하고 웃음기 없는 표정을 짓고 있다. 체가 양키의 땅에 발을 들여놓은 것은 이번이 두 번째이자 마지막이었다. 그러나 1952년에 마이애미를 방문했을 때와 달리 이번에는 대대적인 주목을 받았다.

4

12월 11일에 체는 제19회 유엔총회에 참석하기 위해 특별히 몸단장에 신경을 썼다. 장화를 깔끔하게 닦고, 짙은 초록색 제복을 다려 입고, 머리와 수염을 단정히 빗어 정리했다. 그럼에도 불구하고 체는 그의 연설을 듣기 위해 홀을 가득 채운 보수적인 옷차림의 외교관들과 두드러지게 달라 보였고, 그의 대담한 연설은 혁명적 사회주의의 사도라는 명성에 어울리는 열변을 기대했던 사람들을 실망시키지 않았다.

체가 이곳에 온 것은 식민주의에 조종을 울리고, 미국의 간섭주의를 비난하고, 쿠바를 대표하여 라틴 아메리카와 아프리카, 아시아에서 일어나고 있는 〈해방 전쟁〉을 칭송하기 위해서였다. 그는 콩고 분쟁을 신랄하게 언급하면서 유엔마저도 여기에 휘말려 서구 제국주의 ― 〈힘없는 자들을 먹고 사는 육식 동물〉 ― 의 도구로 사용되고 있다며 비난했다. 체는 또한 수백 명의 목숨을 대가로 치르며 스탠리빌을 촘베의 군대에게 돌려준 벨기에와 미국의 합동 작전에 대해서 이렇게 선언했다. 「전 세계 모든 사람들은 콩고에서 일어난 범죄에 대해 보복할 준비를 해야 합니다.」

그런 다음 그는 〈백인 제국주의자들〉이 콩고에서 저지른 일을 미국의 인종차별과 남아프리카의 아파르트헤이트 정권에 대한 서구의 무관심과 연관시켰다. 「피부색 때문에 매일 자기 아이들을 죽이고 자기들끼리 차별을 하는 나라, 흑인을 죽인 살인자들을 놓아주고 사실상 보호하면서 자유로운 인간으로서 합법적인 권리를 존중해 달라고 요구하는 흑인을 벌하는 나라가 어떻게 스스로를 자유의 수호자라고 주장할 수 있습니까?」

체는 총회의 주요 주제 중 하나인 〈세계 핵무기 축소 논쟁〉을 언급하면서 쿠바는 이를 지지하지만 미국이 푸에르토리코와 파나마의 군사 기지를 해체하지 않으면 그와 관련된 어떤 협정도 비준하지 않겠다고 말했다. 또한 체는 국제 문제에서 독자적인 노선을 따르겠다는 쿠바의 결의를 다시 한 번 강조했다. 그는 쿠바가 〈사회주의를 건설〉 중이라고 재확인하면서, 쿠바는 〈제국주의에 맞서 싸우는〉 아프리카와 아시아, 중동의 신생 국가들과 하나라고 생각하기 때문에 스스로를 〈중립국〉으로 여긴다고 말했다. 당시 상황에서 이 말은 소비에트가 반제국주의 투쟁에서 아무것도 하지 않았다고 은연중에 비꼬는 것으로 풀이될 수 있었다. 체는 으르렁거리던 사회주의 초강대국 소련과 중국을 따로 언급하며 쿠바는 콩고 위기에 대한 소비에트의 입장을 강력히 지지한다고 밝혔고, 중국을 대신해서는 중국의 유엔 가입을 허락하고 미국이 지원하는 장제스 정부를 추방해야 한다고 주장했다.

당연한 일이었지만 체의 연설은 애들레이 스티븐슨 미

대사와 그 자리에 참석한 일부 라틴 아메리카 사절들로부터 격렬한 비난을 받았고 유엔 건물 밖에서는 쿠바 망명자들이 체의 총회 참석에 항의하며 시위를 벌였다. 일부는 도가 지나친 행동을 하기도 했다. 몇몇 〈벌레 같은 인간들〉이 이스트 강 건너편에서 유엔 건물에 바주카포를 쏘다가 체포되었다. 또 다른 곳에서는 한 여성이 체를 칼로 찌르려다가 제지당했다. 이런 소동이 벌어지는 내내 체는 침착함을 잃지 않았고 오히려 자신이 불러일으킨 분노를 즐기는 것 같았다. 시위자들이 모욕적인 말을 외치자 그는 거기에 대고 〈엿 먹어라〉는 뜻의 손짓을 해보였다.

모두가 체의 총회 참석을 못마땅하게 여긴 것은 아니었다. 유명한 미국 흑인 운동가 맬컴 엑스는 당시 아프리카와 중동 방문을 마치고 돌아와 그곳에서 보고 배운 것을 연설하며 다니는 중이었다. 맬컴 엑스는 체와 마찬가지로 콩고 분쟁 문제에 흥분했고 백인의 아프리카 개입을 미국의 인종 차별과 동일시했다. 두 사람은 공동의 대의를 발견했다. 전해지는 말에 따르면 맬컴 엑스는 가나에 들렀을 때 아크라 주재 쿠바 대사와 미국 흑인들을 모집하여 아프리카 전쟁을 돕는 문제를 논의했다.

맬컴 엑스는 12월 13일에 할렘의 오듀본 볼룸에서 개최된 시위에서 동아프리카 잔지바르 섬에서 온 특별 손님을 청중에게 소개했다. 압둘 라만 무하마드 바부가 이끌고 쿠바에서 훈련을 받은 정치 운동 세력이 술탄의 옛 영토에서 권력 획득을 도운 다음 근처 아프리카 대륙의 탕가니카와 합쳐서 탄자니아라는 새로운 국가를 만든 지 아직 1년도

되지 않은 때였다. 바부가 무대에 등장하기 직전에 맬컴 엑스는 체 게바라가 보낸 메시지를 소리 내어 읽었다.

맬컴 엑스가 청중들에게 말했다. 「저는 혁명가를 사랑합니다. 현재 이 나라에 있는 가장 혁명적인 사람들 중 한 명이 우리의 친구 바부 족장과 함께 나올 예정이었지만 생각을 바꾸어 오지 않기로 했습니다. 대신 이런 메시지를 보냈습니다.

〈사랑하는 할렘의 형제자매들에게. 저는 여러분과 바부형제와 함께하고 싶었지만 그러기에는 실제적인 조건이 좋지 않습니다. 쿠바 인민들, 특히 몇 년 전 할렘 방문을 열정적인 기억으로 간직하고 있는 피델의 따뜻한 인사를 받아 주십시오. 단결하면 우리가 이길 것입니다.〉」

맬컴 엑스가 설명을 이었다. 「이것은 체 게바라가 보낸 메시지입니다. 여러분이 따뜻한 박수를 보내 주어 저는 무척 행복합니다. 백인들에게 그들이 우리가 누구를 위해 박수를 쳐야 하고 누구를 위해 박수를 치면 안 되는지 지시할 위치에 있지 않다는 것을 알려 주는 것이기 때문입니다. 여러분, 여기에는 반카스트로 쿠바인들이 없습니다. 우리가 다 먹어 치웠기 때문입니다.」*

피델 카스트로의 공식 전기 작가이며 유엔총회에 체의 수행원으로 동행했던 페드로 알바레스 타비오의 말에 따르면, 체가 이 자리에 참석하지 않은 것은 미국 정부가 국

---

* 두 달 후인 1965년 2월 21일, 맬컴 엑스는 뉴욕에서 연설을 하던 도중 반대파 이슬람국가운동 암살자들의 총을 맞고 쓰러졌다. 그의 나이 서른아홉이었다.

내 문제에 〈간섭〉한다고 주장할 여지를 주지 않기 위해서였다.

체는 뉴욕에서 쿠바로 돌아가지 않았다. 그 대신 그는 12월 17일에 미국 언론들과 자극적이고 도발적인 인터뷰를 마친 다음 알제로 향했다. 아프리카와 중국을 거쳐서 파리와 아일랜드, 프라하에 잠시 들른 다음 다시 아프리카로 돌아오는 3개월간의 긴 여정이 시작되었다. 겉보기에는 아프리카 신생 국가들에 친선 대사로 파견된 것 같았지만 사실 그의 순방에는 중요한 동기가 감추어져 있었다. 그는 다음 모험의 무대가 될 대륙을 익히려 했다. 체는 아프리카가 서구에 맞서는 〈삼대륙〉 동맹의 꿈을 증명할 땅이 될 것이라고 결론지었다.

1964년 크리스마스부터 1965년 2월 초까지 체는 알제리를 출발하여 말리, 콩고 인민공화국, 기니, 가나, 다오메이를 방문한 다음 다시 가나와 알제리를 둘러보았다. 그는 알제리의 벤 벨라, 가나의 콰메 은크루마, 콩고 인민공화국의 지도자 알퐁스 마삼바-데바트, 반포르투갈 앙골라 독립 운동의 지도자 아고스티노 네토를 만났고, 네토에게 인접한 앙골라 고립 영토 카빈다에서 활동 중인 앙골라해방인민운동MPLA 게릴라들에게 쿠바의 군사 교관들을 보내주겠다고 약속했다. 군사 교관들은 곧 도착하여 쿠바 군대의 앙골라 개입이라는 20년 넘는 역사가 시작되었다.

어디를 가든 체가 전하는 공식적인 메시지는 하나였다. 쿠바는 아프리카 해방 투쟁에 찬성하고, 전 세계의 반식민주의, 반제국주의 운동은 단결되어야 하며, 반식민주의, 반제국주의 운동과 사회주의 사이에 공동의 대의를 마련해야 한다는 것이었다. 체가 언론을 대상으로 이야기할 때 콩고의 투쟁이 자주 언급되었고 예전에는 식민 지배를 받았으며 지금은 미국 군대와 싸우고 있는 또 다른 나라, 머나먼 베트남도 마찬가지였다.

잡지 『레볼루시온 아프리카이네』에 체와 조시 파농의 인터뷰가 실렸다. 조시 파농은 세상을 떠난 마르티니크 출신 혁명가이자 맹렬한 반제국주의 선언서 『대지의 저주받은 사람들』의 저자 프란츠 파농의 미망인이었다. 체는 쿠바에 있어 아프리카는 〈세상에 존재하는 모든 형태의 착취에 대항하는 투쟁, 제국주의와 식민주의, 신식민주의에 대항하는 투쟁의 중요한 현장〉을 나타낸다고 말했다. 그는 〈불안이 존재하므로 성공 가능성이 크지〉만 식민주의가 남긴 아프리카인들의 분열 등 위험도 많다고 생각했다. 체는 세상을 떠난 프란츠 파농의 말을 빌려 긍정적인 면은 〈식민주의가 사람들의 마음속에 남겨 둔 증오〉라고 말했다.

파농 부인이 라틴 아메리카 혁명의 전망에 대해서 묻자 체는 그것이 자신에게 〈매우 친숙한〉 주제이며 사실상 〈주관심사〉임을 인정했다. 체는 미국의 대게릴라 활동이 더욱 강화되었기 때문에 라틴 아메리카에서의 투쟁은 〈길고 힘들어질〉 것이라고 생각했다.

체가 말했다. 「그렇기 때문에 우리는 제국주의 동맹국들에 맞서는 대륙 전선이 생길 것이라고 예상합니다. 대륙 전선을 조직화하려면 어느 정도 시간이 걸리겠지만, 일단 전선이 형성되면 제국주의에 심대한 타격을 줄 것입니다. 그것이 결정타가 될 것이라고 딱 잘라 말할 수는 없지만 큰 타격이 될 것은 분명합니다.」

체는 2월 초에 중국으로 갔다. 그는 쿠바 건설부 장관 오스마니 시엔푸에고스 ─ 세상을 떠난 체의 친구 카밀로 시엔푸에고스의 형 ─ 와 통일사회혁명당의 유력한 〈기관장〉이자 1962년 핵미사일 비밀 협상 당시 체와 함께 소련에 동행했던 에밀리오 아라고네스와 함께였다. 이들은 나중에 아프리카에서 진행된 쿠바 비밀작전에 깊숙이 개입하게 되는데, 이 중요한 시기에 체와 동행했다는 사실은 이들이 계획 단계부터 개입되어 있었음을 보여 준다.

사실상 피델은 이미 콩고에서 쿠바가 비밀 군사 작전을 수행하도록 승인한 상태였다. 쿠바 병력을 가장 잘 이끌수 있는 장소와 여러 당파 중 작전을 함께 수행할 반란 세력을 결정하는 것만이 체의 몫이었다. 한 달 전인 1965년 1월에 특별히 선발된 쿠바 흑인들이 모종의 〈국제 임무〉에 자원하는 영광을 제안받고 쿠바 내 캠프 세 곳에서 훈련을 받고 있었다. 작전이 임박했다는 또 다른 신호는 최근에 파블로 리발타 ─ 쿠바 공산당 소속으로 시에라마에스트라 시절부터 체와 친분을 쌓은 오랜 친구 ─ 가 콩고와 국경을 맞대고 있는 탄자니아에 쿠바 사절로 임명된 것이었다.

쿠바 정부는 체의 중국 방문 동안 막후에서 무슨 일이 있었는지에 대해한 번도 공개한 적이 없지만, 사정을 잘 아는 볼리비아 공산당원 움베르토 바스케스비아냐의 말에 따르면, 체 일행은 저우언라이를 비롯해서 인민공화국 최고 관리들을 만났지만 마오쩌둥은 만나지 못했다.*

체는 콩고 계획을 실행하면 쿠바를 좋지 않게 보던 중국의 생각을 되돌릴 수 있다고 생각했던 것이 틀림없다. 라틴 아메리카 혁명 운동을 연구한 영국 역사학자 리처드 고트 — 그는 체가 콩고 작전 후에 볼리비아 게릴라 운동을 일으켰을 때 이를 보도했고 1970년대 초에는 탄자니아에서 일했다 — 는 게바라가 중국을 방문한 것은 콩고 혁명을 지지하는 주요 인물들과 대화를 나누기 위해서였다고 생각한다. 그는 〈중국 측은 분명 아프리카에 관심이 있었다〉고 추론한다. 「저우언라이는 같은 해에 아프리카를 2번이나 방문합니다. 또 그들은 체의 방문 당시에 이미 린뱌오 중국 국방장관의 전략적 견해를 지지하고 있었습니다. 린뱌오는 급진적인 혁명 농부들이 타락한 도시를 포위하는 것을 옹호하는 유명한 연설을 한 바 있었습니다. 이 연설이 게바라에게는 당연히 듣기 좋았을 것입니다.」

체는 중국을 떠난 후 파리에 잠깐 들러 몇 시간 동안 혁명 계획은 잊고 루브르 박물관을 돌아보았고 그런 다음 아프리카로 돌아갔다. 다음 달 내내 체는 알제리, 탄자니아,

---

* 어느 중국 관리의 말에 따르면 쿠바 사절들을 냉대한 것은 〈올바로 처신한〉 체 때문이 아니라 오스마니 시엔푸에고스 때문이었다. 그는 〈소리를 질러 대고〉, 〈지나치게 말이 많아〉 마오쩌둥이 참석한 신성한 자리에서 당황스러운 소동을 일으킬지도 모른다는 우려를 불러일으켰다. 사실 그 직전에 체는 쿠바에서 자기 위치를 이용해 라틴 아메리카 공산당 대표단이 중국을 방문하도록 힘을 보탰는데 그 방문은 재난으로 끝났다. 따라서 마오쩌둥이 모습을 드러내지 않은 것은 체를 좀 더 확실한 친중국파로 만들기 위해서 선수를 친 것일 가능성이 높다.

이집트를 돌아다니며 가말 압델 나세르, 벤 벨라, 줄리어스 니에레레를 만났고 범아프리카 혁명이라는 야심 찬 계획을 실현시키기 위해서 서서히 상황을 살피기 시작했다.

체의 방문 일정에서 중요한 위치를 차지했던 다르에스살람은 백인의 식민 지배가 사람들의 기억 속에 아직도 생생하게 남아 있는 곳이었다. 1860년대에 잔지바르 제국의 술탄이 여름궁전을 짓기 위해 인도양과 면한 석호 지대에 건설한 이 항구 도시는 제1차 세계 대전까지는 독일령 동아프리카 식민지의 수도였다. 제1차 세계 대전 이후에는 영국이 인수하여 1961년에 독립할 때까지 탕가니카 식민지로 이곳을 통치했다. 독립 이후 좌파 대통령 줄리어스 니에레레의 통치를 받으면서 다르에스살람은 수많은 아프리카 게릴라 운동의 본부가 되었다. 다르에스살람은 유망한 혁명 전초지였다. 1년 전 미국과 국교를 단절한 후 미국 대사관은 폐쇄되었고 쿠바가 대사관을 열었다.

그러나 체와 아프리카 혁명가들의 첫 만남은 실망스러웠다. 체는 출판되지 않은 책 ─『혁명전쟁 회고록(콩고)』* ─〈제1장〉에서 그해 후반에 콩고에서 겪은 일들을 적었다. 그는 여기에서 아프리카 혁명가들을 비꼬듯이 영어로 〈자유 투사Freedom Fighters〉라고 부르며 이들과의 첫 만남을 회상했다. 체는 이들 모두가 공통의 〈반복적인 주

---

* 153페이지 분량의 이 글은 다섯 부밖에 만들어지지 않았다고 하며 쿠바 혁명 정부 최고위급 인사들이 근 30년 동안 단단히 숨겨서 보관해 왔지만 최근 몇 부가 유출되어 필자를 포함한 몇몇 연구자들 사이에 유포되기 시작했다.

제〉를 가지고 있었다고 적었다. 거의 모든 이들이 다르에스살람의 호텔에서 안락하게 지내면서 체에게 똑같은 것, 즉 〈쿠바에서의 훈련과 금전적인 도움〉을 일제히 요청했던 것이다.

콩고 반란 지도자들을 만났을 때 체의 뇌리에 가장 먼저 떠오른 생각은 〈엄청나게 다양한 의견과 경향〉이 있다는 것이었다. 그중에는 자칭 〈동북 콩고 대통령〉이라는 가스통 수말리오도 있었다. 수말리오의 군대는 콩고 동부 일부를 해방시켰는데, 그곳은 탕가니카 호수를 건너 탄자니아 영토에 접근할 수 있는 곳이었다. 체는 수말리오가 모호하고 불가사의하며 ─ 〈정치적으로는 거의 발전되지 않았다〉─ 〈민족을 지도할 인물〉은 확실히 아니라고 생각했다. 그는 또 수말리오가 국가해방위원회의 일부 동지들, 특히 스탠리빌을 장악한 크리스토프 그베녜와 대립 관계에 있음을 알아챘다.

체에게 깊은 인상을 남긴 반란 지도자는 로랑 카빌라였다. 프랑스에서 수학한 20대 청년 카빌라는 가스통 수말리오의 동부전선 최고 사령관을 맡고 있었다. 체는 카빌라 역시 그베녜, 심지어 수말리오 같은 동료 해방위원회 지도자들을 헐뜯기는 했지만 그가 수말리오와는 달리 투쟁을 〈명확하고 구체적이며 확고하게〉 설명한다고 생각했다.

체는 또한 카빌라를 처음 만났을 때 그가 거짓말을 했음을 나중에 깨달았다. 카빌라는 콩고 〈내륙에서〉 막 도착했다고 말했지만 알고 보니 키고마 항에 다녀온 것이었다. 탕가니카 호숫가의 탄자니아 영토에 위치한 키고마 항은 술

집과 사창가가 있는 허름한 지역으로 반군들이 〈휴식과 회복〉을 위한 후방 기지로 사용하고 있었다. 그러나 체는 카빌라가 좌파적 세계관을 공공연히 드러냈으므로 그의 허풍을 모르는 척하기로 했다. 체는 이렇게 썼다. 〈카빌라는 주적이 북아메리카 제국주의라는 사실을 완벽하게 이해하고 있으며 그에 맞서 끝까지 쉬지 않고 싸울 준비가 되어 있다고 말했다. 그의 선언과 자신감은 내게…… 무척 좋은 인상을 남겼다.〉 자신의 아프리카 계획 전체가 걸린 생각에 귀 기울여 주는 사람을 발견한 체는 카빌라에게 많은 아프리카 국가들이 외부 세력이 콩고 반란에 개입하는 것을 근시안적으로 반대하기 때문에 힘들다고 털어놓으며 〈우리는 콩고의 문제가 바로 전 세계의 문제라고 생각한다〉고 말했다. 체는 카빌라가 자기 생각에 동의하자 즉석에서 쿠바의 지원을 제안했다. 〈나는 쿠바 정부의 이름으로 교관 30명과 우리가 보유하고 있는 무기라면 무엇이든 제공하겠다고 제안했고, 그는 기쁘게 이를 받아들였다. 카빌라는 교관과 무기를 최대한 빨리 인도해 달라고 했다. 수말리오 역시 다른 자리에서 그렇게 요청했는데, 교관이 흑인이면 좋겠다고 말했다.〉

그런 다음 체는 다르에스살람에서 지내는 다른 〈자유 투사들〉의 의향을 살피기로 했다. 그는 각각의 단체와 비공식 회담을 갖기로 했지만 쿠바 대사관이 〈실수〉로 〈제각각 두 가지 이상의 경향으로 분열된 10개국이 넘는 국가의 반란 운동 대표자 50명 이상〉을 한자리에 모아 놓는 바람에 〈소란스러운 모임〉을 열었다고 썼다.

체는 한 방 가득 모여 〈거의 하나같이〉 쿠바의 재정적 지원과 쿠바 현지 훈련을 제공해 달라고 요청하는 게릴라들과 직면하게 되었다. 그럴 수는 없다는 체의 말에 화를 내는 게릴라들에게 체는 쿠바에서 전사를 훈련시키는 것은 비용이 많이 드는 소모적인 일이며, 진정한 게릴라 전사는 군사 〈학교〉가 아니라 전장에서 단련되는 것이라고 주장했다. 〈그러므로 나는 멀리 떨어진 쿠바가 아니라 가까운 콩고에서 훈련받으라고 제안했다. 콩고 투쟁은 단순히 촘베 같은 꼭두각시가 아니라 북아메리카 제국주의에 대항하는 싸움이었다.〉

체는 콩고 투쟁이 대단히 중요하다고 주장했다. 콩고 투쟁의 승리는 〈전 대륙에 파급 효과〉를 미칠 것이고 실패해도 마찬가지일 터였다. 그의 계획은 콩고 동부에 쿠바가 이끄는 〈거대 게릴라 거점〉을 만드는 것이었다. 이웃 나라의 게릴라들이 콩고에 와서 〈해방〉 전쟁을 도우면서 조직과 전투 경험을 쌓은 다음 각자의 나라로 돌아가 전투를 치르면 될 것이었다.

체는 『혁명전쟁 회고록(콩고)』에서 다음과 같이 인정했다. 〈반응은 차가운 정도가 아니었다. 대부분 아무 말도 하지 않았지만 일부는 발언권을 요청하여 내 충고를 격렬히 비난했다. 그들은 제국주의로부터 부당한 대접과 학대를 당한 자기 국민들이 다른 국가를 해방시키려는 전쟁에 참가했다가…… 목숨을 잃는다면 인민들이 설명을 요구할 것이라고 말했다. 나는 우리가 해야 할 일이 국경 내의 전쟁이 아니라 모잠비크, 말라위, 로디지아, 남아프리카, 콩고,

앙골라 전체에 존재하는 공동의 지배자에 대항하는 전 대륙적 투쟁이라는 사실을 일깨워 주려고 애썼다.〉*

그러나 체의 글에 따르면 그 방에 있던 사람들은 아무도 그의 의견에 동의하지 않았다. 〈그들은 차갑지만 예의 바르게 작별 인사를 했다.〉 체는 혼자 남겨졌고 〈진정한 혁명 방향〉을 확립할 때까지 아직 갈 길이 멀다는 확실한 인상을 받았다. 이제 그가 해야 할 일은 〈콩고 투쟁을 지원할 쿠바 흑인들 ─ 물론 자원병이어야 했다 ─ 을 선발하는 일〉이었다.

5

이집트 지도자 나세르의 개인 고문 무하마드 헤이칼에 따르면, 체가 카이로에서 콩고 계획을 나세르에게 털어놓으며 자신이 직접 쿠바 원정대를 지휘할 생각이라고 밝히자 나세르는 우려감을 표명했다. 그는 체가 분쟁에 직접 참가하는 것은 잘못된 생각이라고 말했다. 그가 〈타잔처럼 흑인들 속의 백인이 되어 그들을 이끌고 보호할〉 수 있다고 생각한다면 그건 한참 잘못된 생각이라는 것이었다. 나세르는 그런 계획은 불행한 결말을 맞이할 수밖에 없다고 생각했다.

나세르의 경고에도 불구하고, 체는 계획대로 밀고 나가기로 결심했다. 다르에스살람에서 자신이 전략을 밝혔을

* 자세한 내용은 부록 참조.

때 차가운 반응만이 돌아왔고 그때까지 만나 본 콩고 반군 지도자들에게 의구심을 느꼈으며 콩고의 실제 상황에 대해 아는 바도 거의 없었지만, 그는 결심을 바꾸지 않았다.

아프리카 대륙에 관한 체의 마지막 연설은 그가 공식적으로 남긴 마지막 연설이기도 했다. 쿠바에서는 때때로 이 연설을 〈그의 마지막 총알〉이라고 조심스럽게 말한다. 2월 25일, 체는 알제의 〈제2회 아프리카-아시아연대 경제 세미나〉에 참가해서 연설을 했다. 이 연설에서 그는 그동안의 모호한 태도를 모두 버리고 사회주의 초강대국들이 자기 이익과 상관없이 〈제3세계〉의 독립 운동을 돕고 제3세계 저개발 국가들을 사회주의 사회로 변화시키는 데 필요한 비용을 부담할 것을 요구했다.

체는 아프리카와 아시아에서 온 약 40여 명의 대표단 — 게릴라 운동 세력, 신생 독립국, 제3세계 국가 등 다양한 세력을 대표하는 사람들이었다 — 을 〈형제〉라고 불렀다. 그런 다음 〈아메리카 인민의 대표로서〉 체는 〈제국주의에 승리를 거두겠다는 공동의 열망〉이 바로 자신의 세계와 그들의 세계를 하나로 단결시키는 공동의 대의라고 말했다. 체는 세미나에 참석한 사람들 대부분이 구 식민주의와 맞서 싸우고 있거나 얼마 전에 독립한 나라에서 왔으며, 쿠바는 아메리카를 지배하는 또 다른 형태의 제국주의와 맞서 싸워 승리를 거둔 나라라고 말했다. 또 다른 형태의 제국주의란 〈독점 자본〉을 통해 미개발 국가를 착취하고 흡수하는 신식민주의였다. 체는 앞으로 건설될 새로운 사회에서 이러한 일이 일어나지 않게 하려면 〈반드시 정치

권력을 획득하고 압제 계층을 와해시켜야만 한다〉고 선언했다.

「목숨을 건 이 투쟁에는 국경이 없습니다. 우리는 세계의 다른 곳에서 일어나는 일을 보면서 무관심할 수 없습니다. 어느 나라든 제국주의에 맞서서 승리를 거둔다면 그것은 우리의 승리입니다. 마찬가지로 어느 나라든 패배한다면 그것은 우리 모두의 패배입니다. 프롤레타리아 국제주의를 실천하는 것은 더 나은 미래를 위해서 싸우는 사람들의 의무일 뿐만 아니라 반드시 필요한 것이기도 합니다. ……여러 민족이 단결할 수 있는 기반이 없다면, 공동의 적이 바로 그 기반입니다.」

체는 그러므로 신생 미개발국들과 자본주의 세계를 떼어 놓는 것이 선진 사회주의 국가들에게 〈큰 이익〉이 될 뿐 아니라 그들의 〈의무〉라고 주장했다. 그는 이렇게 말했다. 「이 모든 사실을 고려하여 다음과 같은 결론을 내려야 합니다. 해방을 향해 첫걸음을 내딛는 국가의 발전에 필요한 비용을 사회주의 국가들이 부담해야 합니다. 우리가 이런 식으로 말하는 것은 결코 누군가를 협박하거나 시선을 끌고 싶어서가 아닙니다. ……이것은 굳은 확신입니다. 사회주의는 인간의 의식에 변화가 일어나야만 존재할 수 있으며, 의식이 변하면 인류를 형제처럼 대하는 태도를 새로 갖게 됩니다. 사회주의를 건설했거나 건설 중인 사회에서는 개개인이 이러한 태도를 갖게 되며 제국주의의 압제에 고통받는 모든 민족과 관련해서는 전 세계적 차원에서 이러한 태도를 갖게 됩니다.」

체는 이렇게 주장의 근거를 마련한 다음 사회주의 선진국들을 지독하게 비난하기 시작했다. 그들이 가난한 나라를 대상으로 〈호혜〉 무역 협정 회담을 연다는 이유였다. 「어떻게 〈호혜〉라는 말이 원자재를 세계 시장 가격 수준으로 팔고 기계를 세계 시장 가격으로 산다는 것을 뜻할 수 있습니까? 후진국에서 원자재를 생산하려면 수많은 땀과 고통이 필요하지만 선진국의 기계는 자동화된 대규모 공장에서 생산되고 있습니다. 선진국과 후진국이 그런 관계를 맺는다면 우리는 사회주의 선진국들 역시 제국주의 착취의 공범이라고 말할 수 있을 것입니다. 사회주의 선진국의 해외 교역 중에서 후진국들과의 교역이 차지하는 양은 아주 미미하다고 주장할 수도 있습니다. 그것은 진실입니다. 하지만 그렇다고 해서 그러한 교역의 비윤리성이 사라지는 것은 아닙니다. 사회주의 선진국은 서구와의 암묵적인 공모를 청산할 윤리적 의무가 있습니다.」

그 자리에 있던 모든 청중은 체가 모스크바를 직접 겨냥해 공격하고 있음을 분명히 알아차렸다. 세미나에는 중국뿐만 아니라 소비에트가 파견한 사람들이 참관인 자격으로 참석해 있었다. 체는 신중을 기울여 소련과 중국이 쿠바와 설탕 교역을 하면서 쿠바 측에 유리한 협정을 맺어 준 것을 높이 평가했지만 그것은 첫 단계에 불과하다고 강조했다. 그는 수출품의 가격이 가난한 국가를 실제적으로 발전시킬 수 있는 수준에 고정되어야 한다고 주장하며 사회주의 강대국은 형제애적인 대외 무역을 사회주의를 향해 나아가고 있는 모든 미개발 국가에까지 확대해야 한다고 주장했다.

체는 소련이 쿠바와의 교역이나 다른 개발 도상국들과의 관계에서 자본주의 형식의 〈폭리〉를 취한다고 생각했고 그것을 비판한 것이 처음은 아니었지만 — 그의 생각은 이미 아바나의 혁명 엘리트들 사이에 널리 알려져 있다 — 국제회의에서 비판한 것은 이번이 처음이었다. 체는 국제회의에서 소련의 행동을 비판함으로써 고의로 무리수를 두었다. 소련 측에 〈치욕을 주어〉 행동을 취하게 만들고 싶었던 것이 분명했다. 게다가 체는 할 말이 더 남아 있었다.

체는 여러 나라가 〈거대하고 긴밀한 블록〉을 구성하여 다른 나라들이 제국주의에서, 또 제국주의가 떠안긴 경제 구조에서 벗어나도록 도와야 한다고 주장했다. 이 말은 곧 군비를 생산하는 사회주의 국가들이 〈무기를 요청하는 이들에게 그들이 활용할 수 있는 만큼의 무기를 돈을 하나도 받지 않고〉 무상으로 주어야 한다는 뜻이었다.

체는 소련과 중국이 쿠바에 군사적 지원을 제공함으로써 이 원칙을 지켰다고 한 번 더 높이 평가한 다음 다시 호된 비난을 퍼부었다. 「우리 쿠바인들은 사회주의자입니다. 이 말은 우리가 받은 무기가 적절히 활용되리라는 보증과 같습니다. 그러나 쿠바만 그런 것이 아닙니다. 따라서 모두 같은 대접을 받아야합니다.」 체는 포위 공격을 받고 있는 북베트남 — 불과 2주 전에 미국의 조직적인 폭격을 받았다 — 과 콩고가 자신이 요구하는 〈무조건적 연대〉의 수혜자가 되어야 한다고 꼽았다.

소비에트는 당연히 체의 연설에 격분했다. 크렘린을 〈제국주의 공범〉으로 비난하는 것은 사회주의 블록의 외교 의례를 크게 위반한 것이었고 모스크바가 쿠바에 지급한 원조금의 규모를 생각하면 체의 연설은 물에서 건져 주었더니 보따리 내놓으라는 격이었다.

체가 긴 해외 순방을 마무리할 무렵 ── 그는 알제에서 이집트로 돌아간 다음 3월 12일에 비행기를 타고 프라하로 갔다 ── 콩고에서 새로운 사태가 전개되어 수말리오와 카빌라가 쿠바 교관과 무기를 최대한 빨리 인도해 달라고 요청한 것이 타당했음을 입증했다. 마이크 호어가 집결시킨 백인 용병들이 대(對)반군 작전을 개시하여 정부군을 이끌고 지상 공격과 공중 폭격을 퍼부었던 것이다. 정부군은 순식간에 주요 전초지 몇 군데를 빼앗고 탕가니카 호수 동부 연안을 따라 펼쳐진 〈해방 영토〉를 위협했다. 쿠바가 콩고 분쟁에 뛰어들 생각이라면 즉시 행동을 개시해야 할 때였다.

6

한때 소련학 학자들이 권력 이동의 신호를 찾기 위해 붉은 광장에서 기념식이 열릴 때 중앙위원회 정치국 인물들의 배치가 바뀌지 않았는지 유심히 살펴보았듯이, 오랫동안 많은 사람들은 체와 피델의 갈등이나 우정의 증거를 찾기 위해 체가 알제에서 도발적인 연설을 한 후 아바나로 돌아왔을 때의 상황을 면밀하게 살펴보았다.

3월 15일에 체가 란초 보예로스 공항에 도착했을 때, 알레이다가 피델과 도르티코스 대통령, 카를로스 라파엘 로드리게스와 함께 그를 기다리고 있었다. 라파엘 로드리게스가 그 자리에 나왔다는 게 자못 의미심장한 일이었다. 알레이다는 체가 도착한 후 어떤 일이 있었고 피델 카스트로가 무슨 말을 했는지 말하려 하지 않았지만, 알려진 바에 따르면 체는 공항에서부터 곧장 피델과 비밀회의를 시작해서 몇 시간 동안 이야기를 나누었다. 지금까지 일부 회의적인 비평가들은 피델과 체의 대화가 한 번도 공개되지 않았고 체가 그 후에 모습을 감추었다는 사실을 근거로 들면서 이 때 두 사람 사이에 쌓여 온 긴장이 절정에 달했을 것이라고 해석해 왔다. 사실을 잘 아는 쿠바 정부의 정보원에게 아직까지 민감한 이 일에 대해서 묻자 그는 〈어쩌면〉 피델이 〈거친 말〉을 했을지도 모른다고 애매하게 대답하면서도 그것은 두 사람 사이에 근본적인 의견 차이가 있었기 때문이 아니라 체가 알제에서 연설을 하면서 〈신중하지 못했〉기 때문이었다고 말했다. 이러한 맥락을 고려했을 때 카를로스 라파엘 로드리게스가 그 자리에 나온 것은 크렘린을 대신해서 유감을 전달한 것으로 해석될 수 있다.

그러나 역사학자 모리스 핼퍼린의 생각은 조금 달랐다. 그는 이렇게 썼다. 〈나는 며칠 후에야 연설문을 읽고 깜짝 놀랐다. 그래서 외무부 고위 관리에게 체의 비난이 무슨 뜻이냐고 물어보았다. 그러자 그는 빙그레 웃으며 《쿠바의 생각을 대표하는 것입니다》라고 대답했다.〉 핼퍼린은 그 즈음에 나온 피델의 몇 가지 발언과 피델이 〈소비에트의 교역 방식에 대해 점점 불만)을 느꼈다는 자신이 알고 있던 사실을 고려했을 때 체의 연설이 쿠바의 의견을 대표하는 것이었을 가능성이 무척 높다고 결론지었다. 결국 헬퍼린은 피델이 직접 공항까지 나가서 체의 귀국을 환영한 것은 체를 인정한다는 뜻을 자신만의 방법으로 나타낸 것이라고 해석했다. 실제로 체의 알제 연설은 나중에 정부 공식 계간지 『폴리티카 인테르나시오날』에 실렸고, 이로 인해 피델의 입장에 대해 남아 있던 의구심은 사라지는 듯했다.

사실 체와 피델이 서로 협력했고 심지어 공식적인 발언을 미리 조율했음을 보여 주는 여러 가지 증거가 있다. 피델은 1월 2일에 열린 혁명 6주년 기념식 연설에서, 비록 직접적으로 이름을 언급하지는 않았지만 소비에트 사회주의 모델을 강하게 비판했고, 사회주의 연합 내의 〈문제들〉을 쿠바 국민들에게 처음으로 언급했다. 피델은 쿠바 국민에게 자기 목소리를 낼 권리가 있고 마르크스와 엥겔스, 레닌의 사상을 자신의 상황과 인식에 따라서 해석할 권리가 있다고 주장했고, 또 현재 받고 있는 외국의 원조가 갑자기 중단되더라도 자력으로 살아남을 준비가 되어 있어야 한다고 말했다. 이로써 피델은 소비에트가 쿠바에 이식하려 애쓰던 정치 모델을 받아들이지 않겠다는 메시지를 모스크바 측에 분명하게 전달했다.

피델은 체가 쿠바로 돌아오기 이틀 전인 3월 13일에 또다시 연설을 하면서 이번에는 중국과 소련을 은근히 비난했다. 미국의 베트남 군사 개입이 점점 더 심해지고 있는데 소련과 중국은 베트남을 하나도 돕지 않으면서 〈인민 해방〉 지원을 놓고 서로 경쟁하며 선동한다는 것이었다. 〈우리는 베트남이 필요한 원조를 모두 받아야 한다고 생각하며 그것을 주장합니다! 무기와 인력을 원조하시오! 사회주의 진영이 불가피한 모든 위험을 감수해야 한다는 것이 우리의 입장입니다!〉

피델은 아바나 대학에 모인 청중에게 얼마 전에 자신이 주장하는 연대를 잘 보여 주는 사건이 있었으며 좋은 선례를 남겼다고 말했다. 그것은 바로 쿠바였다. 미사일 위기 당시 쿠바는 사회주의 진영을 강화할 목적으로 자국 영토에 소비에트 미사일을 받아들임으로써 자발적으로 〈수소 폭탄 전쟁〉에 휘말릴 위험에 스스로를 노출시킨 바 있었다. 피델은 쿠바가 양키 제국주의에 맞서 싸우는 것을 역사적 의무라고 여기며, 세계 다른 곳에서 이루어지는 비슷한 노력에 동질감을 느낀다고 천명했다.*

그러나 언제나 그랬듯이 체가 피델보다 한발 앞서 알제에서 자기 생각과 신념을 모두 밝혔고 그 결과에 신경 쓰지 않았다. 그는 도전장을 던졌고, 낭떠러지에서 물러설 수는 없었다. 이제 체는 〈프롤레타리아 국제주의〉가 어떻게 통

---

* 피델은 또한 중국과 소비에트가 서로 간의 경쟁을 쿠바 섬까지 끌고 들어왔다는 사실에 신경이 곤두서 있음을 넌지시 드러냈다. 이번에도 역시 그는 그 나라의 이름을 구체적으로 언급하지는 않으면서 — 그러나 중국을 가리키는 말이었다 — 승인을 받지도 않고 쿠바 땅에서 정치적 선동을 펼치기 위해서 진행되던 노력을 비난했다. 그는 정치 선전을 할 권리가 오직 쿠바 지배 정당에게만 있다고 말하며 더 이상은 봐주지 않겠다고 경고했다. 그러나 피델의 경고에도 불구하고 이 문제는 시간이 조금 더 흐른 후에 절정에 이르게 된다(자세한 내용은 부록 참조).

하는지 더욱 직접적인 차원에서 몸소 보여 주고 다른 사람들이 자신을 따르게 만들 것이었다. 그러나 체의 발언 때문에 피델은 소비에트 앞에서 〈마오쩌둥주의자〉 친구를 옹호하기 어려워졌다. 그래서 피델은 체에게 쿠바를 즉시 떠나 아프리카로 돌아가라고 〈제안〉했다. 콩고 작전을 위해서 이미 훈련 중이던 쿠바 게릴라 원정대를 지도하라는 것이었다. 아프리카는 체가 염두에 두고 있던 곳, 즉 남아메리카가 아니었다. 그러나 남아메리카는 아직 상황이 준비되지 않은 반면 아프리카에서는 진정한 혁명이 성공할 가능성이 높아 보였다. 체는 아프리카에 가기로 결정했다.

쿠바 정보부 관리 후안 카레테로(〈아리엘〉)의 말에 따르면, 체가 귀국한 후 아리엘 자신과 상관 피녜이로, 피델 모두 콩고 임무를 받아들이라고 그를 〈설득〉했다. 그들은 체가 아프리카에 몇 년만 있다가 오면 된다고, 그가 돌아올 적절한 상황이 마련될 때까지 피녜이로의 부하들을 시켜 라틴 아메리카 게릴라 기반을 잘 닦아 두겠다고 약속했다. 콩고 전쟁은 귀중한 경험이 되어 체의 전사들은 더욱 강해질 것이고, 또 나중에 남아메리카 작전에 참가시킬 전사를 선발할 때에도 도움이 될 것이었다. 피녜이로는 체를 오래 설득할 필요가 없었다. 「체는 아프리카 사람들을 만난 데 대해 정말 고무되어 돌아왔습니다. 그래서 피델이 〈아프리카에 가는 것이 어떠냐?〉고 말했습니다. 체는 시간은 자꾸 흐르는데 자신의 역사적 임무를 완수할 수 없다는 사실 때문에 무척 초조해했습니다.」

일은 일사천리로 진행되었다. 3월 22일에 체는 산업부에서의 연설을 통해 아프리카 여행을 동료들에게 간략히 보고했지만 본인이 떠난다는 발표는 하지 않았다. 일주일 후 체는 마탄사스의 시로 레돈도 실험 농장에서 일하고 있던 옛 시에라 군대 소속 과히로들을 찾아가서 당분간 〈사탕수수를 베러〉 간다고 말했다.

그런 다음 아바나로 돌아와 가장 가까운 산업부 동지들을 모아 놓고 똑같은 이야기를 했다. 체가 쿠바를 영영 떠나기 위해서 준비를 하고 있다는 사실을 아는 사람은 거의 없었다. 그것이 체의 의도였다. 그는 아바나로 돌아온 다음 보름 동안 모습을 감추었다. 그동안 체는 서서히 대중의 시야에서 멀어지면서 공식적인 접촉을 피했고, 비밀을 지키리라고 믿을 만한 소수의 측근들에게만 작별 인사를 했다. 그 밖에 대부분의 쿠바인들이 체를 마지막으로 본 것은 그가 3월 15일에 아프리카 여행을 마치고 공항에 도착했을 때였다.

체의 아이들이 아버지를 마지막으로 만난 것도 이때였고, 그래서 막내는 아버지에 대한 기억을 전혀 갖지 못하게 된다. 체는 막내가 태어났을 때 쿠바에 없었다. 알레이다가 막내아들을 낳은 2월 24일에 체는 카이로에서 알제로 가는 비행기에 타고 있었다. 알레이다는 막내아들의 이름을 에르네스토라고 지었다.

알레이다는 화를 내면서 가지 말라고 만류했지만 체는 이미 결정을 내린 상태였다. 그는 혁명이 더욱 〈발전된 단계〉에 이르면 당신이 합류해도 좋다고 약속했다.

아프리카로 떠나기 전 어느 날, 체, 알레이다, 유모 소피아가 점심을 먹고 있을 때 체가 소피아에게 혁명전쟁 중에 남편을 잃은 쿠바 미망인들이 어떻게 되었느냐고 물었다. 재혼을 했느냐는 것이었다. 소피아는 그렇다고, 많은 미망인들이 재혼했다고 말했다. 그러자 체는 자신의 커피잔을 가리키며 알레이다에게 말했다. 「그럴 경우에는 당신이 나한테 만들어 준 이 커피를 다른 사람에게 만들어 주면 좋겠어.」 소피아는 체가 자신이 죽으면 재혼을 하라고 알레이다에게 축복을 빌 것이라고 생각했고 평생 이 순간을 떠올릴 때마다 감동을 느꼈다.

4월 1일 새벽에 그는 수염을 깨끗이 깎고, 안경을 쓰고, 침착한 모습으로, 체 게바라가 아니라 라몬 베니타스라는 남자가 되어 지난 8년 동안 살던 집을 떠났다.

27장
실패담

1

〈어느 화창한 날, 나는 다르에스살람에 나타났다. 나를 알아보는 사람은 아무도 없었다. 심지어 친한 동지였던 대사[파블로 리발타]도…… 나를 알아보지 못했다.〉

체는 변장한 모습으로 모스크바와 카이로를 거쳐서 4월 19일에 다르에스살람에 도착했다. 그의 동행은 여러 나라를 돌아다녔던 게릴라 사절 파피 타마요와 쿠바 국제주의 연대의 〈공식적인〉 사령관으로 선발된 쿠바 장교 빅토르 드레케 — 그는 흑인이었기 때문에 콩고에서 활동하기가 쉬웠다 — 였다.

체는 비록 위장신분이기는 했지만, 한때 10년 동안 세계를 여행한 뒤 마지막으로 찾아가겠다고 꿈꾸었던 대륙에 발을 디디면서 기대감으로 가득 차 있었다. 그는 10년 전 〈아프리카는 모험을 위한 곳이에요, 그곳을 다녀오고 나면 세계는 다 둘러본 셈이죠〉라고 어머니에게 편지를 써 보낸 적이 있었다. 역설적이게도 체는 어머니에게 그 편지를 쓴 이후 자신이 생각했던 것보다 훨씬 더 커다란 세상을 보았지만 대부분 정부 장관이나 국제적 유명 인사라는 제한된 신분으로서였다. 이제 그의 삶에 새로운 장이 시작되었다. 은밀히 변장함으로써 체는 다시 한 번 자기 자신이 되는 자유를 누렸다. 하지만 그렇다고 해서 그가 또다시 두고 떠난 생활과 사랑하는 이들을 전혀 그리워하지 않은 것은 아니었다. 그는 나중에 『혁명전쟁 회고록(콩고)』에 이렇게 적었다.

〈나는 피델의 곁에서 쿠바 혁명을 위해 일했던 11년 가까운 세월과 행복한 고향 ─ 혁명가가 자기 업적을 바친 곳을 고향이라고 부를 수 있다면 말이다 ─ 그리고 내 사랑을 거의 알지 못하는 아이들을 남겨 두고 떠나왔다. 또 한 번의 주기가 시작되고 있었다.〉

체의 삶에서 첫 번째 주기는 아르헨티나의 가족과 자신의 뿌리를 떠나 혁명가로서 자신을 단련하면서 시작되어 〈체〉로 변모하기 위해 일다와 갓 태어난 딸을 떠나면서 끝났다. 그러나 쿠바에서의 주기를 마무리할 때는 더 많은 것을 두고 와야 했다. 아내 알레이다와 자식들, 쿠바 시민권, 코만단테 계급과 장관이라는 직위, 친구와 동지들, 그리고 그들과 함께 했던 격렬한 10년 동안의 삶을 떠나야 했던 것이다.

2

쿠바 연대 대원들은 여러 무리로 나뉘어서 서로 다른 일
정에 따라 여행 중이었다. 그들이 도착할 때까지 체와 두
동지는 리발타가 다르에스살람 외곽에 빌려 둔 작은 농장
에서 지냈다. 체가 스와힐리어 사전을 꺼내 들고 세 사람의
새로운 이름을 골랐다. 드레케는 〈모자(하나)〉, 파피는 〈므
빌리(둘)〉, 체는 〈타토(셋)〉가 되었다.

로랑 카빌라는 혁명 수뇌부 회의에 참석하기 위해 카이
로에 갔고 다른 콩고 반군 지도자들도 뜻밖에 부재중이었
기 때문에 체 일행은 다르에스살람에 있던 콩고 정치 중간
급 대표자 고드프로이 차말레소라는 젊은이를 만나서 자
신들이 약속했던 쿠바 병력의 선발 요원이라고 소개했다.
그들은 예상 밖으로 백인이 포함된 이유를 설명하기 위해
서 타토는 의사이자 프랑스어에 능통한 게릴라 베테랑이
고 므빌리는 귀중한 게릴라 전쟁 경험을 가진 인물이기 때
문에 파견되었다고 말했다.

그러나 물론 이것은 일시적인 핑계에 불과했고 쿠바 원
정대 지도자의 진짜 신원을 언제, 누구에게 알릴 것이냐는
문제는 진정한 딜레마였다. 체는 차말레소에게 원래 계획
보다 더 많은 130명의 쿠바 대원이 콩고로 오는 중이라고
말했지만 다행히도 차말레소는 침착해 보였다. 체는 차말
레소에게 가능한 한 빨리 콩고 영토로 들어가고 싶다고 말

했다. 차말레소는 자신이 체를 만났다는 사실을 알지 못한 채 카빌라에게 이들의 도착 소식을 알리기 위해서 카이로에 갔다. 체 일행은 차말레소를 기다리면서 선발 요원을 보내서 탕가니카 호수를 건널 준비를 했고 시장에 가서 배낭과 담요, 칼, 비닐 시트 등 다른 대원들에게 필요한 물품을 샀다.

체는 나중에 이렇게 적었다. 〈내가 콩고에 직접 와서 싸우기로 했다는 사실을 콩고 측의 누구에게도 알리지 않았다. 카빌라와 처음 대화를 나눌 때는 아직 결정된 것이 없었기 때문에 말할 수 없었고, 계획이 피델의 승인을 받고 난 후에는 적대적인 지역을 많이 거쳐서 와야 했기 때문에 도착 전에 계획이 알려지는 위험을 감수할 수 없었다. 그러므로 나는 일단 콩고로 온 다음 그들의 반응에 따라 행동하기로 결정했다. 이제는 돌아갈 수도 없었기 때문에 그들이 나를 거부하면 어려운 상황에 처할지도 모른다는 사실을 알고는 있었지만 그들이 나를 거부하기는 힘들 것이라는 계산이 있었다. 결국 나는 물리적 존재를 이용해서 그들을 협박하는 셈이었다.〉

체가 쿠바로 돌아갈 수 없었던 것은 피델과 사이가 나빠졌기 때문이 아니라 스스로 떠나겠다고 결심을 했고, 그것은 되돌릴 수 없는 결심이었기 때문이었다. 지금까지 체는 자기 말을 철저히 지키는 것으로 명성을 쌓아 온 터였다. 그는 자신의 말을 바꾼다는 걸 상상조차 할 수 없었다. 체는 마세티의 부하들이 아르헨티나로 떠날 준비를 할 때 그들에게 요구했던 것과 똑같은 충성을 스스에게 다짐하고 있었다. 그들은 그 순간부터 죽은 목숨이라고 생각해야 했고, 설사 살아남는다 해도 장차 10년이나 20년은 투쟁에 바치게 될 것이었다. 이제 체는 스스로에게 이러한 의무를 부과하고 있었다.

사실 체는 〈쿠바를 떠나기〉만 한 것이 아니라 퇴로를 아예 차단하는 배수의 진을 쳤다. 그는 피델이 가장 적당하다고 판단하는 때에 공개할 예정인 편지를 남겼다. 그것은 피델과 함께한 삶에 대한 요약이자 작별 편지였고, 동시에 체의 앞으로의 행동에 대해 쿠바 정부는 아무런 책임이 없다는 보증이었으며 마지막 유언장이었다.

편지는 〈피델에게〉라는 말로 시작했다.

이 순간 많은 기억이 떠오릅니다. 마리아 안토니아의 집에서 당신을 처음 만난 순간, 당신이 함께하자고 제안했을 때, 그리고 준비 과정에서 겪었던 온갖 긴장들이 말입니다. 언젠가 그들이 와서 내가 죽으면 누구에게 연락을 해야 하느냐고 물었습니다. 그때 우리 모두는 정말 죽을 수도 있다는 가능성을 뼈저리게 느꼈습니다. 그 후 우리는 그것이 진실임을, 혁명에서는 승리 아니면 죽음밖에 없음을 깨달았습니다(그것이 진정한 혁명이라면 말입니다).

이제는 어떤 일도 그때만큼 극적이지 않습니다. 우리가 더욱 성숙했기 때문입니다. 그러나 그 일 자체는 되풀이됩니다. 나는 쿠바 혁명에서 내가 해야 할 몫을 다 했다고 생각하며 당신과 동지들에게, 또 이제는 나의 동포이기도 한 당신의 동포들에게 작별 인사를 전합니다.

나는 당 지도부 자격과 장관이라는 직위, 사령관이라는 계급, 그리고 쿠바 시민권을 공식적으로 내놓습니다. 이제 나와 쿠바를 법적으로 구속하는 것은 아무것도 없습니다.

······나는 지난 과거를 되돌아보며 내가 혁명 승리를 확고히 다지기 위해서 정직하고 헌신적으로 노력했다고 생각합니다. 내가 저지른 단 한 번의 중대한 실수는 시에라마에스트라에서 투쟁할 때 처음부터 당신을 더 굳게 믿지 못했던 것, 당신의 혁명가, 지도자로서의 자질을 조금 더 빨리 이해하지 못했던 것입니다.*

나는 최고의 시절을 보냈으며, 카리브 미사일 위기라는 찬란하고도 슬픈 시절에 당신의 곁을 지키면서 나도 쿠바 국민의 일원이라는 사실에 자부심을 느꼈습니다. 지금까지 그 시절의 당신만큼 빛나는 정치가는 별로 없었습니다.

······세계에는 나의 보잘것없는 힘을 필요로 하는 다른 나라들이 있습니다. 당신은 쿠바의 수장으로서 책임이 있기 때문에 그 일을 할 수 없지만 나는 할 수 있습니다. 이제 우리가 헤어질 때가 왔습니다.

분명히 밝히건대, 나는 기쁨과 슬픔이 뒤섞인 감정을 안고 이렇게 작별을 고합니다. 나는 혁명의 건설자로서 가장 순수한 희망을, 또 내가 가장 사랑하는 이들을 이곳에 남기고 떠납니다. 나를 아들로 받아들여 주었던 쿠바 국민들을 떠납니다. 그 사실이 내 영혼을 아프게 합니다. 나는 당신이 가르쳐

---

* 혁명전쟁 중 마이애미 협정 이후 피델에 대한 믿음을 잠시 잃었던 것을 가리킨다.

준 신념과 우리 인민의 혁명 정신, 가장 신성한 의무를 완수한다는 느낌을 안고 새로운 전쟁터에 갑니다. 가장 신성한 의무란 세계 어디에서든 제국주의와 맞서 싸우는 것입니다. 이것만이 나에게 위안을 주며, 그것은 저의 가장 깊은 상처를 치료하고도 남습니다.

다시 한 번 말하지만, 쿠바는 모범을 보여 나를 가르쳐 주었을 뿐 그 외에는 나의 행동에 아무런 책임이 없습니다. 나는 최후의 순간을 다른 하늘에서 맞이하더라도 쿠바 국민들을, 그리고 특히 당신을 마지막으로 떠올릴 것입니다. ……아내와 아이들에게 물질적인 것은 하나도 남기지 못하지만 전혀 후회스럽지 않습니다. 아니 오히려 기쁩니다. 나는 아내와 아이들을 위해서 아무것도 요구하지 않겠습니다. 내 가족들이 살아가고 교육을 받는 데에 필요한 것들을 국가가 충분히 제공해 줄 것이기 때문입니다. ……승리를 거둘 때까지 영원히! 조국 아니면 죽음을! 혁명 열정으로 당신에게 포옹을 보냅니다.

체.

체는 부모님에게 전달할 편지도 한 통 남겼다.

사랑하는 부모님께

발꿈치 아래에서 또다시 로시난테*의 갈비뼈가 느껴집니다. 저는 방패를 들고 나시 길을 떠납니다. 근본석으로 변한 것은 아무것도 없어요. 다만 제 의식이 더욱 뚜렷해졌고 마르크스주의가 더욱 깊어지고 구체화되었을 뿐입니다. 저는 해방을 위해 싸우는 민족의 유일한 해결책은 무장 투쟁이라고 믿으며, 제 믿음을 따릅니다. 많은 사람들은 저를 모험가라고 부를 테고 사실이 그렇기도 합니다. 하지만 저는 다른 유형의 모험가, 자신의 진실을 증명하기 위해 목숨의 위험을 무릅쓰는 모험가입니다.

이번이 마지막이 될지도 모릅니다. 그러기 위해서 가는 것은 아니지만 논리적인 가능성으로 보면 그렇다는 것입니다. 만약 그렇게 된다면 이것이 제가 보내는 마지막 포옹이 되겠지요.

저는 항상 두 분을 무척 사랑했지만 제 사랑을 보여 드리는 방법을 몰랐습니다. 제가 워낙 융통성이 없으니 때로는 저를 이해하지 못하셨을 겁니다. 저를 이해한다는 것이 쉬운 일은 아니었으니까요. ……이제 저는 예술가와 같은 희열을 느끼며 지금까지 갈고닦아 온 의지력으로 축 늘어진 다리와 지친 폐를 끌고 나아갑니다. 그렇게 하겠습니다.

이 보잘것없는 20세기의 용병대장을 가끔 떠올려 주세요. ……두 분께는 언제나 고집불통이었던 탕아가 큰 포옹을 보내며.

* 돈키호테의 말 이름.

에르네스토.

알레이다에게는 체가 제일 좋아하던 사랑 시들을 자기 목소리로 녹음한 테이프를 남겼는데, 네루다의 시도 여러 편 포함되어 있었다. 그리고 다섯 아이들에게는 자신이 죽으면 읽어 주라며 편지를 남겼다.

언젠가 너희들이 이 편지를 읽게 된다면 내가 더 이상 너희와 함께 있지 않기 때문일 거다. 너희들은 내가 거의 기억나지 않을 테고 어린 동생들은 나에 대한 기억이 전혀 없겠지. 너희들의 아버지는 자기 신념에 따라 사는 남자였고 자신이 굳게 믿는 것에 충실했단다.

훌륭한 혁명가로 자라려무나. 열심히 공부해서 자연을 다스리게 해주는 기술을 지배하여라. 기억하렴, 혁명은 중요한 것이고 우리 각자 혼자서는 아무런 가치가 없단다.

무엇보다도 세계 어디에서 누가 어떤 부당함을 당하든 그런 부당함을 깊이 통감하려고 항상 노력하렴. 그것이 혁명가의 자질 중에서 가장 아름다운 자질이란다.

언제까지나, 귀여운 아이들아. 너희를 다시 만날 수 있길 바란단다. 진한 입맞춤과 포옹을 전하며 아빠가.*

일다는 한때 체의 아내였지만 얼마 전부터 두 사람의 개인적인 만남은 더욱 형식적으로 변해서 체가 딸을 만나려

---

* 자세한 내용은 부록 참조.

고 찾아갈 때나 만나는 정도였다. 일다가 체와 마지막으로 이야기를 나눈 것은 그가 1964년 11월에 유엔총회에 연설을 하러 가기 전에 그녀와 일디타에게 작별 인사를 하러 찾아왔을 때였다. 그때 일다가 체의 아버지에게서 받은 편지를 그에게 보여 주었을 때, 거기에는 아버지가 곧 아바나를 방문할 계획이라고 적혀 있었다. 일다의 말에 따르면 체는 놀라며 관심을 보이는 것 같았다. 그가 퉁명스럽게 말했다. 「왜 안 오신 거지……! 정말 안타깝군! 이젠 시간이 없어.」

일다는 시간이 한참 흐른 뒤 체가 당시에 이미 아프리카 게릴라 계획을 세우고 있었다는 사실을 알고 나서야 그때 그가 한 말이 무슨 뜻이었는지 깨달았다. 몇 달이 지난 3월 15일에 체가 알제에서 돌아왔을 때 일디타가 공항에 마중 나왔기 때문에 체는 일디타를 집으로 데려다준 다음 곧장 피델과 함께 아바나로 갔다. 체는 일다와 이야기를 나눌 시간이 없었지만 딸에게 나중에 다시 오겠다고 말했다. 일다는 이렇게 썼다. 〈2, 3일 후 그가 전화를 해서 이야기를 나누러 오겠다고 했지만 오기 직전에 다시 전화를 걸어서 사탕수수를 베러 시골에 가야 한다며 자발 노동을 마치고 돌아오면 오겠다고 말했다.〉 물론 일다는 체를 두 번 다시 보지 못했고 일디타도 마찬가지였다.[*]

[*] 체가 일다에게 비밀 계획을 이야기하지 않은 것은 그럴 만한 이유가 있었기 때문이다. 체의 계획을 잘 알았던 어느 측근의 말에 따르면, 일다는 아바나에 찾아온 라틴 아메리카 게릴라들에게 〈요정 대모〉 노릇을 하려고 했기 때문에 보안상 위험한 인물이 되었다. 아바나를 찾아온 게릴라들 중 일부는 진정한 게릴

체는 몇몇 친한 친구들을 위해 사무실 서재에서 책을 몇 권 골라서 한 명 한 명에게 개인적인 헌사를 썼지만 아무 말 없이 선반에 그대로 두고 떠나 나중에 발견되게 했다. 오랜 친구 알베르토 그라나도에게는 쿠바 설탕의 역사에 관한 책 『제당 공장*El ingenio*』을 남겼다. 책 안쪽에는 이렇게 적혀 있었다.

〈기념품으로 무엇을 남겨야 할지 모르겠어. 사탕수수 문제에 전념해 주기 바라네. 바퀴 달린 내 집은 다시 두 다리를 달게 될 거고 내 꿈에는 국경이 없네, 총알이 할 말을 할 때까지는 말일세. 정착한 집시 친구, 화약 냄새가 사라지고 나면 자네를 기다리겠네.〉

함께 가겠다고 자원했지만 거부당한 오를란도 보레고 ─ 체의 젊은 제자 보레고는 당시 설탕장관이라는 중책을 맡고 있었으므로 체는 그렇게 중요한 일을 버려 두고 가서는 안 된다고 말했다 ─ 에게는 세 권짜리 『자본론』에 다음과 같은 글을 써서 남겼다.

〈보레고에게. 이 책이 바로 원천일세. 우리 모두는 이 책에서 아직 직관에 불과한 것을 찾아 헤매고 시행착오를 겪으면서 다 같이 배웠지. 이제 나는 내 의무와 소망을 완성하기 위해서 떠나네. 자네는 뒤에 남아서 자네의 소망에 따라 자네의 의무를 실행하도록 하게. 말로는 표현하지 않았던 내 우정의 증표를 남기네. 자네의 변치 않는 충성을 고

라였고 일부는 게릴라 지망자였으며 최소한 1명 ─ 어느 멕시코인 ─ 은 나중에 쿠바 안보기관에 체포되어 CIA 요원이라는 사실이 밝혀졌다.

맙게 여기고 있다네. 그 무슨 일도 자네를 이 길에서 떼어 놓지 않기를. 포옹을 전하며, 체.〉(체는 몰랐지만 그가 떠난 후 보레고는 자신의 멘토 체를 기리는 특별 임무에 착수했다. 바로 체의 여러 가지 저술과 에세이, 기사, 연설, 편지를 펴내는 일이었다. 보레고가 만든 체의 전집은 그가 쿠바에 남긴 문학적 유산이 되었고 그가 주장했던 혁명 원칙은 이 책들을 통해 쿠바에 남겨진다.)

체가 쓴 작별 편지들은 한동안 공개되지 않았지만 그는 국제 공식 석상에 마지막으로 모습을 드러냈던 알제 연설 외에도 그의 작품이라고 말할 수 있는 마지막 성명서를 하나 남겼다. 그것은 체가 3개월 동안 아프리카를 돌아다니면서 써서 쿠바로 돌아오기 전에 우루과이 주간지 『마르차』 편집장에게 편지 형식으로 보낸 장문의 에세이였다. 이 에세이 「쿠바의 새로운 인간과 사회주의」는 체가 모습을 감추기 전인 3월에 잡지에 실려서 라틴 아메리카 좌파 진영에 소용돌이를 일으켰다. 쿠바에서는 체가 탄자니아로 돌아가는 중이던 4월 11일에 『베르데 올리보』지를 통해 발표되었다.

「쿠바의 새로운 인간과 사회주의」는 체의 이론적 메시지의 결정판이자 스스로의 진면목을 숨김없이 드러낸 자화상이었다. 체는 이 글에서 쿠바가 라틴 아메리카 혁명을 주도하며 〈선봉〉을 맡을 권리가 있다고 다시 한 번 주장하면서 소비에트의 교리를 고분고분 따르는 동료 사회주의자들을 자극하는 신랄한 주장을 펼쳤다. 체는 소비에트 모델을 계속해서 비판하면서 물질적인 인센티브에 반대하고

〈윤리적〉 인센티브를 옹호해야 한다는 기존의 주장을 되풀이했다.

그는 사회주의 건설이 곧 〈개인의 파괴〉를 의미하는 것은 아니라고 주장했다. 오히려 개인은 혁명의 정수였다. 쿠바 투쟁은 싸우면서 자기 목숨을 바친 개인들 덕분에 승리했다. 그러나 투쟁의 소용돌이 속에서 새로운 자아 개념이 등장했다. 바로 개인이 〈자신의 의무를 이행한다는 만족감만을 위해서 더 큰 책임감과 더 큰 위험을 맡으려고 경쟁〉할 때 나타나는 〈영웅적 단계〉이다. 〈우리는 투사들의 행동에서 미래의 인간상을 엿볼 수 있었다.〉

이 부분을 읽으면 체가 자신의 모습, 다른 것들도 포함되지만 무엇보다도 자신의 혁명적 변화에 대해서 설명하고 있다는 느낌을 받지 않을 수 없다. 그리고 이것은 진정 체가 가진 철학의 골자였다. 그는 자신이 과거의 자신, 즉 개인에서 승화했다고 믿으며 사회와 이상을 위해 자신을 의식적으로 희생할 수 있는 정신 상태에 도달했다. 자신이 할 수 있으면 다른 이들도 할 수 있다.

그리고 마지막으로 체는 다음과 같이 썼다.

스스로를 온전히 바치고 물질적인 보상을 전혀 바라지 않는 진정한 혁명의 선봉에 선 혁명가의 임무는 숭고하고도 고통스럽다고 진실로 말할 수 있다.

우스꽝스러워 보일지도 모르지만 나는 진정한 혁명은 강렬한 사랑에 의해 인도된다고 말하고 싶다. 그런 자질을 갖추지 못한 진정한 혁명가는 생각할 수 없다. 어쩌면 이것은 지도자가 갖추어야 할 가장 위대한 성질일 것이다. 지도자는 열정적인 정신과 냉철한 마음을 갖추고 눈 하나 꿈쩍하지 않으면서 고통스러운 결정을 내려야 한다. 선두에 나선 우리 혁명가들은 인민에 대한 사랑, 가장 고귀한 대의에 대한 사랑을 이상화시켜 그것을 유일하며 나눌 수 없는 것으로 만들어야 한다. 선봉에 선 혁명가들은 일상적인 애정처럼 미미한 사랑만 가지고서는 보통 사람들이 사랑을 실천하는 곳으로 내려올 수 없다.

혁명 지도자의 아이들은 맨 처음 말을 배울 때 아버지를 부르는 법을 배우지 못한다. 혁명가가 마땅한 혁명을 일으키기 위해서 자기 삶을 희생할 때 여기에는 자기 아내도 포함되어야 한다. 혁명가의 친구는 동지들로 엄격히 제한되어야 한다. 그 외의 삶이란 존재하지 않는다.

그러므로 혁명가가 극단으로 치달아 냉혹하게 이론만 고집하거나 대중과 괴리되지 않으려면 상당한 인간성, 상당한 정의감과 진실성을 가지고 있어야 한다. 우리는 살아 있는 인간에 대한 사랑을 확고한 사실로, 또 본보기와 동력이 되는 행동으로 변화시키기 위해서 매일 노력해야 한다.

우리의 앞날에는 희생이 기다리고 있다. 하나의 국가로서 혁명의 선봉에 선다는 것은 무척 영웅적인 행동이지만 대신 대가를 치러야 한다. 지도자인 우리들은 잘 알고 있다, 우리는 아메리카 인민의 우두머리라고 말할 권리를 가지는 대신 그 대가를 치러야 한다는 것을.

우리 한 명 한 명은 그 대가로 자기 몫의 희생을 정확히 치르고 있다. 우리는 의무를 다하면서 느끼는 만족감이 그 보상임을 잘 알고 있고, 점차 나타나기 시작하는 새로운 인간을 향해 모두 함께 전진하고 있음을 잘 의식하고 있다.

3

체에게 무슨 일이 생겼다는 소문이 무성해지자 피델이 4월 20일에 침묵을 깨뜨리고 체는 무사하며 〈혁명에 가장 도움이 되는〉 곳에 있다는 수수께끼 같은 말을 했다. 그 말밖에 없었다.

같은 날 일디타는 체의 서명이 담긴 편지를 받았다. 편지에서 그는 〈조금 먼〉 곳에서 맡은 일을 하고 있으며 〈시간이 조금 지나야〉 돌아갈 것이라고 말했다. 체는 〈다른〉 동생들을 잘 보살피고 동생들이 숙제를 잘 하는지 지켜보라고 부탁하며 일디타를 〈항상 생각하고〉 있다고 말했다.

이즈음 체는 아버지에게도 잘 지낸다는 소식을 전하며 자신이 있는 장소에 대해 상당한 단서를 주었다. 바로 체가 쿠바를 떠난 후에 부친 엽서였는데 다음과 같이 짤막하게 적혀 있었다.

〈사하라의 태양으로부터 아버지의 안개에게. 에르네스토는 스스로를 재정비하고 세 번째 시합을 시작합니다. 포옹을 보내며 아들로부터.〉

피델이 확인해 주었는데도 불구하고 체의 운명을 둘러싼 여러 가지 소문이 계속되었다. 처음에는 체가 이웃 나라 도미니카 공화국에 있다는 소문이 돌았다. 체가 모습을 감추고 나서 며칠 후 도미니카 공화국에서 중대한 위기가 발생하자 린든 존슨 미국 대통령(1964년 11월 선거에서 공화당 배리 골드워터 후보를 누르고 승리를 거두었다)이 도미니카 공화국으로 해병대를 파견해 좌파 무장봉기를 진압했다. 미국이 수십 년 만에 처음으로 서반구에 군사적으로 침입한 사건이었고 산토도밍고 거리는 축출당한 문민 좌파 대통령 후안 보슈를 지지하는 반군과 도미니카 공화국 군대의 전쟁터가 되었다.*

쿠바 정보기관 관리들이 암시한 것처럼 아바나 측에서 〈체가 산토도밍고에 있다〉는 소문을 퍼뜨렸을 가능성도 있다. 체가 아직 콩고로 가는 도중이라 발각되거나 잡힐 염려가 있었기 때문에 그의 행방을 비밀에 부치는 것이 가장 중요했다. 시간이 흐르면서 체가 베트남 등 다른 외국 군대에 있다는 새로운 소문들이 등장했는데, 일부는 쿠바 정보기관이 심은 역정보가 퍼진 것이었고 일부는 CIA가 카스트로 정권에 의심을 드리우기 위해서 퍼뜨렸을 가능성이 높다. 그 후 더욱 비극적인 이야기가 퍼졌는데 이것은 소비에트에서 나온 듯한 분위기를 풍겼다. 이 이야기의 출처는 기밀이 유지되었어야 할 문서였고, 체가 정신 쇠약을 일으켜 정신 병원에 강제 수용되었으며 그곳에서 트로츠키의 저작을 읽고 피델에게 〈영구 혁명〉을 일으키자고 끊

---

* 싸움은 오래가지 않았다. 이 사태에 개입했던 라틴 아메리카 연합군과 미국은 미주기구의 중재로 휴전 협정을 맺고 선거 일정을 잡은 다음 철수했다. 선거는 1966년에 실시되었다. 보슈는 우파 경쟁자인 호아킨 발라게르에게 패했고, 발라게르는 그 후 30년 동안 대통령직을 오르내리며 도미니카 공화국의 정치를 지배했다.

임없이 편지를 쓰면서 시간을 보내고 있다는 내용이었다
(〈R 문서〉로 알려진 이 문서는 체가 편지에서 여러 장소를 거론
했는데 그중에 〈중국과의 협력〉이 가능한 잔지바르도 있었다고
보고했다. 체의 진짜 위치와 놀랄 만큼 가까운 추측이었다).

세르고 미코얀의 회상에 따르면, 모스크바에서는 실제
로 피델과 체가 갈등을 빚었으며 체는 강제로 망명을 가거
나 처벌을 받았다는 소문이 돌았다. 「정치국원들은 대체
적으로 피델과 체가 싸웠다고 생각했습니다. 혹은 싸움까
지는 일어나지 않았을지 몰라도 피델은 체가 쿠바에 남기
를 바라지 않았다고, 자신이 유일한 지도자가 되기를 원했
고 체와 경쟁 관계였다고 생각했습니다.」 미코얀은 적어도
자신은 그런 시나리오를 절대로 믿지 않았다고 강조했다.
「나는 두 사람 모두를 잘 알았고 체에게 야망이 전혀 없었
다는 사실도 알았습니다. ……체는 피델과 경쟁하는 것을
상상도 하지 못했습니다. 그건 얼토당토않은 생각이었기
때문에 나는 믿지 않았습니다. 그러나 우리 인민은 늘 싸우
기만 하던 스탈린과 트로츠키, 흐루쇼프와 브레즈네프를
떠올리면서 쿠바도 마찬가지라고 생각했습니다.」

알렉산드르 알렉셰프 소비에트 대사도 소문을 들었지
만 이미 사실을 알고 있었다. 3월에 피델이 혁명가들로 구
성된 자발 노동 연대를 이끌고 카마구에이로 가서 사탕수
수를 수확하기로 하고 알렉셰프를 특별 행사에 초대했다.
알렉셰프는 알제에서 돌아온 체가 카마구에이 행사에 참
가하지 않는다는 소식을 듣고 두 사람의 불화설이 사실일
지도 모른다고 생각했다.

그런 다음 체가 모습을 감추자 소문은 더욱 활개를 쳤다. 카마구에이에 갔을 때 피델이 다른 동지들을 피해서 알렉셰프만 대동하고 산책을 나가더니 이렇게 말했다. 「알레한드로, 체가 없다는 사실을 눈치챘겠지요. 그는 지금 아프리카에 있습니다. 그곳에 머물면서 혁명 운동을 조직하기 위해서 갔소. 하지만 이 이야기는 당신만 알고 계십시오. 무슨 일이 있어도 전보를 통해서 크렘린 측에 알리면 안 됩니다.」

알렉셰프는 피델의 경고를 제삼자가 목격할 수 있는 글로 남기거나 새어 나가지 않게 보고하라는 뜻으로 해석했지만 정확히 어떤 방법으로 정보를 보고했는지 기억하지 못했고, 소비에트 대표단의 일원으로 아바나에 다녀간 〈확실히 믿을 만한 사람〉을 통해서 보고했을 것이라고 추측했다. 그러나 〈글로〉 남긴 적은 없다고 강조했다. 알렉셰프는 그 후 모스크바로 돌아갔을 때 레오니트 브레즈네프를 직접 만나서 사실을 알렸다.*

그즈음 아바나와 모스크바의 관계가 악화되었다는 사실을 고려할 때 피델이 알렉셰프에게 체의 임무를 몰래 알려 준 것은 자신이 공식적으로는 소련에 도전적인 태도를 취했지만 개인적으로는 아직 충성하고 있다고 모스크바

---

* 알렉셰프는 브레즈네프가 자신의 말에 〈큰 흥미를 보이지 않았다〉고 말했지만 두 사람의 만남에 대해 구체적으로 자세히 이야기하지는 않았다. 그러나 알렉셰프는 브레즈네프가 이 일로 쿠바와의 관계에 문제가 생기지는 않기를 바랐다며 이렇게 말했다. 〈브레즈네프는 피델 편이었다. 그는 피델과 흐루쇼프의 옛 우정에 편승하려고 애썼고 두 사람과 똑같은 관계를 가졌다.〉

에 조심스럽게 알리는 것이었다. 즉 체가 콩고에서 친중국계 혁명 당파를 도울지도 모르지만 그 사실이 크렘린과 아바나의 관계에 영향을 주어서는 안 된다는 뜻이었다. 실제로 피델은 자기가 먼저 소비에트에 사실을 알림으로써, 이미 콩고 반군에 일부 도움을 주었던 크렘린의 신 정치국으로부터 적절한 반응, 즉 쿠바가 진행하는 아프리카 게릴라 작전에 직접적인 지원을 이끌어 낼 수 있을지도 모른다고 기대했을 것이다. 피델이 알렉셰프에게 비밀을 알려 줄 때쯤 체가 이끄는 선발대는 작전 개시를 준비 중이었다.

4

4월 24일 새벽에 체와 쿠바인 13명은 탕가니카 호수를 건너 콩고 쪽 기슭에 내렸다. 그들 뒤에 놓인 50킬로미터의 넓은 호수가 인도양까지 펼쳐진 안전한 탄자니아의 탁 트인 사바나와 그들을 갈라놓고 있었다. 이들은 다르에스살람에서 차를 타고 이틀 밤낮 동안 사바나를 달려왔다. 위쪽으로는 그레이트리프트 계곡의 서쪽 마루터기가 어렴풋이 보였고 호수 기슭에서부터 푸른 정글 벼랑이 가파르게 솟아올라 있었다. 벼랑 뒤로는 반군이 점령 중인 〈해방〉 지역이 넓게 펼쳐졌다. 북부 〈전선〉은 북쪽으로 170킬로미터 떨어진 우비라 시에서 시작되었다. 우비라 시는 탕가니카 호수 북쪽 기슭의 부룬디와 경계를 맞대고 있는 도시였다. 반군이 그레이트리프트 계곡 위쪽 부카부 시를 빼앗긴 후부터는 부룬디가 후퇴 지점이 되었다. 부카부는 콩고와 르완다, 부룬디 전선이 만나는 지점이었다. 반군의 세력이 미치는 영역은 부카부에서 시작하여 남쪽으로 체와 부하들이 서 있는 호숫가의 키밤바 마을까지 100킬로미터 정도였다. 내륙 지방에서는 반군의 영토가 200킬로미터의 산림 지역을 거쳐 루알라 강가의 카손가와 카탕가 주 북쪽 경계까지 뻗어 있었다. 용병 대장 마이크 호어가 다 합쳐서 웨일스 정도의 크기라고 말했던 반군 영토는 물살이 센 여러 개의 강에 의해서 탁 트인 평지와 정글 산지 양쪽으로 나뉘어져 있었다. 이 지역에는 아직도 코끼리 떼가 돌아다녔고 여러 부족들이 여기저기에서 복잡한 모자이크를 이루며 생계를 위해 농사를 짓거나 사냥, 채집을 하면서 살고 있었다. 도로나 도시는 거의 없었고 지도에 점처럼 작게 표시되는 몇 안 되는 거주지는 원주민 마을, 고립된 구 벨기에 식민 요새, 대사관, 교역소였다.

다르에스살람에서 정치위원 고드프로이 차말레소가 쿠바 게릴라단을 도와주러 왔다. 지금까지 체가 단련시키려 온 혁명가들과 체를 이어 주는 공식적인 연결 고리는 차말레소밖에 없었다. 카빌라는 아직 오지 않았고 카이로에 계속 머물면서 2주 안에 돌아오겠다는 말을 전했다. 체는 카빌라가 올 때까지 〈정체를 숨겨야〉만 했다. 나중에 체는 이렇게 인정했다. 〈솔직히 나는 그다지 기분이 상하지 않았다. 나는 콩고 전쟁에 관심이 많았고 나의 등장이 지나치게 날카로운 반응을 일으킬까 봐, 즉 일부 콩고인들이나 우호적인 탄자니아 정부까지 전쟁에 끼어들지 말라고 만류할까 봐 걱정되었기 때문이다.〉

지금까지는 괜찮았다. 그러나 체는 탄자니아의 영토인 탕가니카 호수 동쪽 항구 키고마에서 이제부터 그들이 합류할 콩고 반군이 제대로 훈련이 안 되어 있고 지휘 체계도 좋지 않다는 첫 번째 증거를 이미 목격한 터였다. 탄자니아 지역 관리가 반군이 정기적으로 호수를 건너와서 술집이나 사창가에서 시간을 보내며 즐긴다며 체에게 불평을 늘어놓았던 것이다. 또 앞서 보낸 부하가 열심히 애를 썼지만 아무것도 준비가 되지 않았기 때문에 체는 호수를 건널 배를 마련할 때까지 꼬박 하루 밤낮을 기다려야 했다. 드디어 체가 호수를 건너서 반대편 키밤바에 도착해 보니 반군 참모본부는 호숫가에서 산 쪽을 향해 돌을 던지면 닿을 정도로 가까운 곳에 있었다. 그는 본부가 마을과 탄자니아라는 〈안전판〉에 지나치게 가깝고 편리하다는 사실이 마음에 들지 않았다.

카빌라가 자리를 비운 동안 체는 〈전투지역 사령관〉, 즉 반군 지역 주변에 주둔 중인 다양한 〈육군 여단〉 감독들을 만났다. 다행히도 몇 명이 프랑스어를 할 줄 알았기 때문에 체는 그들이 심각하게 분열되어 있음을 즉시 파악할 수 있었다. 쿠바 게릴라단이 반군 사령관들과 처음 만났을 때 차말레소는 새로 온 쿠바인들과 자신의 동지들이 우호적인 관계를 맺도록 열심히 애를 쓰면서 참모회의에 쿠바 측 〈지도자〉 빅토르 드레케와 그가 선택한 쿠바인 1명을 참가시키자고 제안했다. 그러나 콩고 장교들은 달변을 늘어놓으며 미적지근한 태도를 취했다. 체는 다음과 같이 건조하게 기록했다. 〈자리에 참석한 사람들의 얼굴을 관찰했지

만 제안에 찬성한다는 표정은 없었다. 차말레소가 장교들의 공감을 얻지 못하는 것 같았다.〉

사령관들은 차말레소가 다르에스살람에서 지내며 전선에는 아주 가끔씩만 찾아오는 것이 불만이었고 병사들은 최고 지도부가 자기들을 방치한다고 생각했다. 또 전투지역 사령관들과 여러 가지 볼일 때문에 키고마와 환락가를 끊임없이 오가는 사령관들 사이에도 나쁜 감정이 있었다. 계급이 낮은 전사들은 대부분 순진한 농부들로 자기 부족 언어밖에 몰랐고 일부는 부족 언어와 스와힐리어밖에 몰랐다. 체가 보기에 이들은 장교들과 전혀 다른 세상에 살고 있는 것 같았다.

체는 불쾌하고도 놀라운 사실을 하나 더 깨달았다. 반군들 사이에 주술에 대한 믿음이 널리 퍼져 있었던 것이다. 〈다와〉라고 불리는 이 주술은 해악으로부터 지켜 준다는 〈마법〉약과 관련된 것이었다. 체는 콩고 사령부를 처음 만났을 때 자신을 〈랑베르 중령〉이라고 소개했던 호감 가는 장교에게서 주술 이야기를 처음 들었다. 체는 이렇게 썼다. 〈랑베르는 기분 좋은 듯이 자기들에게는 적군의 비행기가 아무것도 아니라고, 총알을 맞아도 끄떡없게 해주는 약 《다와》가 있다고 설명했다.〉

이어서 랑베르는 총을 여러 번 맞았지만 다와 덕분에 총알이 상처 하나 내지 못하고 땅에 떨어졌다고 큰소리를 쳤다. 체는 이렇게 썼다. 〈그가 중간 중간 미소를 지으며 설명했기 때문에 나는 그의 농담에 장단을 맞춰줘야 한다고 생각했다. 그가 적의 무기를 별로 신경 쓰지 않는다는 뜻으로 한 말이라고만 여겼다. 하지만 잠시 후 나는 그가 진지하다는 것을, 마술 같은 그 방어 장치가 콩고 군대에 승리를 가져다줄 위대한 무기 중 하나라는 사실을 깨달았다.〉체는 랑베르의 말을 침착하게 듣고 차분하게 대응했지만 곧 걱정하지 않을 수 없었다. 다와는 체가 아프리카에서 혁명적인 새로운 인간을 창조하는 임무를 수행하면서 부딪친 가장 고통스러운 장해물이 되었기 때문이다.

체는 사령관들과의 첫 만남이 흐지부지 끝난 다음 차말레소를 따로 불러서 자기 정체를 밝혔다. 그는 이렇게 기록했다. 〈내가 누군지 설명하자 끔찍한 반응이 돌아왔다. 그는 《국제적인 스캔들》이라는 말과 《아무도 알면 안 됩니다, 제발, 아무도 알면 안 됩니다》라는 말을 반복했다. 마른하늘에 날벼락 같은 소식이었고 나는 그 결과가 두려웠지만 나라는 존재가 이곳에서 가질지도 모를 영향력을 유리하게 이용하고 싶다면 정체를 오래 숨길 수 없었다.〉

깜짝 놀란 차말레소는 일단 다르에스살람으로 돌아간 다음 다시 카이로에 가서 카빌라에게 체가 왔다는 소식을 전하기로 하고 떠났다. 이제 타토(체)는 훈련 프로그램을 시작하려고 했다. 그는 부하들과 함께 현재 위치에서 5킬로미터 위쪽의 루알라보르그 산마루에 게릴라 임무에 더욱 알맞은 영구기지를 세우겠다고 콩고 헤페들을 설득했지만 그들은 기지 사령관이 키고마에 갔으므로 그가 복귀할 때까지는 아무것도 할 수 없다며 발뺌을 했다. 그들은 대신 키밤바 본부에서 임시 훈련 프로그램을 시작하자고 제안했다. 그러자 체는 100명 규모의 군단을 20명씩 5개조로 나누어 5, 6주 동안 훈련시킨 다음 므빌리(파피)와 함께 순찰을 보내서 교전을 하자고 제안했다. 그러면 첫 번째 조가 나가 있는 동안 그가 두 번째 조를 훈련시키고 첫 번째 조가 복귀하면 두 번째 조를 전투 지역으로 보낼 수 있을 것이었다. 모든 조가 원정을 끝내고 나면 그는 뛰어난 핵심 요원을 선발하여 효과적인 게릴라 군단을 만들 수 있을 터였다. 그러나 그들은 이 제안도 회피했다.

날짜가 빠르게 지나가기 시작했다. 배 여러 척이 호수를 건너다니며 키고마에서 휴가를 마치고 귀대하는 반군이나 휴가를 나가는 반군을 실어 날랐지만 기지 사령관은 돌아오지 않았다. 체는 달리 할 일이 없었기 때문에 반군 진료소에서 일을 돕기 시작했다. 〈쿠미〉라는 새 이름을 얻은 쿠바 의사 1명이 진료소에서 일하고 있었다. 체는 반군 중에 성병 환자가 많은 데 놀라며 그들이 키고마에 다녀왔기 때문이라고 생각했다. 여러 전선에서 부상병들이 실려 왔지만 전투가 아니라 사고로 인한 부상이었다. 체는 이렇게 회상했다. 〈총기에 대해 어렴풋이나마 아는 사람이 거의 없었다. 그들은 총기를 가지고 놀다가, 혹은 조심성 없이 다루다가 자기 총에 맞았다.〉 반군은 또 옥수수와 유카로 만든 〈폼베〉라는 술을 마셨고 전사들이 비틀거리며 싸움을 하거나 항명하는 일이 괴로울 정도로 빈번히 일어났다.

〈의사들〉이 있다는 소식을 듣고 지역 농부들이 떼를 지어 진료소로 찾아오기 시작했다. 의약품 재고가 동이 나고 있었지만 소비에트에서 보낸 의약품이 도착하면서 상황은 나아졌다. 의약품은 엄청난 화기 및 무기 더미와 함께 호숫가에 아무렇게나 던져졌다. 그러나 체가 반군의 병참 창고를 정리하겠다고 허가를 요청해도 아무도 귀 기울이지 않았다. 또 반군 사령관들이 속속 도착하여 〈엄청나게 많은 대원들〉에게 줘야 한다며 새로 도착한 의약품을 상당량 요구했기 때문에 호숫가는 〈집시 시장〉 같았다. 어떤 장교는 부하가 4천 명이라고 주장했고 어떤 장교는 2천 명이라고 했지만 〈전부 꾸며낸 숫자〉였다.

5월 초, 반군위원회의 카이로 정상 회담은 성공적으로 끝났지만 카빌라는 아직 돌아오지 않을 것이라는 소식이 체에게 전해졌다. 그는 방광 수술 때문에 몇 주 더 지나서 돌아온다고 했다. 체와 부하들은 할 일이 없었기 때문에 슬슬 초조해지기 시작했다. 체는 무엇이든 열중할 대상을 만들기 위해서 매일 프랑스어와 스와힐리어, 〈일반 문화〉에 대한 수업을 하기로 했다. 그는 이렇게 회상했다. 〈아직까지 우리의 사기는 높았지만 동지들은 하루하루가 아무런 성과 없이 흘러간다고 중얼거리기 시작했다.〉

다음으로 이들에게 닥친 시련은 말라리아와 열대 전염병이었다. 체는 항말라리아제를 정기적으로 나눠 주었지만 쇠약과 무기력, 식욕 부진 등 여러 가지 부작용이 있었다. 나중에 그는 쿠바 대원들이 느낀 〈비관주의의 초기 증상〉도 항말라리아제 탓이라고 말했는데, 인정하기는 싫어했지만 체 자신도 그런 증상을 보였다.

그동안 키웨라는 정보원이 반란 세력의 내부 상황을 체에게 계속 알려 주었다. 키웨는 참모 장교들 중에서 말이 많은 편에 속했고 〈프랑스어를 거의 초음속에 가까운 속도로 말하는 지칠 줄 모르는 수다쟁이〉였기 때문에 털어놓을 비밀도 많았다. 체는 예선 습관대로 키웨가 제공한 정보에 자신이 파악한 내용을 덧붙여서 간결한 인물평을 작성했다.

키웨는 스탠리빌을 〈해방〉시킨 니콜라스 올렌가 〈장군〉이 사실은 북부를 탐사하라고 자신이 직접 파견했던 일개 병사였다고 주장했다. 올렌가는 공격을 시작했고 마을을 점령할 때마다 스스로 새로운 계급을 달았다고 했다.

당시 반군위원회 의장이었던 크리스토프 그베녜는 정치 지도자였고 올렌가 〈장군〉은 그베녜를 위해 스탠리빌을 〈해방〉시켰다. 하지만 키웨가 보기에 그베녜는 위험하고 부도덕한 인물이었다. 키웨는 그베녜가 위원회 참모총장이었던 로랑 미투디디의 암살을 시도했다고 주장했다. 키웨는 또한 루뭄바가 죽은 이후 등장한 혁명 초기 인물 중 하나였던 안톤 기젠가가 좌파 기회주의자이며 반군의 분투를 이용해서 자기 정당을 세우는 것에 관심이 많다고 단언했다. 나중에 체가 기록한 것처럼 그는 키웨와 잡담을 나누면서 여러 가지 사실을 파악했고 별로 혁명적이지 않은 콩고 해방위원회 내부에 얼마나 복잡한 경쟁 관계가 존재하는지 깨달았다.

5월 8일에 마침내 반군 참모총장 로랑 미투디디가 당분간 체의 정체를 비밀에 부쳐야 한다는 카빌라의 전언을 가지고 새로운 쿠바 대원 18명과 함께 도착했다. 미투디디는 도착하자마자 떠났지만 그는 체가 카빌라 이후 처음으로 호의적인 인상을 받은 콩고 장교였다. 체는 미투디디가

〈대담하고 진지하며 조직적〉이라고 생각했다. 더욱 훌륭한 것은 그가 루알라보르그 산 위 〈높은 기지〉로 이동하자는 체의 제안을 승인했다는 점이었다.

체는 벼랑 꼭대기에서부터 펼쳐지는 넓고 풀이 무성한 고원으로 이동하려고 부하들을 데리고 산에 오르기 시작했다. 험준한 산을 4시간 동안 올라서 도착한 곳은 해발고도 2,700미터로 춥고 습했지만 체는 주변을 살피고 조사하면서 낙관주의의 불꽃이 피어오르는 것을 느꼈다. 평원에는 소폐와 투치 르완다 목동들이 사는 작은 마을이 점점이 흩어져 있었다. 어쩔 수 없는 아르헨티나인이었던 체는 여기에서 〈질 좋은 쇠고기〉를 먹을 수 있다는 것은 〈향수병의 특효약이나 다름없었다〉고 적었다.

체는 곧 조직을 정비하기 시작했고 지루하고 외로워하던 콩고 대원 20여 명과 함께 부하들이 지낼 헛간 건설을 감독했다. 쿠바 대원들은 점점 초조함과 무력감을 느꼈고 이 때문에 완전히 무너질지도 몰랐다. 그래서 체는 다시 매일 수업을 하기 시작했지만 자신이 처리해야 할 문제가 훨씬 더 많다는 사실을 곧 깨달았다. 그는 루알라보르그 근처에 민간인 목동들뿐 아니라 콩고 반군과 동맹을 맺은 무장 투치족 수천 명이 살고 있음을 파악했다. 투치족은 몇 년 전 르완다가 프랑스로부터 독립한 후 후투족이 투치족을 대량 학살하기 시작하자 고국을 버리고 도망쳐 온 터였다. 투치족은 콩고 혁명이 성공하도록 도와준 다음 르완다에서도 혁명을 일으키고 싶어 했지만 르완다인과 콩고인들은 정략적 동맹을 맺었음에도 불구하고 잘 지내지 못했다. 이러한 증오심은 다와와 마찬가지로 몇 달 후에 심각한 문제를 일으키게 된다.

며칠 후 체가 심한 고열에 시달리면서 의식이 혼미해졌고 한 달이 지난 후에야 기력과 식욕을 회복했다. 고열에 시달린 사람은 체만이 아니었다. 쿠바 대원 30명 중에서 10명이 갖가지 열병을 앓았다. 체는 이렇게 기록했다. 〈처음 한 달 동안 적어도 12명이 극심한 열병에 걸려 적대적인 영토에 들어온 신고식을 호되게 치렀고 힘겨운 후유증을 겪었다.〉

마침 체가 건강을 회복했을 때 로랑 미투디디가 와서 명령을 전달했다. 공격 병력으로 2개 군단을 이끌고 알베르빌의 적군 요새를 공격하라는 야심 찬 명령이었다. 그때 체는 이렇게 썼다. 〈말도 안 되는 명령이다. 우리는 고작 30명에 불과하고 그중에서 10명이 병중이거나 회복중이다.〉 체는 근심에 휩싸였지만 시작부터 어긋나기를 원하지 않았다. 그는 부하들에게 전투를 준비하라고 말했다.

대원들이 전투를 준비 중이던 5월 22일, 콩고인 심부름꾼이 흥분하며 찾아와서 〈쿠바 장관〉이 왔다고 전했다. 콩고의 정글 통신은 어느 모로 보나 쿠바의 것만큼이나 현란했기 때문에 체는 이제 온갖 어이없는 소문에 익숙해져 있었다. 그러나 잠시 후 오스마니 시엔푸에고스가 쿠바 파견대 17명을 이끌고 모습을 드러내자 체는 깜짝 놀랐다. 그는 키고마에서도 17명이 배를 기다리고 있다고 했다. 이로써 당장 동원할 수 있는 쿠바 게릴라 대원의 수는 60명을 넘어섰다.

체는 나중에 이렇게 기록했다. 〈전반적으로 오스마니가 가져온 소식은 아주 좋았다. 그러나 그는 나에게 개인적으로 전쟁 동안 가장 슬펐던 소식을 전해 주었다. 그들이 부에노스아이레스와 통화를 해봤는데 내 어머니가 많이 아프시다는 것이었다. 앞으로 결정적인 소식이 전해질 것이라는 듯한 말투였다. ……나는 슬픔과 불안 속에서 그렇게 한 달을 기다려야 했다. 짐작할 수 있는 결과를 기다리면서도 잘못된 소식일지도 모른다는 희망을 가지고 있었지만 결국 어머니가 세상을 떠나셨음이 확인되었다는 소식이 도착했다. ……어머니는 내가 부모님 앞으로 써서 아바나에 두고 온 작별 편지도 읽지 못하셨다.〉*

체가 이토록 개인적인 이야기를 기록으로 남겼다는 사실은 이 사건이 그에게 얼마나 큰 영향을 주었는지 보여 준다. 그가 겪은 고통에 비하면 〈슬픔과 불안〉은 한참 부족한 표현이었다. 나중에 알레이다에게 전해진 체의 소지품 중에는 단편 소설에 가까운 세 편의 글이 있었는데 모두 암울하고 비통한 기분으로 가득 차 있었다. 체는 젊은 시절 문학 작품을 쓰려고 노력했을 때처럼 뒤틀린 상징적 표현을 써 가며 어머니 셀리아를 잃은 슬픔을 드러냈다.**

사실 셀리아는 오스마니가 체의 베이스캠프에 도착하기 사흘 전인 5월 19일에 세상을 떠났다. 58세였던 셀리아는

* 체는 부모님께 쓴 편지가 1965년 10월 피델이 마침내 침묵을 깨고 체가 자신에게 쓴 작별 편지를 일반에 발표했을 때 같이 공개되었다고 적었다.
** 필자가 이 글들을 살펴보고 싶다고 여러 번 요청했지만 알레이다는 〈지나치게 개인적〉이기 때문에 누구에게도 보여 줄 수 없다며 거절했다.

그녀의 여러 형제자매들도 그랬듯이 암으로 세상을 떠났다. 죽음이 점점 다가오고 있을 때 어머니 셀리아는 딸 셀리아의 집에서 가까운 작은 아파트에 혼자 살면서 주중에는 친구들을 만났고 주말에는 자식과 손자들을 만났다. 주변 사람들은 거의 모두 셀리아의 투병 사실을 몰랐고, 셀리아의 며느리 마리아 엘레나 두아르테의 말에 따르면 그녀는 마지막까지 병을 숨겼기 때문에 그녀가 쓰러졌을 때는 임종을 지켜보는 것밖에 달리 할 일이 없었다.

셀리아는 5월 10일에 부에노스아이레스의 스타플레르 클리닉으로 이송되어 커다란 전망창이 난 개인 병실에 입원했다. 마리아 엘레나는 병원에 찾아갔다가 시어머니가 간절한 소망이 어린 표정으로 창밖을 내다보는 모습을 발견했다. 셀리아가 말했다. 「내가 바라는 건 딱 하루 더 뿐이야.」

리카르도 로호와 훌리아 〈치키타〉 콘스텐라 등 친구들이 셀리아를 찾아와 돌아가며 그녀의 병상을 지켰다. 셀리아와 오랫동안 따로 떨어져 살았으면서도 그녀를 필사적으로 돕고자 했던 전남편 게바라 린치는 치료할 방법을 찾아서 백방으로 수소문했고 소비에트에서 암 치료제가 발견되었다는 말을 들었을 때는 러시아 대사관까지 찾아갔다. 마지막에 전남편이 곁을 지켜 준 것이 셀리아에게는 큰 위안이 되었을 것이다. 셀리아가 마리아 엘레나에게 털어놓았던 것처럼, 그는 셀리아의 첫 남자이자 유일한 남자였고 그녀는 수많은 일을 겪었음에도 불구하고 여전히 그에게 사랑을 느꼈다.

그러나 체의 망령이 마지막까지 따라다녔다. 병원 경영자가 유명한 〈공산주의자〉의 어머니를 입원시키는 것에 대해서 드러나게 불쾌감을 표출하자 가족들은 셀리아를 다른 병원으로 옮겼다.

셀리아가 삶의 마지막 순간에 떠올린 사람은 아들 에르네스토였다. 셀리아는 리카르도 로호와 홀리아에게 아바나에 전화를 걸어 알레이다에게 아들이 어디 있는지 물어보라고 간절히 부탁했다. 지난 3월에 체의 어린 시절 친구 구스타보 로카가 아바나에 갔다가 체가 셀리아에게 쓴 편지를 가지고 돌아온 바 있었다. 체는 일을 그만두고 한 달 동안 사탕수수를 수확한 다음 산업부의 공장에서 일하며 기초부터 차근차근 배울 계획이라고 했다. 그러나 셀리아는 체가 이미 모습을 감추고 온갖 소문이 퍼지기 시작한 4월 13일이 되어서야 이 편지를 받았다. 그렇지 않아도 안절부절못하던 셀리아는 편지를 읽고 나서 더욱 속상해했다. 다음 날 셀리아가 체에게 답장을 썼고 리카르도 로호는 그 편지를 믿을 만한 친구 편으로 아바나에 전해 주겠다고 했다.

그러나 며칠 후 로호는 셀리아의 편지를 아바나에 전해 주기로 한 친구가 쿠바 비자를 받지 못했음을 깨달았다. 셀리아는 로호에게 편지를 전해 줄 사람을 찾을 때까지 맡아 달라고 부탁했다.

5월 16일, 죽음에 임박해서도 셀리아가 계속 소식이 닿지 않는 아들을 걱정하자, 로호가 아바나에 전화를 걸어 알레이다와 통화를 하면서 자신이 할 수 있는 일이 없는

지 알아보았지만 그녀는 지금 체가 아바나에 없고 급히 연락을 전할 수도 없다는 말 말고는 달리 해줄 말이 없었다. 5월 18일, 알레이다가 전화를 걸어 셀리아와 이야기를 나누었다. 그 자리에 있었던 로호는 이렇게 썼다. 〈셀리아는 혼수상태나 다름없었지만 전기 충격이라도 받은 것처럼 침대에서 벌떡 일어나 앉았다. 고함과 좌절감으로 얼룩진 고통스러운 대화가 오갔다.〉

셀리아가 알레이다와의 통화에서 새로 알게 된 사실은 하나도 없었다. 소용없는 일인 줄 알면서도 로호는 마지막으로 〈아바나 산업부 에르네스토 게바라 대령〉에게 전보를 쳤다. 〈모친이 위독하셔서 자네를 보고 싶어 하시네. 친구로서 포옹을 전하며. 리카르도 로호.〉 답변은 없었고, 셀리아는 그다음 날 세상을 떠났다.

셀리아가 아들에게 쓴 마지막 편지는 3년 뒤에 출판된 로호의 책 『내 친구 체』를 통해서 공개되었다. 그녀는 편지에서 체와 피델이 사이가 나빠졌다는 소문이 틀림없는 사실이라고 여기며 아들의 운명에 대한 불안감을 드러냈다.

사랑하는 아들에게

내 편지가 이상하게 느껴지니? 나는 잘 모르겠구나, 우리가 예전에 대화를 나눌 때마다 느꼈던 그 자연스러움이 사라진 건지 아니면 그런 자연스러움은 애초부터 없었고 우리가 항상 플라타 기슭 사람들답게 약간 아이러니한 말투를 우리 가족 특유의 버릇대로 더욱 과장해서 이야기를 나누었을 뿐인지 말이야…….

우리가 이렇게 외교적인 말투로 편지를 주고받게 되었으니…… 행간에 숨겨진 뜻을 찾아서 해석하려고 애를 써야 하는구나. 나는 너의 지난 편지를 무슨 기사를 읽듯이 읽었단다. ……구절 하나하나의 진짜 의미와 암시를 풀어 내면서, 아니 그러려고 애쓰면서 말이야. 그 결과는 바다만큼이나 넓은 혼돈과 더욱 커진 걱정과 불안뿐이구나.

나는 외교적으로 말하지 않으련다. 단도직입적으로 말하마. 내 생각에 쿠바를 조직할 능력을 갖춘 윗사람이 그렇게 적은 상황에서 네가 한 달 동안이나 사탕수수를 수확하러 가야 한다니 정말 미친 짓 같구나. ……훌륭한 사탕수수 수확꾼들이 그렇게 많은데 말이다. ……한 달은 긴 시간이야. 분명 내가 모르는 이유가 있겠지. 너에 대해서 말하자면, 그 한 달 후에 정말로 알베르토 카스테야노스와 아리 비예가스가 아주 잘 해주고 있는 공장 관리에 전념할 생각이라면 그건 이제 미친 짓을 넘어서 부조리한 일로 보이는구나.

……이건 네 어미로서 하는 말이 아니라 전 세계가 사회주의로 변하는 모습을 보고픈 늙은이로서 하는 말이다. 네가 굳이 그 일을 한다면 그것은 세계 사회주의라는 대의를 위해 최선을 다하지 않는 것이라고 생각되는구나.

혹시 어떤 이유로든 쿠바에서 아무것도 할 수 없는 상황이 되었다면 알제의 벤 벨라 씨를 찾아가렴. 네가 알제리 경제를 정비해 준다면, 혹은 그가 그렇게 하도록 조언을 해준다면 무척 고맙게 여길 거다. 가나의 은크루마 씨도 너의 도움을 환영할 거야. 그래, 너는 항상 외국인이겠지. 그게 너의 영원한 운명 같구나.

셀리아의 장례식 때 관 위에는 체의 사진이 담긴 액자가 눈에 띄게 놓여 있었다. 마리아 엘레나는 다른 자식들이 참 불쌍해 보였다고 회상했다. 〈마치 그들이 거기에 없는 것 같았고 셀리아의 자식은 체 하나밖에 없는 것 같았습니다.〉 체의 동생들로서는 고통스러웠겠지만 어떤 면에서는 그것이 사실이었다. 셀리아와 장남 에르네스토를 언제나 하나로 묶어 주었던 특별한 유대감은 다른 자녀들로 하여금 소외감이 들도록 했다. 누가 보아도 두 사람의 유대감은 마지막까지 끊어지지 않은 것이 분명했다.

5

체는 오스마니가 가져온 흉보의 충격에서 완전히 헤어나지 못한 상태에서 로랑 미투디디와 마주앉아 군사 작전을 논의했다. 체는 알베르빌을 공격하는 것은 아직 이르다고, 전선 각 부문의 진짜 상황을 먼저 파악할 필요가 있다고 미투디디를 설득했다. 체는 실정을 몰랐고 일반 참모들도 마찬가지였다. 그들은 사실 멀리 떨어진 전투지역 사령관들이 보내오는 보고에만 의존했는데, 체는 전투지역 사령관들을 믿기 힘든 경우가 많다는 사실을 파악했다. 미투디디는 결국 게릴라 군단 4개 부대를 여러 전선에 파견하자는 체의 제안에 동의했다.

체는 즉시 부하들을 보냈고 며칠 지나서 최초 보고가 들어오기 시작했다. 일부 전선에서는 전사들이 무장을 잘 갖추고 전투 의지도 높았지만 전반적인 전선의 분위기는 혼란스러웠고 나태함이 만연했다. 헤페들은 종종 곤드레만드레 취할 때까지 술을 마시고 전 대원이 보는 앞에서 정신을 잃었다. 마치 흔한 소일거리 같았다. 반군은 도로 통제를 즐기며 지프차를 타고 돌아다녔지만 그 밖에 다른 전투 노력은 거의 하지 않았다. 그들은 고정 위치를 점령하고 훈련은 하지 않았고 정찰도 정보 수집도 하지 않았으며 겁먹은 지역 농부들을 협박해서 식량을 제공받았다. 농부들은 반군을 두려워하는 경우가 많았는데, 종종 〈폭행과 학대〉를 당했기 때문이라고 체는 적었다. 체는 〈민중해방군의 특성이 기생적인 정부군의 특성과 같다〉고 결론지었다.

체는 콩고인들이 게으르다는 사실도 알아 가고 있었다. 콩고 반군은 행군을 할 때 개인 무기와 탄약통, 담요밖에 운반하지 않았고 그 밖의 식량이나 다른 물건의 운반을 도와 달라고 하면 〈미미 하파나 모토카르(나는 트럭이 아닙니다)〉라고 말하며 거절했다. 시간이 흐르면서 이들은 〈미미 하파나 쿠반(나는 쿠바인이 아닙니다)〉이라고 말하기 시작했다. 곧 쿠바 대원들 대부분이 콩고 동지들을 하찮게 여기게 되었다.

룰림바 전선으로 간 빅토르 드레케는 반군이 적군 주둔지에서 7킬로미터 떨어진 언덕 꼭대기를 점령 중이지만 몇 달 동안 한 번도 아래로 내려오지 않았다는 사실을 깨달았다. 반군은 공격을 시작하는 대신 적군이 있는 곳을 향해 거대한 75밀리 무반동총을 쏘며 하루하루를 보냈는데 적군의 기지는 사실 사정거리보다 훨씬 멀었다. 룰림바 전선 총사령관 자칭 〈마요 장군〉은 카빌라와 미투디디를 〈외국인〉으로 여기며 두 사람에 대한 적의를 공공연하게 드러냈다. 미투디디가 와서 보자고 해도 마요는 들은 체도 하지 않았다.

한편, 루알라보르그에서 미투디디는 반군을 정비하려고 최선을 다했고 폼베를 마시는 대원에게는 목만 내놓은 채 땅에 묻고 무기 공급을 중단하는 벌을 내린 다음 엄한 설교를 했다. 체가 언어 장벽 때문에 콩고 병사들과 괴리되는 느낌이 든다고 말하자 미투디디는 보좌관들 중 에르네스토 일란가라는 십 대 소년을 체에게 보내 스와힐리어를 매일 가르쳐 주도록 했다.

6월 초가 되자 좁은 곳에 갇힌 듯한 느낌이 점점 더 커져 갔다. 체는 두 산봉우리에 둘러싸여 아래쪽 호수는 아주 조금밖에 보이지 않는 늘 똑같은 전망과 자신이 느끼던 지루함을 〈증오스럽다〉고 표현했다. 그는 수색대를 더 보냈지만 미투디디의 상관 로랑 카빌라의 승인 없이 단독으로 전투를 시작할 수는 없었다. 카빌라는 계속 변덕스러운 소식을 전했다. 그는 곧 온다고 했다가, 연기되었다고 했다가, 다시 다음 날이나 그다음 날 반드시 오겠다고 했다. 체는 이렇게 기록했다. 〈배들이 양질의 무기들을 계속 한가득 실어 왔다. 이들이 소비에트와 중국을 비롯한 우방국의 자원과 탄자니아의 지원, 전사와 민간인의 생명 등을 그렇게 허비하면서도 거의 아무런 성과도 내지 못하는 걸 보고 있노라면 한심하다는 생각밖에 안 든다.〉

6월 7일, 체는 키밤바 기지로 내려가 미투디디를 만났다. 참모 기지를 호수 기슭에 약간 더 가까운 곳으로 옮길 예정이었기 때문에 미투디디가 그곳을 둘러보기로 했다. 체는 미투디디와 헤어지기 전에 카빌라가 오지 않는 진짜 이유가 무엇이냐고 물었다. 미투디디는 저우언라이 중국 총리가 다르에스살람을 방문할 예정이며 카빌라가 그를 만나 요청했던 원조에 대한 이야기를 나누어야 하므로 아마 당분간 오지 않을 것이라고 털어놓았다.

체는 돌아가기 위해 다시 산을 오르기 시작했다. 하지만 그가 꼭대기에 다다르기도 전에 전령이 쫓아오더니 미투디디가 익사했다는 소식을 전해 주었다. 체는 미투디디를 콩고에서 모종의 성취를 이루게 해줄 최대의 희망이라고 생각해오던 터였기 때문에, 그의 죽음은 엄청난 타격이었다. 『혁명전쟁 회고록(콩고)』에서 체는 미투디디의 죽음을 기록한 장에 「희망이 죽다」라는 제목을 붙였다. 실제로 로랑 미투디디의 죽음을 둘러싼 애매한 상황은 체가 도우러 온 이 〈혁명〉의 모든 것이 잘못되어 있다는 사실을 보여 주는 듯했다.

미투디디와 함께 배에 탔던 쿠바 대원 2명의 말에 따르면, 강한 바람이 불어서 호수에 파도가 일었고 미투디디는 틀림없이 〈우연히〉 물에 빠진 것이었다. 그러나 체는 이야기를 다 듣고 난 후 의심을 가졌다. 〈그가 물에 빠진 직후부터 이상한 일들이 연달아 일어났는데 그것이 어리석은 생각, 그러니까 어이없는 미신 때문인지 ─ 호수는 온갖 영혼으로 가득하기 때문이다 ─ 아니면 더욱 심각한 이유 때문인지 모르겠다.〉 미투디디는 물에 뜬 채 10분에서 15분 동안 도와 달라고 외쳤고 두 사람이 그를 구하려고 물속에 뛰어들었다가 익사하고 말았다. 배에 탄 사람들이 엔진을 껐다가 다시 켰는데 〈어떤 마법과도 같은 힘이 배가 미투디디 쪽으로 가도록 허락하지 않는 것 같았다. 미투디디는 여전히 도움을 요청하고 있었지만 배는 기슭 쪽을 향했고 동지들은 잠시 후 미투디디가 사라지는 모습을 지켜보았다〉.

비극적인 일이었지만 미투디디의 죽음이 가져온 좌절감을 극복해야만 했다. 〈아무 일도 없이〉 두 달이 지난 후 6월 말에 쿠바 대원들이 마침내 콩고에서 전쟁을 시작했다. 중국에서 훈련을 받은 르완다 투치족 반군 지도자 무단디가 다르에스살람에서 카빌라의 전투 명령을 가지고 왔다. 알베르빌 공격 계획을 취소하는 대신 체에게 벤데라 요새의 수력 발전소와 수비대를 공격하라는 명령이었다. 카빌라는 르완다 전사와 쿠바 전사들이 공격 부대를 이끌기 바랐고 일주일 내에 공격을 시작하라고 했다. 체는 이 계획에 별로 열의를 느끼지 않았다. 무단디 휘하의 투치족으로부터 벤데라 수비대가 단단히 수비를 하고 있으며 방어군이 300명, 백인 용병이 100명이나 된다는 정보를 들었기 때문이었다. 콩고인들은 물론 아직 제대로 준비되지 않은 체의 병력에게는 너무 큰 표적이었다. 체는 더 작은 표적을 노리자고 제안했지만 결국 아무것도 하지 않는 것보다는 뭐라도 하는 게 낫다는 이유에서 카빌라의 계획을 따르기로 했다. 체는 카빌라에게 자신도 〈정치위원〉 자격으로 공격 부대와 동행하겠다며 승인을 계속 요청했지만 아무런 대답이 없었기 때문에 기지에 남아야 했다. 6월 말에 쿠바 대원 40명과 콩고 대원, 르완다 투치족 160명으로 구성된 군단이 벤데라를 향해 출발했다.

6월 29일에 시작된 공격은 끔찍한 재난이었다. 공격 부대를 이끌었던 빅토르 드레케는 전투가 시작되자 투치족 대부분이 무기를 버리고 달아났고 콩고인들 대부분이 아예 전투를 거부했다고 보고했다. 전투가 시작되기도 전에 병력의 3분의 1 이상이 달아났다. 게다가 쿠바 대원 4명이 죽고 한 대원의 일기가 적의 손에 들어갔다. 이것은 백인 용병대와 미 CIA ― CIA는 반카스트로 망명자들을 정부군 쪽으로 보내 공습과 정찰을 실시했다 ― 가 쿠바인들이 반군을 직접적으로 돕고 있다는 사실을 파악했다는 뜻이었다. 실제로 나중에 마이크 호어 용병 사령관은 반군이 이례적으로 대담한 공격을 수행하자 외부의 도움을 받고 있는 것이 아닐까 의심했다고 썼다. 그들이 손에 넣은 일기, 특히 아바나에서 프라하와 베이징을 거쳐 이동한 일정을 언급한 일기는 쿠바 게릴라들이 이 지역에 있다는 최초의 결정적 증거였다.

공격 실패의 원인을 찾던 체는 다와가 치명적인 영향을 미치고 있음을 깨달았다. 아프리카인들은 전투에서 패배한 것이 〈나쁜 다와〉의 탓이라며 전투를 시작하기 전에 전사들에게 다와를 준 주술사muganga가 〈부적절〉했다고 말했다. 체는 이렇게 기록했다. 〈주술사는 여자들과 두려움 탓이라는 핑계를 대며 변명하려 애썼고…… 모두가 자신의

나약함을 인정할 준비가 되어 있지 않았다. 주술사의 상황은 나빠 보였고 결국 그는 강등되었다.〉

벤데라 공격 실패 이후 콩고인들과 르완다인들은 굴욕을 느끼고 사기가 꺾였지만 전투에 참가했던 쿠바인들은 분노했다. 콩고인들이 스스로를 위해 싸우려 하지 않는데 왜 우리가 싸워야 하는가? 체는 개인적으로 〈프롤레타리아 국제주의〉 정신에 대한 확신을 마음 깊이 품고 있었지만 이처럼 부정적인 상황에서 쿠바 동지들 모두가 그런 마음을 갖고 있지 않은 것은 분명했고 일부가 고국으로 돌아가고 싶어 한다는 말도 들렸다.

체는 〈대원들 사이에 분열의 조짐이 뚜렷해졌다〉고 인정했다. 〈사기를 떨어지지 않게 하는 것이 나의 주된 걱정거리 중 하나였다.〉 체는 어떻게든 행동에 나서고 싶었기 때문에 키밤바의 참모진들에게 편지를 보내 벤데라 전투의 결과에 격앙된 감정을 드러내며 곧 추가로 도착할 쿠바인들을 데리고 무엇을 해야 하는지 알고 싶다고 물었다. 그는 카빌라에게도 편지를 보내 앞으로의 군사 행동에 자신이 직접 참가해도 좋다는 허락을 꼭 받아야겠다고 알렸다.

체는 6월의 활동을 요약하며 일기장에 이렇게 적었다. 〈이달의 성과는 가장 형편없다. 모든 상황을 보았을 때 우리가 새로운 시기를 시작하고 있다고 생각했지만 갑자기 미투디디가 죽는 바람에 상황이 불확실해졌다. 전사들은 계속 키고마로 나갔고 카빌라가 여러 번 오겠다고 말했지만 결코 오지 않았다. 모든 것이 혼란스럽다.〉

전투 지역에서 부상병들이 꾸준히 밀려들어 왔고 네 번

째 쿠바 팀이 호숫가 키밤바 기지에 도착했다. 이번에 도착한 대원 39명 중에는 체의 경호원이었던 아리 비예가스도 있었다. 비예가스는 시에라마에스트라에서부터 줄곧 체와 함께 활동해 왔지만 흑인이라는 이유로 마세티 작전에서는 배제된 바 있었다. 피델이 체의 안전을 위해 비예가스를 개인 경호원으로 직접 선택해서 보낸 것이었다. 비예가스는 얼마 전 체의 비서였던 예쁜 중국계 물라토 크리스티나 캄푸사노와 결혼했지만 헤페이자 스승인 체와 합류하기 위해 아내와 갓 태어난 아들을 두고 콩고로 왔다. 비예가스는 이제 〈폼보〉로 불리게 되었는데, 나중에는 가명이 본명보다 더 유명해지게 된다.

새로운 대원들의 도착을 기회로 삼아, 체는 대원들 사이에 점점 커져 가던 불화를 잠재우기 위해 쿠바인의 〈투쟁성〉에 호소하며 대원들을 격려하는 동시에 경고 또한 잊지 않았다. 체는 〈나는 엄격한 규율을 유지해야 한다고 강조했다〉고 적었다. 이어서 그는 〈패배주의적인 발언〉을 했다는 이유로 쿠바 대원 1명을 공개적으로 비난했다. 〈나는 우리가 직면한 상황에 대해 솔직히 말했다. 굶주림과 총탄, 온갖 종류의 고통뿐 아니라 총을 전혀 쏠 줄 모르는 아프리카 동지의 손에 죽을 가능성도 있다고 말이다. 투쟁은 길고 힘들 것이었다. 내가 이렇게 경고한 것은 새로 온 대원 중 쿠바로 돌아가고 싶어 하는 사람이 있다면 그 시점에는 돌려보낼 수 있었기 때문이었다. 나중에는 그렇게 하고 싶어도 할 수 없을 것이었다.〉

새로 온 대원들은 아무도 〈나약함의 징후〉를 보이지 않았지만 당혹스럽게도 벤데라 공격에 참가했던 대원 중 3명이 돌아가고 싶다고 나섰다. 〈나는 그들의 태도를 비난하며 가장 강력한 처벌을 요청하겠다고 경고했다.〉

지난 6년간 체의 경호원이었고 시에라마에스트라에서부터 그와 함께 싸웠던 〈시타이니〉 역시 쿠바로 돌아가고 싶다고 하자 체의 분노는 개인적인 배신감으로 변했다. 그는 이렇게 기록했다. 〈이 일이 더욱 불쾌했던 것은 내가 이번 전쟁이 짧으면 3년, 운이 나쁘면 5년이 걸릴 것이라고 경고했는데 그가 그런 말을 들은 적이 없다고 발뺌했기 때문이었다. 나는 전쟁이 길고 힘들 것이라고 지루할 만큼 늘 이야기하고 다닌 터였다. 시타이니는 항상 나와 함께 다녔기 때문에 그 사실을 그 누구보다 잘 알고 있었다. 나는 그렇게 하는 것은 우리 두 사람 모두에게 수치스러운 일이 될 것이기 때문에 보낼 수 없다고 말했고 그는 결국 남기로 했다.〉

그 순간부터 시타이니는 〈죽은 사람〉 같았다고 체는 기록했다. 몇 달 후에 체는 결국 시타이니의 귀국을 허락했지만 이후 그에게 두 번 다시 말을 걸지 않았고, 그를 아는 쿠바인들은 그가 갑작스럽고 수치스러운 몰락에서 결코 벗어나지 못했다고 말한다.

나쁜 소식이 먼곳에서 전해졌다. 6월 19일에 알제리에서 쿠데타가 일어나 체의 친구 벤 벨라 대통령의 정권이 무너졌으며 쿠데타를 이끈 사람은 다름 아닌 벤 벨라의 국방장관 우아리 부메디엔이라는 소식이었다. 이 사건은 쿠바가 아프리카에서 펼치려는 작전에 어두운 그림자를 드리웠다. 알제리는 서구의 지원을 받는 레오폴드빌 정권과 맞서 싸우는 콩고 반군을 지원하는 다각적인 노력에서 주요 파트너 역할을 해온 터였다. 피델이 크게 화를 내며 알제리의 쿠데타와 새로운 지도자를 재빨리 비난하면서 두 혁명 국가가 힘들게 일구어 낸 〈단결〉은 단번에 무너진 것처럼 보였다.

체가 효과적으로 전력을 조직할 기회를 갖기도 전에 모든 것이 와해되는 듯했다. 미투디디가 죽은 탓에 체는 사명감도, 전투 정신도 없고 정치 교육을 받은 적도 없는 사람들을 이끌어야 했다. 또 체가 전투 지역에 온 지 3개월이 넘었지만 카빌라는 여전히 모습을 드러내지 않고 있었다. 얼마 전 카빌라는 체에게 쪽지를 보내 기운을 내고 〈용기와 인내심을 가지라〉고 말하며 〈혁명가이므로 그러한 어려움쯤은 견뎌야 한다〉고 거만하게 충고했고 곧 오겠다는 말을 다시 한 번 반복했다.

치밀어오르는 화를 참아가면서 체는 우아하게 외교적인 답신을 보냈다. 콩고의 대의와 사령관 카빌라에 대한 존경과 충성을 재차 드러내며 체는 대화가 필요함을 강조하고 정체를 숨기고 콩고에 온 것에 대해 사과했다. 체는 자신이 콩고에 왔다는 사실 자체에 카빌라가 화가 났을지도 모른다는 생각이 들었고 이것이 카빌라 사령관이 전선에 오지 않는 이유일지도 모른다고 걱정하고 있었기 때문에 사과를 해서 그의 화를 풀어 주려고 했다. 체는 이렇게 적었다. 〈그가 나의 존재를 전혀 반가워하지 않는다는 강한 증거들이 있다. 두려움 때문인지, 질투 때문인지, 아니면 내가 여

기에 올 때 취한 방법에 기분이 상해서인지는 아직 모르겠다.〉

한편, 백인 용병이 이끄는 정부군은 반군 영토에 더욱 깊숙이 들어와 정찰하기 시작했고 정찰기를 호수로 보내 배와 키밤바 기지에 맹렬한 공격을 퍼부었다. 참모본부가 깜짝 놀라 도움을 요청했기 때문에 체는 어쩔 수 없이 대공방어 기관총을 조작할 쿠바 대원을 몇 명 보내 주었다.

체는 〈그 당시 나는 사태를 아주 비관적으로 보고 있었다〉고 인정했다. 〈하지만 7월 7일에 카빌라가 도착했다는 소식이 들리자 나는 기쁜 마음을 안고 본부로 내려갔다. 드디어 헤페가 작전 현장에 나타난 것이다!〉

카빌라가 정말로 와 있었다. 그는 미투디디를 대신할 사령관으로 일데퐁스 마셍고를 데리고 왔다. 그러나 반군 지도자들 내부의 상황이 좋지 않다는 조짐을 드러내며 카빌라는 정치 지도자 가스통 수말리오에 대한 악담을 늘어놓았다. 무엇보다 그는 대중 선동가라는 것이었다. 카빌라는 수말리오를 만나서 문제를 해결하는 것이 중요하다며 닷새 만에 탄자니아로 돌아갔다. 카빌라가 전선에 오자 콩고 반군은 며칠 동안이나마 용기를 얻었다. 그들은 카빌라가 함께 있다는 사실에 감격하여 대공 참호를 파고 새로운 진료소 건설에 착수했지만 그가 떠나자 — 카빌라를 곱게 보지 않았던 일부 쿠바 대원은 그가 며칠이나 있을지 내기를 걸었다 — 모든 것이 무산되었다. 콩고인들은 삽을 내려놓고 일을 하지 않으려 했다.

실제로 해방위원회를 만든 정치 지도자들 사이에서 권

력 다툼이 일어나고 있었다. 지도자들은 각자 여러 지방의 게릴라 사령관들과 이리저리 동맹을 맺거나 파기하면서 전쟁터의 세력을 확보하여 이를 바탕으로 영향력을 이끌어 냈다. 이런 지도자들이 바로 외부 세계가 접하는 콩고 반란의 얼굴이었고 ─ 이들은 정상 회의를 열어 나세르, 니에레레, 저우언라이 등 다른 국가의 수장들과 만났다 ─ 또 어마어마한 해외 원조를 받으며 특권을 누렸다. 지금까지는 중국이 콩고 반군에 무기를 지원하고 일부 지역에 군사 고문을 지원하는 주요 국가였지만 체가 소비에트 의약품이 호숫가 기슭에 아무렇게나 던져지는 것을 목격한 데서 드러났듯이, 소비에트와 불가리아도 경쟁적으로 콩고에 원조를 퍼부었다. 중국, 소비에트, 불가리아는 또한 콩고 전사들을 자기 나라에 불러들여 군사 및 정치 훈련을 시키기도 했다.

전선에는 새로운 문제들도 있었다. 르완다 투치족과 콩고인들의 사이가 최저 수준으로 악화되어 있었다. 투치족 사령관 무단디는 불평을 늘어놓기 시작했다. 체는 투치족 전사들이 벤데라에서 제대로 싸우지 않은 것은 순전히 무단디 탓이라고 여겼지만, 그는 자기 부하들이 싸우지 않은 것은 콩고인들이 싸우지 않았기 때문이라며 어쨌거나 이것은 어디까지나 콩고인들의 나라이고 콩고인들의 전쟁이라고 말했다. 그 후 몇 주 동안 무단디는 점점 더 깊은 원한을 품었고 마침내 카빌라와 해방위원회의 지도자들에게까지 공공연하게 적의를 드러내기 시작했다. 그는 카빌라를 비롯한 지도자들이 병사들을 고의로 전선에 방치하고 있다고 비난했다.

상황은 더 악화되었다. 곧 벤데라 공격 당시 〈나쁜 다와〉를 주었다는 책임을 물어 무단디가 부사령관을 총으로 쏴 죽였다는 소식이 들려왔다. 콩고 반군 장교가 사태를 조사하러 무단디의 기지를 찾아갔지만 무단디는 그를 무례하게 쫓아냈다. 그러자 이번에는 쫓겨난 장교가 무단디를 총살하지 않으면 자신이 콩고를 떠나겠다고 위협했다. 무단디는 계속 반항하면서 카빌라와 해방위원회에 맞서 반란을 일으키겠다고 분명히 밝히며, 콩고인들이 싸우지 않는 이상 자기 부하들도 더 이상 싸우지 않겠다고 선언했다.

투치족과 콩고인들이 상대방과 농부들을 학대할 뿐 아니라 포로를 잔인하게 다룬다는 현실도 상황을 더욱 꼬이게 만들고 있었다. 한번은 호수에서 프랑스 용병이 잡혀 반군 캠프로 이송된 다음 지역 관습에 따라 목만 내놓은 채 땅에 파묻혔다는 소식이 체의 귀에 들어왔다. 체는 부하들을 보내 정보를 캐내야 하니 포로를 풀어 주라고 전했지만 캠프 사령관은 얼버무리는 답변을 보내왔고 결국 다음날 포로가 죽었다는 소식이 들려왔다.

쿠바 군단 내의 불화도 계속 커져 갔다. 의사 2명을 포함하여 도합 4명의 대원이 콩고를 떠나고 싶다며 체의 승인을 요청했다. 체는 이렇게 기록했다. 〈의사들에게는 좀 더 관용적인 태도를 보였는데도 불구하고 그들은 내 속을 더 뒤집어 놓았다. 그들은 벌어지고 있는 사태에 다소 유치하게 반응했다.〉 그러나 동지들이 대량 이탈할지도 모른다는 우려가 점점 커지면서 체는 더욱 깊은 생각에 잠겼다.

〈초기에 심각한 실패를 겪으면서…… 일부 동지들이 용기를 잃고 필요하다면 목숨까지 바치겠다고 맹세했던 싸움에서 물러나기로 결심했다는 것이 현실이다. 무엇보다도 자발적으로, 열정과 희생정신, 용맹이라는 후광, 한마디로 불패라는 후광에 둘러싸여서 시작했던 싸움에서 말이다. 《필요하다면 죽음에 이를 때까지》라는 말이 도대체 무슨 의미가 있는가? 우리가 미래의 새로운 인류를 창조할 때 직면하는 중대한 문제의 해답은 바로 이 의문에 대한 대답 속에 있다.〉

전황에서도, 체는 갈림길에 서 있었다. 체는 어떻게든 콩고 반군을 움직이게 만들어서 악화일로에 있던 상황을 바꿀 수 있을 것이라는 희망에 끈질기게 매달려 왔지만 벤데라 전투가 끝난 후에 그는 극적인 수단을 동원해 반군의 전투력을 개선하지 않는 한 불행한 결말만이 기다리고 있다는 사실을 깨달았다. 7월 말경에 체는 처음에 〈콩고 혁명〉이 성공할 때까지 걸릴 것으로 예상했던 시일이 비현실적이라는 사실을 깨닫고 〈5년이 낙관적인 목표……〉로 보인다고 생각했다.

체는 반군 정보망으로는 적의 위치를 파악할 수 없음을 깨닫고 쿠바 대원이 이끄는 정찰대를 계속 보내서 도로가에 매복시킴으로써 적에게 압박을 가하려고 노력했다. 이러한 노력은 희비극적인 결과를 낳았다. 쿠바 대원 〈알리〉가 지휘하는 정찰대가 경찰 부대를 공격했지만, 체는 〈함께 간 콩고인 20명 중에서…… 16명이 달아났다〉고 우울하게 기록했다. 성공적인 공격도 있었다. 파피 마르티네스 타마요가 쿠바 대원과 콩고 대원이 쉰 혼성 팀을 이끌고 정부군이 점령 중인 알베르빌과 벤데라 사이의 도로를 포위 공격했다. 이 공격으로 백인 용병들의 경호를 받으며 전진하던 지프차 1대와 장갑차 2대가 파괴되고 정부군 7명이 죽었다. 주목할 만한 성과였다. 그러나 쿠바와 르완다가 합동으로 매복하여 군용 트럭 1대를 공격했을 때에는 르완다인들이 무기를 마구잡이로 쏘면서 달아나는 바람에 쿠바 대원 1명이 〈아군의 총격〉에 손가락 하나를 잃었다. 르완다 사령관은 이를 갚아 주겠다며 칼을 꺼내서 총을 쏜 전사의 손가락을 자르려 했지만 파피가 겨우겨우 설득해서 말렸다. 그런 다음 르완다 사령관과 부하들은 매복 공격에서 빼앗은 트럭에서 위스키와 맥주를 찾아서 마시기 시작했고 인사불성으로 취해서 마침 근처를 지나가던 농부를 〈첩자〉라며 쏘아 죽였다.

8월 12일, 체는 쿠바 대원들을 모아 놓고 솔직하게 이야기했다. 그는 현재 상황이 좋지 않다는 것을 인정하고 자신들이 도우러 온 콩고 반군 조직이 얼마나 허술한지 정직하게 평가했다. 반군 지도자들은 전선에 오지도 않고 전사들은 싸우지 않으며 규율을 지키거나 희생하겠다는 생각도 없다고 체는 말했다. 체는 〈이런 군대를 이끌고 전쟁에서 이긴다는 것은 말도 안 되는 일〉이라고 털어놓았다. 그의 원래 계획은 콩고에 게릴라 전쟁 〈학교〉를 만들어 다른 나라의 게릴라들을 데려와서 훈련시키는 것이었지만 지금으로서는 꿈도 못 꿀 일이었다(며칠 후 파블로 리발타가 모잠비크 게릴라를 비롯한 아프리카 게릴라들을 훈련시킬 기지를 건설하도록 쿠바 인력을 보내겠다고 전하자 체는 이곳에 와봤자 〈규율 부족과 무질서, 총체적인 사기 저하〉밖에 없다며 아무도 보내지 말라고 했다).

체는 벤데라 전투 패배 이후 자기 제안을 관철시키기 위해 콩고 측을 더욱 열심히 설득했다. 그는 통일된 중앙 명령 체계, 엄격한 훈련 프로그램, 능률적이고 통제된 식량 공급 체계와 통신망을 갖추기 위한 계획을 대략적으로 세웠다. 체는 또한 질서를 회복하고 소중한 무기를 회수하기 위해 반군 무장대를 꾸려서 여기저기 돌아다니며 약탈을 일삼는 무장 이탈자들을 쫓아가서 무장을 해제하자고 제안했다. 그는 카빌라에게 계속 전언을 보냈지만 모호하고 얼버무리는 대답만 돌아왔다. 체는 또 마셍고와 자주 비밀 회의를 열어 자신의 목표를 추진했다. 콩고의 신임 참모총장 마셍고는 체의 의견을 잘 받아들이는 것처럼 보였지만 결정을 내릴 권한이 없었기에 아무 진전 없이 똑같은 상황이 계속되었다.

체는 전투 지역에 직접 가겠다고 다시 한 번 허락을 구했다. 이번에는 마셍고에게 요청을 했는데 그는 체의 〈신변 안전〉이 걱정된다는 표면적인 이유를 대면서 경계했다. 체는 그런 이유라면 받아들일 수 없다고, 진짜 문제는 〈신뢰 부족〉이 아니냐며 확실한 해명을 요구했다. 마셍고는 거세게 부인했고 태도를 누그러뜨려 일부 지역의 사령부는 방문해도 좋다고 승인했다. 체는 나중에 이 일을 기록하면서 마셍고와 카빌라는 본인들이 전선에 가지 않아서 병사들의 원망을 사고 있음을 잘 알았고, 따라서 두 사람이 한 번도 간 적이 없는 전선에 체가 나타나면 자기들과 〈비교될까봐〉 걱정하는 것이라고 결론을 내렸다.

마셍고는 약속대로 가까운 기지에 시찰을 하러 가면서 체를 데리고 갔지만 곧 카빌라가 전언을 보내 마셍고를 키고마로 불렀다. 반란 지도자들의 세력 다툼이 마침내 정점에 이르렀다. 8월 초에 가스통 수말리오는 크리스토프 그베네가 콩고 정권과 비밀리에 협상을 벌여 동지들을 배신했다며 그를 콩고국가혁명위원회 의장직에서 쫓아냈다. 마셍고는 키고마로 가면서 다음 날 바로 돌아오겠다고 약속했지만 일주일이 지나도 돌아오지 않았다. 체는 상황을 직접 살펴보기로 결심하고 벤데라 요새 근처 반군 전선을 향해 떠났다. 8월 18일의 일이었다.

6

한편, 피델은 승리를 예감한 체스 선수처럼 열정적으로 쿠바 전사들을 계속 탄자니아로 보냈다. 1965년 9월 초, 다섯 번째 팀이 도착했다. 여기에는 뚱뚱한 통일사회혁명당 서기관 에밀리오 아라고네스 ─ 그는 곧 〈템보(코끼리)〉라는 별명을 얻었다 ─ 와 시에라마에스트라 전쟁 당시 체의 동료였고 같은 집에 살며 당시 쿠바 서부군 참모총장을 맡고 있던 오스카르 페르난데스 멜 박사도 있었다. 페르난데스 멜은 심술궂은 성격 때문에 〈시키(식초)〉라는 별명을 얻었다.

페르난데스 멜은 바라데로 해변 휴양지에서 휴가를 보내고 있다가 갑작스러운 아바나의 호출을 받았다. 그는 체가 종적을 감춘 자초지종은 알고 있었지만 — 체가 쿠바를 떠날 때 변장을 위해서 틀니를 만들 치형을 뜬 것은 바로 그였다 — 목적지가 어딘지 몰랐고 그에게 물어보지도 않았다. 남아메리카로 갈 거라는 추측만 있을 뿐이었다.

페르난데스 멜은 이렇게 말했다. 〈그는 내게 늘 그렇게 말했고, 아주 예전 시에라마에스트라 시절부터 그런 생각을 가지고 있었습니다. 쿠바를 해방시킨 다음 자기 나라를 해방시키겠다고 말입니다. 그것이 체의 최종 목표였습니다. 그게 진실이지요. ……불려 갔을 때 처음엔 남아메리카라고 생각했지만 아프리카라는 말을 들었을 때 생각도 해보지 않고 《뭐, 그가 있다면 우리도 그곳으로 가야죠》라고 말했습니다.〉

페르난데스 멜은 쿠바에서는 체의 아프리카 작전에 대해 낙관적인 분위기였다고 말했다. 〈그들은 다 괜찮다, 모든 일이 잘 진행되고 있다, 몇 번의 전투에서 승리를 거두었다는 등등의 이야기를 했습니다. 우리의 임무는 체에게 손을 빌려 주어 무슨 일이든 돕는 것이라고, 일종의 보조 역할이라고 했습니다.〉 페르난데스 멜과 아라고네스는 낙관적으로 생각하며 열의에 차서 출발했지만 피델은 체가 〈지나치게 비관적〉인 전망을 가지고 있는 것 같다는 우려를 나타냈다. 그러나 현장의 상황이 그들에게 윤색되어 알려진 바와 다르다는 사실을 깨닫기까지는 그다지 오랜 시간이 걸리지 않았다.

그들은 다르에스살람에서 카빌라를 만났다. 멜은 메르세데스벤츠를 타고 다니는 카빌라의 모습이 전혀 마음에 들지 않았다. 그러고 나서 키고마에 도착했더니 카빌라의 부하들은 쿠바와 소비에트가 보내 준 쾌속 모터보트가 〈카빌라의 배〉라며 그 배로는 호수를 건네줄 수 없다고 했다. 결국 쿠바 대원들은 더 크고 느린 배를 타야 했다. 호수를 건너 키밤바에 도착하자 기지 진료소에 있던 쿠바 의사 쿠미가 말했다. 「여기 상황이 어떤지 보시게 될 겁니다. 아주 형편없어요.」 체의 경호원 폼보가 산에서 내려와 그들을 기다리고 있었다. 힘들게 산을 오르면서 폼보가 실제 상황은 정말 최악이며 체는 기지에 〈억류〉된 상태에 질려서 전선으로 떠났다고 알려 주었다. 체가 어떤 사람인지 잘 알고 있던 멜은 놀라지 않았다.

「겉보기에는 그저 차분하게 처신하는 것처럼 보일지 모르지만, 그는 늘 쓰고 읽고 생각하고 있었습니다. 체는 엄청나게 활동적인 사람이었어요. ……여러 가지 일을 하고 싶어 하는 활화산 같은 사람이었지요. 그는 콩고에서도 시에라마에스트라에서처럼 싸우고 싶어 했고 용병들이 있는 곳으로 가고 싶어 했습니다.」

체는 페르난데스 멜과 아라고네스가 도착했다는 소식을 듣고 기지를 향해 발길을 돌렸지만 속으로는 두 사람이 쿠바로 복귀하라는 명령을 가지고 왔을까봐 걱정했다. 그러나 자기 생각이 틀렸다는 것을 알고는 안도하며 기뻐했다. 멜과 아라고네스는 체의 작전에 합류하고 싶어서 콩고 원정대에 자원한 것이었다.

체는 짧은 여행으로 생기도 얻었다. 오랜간만에 그는 친근하게 농부들에게 다가서며 그 상황을 한껏 즐겼다. 그는 이렇게 기록했다. 〈그들은 세계 여느 곳의 농부들과 마찬가지로 자신들을 향한 인간적인 관심을 선뜻 받아들였다.〉그는 밭에 심을 채소 씨앗을 나누어 주고 의사들을 보내서 진료를 받게 해주겠다고 약속하면서 〈사회 활동〉을 했다. 체는 잠시 의사로 돌아가서 가장 〈전통적인〉 질병인 듯한 임질에 걸린 사람들에게 페니실린을 놔주고 항말라리아제를 조제해 주었다. 어떤 지역에서는 마을 사람들이 체를 위해서 〈덤불 악마〉 복장을 하고 춤을 추면서 돌로 만든 우상 주변을 빙빙 돌며 양을 제물로 바치는 의식을 보여 주었다. 〈의식은 복잡해 보이지만 알고 보면 매우 간단하다. 신으로 숭배되는 돌로 만든 우상에 제물을 바치고 나서 그 동물을 먹은 다음 모두가 흥청망청 먹고 마시는 것이다.〉

체는 어디를 가든 사령관들에게 부하 전사들을 기지로 보내 훈련시키라고 설득했지만 그들은 하나같이 쿠바 교관을 자기네 캠프로 보내 주기 바랐다. 쿠바 교관의 존재가 특권의 상징으로 여겨졌던 것이다. 체는 매복 공격도 수회 실시했다. 이때 일부 르완다인들이 처음으로 도망가지 않고 활발히 참여하기도 했다. 아직 낙관하기에는 일렀지만 체는 여러 달 동안 아무 일도 하지 않고 우울하게 지낸 후였기 때문에 어느 정도 진전했다는 느낌이 들었고 앞날에 새로운 희망을 가졌다.

그러나 9월이 되자 체는 다시 현실로 돌아왔다. 이제 탄자니아 정부가 콩고인들을 방해하여 키고마에서 인력과 보급품을 운송해오기가 어려워졌다. 콩고에서는 친그베녜 당파가 일부 외딴 반란 지역에서 문제를 일으키기 시작했고 친위원회파와 반위원회파의 무장 충돌도 여러 번 발생했다. 마셍고는 일부 친그베녜파 마을에 갔다가 총을 맞고 후퇴해야 했다. 쿠바인들은 이제 더 이상 아군과 적군을 구별할 수 없었다. 상황이 위험해지고 있었다. 그러나 체는 아직도 용병들이 선수를 치기 전에 먼저 합동 작전을 시작하고 싶어 했다. 그는 일부 대대를 보내 반군의 방어를 강화한 다음 반군의 실력자인 자칭 모울라나 〈장군〉의 영토 피지를 찾아갔다. 피지의 대공 방어 수단은 기관총 1정밖에 없었고 그나마도 그리스 용병 포로가 기관총에 배치된 상태였다. 체는 모울라나에게 부하들을 호수로 보내서 훈련을 시키라고 설득했지만 거절당했다. 그러나 완전히 시간만 허비한 것은 아니었다. 모울라나는 체에게 화려한 구경거리를 보여 주었다. 모울라나는 귀빈 체를 자신의 고향 마을 바라카로 데려가더니 특별한 복장으로 갈아 입었다. 체는 〈표범 가죽을 씌운 오토바이 헬멧을 쓴 그의 모습은 정말 우스꽝스러웠다〉라고 말했고 입담 좋은 경호원 카를로스 코에요 — 이때는 〈투마이니〉라고 불렸다 — 는 모울라나를 〈우주 비행사〉라고 불렀다. 바라카에서 쿠바 대원들은 〈찰리 채플린 영화 같은〉 퍼레이드 의식을 꾹 참고 봐야 했다. 나중에 체는 콩고 전사들이 제대로 싸우는 법을 배우기보다 퍼레이드를 하며 돌아다니는 것을 더 좋아하는 듯했다는 사실이 가장 슬펐다고 말했다.

다음으로 체는 모울라나의 경쟁자이자 다와에 대해서

처음 가르쳐 주었던 〈랑베르 장군〉을 찾아갔다. 랑베르는 금방 폼베에 취했지만 너무 재미있는 술주정뱅이였기에 체는 군이 설교를 늘어놓지도 않았다. 그는 룰림바 수비대 공격에 〈350명〉을 보내겠다는 약속만 받아 낸 후 떠났다(그러나 당연히 랑베르는 그만한 병력을 마련할 수가 없었다).

10월 초에 체는 접근법을 혁신적으로 바꾸지 않는 한 성공적인 공격을 할 수 없음을 깨달았다. 그래서 이윽고 마셍고가 돌아오자 체는 새로운 계획을 내놓았다. 체는 구제 불능인 기존 반군을 상대하느니 차라리 지역 농부들 가운데서 전사를 모집해서 독립된 전투단을 꾸려 자신이 지휘하겠다고 했다. 〈일종의 전투 학교를 만들 작정〉이라고 체는 나중에 설명했다. 〈또한 더욱 합리적인 새 참모진을 꾸려서 모든 전선의 작전을 지휘할 생각이었다.〉

체가 마셍고와 한창 회의를 하면서 그가 표현한 대로 〈해방군을 폐허에서 다시 일으키려〉 하고 있을 때 캠프에 있던 한 쿠바 대원이 라이터를 떨어뜨리는 바람에 순식간에 불이 번졌다. 짚으로 만든 오두막에 차례차례 불이 붙었다. 폼보가 오두막에서 체의 일기와 몇 가지 물건을 챙겨 오기는 했지만 오두막 안에 있던 수류탄이 폭발하기 시작했기 때문에 모두 달아나야 했다. 체는 이번 사건만 빼면 훌륭한 핵심 요원이었던 운 나쁜 범인에게 사흘간 단식이라는 벌을 내렸다.

체는 이렇게 적었다. 〈수류탄과 총알들이 한창 터지고 있을 때 마차디토 공중보건장관이 피델의 메시지와 편지 몇 통을 가지고 도착했다.〉

호세 라몬 마차도 벤투라, 일명 〈마차디토〉는 시에라마에스트라에서 체의 발에 박힌 M-1 총알을 제거해 주었던 바로 그 의사로, 쿠바 의사 50명을 보내 달라는 가스통 수말리오의 놀랄 만한 요청에 따라 반군 영토의 보건 상황을 조사하러 온 터였다. 몇 주 전, 체는 수말리오가 아바나를 방문하여 피델의 접대를 받기로 했다는 소식을 듣고 급히 전언을 보내 반란 지도자를 맞이하지도 말고 그 어떤 물질적인 도움도 주지 말라고 충고했지만, 체의 편지가 너무 늦게 도착했거나 무시당한 것이 분명했다. 피델은 수말리오를 환대했고 수말리오는 〈피델을 위해〉 콩고 혁명에 대한 〈목가적인 그림〉을 보여 주었기 때문이다. 수말리오가 〈쿠바 의사 50명〉을 요청하자 피델은 금방 그러겠다고 약속했다. 마차디토는 체의 강력한 반대 의견을 듣고 상황을 직접 목격한 다음 체의 생각을 피델에게 전하겠다고 약속했다.

체는 이렇게 적었다. 〈나는 쿠바에서 내가 너무 회의적이라고 생각한다는 사실을 《템보》를 통해 들어서 잘 알고 있었다. 피델이 나에게 개인적인 메시지를 보내서 절망하지 말라며 쿠바 투쟁 초기를 상기시키고 이 정도의 불편은 항상 일어나는 법임을 기억하라고 충고했기 때문에 그 사실은 더욱 분명해졌다.〉

곧 쿠바로 돌아간 마차디토 편을 이용해 체는 헤페에게 긴 편지를 썼다. 〈피델에게. 당신의 편지를 받고 나는 모순적인 감정을 느꼈습니다. 우리는 프롤레타리아 국제주의라는 이름으로 여러 가지 실수를 저지르며 아주 값비싼 대가를 치를 수도 있기 때문입니다. 또 개인적으로는 내가 편지를 제대로 쓰지 못해서인지 아니면 당신이 나를 완전히 이해하지 못해서인지, 내가 지나친 비관주의라는 끔찍한 병을 앓고 있는 것처럼 여겨지는 듯해서 걱정됩니다. …… 주변 사람들의 말대로라면, 나는 오히려 여기서 객관적인 관찰자라는 기존 명성을 잃어버렸다고 말씀드리고 싶습니다. 현재의 힘든 상황 앞에서 아무런 근거 없이 낙관론을 펼쳤기 때문입니다. 내가 이곳에 없었다면 이 아름다운 꿈은 전반적인 혼란 속에서 이미 오래전에 사라지고 말았을 것이라고 분명히 말할 수 있습니다.〉

체는 계속해서 콩고인들이 외국의 원조를 어떤 식으로 낭비하고 있는지 잔인할 만큼 사실적으로 설명했다. 〈한 달 전쯤에 완전 신품인 소비에트 대형 보트 3대가 도착했지만 이제 2대는 못 쓰게 되었고 당신의 사절이 타고 온 1대는 온통 물이 샙니다.〉 체는 추가 병력 100명 ── 〈모두 흑인일 필요는 없습니다〉 ── 과 바주카포, 광산에서 쓸 신관, R-4 폭약만을 요청했다.

체는 수말리오가 의사를 요청한 것에 대해 이렇게 말했다. 〈의사 50명이 오면 콩고 해방 구역의 거주민 대 의사 비율은 1,000명당 1명이라는 부러운 수준이 됩니다. 소련과 미국을 비롯해서 세계 최고 선진국 두세 곳을 능가하는 수준이지요…….〉

체는 〈나의 평가를 조금만 더 믿고, 겉으로 보이는 것만으로 판단하지 마십시오〉라는 말로 편지를 마무리했다. 그는 또한 피델에게 정보를 제공하는 사람들을 〈재편〉해야 한다고 덧붙이면서 그들이 〈사실과 전혀 상관없는 유토피아 같은 이미지만 제시〉한다고 말했다. 〈나는 솔직하고 객관적으로, 간결하고 진실하게 보고하려고 노력해 왔습니다. 나를 믿으십니까?〉

사실 쿠바를 포함한 여러 나라들이 콩고 반군에 제공하는 지원은 낭비되고 있었다. 체는 불가리아와 중국에서 6개월 동안 훈련을 받은 후 탕가니카 호수에 도착한 콩고 전사들이 제일 먼저 한 일은 가족을 만나러 가겠다며 보름간 휴가를 요청한 것이었다고 비아냥거렸다. 〈나중에 그들은 휴가가 너무 짧았다며 연장해 달라고 했다. 어쨌든 그들은 훈련을 받은 혁명 핵심 요원이었으므로 전투에 참가하는 크나큰 위험을 무릅쓸 수는 없었다. 무책임한 일이 될 테니까 말이다. 그들은 6개월 동안 쌓은 산더미 같은 이론적인 지식을 동지들에게 나누어 주러 왔으므로 혁명 세력은 그들을 참전시키는 끔찍한 범죄를 저질러서는 안 되었다.〉

체는 눈앞의 일, 즉 꿈꿔 오던 〈전투 학교〉를 만드는 일에 관심을 돌렸다. 학교는 농부들과 주요 전선 3곳에서 보낸 반군을 합쳐서 210명으로 구성하기로 했다. 또 체는 정부군이 공격을 개시할 경우 공격 경로로 이용할 것이 틀림없는 전략적 요충지인 피지 평원을 시찰하고 온 다음부터 모울라나가 그곳을 방어할 능력이나 의지가 있는지 미심쩍어 했다. 그래서 부하 몇 명과 멜을 보내 〈우주 비행사 장군〉이 〈알아듣게끔 이야기해서〉 피지 방어에 필요한 조치를 취하게 하라고 명령했다.

체는 불만을 터뜨리는 쿠바 대원들에게 다시 한 번 설교를 해야 했다. 그는 이렇게 썼다. 〈나는 대원들에게 상황이 어렵다고 말했다. 해방군이 무너지고 있었고 우리는 그들을 폐허에서 구하기 위해 싸워야 했다. 우리의 일은 무척 힘들고 고될 것이고 나는 대원들에게 승리를 믿으라고 할 수가 없었다. 많은 일을 해야 하고 부분적인 실패도 여러 번 겪어야 하겠지만 나는 그래도 상황을 바로잡을 수 있다고 믿었다. 대원들에게 나의 지도력을 믿으라고 할 수는 없었지만 혁명가로서 나의 솔직함을 인정해 달라고 요구할 수는 있었다. 피델은 기본적인 상황을 잘 알고 있었고 그 동안 일어난 여러 사건을 그에게 숨기지도 않았다. 나는 내 개인의 영광을 위해서 콩고에 온 것도 아니고 내 명예를 위해 다른 사람을 희생시키지도 않을 것이다.〉 이 시점에서 가장 중요한 것은 대원들이 체에게 복종하는 것이었지만 체는 자기 말에 설득력이 없다는 사실을 깨달았다. 〈규율을 지키지 않으면 쿠바로 돌려보내겠다고 협박하던 낭만적인 시절은 끝났다. 지금 만약 그렇게 말한다면 운이 좋아야 군대의 반만 남을 것이다.〉

무엇보다도 위장염과 말라리아 열병이 쿠바 대원들을 계속 괴롭혔다. 마찬가지로 병에 걸린 체는 냉소적인 유머 감각을 발휘했다. 〈진중 일기에 통계를 기록했다. 나의 경우 24시간 동안 배변 횟수가 30회에 이르렀지만 결국에는 계속 달려 나가느라 힘들어서 과학적 정신이 꺾이고 말았다. 그 이후의 횟수는 덤불숲만이 알 것이다.〉

한편, 체는 아직도 콩고 전사들과 말이 통하지 않았다.

어느 날 그가 내린 명령을 콩고인들이 거부하자 체는 폭발하고 말았다.

〈격분해서 나는 내가 아는 빈약한 프랑스어 어휘들 중에서 제일 지독한 말을 모조리 찾아 퍼부었다. 화가 머리끝까지 치솟아서 나는 그들에게 아무 쓸모도 없는 인간들이라며 여자들보다 못하니 긴치마를 입혀 유카 바구니 나르기나 시켜야겠다고, 차라리 여자들로 군대를 만들겠다고 말했다. 통역관이 내가 퍼부은 말을 스와힐리어로 통역하자 모두들 나를 보면서 당황스러울 정도로 천진난만하게 웃음을 터뜨렸다.〉

그 외에 절대로 무너지지 않는 문화적 장벽들도 있었다. 그중 하나가 다와였다. 체는 결국 실용적인 방법을 택하기로 하고 콩고 군대를 위해 무강가, 즉 주술사를 한 명 고용했다. 체는 〈그가 캠프에 자리를 차지하고 즉시 일을 시작했다〉라고 썼다.

오랜 기다림 끝에 우기가 시작되는 10월 중순에 드디어 정부군의 공격이 시작되었다. 하지만 체와 부하들은 아직 준비되지 않은 상태였다. 마이크 호어가 이끄는 용병들은 함대와 대형 쾌속 보트, 소형 폭격기, 헬리콥터, 정찰기의 지원을 받으며 병력을 세 갈래로 나누어 반군 영토로 진입하기 시작했다. 정부군은 모울라나 장군이 지키던 바라카와 피지 전선을 쉽게 손에 넣었고 곧 루본자도 점령했다. 랑베르 장군이 지키던 방어선이 무너지자 그와 부하들과 쿠바 대원들이 서둘러 호수로 도망쳤다. 체는 호수 방어를 위해 멜과 아라고네스를 마셍고와 함께 내려 보내고 자신은 산기슭 작은 구릉 끝에 새로운 캠프를 만들었다.

7

체의 목을 단단히 조이고 있던 올가미가 다시 한 번 세차게 당겨졌다. 올가미를 당긴 것은 호어가 이끄는 용병이 아니라 탄자니아를 포함하여 아프리카통일기구OAU의 콩고 해방군을 지원하던 세력이 레오폴드빌의 콩고 정부와 맺은 정치적 타협이었다.

아프리카통일기구는 벨기에 및 백인 용병과 위태로운 동맹을 맺은 모이제 촘베 수상의 콩고 정권을 블랙리스트에 올려놓고 있었다. 10월 13일, 카사부부 대통령은 촘베를 내쫓고 열흘 뒤 가나에서 열린 아프리카 대통령 회의에 참석하여 백인 용병을 돌려보내겠다고 밝혔다. 그러나 그는 이에 상응하는 조치가 있어야 한다고 주장했다. 용병을 돌려보내면 반군을 지원하는 국가들도 반군에 대한 지원을 중단해야 한다는 것이었다. 콩고에 대한 모든 외세의 개입이 중단될 터였다. 쿠바인들도 예외가 아니었다.

마이크 호어는 이 소식을 듣고 기분이 상해서 조제프 모부투 콩고 참모총장을 만나 자기 부하들과 맺은 계약을 지키라고 주장했다. 모부투는 카사부부 대통령에게 반란이 완전히 진압될 때까지는 용병을 계속 고용해야 한다고 설득했다.

체는 협상을 통해 문제를 해결하라는 외부의 압력이 비등하고 있다는 것을 알고 있었고, 마셍고를 비롯한 여러 사람들로부터 탄자니아가 점점 비협조적인 태도를 취하고 있다는 사실도 들어 알고 있었다. 그러나 전투 지역에서 체가 적절히 대응하기 힘든 만큼 빠른 속도로 여러 사건이 잇달아 일어나 정치적 모략에 집중하기가 힘들었다. 체가 콩고에 도착한 지 6개월째 되던 10월 24일 아침, 정부군이 체의 기지로 쳐들어왔다. 체가 오두막을 불태우라고 명령할 시간은 있었지만 혼란스러운 후퇴의 와중에 상당량의 무기와 탄약, 통신장비, 식량, 서류, 체가 키우던 애완용 원숭이 2마리는 버리고 올 수밖에 없었다.

후퇴하면서 체는 습격을 미리 예상하지 못한 것을 자책했다. 체는 적군이 쳐들어온 경로에 보초를 세우지 않고 있었다. 그리로 쳐들어오리라고는 전혀 예상하지 못했기 때문이었다. 적군의 선봉대가 접근하고 있다는 최초의 보고가 잘못된 것이었다는 사실을 알고 난 체는 더욱 속이 쓰렸다. 그들은 사실 진군하는 정부군을 피해 달아나던 농부들이었다. 좀 더 기다려 진상을 알았더라면, 체는 매복하기 좋은 위치를 선점하여 적에게 중대한 타격을 입힐 수도 있었다. 하지만 상황을 돌이키기에는 이미 늦은 시점이었다.

나중에 체는 이렇게 적었다. 〈내 자신의 사기가 끔찍할 만큼 떨어졌다. 나는 이 재난이 나약하고 선견지명이 부족했던 내 탓이라고 느꼈다.〉 체와 쿠바 대원들이 후퇴하고 있을 때, 콩고 병사들이 그들을 앞지르더니 제각기 살 길을 찾아 도망쳤다. 체는 앞서 가던 쿠바 대원들에게 산꼭대기에서 기다리라고 명령했지만 도착해 보니 그들은 벌써 달아나고 없었다. 체는 함께 이동하던 몇 안 되는 대원들을 둘러보았다. 빅토르 드레케와 파피, 경호원 폼보와 투마이니, 그가 처음 접촉한 콩고인 차말레소가 있었다. 체는 이렇게 썼다. 〈나는 우리가 13명뿐이라는 쓰라린 현실을 깨달았다. 언젠가 피델이 이끌었던 인원보다 1명 더 많았지만 나는 그와 같은 지도자가 아니었다.〉

체와 부하들은 버려진 작은 마을들이 펼쳐진 황량한 풍경을 가로질러 행군해 갔다. 마을에 살던 농부들은 달아나는 반군과 함께 호수로 가고 없었다. 체 일행은 밤새도록 행군해 새벽에 한 마을에 도착했고, 그곳에서 폐에 총을 맞아 치명상을 입은 쿠바 대원 바아사를 발견했다.

체는 바아사의 상태를 완화시키기 위해 할 수 있는 모든 조치를 취한 다음 대원들에게 계속 전진하라고, 계곡을 벗어나 산 속에 더욱 안전한 피난처를 찾으라고 명령했다. 그 후 6시간은 모두에게 엄청난 시련이었다. 그들은 퍼붓는 폭우 속에서 바아사를 번갈아 부축하면서 진흙으로 미끈거리는 가파른 산길을 오르느라 애썼다. 높은 곳에서 내려다본 광경은 끔찍했다. 여러 개의 가까운 산에서 농부들이 달아나고 있었고 정부군이 전진하면서 모든 것을 태웠기 때문에 아래쪽 계곡에서는 불타는 오두막에서 연기 기둥이 잔뜩 피어올랐다. 체 일행이 굶주린 피난민들이 가득 들어찬 작은 마을에 도착하자 성난 농부들이 항의를 했다. 그들은 군인이 아내들을 끌고 갔지만 가진 무기라고는 창밖에 없어서 구해 줄 수 없었다고 말했다. 반군이 농부들에게 자기방어용 총을 나눠 주지 않았던 것이다.

바아사는 다음 날 새벽에 죽었다. 체는 이렇게 적었다.

〈바아사는 우리가 잃은 여섯 번째 동지이자 예우를 지켜서 묻은 첫 번째 동지였다. 그의 시신은 자신이 부상을 당했을 때부터 그랬듯이 말없이 힘찬 비난을 가하고 있었다, 내…… 어리석음에 대해.〉체는 부하들을 모아서 〈자책이 가득한 독백〉을 시작했다.

〈나는 내가 저지른 잘못을 인정했고 콩고에서 일어난 그 어떤 죽음보다도 바아사의 죽음이 가장 고통스럽다고 말했다. 정말 그랬다. 내가 바아사를 나약하다고 심하게 꾸짖었기 때문에,* 또 그가 잘못을 인정하면서 진정한 공산주의자답게 행동했기 때문이다. ……그러나 나는 책임을 다하지 못했다. 그의 죽음은 내 책임이다. 나는 이 잘못을 벌충하기 위해서 더 많은 일을 하고 더 많은 열정을 쏟으며 최선을 다해서 노력할 것이다.〉

그러나 현실은 그렇게 흘러가지 않았다. 체가 새로운 장소를 물색하고 있을 때, 콩고 반군이 체를 비난하기 시작했다. 랑베르 같은 콩고 반군 지휘관들이 패배의 원인은 체에게 있다고, 쿠바인들이 비겁하게 콩고인들을 배신했다고 말하고 다닌다는 소식이 들려왔다. 페르난데스 멜과 아라고네스는 키밤바 호숫가 기지에서 체에게 여러 번 전언을 보내 현재 그가 있는 위치를 포기하라고 설득했다. 그곳은 적이 언제든 공격할 수 있고 호수로 이어지는 퇴로를 쉽게 차단당할 수 있는 장소였다.

---

* 불과 며칠 전에 체는 바아사가 랑베르의 전선에서 도망쳐 오면서 무기를 버렸다고 심하게 꾸짖은 터였다.

전선이 거의 붕괴됨에 따라, 콩고 정부는 일부 반군 지도자와 동맹을 맺음으로써 유리한 전세를 확고히 다지려 했다. 마셍고는 아라고네스와 페르난데스 멜에게 카사부부 대통령이 전쟁을 포기하면 자신에게 정부 장관직을 주겠다는 밀서를 보내왔다고 알렸다. 아라고네스와 멜은 체에게 〈마셍고에게 접근했다면 틀림없이 수말리오와 카빌라에게도 《작업》을 하고 있을 겁니다〉라고 경고했다

　10월 30일, 그들은 체에게 다시 급전을 보내 자신들이 있는 호숫가로 내려오라고 설득했다. 비행기가 키밤바 근처 진지들을 폭격하기 시작했고, 두 사람은 이것이 최종 공격의 전조일지도 모른다고 걱정했다. 기지는 점점 혼돈에 휩싸여 〈이탈자와 범죄자, 배신자〉 등 온갖 사람들의 피난처가 되었고 통제도 불가능했다. 두 사람은 이렇게 강조했다. 〈정말 위급합니다. 우리는 전언을 충분히 보냈고 이곳 상황뿐 아니라 국제적 상황까지 잘 알려 드렸습니다. 수다쟁이 노파라도 된 것 같습니다. 우리도 항상 새로운 소식을 듣고 싶으니 상황을 알려 주시기를 제발 부탁드립니다 (그러면 우리는 3명의 수다쟁이가 되겠지요).〉

　결국 체는 아라고네스와 멜의 충고를 받아들이기로 했다. 그는 새로 마련한 마을 기지에 콩고인 몇 명과 파피를 남겨 두고 군사 훈련을 계속하라는 명령을 내린 후 키밤바로 내려갔다. 사실상 주변 사람들은 모두 콩고 혁명이 임종 직전의 마지막 고통을 겪고 있다고 생각했지만 체는 희망을 포기하지 않으려 했고 멀리 떨어져 있어 아직 침략당하지 않은 전선을 지원하려 했다. 늘 해오던 대로 월말 상

황을 결산하면서, 체는 10월은 〈끝없는 재난의 달〉이라고 결론지었다. 〈요컨대, 우리는 결정적인 시기가 될 달[11월]에 들어섰다.〉

그러나 체가 이렇게 기록하는 순간에도 그가 딛고 선 발판은 무너져 내리고 있었다. 11월 1일, 리발타 대사는 탄자니아 정부에 소환되어 아크라에서 체결된 협정에 따라 탄자니아는 콩고 민족해방운동에 대한 〈지원이나 그 비슷한 것〉을 일체 중단하기로 결정했다는 통지를 전해받았다. 체는 급전을 통해 소식을 들었다.

〈그것은 빈사 상태의 혁명에 가해진 최후의 일격이었다〉라고 체는 기록했다. 신중을 기하기 위해 체는 일단 이러한 사실을 마셍고에게 알리지 않고 그 후 며칠 동안 상황을 살펴본 다음 결정을 내리기로 했다. 11월 4일, 쿠바 대사관이 체에게 전보를 보내 피델이 보낸 편지 내용을 대략적으로 미리 알려 주었다. 편지 전문은 전령이 가지고 오는 중이었다. 체가 한 달 전 마차디토 편에 보낸 편지에 대한 답장이었다. 편지의 요점은 다음과 같았다.

〈1. 우리는 어리석은 일만 빼고 가능한 모든 일을 해야 하네. 2. 우리 군단이 머무는 것이 이치에 맞지 않거나 쓸모없는 상황이 되었다고 타투[체]가 판단할 경우 철수를 고려해야 하네. 객관적인 상황과 우리 대원들의 상태에 따라 행동하게. 3. 그대로 있어야 한다고 판단하면 인력과 물질적 자원을 자네가 필요하다고 생각하는 만큼 보내도록 노력할 것일세. 4. 우리가 자네의 행동을 패배주의적이라거나 회의주의적이라고 생각한다는 잘못된 걱정을 가지고 있는 것이 아닌지 염려되네. 5. 이곳으로 돌아오거나 다른 곳으로 갈 경우에도 현재의 직위를 유지할 수 있네. 6. 우리는 자네의 결정을 지지하네. 7. 전멸은 피하도록 하게.〉

체는 야전 무선통신으로 다르에스살람을 연결해 피델에게 전할 메시지를 불러 주었다. 그는 피델에게 현재 상황을 알리고 며칠 전 콩고 반군 지도자들이 탄자니아로 대거 달아났다는 소문이 퍼졌을 때 자신은 직접 선발한 20명과 함께 남기로 결심했다고 전했다. 그들은 게릴라단을 계속 모집할 생각이었다. 작전이 실패하면 육로를 통해 〈다른 전선〉으로 가거나 탄자니아에 정치적 망명 보호를 요청하면 될 터였다. 그러나 탄자니아가 지원을 중지하기로 결정하면서 이 계획도 무산되었다.

체는 피델에게 쿠바 고위 대표단을 탄자니아로 보내 니에레레와 대화를 하고 다음과 같은 쿠바의 입장을 탄자니아에 전하는 것이 어떠냐고 제안했다. 〈쿠바는 탄자니아의 승인을 전제로 원조를 제공했다. 우리는 현재 탄자니아의 어려움을 이해하지만 탄자니아의 계획에는 동의하지 않는다. 쿠바는 약속을 취소하지 않을 것이고, 형제들을 용병의 손에 맡겨 두고 수치스럽게 도망치는 짓은 받아들이지 않겠다. 우리는 불가항력이나 타당한 이유를 가지고 콩고인들 스스로가 우리에게 요청할 경우에만 이 투쟁을 포기할 것이며, 그런 일이 발생하지 않도록 계속해서 싸울 것이다.〉

체는 또한 탄자니아에 최소한의 지원만이라도 지속해 줄 것을 탄원해 달라고 피델에게 요청했다. 다르에스살람과의 통신망을 열어 두고 식량과 무기 공급을 위해 호수를 계속 이용하게 해달라는 것이었다. 마지막으로 그는 피델에게 자신이 쓴 편지의 사본을 중국과 소비에트 측에 전달해서 〈비열한 책략을 미연에 방지〉하라고 충고했다.*

11월 10일에는 줄어든 반군 영토의 변방에서 전쟁이 계속 진행되고 있었다. 르완다 투치족의 요지 가운데 하나가 습격을 당했고 적군은 호수를 향해 꾸준히 전진했다. 키밤바의 식량과 의료품이 고갈되어 가는 가운데 체는 키고마와 다르에스살람의 쿠바 본부에 전보를 보냈다. 〈적의 압박이 커지고 있으며 호수 봉쇄가 계속되고 있음. 고립될 경우에 대비하여 상당량의 콩고 통화가 급히 필요함. 빨리 움직여야 함. 기지를 방어할 준비를 하고 있음.〉

11월 14일에 체의 쿠바 대형보트 선장 〈창가〉가 피델의 새로운 전언과 식량, 다르에스살람에서 온 쿠바 정보부 관리 1명을 싣고 호수를 건너왔다. 피델은 체에게 탄자니아 정부가 입장을 바꿀 기미가 전혀 없다고 알렸다. 다르에스살람에서 온 사절은 현재의 공식적인 상황을 고려하여 탄

* 쿠바의 콩고 작전의 행정 단계에 비밀리에 관여했던 한 쿠바 정보부 관리는 필자에게 소비에트와 중국의 경쟁이 콩고 사태의 결말에 직접적인 영향을 끼쳤다며 이렇게 말했다. 「제 생각에 소비에트는 체와 관련되지 않기를 바랐습니다.」 또 그는 소비에트가 쿠바와 아프리카가 지원하는 반군 연합과 협력했지만 일차적인 목적은 중국이 차지한 지역에서 경쟁을 하기 위한 것이었다고 암시했다. 사태의 방향이 바뀌자 모스크바는 협상을 통한 해결 쪽에 무게를 실어 콩고 혁명 — 그리고 체의 노력 — 은 불행한 결말을 맞이했다. 이러한 분석을 뒷받침하듯이 어느 고위 쿠바 관리는 체의 기록(아마도 출판되지 않은 원본 콩고 일기로 추정된다)에서 소비에트가 니에레레 탄자니아 대통령에게 쿠바에 후퇴를 요구하라고 〈압력〉을 넣었을 것이라고 의심하는 내용을 보았다고 말했다.

자니아에 체의 〈비밀 기지〉 준비를 시작해야 하느냐고 물었고 체는 그렇다고 대답했다.

웃지 못할 소극도 있었다. 선장이 소련에서 막 훈련을 마치고 돌아온 40명 이상의 콩고 반군 〈졸업생〉들을 데리고 왔는데, 이들은 불가리아와 중국에서 훈련을 받고 온 반군들과 마찬가지로 즉시 2주일의 휴가를 요구하면서 짐을 놓을 곳이 없다고 불평했다. 체는 이렇게 썼다. 〈그건 재미있는 광경일 수도 있었다. 혁명이 이런 기질을 가진 친구들에게 신뢰를 보냈다는 게 너무나 슬픈 일이란 걸 접어 두면 말이다.〉

전투 지역에서 쿠바 사령관들이 열심히 노력했음에도 불구하고 반군의 방어는 계속해서 무너졌다. 11월 16일, 체는 다르에스살람의 쿠바 대사관에 구조 신호를 보내 키고마의 은닉처에 숨겨 둔 무기를 요청했다. 그는 탄자니아 정권이 병참 보급선을 일부러 막고 있다고 비난하면서 그들의 의도가 무엇인지 딱 부러지는 대답을 요구하라고 대사관에 주문했다. 적의 포함들이 호수를 순찰하고 있었으므로 그는 이제 전투를 시작해야 했다.

같은 날, 아직 산 속에 있던 파피가 전언을 보내 보충 병력이 시급하다고 알렸다. 파피와 함께 싸우던 르완다인들이 그날 아침 다 같이 무기를 가지고 소리 없이 이탈한 데다가 콩고인들도 떠나 버렸다는 것이었다. 절망적인 소식이었다. 전선에 충분한 병력이 없다면 적의 전진을 막을 방법이 없었다.

체는 가까이에 있던 콩고 지도자 마셍고, 차말레소를 비롯한 몇몇 사람들(여러 번 반복된 간청에도 불구하고 카빌라는 아직도 호수를 건너오지 않고 있었다)과 비밀회의를 열어 전략을 논의했다. 선택안은 두 가지밖에 없었다. 현재 위치에서 끝까지 싸우든지 돌파를 시도하여 적의 전선을 뚫고 북쪽이나 남쪽으로 달아나는 것이었다. 전사들을 믿을 수 없었기 때문에 첫 번째 안은 폐기되었다. 그들은 본도라는 지역을 통해 조심스럽게 남쪽으로 돌파하기로 결정했다. 체는 드레케와 장교 알리를 그곳으로 정찰 보내면서 가능성을 알아 오라고 명령했다.

그러나 체의 기록에 따르면, 알리가 갑자기 폭발해서 〈이 사람들의 협조도 없이 이 산 저 산 뛰어다니는 짓〉은 이제 그만둬야 한다고 말했다. 〈나는 그에게 본도에서 철수를 계획할 것이라고 신랄하게 대답하고 전투지를 떠난 다른 사람들처럼 그 역시 떠나도 좋다고 말했다. 그러자 그는 즉시 끝까지 남겠다고 대답했다.〉*

체는 더 이상 비밀을 지키는 것은 옳지 않다고 판단했기 때문에 마셍고에게 탄자니아가 지원을 중단하기로 결정했다는 소식을 알리고 결단을 내리라고 말했다. 이것은 마셍고와 그의 동지들에게 결정적인 소식이었던 것이 분명했다. 그날 밤 차말레소가 체를 찾아와서 캠프의 모든 반군 장교들이 작전을 종료하기로 결정했다고 알렸다. 이 결정을 쉽게 받아들일 수 없었던 체는 그렇다면 그들의 결정을 서면으로 작성하여 제출해 달라고 차말레소에게 말했다.

* 자세한 내용은 부록 참조.

〈나는 그에게 역사라는 것이 있다고, 역사는 수많은 조각의 데이터로 이루어지며 그 데이터들은 왜곡될 수 있다고 말했다.〉체는 콩고가 나중에 철수는 쿠바가 결정한 일이라고 우길 경우에 대비해서 문서를 확보하려 했다. 차말레소는 마셍고가 그런 문서에 선선히 서명하지는 않을 것 같다고 말하면서도 자리에서 일어나 협의를 하러 갔다.

차말레소가 가고 나서 산 위의 기지가 조금 전에 무너졌다는 야전 통신이 전해졌다. 대원들은 싸워 보지도 않고 후퇴했고 수많은 적군이 전진하고 있었다. 체는 신속하게 대응하여 즉각 후퇴를 제안했고 차말레소도 즉시 받아들였다. 차말레소는 다른 장교들과 다시 이야기를 해보았는데 여전히 전장에서 〈최종〉 후퇴하기를 만장일치로 바란다고 체에게 전했다. 체는 이렇게 기록했다. 〈5분도 안 돼서 무선통신원이 사라졌고 헌병이 모두 달아났으며 혼돈이 기지를 휩쓸었다.〉

8

때는 11월 18일, 이미 밤이 찾아왔다. 체는 후퇴를 시작했으니 철수할 때 쓸 배를 준비해 달라고 키고마에 무선 통신을 보냈다. 그는 부하들에게 오두막을 불태우고 장비들은 될 수 있는 대로 비밀 장소에 숨기라고 명령한 후 최후의 저항을 해야 할 경우에 대비해 중장비 무기를 챙기라고 명령했다. 새벽이 되자 반군이 무거운 짐을 지고 호숫가를 향해 천천히 걷기 시작했고 짐을 버리는 병사들도 있었다. 체는 부하들의 얼굴에 〈몇백 년 묵은 듯한 피로〉가 떠오르는 것을 보고 그들의 걸음을 재촉했다. 그들 뒤쪽에서 폭발이 일어나 불과 연기가 치솟고 있었다. 누군가 탄약고에 불을 붙인 것이었다. 콩고 전사들은 대부분 이탈했지만 체는 호수에 도착해도 병사들 전원을 실어 나를 만큼 배가 충분하지 않다는 사실을 알았기 때문에 그냥 내버려 뒀다.

그들은 키밤바에서 남쪽으로 10킬로미터 떨어진 호숫가 기슭을 집결 장소로 정했다. 체는 행군을 하면서 키고마에 다시 무선통신을 보내서 그날 밤에 대형 보트를 보내 달라고 요청했다. 반군은 그날 오후 철수 지점에 도착했다. 체는 다시 무선통신을 보내 그와 부하들이 정해진 위치에 도착했으며 전쟁은 끝났다고, 급히 철수해야 한다고 알렸다. 마침내 응답이 왔다. 〈알았음.〉체는 이렇게 적었다. 〈호수에서 《알았음》이라는 응답이 오자 마치 요술 지팡이로 얼굴을 건드린 것처럼 모든 동지들의 표정이 바뀌었다.〉

그러나 그날 밤에도, 다음 날에도 배는 오지 않았다. 체는 점점 더 커져 가는 불안 속에서 배를 기다리며 주변을 지키기 위해 매복을 계획했고 부하들을 보내 실종된 사람들을 찾았다. 실종된 대원 중 1명은 다음 날 아침 삔 발목을 절뚝거리며 나타났지만 나머지 쿠바 대원 2명의 소식은 알 수 없었다. 11월 20일 오후에 체는 키고마의 대형 보트 선장 창가에게 무선통신을 보내 부하 200명을 철수시켜야 한다고 알렸다. 창가는 회신을 보내 탄자니아 당국에 의해 억류당하고 있지만 그날 밤 호수를 건너겠다고 설명했다.

체는 이 소식을 듣고 〈사람들이 기뻐했다〉고 적었다. 그는 마셍고 및 참모들과 이미 의논하여 콩고 사령관 중 1명이 부하들과 함께 남고, 마셍고와 다른 콩고 사령관들은 쿠바인들과 함께 철수한다는 데 동의한 상태였다. 그러나 계획이 제대로 실행되려면 탈출하는 사람들이 이곳에 남는 콩고 전사들을 속여야 했다. 체와 마셍고는 여러 가지 〈핑계〉를 대서 남을 전사들을 배 1척에 태운 다음 가까운 마을로 이동시키기로 했다. 배에 탄 사람들이 시야에서 사라지고 나면 〈진짜〉 철수를 시작할 터였다.

그러나 상황은 순조롭게 진행되지 않았다. 그들은 상당수의 콩고 전사들을 구슬려서 제일 먼저 도착한 배에 태웠지만 일부 전사들이 〈뭔가 냄새를 맡고〉 배에 타지 않겠다고 고집을 부렸다. 체는 즉흥적으로 꾀를 내어 부하들에게 〈제일 모범적으로 행동하는〉 콩고인들을 뽑으라고, 그들을 〈쿠바인으로서〉 함께 데리고 가겠다고 말했다.

체는 호숫가에 서서 쿠바 대원들이 콩고에서 철수하는 모습을 지켜보면서 이곳에 남아 투쟁을 계속할 가능성에 대해 깊이 생각해 보았다. 〈나에게 상황은 분명했다. 내가 임무를 맡겨서 파견한 대원 2명은······ 몇 시간 안에 돌아오지 않으면 결국 버려질 것이었다. 우리가 이곳을 떠나는 순간부터 콩고 안팎에서 우리를 심하게 중상모략할 것이다. ······내가 조사한 바에 따르면 눈살을 찌푸리기는 하겠지만 나를 따를 부하가 최대 20명 정도 있다. 그런 다음에는 무엇을 할 것인가? 참모들은 모두 철수하고 있었고 농부들은 우리에게 점점 더 적대적인 태도를 보이고 있었다. 하지만 완전히 철수하여······ 무방비한 농부들과 [사실상 무방비한] 무장 부하들을…… 좌절 속에, 배신당했다는 생각을 갖게 한 채 남겨 두고 떠나는 것이 나는 무척 고통스러웠다.〉

체가 최후의 며칠 동안 곰곰이 생각했던 방안 중 하나는 콩고를 가로질러 가서 피에르 물렐레의 반란 세력과 합류하는 것이었지만 물렐레의 영토까지는 수백 킬로미터나 되는 정글을 지나야 했기 때문에 쓸 만한 게릴라 세력을 조직하기는커녕 그 긴 여정에서 살아남는 것만도 엄청난 업적이 될 터였다.

체는 배를 기다리면서 여러 가지 방안을 계속 가늠해 보았지만 괜찮은 것은 하나도 없었다. 나중에 그는 〈사실 밤이 지나고 새벽이 밝아 올 때까지도 콩고에 남자는 생각이 계속 머릿속을 맴돌았다〉고 고백했다. 체는 무엇보다도 도망치듯이 굴욕적으로 후퇴하면서 속임수까지 써가며 콩고 전사들을 남기고 떠난다는 사실이 마음에 걸렸다. 그는 남겨진 콩고 전사들이 자신과 동지들을 어떤 식으로 기억할까 생각하며 괴로워했다.

체는 이렇게 썼다. 〈새벽 2시에 배가 도착할 때까지 최후의 몇 시간을 나는 당혹감 속에서 홀로 보냈다.〉

병자와 부상자들이 먼저 배에 올랐고 마셍고와 참모들, 그들과 함께 철수하도록 선발된 콩고인 40명이 그다음으로 배에 탔다. 그리고 마지막으로 체와 쿠바 대원들이 배에 올랐다.

〈비참하고 수치스러운 광경이 펼쳐졌다. 나는 함께 데려가 달라고 애원하는 사람들을 뿌리쳐야 했다. 이번 후퇴에는 위엄의 흔적도 반란의 기미도 없었다. 기관총을 준비하고 관례대로 버려진 전사들이 땅에서 우리를 공격하며 위협할 경우를 대비해 부하들을 준비시켰지만 그런 일은 일어나지 않았다. 단지 도망치는 자들의 우두머리가 계선줄을 놔달라고 말하자 몇 명이 흐느꼈을 뿐이다.〉

28장
후퇴는 없다

1

콩고 사태가 파국으로 치닫던 며칠 사이 체는 다르에스살람 외곽에 위치한 쿠바 대사관의 방 2개짜리 작은 아파트에 안전하게 숨어들었다. 리발타 대사가 암호 전문가 겸 전신 기사와 남자 비서, 요리사만 남겨 두고 다른 사람들을 모두 아파트에서 내보냈고 남아 있던 사람들도 위층에 낯선 사람이 있다는 사실을 전혀 몰랐다.

비극으로 끝난 콩고 원정에 참가한 다른 쿠바인들은 트럭을 타고 다르에스살람으로 실려 왔고, 소비에트가 쿠바의 요청에 따라 그들을 모스크바로 데려가 아바나 행 쿠바 국적기에 태웠다. 페르난데스 멜은 키고마에 남아 수색 구조대를 조직하여 실종된 쿠바 대원 2명을 찾아다녔고 남겨진 콩고인들을 철수시켰다. 그는 거의 르완다까지 먼 길을 가서 4개월이 지난 다음에야 실종된 쿠바 대원을 발견할 수 있었다.

체와 부하들이 탄 배는 콩고 정부군의 쾌속정과 지척에서 조우하는 위기 상황을 겪으면서도 탕가니카 호수를 무사히 건넜다. 체는 부하들에게 75밀리미터 무반동총을 뱃머리에 설치하라고 지시해 배가 중무장을 하고 전투에 돌입할 태세가 되어 있는 것처럼 보이게 했다. 대담한 조치였다. 만약 발포하게 된다면, 그 충격만으로도 배에 탄 사람들 다수가 죽을 수 있었기 때문이었다. 이렇게 호전적인 태도를 보였기 때문인지 아니면 도망자들을 달아나도록 놔두라는 상부의 명령이 있었기 때문인지, 정부군의 포함은 접근하지 않았다.

키고마 기슭에 도착하자 쿠바인들이 조종하는 작은 모터보트가 체를 기다리고 있었다. 체는 파피와 경호원 폼보, 투마이니 — 〈투마〉 — 를 데리고 작은 보트에 올라탄 다음 기회가 된다면 언젠가 〈다른 나라〉에서 다시 만나자고, 다른 곳에서 계속 싸워 나가길 바란다고 말하며 나머지 대원들과 작별 인사를 했다. 쿠바 대원들은 집과 가족이 기다리는 고국으로 돌아가게 되어 마냥 기뻤지만 그들을 아프리카까지 오게 만든 그들의 경험과 체라는 남자에 대한 애증 때문에 작별의 순간에는 뭐라 딱 꼬집어 말하기 힘든 어색하고 거북한 분위기가 흘렀다.

폼보의 말에 따르면, 체는 배에서 내린 다음 함께 온 젊은 부하 3명에게 이렇게 말했다. 「어쨌든 우리는 계속해야지. 자네들 계속할 준비가 되어 있나?」 그들은 체가 쿠바로 돌아가지 않을 것임을 깨달았다. 「어디서 말입니까?」 폼보가 물었다. 「〈어디서든.〉 당시에는 우리가 어디로 갈지에 대해 그 역시 확실한 생각이 없었습니다.」

이때 아리 〈폼보〉 비예가스는 스물다섯 살, 카를로스 〈투마〉 코에요는 스물여섯 살이었다. 두 사람 모두 십 대였던 1957년에 시에라마에스트라의 체의 군단에 들어가서 그때부터 줄곧 그와 가깝게 지내온 터였다. 호세 마리아 〈파피〉 마르티네스는 스물아홉 살이었고 1962년 이후 피녜이로의 결정에 따라 체의 게릴라 계획에 합류해 있었다. 그는 과테말라 작전과 마세티 군단에도 참가했고 타니아의 비밀 훈련을 돕기도 했다. 이들은 체가 자신이 부르면 〈눈살을 찌푸리지〉 않고 따라올 것이라고 생각했던 부하들이었고, 역시나 그를 실망시키지 않았다. 탄자니아 쪽 호수 기슭에 도착한 다음 체가 계속하겠냐고 묻자 3명 모두 〈네〉라고 대답했다.*

폼보는 이렇게 설명했다. 「체는 성공을 거두지 않으면…… 쿠바로 돌아갈 수 없었습니다. 그는 계속 전진하는 것이 최선이라고 생각했습니다. 가능성이야 어떻든 스스로의 노력으로 계속 싸워야 했습니다.」

실로 체가 건넌 것은 단순한 호수 하나가 아니었고 콩고에 두고 온 것은 와해되는 혁명만이 아니었다. 체는 5년 동

---

* 자세한 내용은 부록 참조.

안 싸우려 했지만 고작 6개월 만에 모든 것이 종결되었다. 한 달 전에는 피델이 쿠바 공산당 취임식에서 체의 작별 편지를 공개한 터였다. 체는 이제 자존심 때문에라도 대중 앞에 다시 나설 수 없다고 생각했다. 그는 전 세계가 보는 앞에서 〈새로운 전쟁터〉에 도움을 주겠다고 맹세했다. 게다가 지난 6월에 벤데라에서 쿠바 게릴라 대원의 일기를 빼앗긴 이후 쿠바가 콩고 사태에 비밀리에 개입했다는 사실이 전 세계에 알려진 상태였다. 체가 콩고에 있다는 사실을 CIA가 아직 파악하지 못했다 하더라도 몇 가지 가능성 중 하나로 여기고 있다고 생각하는 편이 안전했고 체를 찾고 있을 것이라고 가정해야 했다.

1965년 11월 말 당시 체는 세상에서 가장 유명한 마르크스주의 혁명가였고 그가 보기에 〈프롤레타리아 국제주의〉라는 목표에는 국경이 없었다. 그러나 이제 갈 곳이 없었다. 체는 정말로 나라 없는 사람이 되었다.

2

체와 부하들이 콩고를 떠난 지 사흘 후인 11월 25일, 콩고 참모총장 조제프 모부투가 카사부부 대통령 정권을 전복했다. 이것으로 서구의 지원을 받는 전제적인 독재가 시작되어 그 후 30년간 콩고의 피를 말렸다. 콩고 〈혁명〉이 정말 끝났다.

투마와 폼보는 다르에스살람에서 며칠을 지낸 후에 비행기를 타고 파리로 갔다가 다시 모스크바와 프라하로 갔다. 프라하에서 두 사람은 체코 정보국이 제공한 안가에서 체를 기다렸다. 체는 탄자니아 수도의 작은 방에 파묻혀 콩고 회고록 작업을 했다. 그를 찾아오는 사람은 파블로 리발타와 그가 구술하는 내용을 받아 적는 쿠바 전신 기사밖에 없었다.

콩고에서 마지막 행동을 결정할 때 역사를 염두에 두었던 것처럼, 체는 세계 사회주의 혁명의 역사에 기여하기 위해 언젠가 ─ 〈편리한 때에〉 ─ 발표할 생각으로 콩고 혁명에 대한 책을 쓰기 시작했다. 그는 쿠바 혁명전쟁에 대한 책과 똑같은 『혁명전쟁 회고록(콩고)』이라는 제목을 붙여서 자신에게는 콩고 투쟁이 전 세계 피억압자들의 〈해방〉을 최종 목표로 하는 역사적 투쟁의 한 단계였음을 확실히 드러냈다.

그러나 두 책에는 중요한 차이가 있었다. 첫 번째 책에도 실수와 희생을 무뚝뚝하게 설명하는 부분이 많았지만 그 책은 무엇보다도 쿠바 게릴라의 영웅적 행동에 대한 찬가이자 그들을 승리로 이끈 피델의 한 치의 착오도 없는 리더십에 대한 칭찬이며 다른 사람들에게 본보기를 보여 주는 도덕적 우화였다. 두 번째 회고록은 첫 번째 책을 완전히 부정적으로 반전시킨 것으로, 체는 맨 첫 장에서 〈이것은 실패담이다〉라고 분명히 밝혔다.

체는 이 책을 〈희생의 의미를 찾아서, 바아사와 그의 동지들에게〉 바침으로써 마르크스주의의 전통에 따라 자기비판을 함으로써 자신의 죄를 씻겠다는 굳은 결심을 보여 주고 있었다. 체는 모든 경험을 이야기하고 콩고 운동 세력과 쿠바 전사들에게서 발견한 실수와 부족한 점을 길게 비판한 다음 마지막 부분에서는 자신의 잘못에 대해 적었다. 〈오랫동안 나는 지나친 자만이라고 할 만한 태도를 유지했고, 또 어떤 때는, 아마도 타고난 성정 때문에, 화를 폭발시켜 다른 사람들에게 상처를 주고 기분을 상하게 했다.〉

체는 자신이 좋은 관계를 유지한 유일한 집단은 〈농부들〉이었다고 썼지만, 스와힐리어를 제대로 배우려는 의지가 부족했다고 자신을 책망했다. 그는 프랑스어에 의지해 장교들과 소통할 수 있었지만 일반 사병들과는 소통하지 못했다.

나는 부하들을 대할 때 개인적, 물질적인 면에서 아무도 나를 비난하지 않을 만큼 책임감 있게 행동했다고 생각한다. ……다 떨어진 장화를 신거나, 갈아입을 옷이 더러운 옷 한 벌밖에 없거나, 다른 병사들과 똑같이 맛없는 음식을 먹고 같은 상황에서 생활하는 불편함은 나에게 희생이 아니다. 그러나 일상적인 문제에서 빠져나와 혼자 틀어박혀서 책을 읽는 습관 때문에 부하들과 접할 기회를 갖지 못했고, 쉽게 친해지지 못하는 성격도 당연히 문제가 되었다.

나는 엄격했지만 과도하거나 부당할 정도는 아니었다고 생각한다. 나는 처벌로 단식을 명령하는 등 일반 군대에서 적용하지 않는 방법을 사용했다. 하지만 단식은 내가 게릴라 전쟁을 수행하면서 습득한 유일하게 효과적인 처벌 방법이었다. 처음에는 윤리적인 방법을 써보았지만 실패했다. 대원들이 상황을 나와 똑같이 인식하게 하려고 노력했지만 그마저도 실패했다. 대원들은 우울한 현재를 통해서 미래를 봐야 했기 때문에 긍정적으로 볼 준비가 되어 있지 않았다.

마지막으로 나와 다른 대원들의 관계를 짓누른 또 한 가지는…… 피델에게 보낸 작별 편지였다. 이 편지는 여러 해 전 내가 시에라에서 게릴라를 시작했을 때와 마찬가지로 동지들이 나를 쿠바인과 관련 있는 외국인으로 보게 만들었다. ……우리에게는 어떤 공동의 요소, 공동의 갈망이 있었지만, 내가 암묵적으로 혹은 노골적으로 그것들을 저버렸기 때문에 이제 더 이상 공유하는 것이 없었다. 그것은 바로 개개인에게 가장 신성한 것, 즉 자신의 가족과 국가, 자신이 사는 곳이었다. 쿠바 안팎에서 수많은 칭송을 받은 이 편지가 나와 대원들을 갈라놓았다.

이 같은 심리적인 분석이 거의 대륙적 규모를 가진 투쟁을 분석하는 글에는 어울리지 않아 보일지도 모른다. 나는 토대라는 나의 개념에 항상 충실하다. 나는 쿠바 게릴라단의 지도자였지 동료가 아니었으므로 나의 역할은 그들의 진정한 지도자가 되는 것, 그들을 승리로 이끌어 진정한 민중 군단으로 발전시키는 것이었다. 그러나 나는 독특한 위치 때문에 군인, 외세의 대표, 쿠바와 콩고 대원들의 교관, 전략가, 알 수 없는 단계의 야심 큰 정치가, 검열자로 지루하고 반복적으로 변화했다. ……너무나 많은 끈을 쥐고 있다 보니 고리디오스의 매듭처럼 복잡하게 얽혀 버렸고, 이것을 어떻게 풀어야 할지 몰랐다.

……나는 콩고에서 교훈을 얻었다. 따라서 어떤 실수들은 두 번 다시 저지르지 않을 것이다. 그러나 어떤 실수는 반복

할지도 모르고, 새로운 실수를 저지를지도 모른다. 이제 나는 게릴라 투쟁을 그 어느 때보다 굳게 확신하게 되었지만, 어쨌든 우리는 실패했다. 내 책임이 크다. 나는 이 실패를 결코 잊지 않을 것이며, 소중한 교훈들도 잊지 않을 것이다.

<h1 style="text-align:center">3</h1>

체는 콩고를 떠나는 그 순간부터 보호받고 살아남기 위해 쿠바 정보국에 완전히 의지하게 되었다. 성인이 된 이후 처음으로 자기 운명의 주인이 아닌 순간이었다.

바르바 로하 피녜이로가 이끄는 정보 및 게릴라 지원망은 라틴 아메리카를 비롯한 다른 지역에서 그랬던 것처럼 이제 아프리카 전역에서 운영되었고 외교 업무로 위장하는 경우가 많았다. 카이로 주재 쿠바 대리 대사 호세 안토니오 아르베수는 피녜이로의 공작원이었고 아프리카 및 아시아 부서장 울리세스 에스트라다도 마찬가지였다. 울리세스는 쿠바에서는 타니아의 연인이었고 마세티가 아르헨티나로 떠나기 전에는 그의 관리자였던 키 크고 마른 흑인이었다. 체가 콩고에 있는 내내 울리세스는 핵심 연락책으로 활동했다. 쿠바와 탄자니아를 끊임없이 오가며 무기와 인력, 정보의 흐름을 관리했다. 콩고 혁명이 실패한 후, 울리세스는 쿠바 대원들을 아바나로 돌려보내고 체의 앞으로의 행보를 준비하는 일을 담당했다. 체의 앞날은 당분간 미지수로 남아 있었다. 피델은 체가 쿠바로 돌아오기를 바랐지만 체는 남아메리카로 〈곧장〉 가고 싶다며 거절했다. 그러나 남아메리카 어디로 가야 하는가? 피녜이로의 수석 보좌관이자 페루와 아르헨티나에서 베하르와 마세티의 원정을 도왔던 후안 카레테로(아리엘)도 딜레마에 빠졌다. 그는 체가 다루기 쉬운 사람이 아님을 깨달았다.

아리엘은 이렇게 말했다. 「그와 논의한다는 것은 여간 어려운 일이 아니었습니다. 그는 아주 금욕적인 정신의 소유자였어요. 그는 편지가 발표된 이후 혁명 대의에 대한 책무 때문에 쿠바에 공개적으로 돌아오려 하지 않았습니다. 그것은 절대 불가능한 일이었습니다.」

그렇게 몇 주가 흘렀다. 크리스마스와 새해가 지나갔지만 체는 여전히 은둔 중이었다. 1966년 1월 초에 아내를 만나고 싶다는 체의 요청에 따라, 아리엘이 알레이다를 탄자니아로 데리고 왔다. 알레이다는 나에게 비밀 여행 때 위장신분으로 찍은 사진 2장을 보여 주었다. 한 장은 통통한 얼굴과 검은 고수머리의 나이 들어 보이는 여자의 모습이었고 또 한 장은 60년대 최신식 스타일에 따라 곧고 검은 머리를 어깨 위 길이로 자른 날씬한 여자의 모습이었다.

아리엘은 다르에스살람에 도착하자 알레이다를 체가 머물던 대사관으로 곧장 데려갔다. 알레이다는 차에서 내리자마자 서둘러 건물 안으로 들어가서 곧장 2층으로 올라갔기 때문에 그곳이 2층짜리 건물이라는 사실밖에 몰랐다. 그곳에서 알레이다와 체는 방 두 칸을 같이 썼다. 두 사람은 침대가 놓인 작은 암실에서 잠을 잤고 작은 거실에서 낮 시간을 보냈다. 그 후 6주 동안 알레이다와 체 모두 그곳에서 나가지 않았고 창문에는 항상 커튼이 드리워져 있었다. 알레이다는 딱 한 번 용기를 내어 바깥을 살짝 내다보았다. 근처에 작은 나무숲이 있었고 다른 집은 하나도 보이지 않았다. 그들을 만나러 오는 사람은 파블로 리발타밖에 없었고 그가 위층으로 식사를 가져다주었다. 암호 전문가이자 체의 타자수인 쿠바인 콜레만 페레르가 같은 층의 통신실에서 지냈다. 이 두 사람 외에는 아무도 체와 알레이다의 정체를 몰랐고 만난 적도 없었다.

알레이다의 말에 따르면 체는 할 일이 무척 많았기 때문에 갇혀 지내는 것을 전혀 신경 쓰지 않았다. 알레이다가 도착할 때쯤 그는 이미 콩고 회고록 작업을 마치고 다른 프로젝트 2개를 동시에 시작한 상태였다. 〈철학 노트〉*와 〈경제 노트〉였다. 〈경제 노트〉는 스탈린 시대 이후 사회주의 경전이 된 소비에트의 『정치경제학 편람』에 대한 비평을 바탕으로 한 글이었다. 체는 글을 쓰지 않을 때면 순전히 즐기기 위해 시와 소설을 읽으며 시간을 보냈다. 알레이다가 오자 체는 그녀가 읽을 〈교재〉를 정해서 숙제처럼 읽게 하고 매일 하루를 마무리할 때 같이 토론했다.

체의 미래라는 문제가 영영 사라지지 않을 구름처럼 두 사람의 머리 위에 드리워져 있었지만 알레이다는 두 사람이 함께 보낸 짧막한 휴식 기간을 무척 행복하다는 듯이 떠올리며 〈우리가 단둘이 지낸 것은 그때가 처음〉이었다

---

* 체는 아직까지도 출판되지 않은 철학에 대한 짧은 책의 개요를 아르만도 아르트에게 남겼다. 아르트는 반군이 승리를 거둔 후 급격히 좌파로 기울었던 인물로 현재는 쿠바 문화부장관을 맡고 있다.

고, 〈신혼여행〉에 가장 가까웠던 때였다고 회상했다. 알레이다는 웃으면서 암실의 〈침대〉를 언급하며 두 사람이 잃어버린 시간을 보충했음을 암시했다. 그녀는 또 예전에 두 사람이 언젠가 함께 멕시코와 아르헨티나에 가자고 종종 이야기했다고 덧붙였지만 〈시간이 없었고 그 후로도 없었죠〉라고 말했다.

알레이다는 2월 말에 쿠바로 돌아갈 때 탄자니아로 올 때와 똑같은 방식으로 떠났다. 계단을 내려가서 현관문을 나선 다음 기다리고 있던 차에 타서 곧장 공항으로 향했다. 그녀는 기껏 동아프리카까지 가서 아무것도, 특히 유명한 자연 동물 보호 구역도 보지 못했다는 사실을 아쉬워하면서 〈나중에 이브 몽탕과 캔디스 버겐이 나오는 영화에서 내가 놓쳤던 것을 봤어요〉라고 말했다.

4

알레이다가 떠날 때쯤, 아리엘은 남아메리카로 곧장 가겠다는 체를 드디어 설득해서 프라하로 보냈다. 체에게는 프라하가 더 안전할 것이고 쿠바 측이 갈 곳을 마련할 때까지 그는 그곳에서 〈기다릴〉 수 있었다.*

체가 탄자니아를 떠나기 전인 3월의 어느 날, 페르난데스 멜이 그를 만나러 왔다. 멜은 마침내 실종된 쿠바 대원들을 찾아내고 남겨진 콩고인들을 구출해서 호수를 건네

---

* 자세한 내용은 부록 참조.

줌으로써 쿠바의 키고마 작전을 마무리했다. 체는 친구였던 멜에게 콩고 회고록 중에서 그를 비판적으로 언급한 부분을 보여 주며 말했다. 「이렇게 자네를 헐뜯었다네.」 페르난데스 멜은 자신은 체의 명령에 따랐을 뿐이므로 자신에 대한 비판은 곧 체에 대한 비판이라고 받아쳤다.

콩고에서의 경험은 둘 사이를 멀어지게 했다. 그들은 여전히 친구였지만 이제 더 이상 같은 신념을 공유하지 않았다. 멜은 〈대륙 게릴라 전쟁〉이라는 체의 사상을 곰곰이 생각해 본 끝에 그의 전략이 얼마나 유효한 것일까 의구심을 갖기 시작했다. 적어도 아프리카에서는 통하지 않을 거라 생각했다. 그는 또한 체가 대륙 게릴라 전쟁을 완고하게 고집하면서 그 스스로가 현혹되었다고 생각했다.

페르난데스 멜은 이렇게 설명했다. 「체는 우리에게 여러 가지 이야기를 했지만 나는 그 역시 자기 말이 현실적이지 않다는 사실을 알고 있었다고 확신합니다. 자기가 옳다고 생각하지 않는 것을 말로 옮기는 사람은 아니었지만 말입니다. ……그러나 실제로 체는 승리를 거둘 수 있다고 믿었습니다. ……그는 사람들을 해방시킬 방법을 찾았다고, 혁명이 성공할 것이라고 머릿속 깊이 생각했고 그것이 절대적인 사실인 것처럼 설명했습니다. 그러므로 체는 실패한 콩고 작전이 자신이 그렇게 공들여 생각한 전략을 망쳤다는 사실을 받아들이지 못했습니다.」

페르난데스 멜은 체가 아마 남아메리카로 갈 것이고 궁극적으로는 — 그가 항상 계획해 온 대로 — 그의 고국 아르헨티나에 가리라는 사실을 잘 알았다. 콩고에 오기 전까지는 멜이 체와 함께 간다는 것이 두 사람 사이의 암묵적인 계획이었지만 이제 그런 말은 나오지 않았다. 멜은 체의 계획에 대해 묻지도 않았고 함께 가겠다고 자원하지도 않았다. 두 사람의 침묵이 모든 것을 말해 주었다. 이것이 두 친구가 헤어지는 방법이었다. 며칠 후 페르난데스 멜은 피델에게 전할 『혁명전쟁 회고록』을 가지고 아바나로 돌아갔다. 그는 두 번 다시 체를 만나지 못했다.

5

체가 파피와 함께 프라하에 도착하자 폼보와 투마가 안가에서 기다리고 있었다. 프라하 외곽의 크고 당당한 대저택을 키 큰 향나무들이 조심스럽게 가리고 있었다.

1959년에 피델이 승리를 거둔 직후 쿠바와 체코 정보부가 맺은 협정에 따라, 체코 측은 프라하의 안가 몇 곳을 쿠바 측 임의대로 사용할 수 있게 해주었다. 아리엘에 따르면, 이러한 안가들은 〈밀폐〉되어 있었고 체코와 상관없이 쿠바가 관리했다. 「체는 그저 또 한 명의 라틴 아메리카 혁명가라는 가짜 신분으로 들어왔습니다. 체코는 그가 거기 있다는 사실을 전혀 몰랐습니다.」

체가 도착한 후 그들은 저택에서 〈시간을 죽이며〉 조용히 지냈고 사격 연습으로 게릴라 기술을 계속 갈고닦았다고 폼보는 회상했다. 겨울이 지나고 봄이 찾아왔다. 알레이다가 다시 다른 모습으로 변장하고 체를 찾아와 몇 주일을 보냈다. 피녜이로의 요원 울리세스 에스트라다가 아바나를 오가며 피델과 피녜이로, 체 사이에서 메시지를 전달했다(또 다른 피녜이로의 부하에 의하면, 울리세스는 결국 체의 요청에 따라 아리엘로 대체되었다. 울리세스가 흑인이라서 프라하에서 〈너무 많은 이목〉을 끌었기 때문이었다).

아리엘과 폼보의 말에 따르면, 처음에는 피델이 쿠바로 돌아오라고 계속 설득했지만 체는 꿈쩍도 하지 않았다. 폼보는 〈체는 무슨 일이 있어도 돌아가고 싶어 하지 않았습니다〉라고 말했다. 체와 가깝게 지냈던 사람들은 그것이 단지 자존심 때문만은 아니었다고 생각한다. 결정적으로 체는 당시 쿠바에 자금을 지원하던 소비에트와 피델의 관계에서 자신이 정치적 걸림돌로 작용하고 있다고 판단했다. 피델에게는 체가 외국에서 활동하는 것이 더욱 도움이 될 터였다. 체는 외국에서 쿠바의 혁명 대외 정책을 수행하고, 피델은 〈옛 동지〉를 돕는다는 핑계로 그를 조심스럽게 지원할 수 있었다.

체가 쿠바를 떠날 당시 피델은 공격적인 〈국제주의〉로 돌아섰다. 피델이 1965년 노동절 기념 연설에서 〈평화적 공존〉을 비난했을 때 그의 새로운 입장이 분명히 드러났고, 그 이후 그는 계속 호전적인 입장을 취했다. 1966년 1월, 소비에트와 중국뿐 아니라 라틴 아메리카, 아시아, 아프리카 80여 개국에서 수백 명의 온갖 무장 〈민족해방운동〉 대표들이 참석한 가운데 개최된 제1회 삼대륙회의에서, 피델은 다시 한 번 사이가 좋지 않은 사회주의 초강대국들을 도발했다. 그는 베네수엘라, 과테말라, 콜롬비아, 페루에서 진행 중인 게릴라 운동을 칭송하는 결의문을 밀어붙여 통과시킴으로써 모스크바를 당황시켰고, 쿠바에 절실히 필요한 쌀 수입을 줄이기로 한 중국의 결정에 대해 아바나와 베이징 사이에 〈오해〉가 있는 것 같다며 중국을 비꼬았다(2월에 피델은 외교적인 표현을 버리고 중국 측에 유감스러운 부분을 조목조목 밝히며 중국이 쿠바 정치에 개입하려 하고 쌀을 무기로 정치적 복종을 이끌어 내려 한다고 비난했다).

그러나 피델에게는 삼대륙회의에서 해결해야 할 다른 문제들도 있었다. 그는 자신과 체 사이에 금이 갔다는 끈질긴 소문을 진화하고 아르헨티나 동지 체가 새로운 전쟁터에 갈 수 있도록 돌파구를 마련해야 했다. 회의에서 피델은 1966년을 〈연대의 해〉로 선언하며 전 세계 반제국주의 게릴라 투쟁에 협력하겠다고 맹세했다. 체가 놓쳐서는 안 될 시간적 틈이 있다면 바로 이때였다. 실제로 피델은 결국 〈무장 투쟁〉을 계속하겠다는 체의 강경한 주장에 굴복하여 피녜이로에게 체가 갈 곳을 찾아보라고 지시했다.

선택은 쉽지 않았다. 1966년 초 당시에 라틴 아메리카 혁명은 활기차게 전개되고 있었지만 여러 세력이 넘쳐나면서 갈팡질팡하는 상태였다. 볼리비아와 페루, 콜롬비아에는 친중국 공산당 당파가 생겼고 사방에서 수많은 게릴라 단체들이 생겨나고 있었다. 베네수엘라와 콜롬비아 게릴라단에는 쿠바의 고위 요원들도 참가하고 있었지만 상황은 별로 좋지 않았다. 게릴라가 갑자기 증가하자 미군과 CIA의 수도 늘어났다.

쿠바가 지원하는 과테말라 반란 세력 연합은 트로츠키파의 이탈 움직임 때문에 둘로 분열되고 있었다. 그러나 게릴라들은 내부 분열에도 불구하고 그즈음 몇 가지 공격을 실행하여 이목을 집중시켰는데, 미군 사령관 암살과 몇 달 후 일어난 과테말라 국방차관 암살도 그중 일부였다.

루이스 데 라 푸엔테 우세다와 기예르모 로바톤이 이끄는 페루 혁명좌파운동 게릴라가 지하 조직을 구성한 지 2년 만인 1965년 6월에 마침내 행동을 시작했다. 9월에는 엑토르 베하르가 이끌고 쿠바가 지원하는 민족해방군도 1963년의 완패에서 회복하여 전투를 시작했다. 페루 정부는 헌법의 효력을 정지시켰고 페루 정부군이 미국의 지원을 받아 맹렬한 대게릴라 전쟁을 시작했다. 1965년 10월에 루이스 데 라 푸엔테 우세다가 죽고 3개월 후 로바톤까지 죽임을 당하자 혁명좌파운동은 지도자가 부재하는 상황에 놓였고 전사들은 달아났다. 12월에 민족해방군도 비슷한 상황에 처했다. 머지않아 베하르 자신도 체포되어 투옥되었다.

콜롬비아의 상황도 비슷했다. 1965년 초에 쿠바의 지원을 받는 새로운 민족해방군 게릴라가 등장한 이후 5월에 공식적인 계엄령이 선포되었다. 12월에 혁명적이고 곧은 말을 잘 하는 가톨릭 사제 카밀로 토레스가 민족해방군에 합류하여 카리스마적인 인물을 영입함으로써 게릴라 활동은 사회적 비전과 더욱 폭넓은 호소력을 갖추게 되었다. 1966년 2월에 토레스는 죽었지만 콜롬비아 게릴라 활동은 새로운 분파가 생기고 성쇠를 거듭하면서 그 뒤 여러 해 동안 계속되었다.

한편, 쿠바가 지원하는 베네수엘라 민족해방무장군

FALN 게릴라 내부에서는 문제가 발생하기 시작했다. 공산당이 처음에는 〈무장 투쟁〉을 지지했지만 수많은 지도자들이 투옥되면서 1962년이 되자 한발 물러섰다. 1965년 4월에 공산당 총회가 투표를 통해서 〈합법적 투쟁〉으로 진로를 바꾸기로 결정하자 피델이 이를 공개적으로 비난했다. 1966년 3월에 베네수엘라 정부는 중도적인 정책을 내놓고 공산당 지도자들을 풀어 줌으로써 이에 보답했다. 그러나 쿠바의 지원을 받는 게릴라들은 공산당과 관계를 끊고 싸움을 계속했다.

볼리비아는 위기에 휩쓸렸다. 1964년 11월에 문민 대통령 빅토르 파스 에스텐소로 정권이 전복되고 군사 정부가 들어서자 막강한 볼리비아 노동조합의 카리스마 넘치는 조합장 후안 레친이 맹렬하게 군사 정권 반대 운동을 이끌었다. 1965년 5월, 레친이 망명하자 이에 항의하여 총파업이 일어났고 나라를 통치하던 장성들이 계엄령을 선포했다. 마리오 몬헤가 이끌던 친소 볼리비아 공산당은 〈무장 투쟁〉에 대해 신중한 태도를 취했다. 1965년 4월 학생 지도자 오스카르 사모라의 지도하에 조직된 친중국 당파는 게릴라 전쟁을 시작하겠다고 체에게 지원을 요청하여 진행하라는 답변을 받았다. 하지만 체가 콩고에서 싸우는 동안 쿠바와 중국의 관계가 악화되었기 때문에 피녜이로의 기관도 사모라도 게릴라 전쟁 계획을 추진하기 위해 할 수 있는 일이 별로 없었다.

1966년 3월에 체는 아직 프라하에 머물고 있었고 선택의 여지는 더욱 좁아졌다. 같은 달 과테말라 치안부대가 과테말라 공산당 지도자 비밀 모임을 급습하여 고위 관리 26명을 잡아들여 죽였다. 그렇지 않아도 분열되고 있던 과테말라 게릴라 운동에 이들의 죽음까지 더해지면서 쿠바와 소비에트가 지원하는 게릴라 지도자들은 일시적으로 무력화되었다.

폼보에 따르면, 체는 다음 목적지로 처음에 페루를 제안했지만 그곳으로 가려면 전략적으로 중요한 위치에 있던 이웃 나라 볼리비아의 도움이 필요했다. 4월에 체는 파피를 선발 정찰병으로 볼리비아에 파견했다. 그가 〈이상 없다〉고 보고하면 그도 곧 뒤따라 갈 계획이었다. 폼보는 이렇게 설명했다. 「제일 먼저 할 일은 페루 측과 연락을 취해서 운동의 실상을 알아보고 볼리비아 공산당의 지원을 얻는 것이었습니다. 볼리비아 공산당은 마세티 작전에서, 또 엑토르 베하르의 민족해방군과 함께 푸에르토 말도나도 작전에서 우리를 도왔습니다. 그들은 혁명 대의에 충성을 보여 주었고 그전에도 이와 같은 운동에서 우리와 협력했으며 게다가 쿠바에서 훈련을 받은 이들이었습니다.」

폼보가 이야기한 〈충성스러운〉 볼리비아 핵심인물들은 쿠바의 무장 투쟁 정책을 따르는 볼리비아 공산당의 젊은 당원들이었다. 페레도 형제도 여기에 속했다. 로베르토 페레도(〈코코〉)와 기도 페레도(〈인티〉)는 볼리비아 북동부 베니 주의 저명한 가문 출신으로 공산당 민병대의 베테랑 대원들이었다. 두 사람의 동생 오스발도(〈차토〉)는 모스크바에서 공부 중이었다. 또한 바스케스비아냐 형제도 있었다. 움베르토와 호르헤는 볼리비아의 저명한 역사학자의 아들들로 유럽에서 교육을 받은 엘리트였다. 특히, 호르헤 〈로로(앵무새)〉는 이미 1963년과 1964년의 살타 작전 때 푸리, 마세티와 협력한 바가 있었다. 또 다른 인물 로돌포 살다냐는 광부이자 노동조합원으로 시로 부스토스와 동료들이 알제리에서 도착했을 때 그들을 라파스의 자기 집에 숨겨 준 적이 있었다. 케추아 인디오의 피를 물려받은 젊은 여인 로욜라 구스만은 볼리비아 광산 지역 공산주의자 교사의 딸로 모스크바의 엘리트 공산당 정치 간부 훈련학교를 졸업했다. 구스만 역시 아르헨티나와 페루 게릴라의 물자 운송을 도운 적이 있었다. 이들과 일부 볼리비아인들 ─ 일부는 쿠바에서 이미 훈련 중이었다 ─ 은 쿠바가 페루 전쟁을 지원하거나 볼리비아에서 전쟁을 시작할 때 지원을 기대할 수 있는 핵심 활동가들이었다.

체가 다음 ─ 그리고 마지막 ─ 전쟁에 착수했을 때 진정한 목표가 무엇이었느냐에 대한 논란은 지금까지 끊이지 않고 계속되어 왔다. 폼보는 자신과 투마가 볼리비아에 도착하고 나서야 페루 계획이 변경되어 볼리비아가 고려 대상이 되었다고 말했다. 그러나 아리엘의 말은 다르다. 아리엘은 자신과 피녜이로, 피델이 탄자니아에 갇혀 있던 체를 데려올 때부터 볼리비아를 염두에 두고 있었다고 말한다.*

----

* 폼보가 필자에게 말한 바에 따르면 프라하에서 파피를 볼리비아에 먼저 파견할 당시 이들은 페루를 목적지로 계획하고 있었다. 파피는 몬헤와 이야기를 나누면서 게릴라단이 페루에 쉽게 진입할 방법을 찾아보고 체의 도착에 대비하여 일을 시작하기로 했다. 그런 다음에 폼보와 투마가 파피를 돕기 위해 페루로 파

「우리가 프라하로 오라고 체를 설득한 방법 중 하나는 그가 볼리비아에서의 가능성에 열의를 갖게 만드는 것이었습니다. 볼리비아 측과 협정이 맺어졌고 조건이 갖춰지고 있었기 때문입니다. 그전에는 베네수엘라와 과테말라를 고려했지만 볼리비아가 여러모로 이점이 많았습니다. 우선, 볼리비아는 체가 무척 중요하게 생각했던 아르헨티나와 가까웠습니다. 그다음으로는, 볼리비아 측과 여러 협정을 맺고 있었고 과거의 경험, 인적 자원, 전통 깊은 공산당 민병대 등이 존재하고 있었기 때문이었습니다. 마지막으로 볼리비아의 지리적 위치 때문에 게릴라 전선에서 훈련된 게릴라들을 나중에 이웃의 아르헨티나, 페루, 브라질, 칠레로 〈퍼뜨리기〉 쉽다는 이점이 있었습니다. 체는 볼리비아라는 가능성에 열의를 보이며 프라하로 이동하기로 했습니다.」

누가, 언제, 왜, 체의 볼리비아 행을 결정했는가? 이것은 에르네스토 체 게바라의 삶에 대한 여러 의문 중 유일하게 해명되지 않은 가장 중요한 의문일 것이다. 피델은 체가 직접 볼리비아를 선택했고 자신은 상황이 조금 더 진전될 때

견되었다. 그의 말에 따르면 두 사람이 볼리비아에 도착하고 나서야 페루 게릴라가 분열되고 있으며 〈침투〉당했다는 의심이 들었고, 따라서 볼리비아에서 투쟁을 시작하는 방안이 논의되었다. 폼보의 이야기에서 한 가지 문제점은 — 아리엘의 말과 다르다는 점 외에 — 그가 1966년 7월에 볼리비아에 도착했고 페루 게릴라는 몇 달 전에 리카르도 가데아가 체포되고 혁명좌파운동의 지도자 루이스 데 라 푸엔테 우세다와 기예르모 로바톤이 죽으면서 이미 분열되기 시작했다는 점이다. 또 아바나와 제휴했던 민족해방군 지도자 엑토르 베하르는 3월에 이미 체포되어 있는 상태였다.

까지 기다리라며 그를 말렸다고 말했다. 마누엘 피녜이로
도 피델의 밀에 동의한다. 볼리비아에 가기 위한 아무런 준
비도 되어 있지 않은 상태에서 체가 곧장 그곳으로 갈 준비
를 하고 있다는 말을 파피로부터 전해 들은 피델은 쿠바로
돌아오라고 체를 설득했다고 그는 말한다. 피델은 고집 센
아르헨티나인 체가 위험으로 곧장 돌진하는 것을 막기 위
해 쿠바가 부하 선발과 훈련은 물론 볼리비아 게릴라단을
설립하기 위한 기초 작업을 도와주겠다고 했다. 피델과 피
녜이로의 이야기는 아리엘과 폼보의 설명과 정확히 들어
맞지 않지만, 그렇게 따지자면 아리엘과 폼보의 설명도 서
로 맞지 않는다. 아리엘과 폼보 — 한 명은 쿠바 정보국 관
리이자 외교관이고 한 명은 〈혁명 영웅〉으로 인정받은 고
위 장군이다 — 의 설명이 모순적이라는 사실을 어떻게 설
명해야 할까? 두 사람의 이야기가 피녜이로와 최고 지도
자인 피델의 이야기와 다르다는 것은 말할 것도 없다. 진정
한 해답은 여기에 소개하는, 지금까지 한 번도 공개된 적이
없는 폼보의 일기 머리말에서 찾을 수 있다. 폼보의 일기는
프라하에 머물던 시기부터 시작하며 그가 적어 두었던 메
모를 바탕으로 나중에 쓴 것이다.

아프리카 게릴라 작전이 종료된 이후 7개월이 흐르고 페
루 영토에서 실행될 예정이었던 다음 모험을 위해 한창 준비
를 하며 조직을 정비하고 있을 때…… 라몬[체]*이 파초와 투

* 체는 아프리카에서 〈타토〉라는 이름을 썼지만 프라하에서는 〈라몬〉으로 이

마, 나를 불러서 얼마 전에 받은 피델의 편지를 읽어 주었다. 편지에서 피델은 상황을 분석해 보인 다음 그에게 결정을 냉정하게 재고해 보라고 설득했다. 그리고 자신의 상황 분석에 따라 잠시 쿠바로 돌아올 것을 제의했다. 또 그는 무장 투쟁을 시작하기로 마리오 몬헤와 협의했으므로 볼리비아 투쟁의 전망이 밝다고 지적했다.

그는 우리에게 피델의 제안이 옳으므로 프란시스코*를 라파스로 보내 투쟁 가능성을 알아보기로 결정했다고 말했다. ……우리는 프란시스코가 돌아오기를 초조하게 기다렸다. 6월 1일, 그는 상황이 긍정적이라고 보고했다. 파피는 상황이 괜찮다고, 심지어 우리가 바로 가도 된다고 단언했다. 그렇지만 프란시스코는 라몬에게 자신은 빠지고 싶다는 뜻을 밝히고 수치스러우니 그 사실을 우리에게는 알리지 말아 달라고 부탁했다. 그가 물러나고 싶다고 한 이유 중 하나는 쿠바에서 멀리 떨어진 타국에서 죽을지도 모른다는 생각 때문이었다.**

름을 바꾸었다. 이것은 〈몽고〉와 〈페르난도〉를 포함해 나중에 볼리비아에서 사용했던 여러 이름 중 하나였다.

* 〈프란시스코〉가 누구인지는 밝혀지지 않았다. 책으로 출판된 폼보의 일기에 프란시스코는 〈쿠바 연락책〉이었지만 모험을 계속하지 않기로 결정했다는 내용이 등장한다. 피녜이로의 말에 따르면 프란시스코는 용감하고 도시 지역 전투에 단련된 사람이었지만 설명할 수 없는 〈정신적 이유〉 때문에 철수를 바라고 있었다.

** 필자는 쿠바에 머물면서 폼보가 자필로 쓴 일기 복사본 일부와 그가 나중에 타자로 친 원고, 그가 교정한 편집본을 입수했다. 위의 발췌문의 출처는 타자로 친 원본이다. 1996년에 30년 동안 은폐되었던 폼보의 일기 편집본이 쿠바 정부의 승인을 받아 쿠바와 아르헨티나에서 출판되었지만 이 핵심적인 문단은 빠져

따라서 1966년 봄 언젠가 볼리비아에서 투쟁을 시작하라고 체를 설득한 사람은 피델이었던 것으로 보인다. 프란시스코가 라파스에서 돌아와 파피와 함께 상황을 긍정적으로 평가한 직후 계획이 시작되었을 것이다.

체는 폼보와 투마를 먼저 라파스로 보내고 자신은 파초와 함께 다시 쿠바를 향해 출발하여 7월 21일경에 도착했다. 그는 1년 넘게 떠나 있다가 쿠바로 돌아왔지만 〈집〉으로 돌아가지는 않았다. 체는 아바나 동부 외곽 시골 지역의 안가에서 지냈고 그가 왔다는 사실을 아는 사람은 극소수에 불과했다.

6

체의 볼리비아 작전이라는 비밀 계획에 연루된 당사자 대부분은 어떤 시점에 쿠바와 볼리비아 공산당 지도자 마리오 몬헤 사이에 〈협정〉이 맺어졌다는 데 동의한다. 즉 마리오 몬헤를 제외한 대다수 사람들이 말이다. 모스크바로 자진 망명한 몬헤는 거의 30년이 지난 후, 겨울이 찾아온 모스크바의 자택에서 장황한 이야기를 늘어놓으며 자신과 피녜이로, 피델, 체 사이의 복잡하고 서로를 속고 속이던 관계에 대해서 오랜 시간 동안 솔직하게 설명했다.

있다(폼보, 즉 아리 비예가스는 쿠바 혁명 군대의 현역 장군이며 충성스러운 피델리스타다). 1966년에 한 볼리비아 신문은 폼보의 일기가 체의 일기 원본과 함께 안전하게 보관되어 있던 볼리비아 중앙은행 금고에 접근해도 좋다는 허가를 받은 후 폼보의 일기 원본 전체를 재판했다.

몬헤는 일찍부터 쿠바 혁명과 관계를 맺어 왔다. 그리고 스스로 밝혔듯이, 그는 쿠바가 자기 나라에서 게릴라 전쟁을 일으키지 않았으면 하는 바람에서 베하르와 마세티의 게릴라단에 대한 볼리비아 공산당의 원조를 승인한 바 있었다. 그러나 몬헤는 마세티와 베하르 사건이 끝난 뒤에도 쿠바의 의도를 의심하며 쿠바 측의 움직임, 특히 체 게바라에게서 감시의 시선을 떼지 않았다.

1965년에 체가 쿠바에서 모습을 감추고 그의 행방에 대해 여러 가지 소문이 돌기 시작하자 몬헤는 사태를 유심히 지켜보았다. 몬헤는 피델과 체의 사이가 나빠졌다는 소문을 결코 믿지 않았다. 그는 두 사람이 혁명 확대라는 공동의 목표를 가지고 있음을 잘 알았고 체가 아프리카 어딘가에 있지 않을까 생각했다.

그렇게 아무 일도 없이 시간이 흘렀고 1965년 9월이 되자 쿠바 정부가 볼리비아 공산당 당원 3명을 1966년 1월에 아바나에서 개최될 삼대륙회의에 초청했다. 그러나 몬헤는 경쟁 세력인 마오쩌둥파 볼리비아 공산당 지도자 오스카르 사모라 역시 이 회의에 초대받았으며 그들의 대표단 규모가 더 크다는 사실을 곧 알게 되었다. 몬헤와 그의 정치국 동료들이 보기에, 이유야 어찌됐든 쿠바가 친중국파에게 더 우호적이라는 사실이 분명해 보였다. 11월에 몬헤의 동료들은 그에게 미리 아바나에 가서 이 수수께끼의 진상을 알아보라고 설득했다.

몬헤의 입장에서는 쿠바가 사모라 당파에게 한 제안은 단순한 의전상의 모욕 이상이었다. 쿠바인들이 볼리비아에서 게릴라 전쟁을 시작하려는 것이 아닌가 하는 불안한 생각이 그의 마음속에서 다시 고개를 들었다. 사모라는 게릴라 전쟁이 시작될 경우 쿠바 측에 자기 병력을 제공하겠다는 제안을 한 것으로 알려졌다. 무엇보다 사모라는 체와 친했다. 이때부터 수상한 느낌이 들기 시작했다고 몬헤는 말했다. 〈체는 어디에 있지? 여기서 무슨 역할을 맡고 있는 거야?〉

몬헤는 이때부터 신문 보도를 유심히 살피면서 체의 소재에 대한 단서를 찾았다고 회상했다. 그는 동료들에게 아바나에 가서 최대한 회유적인 태도를 보여 쿠바의 환심을 산 다음 그들이 무슨 일을 꾸미고 있는지 알아보겠다고 말했다. 몬헤의 계획은 쿠바 측에 자기 당은 쿠바의 지원을 받아 언젠가 일어날 무장 투쟁에 〈대비하는 것〉을 반대하지 않는다고 말하고 자신이 몇몇 당원들과 함께 쿠바의 군사 훈련을 직접 받겠다고 제안하는 것이었다.

1965년 12월에 마리오 몬헤는 〈얼마간 조심스러운〉 마음으로 프라하를 향해 출발했다. 프라하에서는 수많은 해외 대표단들이 삼대륙회의에 참가하기 위해 아바나 행 비행기에 타려고 모여드는 중이었다. 몬헤는 아바나 행 비행기 안에서 젊은 프랑스 마르크스주의 이론가 레지 드브레를 보았다. 몬헤는 드브레가 피델 및 쿠바의 안보기구와 무척 긴밀하게 연결되어 있으며 1년 전에는 볼리비아를 방문한 적도 있다는 것을 알고 있었다. 당시 드브레는 그가 쓴 일련의 글에 크게 힘입어 라틴 아메리카에서의 쿠바 혁명 모델을 열렬히 지지하는 것으로 알려져 있었다.*

몬혜는 아바나에 도착한 다음 쿠바 정보부에 자신이 삼대륙회의에 참석하기 위해서만이 아니라 〈다른 문제〉도 논의하러 왔다고 알렸다. 그는 곧 호텔에서 쿠바 정보부가 관리하는 안가로 옮겨졌다. 몬혜는 안가에서 호위대로 뽑힌 볼리비아 당 동지 2명과 합류했고 아직 아바나로 오는 중이었던 삼대륙회의 대표단 2명과는 나중에 합류할 예정이었다.

몬혜는 재빨리 아바나에 체제 중인 볼리비아 공산당 청년단 소속의 젊은 볼리비아 유학생들과 접촉했고 이내 그들 가운데 다수가 당의 승인 없이 군사 훈련을 받아 왔음을 알게 되었다. 하지만 몬혜는 그들과 충돌하는 대신 말 그대로 그 무리에 〈합류〉했다. 몬혜는 쿠바 내무부 관리들 ― 피녜이로의 부하들 ― 을 만나서 동지들과 함께 군사 훈련을 받고 싶다고 말했다. 〈그들은 마냥 기뻐했다〉고 몬혜는 회상했다.

쿠바 측이 얼마나 좋아했는지는 몬혜가 이 계획을 통해 사모라 당파를 완전히 따돌린 데서 알 수 있었다. 몬혜가 자랑스럽게 말한 표현을 그대로 쓰자면, 그는 〈벼랑끝 전술〉을 펼쳐서 삼대륙회의 공식 대표 자격을 무기를 들기로 결심한 자기 당에 주든지 사모라 당파에게 주든지 한쪽을 택하라고 쿠바 측에 대담하게 요구했다. 결국 몬혜의 대표단이 공식 대표 자격을 얻었고 사모라가 이끄는 대표단은

* 자세한 내용은 부록 참조.

몬헤가 주장하듯이 〈관광〉이나 하라고 쿠바 시골로 보내졌다.

삼대륙회의에 참가한 몬헤는 공개적인 연설이 아니라 막후에서 비밀리에 진행되는 일이 중요하다는 사실을 곧 깨달았다. 그는 이렇게 회상했다. 「쿠바는 여러 단체와 접촉을 시도했는데 목적은 항상 딱 하나, 라틴 아메리카에 새로운 게릴라단을 만들겠다는 것이었습니다. 그들은 더욱 급진적인 단체, 더욱 도전적인 단체, 기존 공산주의자들과 어느 정도 반대되는 사람들에게 가장 많은 관심을 보였습니다.」

한편, 몬헤는 소비에트 역시 쿠바가 게릴라를 모집하는 것 때문에 심기가 불편하다는 사실을 알고 있었고, 그래서 삼대륙회의가 끝났을 때 소비에트의 〈의중을 살피기 위해〉 모스크바에 잠시 다녀올 결심을 했다고 말했다. 모스크바에 도착한 그는 놀랍게도 곧장 중앙위원회 국제부 수장인 보리스 포노모리오프에게 안내되었다.

「볼리비아에 관해 이야기를 나누기 시작했는데…… 그가 삼대륙회의에 대해 물어보면서 쿠바가 준비 중인 것에 대해 볼리비아 공산당은 어떻게 생각하느냐고 물었습니다. 나는 그에게 내 기준을 어느 정도 제시하고 우리가 어떻게 할 계획인지 밝혔습니다. 그러자 그는 내게 체가 어디 있는지 아느냐고 물었습니다. 나는 체가 아프리카에 있었다는 건 알지만 이미 다른 곳으로 떠났다고 말했습니다.」 몬헤는 포노모리오프가 이런 이야기를 처음 듣는다는 분명한 인상을 받았다.*

또 몬혜에게는 쿠바가 삼대륙회의에서 〈가장 급진적인 단체들〉을 독려했다는 사실에 크렘린이 〈당황〉한 것이 분명해 보였다. 「이것이 문제를 일으킬 수 있었기 때문에 그들은 체의 역할이 무엇인지, 막후의 모든 인물들이 어디에 있는지 알고 싶어 했습니다.」 소비에트는 몬혜와 같은 결론을 내렸다. 삼대륙회의가 개최된 숨겨진 이유는 가장 눈에 띄는 불참자, 바로 체 게바라 때문이라는 것이었다.

몬혜는 크렘린에 브리핑을 마친 다음 쿠바로 돌아가 볼리비아인 동지들과 군사 훈련을 받기 시작했다. 그는 이미 훈련을 마친 학생들이 볼리비아로 돌아가지 못하게 만들 계획도 세웠다. 그들에게 자신과 새로 온 동지들이 군사 훈련을 마칠 때까지 남아서 기다리라고 한 다음, 훈련이 끝나면 전원을 모스크바로 데려가 〈이론 훈련〉을 받게 할 작정이었다. 쿠바가 훈련을 마친 젊은이들을 볼리비아 공산당 몰래 전투 현장에 투입하려는 게 아닐까 의심하던 몬혜는 자신의 계획대로 하면 쿠바가 비밀 계획을 세우고 있더라도 그것을 미연에 방지할 수 있을 것이라고 생각했다. 자신이 훈련을 마칠 때까지는 서너 달 정도가 더 걸릴 터이기 때문에 몬혜는 볼리비아에 있는 공산당 동지들에게 무슨 일이 진행 중인지 알려 줄 시간이 있으리라 생각했다.

* 몬혜는 자신을 실제보다 과대평가하고 있다. 알렉셰프가 브레즈네프에게 보고했기 때문에 물론 크렘린 측은 체가 어디에 있었는지 이미 알고 있었고 최근까지만 해도 쿠바 전사들이 탄자니아에서 후퇴하는 것을 도운 바 있었다.

1966년 1월 말에 몬헤가 훈련을 시작하려고 할 때 피델이 그를 불렀다. 피녜이로와 그의 부하들을 비롯한 다른 사람들도 그 자리에 있었다. 몬헤의 말에 따르면, 피델은 그에게 쿠바에 머물고 있는 볼리비아 핵심 요원들을 어떻게 할 생각이냐고 물었다.

　　몬헤는 솔직하지는 않지만 신뢰를 살 만한 대답을 했다. 그는 과거에도 볼리비아에서 민중 봉기가 일어난 적이 있음을 상기시키면서 현재 다시 군사 독재를 겪고 있는 이 나라에서 또 반란이 일어날 가능성이 있다고 말했다. 몬헤는 피델에게 〈반란이 일어나면 우리가 상황을 통제할 수 있을 겁니다〉라고 말했다. 몬헤는 자신이 쿠바에서 훈련받은 핵심 요원들의 활발한 지원을 받으면서 선거를 요구할 것이고 선거를 통해 공산주의자들이 더욱 든든한 위치를 확보할 수 있을 것이라고 설명했다.

　　그것은 피델이 듣고 싶던 대답이 아니었다. 그는 게릴라 투쟁 가능성이 어느 정도냐고 다시 물었다. 몬헤는 게릴라 투쟁이 볼리비아에서 현실적인 가능성은 아닌 것 같다고 말했다. 그러자 피녜이로의 부하들 몇 명이 벌떡 일어나 자기 생각을 말했다. 몬헤는 그들의 이야기를 들으면서 피녜이로의 요원들이 이미 볼리비아에 다녀왔으며 빈틈없이 연구해 왔음을 깨달았다.

　　몬헤의 말에 따르면, 회의가 끝나자 피녜이로는 그를 붙잡고 이렇게 말했다. 「피델은 이번 인터뷰가 마음에 들지 않았습니다. 당신은 게릴라 투쟁을 염두에 두고 있지 만 훈련 중인 사람들은 게릴라 투쟁을 할 운명이기 때문에 당신 계획이 마음에 들지 않을 것입니다. 두세 달 여유를 드리지요. 생각을 바꿔서 게릴라 전쟁을 시작하십시오.」

몬헤는 이렇게 오래 자리를 비워야 할지 몰랐다고, 볼리비아에 해결할 문제가 많다는 핑계를 대면서 피녜이로에게 사람을 보내 프라하에 체류 중인 볼리비아 공산당 대표 라미로 오테로를 불러 달라고 요청했다. 몬헤는 〈속임수를 썼다〉고 설명했다. 「그들이 나를 떠나게 내버려 두지 않으리라는 것을 알았기 때문입니다.」

2월에 오테로가 도착하자 몬헤는 그를 자신이 머물던 안가 정원으로 데려가서 구체적인 지시를 내렸다. 「볼리비아에 가서 정치국 회의를 소집한 다음 쿠바가 볼리비아에서 게릴라 전쟁을 시작하기 위해 준비 중이라고 알리시오.」

오테로가 라파스로 급히 떠난 다음 몬헤의 훈련이 시작되었다. 몬헤는 35세로 최고령 훈련병이었지만 ─ 훈련병들은 대부분 20대 중후반이었다 ─ 훈련을 따라가려고 노력했다. 오테로가 나쁜 소식을 가지고 돌아왔다. 중앙 위원회와는 이야기를 나누지 못했고 그 아래 사무국과 이야기를 나누었는데 그들이 몬헤의 말을 믿지 않았다는 것이었다. 공산당 사무국은 또 자리를 비운 동안 중대한 의심을 살 만한 행동을 했다는 이유로 몬헤에게 군사 훈련을 끝내는 즉시 돌아오라고 말하며 그의 직위가 다른 인물에게 넘어갈 위험에 처해 있음을 알렸다.

몬헤는 진퇴양난에 빠졌다고 생각했다. 다소 사실을 왜곡하고 있는 몬헤 자신의 설명에 따르자면, 자신은 쿠바가 볼리비아에서 벌이려고 계획 중인 전쟁을 미연에 방지하려고 그저 구바인들의 말에 장단을 맞춰 주었을 뿐인데, 그의 공산당 동료들이 공포에 질려 버렸다는 것이었다. 몬헤는 볼리비아로 돌아가서 적당한 당원들에게 상황을 설명하고 오해를 풀어야 했지만 그렇게 하면 쿠바 측의 의심을 살 터였다. 게다가 몬헤는 자신의 원래 계획 ─ 핵심 요원 전원을 소련으로 보내서 볼리비아로 돌아가지 못하게 하는 것 ─ 을 실행할 시기도 놓쳐 버렸다. 몬헤가 훈련을 거의 다 마쳤을 때 핵심 요원들은 고국으로 돌아가고 싶어서 안달이 나 있었기 때문이었다. 절망에 빠진 그는 상황을 바로잡기 위해 쿠바를 방문 중이던 볼리비아 정치국 소속의 움베르토 라미레스와 함께 피델을 만나기로 약속을 잡았다. 5월에 몬헤와 라미레스는 산티아고로 날아가 아바나로 돌아오는 차 안에서 피델과 대화를 나누었다.

몬헤는 돌아오는 길에 피델이 여러 가지 이야기를 했지만 볼리비아 문제만은 입 밖에 내지 않았다고 말했다. 「그는 차를 세우고 자신이 어떤 식으로 매복 공격을 했는지 설명했습니다. ……게릴라 투쟁이 어떤 것인지 우리에게 보여 주고 싶었던 것 같습니다. 심지어 우리는 차에서 잠시 내려 총을 쏘면서 저격병 흉내를 내고 무기를 시험해 보기도 했습니다.」

자동차 여행이 카마구에이에서 끝나 그곳에서 하룻밤을 지냈지만 그들은 여전히 볼리비아 문제에 대해 아무런 대화도 나누지 못한 상태였다. 다음 날 그들은 아바나 행 비행기에 올랐다. 몬헤는 라미레스의 옆자리에 앉아 자기 계획이 실패한 것이 아닐까 걱정하기 시작했다. 그때 파피가 오더니 몬혜에게 피델이 단둘이서 이야기를 나누고 싶어 한다고 말했다.

몬혜가 피델 옆자리로 가서 앉자 피델은 그에게 〈상황을 어떻게 생각하느냐〉고 물었다. 하지만 몬혜가 대답을 하기도 전에 피델이 다시 입을 열었다. 「아시다시피 당신은 우리의 좋은 친구였습니다. 함께 국제주의 정책을 펼쳤지요. 솔직히 당신이 우리에게 제공한 모든 도움에 감사하고 싶습니다. 우리 두 사람의 공동의 친구가 조국으로 돌아가고 싶어 합니다. 누구도 그의 혁명적 역량에 의문을 제기할 수 없는 사람이지요. 또 그 누구도 그가 고국으로 돌아갈 권리를 부인할 수 없습니다. 그는 조국으로 돌아가려면 볼리비아를 통과하는 것이 가장 좋다고 생각합니다. 그러니 그가 당신 나라를 지나가도록 도와주셨으면 좋겠습니다.」

몬혜는 〈공동의 친구〉가 누구인지 물어볼 필요도 없었고 곧바로 돕겠다고 대답했다. 그러자 피델이 덧붙였다. 「그럼, 당신 계획은 당신이 적당하다고 생각하는 대로 계속 진행하십시오. 더 많은 사람들을 훈련시키고 싶으면 더 보내십시오……. 우리는 당신들 일에 간섭하지 않을 겁니다.」 몬혜는 고맙다고 말하고 공동의 친구가 볼리비아를 〈통과〉하도록 기꺼이 돕겠다고 다시 한 번 다짐했다.

그런 다음 피델은 그 특유의 듣기 좋은 말과 수수께끼 같은 표현을 섞어서 이렇게 말했다. 「당신은 항상 사람들을 잘 선별했지요. 당신이 체를 잘 받아들일 사람들을 골라서 국경까지 같이 가면서 경호하도록 준비해 주시면 좋겠습니다. 당신과 당이 원한다면 그 사람들이 체와 동행하여 경험을 쌓아도 좋고, 국경까지 같이 가는 것으로 끝내도 괜찮습니다.」

그러고 나서 피델은 몬헤에게 몇 사람의 이름을 달라고 요청했다. 몬헤는 쿠바에서 훈련을 받아도 좋다고 승인해 주었던 핵심 요원 4명의 이름을 댔다. 코코 페레도, 로로 바스케스비아냐, 훌리오 〈냐토〉 멘데스, 로돌포 살다냐였다. 두 사람의 대화를 듣던 파피가 〈아주 좋습니다〉라고 말했다. 피델이 이름을 받아 적은 다음 몬헤에게 말했다. 「이제 됐소.」 두 사람 사이의 볼일은 끝났다.

몬헤는 크게 안심하여 움베르토 라미레스에게 걱정할 필요가 없다고, 쿠바의 계획이 그들의 생각과 달랐다고 말했지만 그래도 당에 사실을 알려야 했다.

몬헤는 6월에 훈련을 마쳤다. 그는 직접 선발한 동지 4명을 볼리비아로 보냈지만 쿠바에 있던 학생들에게는 당이 결정을 내릴 때까지 쿠바에 머물며 〈공부를 계속하라〉고 말했다. 몬헤는 라파스의 대리인 호르헤 코예 쿠에토에게 편지를 보내 〈공동의 친구〉가 볼리비아를 통과하도록 도와주기로 약속했다고 설명했다. 몬헤는 모스크바에 잠시 들른 다음 볼리비아로 돌아가기로 했다.

몬헤에 따르면 자신이 쿠바를 떠나기 전에 쿠바 측에서 그에게 가는 길에 프라하에 잠시 들르라고, 그러면 〈누군가〉가 그를 찾아갈 것이라고 말했다. 그러나 몬헤는 쿠바가 〈덫〉을 놓았을지도 모른다고 의심하면서 프라하에는 가지 않기로 했다. 「그들이 프라하에서 나를 기다리고 있었습니다. 이유가 뭐겠습니까?」 몬헤는 쿠바가 기정사실화 전략을 쓸 계획이라고, 그가 훈련을 받음으로써 볼리비아 무장 투쟁 계획을 사실상 승인한 셈이므로 투쟁을 진행할 수밖에 없다고 말하리라고 추론했다.

몬헤는 모스크바에 왜 갔으며 누구를 만났는지 밝히지 않았지만 그가 예전에 인정했던 사실에 미루어 보면 피델의 요청과 체의 다음 행선지를 크렘린에 알렸다고 미루어 짐작할 수 있다. 그리고 쿠바가 투쟁에 〈불을 붙이는〉 역할을 하는 것 때문에 크렘린이 점점 더 불안함을 느꼈다는 점에 비추어 그들이 어떻게 반응했는지도 짐작할 수 있다. 아마도 몬헤는 볼리비아 공산당 대표로서 권리를 주장하라고, 체나 피델에게 휘둘리지 말라는 충고를 들었을 것이다. 나중에 밝혀진 것처럼, 몬헤가 하려고 한 것도 바로 그것이었다.

7

체는 피델의 도움을 받아 다음 〈대의를 위한 모험〉 장소에 체스판을 펼친 다음 말을 늘어놓고 있었다. 체는 언제나 궁극적으로는 아르헨티나로 돌아가고 싶어 했지만 아르헨티나는 아직 준비가 되어 있지 않았다. 아르헨티나로 돌아갈 조건은 볼리비아에서 마련되어야 했다. 체는 이웃 나라의 게릴라들이 볼리비아로 와서 전쟁에 합류한 다음 조국으로 돌아가 연합 게릴라 군대를 형성하며 전쟁을 퍼뜨릴 것이라고 생각했다. 마침내 아르헨티나에서 반란이 일어나면 그는 볼리비아를 떠나 아르헨티나 반란을 지휘할 것이었다.

쿠바인들은 체가 이러한 궁극적인 목표를 염두에 두고 타니아를 라파스로 파견했다고 말했다. 타니아는 당분간 볼리비아 정권과 정치 상황에 대해 귀중한 정보를 제공하겠지만 나중에는 이웃 나라들, 특히 아르헨티나에서 발달할 반란 세력과의 연락책으로 활동할 예정이었다.

타니아를 요원으로 선발한 것은 지금까지 꽤 훌륭한 성과를 거두고 있었다. 아르헨티나 민족학자 〈라우라 구티에레스 바우어〉라는 신분으로 위장한 타니아는 일을 할 필요가 없을 만큼 많은 재산을 가진 매력적인 백인 독신녀 행세를 하며 인종에 따라 계층화된 라파스의 소규모 사회에 금방 침투해 들어갔다. 라파스에 도착한 지 2개월 만에 타니아는 정치, 외교계에 중요한 인맥을 확보했고 볼리비아 거주 및 근로 허가를 받았으며 교육부의 민간전승 연구위원회에서 자원봉사 일까지 찾았다. 그녀는 부업으로 일단의 학생들에게 독일어도 가르쳤다.

타니아가 확보한 인맥 중에서 최고의 인물은 바리엔토스 대통령의 언론 담당 비서 곤살로 로페스 무뇨스였다. 그는 타니아에게 자기 사무실의 레터헤드가 인쇄된 서류를 주었고 자신이 편집장을 맡고 있던 주간지의 영업 이사 자리까지 마련해 주었다.* 1965년 말에 타니아는 적절한

---

* 로페스 무뇨스는 게릴라들이 발각된 이후 체포되어 게릴라를 도왔다는 죄목으로 기소되었다. 그는 아무것도 모르고 속았을 뿐이라고 주장했고 결국에는

〈남편감〉을 찾아내 그와 결혼했다. 그녀는 이렇게 해서 볼리비아 시민권을 획득한 다음 공학을 전공한 순진한 신랑에게 유학을 가라고 부추겨서 장학생으로 해외에 유학을 보내 버렸다.

1966년 1월, 사업가로 위장한 피녜이로의 부하가 타니아를 찾아왔다. 〈머시〉라는 암호명의 이 요원은 구두 굽에 숨겨 온 편지를 주면서 그녀가 새로 설립된 쿠바 공산당 당원이 되었다는 소식을 전해 주었다. 타니아는 지인들에게 통역 일을 맡았다는 핑계를 대고 라파스를 빠져나가 브라질에서 머시를 다시 만난 다음 그곳에서 방첩 재교육을 받았다. 그런 다음 4월에는 멕시코로 가서 또 다른 쿠바 요원으로부터 새 아르헨티나 여권을 받고 그에게 볼리비아 〈정치 군사〉 상황을 보고했다. 타니아는 다시 연락이 올 때까지 눈에 띄지 않게 지내라는 지시를 받고 5월 초에 라파스로 돌아왔다.

한편 〈머시〉는 타니아를 만난 후 광범위하고 자세한 보고서를 작성했다. 그는 타니아가 자기 일과 혁명 대의에 무척 헌신적이지만 극도의 초조감과 긴장 때문에 가끔 신경질을 부린다고 밝혔다. 머시는 타니아가 〈자본주의 국가〉에서 너무 오랫동안 혼자 지냈기 때문에 스트레스를 받아서 그렇다고 결론지었지만 슬로건 같은 어조로 재치 있게 보고서를 마무리 지었다. 〈나는 그녀가 머지않은 미래에

풀려났지만 사실 그는 게릴라 계획에 자발적으로 참가한 동지였다. 그를 영입한 사람은 인티 페레도였는데, 그의 아내와 무뇨스의 아내는 사촌지간이었다.

제국주의의 목을 조를 쇠사슬의 연결 고리가 되는 것이 얼마나 큰 영광인지 잘 인식하고 있으며 라틴 아메리카 혁명을 돕는 특별한 임무에 선발된 것을 자랑스럽게 여긴다고 생각한다.)*

그러나 타니아가 4월에 쓴 시에서 드러나듯이 그녀는 감상과 우울에 빠져 비밀스럽게 살면서 자기 본모습을 숨겨야 하는 삶에 회의를 느끼는 것 같았다. 타니아는 「기억을 남기고 떠나며」라는 시에 이렇게 썼다.

그러므로 나는 시드는 꽃처럼 떠나야 하는 것일까?
내 이름이 언젠가는 잊혀지고
나의 그 무엇도 이 땅에 남지 않게 될까?
적어도 꽃과 노래는 남으리라.
그렇다면 내 마음은 어떻게 해야 할까?
우리가 사는 것, 우리가 이 세상에 등장한 것은 헛된 일일까?

체는 파피에게 타니아의 위장신분을 보호하기 위해 접촉을 최소화하라고 명령했다. 그는 파피가 타니아 주변에 지나치게 자주 모습을 드러내서 그녀의 위장신분이 탄로 나기를 바라지 않았다. 체는 또 게릴라 전쟁 준비 단계에서는 타니아를 이용하지 말라고 명령했다. 타니아는 깊숙

* 〈머시〉의 정체는 끝까지 밝혀지지 않았지만 마누엘 피녜이로는 그가 쿠바인이 아니라 다른 나라 국적을 가진 사람이며 타니아의 활동을 감시하기 위해 자신이 파견한 경험 많은 자기보다 연상의 요원이었다고 밝혔다.

한 침투에 성공한 소중한 자원이었기 때문에 그녀를 잃을 위험을 무릅쓸 수는 없었다. 또 체는 아르헨티나와 페루를 비롯해 여러 나라에서 전사를 모집할 계획이었는데 그러한 나라들을 안전히 오갈 통신원으로 그녀가 필요했다.

폼보와 투마가 체의 명령을 가지고 7월 말에 도착했지만 파피는 이미 5월부터 타니아와 정기적으로 접촉하고 있었다. 그는 타니아에게 게릴라 계획을 알려 주지는 않았지만 이번 작전에서 아바나와의 상시 연락 담당으로 파견된 레난 몬테로(〈이반〉)에게 그녀를 소개했다. 타니아는 2년 전 아바나에서 체를 만나 자신이 맡은 임무의 설명을 들을 때 레난 몬테로가 그 자리에 있었던 것을 기억했다.

항상 그랬듯이 체의 마음속에는 아르헨티나가 큰 자리를 차지하고 있었다. 볼리비아 진입이 몇 달 남지 않은 상태에서, 체는 아르헨티나에서도 일을 진행시키려고 애썼다. 체가 아직 프라하에 있던 1966년 5월에 아르헨티나인 시로 부스토스가 피녜이로의 부름을 받고 아바나로 왔다. 부스토스가 체를 마지막으로 만난 것은 그가 마지막 순방을 다녀와서 모습을 감추기 6개월 전인 1964년 여름이었다. 체는 부스토스를 마지막으로 만났을 때 아르헨티나로 돌아가서 조직 정비 작업을 계속하면서, 〈분열을 이용하라〉고 지시한 바 있었다. 즉 아르헨티나 공산당의 눈을 피해 당에 불만을 가진 분파 중에서 핵심 요원을 모집하라는 것이었다. 부스토스는 그로부터 2년 동안 게릴라 그룹을 시작하겠다는 희망을 안고 체의 지시를 수행해 온 터였다. 체가 당장 확실한 활동 예정을 알려 주지 않았기 때문에 신병을 모집하는 것은 쉬운 일이 아니었지만 부스토스는 어느 정도 성과를 거두었다. 체가 1965년 4월에 모습을 감추었을 때에도 부스토스는 체가 어딘가에서 혁명 작업을 수행하고 있으며 언젠가 다시 나타나서 자신이 그를 위해 마련한 게릴라 네트워크를 지휘하리라는 사실을 알았기에 냉정을 잃지 않았다.

쿠바에 도착했을 때, 부스토스는 체를 만날 것이라고 생각했지만 그 대신 아바나의 마리아나오 구역에 위치한 안가로 안내받아 그곳에서 혼자 지냈다. 일부러 준비된 트럭이 정기적으로 와서 식량과 맥주를 가져다주었다. 부스토스는 얼마나 오랫동안 기다려야 하는지, 또 그가 그곳에서 지내야 하는 정확한 이유가 무엇인지 자세한 설명도 듣지 못한 채 몇 주 동안 기다렸다. 조바심에 안달하던 부스토스는 마침내 친구인 푸리가 오리엔테 사령관을 맡고 있다는 소식을 듣고 산티아고로 날아갔다. 그는 마야리의 기지에서 푸리를 만났다.

부스토스가 길고 지루한 불평을 털어놓자 푸리는 즉시 사무실의 무선 전화기를 집어 들더니 누군가 ― 부스토스는 피녜이로라고 생각했다 ― 와 욕설이 섞인 긴 통화를 하면서 부스토스를 〈적절히〉 대우하고 〈그 사람〉을 만나게 해주어야 한다고 말했다. 그 사람이란 체를 말하는 듯했다. 부스토스는 그 기묘한 광경을 아직도 생생하게 기억했다. 푸리가 통화를 하는 동안 〈밖에서는 소비에트 장교들이 오전 다섯 시의 안개 속을 초조하게 오갔다〉.

아바나의 안가로 돌아오자 〈모든 것이 달라졌다〉고 부

스토스는 말했다. 부스토스는 체가 그의 보고를 빨리 받고 싶어 한다는 통지를 받았다. 또한 그의 말을 받아 적을 속 기사도 왔다. 〈나는 우리의 일과 아르헨티나 정치 상황을 구술하면서 군사 쿠데타가 일어날 것이라고 예측했는데, 내가 아르헨티나로 돌아가기 전에 정말로 쿠데타가 일어 났습니다.〉 마침내 부스토스는 체를 이번에는 만날 수 없 다는 말을 들었다. 그는 코르도바에서 〈연락〉을 기다리라 는 지시를 받았지만 누가 언제 찾아올지는 아무도 말해 주 지 않았다.*

코르도바로 돌아온 부스토스는 가발로 변장한 다음 살 타 감옥으로 가서 그곳에 갇혀 있던 동료들과 낮은 목소리 로 〈참모 회의〉를 열었다. 투옥된 동료들은 모두 항소 중 이었지만 결과가 나오려면 시간이 좀 더 필요했고 부스토

---

* 부스토스는 아르헨티나로 돌아가기 전에 아주 이상하고 재미있는 여행을 했 다. 체의 아르헨티나 게릴라 중위 대장으로서 마오쩌둥 정부의 초청을 받고 중 국으로 가서 3주 동안 성대한 대접을 받았던 것이다. 중국 정부 관리들은 그를 만날 때마다 〈체의 부하들〉에게 군사 훈련을 제공하고 구체적으로 정해지지는 않았지만 물질적, 재정적 지원을 하겠다고 제안했다. 그러나 부스토스가 베이 징에서 전국인민대표회의 부의장과 만났을 때 깨달았던 것처럼 이들의 흥미로 운 제안에는 함정이 숨어 있었다. 그들이 부스토스에게 피델 카스트로가 〈제국 주의와 연합했다〉고 공개적으로 비난하라고 요구했던 것이다. 부스토스는 깜 짝 놀라서 일른 거절했고 그의 〈친선 방문〉은 곧 끝났다. 부스토스가 나중에 볼 리비아에서 체를 만나서 이 불편한 만남에 대해 이야기하자 체가 웃으며 말했 다. 「운이 좋았군. 문화 혁명이 시작될 때였어. 까딱하면 목이 날아갈 수도 있었 다고.」 체는 부스토스의 중국 방문을 자신이 마련했는지, 혹은 그와 중국 사이 에 어떤 거래가 있었는지 결코 말해 주지 않았다. 부스토스와 체가 이야기를 나 눈 후 여러 가지 사건이 잇달아 일어났기 때문에 두 사람이 그 일에 대해서 이야 기한 것은 이때밖에 없었다.

스가 아르헨티나를 떠나 있는 사이에 새로운 군사 정권이 권력을 잡았기 때문에 전망은 어두워 보였다. 부스토스는 아르헨티나로 돌아오기 전에 쿠바에서 이들을 탈출시킬 탈옥 계획의 가능성을 검토했고 피녜이로의 부관 아리엘이 조사해 보겠다고 약속했다.* 부스토스가 당장 할 수 있는 일은 가족이 있는 집으로 돌아가서 〈평범한 생활〉을 하면서 체를 만나게 해줄 약속된 〈연락〉을 기다리는 것밖에 없었다.

8

여름이 끝날 즈음 체의 볼리비아 작전에 참가할 대원들이 선발되어 쿠바 동부 피나르델리오 주에 위치한 비밀 훈련 캠프에 집결했다. 캠프의 위치는 〈모고테스〉라 불리는 독특한 지형으로 유명한 비냘레스였다. 모고테스는 정글로 뒤덮인 크고 둥그런 언덕들이 붉은 담배밭과 하곡에서 거대한 초록색 말불버섯처럼 가파르게 솟은 지형이었다. 이들이 기지로 선택한 곳은 아이러니하게도 모고테스 꼭대기에 자리 잡은 고급스러운 전원주택이었다. 저택에는 시냇물로 물을 대는 수영장이 있었고 전 소유자는 CIA 요

---

* 아리엘은 필자에게 자신이 실제로 소규모 〈테러리스트 그룹〉 지도자들을 포함한 일부 아르헨티나 좌파 지하 조직과 탈옥에 대해서 이야기를 나누었다고 말했다. 그러나 결국 실행하기 어렵다는 결론이 나왔고 쿠바는 〈합법적인 방법〉을 선택하여 구스타보 로카를 비롯한 변호사들을 지원하며 투옥된 대원들의 형량을 줄이려고 노력했다.

원이라는 혐의로 기소된 미국인이었다. 그런 저택이 정부에 몰수되어 체의 반미 원정의 발사대 역할을 하고 있었던 것이다.

체는 이번 모험을 위해 다양한 대원들을 선발했다. 체와 함께 콩고에 다녀온 사람들도 있었고 시에라마에스트라 시절에 함께했던 대원들과 경호원들도 있었다. 이들은 쿠바 각지에서 아바나 행 비행기에 올랐고 도착하자마자 라울 카스트로의 사무실로 안내받았다. 대원들은 라울의 사무실에서 한동안 못 만났던 옛 친구들을 만났다. 그곳으로 불려 온 이유를 아는 사람은 아무도 없었다. 마침내 라울이 그들에게 〈국제 임무〉에 선발되는 영광을 얻었다고 말했다. 그들 대부분에게, 그건 꿈의 실현이었다. 국제 혁명가가 되는 것은 군대에 복무하는 쿠바인들의 가장 큰 열망 가운데 하나가 된 지 오래였다.

총 12명이 모였다. 20대 후반의 다부지고 여윈 과히로 다리엘 알라르콘 라미레스 〈베니뇨〉도 그중 1명이었다. 그는 시에라마에스트라의 용감한 전사로서, 또 카밀로의 습격대 일원으로서 용감한 전사의 기개를 증명한 사람이었고 최근에는 체와 함께 콩고에서 활동한 바 있었다. 스물여섯 살의 시에라 참전용사 엘리세오 레예스(〈롤란도〉)도 있었는데 그는 체와 함께 에스캄브라이 행군에 참가한 대원이었다. 똑똑하고 충직한 롤란도는 한동안 경찰 정보부 부장으로 일했고 그 후에는 피나르델리오에서 반혁명 세력과 맞서 싸웠다.

서른세 살의 〈올로〉 판토하(〈안토니오〉)는 시에라마에스트라 시절에 체의 장교였고 마세티 팀의 교관이기도 했다. 파피 마르티네스 타마요의 남동생 레네(〈아르투로〉)는 국가안보부와 군대의 비밀작전에서 일한 베테랑이었다. 스물아홉 살의 구스타보 마친 데 호에드(〈알레한드로〉)는 혁명지도자단을 나와 에스캄브라이로 가서 체와 합류했고 나중에는 체의 산업부 차관이 되었다. 미겔 에르난데스 오소리오(〈마누엘〉)는 서른다섯 살이었고 에스캄브라이 행군 당시 체의 휘하에서 선봉대를 이끌었다.

프라하에서부터 체와 동행했고 체와 라파스 측의 개인 연락을 담당했던 사람은 서른한 살의 알베르토 페르난데스 몬테스 데 오카였다. 〈파초〉 혹은 〈파춘고〉라고도 불리던 몬테스 데 오카는 쿠바 혁명전쟁 당시에 교사로 일하다가 7월 26일 운동 도시 지하 조직에 합류했다. 〈폼보〉 이외에도 흑인이 3명 더 있었다. 콩고에서 〈모로고로〉라고 불렸던 옥타비오 데 라 콘셉시온 데 라 페드라하는 서른한 살의 의사로 반바티스타 전쟁 참전용사이자 쿠바 군대의 직업장교였다. 라울의 부하였던 서른세 살의 이스라엘 레예스 사야스(〈브라울리오〉) 역시 성공적인 직업장교였고 〈아시〉라는 이름으로 체와 함께 콩고 작전에 참가했다. 이제 〈우르바노〉라고 불렸던 레오나르도 〈타마이토〉 타마요는 1957년 이후 계속 체의 경호대 소속이었다.

선발된 대원 중 가장 나이가 많고 뚱뚱했던 마흔네 살의 후안 〈호아킨〉 비탈리오 아쿠냐는 혁명전쟁 당시 체의 군단 소속이었고 혁명 세력이 권력을 잡기 직전 최종 총공격 때 코만단테가 되었다. 〈마르코스〉 혹은 〈피나레스〉라고 불리던 중앙위원회 소속의 직업장교 안토니오 산체스 디아스는 카밀로 시엔푸에고스 휘하의 장교였고 반란이 승리한 후 코만단테가 되었다. 그리고 마지막으로 사교적인 성격을 가진 서른 살의 헤수스 수아레스 가욜(〈루비오〉)은 에스캄브라이 시절부터 오를란도 보레고의 친구로 당시 설탕 차관으로서 보레고의 부관으로 일하고 있었다.

어느 날 머리가 벗겨진 민간인 복장의 낯선 중년 사내가 캠프에 나타날 때까지 대원들은 어디에서 싸울지, 누가 사령관이 될지 아무도 몰랐다. 〈라몬〉이라는 이름의 이 중년 남성은 대원들 주변을 서성이며 그들을 신랄하게 모욕했다. 라몬은 엘리세오 레예스에게 지나친 농담을 했다가 레예스가 크게 화를 내고 나서야 자기 정체를 밝혔다. 그가 바로 체였다. 그때부터 체는 대원들과 함께 지내면서 체력 훈련과 사격 연습을 감독했고 늘 그렇듯이 매일 수업을 했는데 이번에는 〈문화 교육〉으로 프랑스어와 새로운 언어 ─ 케추아어 ─ 를 가르쳤다. 이들은 볼리비아로 갈 예정이었다.

8월이 되자 볼리비아의 남동쪽 미개발 지역의 황량한 오지에 1,500헥타르 넓이의 작전 기지가 준비되었다. 우기에만 생기는 계절성 하류가 가로질러 흐르는 낭카우아수 지역이었다. 그 지역은 안데스 산계 동쪽 구릉지에 인접한 험한 숲 지역으로, 동쪽으로 가장 가까운 국경인 파라과이 국경까지 뻗은 평원의 광활한 열대 사막 가장자리에 위치했다. 이곳은 산타크루스에서 비포장도로를 따라 남쪽으로 250킬로미터 떨어져 있었고 아르헨티나 국경까지의 거리도 비슷했으며, 가장 가까운 마을인 옛 스페인 식민지 변경지대 라구니야스는 약 20킬로미터 떨어져 있었다. 자동차를 타고 남쪽으로 몇 시간만 달리면 정부군 수비대가 주둔 중이고 석유가 채굴되는 도시 카미리가 있었다.

쿠바에서 돌아온 후, 몬혜는 피델과 약속한 대로 쿠바에서 훈련받은 공산당 핵심 요원들에게 체가 도착할 때까지의 준비를 맡겼다. 그들은 장비와 무기를 구입하고 안가 몇 채를 빌린 다음 운송 수단을 마련했다. 파피는 기지를 세울 위치에 대한 구체적인 지시 없이 볼리비아로 갔다가 몬혜의 추천에 따라 낭카우아수 지역을 구입하기로 했다.

여러 해가 지난 후 몬혜는 낭카우아수를 선택한 것은 무작위에 가까웠고 〈전략적〉인 선택은 확실히 아니었다고 인정했다. 그는 체가 찾고 있다고 생각한 아르헨티나 국경과 〈가깝고〉 괜찮은 기지를 찾아보라고 코코와 로로, 살도냐를 보냈는데 2주 후 로로가 돌아와 낭카우아수 지역을 제안했다. 몬혜는 지도를 보면서 낭카우아수가 아르헨티나와 〈가까워〉 보인다는 결론을 내리고 일을 그대로 진행하라고 지시했다. 8월 26일, 로로와 코코는 돼지 농장을 운영하려는 척을 하면서 그 땅을 샀다.

7월 말에 폼보와 투마가 볼리비아로 와서 몬혜에게 〈계획이 바뀌었다〉며 대륙 게릴라 작전을 페루가 아닌 볼리비아에서 시작한다고 말하자 몬혜도 좋다고 대답했다. 쿠바인들이 체가 직접 참가할 가능성도 있다고 말하며 몬혜의 의중을 살피자 몬혜는 자신도 직접 전투에 참가하고 시골에 게릴라 전선을 마련할 인력을 더 제공하겠다고 했지만 자신은 아직도 〈민중 봉기〉를 선호한다고 말했다.

그러나 며칠 뒤 몬헤는 태도를 바꿔 인력을 제공하겠다고 약속한 기억이 나지 않는다며 공산당이 제공한 지원을 모조리 철수시킬 수도 있다고 협박조로 말했다. 그는 자기 나라에서 일어나는 일은 자신이 통제할 수 있어야 한다며 쿠바인들이 볼리비아 측에 이것저것 지시하려 드는 것에 화를 냈다. 몬헤는 쿠바를 견제하기 위해 모스크바에 가서 나누었던 대화를 암시하며 적절한 때에 소련의 원조를 요청하겠다고 말했다. 몬헤는 체가 아르헨티나에 들어갈 수 있도록 볼리비아 공산당이 힘껏 도와줄 것이고 브라질과 페루의 게릴라 작전도 지원하겠지만 볼리비아에서 게릴라 작전을 펼치는 것은 안 된다고 말했다. 쿠바 선발팀이 항의하자 몬헤는 한발 물러섰지만 이때부터 둘 사이에 불신이 팽배했다.

몬헤가 갑자기 신중한 태도를 취한 것은 7월 말에 실시된 볼리비아 총선 결과 때문이기도 했다. 공산당도 후보자를 내도 좋다는 승인이 나자 몬헤와 정치국 수뇌부는 선거에 참가하기로 결정했지만 코코 페레도처럼 쿠바에서 훈련받은 젊은 과격파들에게는 〈무장 투쟁〉 방안을 포기한 것이 아니라 연기하는 것뿐이라고 말했다. 선거에서 공산당의 득표수가 예전보다 높게 나왔다. 총투표율에 비하면 미미한 수준에 지나지 않았지만 그래도 공산당이 지금까지 얻은 표 중에서는 최고의 득표율이었다. 공산당 내 온건파들에게 이것은 체제 내에서 계속 노력해야 하는 근거를 뜻했다.

몬헤가 계속 흔들리면서 이랬다저랬다 하자 9월 초에 체가 파초를 라파스로 파견하여 상황을 알아보라고 지시했다. 쿠바 측은 볼리비아 공산당 핵심 요원들의 성향을 파악하기 위해 당과 무관한 게릴라 전쟁이 시작되면 참가할 것인지 물어보았다. 코코 페레도는 죽을 때까지 함께 싸우겠다고 대답했지만 공산당의 위계질서에 충성하는 다른 요원들은 믿을 수 없었다. 한편, 체가 전언을 보내서 낭카우아수의 반대쪽 끝, 즉 라파스 북동쪽 아마존 강 상류 유역에 위치한 열대 농장 지대인 알토베니에 게릴라 기지를 만들고 싶다고 했다. 그는 부하들에게 알토베니에 땅을 산 다음 산타크루스에 보관 중인 무기를 옮기라고 지시했다.

한편, 몬헤는 공산당 정보원으로부터 레지 드브레가 볼리비아 시골 지역 — 코차밤바와 차파레, 알토 베니 — 에서 돌아다니는 모습이 목격되었다는 이야기를 들었는데, 세 지역 모두 쿠바 측이 게릴라 활동 후보 지역으로 논의 중인 곳이었다. 몬헤는 또한 드브레가 반체제 광부들의 지도자이자 오스카르 사모라가 이끄는 친중국 공산당 분파에서 탈퇴한 과격파 인물인 모이세스 게바라를 만났다는 정보도 입수했다. 몬헤는 쿠바가 자기 몰래 활동하고 있다고 비난하면서 그들이 분파주의자인 모이세스 게바라와 거래를 하고 있는지 알아야겠다고 요구했다. 쿠바 선발대는 드브레의 존재에 대해서 전혀 모른다고 부인했고 모이세스 게바라와 아무런 접촉도 하지 않았다며 몬헤를 안심시켰다. 물론 전부 거짓말이었다. 사실 체는 쿠바 선발대에 전언을 보내 드브레가 맡을 임무를 설명했다. 그의 임무는 모이세스 게바라의 병력을 영입하고 체가 전쟁 개시 지역으로 선택한 알토베니 지역을 평가하는 것이었다.

폼보와 파피, 투마는 난처한 입장에 빠졌다. 그들은 이미 게릴라 기지를 마련했지만 남동쪽에 있었다. 그들은 또한 볼리비아 공산당으로부터 일종의 지원을 받았고 지원망을 전부 마련해 둔 상태였다. 세 사람은 체에게 모든 일이 몬헤와 협의한 결과이며 그의 의중을 정확히 파악하기는 힘들지만 그래도 지금 당장 그들에게는 공산당 지도자 몬헤밖에 없다고 말했다. 모이세스 게바라는 무장 투쟁에 참가하겠다고 약속했지만 아직까지 병력을 모으지 못했고 돈을 요구하고 있었다. 세 사람은 체에게 다시 생각해 보라고 설득했다.

쿠바 선발대는 또한 쿠바 게릴라 지원의 구심점이 될 것으로 기대했던 페루 게릴라와도 협상을 벌이고 있었기 때문에 일은 더욱 복잡하게 돌아갔다. 중국계 페루인으로 마오쩌둥과 비슷하게 생긴 후안 파블로 창이 페루 게릴라를 이끌고 있었는데, 그는 일다 가데아의 오랜 친구였고 로바톤과 우세다가 죽고 리카르도 가데아와 엑토르 베하르가 투옥되면서 산산조각 난 비밀 조직을 재건하려고 애쓰고 있었다. 창은 라파스의 쿠바인들에게 훌리오 다니뇨 파체코 — 가명은 〈산체스〉였다 — 를 보냈지만 파체코와 그의 동지들은 쿠바가 게릴라 운동의 초점을 페루에서 볼리비아로 옮긴 것에 화가 나 있었다. 쿠바인들은 외교적으로 행동하면서 산체스를 만나서 그를 달래고 새로운 전략을 설명했다.

마지막으로 체는 알토베니에 적당한 장소를 물색하라고 명령했지만 부하들이 그 명령에 따르기는 힘들었다. 그들은 긴 보고서를 보내 이미 구입해 둔 낭카우아수 지역이 더 좋다고 설득하면서 알토베니는 인구가 너무 많다고 지적했다. 알토베니에는 그들에게 필요한 만큼 넓은 땅이 없고 더 작은 농장에 캠프를 만들면 일찍 발각될 위험이 있었다. 결국에는 체가 생각을 바꾸어서 당분간은 현재 구입해 둔 농장으로 괜찮다는 말을 전해 왔다.

10월이 되었지만 아직 결정되지 않은 사항이 많았다. 상황이 한 번 더 바뀌어서 공산당 중앙위원회 투표 결과 무장 투쟁에 찬성하는 것으로 결론이 났지만 몬헤는 항상 그랬듯이 볼리비아가 주도적으로 투쟁을 이끌어야 한다고 강조했다. 그는 아바나로 가서 자기 정책을 납득시킬 생각이었다. 그러나 이렇게 급한 상황에서도 몬헤는 불가리아에 먼저 들른 다음 11월 말이 되어서야 아바나에 도착했다. 그곳에서 몬헤는 앞으로 그의 숙적이 되는 체가 어디에도 없다는 사실을 깨달았다. 사실 체는 가장 가까운 쿠바 동지들 외에는 아무도 모르게 볼리비아에 들어가기로 결정하고 이미 출발한 상태였다.

피델을 만났을 때, 그는 계획이 일부 변경되었음을 확인해 주지도 부인하지도 않았다고 몬헤는 회상했다. 몬헤가 볼리비아 혁명은 볼리비아인들이 이끌어야 한다고 주장하는 내내 피델은 가만히 듣고 있다가 결정을 유보하며 체를 직접 〈만나 이야기하는 것〉이 어떠냐고 제안했다. 피델이 몬헤에게 크리스마스 때 어디에 있을 것이냐고 묻자 몬헤는 볼리비아에 있을 것이라고 대답했다. 그러자 피델은 그 즈음에 볼리비아 외곽 국경과 가까운 곳에서 체를 만날 수 있도록 약속을 잡겠다고 했다.

그제서야 그 장소가 어디인지 짐작했다고 몬헤는 말했다. 볼리비아 외곽이 아니라 냥카우아수였다. 그는 쿠바가 자신을 속였다고 그 어느 때보다 굳게 확신하며 12월 중순에 볼리비아로 돌아갔다.*

9

체는 쿠바에서의 마지막 나날을 눈에 띄지 않게 보냈다. 피델과 훈련 캠프의 부하들, 일부 고위 혁명 지도자들을 빼고 나면 오를란도 보레고는 체가 어디에 있는지 알고 있는 극소수의 사람들 가운데 한 명이었다. 아직 20대 후반이었던 보레고는 쿠바 설탕장관이었지만 체와 함께 전선으로 가고 싶어 했다. 체가 보레고의 부관 헤수스 수아레스 가율을 볼리비아에 데려갈 부하로 선발했다고 말하자 보레고는 자기도 함께 가겠다고 나섰다. 체는 그를 만류하면서 언젠가 혁명이 더욱 공고해지면 합류시켜 주겠다고 약속했다.

체가 제자 보레고를 쿠바에 남겨 두려 했던 것에는 또 다

---

* 몬헤는 인정하지 않았지만 쿠바에서는 그가 크렘린 측에 쿠바의 볼리비아 작전에 대해 불평하려는 분명한 목적을 가지고 볼리비아로 돌아가기 전에 모스크바에 들렸다고 생각한다.

른 이유가 있었다. 알레이다는 해외에서 체와 비밀리에 만난 다음 보레고에게 줄 특별한 선물을 가지고 돌아왔다. 그것은 체가 여백에 깨알 같은 메모를 적어 놓은『정치경제학Economia Politica』사본이었다. 이 책은 스탈린 시대 소련의 공식 편람으로 마르크스와 엥겔스, 레닌의 가르침을 〈올바로〉 해석하고 사회주의 경제 건설에 적용하기 위한 책이었다. 알레이다는 책에 대한 메모와 비평도 잔뜩 가져왔는데 대부분 무척 비판적인 내용이었다. 체는 소련이 집대성한 〈과학적 사회주의〉 기초의 일부에 숨김없이 의문을 제기했다. 그는 또한 기존의 모스크바 노선의 이론에 반대하며 자신이 옹호하던 〈예산 재정 체제〉에 대한 이론적 개요도 함께 보냈다. 체는 현대에 더욱 잘 적용시킬 수 있는 새로운 정치경제 편람을 마음속에 그리고 있었고 이것이 제3세계 개발 도상국과 혁명 사회에서 이용되기를 바랐다. 또 자신의 경제 이론을 책이라는 형태로 발전시키고 싶었다. 그는 이 두 가지 프로젝트를 끝낼 시간이 없다는 사실을 잘 알았고 그래서 보레고에게 그 과제의 완수를 맡기려 했다.

체는 이 꾸러미와 함께 보레고를 〈비나그레타(늘 뚱한 사람)〉라는 애칭을 써가며 보레고에게 개인적인 편지를 남겼다. 편지에서 체는 〈토르멘타〉(〈폭풍〉이라는 뜻으로 알레이다를 일컫는 장난스러운 이름이었다) 편에 보내는 물건을 언급하면서 〈최선을 다해 달라〉고 부탁했다. 체는 또 볼리비아 작전에 대해서는 〈인내심을 가지라〉면서도 〈제2단계를 준비하고 있으라〉고 말했다.

체는 스탈린의 편람을 비판하면서 레닌의 저작 이후 스탈린과 마오쩌둥이 쓴 몇 가지 책을 제외하면 마르크스주의를 새롭게 평가하기 위해 나온 것이 거의 없다고 지적했다. 그는 소비에트가 수많은 실수를 저지르게 만든 범인(犯人)은 바로 레닌 ─ 그는 1920년대에 소련 경제에 활력을 불어넣기 위해 자본주의적 경쟁 체제를 일부 도입했다 ─ 이라고 지적하면서도 〈그 범인을 존경하고 존중〉한다고 되풀이해서 말했고, 소련과 소비에트 블록은 〈자본주의로 돌아갈〉 운명이라고 대문자로 강조해 가며 경고했다.

보레고는 체의 글을 읽고 대경실색했다. 〈체는 정말 용감하군. 이 글은 이단이야!〉 그는 당시에 체가 지나쳤다고 생각했고 그의 끔찍한 예언을 믿지 않았다고 인정했다. 물론 시간이 흐르자 체가 옳았음이 증명되었다.*

보레고가 이해한 바대로, 체는 자신의 글이 어떤 형태로든 알려지기를 희망하고 있었다. 「체는 자신이 제안하는 새로운 길이 여러 이유로 이 나라에 이식될 수 없다는 사실을 깨달았을지도 모르지만, 자신이 볼리비아나 다른 어느 나라를 좌지우지할 수 있게 된다면 어떻게든 진행시켜서 자신이 제안한 방식을 직접 시험해 볼 수 있기를 바랐을 겁니다.」 그 뒤 쿠바가 점점 더 소비에트화가 진행되어 가면서 보레고는 출판을 추진할 〈적당한 때〉를 찾지 못했다. 알려진 바에 따르면, 피델은 오늘날까지도 체의 글이 무척 민감한 사안들을 건드린다고 생각해서 출판을 허락하지

---

* 자세한 내용은 부록 참조.

않고 있다.

체가 콩고와 프라하에 머무는 동안 보레고와 엔리케 올투스키는 몇 달 동안 체의 〈선집〉 작업에 쉬지 않고 매달려서 7권짜리 『쿠바 혁명 안의 체El Che en la revolución cubana』를 완성했다. 『게릴라 전쟁』과 『혁명전쟁 회고록』에서부터 체의 연설, 편지와 관련 기사 등 발표되지 않은 것까지 모두 모아서 엮은 책이었다. 보레고가 최종 결과물을 보여 주었을 때 체는 놀랍고 기뻤지만 특유의 무미건조한 태도로 책을 훑어보더니 이렇게 내뱉었다. 「진짜 잡록을 만들었군.」

보레고는 200질을 인쇄해서 제일 먼저 나온 세트를 피델에게 주었지만 쿠바 대중은 이 책을 보지 못했다. 혁명 지도자들과 체가 작성한 특별 목록에 오른 사람들만 이 책을 받았는데, 책을 받을 사람들의 목록을 작성한 것은 체가 쿠바를 떠나기 전에 마지막으로 한 일 중 하나였다. 결국 총 200질 중에서 100여 질만 증정되고 나머지는 창고로 들어갔다.*

10

체가 떠날 날이 다가올수록 보레고는 견디기 힘들었고 마지막 남은 시간을 최대한 체와 함께 보내려고 노력했다. 보레고는 피나르델리오의 집에 자주 찾아갔고 알레이다도

---

* 1997년에 체의 서거 30주년을 기념하여 보레고가 체의 작품을 모아서 만든 특별판의 〈축약판〉이 마침내 정부의 허가를 받고 대중에 공개되었다.

주말마다 자주 찾아와서 시간을 보내면서 모든 대원을 위해 식사 준비를 했다.

보레고는 체가 마지막으로 외모를 바꿀 때에도 동행했다. 체는 마지막으로 변장할 때 그랬던 것처럼 입에 보철을 삽입하여 더욱 뚱뚱해 보이게 만들고 머리카락을 뽑아서 머리가 많이 벗겨진 50대 남성의 모습으로 꾸몄다. 작전을 담당했던 쿠바 정보부의 〈인상 전문가〉가 체의 머리카락을 한 올 한 올 뽑는 동안 보레고는 옆자리에 앉아 있었다. 체가 고통을 견디지 못하고 비명을 지르자 보레고가 이발사에게 〈살살 하라〉고 으르렁거렸지만 체는 〈빠져 있어!〉라고 소리를 지를 뿐이었다. 자연적으로 머리가 벗겨진 것처럼 보이기 위해서는 모근까지 뽑아야만 했고 그 고통은 온전히 체의 몫이었다.

체가 떠날 날이 얼마 남지 않은 10월의 어느 날 보레고는 훈련 중인 대원들에게 주려고 자기가 제일 좋아하는 딸기 아이스크림을 4갤런 가져갔다. 특별 만찬이 준비되고 대원들 전원이 기다란 피크닉 테이블에 둘러앉았다. 전원이 아이스크림을 먹고 난 후 보레고가 한 번 더 나눠 주려고 자리에서 일어나자 체가 큰 소리로 그를 부르며 말했다. 「이봐, 보레고! 자네는 볼리비아에 안 가잖아, 그런데 왜 두 번이나 먹어? 볼리비아에 가는 사람들이 먹게 놔두지 그래?」

모든 대원들 앞에서 체가 무안을 주자 보레고는 가슴이 찢어지는 듯했다. 자기도 모르게 눈물이 나와 빰을 타고 흘러내렸다. 그는 심한 수치심과 모욕을 느끼며 아무 말

없이 자리에서 일어나 걸어 나갔다. 보레고는 통나무에 앉아서 게릴라들이 그의 등 뒤에서 킥킥거리거나 깔깔대고 웃는 소리를 들었다. 그를 비웃는 것이었다. 잠시 후 뒤에서 발소리가 들렸다. 누군가 그의 머리에 가볍게 손을 얹더니 머리카락을 헝클어트렸다. 「그런 말을 해서 미안하네.」 체가 낮은 목소리로 말했다. 「왜 그래, 별일도 아닌데. 돌아가자고.」 보레고는 고개도 들지 않고 〈저리 비켜요〉라고 내뱉은 다음 오랫동안 그 자리에 앉아 있었다. 보레고는 이렇게 말했다. 「그것은 체가 제게 한 행동 중 최악이었습니다.」

양복을 입고 모자를 쓴 체는 멕시코 배우 칸틴플라스 같았다. 체가 칸틴플라스를 닮았다는 사실을 처음으로 알아챈 사람은 고인이 된 호르헤 리카르도 마세티였다. 체가 쿠바를 떠나기 하루 이틀 전에 피델이 변장한 체를 자신을 찾아온 외국 〈친구〉라고 쿠바의 고위 장관들에게 소개했다. 피델의 말에 따르면 양복 차림의 체를 알아본 사람은 아무도 없었다. 여러 해가 지난 후 피델은 이렇게 회상했다. 「정말 완벽했습니다. 아무도, 가장 친한 동지들까지도 그를 알아보지 못하고 손님을 대하듯 그와 이야기를 나누었습니다. 우리는 그가 떠나기 전날까지도 이런 장난을 쳤지요.」

피델은 두 사람이 오랜 세월 무장 투쟁을 같이한 동지답게 남자다운 포옹으로 작별 인사를 했다고 설명했다. 그는 둘 다 감정을 드러내는 데 인색했기에 포옹이 〈아주 야단스럽지는 않았다〉고 회상했다. 그러나 그 자리에 있었던 게릴라 베니뇨는 체의 송별회 당시 두 사람이 작별 인사를 나눌 때 무척 감정이 격해 있었다고 회상했다.

마침내 때가 왔다. 남아메리카를 〈해방시킬〉 작전이 개시되고 있었고 그 자리에 있던 사람들은 모두 상황의 중차대함을 느꼈다. 체가 〈아르헨티나-쿠바식〉 음식을 먹고 싶어 했기 때문에 특별한 음식 ─ 아사도 스타일로 요리한 소고기와 적포도주, 구운 돼지고기와 맥주 ─ 이 준비되었다. 그러나 피델이 체에게 충고와 격려를 하고 시에라마에스트라에서 함께했던 순간들과 지난 시절에 대해 끊임없이 이야기했기 때문에 모두들 음식은 까맣게 잊고 그의 이야기를 열심히 들었다. 몇 시간이 지났다. 마침내 날이 밝기 시작하자 체가 공항으로 떠날 시간임을 깨닫고 자리에서 벌떡 일어났다.

체와 피델은 잠시 와락 껴안은 다음 한 발 물러서서 팔을 뻗어 상대방의 어깨에 얹고서 오랫동안 강렬한 눈빛으로 서로를 바라보았다. 그런 다음 체가 자동차에 올라타더니 운전사에게 〈운전해, 제길!〉이라고 말했다. 체가 마침내 떠난 것이다. 체가 떠난 후 캠프에는 우울한 침묵이 흘렀다. 피델은 아직 캠프에 있었지만 다른 사람들과 멀찍이 떨어져서 고개를 푹 숙이고 오랫동안 혼자 앉아 있었다. 사람들은 피델이 우는 것이 아닐까 생각했지만 아무도 감히 다가가지 못했다. 날이 밝자 피델이 사람들을 부르더니 하늘을 가리켰다. 체가 탄 비행기가 유럽을 향해 날아가고 있었다.

마지막 며칠은 모든 사람들에게 격정적인 시간이었지만

가장 가슴 아픈 순간은 알레이다와 아이들이 농장으로 와서 체를 마지막으로 몇 번 만났을 때였다. 체는 자신의 본모습을 드러내지 않고 〈라몬 삼촌〉으로서 아이들을 만났다. 그는 아이들에게 무척 오랫동안 자리를 비운 아버지의 소식을 가지고 왔다고, 최근에 아버지를 만났으며 아이들 하나하나에게 아버지의 사랑과 충고를 전해 주러 왔다고 말했다. 함께 점심 식사를 하는 자리에서 라몬 삼촌은 〈파파〉체가 그랬던 것처럼 식탁의 가장 윗자리에 앉았다.

보레고는 체가 세 살짜리 딸 셀리아를 따로 불러내 마지막으로 만나는 장면을 목격하고 가슴이 미어졌다. 체는 아이와 함께 있으면서도 자신이 누군지 말할 수도 없었고 아버지처럼 아이를 쓰다듬거나 안아 줄 수도 없었다. 아이가 비밀을 지킬 것이라고 믿을 수 없었기 때문이었다. 그리고 어린 딸과의 만남은 체의 변장을 궁극적으로 시험해 볼 기회이기도 했다. 자식들도 알아보지 못한다면 아무도 그를 알아보지 못할 터였다.*

체는 아이들에게 아버지께 전해 줄 테니 입맞춤을 해달라고 말하는 것 외에는 아무것도 할 수 없었다. 한번은 가족들이 체를 찾아왔을 때 다섯 살짜리 알류샤가 체에게 다가와서 뺨에 뽀뽀를 하더니 알레이다에게 달려가면서 큰소리로 속삭였다. 「엄마, 저 아저씨가 날 좋아하나 봐요.」 순식간에 체의 눈에 눈물이 차올랐다. 알레이다는 참담한

---

* 체는 아이들 중에서 일디타만 만나지 않았다. 벌써 열 살이 된 일디타가 체의 변장을 꿰뚫어 볼 수 있었기 때문이었다.

심정을 가누기 힘들었지만 아이들이 안 보이는 곳으로 갈 때까지 눈물을 참았다.

가족들이 마지막으로 찾아왔을 때 라몬 삼촌은 아내와 아이들에게 손을 흔들며 작별 인사를 했다. 이것이 그들의 마지막 만남이었다. 체가 콩고로 갈 때 작별 편지에 썼던 것처럼 제일 어린 막내는 그에 대해 아무런 기억도 갖지 못하게 될 터였다.

29장
불가피한 희생

볼리비아는 이웃 나라들에 혁명을 일으킬 상황을 만든다는
대의를 위해서 희생될 것입니다.
– 체 게바라, 1966년 12월 볼리비아에서 게릴라들에게 한 연설 중에서

죽음이 우리에게 갑작스럽게 닥치더라도 그것을 환영합시다.
– 체 게바라, 1967년 4월 「삼대륙에 보내는 메시지」 중에서

1

체는 콩고에서의 모험이 완전한 실패로 귀결된 뒤에 그
이유를 분석하면서 자신이 저지른 가장 큰 실수 가운데 하
나는 자신의 정체를 숨기고 콩고 반군에 슬그머니 들어가
서 무조건 자신을 받아들일 것을 요구한 데 있다고 인정했
다. 체가 『혁명전쟁 회고록(콩고)』에서 밝혔던 것처럼 이로
인해서 반군 지도자들 사이에는 적대감과 의심이 생겼다.
그는 이러한 실수를 다시는 되풀이하지 않겠다고 굳게 다
짐했다. 그러나 체는 1966년 11월 초에 비행기를 타고 볼
리비아로 들어가면서 콩고에서 했던 협박을 그대로 반복
했다. 이번에도 초대받지 않은 채 이국땅에 등장한 것이었

다. 체는 자신의 존재를 기정사실화하면 볼리비아 공산당 지도자들이 게릴라 전쟁에서 물러나지 않을 것이라고 확신했다. 그러나 그의 이번 실수는 치명적인 결과를 가져오고 말았다.*

시작은 괜찮았다. 11월 3일에 체가 미주기구를 위해 경제 상황을 조사하러 온 중년의 우루과이 사업가 아돌포 메나 곤살레스로 위장한 채 파초와 함께 라파스에 도착하자 최측근 보좌관들인 파피, 폼보, 투마, 레난이 그를 맞이했다. 체는 라파스 도심의 가로수가 늘어선 기품 있는 프라도 대로에 위치한 코파카바나 호텔 3층의 특별실에 체크인했다. 산 정상이 눈으로 덮혀 푸르스름한 기운을 머금은 아이마니 산이 호텔을 굽어보고 있었다. 체는 이 산을 좋아했다.

체는 옷장 문에 달린 거울에 비친 자기 모습을 사진으로 찍어서 남겼다. 사진 속에는 정수리가 벗겨진 제법 살집이 있는 남자가 호텔 침대에 앉아 강렬하고 심오한 표정으로 사진을 보는 사람을 뚫어지게 바라보고 있다.

생각은 짧게 끝냈다. 체는 시간을 낭비할 기분이 아니었다. 이틀 후 그는 맑고 차가운 고원 지대를 떠나 건기를 맞이하여 먼지가 무성하고 무더운 평원으로 내려갔다. 체는 폼보, 투마, 파피, 판초, 그리고 볼리비아인 로로 바스케스 비아냐와 함께 낭카우아수까지 3일간의 자동차 여행을 시작했다.

* 자세한 설명은 부록 참조.

도로가의 휴게소에 점심을 먹으러 들렀을 때 체는 마침내 로로에게 자기 정체를 밝힌 다음 몬헤와 이야기를 나눌 때까지는 볼리비아 공산당에 자신의 존재를 알리지 말라고 부탁했다.

폼보의 말에 따르면, 〈그는 로로에게 볼리비아가 아메리카 대륙에서 게릴라 기지를 건설하기에 가장 좋은 조건을 가지고 있기 때문에 이곳에 오기로 결정했다고 말했습니다〉. 그리고 체는 이렇게 덧붙였다. 「나는 이곳에 머물기 위해서 왔습니다. 내가 이 나라를 떠날 때는 이미 죽었거나 총을 쏘면서 국경을 건널 때일 것입니다.」

2

12월 31일이 되자 체의 머리카락이 다시 자라기 시작했고 수염도 듬성듬성 났다. 쿠바 동지들과 페루 게릴라 〈에우스타키오〉가 냥카우아수에 도착해서 훈련을 받고 있던 볼리비아인들과 합류했다. 체의 군단은 총 24명이었고 그중 9명만이 볼리비아인이었는데 여기에는 코코 페레도의 형 인티와 일본계 볼리비아 의대생 프레디 마이무라도 있었다. 두 사람 모두 쿠바에서 훈련을 마치고 막 돌아온 참이었다.

체의 부하들이 적당한 기지 캠프와 제2야영지를 지어 놓은 상태였다. 제2야영지는 그들이 〈카사 데 칼라미나〉라고 부르던 양철 지붕 벽돌집에서 몇 시간 동안 강 상류로 걸어 올라가면 나오는 가파른 붉은 바위 협곡 위 숲에 숨겨져 있었다. 카사 데 칼라미나는 냥카우아수에 만들 〈돼지 및 목재 농장〉의 합법적인 〈간판〉이 될 것이었다.

기지에는 빵을 구울 수 있는 진흙 화덕, 고기를 말리는 헛간, 소박한 진료소는 물론 식사를 할 때 사용할 조악한 통나무 탁자와 긴의자들까지 있었다. 게릴라들은 화장실과 터널도 만들어 두었고 식량과 화기, 가장 의심을 사기 쉬운 서류를 숨길 동굴까지 여러 개 파 놓은 상태였다. 동굴 하나에는 무선 송신기를 설치해서 이제부터 〈마닐라〉라고 부를 아바나와 암호 통신을 주고받을 준비를 해두었다. 라파스의 도시 지하 조직은 형태를 갖추는 중이었고 로돌포 살다냐, 코코 페레도, 로로 바스케스비아냐 등 볼리비아인들 — 농장 〈주인들〉 — 이 라파스와 기지를 오가며 보급품을 구입하고, 메시지를 전달하고, 신병을 데려오고, 무기를 수송했다.

그러나 이미 체는 〈볼리비아 게릴라단〉에 외국인이 더 많다는 점을 걱정하고 있었다.[*] 더욱이 쿠바인들과 볼리비아인들이 서로 경쟁하면서 벌써부터 불화가 싹트고 있었다. 체는 불화를 없애기 위해 규율에 대해 설교를 하고 쿠바 대원들은 볼리비아 대원들이 조금 더 경험을 쌓을 때까지 일시적으로 이 소규모 게릴라 군단의 장교를 맡는 것뿐이라고 발표했다. 그러나 볼리비아 대원들은 이 조치가 마

---

[*] 도시 지원망을 제외했을 때, 체가 이끄는 게릴라단의 국적 분포는 최종적으로 아르헨티나인 1명(체), 독일인 1명(타니아), 페루인 3명, 쿠바인 16명, 볼리비아인 29명으로 이루어지게 된다.

음에 들지 않았다. 후안 파블로 창이 페루 대원 20명을 보내겠다고 연락했지만 체는 몬혜가 합류하기도 전에 투쟁이 〈국제화〉되는 것이 우려된다며 말렸다. 체에게는 단단한 볼리비아 지지 기반이 필요했으므로 작전을 시작하기 전에 그는 최소한 볼리비아인 20명을 확보하고 싶었다. 이를 위해서는 몬혜가 필요했다.

대원들은 신중하게 활동했지만 이들의 존재는 곧 오지의 얼마 안 되는 이웃들의 관심을 끌었다. 멀리 남쪽 리오 베르메호 강 근처에 마세티의 기지를 세웠을 때와 마찬가지였다. 사실 체가 도착하기도 전에, 선발대는 기지에서 가까운 유일한 이웃인 시로 알가라냐스가 새로운 이웃인 자신들이 코카인 밀수꾼 같다는 말을 퍼뜨리고 있음을 알고 있었다. 코카인이 생산되는 볼리비아에서는 이 시절부터 이미 코카인 밀수꾼들이 활동하고 있었다. 알가라냐스의 집과 돼지 농장은 게릴라들의 농장으로 이어지는 도로가에 있었고, 카사 데 칼라미나에 가려면 알가라냐스의 농장을 지나야 했다. 주중에는 알가라냐스가 카미리에 가고 없었지만 관리인이 농장에 상주했다. 폼보와 파초는 초기에 덤불숲으로 몇 번 정찰을 나갔다가 그들이 〈알가라냐스의 운전수〉라고 부르던 농장 관리인에게 발각된 적이 있었다.

12월 말에 체는 몬혜를 기다리고 있었다. 그리고 그는 손님이 캠프에 등장하기 전에 부하들에게 자신이 그 공산당 서기에게 할 제안을 미리 알려 주었다. 무엇보다 체는 몬혜에게 자신이 게릴라군 총사령관과 재정 관리를 맡겠다고 주장할 작정이었다. 하지만 그는 정치국장 자리에는 관심이 없었다. 체는 외부 지원을 위해 소련과 중국 양측에 도움을 요청하자고 제안했다. 저우언라이에게 〈아무 조건 없는〉 도움을 요청하는 체의 편지를 모이세스 게바라가 베이징에 가서 전하고 몬헤는 〈적어도 그가 돈을 얼마나 받았는지 말해 줄 수 있는 동지와 함께〉 모스크바로 간다는 것이었다.

체의 제안은 최근까지도 그가 볼리비아 공산당 내 친중국파와 친소비에트파의 불화를 해결하고 두 당파의 연합을 이용해서 사회주의의 두 강대국을 공동의 대의에 참여시킬 수 있었음을 보여 준다. 체가 남아메리카 지역에 평화를 확립할 수 있다면 더 큰 차원에서 사회주의 세력의 단결을 이끌어 낼 수 있을지도 몰랐다. 마지막으로 체는 이렇게 말했다. 〈볼리비아는 이웃 나라들에 혁명을 일으킬 상황을 만든다는 대의를 위해서 희생될 것입니다. 우리는 아메리카의 중심 볼리비아를 또 하나의 베트남으로 만들어야 합니다.〉

볼리비아 오지의 조악한 캠프에서, 체는 기상천외한 놀라운 사건들이 잇따라 일어날 것이라고 예상했다. 게릴라 전쟁을 시작하고 그것을 이웃 나라에 퍼뜨리는 것은 1단계와 2단계에 불과했다. 3단계에서 남아메리카 전쟁은 미국을 끌어들일 터였다. 미국이 개입하면 게릴라 전쟁에 민족주의라는 문제가 더해져 게릴라 측에 유리한 상황이 전개될 것이었다. 베트남에서 그랬듯이 전쟁은 외세의 침략에 맞서는 싸움이 될 것이었다. 또 라틴 아메리카에 병력을 배치함으로써 미국의 병력은 더욱 분산될 것이고 결과적으로 모든 전선에서, 즉 베트남뿐 아니라 볼리비아에서도 병력이 약해질 것이었다. 마지막으로 전쟁이 널리 퍼지면 중국과 러시아는 반목을 멈추고 힘을 합칠 것이고 전 세계의 혁명가들이 미 제국주의를 영구적으로 멸망시킬 것이었다. 체의 입장에서 보면 볼리비아 투쟁은 전 세계가 사회주의가 될지 자본주의가 될지 최종적으로 결정하는 새로운 세계 대전의 첫 신호일 뿐이었다. 그러나 우선은 마리오 몬헤라는 문제를 해결해야 했다.

12월 31일, 몬헤가 낭카우아수로 왔다. 드디어 두 숙적의 대결이 시작되었다. 체와 몬헤는 숲으로 들어가서 자리에 앉아 이야기를 나누었다. 두 사람이 만났다는 증거로 형편없는 사진 두 장이 남아 있다. 그중 한 장에서는 체가 바닥에 누워 몬헤를 비스듬히 올려다보고 있고 몬헤는 다리를 당기고 방어적인 자세로 앉아 이야기를 하고 있다.

몬헤는 볼리비아 무장 투쟁의 지휘권 일체를 요구했고 〈친중국파〉와는 어떤 동맹도 맺지 말라고 주장했다. 체는 친중국 공산주의자들과 동맹을 맺지 않겠다고 약속했지만 지휘권 문제에 대해서는 확고부동했다. 군 사령관은 더 나은 자격이 있는 사람이 맡아야 하고, 그건 바로 자신이라는 것이었다. 체는 정치적 결정을 내리는 데 있어서도 몬헤보다 자신이 낫다고 생각했다. 그러나 체는 〈체면을 살리는 데〉 도움이 된다면 몬헤를 게릴라 작전의 〈명목상의 지휘자〉로 삼겠다고 제안했다.

그 뒤에 몬헤는 캠프의 게릴라들에게 당 대표라는 지위에서 물러난 다음 돌아와서 체와 함께 자랑스럽게 싸우겠다고, 당 서기가 아닌 일개 투사로서 싸우겠다고 말했다. 그는 라파스로 돌아가 당에 게릴라 전쟁이 곧 시작될 것임을 알려서 당원들이 미리 조치를 취할 수 있게 하고 대표직에서 사임한 후 열흘 안에 돌아와서 합류하기로 했다.

그러나 몬헤의 약속은 체가 체면을 세워 줄 또 다른 제안을 하게 만들려고 친 허풍이거나 단순한 거짓말이거나 둘 중 하나였다. 몬헤는 다음 날 아침이 밝자 캠프를 떠나기 전에 볼리비아 대원들을 모아 놓고 당은 무장 투쟁에 찬성하지 않으며 그들이 이곳에 남는다면 추방될 것이고 가족에게 지급되는 월급이 정지될 것이라고 말했다. 대원들 중 4명 ― 코코, 살다냐, 냐토, 로로 ― 은 당의 허락을 받았으므로 그들의 지위는 유지되겠지만 나머지 대원들은 이제 당과 게릴라 전쟁 중 하나를 택해야 했다. 그들은 전쟁을 선택했고 몬헤는 캠프를 떠나 두 번 다시 돌아오지 않았다.

산타크루스의 공산당 관리 라파엘 세가라는 몬헤가 냥카우아수를 방문하고 돌아가는 길에 자기를 찾아와 다음과 같이 경고했다고 말했다. 「빌어먹을 일이 터질 거요. 이 일이 진행되면 우리가 이 일을 매장시키든지 이 일이 우리를 전부 매장시키든지 둘 중 하나요.」 몬헤는 세가라에게 사람들의 시선을 피해 지내든지 잠적하라고 말했고 그 뒤 당원들을 만날 때마다 똑같은 충고를 했다.

몬헤의 행동은 그 자신도 일조한 음모와 의심의 거미줄에 얽혀 오늘날까지도 진짜 의도가 무엇이었는지 분명히 밝혀지지 않고 있다. 폼보는 몬헤가 저지른 짓은 〈의도적인 배반〉행위였다고 주장한다. 그로부터 30년이 지난 지금 체의 미망인 알레이다는 아직도 몬혜 ―〈에세 인디오 페오(그 못생긴 인디오)〉― 를 남편을 배신한 자라고 생각한다.

체와 몬혜의 만남은 결국 재앙으로 막을 내렸다. 체의 서투른 태도는 몬혜의 이중적인 태도와 망설임 못지않게 이 불행한 결말에 한몫했다. 주사위는 던져졌다. 1967년 1월 1일, 이제 체와 24명의 부하들은 사실상 자력으로 모든 난관을 헤쳐 나가야 했다.

<h2 style="text-align:center">3</h2>

체는 젊은 볼리비아 공산당원들이 자신에게 충성을 지켰다는 사실에 만족했고 피델이 탁월한 설득력으로 공산당 위계 문제를 해결해 주리라 생각했기 때문에 몬혜와 문제가 생겼음에도 불구하고 앞으로의 계획을 바꾸지 않았다. 체는 〈레체(우유)〉라는 암호명으로 부르던 피델에게 암호 전문을 보내 아무렇지도 않은 듯이 몬혜와의 사이에 있었던 일을 알렸다.*

체가 보기에 모든 상황은 꽤 순조롭게 흘러가는 듯했다. 그는 몬혜와 같이 낭카우아수를 찾아온 타니아를 부에노

---

* 얼마 후 피델이 답신을 보내 볼리비아 공산당원 시몬 레예스가 이미 아바나로 와 있으며 호르헤 코예 쿠에토가 이번 위기를 수습하기 위해 오는 중이라고 알렸다.

스아이레스로 보내면서 시로 부스토스와 젊은 언론인이자 법학도이며 아르헨티나 공산당 반체제 당파 지도자인 에두아르도 호사미를 불러오라고 했다. 아르헨티나에서 게릴라 운동을 일으켜 활동을 시작하기 위해서였다. 한편, 체의 부하들은 볼리비아 전역에서 지하 조직을 마련하느라 바빴다.

체가 모이세스 게바라를 캠프로 불렀다. 체는 그에게 이제 당파 활동은 그만두고 조직을 해체한 다음 투사로서 게릴라 투쟁에 합류하라고 말했다. 볼리비아의 게바라는 깜짝 놀랐지만 곧 그러겠다고 했고 몇 명을 더 영입해서 고원으로 돌아오겠다고 했다.

낭카우아수의 대원들이 인접 지역을 순찰하기 시작했고 게릴라 군대의 기강이 잡히기 시작했다. 전사들은 보초를 서고, 물과 장작을 구해 오고, 교대로 요리와 설거지를 하고 곤돌라, 즉 정기적인 수송 작업을 조직해 캠프로 보급품을 운반했다. 일부 대원은 칠면조와 아르마딜로를 사냥해서 식량을 구했고 케추아어 수업이 다시 시작되었다. 물론 늘 그렇듯 오지 생활의 불편함 — 치명적인 벌레들, 곪히고 찢긴 상처들, 말라리아 열병으로 쓰러지는 대원들 — 도 있었다. 그러나 체는 침착하게 견뎠다. 그는 1월 11일자 일기에 이렇게 적었다. 〈지루한 날. 마르코스, 카를로스, 폼보, 안토니오, 모로, 호아킨의 몸에서 파리 애벌레를 제거하다.〉

또 언제나 그렇듯이 대원들의 행실과 관련된 문제들도 있었기 때문에 체는 엄격한 상관으로 돌아가 규칙을 정했다. 로로는 보급품을 구매하러 갔다가 여자들을 유혹하는 등 지나치게 자유롭게 나다니고 있었고, 파피는 체의 미움을 샀다고 생각해서 얼굴을 찌푸리고 다녔다. 체가 파피에게 볼리비아 선발대에서 〈많은 실수〉 — 타니아에게 불필요한 접근을 한 것도 포함되었다 — 를 저질렀다고 나무란 다음 야전에 자기와 함께 머무르라고 명령을 내린 터였다. 또 마르코스 — 체가 이 남자를 부관으로 임명한 데 대해 타니아는 쿠바에 있을 당시에 불만을 표시했다 — 가 볼리비아 대원들을 괴롭히자 체는 시에라마에스트라 시절의 관습대로 그를 공개적으로 비난하고 강등시킨 다음 나이가 제일 많은 호아킨을 부관으로 삼았다.

또 그들의 이웃인 시로 알가라냐스가 대원들을 계속 괴롭혔다. 알가라냐스가 다른 사람 한 명과 함께 계속 캠프 근처를 기웃거리더니 마침내 어느 날 로로에게 접근했다. 알가라냐스는 자신은 〈친구〉이니 믿어도 된다고 말하며 로로와 친구들이 무슨 일을 하는지 알고 싶다고 말했다. 로로는 알가라냐스를 무시했지만 며칠 후 군인 몇 명이 전방 캠프에 나타났다. 그들은 로로에게 이것저것 물어보고 나서 권총을 빼앗더니 로로와 친구들을 지켜보고 있으니 〈뭔가 꿍꿍이〉가 있다면 생각을 고쳐야 할 것이라고 말했다. 분명 현지인들은 게릴라들이 밀수업자라고 생각하고 있었고 이 참에 자기들도 껴서 한몫 잡고 싶어 했다. 이 사건 이후 체는 전망대를 세워 알가라냐스의 집을 감시했다.

그러고 나서 2월 1일에 체는 캠프에 몇 명만을 남겨 두고 나머지 대원 전원과 함께 주변 평원으로 2주 동안 준비

원정을 떠났다. 그러나 도중에 길을 잃는 바람에 2주일은 고생스러운 48일이 되었고 대원들은 억수 같은 비를 맞고 굶주림과 갈증에 시달리며 마라톤처럼 힘든 장시간의 행군을 견뎌야 했다. 그들은 야자 순과 원숭이, 매, 앵무새까지 먹어야 했고 지치고 사기가 떨어진 나머지 몇 차례 말다툼이 벌어지기도 했다. 비극적인 사건도 있었다. 볼리비아 청년 2명이 불어난 강물에 휘말려 익사했다. 폼보는 이 사건이 일어나자 콩고에 처음 갔을 때 로랑 미투디디가 익사했던 일을 떠올리며 기이한 우연이라고 생각했다.

3월 20일, 캠프로 향하던 체는 도착하기도 전에 자신이 자리를 비운 사이 뭔가 잘못됐다는 사실을 깨달았다. 작은 비행기 한 대가 냥카우아수 근처를 끊임없이 맴돌고 있던 것이다. 곧 선발팀이 그를 마중 나와 그 이유를 알려 주었다.

체가 자리를 비운 동안, 모이세스 게바라가 모집한 〈자원 대원들〉이 도착했지만 쿠바 대원들이 맡기는 비천한 잡일과 캠프 생활에 곧 환멸을 느꼈다. 그래서 2명이 달아났다가 군인들에게 잡혀서 〈쿠바인들〉에 관한 이야기와 사령관 이름이 〈라몬〉이라는 것 등 자신들이 알고 있는 모든 것을 털어놓았다. 이에 따라 며칠 전에 볼리비아 치안부대가 캠프 아래쪽 카사 데 칼라미나를 습격한 터였다. 다행히 그때는 아무도 없었지만 군대가 이 지역으로 전진할 것이라는 소문이 돌았다. 체가 목격한 비행기는 정찰기가 분명했다. 부하들은 비행기가 지난 3일 동안 계속 떠 있었다고 말했다.

계속 캠프를 향해 가는 도중에 다른 대원들이 달려와 체에게 더 나쁜 소식을 전했다. 군대가 그늘의 〈농장〉으로 돌아와 노새 1마리와 지프차를 압수하고 캠프로 오는 중이던 반군 통신원 — 모이세스 게바라의 부하 — 을 붙잡았다는 소식이었다. 체는 걸음을 재촉해 캠프로 갔다. 캠프에 도착하자 〈패배적인 분위기〉와 새로 도착한 신병들, 〈완전한 혼돈〉에 빠져 이러지도 저러지도 못하는 부하들이 그를 기다리고 있었다.

체는 우선 자신을 찾아온 손님들을 만나야 했다. 레지 드브레와 시로 부스토스, 타니아, 후안 파블로 창이 그를 기다리고 있었다. 타니아는 12월 31일에 몬헤를 캠프에 데려온 이후 줄곧 바쁘게 움직였다. 그녀는 체의 명령에 따라 아르헨티나에 다녀온 후 창과 페루 동지 2명을 배에 태워 낭카우아수로 데려왔고 이제는 드브레와 부스토스까지 데리고 왔다.

체는 우선 〈치노〉 창부터 만났다. 창은 쿠바에서 피델에게 페루 게릴라 군단을 새로 꾸릴 계획이라며 도움을 청한 터였다. 그러고 나서 피델로부터 체의 승인을 받아 오라는 말을 듣고 캠프를 찾아온 것이었다. 체는 이렇게 적었다. 〈그는 한 달에 5,000달러씩 10개월 동안 지원해 달라고 요청했고…… 나는 그들이 6개월 안에 산으로 들어간다면 그렇게 하겠다고 말했다.〉 창은 대원 15명을 이끌고 페루 남동부 안데스 산맥의 아야쿠초 지역에서 작전을 개시할 계획이었다. 체는 창에게 쿠바 대원 몇 명과 무기를 보내 주기로 약속했고 두 사람은 무선통신으로 연락을 주고받는 계획에 대해 논의했다.

두 사람이 이야기를 나누고 있을 때 로로가 도착했다. 그는 캠프 하류 쪽에서 전방 보초를 서고 있다가 군인 1명을 급습해서 죽였다고 보고했다. 이제 체의 의사와 상관없이 전쟁이 시작되려 하고 있었다.

체는 다른 방문자들과의 문제를 처리하기 위해 서둘러 창과 세부 사항을 조정했다. 다음 협의 상대는 드브레였다. 호리호리하고 창백한 낯빛의 프랑스인 드브레는 캠프에 남아서 싸우고 싶다고 했지만 체는 외부로 나가서 유럽 연대 운동을 벌이며 홍보하는 것이 더 낫다고 말했다. 체는 드브레 편에 〈라이슬라la isla〉, 즉 쿠바에 전할 소식을 보내고 국제 평화의 대변인 버트런드 러셀에게도 편지를 써서 〈볼리비아 해방운동〉을 지원할 국제 기금 조직을 도와 달라고 요청할 계획이었다.

이제 시로 부스토스의 차례였다. 부스토스는 지난여름에 쿠바와 중국을 방문하고 돌아온 후로 아르헨티나에서 〈연락〉을 기다리고 있었다. 5개월 후에 타니아가 찾아와 부스토스에게 라파스로 가라고 지시했을 때 그는 체가 볼리비아에 있음을 어렴풋이 감지했다. 그 무렵 부스토스의 마음에는 체의 시골 기반 게릴라 전쟁 이론에 의구심이 일기 시작하고 있었다. 부스토스가 자신이 가장 신뢰하던 코르도바 동지들에게 조언을 구하자 그들은 자기들도 같은 생각이라며 체를 만나면 그 의구심에 대해 말해 보라고 설득했다.

부스토스는 2월 말에 급히 준비한 가짜 여권을 가지고

라파스로 향했다. 그곳에 도착한 부스토스는 미리 지정해 둔 수크레 행 버스에 타라는 지시를 받았다. 그는 버스에서 유럽인처럼 보이는 사람 — 곧 알게 되듯이 레지 드브레였다 — 을 발견했고, 또 그 버스가 라파스를 떠나려고 할 때 택시가 쫓아오더니 타니아가 택시에서 내려 버스에 올랐다. 부스토스는 타니아의 행동이나 이동 방법이 너무 무모하여 사람들의 주목을 끌지 않을 수 없다고 생각했다. 「버스에 외국인이라고는 우리 세 사람밖에 없었습니다. 우리는 세 마리의 파리처럼 주변을 둘러보면서 서로에게 말을 걸지 않았습니다. 나는 그 상황이 마음에 들지 않았습니다.」

부스토스의 말에 따르면, 그 뒤 캠프에 도착할 때까지 타니아는 지나치게 아마추어처럼 행동했다. 그녀는 도로가의 식당에 들를 때마다 쿠바 속어를 섞어 가면서 지나치게 큰 목소리로 말했고 또 차를 너무 빠른 속도로 몰았기 때문에 부스토스는 지나친 주목을 끌까 봐 걱정했다(타니아가 페루인들을 캠프로 데려다줄 때 숨겨 둔 지프차가 있었기 때문에 카미리에서 캠프까지는 그 차를 타고 이동했다).

세 사람이 캠프에 도착해 보니 볼리비아인 신병들이 몇 명 남아 있을 뿐, 체와 쿠바 대원 대부분은 아직 원정에서 돌아오지 않은 상태였다. 부스토스는 타니아가 캠프에 도착하자마자 지난번 캠프에 왔을 때 찍은 사진 다발을 꺼내서 사람들에게 보여 주었다고 말했다. 사진에는 대원들 거의 전원이 찍혀 있었다. 소총을 들고 포즈를 취하거나, 못질을 하거나, 요리를 하거나, 책을 읽거나, 둘러서서 이야기를 나누는 모습들이었다. 부스토스는 자신의 눈을 의심하며 캠프에 총책임자로 남아 있던 쿠바 대원 올로 판토하에게 이 사실을 알렸고, 올로는 즉시 사진을 모아 오라고 명령했다.

체의 부재가 길어지면서 기강이 해이해져 있었고, 부스토스는 올로가 상황을 통제하지 못해서 어쩔 줄 몰라 하고 있다는 것을 알았다. 다음 날 모이세스 게바라가 보낸 〈자원병〉 2명이 총을 들고 사냥을 하러 나갔다가 돌아오지 않는 일이 벌어졌다. 비상이었다. 두 사람은 사진을 전부 보고 다른 사람들이 〈쿠바〉를 비롯한 민감한 주제들에 대해 이야기하는 것을 들은 상태였다. 수색대를 파견했지만 허사였다. 올로는 즉시 캠프를 비우라고 명령한 다음 산 속 깊숙이 위치한 은신처로 갔다. 며칠 후 비행기가 캠프 지역에 뜨면서 그들이 걱정하던 최악의 상황이 현실이 되었음이 분명해졌다. 이탈자들이 군인들에게 잡힌 것이었다. 바로 그때 체의 원정대가 하나둘씩 도착하기 시작했다.

체를 본 순간 부스토스는 그 충격적인 모습에 망연자실했다. 「옷이 갈가리 찢겨 있어서 안 입은 거나 다름없었습니다. 셔츠는 누더기마냥 조각조각 찢어지고 무릎이 바지 밖으로 튀어나와 있었습니다. 그리고 그는 쇠꼬챙이처럼 비쩍 말라 있었습니다. 그러나 체는 그런 건 신경 쓰지 않고 나를 껴안았습니다. 정말 감격하지 않을 수 없더군요. 우리는 아무 말도 하지 않았습니다.」

부스토스는 뒤로 물러나 체가 허기를 채우면서 상황을 파악하는 모습을 지켜보았다. 체가 언어 〈폭력〉에 가까운 말을 써가며 캠프를 맡겼던 올로와 부하들을 나무랐기 때문에 부스토스는 깜짝 놀랐다. 그는 그런 모습은 한 번도 본 적이 없었다. 나중에 부스토스는 그것이 체의 행동 패턴이라는 사실을 깨달았다. 「그 후 체는 침착함을 되찾아 책을 읽으러 갔고, 그에게 벌을 받은 대원들은 쓸모없는 사람 취급을 받고 쭈뼛거렸습니다.」

부스토스와 이야기를 나눌 차례가 되었을 때, 체가 그에게 제일 먼저 물어본 것은 왜 더 빨리 오지 않았느냐는 것이었다. 부스토스는 타니아가 구체적인 일정을 알려 주지 않았다고 말했다. 그는 체의 엄격한 모습을 다시 한 번 목격했다. 체는 타니아를 불러서 왜 지시를 제대로 전달하지 않았느냐며 무섭게 질책했다. 「제기랄, 타니아, 내가 부스토스에게 뭐라고 말하랬지? 내가 왜 자네한테 지시를 내린다고 생각하는 거야!」

부스토스는 이렇게 말했다. 「체가 그녀에게 정확히 뭐라고 말했는지는 기억나지 않지만 거칠고 폭력적인 말이었고 전혀 재밌지 않았습니다. 그녀가 벌벌 떨기 시작하더니…… 울면서 나갔습니다.」 나중에 미안해진 체는 부스토스에게 그녀를 위로해 주라고 말했다(체는 타니아가 캠프로 다시 돌아와 자신을 노출시키는 위험을 무릅쓴 것에 이미 기분이 상해 있었다.* 그는 타니아가 처음에 캠프에 왔다갈 때 돌아오지

---

* 체의 〈해방군 재정 담당 비서〉이자 라파스 도시 지역 지원망 소속이었던 로욜라 구스만은 타니아가 처음에 캠프에 다녀온 것은 사실 자기들의 잘못이었다고 설명했다. 다른 사람들이 모두 바빴기 때문에 타니아를 페루 대원들과 함께 보내기로 결정했던 것이다.

말라고 말한 바 있었다. 더욱이 또 다른 아르헨티나 손님 에두아르도 호사미는 볼리비아까지 왔다가 타니아가 미리 약속한 접선 장소에 나타나지 않는 바람에 고국으로 돌아간 터였다).

체는 부스토스와의 볼일로 돌아가 이렇게 말했다. 「나의 전략적 목적은 아르헨티나에서 정권을 잡는 것입니다. 이를 위해서 아르헨티나에 단체를 만들고 몇 군단을 준비해서 여기서 1, 2년 동안 단련시킨 다음 아르헨티나에 들어가고 싶습니다. 당신이 이 임무를 맡았으면 좋겠습니다. 또 산 속으로 합류할 시기가 될 때까지 최대한 오래 버텼으면 좋겠습니다. 당신이 책임자를 맡아 이쪽으로 대원들을 보내 주십시오.」

체는 이 일을 제대로 해야 한다고, 〈전부 하고 싶은 대로만 하는 개똥 같은 이곳 상황과는 달라〉야 한다고 말했다. 그는 대원의 이동 수단 문제는 파피와, 식량 문제는 폼보와 협의하라고 말하면서 그 밖의 문제들에 대해서 연락을 취할 사람들의 이름을 줄줄이 댔다. 체는 자신의 생각은 중앙사령부를 만들고 총 500명 정도의 인원을 두 군단으로 나누는 것이며, 여기에는 볼리비아인과 아르헨티나인, 페루인이 모두 포함될 것이고 나중에 이들을 나누어서 다른 지역에 전쟁을 퍼뜨릴 것이라고 말했다.

부스토스는 체의 이야기를 들으면서 낭카우아수와 아르헨티나에 식량 공급선을 어떻게 마련할 생각인지 속으로 궁금하게 여겼다. 또 폼보는 체와 함께 산 속에 있는데 어떻게 그와 연락을 취한단 말인가? 세부 사항은 아직 논의되지 않았지만 이미 이 계획은 부스토스에게 현실적으로 들리지 않았다. 그는 이렇게 말했다. 「무슨 마술 같은 이야기로 들렸습니다. 전혀 현실감이 없었어요…….」

그런 다음 체는 부스토스에게 당신의 최우선 과제는 아르헨티나에서 일에 착수할 수 있도록 캠프에서 안전하게 빠져나가는 것이라고 말했다. 그러나 모든 일에 짙은 긴장과 불안의 기운이 감돌았다. 게릴라의 존재가 이미 발각되었고 정부군 한 명이 죽은 상태였다. 정부군 순찰대가 게릴라를 찾으러 오는 것은 이제 시간문제에 불과했다.

4

정부군 순찰대는 이틀 뒤인 3월 23일에 모습을 드러냈고 체는 이날 일기에 〈전쟁 같은 일들〉이 벌어졌다고 적었다. 그는 복병을 보내 방어선을 구축했다. 오전 여덟 시에 코코가 달려와서 정부군 부대를 매복 공격하여 7명을 죽이고 21명을 붙잡았는데 그중 4명이 부상병이라고 보고했다. 또 박격포 3대, 카빈 총 16자루, 바주카포 2대, 우지 기관단총 3자루 등 멋진 무기들을 전리품으로 획득했다. 군대의 작전 계획이 적힌 서류도 입수했다. 체는 두 팀으로 나누어 전진해야 한다는 사실을 간파하고 재빨리 하곡(河谷) 반대쪽 끝으로 부하들을 보내 매복시켰다. 그리고 인티 페레도 — 체는 그에게서 깊은 인상을 받아 볼리비아 대원들의 대장으로 키우기 시작했다 — 를 보내 포로로 잡힌 소령 1명과 대위 1명을 심문했다. 나중에 체는 〈그들이 앵무새처럼 전부 다 불었다〉고 적었다.

체는 낭카우아수로 통하는 접근로가 차단되었으므로 식량 공급이 걱정되며 비축품을 버려 두고 캠프를 떠날 수밖에 없다는 내용으로 이번 승리를 간결하게 기록했다. 문제가, 그것도 심각한 문제가 하나 더 있었다. 무선 송신기가 고장 난 것이었다. 방송과 〈마닐라의〉 메시지 수신은 가능했지만 송신은 불가능했다.

다음 날 지상군은 오지 않았지만 비행기가 날아와서 카사 데 칼라미나 주변을 폭격했다. 체는 인티를 보내 장교들을 다시 심문한 다음 포로들을 풀어 주라고 명령했다. 병사들은 제복을 벗어 두고 가라는 명령을 받았지만 장교들은 제복을 입고 가도 좋다는 허락을 받았다. 그리고 소령에게는 3월 27일에 돌아와서 전우들의 시체를 거둬 가고 했다.

포로들이 떠나자 체는 부하들에게로 관심을 돌렸다. 마르코스는 아직도 반항적인 태도를 보이며 일부 볼리비아 대원을 괴롭혀서 불화를 일으켰고 대원들이 여기에 공개적으로 불만을 제기하고 있었다. 체는 마르코스에게 그런 행동을 계속하면 게릴라 군단에서 추방하겠다고 사전에 경고한 대로 그를 선봉대 대장에서 강등시키고 대신 미겔을 그 자리에 앉혔다.

체가 이끄는 게릴라 〈가족〉은 처음에도 그다지 잘 지내지 못했지만, 탈영 사건이 일어난 이후로 새로 온 볼리비아 대원들과 쿠바 대원들 사이의 긴장은 더욱 고조되었다. 모이세스 게바라가 모집한 볼리비아 대원들 중 남은 4명 — 파코, 페페, 칭골로, 에우세비오 — 의 혁명 정신이 공개적으로 문제시되었다. 다른 대원들은 볼리비아 대원들을 경멸과 의심을 가지고 대하면서 깔보듯이 〈레사카(찌꺼기)〉라고 불렀고, 이들도 곧 그 사실을 깨달았다. 3월 25일에 체는 이들 4명을 강등시키고 일을 하지 않으면 먹지도 못할 것이라고 말했다. 또 담배 배급도 중지시키고 개인 소지품을 〈더 필요한 다른 동지들〉에게 나누어 주었다. 또 다른 볼리비아 대원 발테르는 행군할 때 〈나약하게〉 굴었고 전날 폭격을 당할 때 〈두려움〉을 드러냈다고 비판받았다. 다른 대원 몇 명은 지난 며칠 동안 잘 해주었다며 격려를 받았다. 마지막으로 체는 이날 자신이 이끄는 작은 군대에 〈민족해방군ELN〉이라는 이름을 붙였다.

그 후 며칠 동안 게릴라들은 식량을 구하는 일에 집중했다. 정찰을 나갔던 대원들이 멀지 않은 곳에서 정부군을 발견하고 돌아왔고 또 다른 대원들은 알가라냐스의 집에 헬리콥터 1대와 약 60명의 병력이 배치된 것을 목격했다. 3월 27일, 체는 이렇게 썼다. 〈뉴스가 폭발적으로 쏟아져 나와 모든 라디오 방송을 점령했고 바리엔토스 대통령의 기자 회견을 비롯해 수많은 성명서가 발표되었다.〉 볼리비아 군대는 게릴라 15명을 죽이고 〈외국인〉 2명을 포함하여 4명을 포로로 잡았다는 말도 안 되는 주장을 하고 있었다. 체는 최초의 게릴라 성명을 발표해서 정부군의 주장을 반박하고 게릴라의 존재를 알리기로 했다.

체는 이렇게 기록했다. 〈탈영병들이나 포로들이 정보를 제공한 것이 분명하다. 그러나 그들이 얼마나 많이, 어떤 식으로 털어놓았는지는 정확히 알 수 없다. 모든 정황상 타니아의 정체가 발각되어 지난 2년간 힘들게 노력한 일이 물거품이 된 것으로 보인다. ······무슨 일이 벌어질지는 두고 봐야 할 것이다.〉

5

벌어진 일들은 호전적인 움직임이 소용돌이처럼 일어나면서 체의 모든 계획을 날려 버린 것이었다. 체는 부지불식간에 개시된 전쟁을 점점 누적되는 여러 가지 실수와 불운 속에서 계속해 나가야만 했다. 계속 싸우고 이동하면서 살아남으려고 노력하는 수밖에 없었다. 이때부터 체는 죽을 때까지 이러한 생각에서 벗어나지 못하게 될 터였다.

게릴라 전쟁이 폭탄처럼 볼리비아를 강타했다. 매복 공격 후 며칠이 지나면서 뉴스는 점점 더 과장되었고 정부는 가능한 병력을 모두 동원했다. 바리엔토스는 처음에는 게릴라의 존재를 비웃었지만 캠프에서 사진을 비롯한 여러 가지 증거가 발견되자 외부 침입자들이 〈카스트로-공산주의〉 앞잡이들이라고 비난했고 볼리비아 국민의 애국심에 호소하며 침입자와 맞서 싸우자고 역설했다. 볼리비아는 민족주의 성향이 무척 강한 나라였기 때문에 외국인 혐오증에 호소하는 것은 민간인과 게릴라를 떼어 놓는 효과적인 도구였다. 따라서 바리엔토스는 이제 〈빨갱이들〉이 본질적으로 〈외국〉에서 들어온 세력임을 끊임없이 강조했고 볼리비아 군대도 같은 주제를 들먹였다.

당장 체가 볼리비아 정부의 대중 선동에 맞설 무기는 공개 성명을 써서 발표하는 것밖에 없었다. 그러나 더욱 급박한 문제는 소탕을 피하는 것이었다. 체는 라디오 보도를 듣고 군대가 자신들의 위치를 정확히 파악하고 있다고 추측했다. 그는 개미핥기, 즉 〈오소 오르미게로〉가 총을 맞은 곳이라서 〈엘 오소〉라고 부르던 작은 캠프에 무기를 보관할 동굴을 파라고 부하들에게 명령했다.

보레고는 쿠바에서 〈2단계〉를 준비 중이던 게릴라 군단 24명에 포함되어 있지 않았지만, 그는 매부 엔리케 아세베도와 함께 볼리비아로 가겠다며 피델에게 허락을 간청했다. 그러나 피델은 거절했다. 그는 게릴라가 너무 일찍 발각되는 바람에 폭발하기 일보직전이라고 설명했다. 게다가 체와 직접 연락을 취할 수 없게 되어 새로운 전사들을 전투 지역에 안전하게 투입할 방법이 없었다. 몇 개월이 흐르는 동안 보레고와 동지들은 볼리비아에서 전해오는 보도를 점점 더 걱정스러운 마음으로 확인했다. 체와 대원들은 재난 속으로 말려들어 가고 있었고 상황은 돌이킬 수 없어 보였다.

체는 3월의 성과를 짤막하게 요약했다. 〈이번 달은 사건으로 가득했다…….〉 체는 현재 상황과 게릴라 부대의 현황을 분석한 다음 이렇게 썼다. 〈내가 생각했던 것보다 일찍 착수해야 할 것으로 보인다. ……상황은 그다지 좋지 않지만 오늘 대원들을 시험할 단계가 시작되었다. 일단 이 상황을 이겨 내면 상당히 좋은 경험이 될 것이다.〉

정부군을 찾거나 피해 다니면서 이동하는 나날이 계속되었다. 정부군은 그들 주변 어디에나 대규모로 존재하는 것 같았다. 4월 10일에 그들은 다시 공격을 받고 강을 따라 내려가면서 자신들에게 접근하는 소대를 향해 총을 쏘았다. 전투사령부에 머물던 체는 이렇게 적었다. 〈곧 첫 번째 소식이 도착했다. 나쁜 소식이었다. 루비오, 즉 헤수스 수아레스 가욜이 치명상을 입었다는 것이었다. 우리가 캠프에 도착했을 때, 그는 머리에 총상을 입고 이미 죽어 있었다.〉

체는 전투 중에 처음으로 부하를 잃었다. 하지만 그들은 정부군 3명을 죽였고 몇 명에게는 부상을 입히고 포로로 잡아들였다. 포로들을 심문하고 나서 더 많은 정부군이 오는 중이라고 판단한 체는 복병을 심어 두기로 했다. 오후가 되자 정부군이 도착하여 함정에 빠졌다. 체는 이렇게 썼다. 〈이번에는 7명이 죽고 5명이 부상을 당했으며 22명이 잡혔다.〉

그날 밤 체가 아주 이상해 보이는 조취를 취했다고 부스토스는 회상했다. 루비오의 시신을 캠프 한가운데 맨바닥에 눕혀 둔 채 밤새도록 내버려 둔 것이었다. 부스토스는 그것이 일종의 철야 의식이었다고 말했다. 아무도 시신을 화제에 올리지 않았지만 시신은 바로 그곳에 놓여 있었다. 루비오의 시신은 각 대원들을 기다리고 있을 결말을 떠올리게 하는 우울한 징표였다. 다음 날 체가 수아레스 가욜의 용맹함 — 그리고 부주의함 — 에 대해 연설을 한 후에 루비오는 얕은 무덤에 매장되었고 포로들은 풀려났다. 사로잡혔던 정부군 장교에게는 민족해방군의 개전을 선언하는 체의 〈제1차 공개 성명〉을 들려 보냈다. 체는 자신을 잡기 위해서 각양각색의 사람들이 파견되었다고 기록했다. 〈미국 특수부대, 공수부대, 거의 어린애나 다름없는 지역 정부군까지 있다.〉

여러 매체에서 정부군이 게릴라단의 본 캠프를 발견했으며 사진을 비롯해서 그들의 존재를 확인하는 여러 증거를 입수했다는 보도가 흘러나왔다. 체는 내키지 않았지만 보도 내용이 일부 사실일지도 모른다고 인정하지 않을 수 없었다. 보도진들이 게릴라 캠프로 안내되었고 4월 11일에 체는 라디오 리포터가 캠프에서 〈파이프를 문〉 수염 없는 남자의 사진을 보았다고 설명하는 것을 들었다. 체의 사진인 것 같았지만 신원은 아직 밝혀지지 않은 듯했다. 이틀 뒤 미국이 볼리비아로 군사 고문들을 파견할 것이라는 소식이 들려왔다. 미국 측은 이것이 〈게릴라〉와 아무 관련이 없으며 여러 해 동안 진행되어 온 미국과 볼리비아의 군사 원조 프로그램의 일환이라고 주장했다. 체는 그 말을 전혀 믿지 않았고 희망에 부풀어 이렇게 적었다. 〈어쩌면 새로운 베트남이 탄생하는 첫걸음을 목격하고 있는 것일지도 모른다.〉 부분적으로는 체가 옳았다. 미국은 물론 볼리비아의 게릴라 진압을 돕기 위해 고문들을 보낸 것이었다. 그러나 미국의 고문 파견이 〈베트남〉에서 그랬던 것처럼 민족 저항 운동을 촉발할 것이라고 짐작했다면 그것은 틀린 생각이었다. 4월 20일, 드브레와 부스토스가 〈전선〉에서 몰래 빠져나오려고 무유팜파라는 작은 마을로 걸어 들어가다가 정부군에게 붙잡히면서 체의 게릴라단은 다시 한번 큰 타격을 입었다.

한 달 전 총격이 시작된 이후로 체의 군단은 눈앞의 비상 사태에 대응하느라 두 밀사를 어떻게 할 것인지에 관한 문제를 미제로 남겨 두고 있었다. 또 다른 손님 치노 창은 당분간 게릴라와 함께 지내기로 했고 타니아도 카미리에서 〈라우라 구티에레스 바우어〉라는 신분 증명서와 함께 지프차가 발각되어 위장신분이 들통 났기 때문에 캠프에 남기로 했다. 그러나 드브레는 점점 더 초조해했고 그를 〈흰 빵〉이라고 생각했던 체는 3월 28일에 이렇게 적었다. 〈프랑스인은 자신이 외부로 나가서 활동하는 것이 얼마나 유용한 일인지에 대해 지나치게 열심히 설명했다.〉 며칠 후 체는 대원들과 함께 포위망을 벗어나려 애쓰면서 부스토스와 드브레를 불러 그들이 선택할 수 있는 방안을 알려 주었다. 게릴라와 함께 남든지, 두 사람이 알아서 떠나든지, 게릴라단이 두 사람을 안전하게 남겨 두고 떠날 수 있는 마을에 도착할 때까지 함께 지내든지 세 가지 중 하나였다. 두 사람은 세 번째를 택했다.

그로부터 긴장된 3주가 지났고 게릴라단은 정부군과 더욱 자주 충돌하며 끊임없이 이동했다. 볼리비아 정부는 공산당을 불법이라 규정하고 남동부에 비상을 선포했다.

체는 시에라마에스트라 전쟁 초기에 자신과 피델이 썼던 전술을 모방하여 새로운 지역, 즉 무야팜파 마을 근처에서 적들을 기습하기로 했다. 부스토스와 드브레는 가능하면 그곳에서 게릴라단과 헤어지고, 그런 다음 체와 부하들은 북쪽 안데스 동부 구릉지로 이동한다는 계획이었다.

체는 드브레 편에 보낼 〈제2차 성명〉과 피델에게 현재 상황을 알려 줄 암호 메시지를 준비했다. 부스토스의 말에 따르면, 체는 그에게 게릴라의 현재 상황을 쿠바에 알리는 것이 무척 중요하다고 강조했다. 체는 새 무전기가 급히 필요했다. 또 피델이 쿠바에서 훈련 중인 사람들을 보내 북쪽 멀리에 새로운 전선을 열어서 정부군의 관심을 분산시켜야 했다.*

무유팜파에 가까워지자 체는 선봉대에 합류했고, 호아킨에게는 자기를 기다리라고 말하며 그를 도하 지점에 남겨 두었다. 체는 더욱 빨리 전진하기 위해 군단을 둘로 나누었고 호아킨에게는 병자들 ─ 타니아와 알레한드로 모두 고열에 시달렸다 ─ 과 볼리비아 레사카들처럼 꾀병을 부리는 사람들로 구성된 후방 군단을 맡겼다. 체는 호아킨에게 부대의 존재를 과시하되 정면 싸움은 피하라고 명령하고 3일 안에 돌아오겠다고 말했다. 체와 부스토스, 드브레를 비롯한 나머지 대원들은 농부들이 사는 지역을 통해서 계속 이동했다. 농부들은 게릴라들이 들어오자 겁을 먹

---

* 피델은 체에게 그를 돕기 위해 최선을 다하고 있다는 전언을 보낸 바 있었다. 피델은 노조 지도자 후안 레친을 만났다. 레친은 대의를 위해서 인력과 도움을 제공하겠다고 약속했다. 그는 몇 주 내에 비밀리에 볼리비아로 돌아갈 예정이었다. 그러나 레친도 자기 문제에 휘말렸기 때문에 게릴라단에 지원을 약속했던 수많은 볼리비아인들과 마찬가지로 결국 아무 도움도 주지 못했다. 피델은 이전에 체에게 보낸 메시지에서 볼리비아 공산당의 코예 쿠에토 및 시몬 레예스와의 만남이 잘 진행되었다고 알렸다. 두 사람이 〈납득〉했고 도움을 주기로 약속했다는 것이었다. 코예가 체를 찾아가기로 했지만 물론 이제는 그것이 불가능해졌다. 정부군이 작전 지역으로 몰려와 게릴라와 관련이 있다고 의심되는 민간인들을 모두 잡아들였다. 또 바리엔토스가 공산당의 활동을 금지했기 때문에 공산당 지도자들은 지하로 숨어야 했다.

은 것이 분명했다. 무유팜파에 접근한 그들은 정부군이 마을에 자리를 잡았으며 자신들을 찾으려고 민간인 첩자를 파견했음을 깨달았다. 체가 보낸 선발대가 민간인 첩자들을 붙잡아 자백을 받았다. 첩자들 외에 의심스러운 사람이 한 명 더 있었다. 조지 앤드루 로스라는 이름의 영국계 칠레 기자였다. 그는 반군 지도자와 인터뷰를 하러 왔다고 말했다.

인티 페레도가 로스와 〈인터뷰〉를 끝낸 다음 부스토스와 드브레는 한 가지 계획에 동의했다. 그들은 로스를 위장 수단으로 이용하여 게릴라단에서 빠져나와 언론인 행세를 하면서 마을에 들어가서 정부군을 속이기로 했다. 그러나 계획은 실패로 돌아갔고 세 사람 모두 즉각 체포되었다. 체는 이 소식을 듣고 침착하게 그들이 살아남을 확률을 계산해 보았다. 부스토스와 드브레 모두 가짜 서류를 가지고 있었다. 체는 부스토스의 〈상황은 좋지 않을 듯〉하지만 드브레는 〈괜찮을 것〉이라고 생각했다.*

체는 이제 호아킨이 이끄는 후방 군단과 다시 합류하는 것에 총력을 기울이면서 후방 군단이 리오그란데 강으로 가기 위해 선택했으리라고 짐작되는 육로를 탐색했다. 리

---

* 체는 다음 날 라디오에서 〈외국 용병 3명〉이 〈전투 중 사살되었다〉는 불길한 보도를 듣고 일기에 그들이 정부군에 의해 살해된 것이 사실로 판명되면 보복을 시작하겠다고 적었다. 그러나 세 사람에게는 다행스럽게도 지역 신문 사진 기자가 그들이 생포된 모습을 찍었다. 세 사람은 이 사진이 신문에 실렸기 때문에 목숨을 건졌을지도 모른다. 같은 달 말에 세 사람은 카미리의 감옥에 갇혀 있다고 보도되었다.

오그란데 강 너머에는 안데스 산맥으로 이어지는 관문인 중앙 볼리비아 산지가 펼쳐져 있었는데, 이곳은 잘하면 정부군의 포위망을 피해 달아날 탈출구가 될 수 있었다. 그러나 그 후 며칠 동안 그들은 정부군 순찰대를 더 자주 만났고 더 큰 피해를 입었다. 한번은 정부군과의 충돌에서 로로가 실종되었다. 또 매복 공격 중에 시에라마에스트라 시절부터 나이 어린 통신원으로 체와 함께했던 엘리세오 레예스(〈롤란도〉)가 치명상을 입었다. 체는 레예스를 살리려고 애썼지만 그는 결국 숨을 거두었다. 볼리비아에 도착한 이후 처음으로, 체는 자신의 일기장에 짙은 상실감을 드러냈다. 〈우리는 게릴라 군단 최고의 대원을 잃었다. 실현될지도 모를 가정된 미래를 위해 이름도 없이 뜻밖의 죽음을 맞이한 그에 대해 우리가 할 수 있는 말은 이것밖에 없다. 《대위여, 그대의 작지만 용맹한 육신은 금속처럼 빛나는 형체로 무한을 향해 뻗어 갔네.》〉

호아킨 군단을 찾으러 보낸 정찰대가 나쁜 소식을 가지고 돌아왔다. 정부군과 맞닥뜨려 총격전을 벌이다가 배낭을 잃어버렸으며 후방 군단의 위치를 전혀 파악하지 못했다는 소식이었다. 체는 총격전이 낭카우아수 근처에서 일어났다는 사실을 근거로 해서 리오그란데 강 방향으로 난 퇴로 두 곳은 모두 막혔다는 결론을 내렸다. 이제 산을 통해서 이동해야 했다.

체의 군단은 아직도 호아킨 군단을 열심히 찾으면서 마체테 칼로 산 속의 빽빽한 관목을 자르며 북쪽으로 전진하기 시작했다. 체의 4월 월말 요약은 극도로 암울한 전망을 나타내고 있었다. 체는 루비오와 롤란도가 죽고 로로가 실종되어 발견되지 않았다*고 설명한 후 다음과 같은 결론을 내렸다. 〈완전히 고립된 것으로 보인다. 질병으로 일부 동지들의 건강이 상했기 때문에 병력을 나누지 않을 수 없었고 이에 따라 효율성이 급격히 떨어졌다. 아직 호아킨과 연락이 안 된다. 농민 기반은 아직 확보되지 않았지만 계획된 테러를 통해서 일부 농민을 중립적인 입장으로 돌릴 수 있을 것으로 보이며 지원은 나중에 올 것이다. 단 한 사람의 모병도 이뤄지지 않았다…….〉

비정하게 무력을 휘둘러 민간인 지지자를 확보하는 것은 게릴라 전쟁에서 항상 사용되는 방법이었고 체와 피델도 시에라마에스트라에서 그 방법을 사용한 적이 있었다. 체는 쿠바 투쟁에 대한 공개적인 글에서 〈테러〉라는 표현을 쓴 적이 한 번도 없었고 게릴라와 농민의 동맹을 일종의 목가적인 합동결혼식, 유기적인 공생 관계로 묘사한 바 있었다. 그러나 이제는 생존이 달려 있었기 때문에 시적으로 포장할 여유가 없었다. 체는 살아남기 위해서 필요한 전술이라면 무엇이든 써야만 했을 것이다.

체는 긍정적인 면을 보자면 쿠바가 프로파간다 활동을 활발히 펼치면서 게릴라 활동에 대한 언론의 〈아우성〉에 맞서고 있다는 점이라고 기록했다. 그는 쿠바를 떠나기 전

---

* 로로, 즉 호르헤 바스케스비아냐는 정부군에 생포되었고 부상을 입은 것으로 알려졌지만 나중에 볼리비아 군대는 그가 〈탈출〉했다고 밝혔다. 그러나 사실 그는 병원에서 끌려 나와 처형되었고 시체는 헬리콥터에 실려 라구니야스 근처 빽빽한 산속에 던져졌다.

에 「삼대륙에 보내는 메시지」라는 글을 남겨 무장을 선동했는데, 같은 달에 이 글이 쿠바에서 발표되었다. 〈아바나에서 내 글이 발표되면 내가 볼리비아에 있다는 사실이 분명해질 것이다.〉 그는 또 전투 지역에서 정부군이 게릴라군에 잘 맞서고 있지만 아직까지 농민들을 동원하지 못했고 〈성가시〉기는 하지만 〈중립화시킬 수 있는〉 첩자 몇 명을 만들었을 뿐이라고 적었다.

드브레와 부스토스의 체포는 체에게 심각한 타격이었다. 그들은 외부에 소식을 전할 유일한 통로였다. 이제 체가 라파스나 쿠바와 연락을 취할 방법은 없었다. 체는 이렇게 썼다. 〈당통[드브레]과 카를로스[부스토스]는 너무 서둘렀다. 그들은 떠나고 싶다는 간절한 바람에 희생되었다. 또 내가 그들을 막을 힘이 없었기 때문에 쿠바와의 연락(당통)이 끊겼고 아르헨티나에서의 활동 계획(카를로스)이 무산되었다.〉

체와 부하들은 이제 정말로 믿고 의지할 것이라고는 자기 자신뿐이 없었다. 적은 경계 상태에 들어갔고 체의 병력은 반으로 나뉘어서 달아나고 있었다. 체는 쿠바나 볼리비아 도시 지역의 지원도 받지 못했고 농민들의 지지도 없었다. 최악의 상황이었다. 그러나 체는 이처럼 가혹한 현실 앞에서 4월 월말 요약을 이상하리만치 낙관적인 결론으로 끝맺었다. 〈요컨대 게릴라 전쟁에 불가피한 위험을 고려한다면 모든 일이 평범하게 끝난 한 달이었다. 모든 전투원들이 게릴라로서 예비 테스트를 통과했고 사기도 높다.〉

레지 드브레를 심문했던 사람들에 따르면, 체 게바라가 볼리비아에 있다는 사실을 최종적으로 확인해 준 사람은 바로 레지 드브레였다.* 처음에 드브레는 자신이 프랑스 언론인일 뿐이고 게릴라와 아무 관계가 없다고 주장했지만 심문이 더욱 심해지자 결국 굴복하여 〈라몬〉이라는 게릴라 코만단테가 체 게바라라고 털어놓았다.

그가 쿠바와 관계를 맺고 있다는 것은 널리 알려진 사실이었기 때문에 사실 드브레는 오래 버틸 수 없었다. 불과 몇 달 전만 해도 쿠바에서 그가 쓴 『혁명의 혁명?』이 출판되어 좌파 내부에 폭풍 같은 논쟁을 일으키면서 라틴 아메리카에 퍼지기 시작한 터였다. 이 책은 일종의 학술논문으로 피델과 대화를 나누면서 메모한 내용을 바탕으로 체의 글과 연설을 간추리고 게릴라 전투 지역을 직접 보고 관찰한 내용을 더한 것이었다. 이 책의 주요 목적은 라틴 아메리카 공산당들을 상대로 〈게릴라 전쟁〉을 주장하는 쿠바의 입장에 이론적인 바탕을 제공하는 것이었다. 드브레의 논리는 체나 피델보다 더욱 직접적이었고, 시골 지역 게릴라 핵심세력이 혁명 투쟁의 엘리트 선봉대가 되어야 하며 여기에서 미래의 공산당 지도자가 탄생할 것이라고 주장

---

* 6월 말에 오반도 칸디아 장군은 체가 볼리비아에 있다고 공식적으로 인정했다. 체는 6월 30일 일기에 이렇게 적었다. 〈오반도의 발표는 드브레의 진술을 바탕으로 한 것이었다. 드브레가 필요 이상으로 말을 많이 한 듯하지만, 이것이 어떤 여파를 불러올지, 또 그가 어떤 상황에서 말을 했는지는 알 수 없다.〉

했다(드브레가 체에게 이 책을 한 권 가져다주자 체는 앉은 자리에서 다 읽은 다음 내용을 자기 나름대로 압축하여 전사들을 가르칠 때 썼다).

한편, 부스토스는 심문을 받을 때 좌파 성향의 〈외판원〉행세를 하며 어쩌다가 소동에 말려들었지만 무슨 상황인지는 거의 모르는 척했다. 그러나 몇 주 후 아르헨티나 경찰 감식가가 와서 부스토스의 지문을 부에노스아이레스의 파일과 대조해 보자 정체가 탄로 났다. 심문관이 거짓말에 대해 추궁했지만 부스토스는 진실만을 말했다고 우겼다. 심문자들은 부스토스가 화가라는 사실을 알고 게릴라 대원들의 얼굴을 그리라고 했다. 그는 시키는 대로 했고 낭카우아수 캠프와 복잡하게 얽힌 동굴의 지도도 그렸다. 그러나 다행히도 부스토스가 아르헨티나 게릴라 연락책이라는 사실은 탄로 나지 않았기 때문에 아르헨티나 지하 조직망은 무사했다.

이제 미국이 볼리비아에 직접적으로 개입했다. 안토니오 아르게다스 내무장관은 이미 CIA의 돈을 받고 있었다.* 아르게다스는 〈가브리엘 가르시아〉라는 이름으로 활동하던 쿠바계 미국인 요원과 긴밀히 협조했다. 가르시아는 드

---

* 수수께끼 같은 인물 아르게다스는 CIA를 위해서 일했을 뿐 아니라 이전에는 공산당 당원이었고 마리오 몬헤의 친구이기도 했다. 그 후 몇 년 동안 아르게다스는 삼중 첩자로 활동하면서 CIA, 볼리비아 공산당, 나중에는 쿠바를 위해 활동했다. 이 다양한 조직에서 아르게다스의 동료였던 사람들은 30년이 지난 후에도 어느 시점에 그가 어느 세력에 진정으로 충성했는지 확실히 말할 수 없었다(자세한 내용은 에필로그와 부록 참조).

브레와 부스토스의 심문에도 몇 차례 참석했다. 체가 볼리비아에 있다는 소식이 알려지자 미국은 신속하게 행동에 나섰다. 미국 특전대 〈그린베레〉가 곧 볼리비아에 도착해 대터러 특전대를 구성했고, CIA는 새로운 임무를 맡길 사람을 찾아서 요원들을 인터뷰하기 시작했다. 새로운 임무란 체를 찾아내서 볼리비아에 기반을 만들지 못하게 하는 것이었다.

그중 한 명이 바로 젊은 쿠바계 미국인으로 CIA 준군사 첩자이자 CIA의 반카스트로 비밀작전에 가담했던 펠릭스 로드리게스였다. 로드리게스는 1964년에 니카라과에서 철수한 다음 1967년 여름까지 CIA 마이애미 지국에서 일하고 있었다. 당시 CIA를 괴롭히던 의문 중 하나는 체의 소재에 관한 것이었다.

로드리게스는 이렇게 말했다. 「내가 기억하기로는 CIA의 일부 고위 관리들은 체가 아프리카에서 죽었다고 보고했고, 또…… 그가 볼리비아에 있다고들 할 때…… 〈아니, 거기엔 없어〉라고 말하는 사람들도 있었습니다. 그래서 드브레의 자백으로 체가 볼리비아에 있다는 사실이 분명해지자 그들은 재빨리 움직여 볼리비아에 총력을 기울이기로 결정했습니다.」 (로드리게스는 〈콩고〉 이론만 아니었다면 CIA가 더 빨리 움직였을 것이라고 말했고, 콩고 이론을 지지하던 사람이 CIA 고위 간부였는데 거기에 그의 명성이 달려 있었기 때문에 대응이 늦었다고 생각했다.)

로드리게스가 CIA의 전화를 받은 것은 1967년 6월의 일이었다. 사무실에 도착한 로드리게스는 CIA 부서장에게 소개되었고 부서장이 새 작전을 설명해 주었다. 체 게바라가 볼리비아에 있다고 짐작되므로 CIA가 그를 〈잡아들이기〉 위해 요원들을 인터뷰하고 있다는 것이었다. 부서장이 로드리게스에게 그 일을 맡겠느냐고 묻자 그는 즉시 그러겠다고 대답했다.

로드리게스는 이것이 일생일대의 임무임을 잘 알았고 CIA가 자신을 가장 우선적으로 고려했다는 사실도 알았다. 그는 이렇게 회상했다. 「CIA는 체가 볼리비아를 손에 넣을 경우 어떤 일이 생길지를 두려워했습니다. ……볼리비아에 든든한 쿠바 기지를 확보하고 나면, 그들은 브라질이나 아르헨티나 등 다른 중요 국가들로 혁명을 쉽게 확장할 수 있었습니다……」 이러한 불안감에 더해 체의 작전이 아바나의 지휘를 받고 있다는 흔적이 뚜렷했고, 아바나에서 흘러나오는 이야기는 온통 라틴 아메리카에 〈여러 베트남〉을 만들어야 한다는 내용뿐이었다고 그는 말했다.

실제로 체가 쿠바를 떠나기 전에 쓴 「삼대륙에 보내는 메시지」가 4월에 발표되어 큰 화제를 일으켰다. 이 글에서 체는 전 세계의 혁명가들에게 국제적인 반제국주의 전쟁의 일환으로 〈둘, 셋, 아니 수많은 베트남〉을 만들자고 호소했다. 그는 호세 마르티의 말을 인용하여 〈지금은 혹독한 시련의 시기이므로 단 하나의 빛을 밝혀야 한다〉는 구절로 글을 시작해서 불공평한 전후 세계 정세에서 소위 말하는 〈평화〉가 과연 타당한 것인지 의문을 제기한 다음, 전 세계에서 〈길고 잔인한〉 대결을 시작해 제국주의를 〈파괴〉하고 〈사회주의 혁명〉을 새로운 세계 질서로 확립하자고 주장했다.

또 체는 이러한 전쟁이 갖추어야 할 속성을 길게 설명했다. 〈투쟁을 구성하는 요소로서의 증오가 필요합니다. 적들의 무자비한 증오는 우리를 인간의 한계를 넘어설 만큼 효율적이고, 맹렬하고, 매혹적이고, 차가운 살인 기계로 변모시킵니다. 우리의 병사들도 그래야 합니다. 증오심이 없는 사람은 사나운 적을 무찌를 수 없습니다.〉

이것은 〈전면전〉이 될 것이고 양키들에게 맞서서 처음에는 미 제국주의 전초지에서, 나중에는 미국 영토에서 수행될 것이었다. 전쟁은 〈그들의 집〉에서, 그들의 〈유흥의 중심지〉에서 수행되어야 했다. 양키들에게 〈궁지에 몰린 짐승〉과 같은 기분을 맛보게 해주어 〈윤리적 기강이 쇠퇴할〉 때까지 밀어붙여야 한다는 것이었다. 기강의 쇠퇴는 결국 양키가 〈타락〉했다는 최초의 징후이자 인민군 승리의 첫 번째 징후가 될 것이었다. 체는 전 세계 모든 이들이 형제들의 정당한 대의를 이어받아 미국에 맞서는 전 세계적인 전쟁을 일으켜야 한다고 촉구했다. 〈우리가 태어나지 않은 모든 나라에서 흘린 피 한 방울 한 방울이 살아남은 자들에게 이어질 경험이며 이것은 나중에 우리의 고국에서 일어날 해방 전쟁에 도움이 될 것입니다……〉

우리는 현재의 부름을 피할 수 없습니다. 베트남은 끝없는 영웅적 행위라는 교훈으로, 마지막 승리를 얻기 위한 투쟁과 죽음이라는 일상적이고 비극적인 교훈으로 이 사실을 우리에게 알려 주고 있습니다. ……전 세계에서 둘, 셋, 아니 수많은 베트남이 꽃피어 그들의 죽음과 그들의 헤아릴 수 없을 만큼 큰 비극을 나눈다면, 그들이 매일 보여 주는 영웅적 행위와 제국주의를 겨냥한 계속된 공격에 동참한다면, 갑작스러운 공격으로 병력을 분산시키고 전 세계 모든 민족의 점점 커지는 증오를 퍼뜨린다면, 우리는 밝은 미래를 아주 가까이에서 들여다볼 수 있을 것입니다!

우리가 세계 지도 위에 점처럼 작은 곳에서 우리의 의무를 다하고, 이 투쟁을 위해 우리의 목숨이나 희생처럼 아무리 작은 것이라도 우리가 줄 수 있는 것을 바치고, 언젠가 그 어딘가에서 우리의 피를 흩뿌리고 이미 우리의 땅이 된 곳에서 마지막 숨을 내쉬어야 한다면, 그것이 우리가 치밀하게 계산한 행동임을 알립시다. ……우리의 모든 행동은 제국주의에 맞서는 함성이며 인류의 거대한 적 미합중국에 맞서는 민족들의 단합을 위한 찬가입니다. 죽음이 우리에게 갑작스럽게 닥치더라도 그것을 환영합시다. 우리의 함성이 듣고자 하는 사람들의 귀에 닿았을 것이고, 다른 사람들이 손을 뻗어 우리의 무기를 뽑을 것이며, 그들이 전쟁과 승리의 함성과 기관총의 노랫소리로 우리의 장송곡을 불러 줄 준비가 되어 있을 것이기 때문입니다.

체가 이전에 쓴 선언문들에도 최후를 암시하는 표현은 있었지만 흔들림 없는 분노의 힘에 대한 굳은 믿음을 종합한 이번 선언문은 더욱 극적이고 소름 끼치는 것이었다. 이제 모두들 체가 어딘가의 전쟁터에서 이 선언문에서 자신이 제안하는 바로 그것을 실천하고 있다는 사실을 알았기 때문이었다. 그것은 바로 또 한 번의 — 그리고 바라건대 마지막이 될 — 세계 전쟁의 불꽃을 일으키는 것이었다.

CIA는 체를 저지하기 위해 갖가지 노력을 기울였고 펠릭스 로드리게스를 워싱턴으로 불러들여서 간단한 지시를 내린 것도 같은 이유에서였다. 로드리게스는 워싱턴에서 체 게바라가 볼리비아에 있다는 산더미 같은 증거를 보았는데 그중에는 드브레와 부스토스의 〈자백〉과 부스토스가 그린 그림도 있었다. 그런 다음 로드리게스는 〈사업가 펠릭스 라모스〉라는 새로운 신분으로 충분한 재정 지원을 받지도 못한 채 출발하여 8월 1일 라파스에 도착했다. 라파스에서 로드리게스는 같은 쿠바계 미국인 요원 구스타보 비욜도 삼페라(〈에두아르도 곤살레스〉) — 얼마 전 그는 CIA가 실시한 콩고 반게릴라 작전에 참가했고 3월 이후 볼리비아에서 지내고 있었다 — 를 만나 체 게바라를 쫓는 최후의 사냥을 시작했다.*

7

8월이 되자 체는 병들고 지쳤고 아직까지 그와 함께 있던 대원 24명 대부분도 마찬가지였다. 그는 게릴라 군대를 결성한 지 9개월째인 8월 7일에 이렇게 썼다. 〈맨 처음 시작했던 6명 중에서 2명이 죽었고, 1명은 실종되었으며, 2명은 부상을 당했다. 그리고 나는 통제할 수 없는 천식을

* 자세한 내용은 부록 참조.

앓고 있다.〉

3개월 전 드브레와 부스토스가 붙잡힌 이후 체와 부하들은 남동부의 혹독하고 가시가 뾰족뾰족한 잡목을 마체테 칼로 쳐내면서 전진했고 차가운 바람과 비, 뜨거운 열기에 번갈아 시달리면서 호아킨의 후방 군단과 접촉하려고 계속 시도했지만 아무런 성과도 내지 못한 채 늘 식량과 물을 찾아 헤맸다. 체의 군단은 자주 길을 잃었고 가끔 정부군 순찰대와 접전을 벌였다. 바깥세상과의 유일한 통로는 아바나 무선통신을 듣는 것이었다.

게릴라단이 야영을 할 때 체는 자신을 둘러싼 현실에서 달아나려는 듯이 책을 읽고, 일기를 쓰고, 노트에 사회주의 경제에 대한 생각을 채워 넣으며 대부분의 시간을 보냈다. 이제 그가 매일 쓰는 일기에는 어두운 유머로 장식한 체념이 양념처럼 뿌려져 있었다. 체는 부하들이 계속 말다툼을 하거나 식량을 좀도둑질하는 모습을 묘한 거리를 두고 지켜보았고 가끔은 나서서 경고하거나 설교를 했다. 그러나 그는 너무 쇠약해진 나머지 대부분의 경우에 엄격하게 행동할 수 없었다. 6월 초의 어느 날에 체는 〈담요로 감싼 병사 2명〉을 싣고 가는 군용 트럭을 보았지만 총을 쏘지도 않고 보내 주었다. 〈나는 총을 쏘고 싶은 기분이 아니었고 그들을 포로로 잡을 만큼 머리가 빨리 돌아가지도 않았다.〉 또 한 번은 장사꾼인 척하고 정찰 나온 경찰을 잡은 후에 체는 그를 죽일 생각을 하다 〈엄한 경고〉만 하고 보내 주었다. 6월 14일, 체는 서른아홉 번째 생일을 맞아 생각에 잠겼다. 〈게릴라로서의 미래에 대해 생각해 봐야 할

나이에 어쩔 수 없이 다가가고 있다. 하지만 지금은 아직 멀쩡하다.〉

산지에서 만난 호의적인 젊은 농부에게 도움을 청하는 메시지를 들려 보내려는 시도는 실패로 돌아갔다. 또 그는 접전 중에 녹음기를 잃어버렸다. 이것은 라디오 아바나를 통해 수신한 메시지를 더 이상 해독할 수 없다는 것을 의미했다. 체는 녹음기와 함께 드브레의 책에 대해 쓴 글과 읽고 있던 트로츠키의 책을 잃어버렸다. 자신에게 불리한 프로파간다에 사용될 도구를 정부군에 제공한 셈이었기에 그는 무척 유감스러웠다.

그나마 남아 있던 체의 지원망마저도 와해되어 버렸다. 레난의 여권이 3월에 만료되자 피녜이로가 그를 철수시켰지만 대신할 사람은 보내지지 않았다.* 로욜라 구스만, 로돌포 살다냐, 움베르토 바스케스비아냐와 같은 도시 지역 핵심인물들은 체와 아바나 양쪽에서 연락이 끊기자 어떻게 해야 할지 몰라서 체의 메시지를 들을 수 있을지도 모른다는 헛된 희망을 안고 민방 라디오를 듣는 수밖에 없었다. 그들은 게릴라와 우연히 만날지도 모른다는 생각에 떠돌이 장사꾼으로 위장해 교전 지역으로 들어갈 생각도 해

---

* 피녜이로는 레난을 쿠바로 불러서 새로운 서류를 주고 임무 결과를 보고받은 다음 그가 〈발각〉되었는지 여부를 판단하는 것이 중요했다고 말했다. 아리엘은 레난이 〈심한 기생충〉 때문에 상태가 심각해서 철수했다고 말한다. 누구의 말이 사실이든 피녜이로는 레난의 안전을 염려해 그가 볼리비아로 돌아가지 못하게 했다. 피녜이로는 이 결정 때문에 평판이 나빠졌다는 점을 인정했다. 오늘날까지도 〈레난은 내가 자신에게서 역사적 임무에 참가할 기회를 빼앗았다고 비난한다〉고 피녜이로는 말한다.

보았지만 이내 포기하고 말았다. 피델의 압력을 받은 몬헤의 공산당 동지들은 체의 게릴라단에 합류한 핵심인물들에게 좀 더 회유적인 태도를 취했다. 하지만 도시 세포가 선전용 전단을 인쇄하는 것을 도운 것이 전부일 정도로, 그들의 지원은 연대라는 수사적인 표현에서 한 치도 벗어나지 않는 미미한 것이었다.

쿠바에서 체의 친구와 동지 들은 점점 더 불안감이 커졌다. 볼리비아에서 전해지는 뉴스를 지켜보며 수십 명으로 구성된 2차 게릴라 그룹이 훈련 중이었지만 체와 연락이 두절된 상태에서 그들을 파견하는 것은 아무 의미가 없었다. 피녜이로는 이렇게 말했다. 「체와 연락이 끊긴 후 우리는 엄청난 불안감을 느꼈지만 그가 어떻게든 살아남을 것이라고 굳게 믿었습니다.」

지칠 대로 지친 체는 기회가 생길 때마다 게릴라들이 정부군으로부터 노획하거나 농부들에게 돈을 주고 산 노새나 말을 타고 이동했지만, 농부들 대부분은 여전히 게릴라들을 두려워했다. 이미 병들고 쇠약해진 체가 6월 말부터 천식 발작을 앓기 시작했지만 치료할 약이 없었다. 하루는 병세가 악화되어 구토와 설사에 시달리다가 의식을 잃고 하루 종일 해먹에 실려 다녔다. 의식을 되찾았을 때, 그는 온몸이 오물 범벅이 된 자신을 발견했다. 〈바지는 빌렸지만 물이 별로 없었기 때문에 악취가 몇 킬로미터 떨어진 곳까지 진동했다.〉 몸에서는 악취가 났지만, 체는 목욕을 하지 않던 찬초 시절을 회상했다. 9월 10일, 체는 역사적인 순간을 기록했다. 〈오늘 6개월 만에 목욕을 했다는 사실을

언급한다는 걸 잊을 뻔했다. 다른 대원들도 비슷한 기록을 세웠다.〉

피로와 굶주림, 비타민 부족으로 모든 대원이 쇠약해지자 식량과 건강에 대한 걱정이 대원들의 생각과 체의 일기를 지배하기 시작했다. 언젠가 체는 농민에게서 산 돼지고기를 조금 먹은 다음 이렇게 적었다.〈우리는 꼼짝도 하지 않고 가만히 앉아서 돼지고기를 소화하려고 애썼다. 물은 두 캔 남았다. 나는 너무 아파서 결국 먹은 것을 다 토했고 그런 다음에야 나았다.〉다음 날 그는 대원들을 모아 놓고〈식량 문제〉를 논의했다.〈베니뇨가 식량을 한 캔 먹어 놓고 안 먹었다고 잡아떼서 혼냈다. 우르바노는 남몰래 차르키[육포]를 먹었다.〉

한동안 그들은 타고 다니던 말과 노새를 잡아먹으면서 연명했다. 한 번은 대원들이 너무 배가 고파서 체가 타고 다니던 숫노새를 탐냈지만 체가 잡아먹지 못하게 했다. 어느 날 노새가 가파른 경사에서 거꾸로 굴러 떨어지자 대원들은 예상치 못했던 희망에 잔뜩 부풀었다. 그들은 숨을 죽이고 노새의 목이 부러졌기를 바랐지만 실망스럽게도, 또 체에게는 다행스럽게도, 노새는 죽지 않았다.

어느 날 지휘의 중압감과 약해진 건강에 시달리던 체가 극적으로 폭발하고 말았다. 그가 타고 다니던 암말이 너무 느리다며 칼로 찔렀던 것이다. 암말은 옆구리에 큰 상처를 입었다. 나중에 체가 대원들을 모아 놓고 그 사건에 대해 말했다. 체는〈우리는 어려운 상황에 처해 있다〉며 입을 열었다.「내 정신은 지금 정상이 아니고 암말을 찌른 사건은 내가 자기 통제력을 잃을 때가 있음을 보여 주고 있소. 그것은 바뀔 테지만 우리 모두 현재의 짐을 똑같이 나누어야 하오. 못 견딜 것 같다고 생각하는 사람이 있으면 솔직히 말해야 하오. 이제 중대한 결정을 내려야 할 순간이오. 이런 종류의 싸움은 우리가 가장 고귀한 인간인 혁명가가 될 기회를 주고 또 인간으로서 우리 자신을 시험해 볼 수 있게 해주기 때문이오.」 일부 대원은 침묵을 지켰지만 대원들 대부분은 투쟁을 계속하겠다고 말했다.

현지인들과 전혀 관계가 맺어지지 않고 있었다. 6월 말에 체는 소작농이 드문 데다 그들조차 게릴라가 되기를 꺼리는 〈악순환〉이 거듭되고 있다고 기록했다. 병력을 확장하려면 인구가 많은 지역에 게릴라의 존재를 알릴 필요가 있었지만, 그러려면 대원이 더 필요했다. 지금 당장 체에게는 의식을 고양시키고 대원을 모집하는 정치 임무를 맡을 사람은커녕 하루하루를 헤쳐 나갈 인력도 충분하지 않다. 민간인들은 두려워하고 당황하면서 그들을 맞이했고 게릴라들은 식량과 정보를 얻기 위해 무력을 행사하며 사람들을 인질로 잡고 그 친척이나 친구에게 심부름을 시켜야 하는 경우가 많았다. 카미리의 국영 석유회사의 픽업트럭을 납치해서 휘발유가 바닥나거나 엔진이 고장 날 때까지 먼 거리를 빨리 이동하는 드문 사치를 누릴 때도 몇 번 있었다.

7월 6일, 대원 6명이 산타크루스와 코차밤바 사이의 주도로에서 트럭을 납치해서 사마이파타까지 몰고 갔다. 고대 잉카 사원이 위치한 사마이파타는 여행자들을 위한 중간역이었고 병원과 작은 정부군 수비대가 있을 정도로 제법 큰 도시였다. 역설적이게도, 여지껏 취한 작전 중에서 가장 대담했던 이번 임무에는 군사적인 목적이 없었다. 체의 천식에 꼭 필요한 약과 아픈 대원들을 위한 치료제, 식량을 비롯한 필수품의 확보가 그 목적이었다. 대원들은 짧은 총격전 끝에 수비대를 점령했고 그 와중에 정부군 1명이 죽었다. 그들은 깜짝 놀라서 지켜보던 민간인들을 지나쳐 약국으로 가서 약을 샀다. 대원들은 정부군 10명을 인질로 잡고 도시를 떠났으며 포로들은 옷을 벗겨서 길가에 버려두고 떠났다.

사마이파타 전투에서 거둔 승리는 민족해방군을 선전하는 데는 유용했지만 체의 입장에서는 한낱 실패에 지나지 않았다. 게릴라들이 천식약을 구하지 못했기 때문이었다. 며칠 후 일기에서 체는 〈계속 전진하기 위해서 다양한 주사〉를 본인에게 놓았지만 숨겨 둔 천식 약을 되찾으러 낭카우아수로 돌아가야 할지도 모른다고 걱정했다. 그러나 8월 중순에 라디오에서 정부군이 남아 있던 낭카우아수 보급품 은닉처를 찾아냈다는 뉴스가 흘러나오자 그곳으로 돌아가서 약을 구해올 가능성마저 사라졌다. 체는 이렇게 썼다. 〈이제 나는 한없이 오랫동안 천식으로 고통을 겪어야 한다. 그들은 또 온갖 서류와 사진까지 가져갔다. 정부군이 우리에게 입힌 가장 큰 타격이다. 누군가 자백한 것이다. 누굴까? 그것은 우리가 모르는 일이다.〉*

* 호아킨 군단 소속이었던 볼리비아인 이탈자 에우수비오와 칭골로가 8월 8일

더 많은 대원들이 죽어 나갔다. 6월 26일, 카를로스 〈투마〉 코에요가 총격전에 휘말려 복부에 총상을 입었다. 체는 투마를 살리기 위해서 필사적으로 애썼지만 허사였다. 간이 파열되고 장에 구멍이 난 투마는 체의 품에서 죽었다. 나중에 체는 이렇게 썼다. 〈지난 몇 년간 늘 함께해 온 분신과도 같은 동지를 잃었다. 그의 충성심은 온갖 시험에도 흔들림이 없었다. 그가 없으니 마치 아들을 잃은 느낌이다.〉 체는 투마의 시계를 끌러서 자기 손목에 찼다. 쿠바로 돌아가 투마가 한 번도 본 적이 없는 그의 아들에게 줄 생각이었다.

7월 30일에는 정부군 순찰대의 급습으로 호세 마리아 마르티네스 타마요(〈파피〉)가 죽었다. 순찰대는 날이 밝기도 전에 게릴라 캠프로 사실상 걸어 들어왔다. 이어진 총격전에서 모이세스 게바라의 부하 라울도 입에 총을 맞고 죽었다. 파초는 고환에 총알이 스쳤지만 무사히 달아났다. 체는 일기에 파피가 쿠바 대원들 중에서 〈가장 규율을 안 지켰〉지만 〈놀라운 전사이자 오랜 모험 동지〉였다고 추억했다. 볼리비아 대원 라울에 대해서는 이렇게 적었다. 〈라울은 크게 의지할 수 없는 대원이었다. 내향적이었던 그는 일꾼이나 전사라고 하기 어려웠다.〉

7월 말에 대원들을 추가로 잃은 체의 군단은 22명으로 줄어들어 있었고 그중 2명은 부상자였다. 체는 〈그리고 내 천식이 급속도로 진행되고 있다〉고 일기에 적었다. 한편,

에 군대를 은닉처로 안내했다.

체는 볼리비아 분쟁을 국제화시키는 것에 성공했다고 만족스럽게 평가했다. 아르헨티나의 군정 대통령 후안 카를로스 온가니아 장군은 안보 조치로 볼리비아와 접한 국경을 폐쇄했고 페루 역시 볼리비아 국경에 적절한 조치를 취하고 있다고 했다. 체는 7월 월말 요약에서 진전된 사항을 정리한 다음 이렇게 썼다. 〈게릴라단의 전설이 대륙적 차원으로 퍼지고 있다.〉 그러나 체는 그 이면에 변하지 않은 것들도 있음을 깨달았다. 라디오 아바나는 체코가 체의 〈삼대륙〉 메시지를 비난했다는 뉴스를 전했다. 〈동지들이 나를 새로운 바쿠닌이라고 부르면서 세 개, 네 개의 베트남이 생긴다면 얼마나 더 많은 피를 흘릴 것이며 이미 얼마나 많은 피를 흘렸냐고 개탄했다.〉

체는 호아킨의 소식에 신경을 곤두세우고 소규모 접전이나 다른 지역의 반군 활동 소식을 열심히 들었다. 체는 호아킨 군단이 리오그란데 강 북쪽으로 갔을 것이라 추측하고 그쪽을 열심히 찾았지만 사실 그들은 강 남쪽에 남아 있었다. 8월 중순 라디오 방송에서 무유팜파에서 충돌이 일어나서 게릴라 1명이 죽었다는 소식을 전하며 이름을 밝혔다. 호아킨 군단 소속 게릴라였다. 며칠 후 정부군이 호아킨 군단에서 이탈한 볼리비아인 2명 — 에우세비오와 칭골로 — 을 생포했다는 사실이 공개되자 체는 호아킨이 남쪽에 남아 있음을 깨달았다. 그는 호아킨을 찾아서 다시 남쪽으로 향하기 시작했다. 우연히도 호아킨은 체를 찾아 북쪽으로 향하기 시작했다.

두 군단은 거의 마주칠 뻔했다. 8월 31일 황혼 무렵 병에 걸린 타니아를 포함해 총 10명이었던 호아킨 군단은 농민 협력자 오노라토 로하스의 집에 도착한 다음 리오그란데 강과 마시쿠리 강의 합류 지점에서 조금 떨어진 곳에서 강을 걸어서 건넜다. 그러나 호아킨은 오노라토 로하스가 그전에 정부군에 붙잡힌 다음 압력을 받아서 정부군 쪽으로 〈돌아섰다〉는 사실을 몰랐다. 이제 로하스는 산타크루스 기반 제8대대의 마리오 바르가스 살리나스 대위의 편이었다. 로하스가 아무런 의심도 하지 않는 게릴라들을 강 하류로 이끌자 바르가스 살리나스는 그들이 가까이 다가오기를 기다렸다가 부하들에게 사격 개시 신호를 보냈다.

대학살이었다. 정부군 전사자는 1명밖에 없었지만 호아킨 군단은 소탕되었다. 타니아, 전(前) 산업부 차관 구스타보 마친, 모이세스 게바라, 호아킨도 죽었다. 수습된 시체는 바예그란데 시 정부군 야전 본부로 이송되어 대중에게 공개되었다. 하지만 그 자리에 타니아의 시신은 없었다. 그녀의 시신은 며칠 후 강 하류에서 부패해서 문드러진 채로 발견되었다. 〈파코〉라고 불리던 볼리비아인 호세 카스티요 차베스, 쿠바에서 훈련받은 일본계 볼리비아인 의대생 프레디 마이무라의 생존이 확인되었지만, 마이무라는 몇시간 만에 군인들의 손에 죽임을 당했다.* 또 다른 생존자

---

* 바르가스 살리나스의 말에 따르면, 정부군 병사들이 죽은 동료에 대한 보복으로 포로 2명 중 1명을 죽이자고 해서 그가 〈처형〉을 승인했다. 살리나스는 마이무라는 〈반항적〉이었지만 파코는 겁에 질려 있었다고 말했다. 살리나스가 생각에 잠긴 동안 옆에 앉아 있던 파코가 다리 밑으로 신호를 보내 보호해 달라고 요청했다. 그 순간 살리나스가 마이무라 쪽으로 고갯짓을 했고, 부하들이 즉시

페루 의사 호세 〈엘 네그로〉 카브레라도 나흘 후에 붙잡혀서 살해당했다.

체는 게릴라 군단 전체가 근처에서 〈청산〉되었다는 소식을 들었지만 믿으려 하지 않았고 정부군의 역정보라고 의심했다. 그러나 그 후 며칠 동안 호아킨 군단 대원들의 이름과 생김새가 새어나오자 그 소식이 사실임을 깨달았다. 안타깝게도 두 군단은 하루만 지나면 만날 수 있었다. 9월 1일에 체의 대원들이 강을 건너 배신자 오노라토 로하스의 집에 도착했다. 그들은 얼마 전까지 정부군이 있었다는 흔적을 발견했고 로하스와 가족들이 사라진 것을 확인한 다음 계속 이동했다.

이번 매복 공격으로 체는 병력의 3분의 1을 잃었지만 대신 호아킨 군단을 찾아야 한다는 윤리적 의무에서 해방되었다. 이제 그는 인구가 더 많은 지역으로 이동해서 라파스의 지원망 및 쿠바와 연락을 취해 자신과 남은 부하들을 구하는 일에만 집중할 수 있었다. 한편 볼리비아 정부군의 입장에서 〈바도 델 예소〉라 불리는 학살 사건은 사기를 북돋우는 승리였다. 군대는 이를 축하하며 퍼레이드를 벌이고 바리엔토스 대통령과 고위 관계자들이 바예그란데를 방문했다. 바리엔토스는 그날의 영웅 바르가스 살리나스 대위를 소령으로 진급시켰고 〈민간인 영웅〉 오노라토 로하스를 공개적으로 칭찬했다. 그러나 바리엔토스의 현명하지 못한 행동 때문에 그 농부는 나중에 호된 대가를 치르

총을 쏘아 죽였다. 파코는 목숨을 건졌다.

게 된다.

훼손되고 부어오른 게릴라들의 시신은 교회에서 운영하는 누에스트로 세뇨르 데 말타 병원 세탁실에 전시된 다음, 안드레스 셸리치 중령의 지휘하에 밤에 몰래 시 외곽으로 실려 나가 묻혔다. 유고슬라비아계의 헌신적인 반공주의자 셸리치 중령은 키가 크고 여위었으며 코밑수염을 길렀고, 바예그란데 〈판도〉 공병대의 부사령관이었다.

그러나 9월 8일에 알아보기 힘든 타니아의 시신이 발견되자 바리엔토스 대통령은 여성이니 자비를 베풀어 종교 의식을 치르고 〈기독교식〉으로 매장하라고 직접 지시했다. 타마라 분케는 열렬한 공산주의자였기에 바리엔토스가 베푼 〈영광〉은 무척이나 아이러니한 것이었다. 타니아의 시신이 관에 안치되고 묘지 건너편 군대 주둔지에서 종군신부가 작은 미사를 집전했다. 그러나 타니아는 그곳에 묻히지 않았다. 그날 밤 11시에 셸리치는 다른 게릴라들처럼 그녀를 비밀리에 매장할 임무를 맡아 죽은 게릴라를 〈사라지게 하라〉는 기이한 공식적 결정을 실행에 옮겼다. 이 소름 끼치는 정책은 반게릴라 작전이 끝날 때까지 계속되었다.

정부군의 또 다른 습관은 죽은 게릴라의 유품을 부적으로 갖는 것이었다. 게릴라에게서 **빼앗은** 서류, 주소록, 편지는 대부분 군 정보부와 아르게다스 내무부 장관, 가르시아 CIA 고문에게 보냈지만 다른 물품은 대부분 군 장교들이 가졌다. 셸리치 중령이 가진 기념품 중에는 — 벌집처럼 총알 자국이 난 게릴라 시체를 찍은 오싹한 사진이나 그가 포로들과 함께 찍은 사진 외에 ─ 우울한 아르헨티나 발라드 〈기타레로(기타 연주자)〉의 가사가 손글씨로 적힌 쪽지가 있었다.

> 떠나지 마오, 기타레로
> 내 영혼의 불이 꺼졌으니,
> 나는 새벽을 한 번 더 맞이한 다음
> 카차르파야스* 중에 죽고 싶다오.

파코는 흙투성이 옷을 입고 수염이 엉망으로 자라 지저분해진 모습으로 동지들의 시신과 함께 바예그란데로 이송되어 일종의 전리품으로 퍼레이드에 참가했다. 장교들은 오랑우탄 같은 이 볼리비아 청년과 함께 사진을 찍었다. 파코는 겁에 질리고 정신적으로 완전히 무너져서 입을 열기 시작했다.

쿠바계 미국인 CIA 요원 펠릭스 로드리게스와 구스타보 비욜도는 이제 반게릴라 작전에 깊숙이 개입하여 교전 지역에도 나갔다(비욜도는 자신과 로드리게스가 사실 볼리비아 군복을 입고 위장하여 바르가스 살리나스 군단과 함께 호아킨 군단 매복 공격에 참가했다고 말했다). 펠릭스 로드리게스는 자신이 파코가 쓸모 있다는 것을 바로 알아챘다고 말했다. 파코를 처음 심문했던 셀리치 중령은 그를 처형하고 싶

* 노래를 부르고 춤을 추며 술을 마시는 안데스의 작별 파티. 이 시는 셀리치 중령이 압수한 것으로 그의 미망인이 필자에게 보여 주었다.

어 했지만 로드리게스의 반대로 그는 포로로 보호받았다. 로드리게스는 그 뒤 몇 주 동안 파코를 매일 심문하여 게릴라 대원들의 생활을 더 정확하게 파악했다. 로드리게스는 파코가 제공한 정보를 통해서 누가 죽고 누가 살아 있는지 서서히 파악했고, 또 대원들의 상대적인 강점과 약점, 체와의 관계도 파악했다.

체와 부하들은 며칠 동안 호아킨 군단이 어떻게 되었는지 알아보려고 애쓴 후 다시 북쪽으로 가기로 결정했다. 9월 6일에 체 군단은 리오그란데 강을 떠나 지난 10개월 동안 그들의 집이자 무덤이었던 지역에서 빠져나와 산으로 올라가기 시작했다.

8

리오그란데 강 북쪽 삼림 지대는 멀리 안데스 고원의 달 표면과도 같은 갈색 산비탈쪽으로 푸른 산자락을 펼치며 하늘 높이 솟아올라 있다. 수목한계선 위로 올라가면 벌거 벗은 거대한 언덕들과 추운 평원이 펼쳐진 다음 다시 골짜기가 펼쳐지는데, 골짜기에는 작은 길과 가끔씩 나타나는 비포장도로로 이어진 소박하고 작은 마을들이 점점이 흩어져 있다. 대부분 인디오와 메스티소인 주민들은 돼지나 소를 키우며 산다. 벽돌집 주변으로는 옥수수밭과 채소 텃밭이 기하학적 무늬를 그리고 있다. 나무가 거의 없기 때문에 원주민들은 낯선 사람이 나타나면 몇 킬로미터 밖에서도 알아볼 수 있다.

체의 군단은 2주일 동안 얕은 강을 건너고 절벽을 기어오르며, 수색견을 끌고 온 정부군 순찰대와 한두 번 마주치기도 하면서 꾸준히 산 위로 올라갔다. 이제 대원들 모두가 다양한 신경 쇠약 증세를 보이고 있었다. 대원들은 누가 더 많이 먹었느냐는 문제로 다투면서 서로 욕했고 체를 찾아와서 어린애처럼 불평과 비난을 늘어놓았다. 그중에서도 〈안토니오〉 ─ 올로 판토하 ─ 가 가장 심한 증세를 보였다. 그는 어느 날 군인 5명이 다가오는 것을 보았다고 주장했지만 곧 환각 증세로 드러났다. 체는 그날 밤에 전쟁으로 인한 이 골치 아픈 〈정신병〉이 부하들의 사기를 저하시킬까 봐 걱정하는 글을 남겼다.

체는 계속 라디오에 열심히 귀를 기울였다. 바리엔토스는 체의 목에 현상금 ─ 고작 4,200달러였다 ─ 을 내거는 동시에 그가 이미 죽었을 것이라는 생각을 밝혔다. 국제 언론의 관심이 집중된 가운데 곧 열릴 예정이었던 드브레의 재판은 9월 17일로 연기되었다. 어느 날 체는 이렇게 썼다. 〈부다페스트 일간지는 체 게바라가 한심하고 무책임한 인물이라며 비판하고 칠레 공산당은 실용 노선을 취해 진정한 마르크스주의를 보여 주었다고 칭찬한다. 나는 온갖 아첨꾼과 겁쟁이들의 정체를 밝히고 그 인간들의 주둥이에 그들이 싸지른 똥오줌을 문질러 주기 위해서라도 꼭 권력을 잡고 싶다.〉

사태의 흐름을 바꿀 힘이 없었기 때문인지는 모르지만 체의 신랄한 유머가 되살아났다. 체는 라디오 아바나에서 최근 아바나에서 소집된 라틴 아메리카연대기구 회의에

〈민족해방군이 지원 메시지를 보냈다〉는 보도를 듣고 〈텔레파시라는 기적〉을 통해서 받은 것이 틀림없다고 적었다. 회의 내내 체의 모습이 담긴 거대한 포스터와 깃발이 넘쳐 났고 회의에 참가한 혁명가들과 피델은 체를 영웅으로 선포했다.

아직 모든 일이 유망해 보이던 시작 단계에 체가 볼리비아 〈해방군 재정 담당 비서〉로 임명했던 젊은 여인 로욜라 구스만이 라파스에서 체포되어 자살을 시도했다는 소식이 9월 중순에 들려왔다. 내무부 3층에서 심문을 받던 로욜라는 고문을 못 이겨 자신이 동지들을 배신하게 될지도 모른다는 생각에 잠깐 쉬는 틈을 타서 창밖으로 몸을 던진 것이었다. 그녀는 중상을 입었지만 목숨은 건졌다.

9월 21일, 체 일행은 지금까지 가장 높은 해발 2천 미터 지점에 도달했다. 그들은 밝은 달빛을 받으며 비포장도로를 따라서 바위투성이의 거대하고 둥근 산꼭대기에 자리 잡은 50가구 규모의 작고 외딴 마을 알토세코로 향했다. 다음 날 알토세코를 향해 전진하던 체는 〈사람들이 두려움에 떨며 우리가 가는 길을 피하려 한다〉는 사실을 알아챘다. 그들은 그날 오후 사람들의 〈두려움과 호기심이 섞인〉 반응을 받으며 알토세코에 도착했다. 그리고 이내 마을 촌장이 게릴라의 접근을 정부군에 알리려고 하루 전에 출발했다는 사실을 알게 되었다. 체는 이에 대한 보복으로 촌장의 작은 식료품가게에서 식량을 빼앗았고 촌장의 아내가 무엇이든 대가를 받아야 한다고 울며 간청했지만 못 들은 척했다.

체와 부하들은 알토세코를 즉시 떠나는 대신 그날 밤을 그곳에서 보내기로 하고 작은 학교에 사람들을 불러 모았다. 인티가 〈압정에 신음하며 침묵을 지키는 농민 15명〉을 대상으로 연설을 하며 그들의 〈혁명〉에 대해 설명했다. 남교사 한 명만이 입을 열어 사회주의에 대한 도발적인 질문을 했는데 체는 그가 〈여우와 농부를 섞어 놓은 듯한, 어린아이처럼 무지하고 순진한 사람〉이었다고 묘사했다.

고립되어 살아가는 알토세코 사람들에게 지저분하고 수염을 기른 무장 게릴라들의 출현은 당황스럽기 그지없는 일이었다. 일부는 게릴라들을 초자연적인 존재로 생각하기도 했다. 마을 촌장 오노라토 로하스의 이웃에 살던 한 여인은 게릴라들이 식량을 구하러 왔다가 떠난 후 정부군이 와서 묻자 그들은 마을 사람 모두에 대해서 모르는 것이 없었기 때문에 〈브루호〉, 즉 마법사인 줄 알았다고 말했다. 게릴라들이 지폐로 식량 대금을 지불하자 그녀는 마법에 걸린 돈이므로 자기 손에 들어오면 쓸모없는 종잇장으로 변할 것이라고 생각했다.

정부는 탁월한 심리전을 펼치고 있었다. 군대는 대규모 〈공민 활동〉 프로그램을 추진하여 도로를 건설하고, 반게릴라 선전을 펼치고, 농부들의 토지 소유권을 보장하고, 시골 지역 학교에서 쓸 물품을 나누어 주었을 뿐 아니라 군대와 경찰이 여러 달 동안 농민 사회에서 정보를 활발히 캐내고 있었다. 게릴라 군단이 낭카우아수에서 강 북쪽으로 이동하여 전투를 시작하기도 전에, 수비대가 위치한 인구 6천 명의 도시 바예그란데는 전쟁을 벌일 준비가 갖추어져 있었다. 또 4월에 전 지역을 〈비상 지역〉으로 선언하고 계엄령을 선포하며 주민들에게 이렇게 발표했다. 〈대부분 외국인으로 구성된 카스트로-공산주의 성향의 단체들이 우리나라에 침입했다. 그들의 목적은 오로지 혼돈의 씨앗을 뿌리고, 우리나라의 발전을 저해하고, 특히 농부들의 사유 재산을 공격하고 약탈하는 것이다. ……이에 명확한 의무를 잘 인식하고 있는 우리 군은 파괴적일 뿐 아니라 악의적인 외세의 침략을 저지하고 파멸시키기 위해 병력을 동원했다.〉

늦여름 이후 바예그란데는 대게릴라 작전의 중심 기지가 되었고 전쟁 히스테리의 분위기가 널리 퍼졌다. 공공 광장의 메가폰에서는 반게릴라 방송이 큰소리로 흘러나왔고 도시의 얼마 안 되는 좌파 학생들이 체포되었으며 외국인처럼 보이는 이방인들은 구금되어 심문을 받았다. 8월 23일에 셀리치 중령이 쓴 일지에 따르면, 바예그란데의 모든 주민들이 〈일어날지도 모르는 적군의 공격에 대비해 동원〉되었다.

9월 1일, 바예그란데 육군 사령관은 전날 밤에 호아킨 군단을 매복 공격한 바르가스 살리나스와 무선통신을 하면서 〈박멸된 적군〉의 명단을 듣고 환호하면서도 혼돈을 느꼈다. 명단에 〈게바라〉라는 이름이 있었기 때문이다. 군대 참모들이 모여 라파스와의 통신에 귀를 기울이고 있는 가운데 육군 총사령관 다비드 라 푸엔테 장군이 분명히 떨리는 목소리로 바예그란데 측에 정확한 설명을 요구했다. 「체 게바라라는 뜻인가?」 그들은 곧 문제의 사망자가 전설적인 게릴라 사령관이 아니라 모이세스 게바라임을 깨달았지만 작전이 큰 성공을 거둔 데 만족했다.

게다가 정부군은 이제 체 게바라가 굶주리고 병든 상태이며 그의 병력이 크게 줄었다는 사실을 파악했다. 8월에 닷새간 게릴라에게 포로로 붙잡혔던 3명 중 1명이었던 안셀모 메히아 쿠에야르가 셀리치에게 게릴라들은 마체테 칼로 수풀을 자르면서 조금씩 걸어 천천히 이동했으며 〈무척 더러웠다〉고 말했다. 쿠에야르는 게릴라들이 어떤 무기를 가지고 있고 각 대원이 어떤 임무를 맡고 있었는지 설명했고 체에 대해 몇 가지 흥미로운 정보를 주었다.「헤페는 말을 타고 이동했고…… 다른 대원들은 그를 신처럼 받들며 침상을 만들어 주고 예르바 마테 차를 가져다주었습니다. 그는 은으로 만든 파이프 담배를 피웠고…… 어느 부상병[다리 부상에서 회복 중이던 폼보]과 함께 중앙에서 움직였습니다. 그는 초록색 바지와 위장 셔츠를 입고 암갈색 베레모를 썼으며…… 시계를 두 개 차고 있었는데 하나는 무척 컸습니다.」쿠에야르와 함께 붙잡혔던 발레리오 구티에레스 파디야는 체는 〈절대 불평을 하지 않았〉지만 말에서 내릴 때 부하들의 부축을 받아야 했던 것을 보면 몸 상태가 〈몹시 안 좋은〉것이 분명했다고 말했다.

게릴라들이 알토세코에 도착했을 무렵, 정부군은 그들이 오고 있다는 사실을 이미 알고 쫓을 준비를 시작한 상태였다. 9월 24일에 바예그란데 수비대는 1개 연대를 파견하여 다가오는 게릴라들로부터 북서쪽으로 15킬로미터 정도 떨어진 마을 푸카라에 전진 기지를 세웠다.

게릴라들은 알토세코를 떠나 이틀 동안 풍경을 즐기 듯 개활지를 가로지르며 천천히 걸어서 전진했다. 〈간 경색〉 때문에 몸이 좋지 않았던 체는 몽상에 빠져 있는 듯했다. 게릴라들이 휴식을 취하기 위해 잠시 멈춘 곳에서 그는 〈아름다운 오렌지 숲〉을 보고 있었다. 다음 마을 푸히오에 이르렀을 때, 그는 〈유일하게 집에 남아 있던 농부로부터〉 식량으로 쓸 돼지를 샀다고 담담한 어조로 적었다. 〈나머 지는 우리를 보고 달아났다.〉

이 부분을 읽으면 체가 본인이 겪고 있는 고난에 이상하 리만치 초연해져서 죽음을 향해 돌진하는 자신을 흥미롭 게 바라보는 목격자가 되었다는 결론을 내리지 않을 수 없 다. 그가 게릴라 전쟁의 신성한 규칙을 모조리 어기고 있었 기 때문이다. 그는 앞에 무엇이 있는지 정확한 정보도 파악 하지 않고 농민들의 지원도 없이 정부군이 자신의 접근을 파악하고 있음을 알면서도 탁 트인 장소를 전진했다.*

체가 기나긴 방랑 중에 쓴 어느 글은 자신의 시간이 끝 나 가고 있다는 사실을 스스로 잘 알고 있었음을 보여 준 다. 그 글이란 바로 알레이다에게 남기는 유언이 분명해 보 이는 시다. 체는 이 시에 〈바람과 조류에 맞서〉라는 제목을 붙였다.

이 시에는 나의 서명이 담기리라.
나 그대에게 드리리라, 울려 퍼지는 여섯 마디 말과

---

* 자세한 내용은 부록 참조.

언제나 (상처 입은 새처럼) 부드러움이 담긴 표정,

미지근하고 깊은 물과 같은 불안,
오직 이 내 시만이 빛이 되는 어두운 사무실,
당신의 지루한 밤을 위한 아주 낡은 골무,
우리 아들들의 사진.

항상 나와 함께하는 이 권총의 가장 아름다운 총알,
언젠가, 그대와 내가 잉태한
우리 아이들에 대한 (항상 깊이 숨어 있는) 비이성적인 기억,
그리고 나를 위해 남아 있는 삶의 조각,

나는 이것을 (굳은 확신과 행복으로) 혁명에 바치네.
우리를 하나 되게 하는 그 어떤 것도 더 큰 힘을 갖지 못하리.

농민들이 게릴라들이 천천히 접근하고 있다는 소식을
퍼뜨리자 여러 마을 촌장들이 정부군에게 이 사실을 알렸
다. 9월 26일에 게릴라들이 두 능선 사이 오목한 땅에 위치
한 작고 가난한 마을 라이게라에 도착했을 때 마을에는 여
자와 아이들밖에 없었다. 촌장과 전보 기사를 포함하여 남
자들은 모두 달아난 터였다. 체는 선봉대를 먼저 보내서
다음 마을 하구에이로 연결되는 길을 정찰했지만 선봉대
는 라이게라에서 빠져나와 첫 번째 언덕에 도착하자마자
매복 중인 정부군 속으로 곧장 걸어 들어갔다. 볼리비아인
로베르토 〈코코〉 페레도와 마리오 〈훌리오〉 구티에레스,

쿠바인 〈미겔〉 마누엘 에르난데스가 그 자리에서 죽었다. 볼리비아인 캄바와 레온은 이 기회를 놓치지 않고 달아났다. 베니뇨와 파블로, 아니세토는 목숨을 건져 라이게라로 돌아왔지만 베니뇨는 부상을 입었고 파블로는 발을 크게 다쳤다.

결정적인 타격을 입힌 것은 바예그란데 군인들이었다. 바예그란데 기지에서 온 셀리치 중령은 죽은 게릴라 3명의 명단을 작성한 다음 자기 부하들은 〈단 한 명도 죽거나 부상을 입기는커녕 긁히지도 않았다. 볼리비아 육군 제3전술부대가 거둔 영광스러운 승리다〉라고 자랑스럽게 발표했다.

승리가 점점 다가오자 이제 각 부대들은 누가 최고상을 획득할 것인지를 두고 경합을 벌이기 시작했다. 최고상은 바로 체 게바라를 잡는 것이었다. 제8사단 지휘자 호아킨 센테노 아나야 대령, 그의 정보부장 아르날도 사우세도 장군, CIA 고문 펠릭스 로드리게스가 바예그란데에 도착했다. 수많은 부대가 게릴라 군단의 앞뒤에서 알토세코와 푸카라를 순찰했다. 미국에서 몇 주 동안 훈련을 막 끝내고 온 볼리비아 육군 특전대가 전투에 투입되어 푸카라의 군대를 지원했다.

라이게라 외곽 매복 공격 이후 살아남은 체와 대원들은 위쪽 더 높은 곳에 주둔 중이던 정부군과 총격전을 벌인 후 후퇴하여 협곡으로 달아났다. 다음 날 게릴라 군단은 곤경에서 빠져나갈 방법을 찾으며 더 높이 올라가서 작은 숲을 찾아 숨어들었다. 그들은 그 후 사흘 동안 바로 앞쪽 언덕의 도로에서 정부군을 초조하게 지켜보면서 숲속에 숨어 있었다. 다른 군인들은 근처의 어느 집에 머물고 있었다. 체는 군인들이 눈에 띄지 않자 정찰대를 보내서 물을 구하고, 적의 동태를 살피고, 다시 리오그란데 강으로 도망갈 길을 찾아보라고 했다. 그러나 정찰대는 즉시 포위되었다.

정부군은 죽은 게릴라 3명의 시체를 노새와 지프차에 실어 바예그란데로 이송한 다음 누에스트로 세뇨르 데 말타 병원에 줄지어 늘어놓았다. 9월 27일에 셀리치는 〈깜짝 놀란 바예그란데 사람들은 가까이 다가가려 하지 않고 멀찍이서 구경했다〉고 적었다. 매복 공격을 실시했던 부대는 다음 날 밤 기지로 돌아와서 센테노 아나야 대령이 개최한 특별 연회에 참가하여 〈칭찬을 받았다.〉 라파스에서 정부위원회가 와서 죽은 게릴라들의 신원을 확인한 다음 셀리치는 다시 한 번 시체들을 매장했다. 9월 29일 밤 11시에 셀리치는 이렇게 적었다. 〈어떤 장소에 라이게라 전투에서 죽은 빨갱이 용병의 유해가 극비리에 매장되었다.〉

9월 30일, 바리엔토스 대통령이 수많은 수행원과 언론인들을 이끌고 바예그란데로 돌아와 정부군이 최근에 거둔 승리를 축하했다. 같은 날 밤 지친 체와 부하들이 불과 50킬로미터 떨어진 은신처에서 몰래 빠져나와 점점이 흩어진 작은 농장에 사는 농부들과 마주치지 않도록 조심하면서 협곡을 향해 조심스럽게 내려가기 시작했다. 라디오에서 대규모 군사 동원이 진행 중이라는 소식을 들려왔다. 또 작전 현장에 군인 1,800명이 투입되었다거나 〈체 게바라가 협곡에서 포위되었다〉는 뉴스도 보도되었고 어느 방송은 체가 붙잡혀서 〈산타크루스로 가서 재판을 받을〉 예정이라는 소식을 전하기도 했다. 그 후 감바와 레온이 붙잡혔다는 소식이 보도되었다. 두 사람 모두 〈입을 연〉 것이 틀림없었는데 그들은 체 게바라가 아프다는 사실까지 털어놓았다. 체는 역겹다는 듯이 〈영웅적인 게릴라 두 명의 이야기는 이렇게 끝난다〉라고 일기에 적었다.

10월 7일에 게릴라는 라이게라 근처 가파른 협곡에 머물고 있었다. 자연적으로 생긴 협곡의 좁은 길은 아래쪽 리오그란데 강으로 이어져 있었다. 안경이 깨져서 밤이면 장님이나 다름없는 치노 창 때문에 게릴라단의 전진 속도는 무척 느렸다. 체는 그런데도 상당히 낙관적인 태도로 그날 일기를 다음과 같은 말로 시작했다. 〈우리는 별 문제없이 목가적인 분위기 속에서 게릴라 활동의 열한 번째 달을 마쳤다.〉

정오에 그들은 염소에게 풀을 먹이던 노파를 발견하고 그녀를 붙잡았다. 노파는 군인들에 대해서 아무것도 모른다고, 무슨 일이 벌어지고 있는지도 전혀 모른다고 말했다. 체는 그래도 의심을 풀지 않고 노파와 함께 인티와 아니세토, 파블로를 그녀의 누추한 농장으로 보냈다. 농장에 도착한 대원들은 노파에게 난쟁이 딸이 있음을 알게 되었다. 그들은 노파에게 50페소를 주고 자신들에 대해서 아무 말도 하지 말라고 했지만, 그러면서도 체는 〈그녀가 약속을 지키리라는 희망은 별로 없었다〉고 적었다.

이제 남은 대원은 17명이었다. 그날 밤 대원들은 〈무척 작은 달〉 아래서 다시 언덕을 내려가기 시작했고 양옆에 감자밭이 펼쳐진 협곡의 좁은 시내를 걸어서 건넜다. 새벽 두 시경 앞이 보이지 않아 더 이상 전진할 수 없었던 창 때문에 전 대원이 걸음을 멈추었다. 그날 밤 체는 라디오에서 군대의 〈이례적인〉 보고를 들었다. 정부군이 〈아세로〉와 〈오로〉 강 사이의 모처에서 게릴라들을 포위했다는 것이었다. 체는 〈주의를 분산시키려는 보도인 듯하다〉고 생각했다. 그는 현재 고도가 〈2,000미터〉라고 기록했다. 이것이 체 게바라의 마지막 일기였다.

9

다음 날인 10월 8일 이른 아침, 막 훈련을 마치고 돌아온 볼리비아 특전대가 젊고 키가 큰 가리 프라도 살몬 육군 대위의 지휘하에 게릴라들 위쪽 능선을 따라 자리를 잡았다. 현지 농부가 게릴라가 있다고 알려 준 것이었다.

아침이 밝자 게릴라들은 벌거벗은 양쪽 능선에 늘어선 군사들을 보았다. 그들은 수풀이 우거진 케브라다델추로 협곡에 꼼짝없이 갇혔다. 협곡은 길이 300미터 정도에 폭은 지점에 따라 50미터나 그 이하였다. 탈출할 수 있는 유일한 방법은 싸우면서 전진하는 것밖에 없었다. 체는 부하들에게 위치를 선정하라고 명령한 다음 그들을 세 무리로 나누었다. 긴장 속에 몇 시간이 흘렀다. 게릴라 몇 명의 움직임이 군인들에게 발각되면서 오후 1시 10분에 전투가 시작되었다. 정부군이 박격포와 기관총으로 아래쪽의 게릴라들에게 총격을 가하기 시작했을 때, 볼리비아인 아니세토 레이나가 죽었다.

이어서 기나긴 총격전이 시작되어 아르투로와 안토니오가 죽었고 게릴라들은 뿔뿔이 흩어졌다. 체는 감자밭 한가운데 커다란 바위 뒤에 몸을 일부 숨기고 M-2 카빈총을 쏘았지만 곧 총신에 총을 맞는 바람에 카빈총은 무용지물이 되었다. 권총 탄창은 이미 텅 빈 상태였다. 이제 체에게는 무기가 없었다. 두 번째 총알이 오른쪽 허벅지에 박혔고 세 번째 총알은 베레모를 관통했다. 체는 볼리비아인 시몬 쿠바(〈윌리〉)의 부축을 받고 협곡의 둑을 기어올라 달아나려 했다. 숨어 있던 군인들이 접근하는 두 사람을 발견했다. 그들이 몇 미터 앞까지 다가오자 작지만 다부진 체구의 고원 인디오 베르나르디노 우안카 중사가 관목 사이로 들어가 그들에게 총을 겨누었다. 그는 나중에 체가 자신에게 다음과 같은 말을 했다고 주장했다. 「쏘지 마. 나는 체 게바라다. 내가 죽는 것보다 살아 있는 것이 당신에게 더 나을 것이다.」

우안카가 게릴라 2명을 잡았다고 외치자 잠시 후 프라도 대위가 다가왔다. 프라도는 체에게 신원을 밝히라고 단도직입적으로 말했다. 체도 무뚝뚝하게 대답했다. 그러자 프라도는 시로 부스토스가 그린 그림을 꺼내 튀어나온 눈썹과 피그스 만 침략 당시 목숨을 잃을 뻔했던 사고로 생긴 귀 주변의 흉터를 보고 그가 체 게바라임을 확인했다. 프라도가 자기 허리띠로 체의 손을 묶었다. 그는 바예그란데에 무선통신을 보낸 다음 부하들에게 체와 윌리를 철저히 감시하라고 명령하고 나서 전투 지역으로 돌아갔다.

오후 3시 15분에 셀리치 중령은 무선통신을 통해 특전대가 〈체 게바라가 지휘하는 빨갱이들!〉과 싸우고 있다는 소식을 들었다. 셀리치는 부상병 중 한 명이 체 게바라라는 소식을 듣고 무척 흥분해서 헬리콥터를 타고 라이게라로 향했다. 그는 도착하자마자 곧장 전투지로 갔다.

셀리치는 협조적인 라이게라 촌장을 데리고 체가 잡혀 있는 협곡으로 내려갔다. 그 순간에도 협곡 다른 지역에서는 정부군과 남은 게릴라 대원들이 계속 전투를 벌이고 있었다. 셀리치와 촌장은 계곡을 내려가다가 치명상을 입은 동료를 옮기던 군인들과 마주쳤다. 그들은 셀리치에게 아래쪽에 게릴라 대원 2명의 시체가 있다고 말했다. 셀리치는 마침내 체가 갇혀 있는 곳에 도착하여 그와 짤막한 대화를 나누었다. 나중에 그는 기밀 보고서에 대화 내용을 기록했다.

〈나는 그에게 우리 군대는 당신의 생각과 다르다고 말했고, 그는 부상을 당했고 총알이 카빈총 총신을 망가뜨렸기 때문에 항복할 수밖에 없었다고 말했다…….〉

밤이 다가오고 있었지만 협곡에서는 전투가 계속되었고 셀리치는 체와 윌리를 데리고 라이게라로 향했다. 그는 프라도 대위와 그의 지휘관 미겔 아요로아 소령을 만났다. 체는 왼쪽 다리를 다쳐 오른쪽 다리밖에 못 썼기 때문에 협곡에서 벗어나는 가파른 산길에서 군인 2명이 그를 부축했다. 맨 뒤에서는 농부 몇 명이 쿠바 대원 레네 〈아르투로〉 마르티네스 타마요와 오를란도 〈올로〉 판토하(〈안토니오〉)의 시신을 옮기고 있었다.

그날 저녁 늦게 체는 손발이 묶인 채 흙으로 지은 라이게라 학교 교실 흙바닥에 누워 있었다. 옆에는 안토니오와 아르투로의 시신이 놓여 있었다. 부상도 없고 목숨도 건진 윌리는 다른 교실에 갇혀 있었다.

날이 어두워지자 달아나는 게릴라를 쫓는 일은 새벽 4시까지 잠시 중단되었다. 하지만 셀리치는 체의 동지들이 구출을 시도할 경우를 대비해 라이게라에 보초를 세웠다. 저녁 7시 30분에 셀리치가 바예그란데로 무선을 보내 체를 어떻게 할지 묻자 〈다른 명령이 있을 때까지 가둬 두라〉는 답변이 왔다. 그 후 셀리치와 프라도, 아요로아가 학교로 가서 체와 이야기를 나누었다. 셀리치는 네 사람이 45분 동안 나눈 대화를 자신의 개인 노트에 축약해서 기록했다.

기록에 따르면, 셀리치는 체에게 이렇게 말했다. 「코만단테, 우울해 보이는군. 내가 왜 이런 인상을 받는지 설명할 수 있나?」

체가 대답했다. 「나는 실패했고 모든 게 끝났다. 그게 이런 상태에서 당신이 나를 보고 있는 이유다.」

셀리치는 체에게 왜 그의 〈조국〉 대신 볼리비아에서 전투를 시작했느냐고 물었다. 체는 대답을 회피했지만 〈그게 나았을지도 모르지〉라고 인정했다. 사회주의가 라틴 아메리카에 가장 알맞은 정부 형태라며 체가 계속해서 사회주의를 칭송하자 셀리치가 말을 잘랐다.

그는 〈그 문제에 대해서는 이야기하고 싶지 않다〉고 말하며 무슨 일이 있어도 볼리비아는 〈공산주의에 면역이 되어 있다〉고 주장했다. 셸리치는 체가 볼리비아를 〈침략〉했다고 비난하며 게릴라 대부분이 〈외국인〉이라는 점을 지적했다. 셸리치에 따르면, 그때 체는 안토니오와 아르투로의 시체를 내려다보았다.

「중령, 저들을 보시오. 저들은 쿠바에서 원하는 것을 모두 가지고 있었는데도 이곳에 와서 개처럼 죽었소.」

셸리치는 체에게서 아직 도망 중인 게릴라에 대한 정보를 캐내려 했다. 「내가 알기로 베니뇨는 라이게라 전투 이후 심각한 부상을 입었고 코코와 다른 이들은 죽었소. 코만단테, 베니뇨가 아직 살아 있는지 말해 줄 수 있소?」

「중령, 나는 기억력이 나빠서 기억도 안 나고 당신 질문에 어떻게 대답해야 할지도 모르겠군.」

「당신은 쿠바인이오, 아르헨티나인이오?」 셸리치가 물었다.

「나는 쿠바인이고, 아르헨티나인이고, 볼리비아인이고, 페루인이고, 에콰도르인이고…… 무슨 말인지 알아듣겠지.」

「왜 우리나라에서 전쟁을 하기로 했소?」

「농부들이 어떤 상태에서 살고 있는지 모르겠소?」 체가 물었다. 「그들은 심장을 짓누르는 가난 속에서 야만인처럼 살고 있소. 방 하나에서 자고 요리도 하고, 입을 옷도 없이 짐승처럼 버려져서 말이오…….」

「하지만 쿠바에서도 마찬가지 아니오.」 셸리치가 쏘아붙였다.

「아니 그렇지 않소.」 체가 대꾸했다. 「쿠바에도 아직 가난이 있다는 사실은 부인하지 않겠지만 적어도 쿠바 농민들에게는 나아지리라는 희망이 있소. 하지만 볼리비아 농부들은 희망도 없이 살고 있지. 그들은 비참하게 태어나서 살다가 비참하게 죽소.」*

장교들은 체에게서 압수한 서류를 살펴보다가 볼리비아에서 작전을 수행하면서 기록한 일기 두 권을 발견하고 새벽까지 읽었다.

10월 9일 오전 6시 15분에 헬리콥터가 호아킨 센테노 아나야와 〈라모스 대위〉, 즉 CIA 요원 펠릭스 로드리게스를 태우고 라이게라로 날아왔다.

셀리치는 포로 파코의 처리를 둘러싸고 충돌했던 CIA 요원이 와서 체를 가까이에서 조사하는 것이 별로 달갑지 않았다. 그는 펠릭스가 강력한 휴대용 야전 무전기와 서류를 촬영할 특수 카메라를 지니고 있는 것을 보았다. 세 사람이 학교로 들어갔다. 셀리치는 센테노 아나야가 〈약 30분 동안 게릴라 대장과 이야기를 나누었다〉고 적었다.

드디어 일생일대의 적을 대면한 로드리게스는 그와의 음울한 만남을 자세히 기록했다. 체 게바라는 손이 등 뒤로 묶이고 발도 하나로 묶인 채 흙먼지 속에 옆으로 누워 있었고, 그의 옆에는 동지들의 시체가 있었다. 체의 다리에

---

* 셀리치 중령의 미망인 소코로는 29년 동안 침묵을 지켜 왔지만 1996년에 필자가 세상을 떠난 남편의 서류를 훑어보고 복사하도록 허락해 주었다. 서류에는 사진과 전보, 군 내부 기록, 셀리치가 쓴 1967년 군사 활동 일지, 체 게바라와의 대화를 적은 미완성 노트, 셀리치가 체 게바라 처형 사건과 배경에 대해서 라 푸엔테 장군에게 보고한 기밀 보고서가 있었다. 자세한 내용은 부록 참조.

서는 피가 배어 나왔다. 로드리게스에게 그는 〈한 덩어리의 쓰레기처럼〉 보였다.

로드리게스는 이렇게 적었다. 〈그는 엉망이었다. 머리카락은 눌어붙었고 옷은 너덜너덜하게 찢어져 있었다.〉 체는 신발도 신지 않았고 진흙이 눌어붙은 발은 중세 농부가 신었을 것 같은 조악한 가죽 싸개로 싸여 있었다. 로드리게스가 〈그 순간에 압도되어〉 말없이 바라보고 서 있는데 볼리비아 대령이 체에게 왜 이 나라에서 전쟁을 일으켰느냐고 물었다. 아무 대답도 없었다. 〈체의 숨소리를 제외하면 아무 소리도 들리지 않았다.〉

그 직후 셸리치가 의심스럽게 지켜보는 가운데 〈펠릭스 라모스[로드리게스]가…… 휴대용 무전기를 설치하더니 암호 메시지를…… 알 수 없는 곳으로 보냈다.〉 그런 다음 로드리게스는 체의 일기를 비롯한 서류 더미를 바깥으로 들고 나와 탁자 위에 올려놓고 찍기 시작했다. 센테노 아나야는 셸리치에게 라이게라를 맡긴 다음 아요로아를 데리고 전투가 재개된 협곡으로 향했다. 오전 10시에 두 사람이 돌아왔을 때에도 펠릭스 로드리게스는 여전히 사진을 찍고 있었다. 11시가 되자 로드리게스는 촬영을 마치고 센테노 아나야에게 〈세뇨르 게바라〉와 이야기를 나누고 싶으니 허락해 달라고 요청했다. 셸리치는 로드리게스를 믿지 못했고 〈대화에 내가 있을 필요가 있다고 생각해서〉 그와 함께 학교로 들어갔다. 셸리치의 기록에는 두 사람이 〈쿠바 혁명과 볼리비아 혁명의 다양한 주제〉에 대해 이야기를 나누었다고만 적혀 있다.

로드리게스는 회고록에서 체 게바라와의 만남에 대해 쓸 때 셀리치가 그 자리에 있었다는 언급은 하지 않았지만 셀리치와 마찬가지로 체가 당당하고 반항적이었다고 적었다. 로드리게스가 들어가자 체는 그에게 심문에 응하지 않겠다고 말했지만 CIA 요원이 의견을 나누고 싶을 뿐이라고 말하자 태도를 누그러뜨렸다. 로드리게스의 말에 따르면, 체는 패배를 인정하면서 〈편협한〉 사고방식을 가지고 자신을 고립시킨 볼리비아 공산주의자들을 비난했다. 그러나 로드리게스가 구체적인 작전에 대한 정보를 얻으려고 할 때마다 체는 대답을 거부했다. 로드리게스가 열심히 구슬렸지만 그는 절대로 〈피델에 대해서 나쁘게 말하지〉 않으려 했다.

마침내 체가 로드리게스에게 질문을 했다. 그는 로드리게스가 볼리비아인은 분명히 아니고 쿠바를 잘 아는 것으로 보아 미국 정부를 위해 일하는 푸에르토리코인이나 쿠바인이 아니냐고 추측했다. 로드리게스는 자신이 쿠바에서 태어났으며 반카스트로 2506여단 소속으로 CIA에서 훈련을 받았다고 알려 주었다. 체는 〈하아〉라는 소리만 내뱉었다.

12시 30분, 라파스의 볼리비아 최고 사령부가 무선으로 하달한 명령을 센테노 아나야 대령이 셀리치에게 전했다. 셀리치의 기록에 따르면 〈세뇨르 게바라의 제거를 진행하라〉는 명령이었다. 셀리치는 센테노에게 아요로아 소령이 게바라를 붙잡은 부대 사령관이므로 그가 처형을 맡아야 한다고 지적했다. 셀리치의 말에 따르면 〈그러자 아요로아가 명령을 실행하라고 지시했다〉.

그런 다음 셀리치와 센테노 아나야는 아요로아와 로드리게스를 남겨 두고 곧장 헬리콥터에 올라 빼앗은 서류와 무기를 전리품으로 가지고 바예그란데로 갔다. 오후 1시 30분에 바예그란데에 도착한 두 사람은 라이게라에서 체 게바라가 처형되었다는 소식을 들었다.*

펠릭스 로드리게스는 체의 처형을 명령하는 암호 메시지를 받은 사람은 센테노 아나야가 아니라 자신이었고 그때 센테노 아나야를 한쪽으로 데리고 가서 말렸었다고 주장했다. 그는 미국 정부가 〈무슨 일이 있어도 게릴라 지도자를 죽이지 않기〉를 원하며 체를 파나마로 데리고 가서 심문하려고 미국 비행기가 대기 중이라고 말했다. 그러나 센테노 아나야는 바리엔토스 대통령과 합동 참모들이 직접 내린 명령을 거부할 수 없다고 말했다. 아나야는 오후 2시에 헬리콥터를 보낼 테니 그때까지는 체를 죽이라고 했고 바예그란데로 체의 시체를 직접 가져오라고 했다.

센테노와 셀리치가 떠난 다음 로드리게스는 자신에게 어떤 선택안이 있는지 생각해 보았다. 그는 아침에 게바라의 신원을 확인한 다음 CIA에 메시지를 보내 지시를 요청

---

* 셀리치의 보고에 따르면, 본인과 펠릭스 로드리게스를 포함하여 라이게라에 있던 어떤 장교도 게바라의 처형에 동의하지 않았다. 〈우리는 게바라를 살려 두는 것이 낫다고 생각했다. 병들고 부상당하고 패배한 그를 세상에 공개한 다음 게릴라와 전투를 벌이면서 발생한 비용을 보상받고 게릴라들에 의해 죽임을 당한 전사자들의 유가족에게 보상을 하는 것이 더 이익이라고 생각했기 때문이었다.〉

했지만 답신은 아직 오지 않고 있었다. 때는 이미 늦었다. 로드리게스는 센테노의 말을 따르지 않고 체를 데리고 도망칠 수도 있지만 그것은 엄청난 역사적 실수가 될 것임을 깨달았다. 피델 카스트로도 한때는 바티스타에 의해 투옥되었지만 그것으로도 피델을 막을 수는 없었다. 로드리게스는 이렇게 적었다. 〈내가 결정을 내려야 했다. 나는 이 문제를 볼리비아인들의 손에 맡기기로 결정했다.〉 그가 아직 곰곰이 생각하고 있을 때 학교에서 총성이 들려왔다. 로드리게스는 황급히 체가 있는 교실로 들어갔다. 체는 살아 있었다. 그가 바닥에 누운 채 로드리게스를 올려다보았다. 옆 교실로 가보니 한 병사가 연기가 피어오르는 총을 들고 서 있었고 그의 뒤에는 윌리가 〈작은 탁자에 쓰러져 있었다. 나는 말 그대로 생명이 빠져나가는 소리를 들을 수 있었다.〉 병사는 로드리게스에게 윌리가 〈탈출을 시도했다〉고 말했다.

로드리게스가 기록한 사건의 시간 순서에 따르면, 그런 다음 그는 밖으로 나가서 다시 체와 이야기를 나누었고 대화 도중에 체의 사진을 찍었다. CIA가 여러 해 동안 비밀리에 보관한 이 사진들은 무사히 보존되었다. 그중 한 장을 보면 얼굴이 통통하고 젊은 로드리게스가 체의 어깨에 팔을 두르고 서 있으며 체는 사로잡힌 야생 동물처럼 보인다. 야윈 얼굴은 우울하게 고개를 숙이고 있고 긴 머리카락은 헝클어져 있으며 팔은 앞쪽으로 묶여 있다.

그들은 사진을 찍은 다음 학교로 다시 들어가서 대화를 계속했지만 더 많은 총소리가 나서 대화를 방해했다. 알려진 바에 따르면 이때 처형된 사람은 그날 오전에 잡혀서 부상을 입은 채 끌려온 치노 창*이었다. 협곡에서 죽은 쿠바 대원 알베르토 페르난데스(〈파초〉)와 아니세토의 시신도 학교에 있었다. 로드리게스는 이렇게 회상했다. 〈체는 말을 멈추었다. 총소리에 대해서는 아무 말도 하지 않았지만 슬픈 표정이었다. 그는 고개를 왼쪽에서 오른쪽으로 몇 번 천천히 흔들었다. 나는 오후 1시까지 아무 말도 해주지 않았지만 자신도 처형될 것임을 이때 깨달았던 듯하다.〉

로드리게스가 기록한 시간 순서에 따르면 그는 대화를 마치고 밖으로 나와 서류를 훑어보며 〈불가피한 일을 미루고 있었는데〉 마을 교사가 와서 게바라를 언제 처형할 것이냐고 물었다. 로드리게스가 교사에게 그것이 왜 궁금하냐고 묻자 그녀는 라디오에서 체가 전투에서 입은 부상으로 인해 죽었다는 뉴스가 나오고 있기 때문이라고 설명했다.**

---

* 로드리게스의 설명에는 라이게라에 같이 있던 볼리비아 장교들의 말과 모순되는 주장들이 몇 가지 있다. 물론 볼리비아 장교들의 설명도 제각각 다르다. 예를 들어 지금은 퇴역한 장교 미겔 아요로아의 말에 따르면 윌리와 후안 파블로 창(치노 창)은 다른 교실에 함께 갇혀 있다가 동시에 처형되었다. 아요로아의 증언은 로드리게스가 체와 사진을 찍은 다음 윌리가 처형되었고, 체와 윌리, 후안 파블로 창이 볼리비아 군대 〈자원자들〉에 의해 거의 동시에 처형되었다는 가장 널리 알려진 설명과 일치한다.

** 그 자리에 있던 장교들은 사실이 아니라고 부인했지만 22세의 여교사였던 훌리아 코르테스는 그날 아침에 체가 그녀를 만나고 싶다고 했기 때문에 허락을 받고 체를 만났다고 주장한다. 무척 초조한 마음으로 교실에 들어가자 체가 꿰뚫어 보는 듯한 시선으로 그녀를 바라보았지만 코르테스는 그를 마주볼 수 없었다. 체가 칠판을 언급하며 그녀가 써놓은 글에 문법이 틀린 곳이 있다고 지

로드리게스는 더 이상 시간을 끌 수 없음을 깨닫고 학교로 돌아갔다. 그는 체가 있던 교실로 들어가서 〈유감〉이라고, 자신은 최선을 다했지만 볼리비아 최고 사령부에서 명령이 내려왔다고 말했다. 체는 로드리게스가 말을 채 끝맺기도 전에 무슨 뜻인지 알아들었다. 로드리게스의 말에 따르면, 체는 순간 얼굴이 하얗게 질리더니 이렇게 말했다. 「이편이 낫소…… 나는 절대 생포되지 말았어야 하오.」

　　로드리게스가 가족에게 전할 말이 없느냐고 묻자 체는 〈피델에게 곧 아메리카에서 혁명이 승리하는 그날이 찾아올 거라고 전해 주시오. ……그리고 아내에게는 재혼해서 행복을 찾으려 노력하라고 전해 주시오〉라고 말했다.

　　로드리게스는 이 말을 듣고 한 발 다가가 체를 안았다고 주장한다. 〈그 순간 감정이 북받쳐 올랐다. 나는 더 이상 그를 증오하지 않았다. 그는 최후의 순간이 다가왔지만 남자답게 행동했다. 그는 용기와 품위를 잃지 않고 죽음을 마주보았다.〉

　　그러고 나서 로드리게스는 교실 밖으로 나갔다. 아요로아 소령이 자원할 사람이 없느냐고 물었지만 이미 마리오 테란이라는 작고 거칠어 보이는 중사가 그 일을 하겠다고 나서서 기대에 차 건물 밖에서 기다리고 있었다. 로드리게스가 테란 중사를 보았다. 술을 마셨는지 얼굴이 번득이고 적했고, 교실이 부끄러울 정도로 누추하다며 쿠바에서라면 교실이 아니라 감옥이라고 불러야 할 지경이라고 말했다. 코르테스는 잠시 이야기를 나눈 후 떠났다. 그녀의 주장에 따르면 체는 처형되기 직전에 그녀를 다시 만나고 싶다고 요청했지만 그녀는 너무 두려워서 가지 않았다.

있었다. 그는 하루 전날 체의 군단과 총격전을 벌인 터였고 전투 중에 죽은 동지 3명의 복수를 하고 싶어 했다.

로드리게스의 말에 따르면 〈나는 그에게 체의 얼굴을 쏘지 말고 목 아래쪽을 쏘라고 말했다〉. 전투 중에 부상을 입은 것처럼 보여야 했기 때문이었다. 〈나는 산으로 걸어 올라가 글을 쓰기 시작했다. 총성이 들리자 시간을 확인했다. 오후 1시 10분이었다.〉

여러 가지 설이 있지만, 전설처럼 전해 오는 말에 따르면 테란이 처형하러 들어가자 체는 마지막으로 이렇게 말했다. 「나를 죽이러 온 걸 안다. 쏴라 비겁자야, 네가 죽이는 건 한 사람에 불과하다.」 테란은 잠시 주저했지만 곧 반자동 소총을 겨누고 방아쇠를 당겨 체의 팔과 다리를 맞추었다. 체는 바닥에 쓰러져 비명을 지르지 않으려고 손목을 물어뜯었다. 테란이 한 발을 더 쏘았다. 체의 목에 치명탄이 박히고 폐가 피로 가득 찼다.

1967년 10월 9일, 체 게바라는 서른아홉 살의 나이로 세상을 떠났다.

에필로그
꿈과 저주

1

체가 온몸이 묶인 채 라이게라 학교 바닥에 누워 있던 10월 8일과 9일 밤에, 알레이다는 남편이 중대한 위험에 처했다는 알 수 없는 예감에 사로잡혀 갑자기 잠에서 깨어났다. 예감이 너무나 강렬했기 때문에 다음 날 오후 아바나에서 피델이 보낸 사람들이 문간에 나타났을 때 그녀는 이미 그들이 올 줄 알고 있었다.

여러 달 동안 알레이다는 볼리비아에서 전해지는 뉴스를 들으며 점점 더 초조해하던 터였다. 피델이 정기적으로 찾아와서 새로운 소식을 알려 준 덕분에 그녀는 상황이 좋지 않다는 사실을 알고 있었다. 알레이다는 체와 처음 만났던 에스캄브라이로 돌아가 현장을 조사하고 있었다. 체가 떠난 후 그녀는 학업을 다시 시작했고 역사학 학위를 따려고 아바나 대학에 다녔다. 체가 그녀에게 〈열중할 일을 가지라〉며 공부를 다시 하라고 권했던 것이다.

아바나에서 피델은 점점 커지는 불안과 의심을 안고 볼리비아의 뉴스 보도를 계속 확인했다. 10월 9일, 체가 잡혔다는 소식이 보도되었고 그 후 〈부상으로 인해 죽었다〉는 소식이 전해졌다. 체의 것이라는 시체의 사진이 처음 공개되었을 때 피델은 체와 닮긴 했지만 그렇게나 야윈 시체가 11개월 전에 쿠바를 떠난 체의 것이라고 믿기 힘들었다.

알레이다가 아바나로 와서 피델과 함께 계속 전해지는 보도와 사진을 열심히 확인했다. 처음에는 두 사람 다 최악의 상황을 믿고 싶지 않았다. 그러나 알레이다가 처음으로 공개된 체의 일기 사진을 보고 필체를 확인하자 이제 더 이상 의문의 여지가 없었다.

쿠바에 온갖 소문이 돌기 시작했고 10월 15일에 피델의 텔레비전 연설이 전국에 방송되었다. 그는 체가 죽었다는 보도가 〈고통스럽지만 사실〉이라고 밝힌 다음 앞으로 사흘 동안의 국장을 선언했다. 또 체가 마지막 전투를 벌인 10월 8일을 공식적인 〈게릴라 영웅의 날〉로 선포했다.

알레이다는 신경 쇠약에 걸렸다. 피델은 알레이다와 아이들을 자기 집으로 데려와 일주일 내내 그녀를 위로했다. 그런 다음 피델이 알레이다를 다른 집으로 옮겼고 알레이다와 아이들은 그곳에서 외부와 접촉을 끊고 대중에게 모습을 드러내지 않으며 지냈다. 알레이다는 차츰 건강을 회복했고 피델이 매일 그녀를 보러 왔다.

오를란도 보레고는 여러 달 동안 감정적 위기를 겪었다. 그는 체의 죽음에 아버지의 죽음보다 더 큰 영향을 받았다고 말했다. 처음에는 알레이다와 아이들을 열심히 위로했지만 결국 슬픔이 그를 덮쳤다. 보레고는 이렇게 회상했다. 「균형이 완전히 무너진 것 같았습니다. 나는 체가 죽었다는 사실을 받아들일 수 없었고 그가 살아서 나를 찾아오는 꿈을 계속 꾸었습니다.」

10월 18일 밤에 피델은 아바나의 혁명 광장에 모인 사상 최대의 군중 앞에서 연설을 했다. 체를 추도하는 철야 의식에 참가하려고 거의 100만 명에 가까운 사람들이 모여들었다. 피델은 감정이 벅차올라 갈라진 목소리로 오랜 동지에게 열정적인 조사를 바치며 그는 혁명적 미덕의 화신이라고 격찬했다. 「만약 우리가…… 현재가 아닌 미래의 인간이 어떤지 그 본보기를 원한다면 나는 마음속 깊은 곳으로부터 이렇게 말하겠습니다. 행동에 단 하나의 결점도 없고 태도에 단 하나의 오점도 없는 그 사람은 바로 체라고 말입니다! 우리 아이들이 어떤 사람이 되기를 원하는지 말하고 싶다면 우리는 열정적인 혁명가로서 진심을 담아 이렇게 말해야 합니다. 우리 아이들이 체 같은 사람이 되어야 한다고 말입니다!」

2

10월 9일 오후에 체의 피투성이 시신은 들것에 실려 헬리콥터 활주부에 묶인 다음 황량한 산을 넘어 바예그란데로 이송되었다. 볼리비아 육군 대위 제복을 입고 같은 헬리콥터를 타고 온 펠릭스 로드리게스는 바예그란데에 착륙한 후 기다리고 있던 군중 사이로 사라져 버렸다.

며칠 후 로드리게스는 CIA 상관에게 보고하기 위해 미국에 돌아와 있었다. 그는 체의 유품 몇 점을 차지해서 가지고 왔는데 그중에는 체가 가지고 있던 여러 개의 롤렉스 시계 중 하나와 체가 반쯤 피우다 말고 종이로 싸놓은 마지막 파이프 담배 파우치도 있었다. 나중에 로드리게스는 자신이 아끼는 리볼버 유리 손잡이에 담배를 넣어 간직했다. 그러나 가장 기이한 유품은 바예그란데에서 돌아온 직후부터 겪게 된 호흡 곤란이었다. 로드리게스는 25년 후에 이렇게 썼다. 〈나는 산속의 서늘한 공기 속을 걷다가 내가 헐떡거리고 있으며 숨을 쉬기가 힘들다는 사실을 깨달았다. 체는 죽었지만 그의 천식 — 나는 평생 한 번도 천식을 겪어 본 적이 없었다 — 이 나에게 달라붙었다. 나는 아직도 만성적인 호흡 곤란에 시달리고 있으며 그것은 체라는 사람과 그가 작은 마을 라이게라에서 보낸 최후의 몇 시간을 끊임없이 떠올리게 한다.〉

체의 시신은 바예그란데의 누에스트로 세뇨르 데 말타 병원 뒤뜰 세탁실 콘크리트 세면대에 내던져져 목을 받치고 눈을 뜬 상태로 그날 저녁부터 다음 날까지 하루 동안 전시되었다. 시신이 부패하는 것을 막기 위해 의사가 목을 베고 포름알데히드를 주입했다. 병사들과 호기심에 찬 지역 주민들, 사진작가들, 기자들이 행렬을 지어 시신 주변으로 몰려들었다. 체는 이상하리만큼 살아 있는 사람 같았다. 병원 수녀들과 체의 시체를 닦은 간호사, 일부 바예그란데 여인들은 체 게바라가 예수 그리스도를 놀랄 정도로 닮았다는 감상을 퍼뜨렸다. 그들은 체의 머리카락을 몰래 잘라서 행운을 가져다줄 부적으로 간직했다.

안드레스 셀리치 중령과 마리오 바르가스 살리나스 소령은 시신 곁에 서서 사진을 찍었다. 셀리치는 체의 가죽 손가방과 체가 차고 있던 롤렉스 시계 하나를 차지했고 가리 프라도 소령도 시계를 가졌다. 체를 처형한 마리오 테란은 그의 파이프를 가졌다. 센테노 아나야 대령은 체의 고장 난 M-2 카빈총을 전리품으로 간직했고 프라도에게 체가 가지고 있던 돈 — 미국 통화 몇천 달러와 상당액의 볼리비아 페소화 — 을 하급 장교와 병사들에게 나누어 줘도 좋다고 허락했다.

체를 따로 매장하지 않기로 결정이 내려졌다. 그의 시신은 앞서 죽은 동지들의 시신과 마찬가지로 〈사라질〉 것이었다. 처음에는 아바나 측이 체의 죽음을 믿지 못하겠다고 반응했기 때문에 알프레도 오반도 칸디아 장군은 이에 반박하기 위해서 체의 목을 잘라 증거로 보관하고 싶었다. 칸디아 장군이 이를 제안했을 때 펠릭스 로드리게스는 아직 바예그란데에 있었다. 그는 자신이 이러한 해결책은 〈너무 야만적〉이니 손가락 하나만을 자를 것을 제안했다고 주장한다. 오반도 칸디아는 한발 양보해서 체의 양손을 자르기로 했다. 10월 10일 밤에 그들은 밀랍으로 체의 얼굴본을 두 개 뜨고 지문을 찍었다. 또 체의 양손을 잘라 포름알데히드 병에 담았다. 아르헨티나 경찰 감식 전문가 2명이 곧 도착해서 부에노스아이레스에 보관되어 있던 〈에르네스토 게바라 데 라 세르나〉 파일의 지문과 대조했다. 시체의 신원이 증명되었다.

10월 11일 이른 아침에 체의 시신은 평소와 마찬가지로 안드레스 셀리치 중령과 증인으로 — 본인의 말에 따르면 — 마리오 바르가스 살리나스 소령을 포함한 몇몇 장교들이 참석한 가운데 처리되었다. 셀리치의 미망인이 한 말에 따르면, 체의 시신은 바예그란데 활주로 근처 덤불이 무성한 땅 어딘가 불도저로 파놓은 구덩이에 던져졌고 그의 동지 6명은 근처의 한 구덩이에 같이 매장되었다.*

같은 날 오전 늦게 체의 남동생 로베르토가 형의 신원을 확인하고 유해를 수습할 수 있을지 모른다는 희망을 가지고 바예그란데에 도착했지만 이미 소용없는 일이었다. 오반도 칸디아 장군은 유감스럽지만 체의 시신은 〈화장되었다〉고 말했다. 체가 화장되었다는 것은 체의 유해에 대한

---

* 1996년에 셀리치의 미망인 소코로가 필자에게 해준 말에 따르면, 여러 해 전 남편 — 셀리치는 체를 매장할 때 자신이 어떤 역할을 했는지 자세히 밝힌 적이 한 번도 없었다 — 은 그녀에게 체와 게릴라들을 묻은 비밀 장소를 표시한 지도를 보여 주었다. 그 후 지도는 사라졌지만 셀리치는 부인에게 체가 따로 매장되었다고 말했다. 반면에 바르가스 살리나스는 체와 동지들이 한 무덤에 같이 묻혔다고 말한다. 흥미롭게도 셀리치가 평소 매장 임무를 기록했던 일지에는 10월 9일 오후 3시 45분부터 10월 11일 오전 9시까지가 비어 있으며 체 게바라에 대한 언급이나 그의 유해를 어떻게 했는지에 대한 언급도 없다.
한편, 더욱 모순적이게도 쿠바계 미국인 CIA 요원 구스타보 비욜도는 자신이 셀리치의 부하 몇 명과 함께 체를 직접 묻었으며 셀리치나 바르가스 살리나스는 그 자리에 없었다고 주장했다.

여러 가지 설 중 하나일 뿐이고 볼리비아 장군들은 서로 모순적인 이야기를 내놓았다. 체의 시신이 어디에 있는지는 그 후 28년 동안 풀리지 않는 수수께끼로 남게 될 터였다.

검은 정장을 입고 우울해 보이던 로베르토 — 유명한 형과 아주 많이 닮아 보였지만 또 그만큼 달라 보이기도 했다 — 가 할 수 있는 일은 아버지와 형제자매들이 기다리는 부에노스아이레스의 집으로 돌아가는 것밖에 없었다. 이제 체의 가족들도 슬픈 소식을 받아들였지만 베아트리스 고모만은 가장 아끼던 조카의 죽음을 인정하지 않았고 그 일에 대해서 언급조차 하려 하지 않았다.

3

그 후 며칠 동안 볼리비아에서 도망치던 게릴라 4명 — 모로, 파블로, 에우스타키오, 차파코 — 이 추격당해 살해되었다. 그들의 시신도 바예그란데 근처 단체 무덤에 비밀리에 묻혔다.*

그러나 놀랍게도 쿠바 대원 3명(폼보, 베니뇨, 우르바노)

---

* 〈모로〉 혹은 〈모로고로〉는 쿠바인 의사 옥타비오 데 라 콘셉시온의 가명이었다. 볼리비아 대원 〈파블로〉와 〈차파코〉의 본명은 프란시스코 우안카와 하이메 아라나였다. 〈에우스타키오〉의 본명은 루시오 에딜베르토 갈반이었다. 1995년과 1996년에 마리오 바르가스 살리나스 장군의 폭로에 따라 바예그란데 외곽의 얕은 무덤에서 이들의 것으로 추정되는 유해 4구가 발견되었다. 그러나 1997년 초까지 신원이 밝혀진 것은 에우스타키오밖에 없다. 볼리비아의 다른 지점에서 카를로스 코에요, 즉 〈투마〉의 유해가 발견되어 신원이 확인된 후 쿠바로 돌아와 묻혔다.

과 볼리비아 대원 3명(인티 페레도, 다리오, 냐토)은 협곡 탈출에 성공했다. 그러나 군대가 게릴라들을 계속해서 추격했고 11월 15일에는 총격전이 벌어졌다. 훌리오 멘데스(〈냐토〉)가 심한 부상을 입고 동지들에게 죽여 달라고 간청했다. 베니뇨는 자신이 총을 쏘아 그의 고통을 덜어 주었다고 말했다. 그 후 나머지 5명은 포위를 벗어났다. 결국 볼리비아 공산당 당원들이 뒤늦게 용기를 내서 체의 게릴라 군단 중 살아남은 대원들을 구하기로 했고 남은 대원들은 이들의 도움을 받아 3개월 후 눈 덮인 안데스에 나타났다. 쿠바 대원들은 그곳에서 칠레 사회주의자와 공산주의자 들의 보호를 받으며 구조되었다. 사회주의자인 살바도르 아옌데 상원의원이 이스터 섬으로 이들을 데려갔고, 그들은 타이티, 에티오피아, 파리, 모스크바를 거쳐 고국으로 돌아갔다.

아리 〈폼보〉 비예가스는 군대에 남아서 쿠바 원정군 사령관이 되어 앙골라에 다녀왔다. 그는 장군으로 진급하여 살아 있는 〈혁명 영웅〉이 되었으며 아바나의 체가 살던 집에서 멀지 않은 한 수수한 아파트에서 살고 있다. 레오나르도 〈우르바노〉 타마요는 대령으로서 아직도 쿠바 군대에 몸담고 있다. 그는 쿠바로 돌아온 다음 신경 쇠약에 시달렸지만 이후 건강을 회복하여 지금은 아바나에서 눈에 띄지 않게 살고 있다. 다리엘 알라르콘 라미레스 — 볼리비아에서 체의 유능한 군인이었던 〈베니뇨〉 — 는 쿠바의 교정직에 몸담았고 1980년대 말까지 12개국이 넘는 라틴 아메리카 국가에서 온 게릴라들을 훈련시켰다. 그러나 그는 자신이 청년 시절에 권력 획득을 도왔던 피델 정권에 환멸을 느끼게 되었다. 베니뇨는 1996년에 프랑스에 머물면서 피델 정권을 격렬하게 비판하는 책을 내서 피델이 수많은 죄를 지었으며 볼리비아에서 체와 게릴라 군단을 〈저버린 것〉도 그중 하나라고 비난했다. 현재 베니뇨는 쿠바에서 배신자로 여겨지며 파리에서 망명 생활을 하고 있다.

베니뇨의 비난과 더불어 과연 쿠바가 볼리비아에 있는 체를 지원하기 위해 정말로 노력을 했느냐는 의문이 계속 제기되고 있지만, 대부분의 증거를 미루어 볼 때 아바나 측은 가능한 범위 내에서 최선을 다한 것으로 보인다. 체의 존재가 발각되고 미국인들이 볼리비아에 도착한 후에는 쿠바인들이 볼리비아에서 작전을 펼치기가 극히 어려웠다. 볼리비아 국경은 폐쇄되거나 철저히 감시되었고 공산당이 불법으로 규정되었기 때문에 또 다른 게릴라단이 체를 지원하러 갔다면 쉽게 발각되었을 것이다. 실제로 볼리비아 군대는 의심스러운 외국인을 발견하는 즉시 억류했다. 아리엘의 말에 따르면, 쿠바는 다양한 수단을 통해 상황을 파악하려고 노력했다. 1967년 봄에 카미리 감옥에 갇혀 있던 레지 드브레는 면회를 허락받고 찾아온 베네수엘라인 여자 친구 엘리사베트 부르고스를 통해 쿠바 비밀 기관에 체가 처한 상황을 알려 주었다. 또 시로 부스토스는 아내 아나 마리아에게 체에게 새 무선 장비가 절실히 필요하며 관심을 분산시키기 위해 제2게릴라 거점 개발을 시작하는 것이 좋겠다고 아바나 측에 전하라고 말했다. 그래서 아나 마리아가 편지를 보냈지만 몇 가지 문제 때문에 그녀의 편지는 체가 붙잡히기 직전에야 아바나에 도착했다. 1967년 9월에 부스토스의 친구 엑토르 〈토토〉 슈무클레르는 파리의 쿠바 정보국 요원들로부터 아르헨티나를 거쳐 볼리비아로 들어가서 체가 어떤 상황에 놓여 있는지 최선을 다해 파악해 달라는 부탁을 받았다. 슈무클레르는 쿠바 측이 〈무척 염려하는〉 것 같았다고 말했다. 그는 볼리비아로 들어가겠다고 했지만 아르헨티나에 도착한 10월 초에는 이미 때가 늦었다.

쿠바는 체가 죽은 후에도 볼리비아 게릴라 전쟁을 계속 지원했다. 인티 페레도와 다리오도 쿠바로 갔다가 1969년에 게릴라 전쟁을 다시 시작하기 위해 새로운 볼리비아 파견단과 함께 고국으로 돌아갔다. 그러나 같은 해에 전쟁이 시작되기도 전에 인티는 라파스의 안가에서 총에 맞아 죽었고 다리오(다비드 아드리아솔라) 역시 몇 달 뒤에 붙잡혀서 살해되었다. 인티의 동생 차토가 새로운 게릴라 지도자가 되어 대부분이 훈련을 받지 못한 70여 명의 젊은 볼리비아 학생들과 라파스 북쪽 리오베니 강 상류의 테오폰테 광산 근처에서 게릴라 전쟁을 시작했다.* 전쟁터에서 몇 달이 흐른 후 민족해방군은 조직이 무너지고 굶주림에 시달린 끝에 정부군에 포위당했다. 게릴라 거점을 건설하려는 두

---

* 친형 코코와 인티가 체와 함께 아직 살아서 전쟁 중이었던 1967년 여름에 모스크바에서 공부를 하고 있던 차토는 볼리비아로 가서 투쟁을 돕기 위해 다른 볼리비아 학생들과 함께 군사 훈련을 받고 싶다고 소비에트 측에 요청했지만 그러한 요청은 볼리비아 공산당을 통해서만 연결 ─ 혹은 승인 ─ 될 수 있다는 이유로 거절당했다.

번째 시도는 많은 사람들의 피와 생명만 낭비한 채 끝났다. 차토는 전쟁에서 살아남았고 현재에는 성공한 심리치료사로 볼리비아 산타크루스 시에 살고 있다. 그의 특기는 환자들을 〈자궁으로 회귀〉시키는 것이다.

체가 이끄는 게릴라 전쟁의 처절한 결말을 무감동하게 지켜본 안토니오 아르게다스 볼리비아 내무장관은 이상하게도 1968년에 다시 마르크스주의로 돌아서서 볼리비아 공산당 동지들을 기용하고 마이크로필름으로 복사한 체의 일기를 몰래 빼내서 쿠바로 보내 주었고 나중에는 절단된 체의 양손도 보내 주었다. 결국 아르게다스는 의심을 사서 볼리비아를 떠나야 했고 나중에는 이 모든 이야기의 〈숨겨진 영웅〉으로 쿠바에 등장했다. 그는 이상하게도 계속 입장을 바꾸어서 나중에는 쿠바를 떠나 CIA와 다시 접촉했고 볼리비아로 돌아갔다가 암살 위기를 가까스로 모면했다. 아르게다스는 그 후 몇 년 동안 모습을 보이지 않다가 1996년에 라파스에 다시 등장했고 지금도 그곳에 살고 있다.

마리오 몬헤는 공산당 지도자 자리를 잃고 모스크바로 망명하여 지금도 그곳에서 살고 있다. 몬헤의 말에 따르면 그가 소련에 도착한 후 소비에트 정보국 관리들은 〈아무 말도 하지 말라〉는 지시를 내렸고 그는 1990년대까지 그 지시를 따랐다. 몬헤는 수십 년 동안 공산당이 운영하는 정책 연구 기관인 라틴아메리카협회로부터 보조금을 지원받았다. 그러나 소련이 붕괴되면서 몬헤는 뒤를 봐줄 〈큰 형〉도 없고 나라도 없는 사람이 되었다.

살타 감옥에 갇혔던 마세티 게릴라단의 생존자들은 변호사인 구스타보 로카가 애쓴 덕분에 대부분 1968년에 풀려났다. 이들 중 일부는 수감 생활을 하고 있을 때 마세티가 사형을 선고했던 〈엘 푸실라도〉가 어느 날 〈면회인〉으로 나타났을 때 인생 최대의 충격을 받았다. 푸실라도의 말에 따르면 알제리인들은 그를 총살하는 대신 감옥에 가두었다. 푸실라도는 바깥세상과 단절된 채 1, 2년 동안 갇혀 살았는데 어느 날 알제리 측이 아무 설명도 없이 석방하더니 쿠바로 보냈다. 푸실라도는 체가 1965년에 알제리에 여러 번 방문했을 때 자신이 곤경에 빠진 사실을 알고 석방을 명령했을 것이라고 믿었다. 그는 쿠바로 돌아온 다음 에스캄브라이로 파견되어 반혁명 세력과 싸웠고 〈재활〉에 성공했다고 인정받은 다음 감옥에 갇혀 있던 옛 동지들을 탈옥시킬 가능성을 조사하라고 파견된 것이었다. 푸실라도는 옛 동지들에게 지난 일에 대해서는 아무 원한도 없고 살아남은 것만으로도 감사하다고 말했다. 그를 처음 만난 엔리 레르네르의 말에 따르면 〈엘 푸실라도〉 역시 유대인이었다.

체의 경호원이었던 알베르토 카스테야노스는 감옥에서 3년 8개월을 보낸 후에 아르헨티나 밖으로 홀연히 이동된 다음 쿠바로 돌려보내졌다. 엑토르 호우베와 페데리코 멘데스의 항소는 기각되었고 각각 14년 형과 16년 형이었던 그들의 형량은 종신형으로 늘어났다. 두 사람은 1973년에 페론이 아르헨티나로 돌아온 후 사면을 받았지만 군부가 페론의 두 번째 부인 이사벨라 정권을 전복하고 공산주의를 억압하기 시작하자 아르헨티나를 떠났다. 멘데스와 호우베는 1980년대 초에 문민정부가 다시 들어선 후 고국으로 돌아왔다. 멘데스는 몇 년 전에 세상을 떠났고 호우베는 코르도바에서 가족들과 함께 살고 있다. 생각이 무척 깊었던 호우베는 현재 심리치료사로 일하고 있다.

마세티의 손에 거의 죽을 뻔했던 엔리 레르네르는 아르헨티나 군대에 붙잡혀 3년 동안 공식적으로는 〈실종〉 상태였고 처형자 명단에 올랐다. 그러나 가톨릭교회가 예외적인 거래를 성사시켜 정부가 데리고 있던 100여 명의 목숨을 살려 주되 국외로 쫓아내기로 하면서 결국 목숨을 건졌다. 이스라엘 당국은 유대인인 레르네르의 망명 신청을 받아들였다. 그는 그 후 마드리드로 이주해서 옛 동지 엑토르 호우베와 마찬가지로 심리치료사가 되었다.

게바라 가족은 1976년에 아르헨티나에서 활발하게 시작된 좌파 〈척결 전쟁〉의 표적이 되었다. 게바라 린치는 약 서른 살 연하의 새 아내 화가 아나 마리아 에라와 고국을 버리고 쿠바로 달아났다. 두 사람은 쿠바에서 새로운 가정을 꾸렸고 아들 중 한 명에게 체가 볼리비아에서 쓴 가명을 따서 라몬이라는 이름을 붙여 주었다. 로베르토는 형이 죽은 후 과격한 정치 활동을 하면서 후안 마르틴과 함께 〈게바라식〉 아르헨티나 게릴라 운동을 활발하게 펼쳤다. 로베르토는 쿠바와 유럽을 오갔지만 후안 마르틴은 쿠바에서 고국으로 돌아와 전쟁을 시작했는데, 이것이 실수였다. 그는 한 달도 되지 않아 체포되었고 9년 동안 감옥에 수감되었다. 그의 여동생 셀리아는 1970년대 대부분과 1980년대 초까지 런던에서 살면서 국제앰네스티를 통해서 후안 마르틴의 석방을 위해 노력했다.

〈척결 전쟁〉이 끝나자 체의 형제자매들이 하나둘씩 아르헨티나로 돌아왔다. 로베르토는 좌파 노동조합 변호사로 일하고 있고 후안 마르틴은 부에노스아이레스에서 서점을 운영하고 있다. 체의 막내 여동생 아나 마리아는 몇 년 전에 병으로 세상을 떠났다. 셀리아 게바라는 부에노스아이레스에서 조용하게 살고 있다. 그러나 이들의 아버지는 아르헨티나로 돌아오지 않았다. 〈엘 비에호〉 게바라는 1987년에 아바나에서 87세의 나이로 세상을 떠났다. 그는 체가 쓴 편지와 일기들을 발견한 후 세상을 떠난 아들에 대한 책을 여러 권 출판하면서 말년을 보냈다. 그의 아내와 아이들 — 체의 이복동생들 — 은 지금도 쿠바에서 생활하고 있다.

시로 부스토스와 레지 드브레는 1970년에 열린 재판에서 30년 형을 선고받은 후 3년을 감옥에서 보냈지만 볼리비아의 새로운 군사 통치자인 개혁주의자 후안 호세 토레스 장군의 명령에 따라 석방되었다. 두 사람은 사회주의자 살바도르 아옌데가 대통령으로 있던 칠레로 갔다. 볼리비아에서 공개 재판을 받으며 유명 인사가 된 드브레는 유럽의 좌파 지식인 사회에서 적극적으로 목소리를 내는 활동가가 되었고 1980년대에는 프랑수아 미테랑 프랑스 대통령의 라틴 아메리카 정책 고문으로 일했다. 그러나 그는 점차 쿠바 혁명에 환멸을 느끼기 시작했다. 1996년에 드브레는 피델 카스트로에 대해 무척 비판적인 회고록을 펴냈다. 드브레는 이 책에서 피델을 〈과대망상증 환자〉라고 지칭했고 체 게바라에 대해서는 카스트로보다 〈더 존경할 만한〉 인물이지만 〈호감〉은 덜 간다며 볼리비아 전쟁 당시 그가 부하들을 차갑고 가혹하게 대했다고 비난했다.

볼리비아 사태에서 살아남은 대원들 중에서 체의 충성스러운 제자였던 화가 시로 부스토스보다 더 많은 고통을 겪은 사람은 아마 없을 것이다. 드브레를 체포했던 자들이 그가 자기들에게 협조적이었다고 말했음에도 불구하고, 비난의 초점이 된 인물은 정작 부스토스였다. 정부군에게 초상화를 그려 줌으로써 볼리비아에서 체의 정체를 〈노출시켰다〉는 게 그 이유였다. 드브레에게 중상모략을 당하고 쿠바로부터 냉대를 받던 그는 한동안 칠레에서 일했다. 하지만 아우구스토 피노체트 장군이 CIA의 지원을 받아 1973년에 쿠데타를 일으키자 부스토스는 칠레를 떠났다. 그는 고국 아르헨티나로 돌아가서 그림을 다시 그리기 시작했지만 척결 전쟁이 시작되면서 다시 한 번 달아나야 했다. 현재 부스토스는 스웨덴에서 얼굴 없는 아름다운 인물 초상을 그리며 조용히 살고 있다.

체가 볼리비아 〈해방군 재정 담당 비서〉로 임명했던 로욜라 구스만은 민족해방군 동지들이 독일 기술자 2명을 인질로 잡고 그녀의 석방을 요구한 후 1970년에 감옥에서 풀려났다. 그 후 로욜라는 쿠바로 가서 체의 미망인 알레이다를 만나 그녀의 보살핌을 받았다. 쿠바 비밀 정보부는 로욜라를 만나려 하거나 1967년 당시에 뭐가 잘못되었는지 설명을 들으려 하지 않았다. 그녀는 체의 제2의 조국 쿠바에서 그가 입에 올릴 수 없는 화제가 되었음을 깨달았다. 소비에트는 마침내 피델을 단단히 끌어안았다. 소비에트와 쿠바의 밀접한 관계는 그 후 17년간 지속되었고 체의 〈모험주의〉는 적어도 얼마 동안 믿을 수 없는 것으로 간주되었다.

로욜라 구스만과 일부 동지들은 게릴라 활동을 계속하기 위해 아무런 원조도 없이 볼리비아로 돌아갔다. 그러나 1972년에 로욜라와 그녀의 남편, 몇몇 게릴라들이 라파스 안가에서 정부군에 의해 포위되었다. 로욜라의 남편과 일부 대원들은 그곳을 벗어나는 데 성공했지만 결국 죽임을 당하고 사라졌다. 임신 중이었던 로욜라는 정부군에 붙잡혀 2년 동안 수감되었고 감옥에서 첫째 아들을 낳았다. 그녀는 체를 기리는 뜻에서 아들의 이름을 에르네스토라고 지었다. 그 후 볼리비아 군대가 미국의 지원을 받으며 체가 퍼뜨리던 마르크스주의 반란의 확산을 막기 위해 그 어느 때보다도 잔인하게 통치하자, 로욜라는 라틴 아메리카 〈실종자 가족〉의 대변인이 되었다. 현재 로욜라 구스만은 라파스에 살고 있으며 1967년에 살해된 체와 동지들의 시신뿐 아니라 1970년대와 1980년대 초 볼리비아 군사 정권하에서 실종된 150명의 시신을 찾기 위해 지칠 줄 모르는 노력을 계속하고 있다.

1970년에 로욜라가 쿠바에 갔을 때 쿠바 측이 긴장된 분위기 속에서 아무 말도 하지 못하게 했다는 사실은 피델이 오랫동안 최고 지도자로 군림하면서 쿠바가 겪을 많은 변화를 알려 주는 징조였다. 실제로 쿠바가 공공연히 소비에트의 가신 노릇을 한 지 3년도 채 되지 않아 깜짝 놀랄 정도의 전환이 일어났다. 체의 죽음은 쿠바와 소련의 관계에 즉각적인 여파를 일으켜 두 국가의 관계는 심각한 냉각 관계에 돌입했다. 피델은 모스크바가 볼리비아 공산당을 은밀히 지지한 데다가 「프라우다」지가 체와 혁명 〈수출〉에 대해 대단히 비판적인 기사들을 싣자 화가 나서 크렘린을 피했다. 피델과 지나치게 가깝다고 간주되었던 알렉산드르 알렉셰프 대사는 1968년에 대사직에서 쫓겨나 하필이면 마다가스카르로 파견되었다.

피델은 유감의 표시로 1967년 붉은 광장에서 열린 11월 축제*에 보건부 장관만을 보냈다. 또 1968년 초에 피델은 소비에트 대사관 직원들과 반피델 음모를 꾸민 반대 당파가 발각되었다고 주장하며 친소비에트파 〈구 공산주의자〉 숙청을 단행했다. 1962년에 실행된 〈분파주의자〉 숙청 당시와 마찬가지로 이번 음모의 중심에는 영향력 강한 아니발 에스칼란테가 있었다. 그는 모스크바로 보내지지 않고 15년 형을 선고받았다. 테이프에 녹음된 에스칼란테와 공모자들의 범죄 중에는 체를 비판했다는 것도 포함되어 있었다.

그 후 피델은 체의 정신을 실현하기 위해 경제적 자급자

---

* 10월 사회주의 대혁명 기념일 행사. 구력에 따른 혁명일은 10월 25일로, 혁명 이후 율리우스력을 폐기하고 그레고리우스력을 사용함에 따라 날짜가 11월 7일로 바뀌었다. 붉은 광장에서 대규모 퍼레이드가 펼쳐지는 등 소련 뿐 아니라 세계 공산권 국가들의 축일이었으나 소련 해체 이후 현재 러시아에서 혁명 기념일은 폐기되었다 — 옮긴이주.

족을 확립하려고 절박한 시도를 시작했다. 피델은 1970년에 쿠바가 설탕 1천만 톤이라는 유례가 없는 생산량을 달성할 것이라고 주장하며 쿠바에서 긁어모은 자원을 모두여기에 쏟아 부었다. 설탕장관 오를란도 보레고가 피델에게 1천만 톤 생산은 불가능하다고 말했다가 쫓겨났다. 실제로 그 목표는 달성되지 못했고, 쿠바 경제는 거의 총제적인 붕괴 상태에 빠졌다. 어느 모로 보나 이것은 쿠바 자치의 희망이 사라졌다는 뜻이었고 소비에트가 ― 소련은 피델이 체코슬로바키아 침략을 지지한다고 선언하여 흡족한 상태였다 ― 신속히 나섰다. 체가 이끌던 산업부는 더 작은 부서들로 나누어졌고 체의 충신들은 모조리 배제되었으며 쿠바에 와서 체를 위해 일하던 외국인들은 대부분 쿠바를 떠났다. 재활 캠프 과나카아비베스와 시로 레돈도 실험 농장은 문을 닫았고 개인의 혁명 적성과 근무 기록을 기록한 4,000건 이상의 공문서를 보유하고 있던 〈통제부〉는 없어졌다. 오를란도 보레고는 1968년에 해고되었지만 피델과 혁명에 계속 충성을 바쳤고, 61세인 현재에는 교통부와 국영 관광호텔 연쇄점의 고문으로 일하고 있다.

공식적으로 ― 15년 동안 ― 〈겨울잠〉을 자던 체는 쿠바에서 혁명의 시금석으로 재등장했다. 1980년대 말 미하일 고르바초프의 주도하에 소련이 변화하기 시작하자 피델은 글라스노스트와 페레스트로이카 자유주의 개혁에 반대하고 쿠바 공산주의자들이 따라야 할 올바른 사상으로 체 게바라의 사상을 다시 내세우는 〈수정〉 과정이라는 것을 제안했다. 그러나 소비에트 블록이 붕괴되고 31년간 모스크바가 쿠바에 제공했던 보조금이 끊기면서 수정 과정은 시작되지 못했다. 피델은 쿠바의 무너진 경제를 소생시키기 위해 제한적으로 외국의 투자를 받아들이고 그 밖의 〈시장 개혁〉을 실시하지 않을 수 없었지만, 그럼에도 불구하고 체의 부활을 얼마 남아 있지 않은 〈혁명〉 쿠바의 정신적 정당성을 입증하는 수단으로 사용했다. 각 해에 공식 명칭을 붙이는 혁명 전통에 따라 1997년은 〈게릴라 영웅과 그의 동지들의 전사 30주년의 해〉로 선언되었다.

4

볼리비아에서 체의 죽음과 관련되었던 사람들 대다수가 변사하면서 소위 말하는 〈체의 저주〉를 믿는 사람들이 생겨났다. 가장 먼저 죽은 사람은 볼리비아 군부 대통령 레네 바리엔토스로, 그는 1969년 4월에 원인 불명의 헬리콥터 추락 사고로 죽었다. 호아킨 군단을 배신한 농민 협력자 오노라토 로하스는 1969년 말에 〈제2민족해방군〉에 의해 처형되었다. 아르게다스의 내무부에서 정보부 총책임자로 일하면서 체의 지문을 뜬 로베르토 킨타니야는 1971년에 독일에서 살해당했다.

포퓰리스트 대통령 후안 호세 토레스 장군 ─ 바리엔토스의 합동 참모본부의 일원으로 1967년 체의 처형에 찬성표를 던졌다 ─ 은 정권을 잃은 뒤 망명했지만 1976년에 아르헨티나 암살단에 의해 살해당했다. 토레스 장군이 암살당하기 2주 전에는 호아킨 센테노 아나야 장군이 파리에서 총을 맞고 죽었는데 별로 알려지지 않았던 〈체게바라국제연대〉라는 단체가 자신들의 소행이라고 주장했다.

〈체의 타도〉에 한몫하여 환호를 받았던 가리 프라도 소령은 군에서 빠르게 출세하여 대령이 되었다. 그러나 그는 1981년 산타크루스의 무장봉기 진압 작전 중에 총을 맞아 하반신이 마비되었다. 그는 장군으로 퇴역한 후 정치에 뛰어들어 중도좌파 소속으로 한동안 영국 주재 볼리비아 대사를 지냈다. 마리오 바르가스 살리나스 대령 역시 장군이 되었고 1970년대에는 독재자 우고 반세르 수아레스 장군의 정부에서 장관을 지냈다.

안드레스 셀리치 중령은 체 게바라의 생포와 처형에 직접 가담한 사람들 중에 최악의 운명을 맞이했다. 1971년에 셀리치는 군사 반란을 일으켜 후안 호세 토레스 대통령을 쫓아내고 우파인 우고 반세르 수아레스 장군을 권좌에 끌어올렸다. 그러나 반세르 정부의 내무장관이 된 지 고작 6개월 만에 좌천되어 파라과이 대사로 외교적 추방을 당했다. 그는 곧 독재자를 쫓아낼 공모를 시작했고, 1973년에 몰래 볼리비아로 들어가서 새로운 반란을 준비했지만 발각되어 반세르의 명령에 따라 군 폭력배들에게 맞아 죽었다. 미겔 아요로아는 대령으로 퇴역한 후 산타크루스에서 조용히 살고 있다. 그는 자신이 체의 죽음과 아무 관련이 없다고 주장하며 모든 책임을 죽은 안드레스 셀리치에게 떠넘기고 있다.

체 게바라를 처형한 마리오 테란은 무척 한심한 인물로 목숨을 잃을까 두려워서 숨어 살고 있으며 ─ 가끔 가발을 쓰고 변장을 하기도 한다 ─ 오래전부터 쿠바 및 동맹국이 자신을 암살하려고 노리고 있다고 굳게 믿고 있다. 군대 측은 테란을 돕기 위해 산타크루스 제8사단 본부의 장교 클럽 바텐더 자리를 포함한 단순 노동직을 수차례 제공해 주었지만, 테란은 군대에 지독한 적의를 품고 있으며 체의 패배에 참가함으로써 영광과 특권을 얻은 상관들이 자신을 희생양으로 삼았다고 생각한다. 그는 1967년 10월 9일에 라이게라에서 일어난 일에 대해 입을 열겠다고 했지만 그 대가로 돈을 요구했다.

뚱뚱하고 쭈글쭈글하며 얼굴에 윗입술까지 갈라진 흉터가 있는 테란은 자신이 한 일을 후회하느냐는 질문을 받자 분노를 터뜨렸다. 그는 이렇게 말했다. 「어떻게 생각해요? 내가 그날 그냥 아무 생각 없이 그 방으로 들어가서 방아쇠를 당겼다고 생각합니까? 나는 그 전날 협곡에 있었어요, 거기에 있었다고! 그날 동료 세 명이 내 눈앞에서 죽었단 말입니다.」

펠릭스 로드리게스 역시 자신이 쿠바의 암살 대상자 목록에 올랐다고 생각하며 1970년대에는 미국 정보국으로부터 자신이 타려는 비행기를 납치하려는 계획이 있다고 경고를 받기도 했다고 말했다. 그는 베트남과 엘살바도르를 비롯하여 전쟁에 시달리던 다른 나라들에서 CIA 활동을 계속했지만 1980년대에 이란-콘트라 사건에 대해 조사 중이던 상원위원회에 출석해야 했을 때 마침내 신분이 노출되었다. 올리버 노스의 척후병으로 니카라과 콘트라에 불법적인 지원을 제공하고 엘살바도르의 파라분도 마르티 게릴라에 맞서는 작전에 참가했기 때문이었다. 몸집이 큰 로드리게스는 현재 마이애미 교외의 누추한 집에서 살고 있는데 그의 집은 오랫동안 CIA의 하수인으로 일했던 경력을 보여 주는 음산한 장식품으로 가득하다. 생포한 엘살바도르 여자 게릴라 코만단테로부터 몰수한 브래지어를 유리 액자에 넣은 것, 수류탄, 소총, 수많은 반게릴라 군대로부터 받은 기념패와 증명서들, 〈기여한 공로에 감사드린다〉는 조지 부시의 편지 등이 바로 그것이다. 그러나 로드리게스의 빽빽한 벽에 가장 큰 공간을 차지하고 있는 것은 처형 직전의 부상당한 체 게바라 옆에 서서 찍은 사진 액자이다.

체와 맞서 싸웠든 그와 함께 싸웠든 체를 알았던 사람들은 이상한 공생 관계로 묶여 있다. 그들 모두 체에게 일종의 존경심을 품고 있으며, 그가 죽은 이후 대다수는 만약 자신의 사망 기사가 난다면 아마 체와의 관계 때문일 것이라는 생각을 가지고 살고 있다.

체의 여행에 이따금 동행했으며 정치적인 스파링 파트너였던 리카르도 로호는 체가 죽은 직후 전 세계적인 베스트셀러가 된 『내 친구 체』를 썼다. 그는 책을 펴냄으로써 명성과 상당한 부를 얻었지만 체와 피델이 갈등을 빚었다는 설을 기정사실화했기 때문에 쿠바와 체의 동지들로부터 지독한 비난에 시달려야 했다. 로호는 1970년대에 아르헨티나를 떠났다가 1983년 문민정권이 회복된 후 돌아와서 법조계에서 일했다. 그는 정치계와 언론계에서 활발히 활동했고 항상 매력적이고 날카로운 이야기꾼으로 살다가

1996년 부에노스아이레스에서 암으로 사망했다.

체의 친구 알베르토 그라나도는 쿠바에 남아 있다. 이제 70대 중반에 접어든 그는 활달한 노인으로 럼주와 훌륭한 탱고를 좋아한다. 체의 〈친구〉로 존경받는 그라나도는 자신과 체의 관계에 대한 책을 몇 권 펴냈고 전 세계를 다니며 그들이 함께한 여행 이야기를 들려준다.

체의 아이들은 쿠바에서 피델 〈삼촌〉과 라미로 발데스 〈삼촌〉의 보살핌을 받으며 자랐다. 아들 에르네스토와 카밀로는 모스크바의 KGB 훈련 학교에서 5년 동안 공부했다. 현재 카밀로는 어업부에서 체의 오랜 친구인 엔리케 올투스키의 부하로 일하고 있고 에르네스토는 라미로 발데스와 함께 국영 전기 회사에서 일하고 있다. 알류샤는 아버지 체와 마찬가지로 알레르기 전공의가 되었다. 쿠바가 니카라과와 앙골라에 가장 활발한 군사 개입을 펼쳤던 1980년대에 알류샤는 어머니 알레이다의 만류에도 불구하고 니카라과와 앙골라의 국제주의 임무에 자원했다. 그녀는 볼리비아에서 체와 함께 죽은 구스타보 마친 데 호에드의 아들과 결혼했다가 곧 헤어졌다. 딸 셀리아는 해양 생물학자가 되어 아바나 해양수족관에서 돌고래와 바다사자를 연구하고 있다.

놀랄 정도로 아버지를 닮은 딸 알류샤 — 사람을 꿰뚫어 보는 눈과 신랄한 유머 감각까지는 아니더라도 날카로운 혀를 물려받았다 — 는 쿠바에서 가족의 대변인이자 아버지의 유산을 지키는 수호자가 되었는데, 아마도 어머니가 공적 생활에서 점차 물러나면서 대신해서 맡게 된 역할일 것이다.

알레이다는 체의 바람대로 재혼하여 카예 47번지 집에서 미라마르의 새 집으로 이사했다. 그녀의 집은 알베르토 그라나도의 집 아래쪽이며 게바라 린치의 미망인이 사는 집 건너편에 위치하고 있다. 알레이다는 몇 년 동안 쿠바 공산당위원회에서 부위원장으로 일했고 쿠바여성동맹에서 활발히 활동했다. 이제 점잖은 60세의 노파가 되었지만 아름답게 염색한 금발과 소녀 같은 웃음이 여전히 매력적인 알레이다는 공무를 포기하고 자기 가족과 남편의 유산을 영원히 보존하는 일에 전념하여 그들이 살던 집에 연구 센터를 열었다.

〈라 카사 델 체(체의 집)〉라고 불리는 그 집은 바다색으로 칠해져 있으며 옥상 정원과 현관에는 붉은색과 보라색의 부겐빌레아가 웃자라 있다. 얼마 전에 일부 이웃들이 알레이다가 집 앞에 심은, 체가 살아 있을 때는 묘목에 불과했던 커다란 전나무를 잘라 냈다. 현관에는 체의 그림들이 벽을 장식하고 있지만 지붕이 새기 때문에 물에 젖어서 망가지려 하고 있다. 위층에는 체의 작은 사무실이 그가 떠날 당시 그대로 보존되어 있다. 바니시를 칠한 합판으로 만들어 위에 흰색 포마이카를 칠한 작은 책상과 비닐을 씌운 사무용 회전의자가 있고 방 양쪽 끝의 이중창으로는 같은 풍경이 내다보인다.

체가 읽던 책들도 있다. 마르크스, 엥겔스, 레닌의 저작들 여백에는 잔뜩 휘갈겨 써놓은 메모의 흔적들이 남아 있다. 슈테판 츠바이크가 쓴 마리 앙투아네트와 푸셰의 전기도 있다. 책상 아래 작은 공간에는 그가 마지막으로 읽은 책들이 있다. 대부분 프랑스어로 된 볼리비아, 아프리카, 알제리 혁명에 대한 책 몇 권과 존 F. 케네디의 암살에 관한 〈T. 뷰캐넌〉의 책이다.

카밀로의 초상은 여전히 책상 뒤쪽 벽에 걸려 있고 입구까지 뻗은 책꽂이 위에는 시몬 볼리바르의 흉상과 레닌의 청동 조각이 놓여 있다. 옆 선반에는 예르바 마테 열매에 조각을 새긴 장식품과 은으로 만든 빨대가 있고 바닥에는 〈새로운 소비에트 인간〉을 상징하는 청동상이 먼지에 덮인 채 놓여 있다. 좁은 옷장 선반에는 체가 남긴 소지품들이 있다. 짙은 초록색 군용 배낭, 허리띠, 기타 군장 등이 모두 습한 쿠바의 기후 때문에 망가지고 있다.

체의 첫 번째 아내 일다가 1974년에 암으로 죽고 난 다음 두 사람의 딸 일디타는 유럽으로 갔다. 일디타는 힘든 삶을 살면서 기묘한 일들을 하거나 히치하이킹을 하면서 여행을 다녔고 이탈리아를 비롯한 여러 나라에서 〈히피〉 생활을 했다. 그런 다음에 멕시코에서 지내면서 알베르토라는 이름을 가진 멕시코 게릴라와 결혼했다. 두 사람은 쿠바에 정착하러 왔지만 피델 정권은 알베르토가 쿠바의 가장 충실한 동맹국인 멕시코에 맞서 음모를 꾸미며 활동하는 것에 불편한 심기를 드러내며 그들에게 쿠바를 떠나달라고 요청했다. 일디타는 알베르토와 함께 떠났지만 결국 둘은 이혼하고 말았다. 일디타는 1980년대 중반에 어린 아들 2명을 데리고 쿠바로 돌아왔고 쿠바 최고의 문화 기관인 〈라 카사 데 라스 아메리카스(아메리카의 집)〉에서 문서 관리자 겸 연구자로 일하면서 존경받는 아버지의 문헌 목록을 엮기 시작했다.

일디타는 쿠바 혁명에 충성했지만 그녀가 생각하는 혁명의 오류를 말하는 데도 거침이 없었기 때문에 쿠바 정부는 일디타의 생각과 행실에 소리 없이 불만을 품고 있었다. 헤비메탈 로큰롤을 좋아하는 그녀의 십 대 아들 카네크가 외신에 피델 정부를 비판하는 발언을 하면서 정부의 불만은 아들에게까지 이어졌다. 1995년에 일디타는 서른아홉 살의 나이에 암으로 세상을 떠났다. 아버지 체가 죽을 때와 같은 나이였다. 피델도 라울도 일디타의 추도식에 참석하지 않았고 커다란 화환만을 보냈다. 널찍한 세멘테리오 콜론에서 열린 장례식에서 그녀는 혁명 무장 세력의 전당에 안치되었지만 추도사는 없었다.

5

자신이 믿는 바에 대한 체의 확고한 신념은 낭만적 열정과 냉철한 분석적 사고가 절묘하게 조화를 이루며 훨씬 더 강력하게 빚어졌다. 이 역설적인 조합이 체가 신화에 가까운 존재가 된 비밀이지만 이는 또한 그에게 내재한 약점 — 교만과 순진함 — 의 원천이었던 것으로 보인다. 체는 장대한 스케일로 전략을 인식하고 계산하는 데에는 뛰어났지만 현실 감각은 별로 없었다. 마세티를 아르헨티나 게릴라 지도자로 선발한 재앙에 가까운 선택에서 드러나듯이, 체는 큰 그림의 기본이 되는 작고 인간적인 요소를 보지 못했던 것 같다. 아르헨티나에서, 또 쿠바와 콩고, 볼리비아에서 체가 믿었던 사람들은 계속해서 그를 실망시켰고, 그는 어떻게 하면 다른 사람들의 근본적인 성정을 바꾸어 〈욕심 없는 공산주의자〉가 되게 할 수 있을지 끝내 깨닫지 못했다. 그러나 이러한 실수 외에 사람들이 체를 기억할 때 가장 많이 떠올리는 것은 신념과 의지력, 그가 직접 본보기를 보여 준 희생이다.

쿠바 정보국 관리 〈산티아고〉는 얼마 전에 이렇게 말했다. 「마지막이 서서히 다가올 때 체는 무슨 일이 벌어질지 알고 있었고 모범이 되는 죽음을 맞이하려고 준비했습니다. 그는 자신의 죽음이 라틴 아메리카 혁명 대의의 본보기가 되리라고 생각했고, 그의 생각이 옳았습니다. 우리는 그가 이곳 쿠바에서 우리와 함께 살아남는 쪽을 더 바랐지만 사실 그의 죽음은 우리에게 큰 도움을 주었습니다. 체가 그렇게 죽지 않았다면 수년간 우리를 묶어 주었던 혁명 연대감은 없었을 것입니다.」

한때 학생 운동의 아이콘으로 사랑받았던 체는 오늘날 다시 한 번 논쟁적이며 유명한 인물이 되었다. 그는 1970년대와 1980년대에는 잊혔지만 1990년대에 다시 대중 속에서 부활했고 정체된 현실에 대한 격렬한 반항의 영원한 상징이 되었다.

사람들은 마르크스주의 반란이 퇴색되고 냉전이 끝나면서 체, 또는 게릴라 전쟁이 철지난 〈유행〉이 되었다고 믿었지만 멕시코 남부 지역에서 귀까지 덮는 털모자를 쓴 〈마르코스 부사령관〉이 원주민 〈사파타주의〉 봉기를 일으켜 3년 동안 계속 싸웠다는 사실은 그들이 틀렸음을 잘 보여 준다. 사파타주의자들의 전략은 공격적인 군사 전략이라고는 할 수 없고 그들이 선언한 정치적 목적 ― 치아파스 원주민의 자치 쟁취 ― 도 체의 목적보다 훨씬 더 수수하지만 멕시코가 미국의 자본 이익에 종속되는 것을 반대하고 대대적인 사회, 정치, 경제 개혁을 요구한다는 점에서 그들이 체의 유산을 물려받고 있다는 점은 분명하다. 그리고 마르코스의 카리스마적인 모습 ― 총을 휘두르고, 파이프 담배를 피우고, 사색적이고, 비꼬기를 좋아하고, 서정적인 ― 은 한때 체가 그랬던 것처럼 대중의 상상력을 사로잡았다. 실제로 마르코스를 다시 태어난 체 게바라나 ― 현대에 적응한 ― 이상적이지만 덜 유토피아적이고 자기신념을 위해 기꺼이 싸우는 ― 체 게바라로 보지 않기는 힘들다. 어쩌면 마르코스는 체를 본보기로 삼으면서 그가 저지른 실수에서 교훈을 얻었을지도 모른다.

다른 나라에서도 체는 그의 시대 이후로 줄곧 해결되지 않고 남아 있는 분쟁에 유령처럼 계속 등장한다. 1996년 12월에 〈게바라주의〉 게릴라 단체 투팍아마루혁명운동이 페루 리마의 일본 대사관에서 인질 사건을 벌이면서 전 세계의 이목이 별로 유명하지 않았던 주장에 집중되었고, 안전하다고 생각했던 페루 정권의 자신감을 흔들어 놓았다. 인질 사건이 일어나기 몇 주 전 아프리카 동부 자이르에서는 르완다 후투족 피난민 수백만 명과 그들 가운데 숨은 무장 민병대 사이에 긴장 상태가 발생했다. 그때까지는 별로 알려지지 않았던 자이르 반란 운동 단체가 전 세계의 눈

길을 끌면서 등장하여 피난민들을 르완다로 돌려보내고 자이르 도시들을 점령했으며 후투족 민병대를 쫓아냈다.

자이르 반란의 지도자가 곧 모습을 드러냈다. 그는 바로 30년 전에 체가 도움을 주었던 콩고 반군의 지도자 로랑 카빌라였다. 세상에 잊혔던 카빌라가 전투 깃발을 들고 다시 나타난 것이다.

카빌라는 1997년 5월에 놀랄 만큼 빠른 속도로 군사 작전을 펼쳐 31년간 계속된 모부투의 독재를 끝내고 권력을 잡은 다음 자이르의 이름을 〈콩고 민주 공화국〉으로 바꾸었다. 카빌라가 과거의 실수에서 배웠는지, 혹은 30년도 더 전에 체 게바라가 콩고 〈해방〉에 제공한 도움을 자신이 낭비했던 것을 기억하는지는 아무도 모른다. 또 그가 부패한 독재자 모부투보다 더 나은 지도자가 될지는 지켜봐야 할 일이다. 그러나 적어도 카빌라의 귀환은 체가 1960년대에 벌였던, 아직까지 비난받는 싸움을 떠올리게 하는 또 다른 사건이다.

볼리비아의 작은 마을 바예그란데에서는 체의 시신을 발굴하려는 노력이 계속되어 마침내 성과를 거두었다. 1997년 7월에 양손이 없는 체의 유골이 쿠바와 아르헨티나 공동 감식팀에 의해 발견되었다. 체의 유골은 비포장 활주로 아래쪽 2미터 깊이의 구덩이에 다른 여섯 구의 유골과 함께 누워 있었다. 발굴 후 게릴라들의 유골은 관에 담겨 쿠바로 옮겨졌고, 조심스럽지만 감상적인 기념식이 열렸다. 피델과 라울 카스트로 형제가 기념식을 주재했으며 체의 미망인과 자녀들이 참석했다. 1997년 10월에 그의 유골은 산타클라라 시 외곽에 특별히 지은 웅장한 무덤에 공개 이장되었다. 세상을 떠난 지 30년이 지난 후 체 게바라가 드디어 제2의 조국으로 돌아온 것이다.

바예그란데의 진흙 벽돌로 지은 전화국 벽에는 스페인어로 휘갈겨 쓴 그라피티가 남아 있다. 〈체 — 그들이 결코 원하지 않았던 방식으로 살아남다.〉 아마도 이 구절은 체의 진정한 유산을 그 무엇보다 가장 잘 설명하는 말일 것이다. 어쨌거나 체 게바라는 대중의 상상력을 강하게 사로잡았고 시간과 공간을 초월한 것으로 보인다. 영원히 젊고, 용감하고, 준엄하고, 반항적이고, 목적과 의분이 가득한 눈으로 쏘아보는 체는 죽음과 싸워서 이겼다. 가장 가까운 친구와 동지들이 나이를 먹으며 시들거나 안락함에 굴복하여 더 이상 〈혁명〉이 설 자리가 없는 생활을 할 때에도 체는 변하지 않는다. 그는 살아생전 다른 사람들에게 추구하라고 열심히 설득했던 새로운 인간의 유일한 본보기가 되어 영원히 살아 있다. 사람들이 그것을 바라기 때문이다.

부록

326면: 라틴 아메리카 게릴라 작전은 초기에 피델의 지지를 받았다. 라미로 발데스가 이끄는 새로운 내무부 안에 〈해방부〉라는 비밀 정보기관이 설립되었고 마누엘 〈바르바 로하〉 피녜이로가 비세미니스테리오 테크니카 Viceministerio técnica라는 이름의 차관이 되어 정보기관을 지휘했다. 피녜이로는 이렇게 설명한다. 〈저는 정보부와 민족해방지도부를 맡아서 라틴 아메리카와 아프리카의 문제를 다루었습니다.〉 본인의 말에 따르면 피녜이로는 그 일을 맡음으로써 〈체와 활발하고 강렬한 관계〉를 유지했고 체가 새벽이 밝기 전에 개최하던 수많은 비밀회의에 세계 전역에서 온 혁명가들과 함께 참가했다. 발데스는 반미 〈방첩 활동〉에 집중했다고 알려졌지만 게릴라 작전 실행에 〈어느 정도 연루〉되어 있었다. 라울의 역할은 확실히 덜 직접적이다. 피델이 일찍부터 확립한 패턴에 따라 라울은 군사 작전에 참가할 부하들을 군대 내에서 직접 선택하도록 허락을 받음으로써 오히려 뒤로 밀려났다. 체는 진정한 감독자였다. 관련 기밀 파일에 접근할 수 있는 어느 쿠바 정부 관계자는 〈체는 쿠바가 지원하는 무장 해방 운동을 맨처음부터 맡았습니다〉라고 설명했다.

480면 상단: 중대한 사건이 일어나기 직전에 역사적인 인물을 만난 적이 많았던 레오노프는 1963년 11월에 리 하비 오즈월드도 만났다. 오즈월드가 멕시코시티의 소비에트 대사관으로 찾아와서 대사관 직원과 이야기하고 싶다고 요청했던 것이다. 레오노프의 말에 따르면 그는 오즈월드를 처리하기 위해 불려 갔다. 그러나 오즈월드는 무장을 갖춘 데다가 무척 불안해 보였기 때문에 레오노프는 그가 〈정신적 문제가 있으며 위험한〉 인물이라는 결론을 내리고 재빨리 다른 대사관 직원을 불러서 오즈월드를 내쫓았다. 얼마 후 그는 미국 대통령을 암살한 혐의로 댈러스에서 체포된 남자가 얼마 전 대사관을 찾아온 바로 그 남자라는 사실을 알고 깜짝 놀랐다. 레오노프와 JFK 암살을 둘러싼 여러 가지 이론에 대해서 대화를 나눌 때 그는 오즈월드가 KGB의 명령에 따라 암살했다는 이론은 사실이 아니라고 딱 잘라 말했다. 그는 처음 오즈월드를 보았을 때 〈정신적으로 문제가 있는 듯한〉 행동을 했다고 말했고, 이론적으로 말해서 ─ KGB가 JFK를 죽이고 싶었다 하더라도 ─ 오즈월드처럼 어딘가 어긋나서 다루기 힘든 사람을 쓰지는 않았을 것이라고 말했다.

필자가 1993년에 모스크바에서 레오노프와 세 번에 걸쳐 개인적으로 만나 이야기를 나누었을 때 그는 다양한 분야로 이야기를 넓혀서 정보부에서 일한 경력에 대해, 또 체 게바라를 비롯한 여러 인물들과의 관계에 대해 이야기해 주었다. 한번은 과테말라 혁명전쟁, 특히 과테말라 공산당 〈친구들〉이 정부군 처형단에 의해 죽임을 당한 사건을 열정적으로 이야기했다. 그는 과테말라 혁명 세력과 어떤 관계였는지 자세히 이야기하지는 않고 다만 그들의 전쟁을 지원했다고만 말했다. 그러나 전 타스 통신원이자 정보에 밝은 아르헨티나인 이시도로 힐베르트는 1995년에 출판한 『모스크바의 황금El oro de Moscú』에서 레오노프가 과테말라 혁명전쟁을 활발히 지원했다고 밝히며 그것이 비밀 KGB 프로그램이거나 공식 승인을 받은 작전의 일부였음을 암시했다. 마누엘 피녜이로는 필자에게 레오노프가 〈라틴 아메리카 혁명 전사들과 쿠바 혁명에 대해 항상 강한 연대감을 보여 주었다〉고 아주 간단하게만 말했다.

KGB 우두머리 알렉산드르 셸레핀이 1961년 7월 29일에 흐루쇼프에게 보낸 메모가 최근에 공개되었는데 이를 바탕으로 판단하자면 소비에트는 공산당이 불법화된 국가의 경우 게릴라 세력과 아무 문제도 없었고 때로는 게릴라 활동을 지원한 것으로 보인다.

주보크와 플레샤코프가 출판한 『크렘린 냉전의 속사정: 스탈린부터 흐루쇼프까지』에서 발췌한 셸레핀의 메모를 보면 그는 미국과 소련이 대립 중이던 베를린에서 미국의 주의를 돌리기 위해 전 세계에서 비밀 활동을 벌이자고 제안하고 있다. 〈셸레핀은《KGB가 이용할 수 있는 수단을 써서 친서구 반동 정부에 대항하는 무장봉기를 활성화하는》방법을 옹호했다. 니카라과에서 정권을 전복시키려는 움직임이 시작되었다. KGB는 니카라과에서 쿠바인들 및《산디노혁명전선》과 협동하여《내부 저항 전선》을 통해 무장 반란을 일으키려고 계획했다. 셸레핀은《지난번에 무기 구입 비용으로 제공한 1만 달러와는 별도로 KGB 자금에서 추가 지출》을 하자고 제안했다. 셸레핀의 계획은 엘살바도르의 무장봉기와 과테말라의 반란을 선동하는 것이었고, 과테말라 게릴라 군단에게는 무기 구입 자금으로 1만 5천 달러를 제공하려고 했다.〉 (이 계획은 흐루쇼프의 승인을 받았고 1961년 8월 1일에는 소비에트 중앙위원회에서 통과되었다.)

480면 하단: 체가 모스크바를 방문한 직후 루돌프 슬랴프니코프가 소비에트 대사관 직원으로 쿠바에 와서 쿠바에서 일하는 소비에트 콤소몰 〈자원자〉 수천 명을 관리했다. 1968년 2월에는 뉘우칠 줄 모르는 아니발 에스칼란테 및 불만을 품은 〈구 공산주의자들〉과 공모하여 피델 혁명 정권을 해치려 했다는 혐의로 슬랴프니코프를 비롯한 여러 소비에트 요원들이 쿠바에서 추방되었다. 에스칼란테는 15년 형을 선고받았다. 쿠바 주재 소비에트 대사였던 올레그 다루셴코프는 공산당에서 빠르게 출세하여 공산당 중앙위원회 《쿠바》 부서 총책임자가 되었다. 다루셴코프는 1980년대에 멕시코 주재 소비에트 대사가 되었고, 소련에서 공산주의가 몰락하자 대사직에서 물러나 멕시코에 남았다. 그는 멕시코 텔레비전 복합 기업 텔레비사의 경영 간부가 되었다(다루셴코프가 멕시코 대사로 있을 때 슬랴프니코프는 소비에트 영사로 멕시코 베라크루스에 있었으며, 그 역시 이것이 마지막 외교 관직이었다).

이들 두 사람은 소비에트의 반게바라 세력의 대표였다고 여겨진다. 체의 미망인 알레이다 마르치는 올레그 다루셴코프가 〈밀정〉이었다고 생각한다. 그녀는 체가 죽은 후 다루셴코프가 조의를 표하러 그녀의 집에 찾아왔다가 〈체는 외국인인데 왜 볼리비아에 간 겁니까?〉라고 직접적으로 물었던 일을 아직까지도 가슴에 사무치게 생각한다. 알레이다는 다루셴코프의 말을 모욕으로 받아들이고 그에게 스페인의 지배를 받던 쿠바에서 독립 전쟁이 일어났을 때에도 도미니카 장군 막시모 고메스가 도와주었다고 말했다. 마지막으로 알레이다는 그에게 어떻게 감히 〈이 집〉에서 그런 질문을 할 수 있느냐고 역정을 냈다.

보레고 역시 다루센코프에 대한 알레이다의 평가에 동의했다. 그를 잘 알았던 보레고는 다루센코프가 아주 영리하고 수완이 좋으며 야심이 컸지만 〈사악한〉 사람이었다면서, 사람들의 험담을 하거나 숨겨진 속셈을 가지고 도발적인 말을 했다고 설명했다.

497면: 알레이다 마르치의 말에 따르면 방 안에는 젊은 앙골라 저항 운동 지도자 조나스 사빔비도 있었다. 사빔비는 중국의 원조를 받아 앙골라 완전독립민족동맹UNITA이라는 게릴라 단체를 설립했다. 그는 나중에 쿠바가 경쟁 단체인 앙골라 해방인민운동MPLA 게릴라를 지원하자 서구에 도움을 요청했다. 앙골라는 포르투갈에 대항하는 다각적인 전쟁을 펼쳐 1974년에 독립하게 되었는데 이 과정에서 사빔비의 세력이 패배하고 앙골라 해방인민운동이 권력을 획득하여 마르크스주의 정권을 세웠다. 그러나 사빔비는 CIA와 남아프리카 군대의 지원을 받으며 전쟁을 계속했다. 1980년대에 사빔비가 이끄는 앙골라 완전독립민족동맹은 워싱턴 DC에 호화로운 사무실을 여러 개 가지고 있었다. 사빔비 역시 독재자였지만 로널드 레이건 대통령으로부터 서구의 가장 훌륭한 전통을 따르는 반공 〈자유투사〉라는 칭송을 받았다. 1992년 국제 사회의 중재로 휴전 협정이 맺어지고 전국 선거가 실시되었는데 사빔비는 선거에 참여했다가 패배하자 다시 전쟁을 일으켰다. 이 전쟁 때문에 앙골라인 수십만 명이 죽었고 결국 앙골라는 폐허가 되었다. 1996년에 사빔비는 다시 한 번 정권과 협정을 맺어 권력을 나누어 가졌다.

505면: 피델과 중국 사이에는 또 다른 문제들도 있었다. 1964년 말, 체가 자리를 비웠을 때 — 혁명 정부의 무능력 때문에 쌀 수확이 극적으로 감소한 탓에 쿠바는 1964년 수확기에 심각한 소비재 부족에 시달렸다 — 중국은 피델의 개인적인 요청을 받아들여 쿠바에 대한 쌀 수출을 대폭 늘렸다. 하지만 그것은 피델이 중국에 무척 유리한 쌀 대 설탕 물물교환 협정을 제안한 후에 일어난 일이었다. 협정을 타결시키기 위해 중국 대사관에 몸소

가야 했던 피델은 분통을 터뜨리며 이 일을 마음에 담아 두었다. 여기에 아비니에서 중국이 다소 지속한 선진 캠페인을 펼치면서 긴장은 더욱 고조되기 시작했다. 피델은 1965년 3월 연설에서 중국 대사관의 〈개종〉 캠페인에 대해 공개적으로 경고했고, 전단이 계속 뿌려지자 1965년 9월에는 중국 대사를 직접 방문하여 캠페인에 대한 불만을 전하며 설명을 요구했다. 중국은 아무런 답변도 하지 않다가 12월에 쌀 수출을 중지했다. 1966년 2월, 피델은 모든 문제를 공개하고 중국 측의 〈오만〉을 비난했다. 한 달 후 그는 중국 공산주의 정부를 강도 높게 비난하며 중국 정부가 〈군주적〉이라고 말했고 중국 정부 〈지도자〉 ─ 마오쩌둥 ─ 가 노망이 났다고 암시했다. 그 후 쿠바와 중국은 대사관을 계속 유지했지만 여러 해 동안 아무 관계도 없는 것이나 다름없었고, 쿠바가 1970년대 초에 소비에트와 공공연하게 협력하기 시작했을 때에도 중국과의 관계는 개선되지 않았다. 모리스 헬퍼린의 책 『피델 카스트로 길들이기*The Taming of Fidel Castro*』는 이런 이야기들을 포괄적으로 잘 다루고 있다.

517면: 알레이다는 체가 테이프에 시를 녹음해서 남겼을 뿐 아니라 그녀에게 바치는 특별한 시도 썼다고 말했다. 그녀는 그 시를 공개하지 않는 이유를 이렇게 설명했다. 「그것은 제 거예요. 세상은 제가 죽은 후에나 그걸 읽을 수 있을 거예요.」 알레이다는 거의 강박적일 정도의 열정으로 체와 함께한 삶의 자세한 내용을 늘 감추어 왔다. 두 사람의 장녀 알류샤는 자신이 20대가 되어 아버지의 뒤를 따라 의사가 된 다음 국제공산주의 일을 위해 니카라과로 떠날 준비를 할 때에 가서야 어머니 알레이다가 그녀를 두 번 다시 못 볼지도 모른다는 두려움 때문에 그 시를 보여 주었다고 말한다. 알레이다는 그들의 집 특수 책상에 자물쇠를 걸어놓고 보관했던, 체가 그녀에게 쓴 연애편지를 읽어 주었다. 그리고 알류샤가 니카라과에 머물 때 알레이다는 딸에게 체의 사랑시 녹음 테이프 복사본을 보내 주었다.

체는 자식들에게 보낸 〈공개적인〉 작별 편지만 남긴 것이 아니라 아프리카에서도 아이들에게 엽서를 몇 장 보냈고, 아이들의 아버지가 된다는 것이 어떤 느낌인지 육성으로 녹음한 테이프를 보냈다. 알레이다는 애정 어린 목소리로 잔소리를 하듯이 〈체가 라틴 사람들 대부분과 마찬가지로 《남성 우월주의자machista》였다〉고 말하면서, 그가 딸은 제외한 두 아들 카밀로와 에르네스토에게 보낸 편지에서 세기 말이 되면 ─ 자신이 아

직 살아 있고 제국주의가 〈여전히 존재〉한다면 — 자신과 함께 제국주의
에 맞서 싸우자고, 만약 그렇지 않다면 〈우주선을 타고 함께 달에 가자〉고
썼다고 설명했다. 체는 딸들에게 보내는 편지에서 오빠와 동생들을 돌보라
고, 특히 카밀로가 나쁜 말을 쓰지 못하게 하라고 말했다.

578면: 필자가 쿠바에서 입수한 폼보의 일기 중 공개되지 않은 1965년
11월 21일자 일기에서, 폼보는 체가 빠뜨린 문제에 대해 적었다.

〈그곳에서 후퇴하여 이웃 나라 탄자니아로 돌아가기로 결정을 한 후 타
투[체]와 협력하여 이토록 어려운 임무를 실행하도록 임명된 당의 고위 지
도자들(템보, 시키, 우타, 카림)과 타투 사이에서 공공연한 의견 차이가 드러
나기 시작했다.

앞서 언급한 의견 차이의 근본적인 뿌리는 우리가 처한 현실에 대한 콤
파녜로들의 태도와 현재 처한 상황 앞에서 타투가 취하는 태도에 대한 그
들의 몰이해, 그들이…… 이 멀리 떨어진 땅에서 싸우기 위해 임명된 우리
파견단의 지도자로서, 또 우리 혁명의 국가 지도자로서 그를 믿지 못한다
는 사실에 있다.

그들은 타투가 고의적으로 그곳에 머물기로 결정했으며 혁명을 수행할
주관적인 조건이 갖추어져 있지 않다는 사실을 파악하지 못한다고 생각했
다. 즉 반란이 결국 승리하더라도 그들이 모두 원칙 없는 가짜 혁명가들이
며 그들에게 도덕성이 거의 없다고 할 수 있었으므로 콩고 혁명을 밀고 나
갈 지도자들이 없다는 사실을 말이다.

그러나 사실 타투는 이 사실을 잘 인식하고 있었고, 사회 혁명을 수행할
수 없다는 현실도 인식하고 있었다. 기지에 있었기 때문에 그 자리에 없었
던 시키[페르난데스 멜]와 템포[아라고네스]를 제외한 우리 모두에게 타
투가 그렇게 말했지만 기지로는 전해지지 않았다(폼보가 언급하는 것은 체
가 8월 12일에 발표한 「전투원들에게 보내는 전언」이다).

나의 개인적인 생각에 그가 희생한 이유는 쿠바 군단의 철수는 쿠바 정
부가 내려야 하는 결정이므로…… 우리는 철수 승인을 소리 높여 요청하지
말아야 한다고 굳게 믿었기 때문이라고 말했다……〉

586면: 폼보는 체와 합류하기 위해 콩고로 가면서 결혼한 지 3년도 되지
않은 신부를 두고 떠났다. 두 사람 사이에는 갓 태어난 아리 2세가 있었다.

폼보의 아내 크리스티나 캄푸사노는 〈산업화〉 초기 시절에 체의 비서로 일했고 일다 가데아와 알레이다 모두와 친했다. 체의 부하들의 가족은 당시 무척 가까웠다. 투마는 폼보와 크리스티나의 결혼식에서 신랑 들러리를 맡았다.

크리스티나는 아내들이 남편을 거의 만나지 못했기 때문에 〈정말 힘들었다〉고 인정한다. 〈쿠바에 있을 때는 깨어 있는 시간을 항상 체와 함께 보내더니 그 후에는 콩고로, 또 볼리비아로 갔습니다.〉 당연히 이들 가족은 아주 친밀하게 지냈고 남편들이 체와 함께 떠난 다음에는 보안상의 이유로 공적인 자리에서 〈물러났다〉. 이들은 미라마르 아파트 블록에서 거의 하나의 공동체처럼 모여 살았다. 알레이다가 그랬던 것처럼 크리스티나 역시 폼보가 유럽에서 숨어 지낼 때 그와 만나기로 하고 위장신분을 받았다. 그녀는 당시 폼보가 파리의 쿠바 대사관에서 숨어 지내고 있었다고 말했다.

폼보가 볼리비아로 떠난 후, 크리스티나는 알레이다와 마찬가지로 〈상황이 적절해지면〉 그녀도 합류할 수 있다는 말을 들었다. 그러나 크리스티나는 군사 훈련까지 받지는 않았다. 폼포는 아들 아리가 너무 어리기 때문에 크리스티나가 아이를 두고 떠나서는 안 된다며 〈기반이 확고해질〉 때까지는 합류할 수 없다고 말했다.

파피 역시 아내와 어린 아들을 두고 떠났다. 아이가 없는 사람은 투마뿐이었지만 그가 프라하에서 쿠바로 돌아간 후 투마의 아내가 임신을 했다. 투마의 아들은 그가 볼리비아로 떠난 후에 태어났고, 그는 아들의 존재를 끝까지 알지 못했다.

594면: 체가 콩고를 떠난 다음 쿠바에 다시 등장할 때까지 그가 정확히 어떻게 움직이고 누구를 만났으며 어디에 갔는지에 대해 쿠바 측이 정확히 밝힌 적이 없기 때문에 필자는 접근할 수 있는 자료들 중 가장 믿을 만한 정보원의 증언을 바탕으로 삼았다. 그들은 체의 미망인 알레이다 마르치, 〈폼보〉라고도 알려진 아리 비예가스 장군, 마누엘 〈바르바 로하〉 피녜이로, 쿠바 정보국 고위 관리이자 외교관이며 〈아리엘〉이라고도 알려진 후안 카레테로, 체가 콩고를 떠날 당시 쿠바 정보국 아프리카부를 담당하고 있던 울리세스 에스트라다의 부관 오스카르 데 카르데나스 등이다. 이들은 모두 체가 탄자니아에서 프라하로 갔고 프라하에서 아바나로 돌아왔다고 말한다.

그러나 다른 견해들도 있다. 볼리비아 공산당 서기관이었던 마리오 몬헤는 정보원을 밝히지는 않았지만 자신이 알기로는 체가 탄자니아를 떠난 후 독일 민주공화국으로 갔고, 그곳에서 〈독일 정보국의 보호하에〉 지냈다는 이야기를 들었다고 필자에게 말했다.

정보에 밝은 또 다른 쿠바의 소식통은 체가 모습을 드러내지 않고 지낼 당시 독일 민주공화국에서 〈일정 시간〉을 보냈을 가능성이 있지만 그 후 비밀리에 쿠바로 돌아왔고 1967년 가을에 볼리비아로 돌아갔다고 말했다. 이 정보원은 또한 알레이다가 그곳에 있던 그를 찾아갔을지도 모른다고 덧붙였다. 만약 이 말이 사실이라 해도 알레이다와 쿠바 정부 모두 아직 그 사실을 인정할 준비가 되지 않았다(체가 붙잡혔을 때의 상황적 증거를 보면 그가 독일 민주공화국에 머물렀을 가능성이 좀 더 많아진다. 그가 볼리비아에서 쓴 2권의 일기 중에서 1966년 11월에 쓰기 시작한 첫 번째 일기장은 동독에서 제조된 것이었다).

알레이다 마르치는 체가 해외에 있을 때 비밀리에 그를 세 번 만났다고 필자에게 말했다. 첫 번째는 1966년 1, 2월에 탄자니아에서, 두 번째는 체가 1966년 중반 쿠바로 돌아오기 전 프라하에서였다고 말했다. 하지만 그녀는 세 번째는 언제 어디서였는지 구체적으로 밝히지 않았다.

이처럼 복잡한 모자이크 같은 체의 행적에 내무부의 직원이었으며 체의 쿠바 〈공식〉 전기를 쓴 프로일란 곤살레스와 그의 아내 아디스 쿠풀이 또 다른 설명을 덧붙인다. 그들은 체가 1965년 4월에 대중 앞에서 모습을 감춘 후 여행을 할 때 썼다고 알려진 가짜 여권들에 접근해도 좋다는 내무부의 허락을 받았다.

두 사람의 말에 따르면, 체는 1965년 12월 28일에 탄자니아를 떠나 동유럽의 모 국가로 가서 그곳에서 지내다가 1966년 7월 14일에 프라하로 갔다. 7월 19일부터 20일까지 그는 프라하에서 빈, 제네바, 취리히를 거쳐 모스크바로 갔고, 그곳에서 즉시 아바나로 돌아왔다.

그러나 마누엘 피녜이로의 부관이었던 아리엘은 필자에게 이렇게 말했다. 〈쿠바 정보부가 가지고 있던, 다양한 스탬프가 찍힌 여러 개의 여권은 아무 의미가 없습니다. 체를 위해 다양한 레옌다[위장신분과 여정]가 준비되었고, 스탬프는 이곳 쿠바에서 찍었습니다.〉

아리엘은 또한 체가 탄자니아에서 쿠바로 출발할 때 서구 정보부를 혼란에 빠뜨려 그의 자취를 찾기 힘들게 만들기 위해 〈역정보〉를 퍼뜨리는 일에 자신이 직접 관여했다고 말했다.

마누엘 피녜이로는 체가 프라하에 계속 머물지는 않았다고 확인해 주었다. 피녜이로는 체가 최신 레옌다, 즉 위장신분을 시험해 보기 위해서 파리로 갔다고 인정했다.

609면: 필자에게 정보를 알려 준 쿠바인들에 따르면 레지 드브레는 〈타니아〉와 마찬가지로 마누엘 〈바르바 로하〉 피녜이로가 운영하던 정보원망의 일부였다. 그는 울리세스 에스트라다와 쿠바의 게릴라 작전을 실행했던 후안 카레테로, 즉 〈아리엘〉로부터 직접 지시를 받아서 일했다. 이들의 말에 따르면 드브레는 1961년 철학 대학원생으로 아바나에 왔을 때부터 정보부 요원으로 일했다. 드브레는 프랑스 자스페로 출판사에서 라틴 아메리카에 대한 글을 쓴 적이 있었기 때문에 그가 볼리비아로 갈 때 썼던 프랑스 언론인이라는 〈위장신분〉은 진실이기도 하고 유용했다. 그러나 그는 또 〈바르바 로하〉를 위해 일하던 밀사이기도 했다. 일설에 의하면 쿠바에서는 드브레를 이론가이자 사령부의 동맹 세력으로서보다 후자 — 대의를 위한 밀사 겸 선전원 — 로서 더욱 유용하게 여겼다.

635면: 출판되지 않은 이 글에서 체는 레닌에 대한 비판을 한층 누그러뜨려 레닌이 실수를 했다고 해서 〈적〉이 된 것은 아니고 그에 대한 비판은 〈마르크스주의 혁명 비판 정신에 의한〉 비판이고 〈마르크스주의를 현대화〉하고 〈잘못된 길〉을 바로잡아 〈자유를 위해 싸우고 있는〉 저개발 국가들을 돕기 위한 것이라고 지적했다. 체는 자신의 글이 출판되면 동료 사회주의자들로부터 공격을 받을 것이라고 예상하면서 이렇게 말했다. 〈어떤 사람들은 이 글을 반혁명적이라거나 개량주의적이라고 받아들일 것이다.〉 그는 또한 이러한 이유 때문에 자신이 제기한 문제를 잘 갈고 다듬어야 하며 순전히 학문이라는 차원에서 논의해야 한다고 강조했다.

그러나 체가 소비에트 매뉴얼 여백에 휘갈겨 쓴 내용 중 일부는 레닌에 대한 비판만큼이나 불경스러웠다. 그는 어떤 문단에서 〈평화적인 수단으로 변혁을 일으킨 동유럽 사회주의 국가들의 경우에서 증명되었듯이 사회주의가 반드시 폭력을 통해 이루어질 필요는 없다〉고 용감하게 선언하면서 〈소비에트 군대는 무엇을 하고 있었나, 사타구니나 긁고 있었나?〉라고 익살스럽게 빈정거렸다.

643면: 쿠바 정부의 어느 정보원은 체의 볼리비아 원정에 대해 이야기하며 이렇게 인정했다. 「체가 투입된 상황을 그 자신이 주도하지 않았습니다. 다른 나라에서 혁명이 일어날 조건을 연구하고 피델에게 추천한 것은 〈아메리카 부서〉[피녜이로가 재구성한 〈해방부〉에 나중에 붙여진 이름]였습니다.」

피녜이로의 부하들은 자기 힘을 과신하여 체가 볼리비아로 가기에 적절한 상황이라고 피델에게 지나친 확신을 주었던 듯하다. 쿠바에서 체의 측근이었던 사람들은 아직도 볼리비아에서 〈일을 망친 것〉이 피녜이로와 부하들의 탓이라고 남몰래 생각하고 있었다. 배신자가 있었다고 생각하는 사람은 거의 없었지만 허울과 오만이 다양한 실수의 연속으로 이어지고 그것이 볼리비아 작전의 특징이 되었다고 생각했다.

현재까지 살아 있는 사람들은 대부분 그러한 〈실수들〉 중 하나가 1967년 3월에 게릴라단이 너무 일찍 발각된 후 라파스에서 〈레난〉 혹은 〈이반〉 — 레난 몬테로 요원 — 을 철수시키기로 한 결정이었다고 의견을 모았다. 이로 인해 라파스에는 로욜라 구스만, 움베르토 바스케스비아냐, 로돌포 살다냐를 포함한 소규모 도시 핵심 조직밖에 남지 않았고 이들은 아바나 혹은 전투지의 게릴라들과 연락을 취할 수단도 없었다. 실제로 1967년 여름에 체의 볼리비아 게릴라 작전은 네 그룹으로 나뉘었고 서로 연락도 되지 않았다. 네 그룹은 다음과 같다. 아바나나 도시 측과 연락이 끊긴 상태에서 고립된 채로 도주 중이던 체의 그룹, 마찬가지로 외부와 단절된 채 체의 그룹과 떨어져 방황하던 호아킨 그룹, 다른 곳에서 무슨 일이 일어나고 있는지 전혀 몰랐던 도시 핵심조직 그룹, 마지막으로 뉴스 보도를 통해서 볼리비아에서 일어나고 있는 사건들을 감시하는 정도의 일만 하고 있던 쿠바 정보부.

레난은 왜 그렇게 중대한 순간에 철수되었을까? 저자가 다른 곳에서 썼듯이 피녜이로는 서류를 새로 준비하고 위장신분을 확인하기 위해서였다고 말한다. 그러나 1967년에 레난과 여러 차례 만났던 로욜라 구스만은 레난과 마지막으로 만났을 때 그가 〈겁에 질려〉 있다는 뚜렷한 인상을 받았다고 하고 아리엘은 레난이 〈불치병〉을 앓고 있었다고 말한다. 아리엘의 말에 따르면, 그들은 레난을 다른 사람으로 대체할 준비를 하고 있었지만 볼리비아에서 여러 사건이 일어나는 바람에 계획이 무너졌다. 다른 요원이 갈 준비가 되었을 때는 때가 너무 늦어 버렸다. 그러나 로욜라는 여전히 의

아하게 여긴다. 그녀는 전령을 통해 아바나로 편지를 2통 보내서 레난을 대체할 사람이 급히 필요하다고 강조했으며, 체의 일기가 압수되어 공개된 후 그녀는 자기가 보낸 메시지가 도착했다는 사실을 알았다. 체는 8월에 아바나로부터 받은 암호화된 메시지를 기록했는데, 그것은 기본적으로 구스만의 메시지를 전달하면서 그에게 레난을 대체할 인물이 가고 있다고 알려 주는 내용이었기 때문이었다. 그녀는 이렇게 물었다. 「그들이 내 편지를 받아서 체에게 다시 전송했으면서도 어떻게 행동을 취하지 않을 수가 있지요?」

8월 말에 로욜라 구스만과 도시 지역의 동료들은 그녀가 직접 아바나로 가서 얼마나 위급한 상황인지 설명하기로 결정했다. 처음에 그녀는 당이 입장을 재고하고 있으며 코차밤바 시에서 그녀를 만날 용의가 있다는 메시지를 받았다. 구스만은 코차밤바로 떠나기 전에 미행을 당하고 있다는 느낌을 받기 시작했다. 그녀는 움베르토 바스케스비아냐에게 그 사실을 말했고, 움베르토는 그녀의 의심이 사실인지 시험해 보았다. 구스만은 하루 종일 도시를 돌아다니며 여러 대의 버스에 타고 내리기를 반복했고, 움베르토가 신중하게 거리를 두면서 그 뒤를 따라다니며 지켜보았다. 하루가 지난 후 움베르토는 그녀의 말이 옳았다고 확인해 주었다. 구스만은 미행을 당하고 있었다.

그로부터 며칠 후, 로욜라 구스만은 체포되었다.

피녜이로는 자신과 부하들에게 가해진 비난에 대해 체의 생존과 최종적인 성공이 자신들의 주된 목적이었다고 단호하게 주장하며 그 반대로 생각되는 것은 〈불쾌하다〉고 잘라 말했다.

674면: 1966년 8월 8일 밤에 라파스에서 폼보, 파피, 마리오 몬혜가 만났을 때 아르게다스의 이름이 거론되었다. 폼보는 원본 일기에 이 회의를 기록하며 몬혜가 볼리비아 정부 내부에 중요한 협력자들이 있다고 자랑했다고 적었지만 보안상의 이유로 이름은 적지 않았다. 그러나 저자가 입수한 출판되지 않은 일부 노트에 폼보는 이렇게 적었다. 〈그가 우리에게 장관으로 임명된 아르게다스에 대해서 이야기했다. 그는 당이 당원인 그가 장관직을 맡도록 승인했으며 그를 주요 관직에 앉혔다고 말했고, 우리는 그런 방법을 쓰는 것은 양날의 검과 같다고 생각하며 우려를 표명했다. 그는 아르게다스가 통제하기 쉬운 동지라고 강조했다(그러나 그는 한참 잘못 생각

하고 있었다).〉

679면: 1997년 6월에 비율도 ─ 이전에는 공개적으로 등장하지 않았던 ─ 는 필자에게 CIA가 볼리비아에 또 다른 정보원을 가지고 있었으며 그 정보원은 볼리비아 공산당에서 활발히 활동하는 당원이었다고 말했다. 비율도는 반역자의 신원을 밝히려 하지 않았으며 그가 지금도 살아 있는 〈페레도 형제와 가까운 사람〉이었다고만 설명했다. 비율도는 또한 볼리비아 공산당 우두머리 마리오 몬헤가 안토니오 아르게다스의 내무부 소속 정보부 우두머리 로베르토 킨타니야의 정보원이었고 킨타니야는 몬헤로부터 입수한 정보를 CIA에 넘겼다고 말했다.

비율도는 부스토스와 드브레가 모두 잡히고 나서 금방 굴복하여 〈아는 것을 말했다〉고 했다. 그러나 비율도는 두 사람이 죽이겠다는 위협을 받았고 사실상 볼리비아 군대가 그들을 죽일 예정이었으므로 누구든 그 상황에 처했다면 그렇게 했을 것이라고 말했고, 또 그와 CIA 동료들이 정보를 얻기 위해 〈그들을 구했다〉고 말했다.

698면: 쿠바의 친구와 동지들은 체의 볼리비아 작전이 처음부터 끝까지 완전한 재난이었다고 비공식적으로 인정한다. 그들은 그 증거로 체가 볼리비아에서 농민들의 지원을 한 번도 받지 못했고, 쿠바와 볼리비아 게릴라들은 우호관계를 결코 확립하지 못했으며, 건강했던 시에라마에스트라 시절보다 나이 들고 몸이 약해진 체는 태만한 부하들을 혼내려 하지 않았다는 사실을 든다. 어느 쿠바 관리는 이렇게 말했다. 「결국 그는 그런 인간적인 모습 때문에 대가를 치렀습니다. 그보다 못한 사람이었다면 처형을 했겠지만 체는 그러지 않았으니까요. 그는 사람들을 겁주어 쫓아 버리고 싶지 않았고, 자발적으로 자신을 따르기 바랐습니다. 그리고 그는 자신이 결국 외국인에 불과하다는 사실을 알았습니다.」

한편, 마누엘 피네이로는 볼리비아와 콩고에서 체가 했던 활동을 〈영웅적인 공적〉이라고 부르며 옹호했고, 체의 마지막 전투가 실패인가 아닌가라는 문제에 대해 피델의 말을 인용했다. 〈나는 성공이냐 실패냐가 정책의 올바름을 결정하지 않는다고 항상 말했다.〉

708면: 필자는 셀리치가 체와 대화를 나누면서 기록한 노트를 인용하여

두 사람이 만나는 장면을 그렸다. 다음은 여기에 포함되지 않은 대화 내용
이다.

> 셀리치: 당신이 실패한 이유를 뭐라고 생각하시오? 나는 농부들의 지원
> 이 없었던 것이라고 생각하오만.
>
> 체: 그 말이 어느 정도는 옳을지도 모르지만 사실은 바리엔토스 정
> 당의 효과적인 조직, 즉 우리의 움직임을 정부군에 알려 주는
> 일을 맡은 마을 촌장들과 시장들 때문이오.

셀리치의 노트는 불가사의하게도 그가 게바라에게 제기한 답변 없는 질
문으로 끝맺고 있다. 〈당신이 지역 농부들처럼 민족적인 성향이 강한 사람
들을 영입하는 데 실패한 이유는 뭐요?〉

자료에 대하여*

1부 불안한 젊은 시절

–

현장 조사와 인터뷰

나는 체의 어린 시절과 가족사를 조사하기 위해 1994년에 3개월 동안 아르헨티나에서 지내며 대부분의 시간을 그의 친구 알베르토 그라나도와 함께 보냈다. 로베르토와 셀리아 게바라는 가족사를 밝힐 때 적극적으로 도와주며 자신들의 형이자 오빠인 〈체〉에 대한 회상도 들려주었다. 셀리아 게바라 데 라 세르나의 친구 홀리아 콘스텐라 데 귀사니는 체의 〈진짜〉 생일에 얽힌 이야기를 해주었다. 에르네스토 게바라 린치의 두 번째 부인이었던 아나 마리아 에라 역시 게바라 가족의 세세한 사정에 대해서 도움을 주었다.

나는 알베르토 그라나도와 함께 미세오네스로 가서 게바라 가족이 살았던 푸에르토카라과타이 지역을 찾아갔다. 우리는 체의 부모를 기억하는 사람들을 여러 명 만나서 인터뷰했는데, 그중에는 거트루디스 크라프트와 요한 파라벤도 있었다. 에밀리아노 레할라, 오스카르 다루 박사, 레오노르와 에피파니오 아코스타 부부는 지역사에 도움을 주었다.

---

* 기초 자료를 모두 확인하려면 참고문헌 참조.

나와 알베르토 그라나도, 〈칼리카〉 페레르는 알타그라시아와 코르도바를 찾아갔고, 카를로스 피게로아는 알타그라시아 카예 아베야네다에 위치한 그의 옛 집에 우리가 묵게 해주었다. 그의 집은 게바라 가족의 옛날 집 비야치타와 비야니디아에서 한 블록 아래에 있었다.

　나는 이들과 함께 지내면서 그들이 함께 회상하는 과거를 엿볼 특별한 기회를 가질 수 있었고, 그들은 내가 게바라의 다른 어린 시절 친구들과 지인들을 만나게 해주었다. 로돌포 루아르테, 사라 무뇨스, 엔리케 마르틴, 파코 페르난데스, 카를로스 바르셀로, 마리오와 치초 살두나, 블랑카 데 알보뇨로스, 후안과 넬리 부스토스, 호세 마누엘 페냐, 알베르토 페레르, 오펠리아 모야노 등이 바로 그들이다. 또한 게바라 집안의 가정부였던 로사리오 로페스와 에스쿠엘라 리니에르스에서 에르네스토의 3학년 선생님이었던 엘바 로시도 있다.

　코르도바와 부에노스아이레스에서 나는 데안 푸네스 학교 친구들 여러 명을 인터뷰했는데 라울 멜리보스키, 오스카르 스테멜린, 로베르토 〈베토〉 아우마다, 오스발도 비디노스트, 카를리소 로페스 비야그라, 호르헤 이스카로, 호세 마리아 로케 등이 바로 그들이다. 십 대 시절 체를 알았던 사람들 중에는 미리암 우루티아, 노라 페이힌, 베티 페이힌(구스타보 로카의 미망인), 타티아나 키로가 데 로카, 하이메 〈지미〉 로카, 카를로스 리노, 〈차초〉 페레르가 있다. 스페인에서 나는 카르멘 곤살레스 아길라르와 그녀의 남동생 〈페페〉를 인터뷰했다. 쿠바에서 페르난도 바랄은 그의 기억을 이야기해 주었다.

　로사리오에서 알베르토 그라나도와 나는 체의 열광적인 추종자 『파히나 12』의 기자 레이날도 시에테카세르의 도움을 받아 체가 생애 첫 몇 달을 보낸 곳을 함께 탐험했다. 그라나도의 사촌 나티 로페스는 아주 오래전 알베르토와 체가 〈미알〉과 〈푸세르〉로서 〈북쪽으로 탈출〉한다며 〈라포데로사〉를 타고 마을을 휘젓고 다니던 시절을 회상했다.

　게바라가 부에노스아이레스에서 보낸 시절과 여행을 하면서 보낸 시절에 대해서는 리카르도 로호, 카를로스 인판테, 에밀리오 레비네 박사, 페르난도 차베스, 아달베르토 벤 골레아, 넬리 벤베브레 데 카스트로, 안드로 에레로, 괄로 가르시아의 미망인인 아니타 가르시아, 마리오 사라비아와 이야기를 나누었다. 알베르토 그라나도와 칼리카 페레르는 에르네스토와 함께했던 여행의 추억을 나와 나누었다.

체가 과테말라와 멕시코에서 지낸 시기에 대해 조사할 때는 필 군손 기자로부터 무척 큰 도움을 받았다. 그는 나의 모든 인터뷰 일정을 잡아 주었고 나 대신 인터뷰를 여러 번 해주기도 했다. 인터뷰 대상에는 리카르도 로메로, 에델베르토 토레스 2세, 안토니오 델 콘데(〈엘 쿠아테〉), 유리 파포로프, 알폰소 바우에르 파이스, 페르난도 구티에레스 바리오스, 다비드 미트라니 박사, 호세 몬테스 몬테스 박사, 발타사르 로드리케스 박사를 비롯한 여러 사람들이 있었다. 나는 1994년에 모스크바에서 니콜라이 레오노프를 3번 만나서 인터뷰했다.

참고서적

체의 유년기와 청년기에 대해서 나는 체의 아버지 에르네스토 게바라 린치가 쓴 회고록 『나의 아들 체*Mi hijo el Che*』를 참조했다. 1951년에 체가 아르헨티나 부근을 돌아다녔던 첫 번째 여행에 대해 발췌한 부분은 이 책이 출처다. 체가 1950년에 바다에서 지내며 쓴 짧은 이야기 「고뇌」는 1992년 아르헨티나 신문 「프리메르 플라노」에 실렸다. 알베르토와 함께한 1951년에서 1952년의 여행에 대해서는 그라나도의 책 『체와 함께한 남아메리카 여행*En viaje con el Che por Sudamérica*』과 영어로는 『모터사이클 다이어리*The Motorcycle Diaries*』로 출판된 체의 책 『여행 노트*Notas de viaje*』를 참조했다. 나는 쿠바의 게바라 전문 역사학자 프로일란 곤살레스와 아디스 쿠폴이 1928년부터 1953년까지의 체의 삶을 둘러싼 구술 증언을 모아서 편집한 책 『생생히 살아 있는 에르네스토*Ernestito vivo y presente*』를 광범위하게 활용했다. 또 그들이 출판한 체의 연대기 『용감한 사람*Un hombre bravo*』은 이 시기부터 그 이후 시기까지 참조할 때 무척 유용했다. 또한 클라우디아 코롤이 쓴 『체와 아르헨티나인*El Che y los argentinos*』, 미르타 로드리게스가 편집한 『체에 관한 증언들*Testimonios sobre el Che*』도 도움이 되었다. 돌로레스 모야노를 인용한 부분은 그녀가 1968년에 쓴 「뉴욕 타임스」 기사에서 발췌했다.

체의 미망인 알레이다 마르치는 체의 〈철학 사전〉을 모두 보여 주었다. 그것은 체가 열일곱 살 때부터 스물여덟 살 때까지 읽은 철학, 종교, 신화, 심리학에 대한 글이었다. 또 그녀는 같은 기간에 그가 읽은 책 목록 〈문헌

색인〉도 보여 주었다.

체가 아르헨티나를 떠난 1953년 중반부터 멕시코에서 피델 카스트로를 만날 때까지의 삶에 대해서는 대부분 출판되지 않은 그의 일기 〈다시 한 번 Otra vez〉을 바탕으로 썼는데, 이 또한 체의 미망인 알레이다 마르치가 제공해 주었다. 또한 체가 집으로 보낸 편지를 그의 아버지가 책의 형태로 편집한 『아메리카의 병사가 나가신다Aquí va un soldado de las Américas』도 있었다. 페르난도 바랄은 나에게 같은 책의 원본을 주었는데 거기에는 출판된 버전에는 실리지 않은 편지들도 포함되어 있었다.

칼리카 페레르는 그가 1953년에 체와 함께 여행할 당시 집으로 보낸 편지의 사본들을 주었다. 아니타 데 가르시아는 또한 세상을 떠난 남편 〈괄로〉 가르시아의 편지들을 보여 주었고 안드로 에레로는 자기 일기의 발췌본과 에르네스토 게바라, 괄로 가르시아, 오스카르 발도비노스, 리카르도 로호가 과야킬에서 그와 헤어져 과테말라를 향해 북쪽으로 여행을 하면서 보낸 편지들을 보여 주었다.

나는 쿠바의 역사 국가위원회 자료관에서 관장 페드로 알바레스 타비오의 허가를 받아 체가 갓난아기 때부터 멕시코시티에 도착할 때까지의 삶에 대한 자료의 원본을 살펴볼 수 있었는데, 여기에는 지금까지 출판되지 않았던 가족들의 편지와 초기의 글들도 포함되어 있었다. 7월 26일 운동의 그란마〈망명〉 이전 시기 전문가인 에베르토 노르만 아코스타는 체의 멕시코 경찰 조사 증언과 다른 자료들을 살펴볼 수 있게 해주었다. 라이오넬 마틴은 과테말라에서 젊은 에르네스토 게바라가 번역을 도와주었던 해럴드 화이트의 마르크스주의 선집의 사본을 빌려 주었다.

나는 일다 가데아가 생각하는 두 사람의 관계에 대해서 그녀의 책 『에르네스토 체 게바라에 대한 회고Ernesto: A Memoir of Che Guevara』를 이용했는데, 여기에는 미르나 토레스, 해럴드 화이트, 루실라 벨라스케스, 후안 후아르베 이 후아르베, 라우라 메네세스 데 알비수 캄포스를 비롯한 다른 사람들의 짧은 회고도 여럿 포함되어 있었다.

체의 책 『쿠바 혁명전쟁 회고록』에서는 그가 멕시코와 과테말라를 여행하던 시절의 이야기도 언급되어 있다. 1967년 10월 17일에 쿠바의 공식 공산당 신문 「그란마」는 체가 세상을 떠난 직후 그를 기리는 특별호를 만들었는데, 나는 여기에서 마리오 달마우와 다른 사람들의 회고를 포함한 여러 인용문을 가져다 썼다. 쿠바 문화 기관 카사 데 라스 아메리카스 역시 체에 대한 여러 특별판을 펴냈다. 과테말라와 멕시코 시절에 대한 알폰소 바우에르 파이스의 말은 여기에서 가져온 것이다. 필 군손은 멕시코 언론 자료실에서 1956년에서 1957년 사이 그 당시 쿠바 혁명가들에 대해 쓰인 기사들을 입수해 주었다.

태드 슐츠의 전기 『피델 평전 *Fidel: A Critical Portrait*』과 휴 토머스의 『쿠바: 자유를 찾아서 *Cuba: The Pursuit of Freedom*』는 이 역사적인 시기에 대한 더할 나위 없이 귀중한 자료였다. 라이오넬 마틴은 나에게 자신의 개인 자료실에서 만든 보물과도 같은 색인 카드를 제공해 주었는데, 여기에는 그가 체 게바라 전기를 쓸 계획으로 1960년대에 진행했던 수많은 중요한 인터뷰들도 포함되어 있었다.

2부 체가 되다

—

현장 조사와 인터뷰

쿠바에서 나는 체와 함께 시에라마에스트라에서 싸웠던 많은 사람들을 인터뷰했는데, 아리 비예가스(〈폼보〉), 리카르도 마르티네스, 호르헤 엔리케 멘도사, 다리엘 알라르콘 라미레스(〈베니뇨〉), 오스카르 페르난데스 멜 등이 바로 그들이다.

알레이다 마르치, 롤리타 로세이, 미겔 앙헬 두케 데 에스트라다, 오를란도 보레고 역시 체가 에스캄브라이에서 보낸 시절와 산타클라라 전투, 아바나를 향해 행군하던 때를 자세히 이야기해 주었다.

참고서적

나는 체의 미망인 알레이다 마르치가 제공한, 한 번도 공개되지 않았던 체의 일기 〈전사의 일기 Diario de un combatiente〉를 바탕으로 이 책의 2부를 썼다. 나는 또한 체가 전쟁에 대해 출판한 책 『쿠바 혁명전쟁 회고록』의 영어판과 스페인어판을 모두 이용했다.

휴 토머스의 『쿠바: 자유를 찾아서』와 태드 슐츠의 『피델 평전』, 라이오넬 마틴의 『청년 피델*The Early Fidel*』, 카를로스 프랑키의 『쿠바 혁명 일지 *Diary of the Cuban Revolution*』, 로버트 커크의 『피델 카스트로*Fidel Castro*』 모두 내가 광범위하게 이용한 무척 소중한 참고서적들이었다. 또한 호르헤 리카르도 마세티의 『싸우는 사람들과 우는 사람들*Los que luchan y los que lloran*』, 로버트 테이버의 『M-26: 혁명의 전기*M-26: Biography of Revolution*』, 허버트 매슈스의 『쿠바 이야기*The Cuba Story*』, 하인츠 디트리히의 『미발표 쿠바 게릴라 일지*Diarios inéditos de la guerrilla cubana*』도 도움이 되었다. 반란군 내부에서 주고받은 서신들과 체가 이 시기에 쓴 편지에 대해 나는 프랑키의 『쿠바 혁명 일지』와 게바라 린치의 『나의 아들 체』, 그리고 카사 데 라스 아메리카스에서 기념으로 모아둔 쿠바 군대 및 7월 26일 운동의 보고서와 쪽지, 전신에 의존했다. 나는 또한 엔리케 아세베도의 『데스카미사도*Descamisado*』와 쿠바 장군 후안 알메이다의 시에라 전쟁에 대한 일련의 자서전적 책들도 이용했다.

쿠바 역사가 안드레스 카스티요 베르날은 광범위한 조사를 거쳐 전쟁에 대해서 쓴 미출간 원고를 제공했고, 또한 쿠바의 구전 역사 『그들은 체와 싸웠다*Ellos lucharon con el Che*』, 『12인*Los doce*』, 『체에 관한 증언들 *Testimonios sobre el Che*』, 『우리가 간다*Entre nosotros*』에서도 발췌했다.

3부 새로운 인간 만들기

—

현장 조사와 인터뷰

나는 혁명 승리 이후 라카바냐 시절과 초기 혁명 시기에 대해 조사하기 위해 오를란도 보레고, 알프레도 메넨데스, 오스카르 페르난데스 멜과 인터뷰를 했다. 알레이다 마르치, 알베르토 카스테야노스, 엔리케 빌트레스, 리카르도 마르티네스 대령, 니콜라스 킨타나 역시 이 시기에 대해 정보를 제공해 주었다.

살바도르 빌라세카 박사와 알프레도 메넨데스 모두 체가 1959년에 중립 국가들을 방문했던 해외 순방에 대해 아는 것을 말해 주었다. 체가 국립은행과 산업부, 중앙계획위원회에서 했던 일에 대해서는 알레이다 마르치, 오를란도 보레고, 살바도르 빌라세카, 레히노 보티, 니콜라스 킨타나, 네스토르 라베르네, 티르소 사엔스, 후안 그라발로사, 크리스티나 캄푸사노 앙헬 아르코스 베르그네스의 도움을 받았고 그 밖에 다른 사람들도 내부자로서 설명을 해주었다. 체가 1961년에 푼타델에스테 회의에 참석했을 때에 대해서는 훌리아 콘스텐라, 리카르도 로호, 로베르토 게바라, 카를로스 피게로아가 회상을 들려주었다.

나는 모스크바를 3번 방문하여 많은 옛 소비에트 관리들을 인터뷰했고, 그들은 쿠바와 소비에트 관계와 체와 모스크바 사이에 있었던 일들에 대해 이야기해 주었다. 알렉산드르 알렉셰프, 기오르기 코르녠코, 세르고 미코얀, 니콜라이 레오노프, 유리 파포로프를 비롯한 여러 사람들은 쿠바와 소련의 관계가 수립될 때 체가 했던 중추적인 역할을 설명해 주었다.

나는 유리 펩초프, 블라디미르 본다르추크, 티무르 가이다르, 표도르 부클라츠키, 니콜라이 메투초프, 키바 마이다네크, 유리 크라신, 예브게니 코사레프, 마라트 무크나초프, 비탈리 코리오노프, 루돌프 슬랴프니코프, 그립코프와 가르부스 등 옛 소비에트 장교들과도 인터뷰를 했다.

체가 쿠바에서 지낼 때 공적이든 사적이든 그의 삶의 온갖 측면을 가장 포괄적으로 설명해 준 사람은 바로 그의 미망인 알레이다 마르치와 그의 친구 오를란도 보레고였다. 그 밖의 이야기는 롤리타 로셀, 소피아 가토, 세상을 떠난 체의 딸 일다 게바라, 알류샤 게바라가 제공해 주었다. 또한 알베르토 그라나도, 페르난도 바랄, 페페 아길라르, 아리 비예가스, 알베르토 카스테야노스도 많은 이야기를 해주었다. 체와 아르헨티나의 가족의 관계에 대해서는 알레이다 마르치, 아나 마리아 에라, 마리아 엘리나 두아르테가 특히 많은 도움을 줬다.

나는 체의 게릴라 활동을 기록하기 위해 모스크바, 아바나, 아르헨티나, 파라과이, 볼리비아, 스페인, 스웨덴에서 여러 사람들을 인터뷰했다. 알레이다 마르치, 오를란도 보레고, 마누엘 피녜이로, 후안 카레테로(〈아리엘〉), 오스발도 데 카르데나스, 레히노 보티, 아리 비예가스 장군(〈품보〉), 다리엘 알라르콘 라미레스(〈베니뇨〉), 알베르토 카스테야노스, 리카르도 가데아, 로돌포 살다냐, 시로 로베르토 부스토스, 엑토르 호우베, 엔리 레르네르, 알베르토 그라나도, 오스카르 델 바르코, 토토 슈무클레르, 알베르토 코리아, 알베르토 코른, 네스토르 라베르네, 로욜라 구스만, 마를레네 로

르히오바카, 움베르토 바스케스비아냐, 아나 우르키에타, 차토 페레도, 안토니오 페레도, 호세 카스티요(〈파코〉), 오스카르 살라스, 호르헤 코예 쿠에토, 시몬 레예스, 후안 레친, 구스타보 산체스 등이 바로 그들이다. 또한 모스크바에서 마리오 몬헤와 2번 인터뷰를 했다.

나는 체의 적들 중에서 CIA 요원이었던 펠릭스 로드리게스, 볼리비아 장군 레케 테란, 가리 프라도 살몬, 마리오 바르가스 살리나스, 중사였던 마리오 테란, 볼리비아 정부군 소령이었던 루벤 산체스와 미겔 아요로아를 만났다. 라파스 CIA 지부장였던 존 틸튼은 조지아의 자택에서 나와 전화 인터뷰를 했다. 파라과이 아순시온에서 안드레스 셀리치 중령의 미망인 소코로 셀리치는 고인이 된 남편이 체에 맞서서 어떤 활동을 했는지 설명해 주었다.

참고서적

쿠바 혁명에 대해서 정말 많은 책이 나왔으며 대부분을 손에 넣을 수 있었다. 그중에서 내가 유용하다고 생각했던 것은 휴 토머스의 『쿠바: 자유를 찾아서』, 태드 슐츠의 『피델 평전』, 리처드 고트의 『라틴 아메리카의 시골 게릴라Rural Guerrillas in Latin America』, 카를로스 프랑키의 『쿠바 혁명 일지』와 『피델 가족의 초상Family Portrait with Fidel』, 로버트 커크의 『피델 카스트로』, K. S. 캐럴의 『권력을 획득한 게릴라Guerrillas in Power』, 모리스 핼퍼린의 『피델 카스트로 길들이기』였다. 또한 일다 가데아의 『에르네스토: 체 게바라에 대한 회고』, 리카르도 로호의 『내 친구 체』, 에르네스토 게바라 린치의 『나의 아들 체』도 유용했다.

다른 참조 문헌으로는 레지 드브레의 『혁명의 혁명? Revolution in the Revolution?』, 『카스트로주의: 라틴 아메리카의 대장정Castroism: The Long March in Latin America』, 『체와 볼리비아 게릴라La guerrilla del Che en Bolivia』였다. 또한 클라우디아 코롤의 『체와 아르헨티나인』, 마르타 로하스와 미르타 로드리게스의 『타니아: 볼리비아 게릴라 임무Tania: misión guerrillera en Bolivia』, 시몬 드 보부아르의 회고록 『모든 일이 끝나고All Said and Done』, 아서 슐레진저 2세의 『1000일A Thousand Days』, 체의 『볼리비아 일기Diario del Che en Bolivia』, 체의 작품을 모아 오를란도 보레고가 편집한 7권짜리 『체와 쿠바 혁명*El Che en la revolución cubana*』, 카사 데 라스 아메리카스의 2권짜리 선집 『체 게바라의 저작 1957~1967*El Che Guevara: Obras 1957~1967*』, 지안니 미나의 『피델과의 만남*An Encounter with Fidel*』, 아리 비예가스의 회고록 『폼보, 체와 함께한 한 게릴라*Pombo: un hombre de la guerrilla del Che*』, 움베르토 바스케스비아냐의 학술 논문 『체의 볼리비아 게릴라들의 전력*Sobre los antecedentes de la guerrilla del Che en Bolivia*』, 카를로스 소리아 갈바로가 편집한 5권짜리 기록과 인터뷰 모음집 『볼리비아의 체*El Che en Bolivia*』가 있다. 파코 이그나시오 타비오 2세, 펠릭스 게라, 프로일란 에스코바르의 책 『우리가 아무것도 아니었던 해*El año que estuvimos en ninguna parte*』는 체가 콩고에서 보낸 시간에 대해서 처음으로 나온 책이다. 가리 프라도의 『희생된 게릴라*La guerrilla inmolada*』, 아르날도 사우세도 프라다 장군의 『쏘지 마, 나는 체 게바라다*No disparen soy el Che*』, 레케 테란 장군의 『냥카우아수 전투*La campaña de Ñancahuazú*』는 볼리비아 군대의 시각에서 본 체의 볼리비아 작전에 대한 통찰력 높은 설명이다. 영화 제작자 리처드 딘도가 광범위하게 조사하여 촬영한 장편 다큐멘터리 「체의 볼리비아 일기The Diary of Che in Bolivia」도 마찬가지다.

　나는 이러한 인터뷰와 출판 자료뿐 아니라 이전에는 공개되지 않았던 상당한 기록에 접근할 수 있었고, 여기에는 소비에트 정치경제 매뉴얼에 대한 체의 비평인 〈경제 노트Notas económicas〉, 폼보가 1966년에서 1967년 사이 프라하–볼리비아에서 쓴 일기 중 삭제되었던 부분들, 인티 페레도가 볼리비아에서 탈출한 후 쿠바에서 쓴 책 『체와 함께한 나의 투쟁*Mi campaña hunto al Che*』의 초고, 레케 테란 장군이 가지고 있던 자료에서 나온 심문 기록, 사진, 정부군 선전 책자, 고(故) 안드레스 셀리치 중령이 개인적으로 가지고 있던 자료 중에서 나온 온갖 서류와 사진 등이 있다. 셀리치 중령의 자료에는 그가 1967년 반게릴라 작전 당시 기록했던 현장 일지, 붙잡힌 체 게바라와 주고받은 대화 기록, 체 게바라의 포획과 처형에 대해 개인적으로 작성하여 다비드 라 부엔테 볼리비아 장군에게 제출한 보고서 등이 포함되었다.

참고문헌

에르네스토 체 게바라

Adams, Jerome R. *Latin American Heroes*. New York: Ballantine Books, 1991.

Alexandre, Marianne, ed. *Viva Che*. London: Lorrimer, Third World Series, 1968.

Álvarez Batista, Gerónimo. *Che: una nueva batalla*. La Habana: Pablo de la Torriente, 1994.

Ariet, María del Carmen. *Che: pensamiento político*. La Habana: Editora Política, 1993.

_____. *El pensamiento del Che*. La Habana: Editorial Capitán San Luis, 1992.

"Bones Now Seem to Prove That Che is Dead,," by Jon Lee Anderson, *The New York Times* (July 5, 1997).

Bourne, Richard. *Political Leaders of Latin America*. London: Pelican Books, 1969.

Bruschtein, Luis. *Che Guevara: los hombres de la historia*. (Magazine supplement.) Buenos Aires: Pagina 12, Centro Editor de América

Latina, 1994.

Candía, Gen. Alfredo G. *La muerte del Che Guevara.* La Paz, Bolivia: La Liga Anticomunista de los Pueblos Asiáticos, Republica de China, 1971.

Castro, Fidel. *Che: A Memoir by Fidel Castro.* Melbourne, Australia: Ocean Press, 1994.

Centro de Estudios Sobre América. *Pensar al Che*, Tomo 1 and 2. La Habana: Editorial José Martí, 1989.

"Che." La Habana: Casa de las Américas No. 43 (Jan.-Feb. 1968).

"Che": Edición Especial de *Moncada.* La Habana: Ministerio del Interior, October 6, 1987.

Cupull, Adys, and Froilán González, *Cálida presencia: su amistad con Tita Infante.* Santiago de Cuba: Editorial Oriente, 1995.

_____. *De Ñancahuazú a la Higuera.* La Habana: Editora Política, 1989.

_____. *El Diario del Che en Bolivia.* La Habana: Editora Política, 1988.

_____. *Entre Nosotros.* La Habana: Ediciones Abril, 1992.

_____. *Ernestito: vivo y presente.* La Habana: Editora Política, 1989.

_____. *La CIA contra el Che.* La Habana: Editora Política, 1992.

_____. *Un hombre bravo.* La Habana: Editorial Capitán San Luis, 1995.

Debray, Regis, *La guerrilla de Che.* Barcelona: Siglo Veintiun Editores, 1975 (orig. Paris: Maspéro, 1974).

Escobar, Rroilán, and Félix Guerra. *Che: sierra adentro.* La Habana: Editora Política, 1988.

Espinosa Goitizolo, Reinaldo, and Guillermo Grau Guardarrama. *Atlas Ernesto Che Guevara: histórico biográfico y militar.* La Habana: Editorial Pueblo y Educación, Ministerio de las Fuerzas Armadas Revolucionarias, 1991.

Gadea, Hilda. *Ernesto: A Memoir of Che Guevara: An Intimate Account of the Making of a Revolutionary by His First Wife, Hilda Gadea.* London and New York: W. H. Allen, 1973.

Galvarro, Carlos Soria. *El Che en Bolivia: documentos y testimonios,* vols. 1—5. La Paz, Bolivia: CEDOIN Colección Historia y Documento, 1994—1996.

Gambini, Hugo. *El Che Guevara: la biografía.* Buenos Aires: Grupo Planeta, 1968, rev. ed., 1996.

Garcés, María. *Materiales sobre la guerrilla de Ñancahuazú: la campaña del Che en Bolivia (1967) a través de la prensa.* Quito, Ecuador: Editoral La Mañana, 1987.

García Carranza, Araceli, and Joseph García Carranza, eds. *Bibliografía cubana del comandante Ernesto Ché Guevara.* La Habana: Minsterio de Cultura Biblioteca Nacional José Martí. Dept. de Investigaciones Bibliográficas, 1987.

Gonzáles, Luis J., and Gustavo A. Sánchez Salazár. *The Great Rebel: Che Guevara in Bolivia.* New York: Grove Press, 1969.

Granado, Alberto. *Con el Che Guevara: de Córdoba a la Habana.* Córdoba, Argentina: Opoloop Ediciones, 1995.

_____. *Con el Che por Sudamérica.* La Habana: Editoral Letras Cubanas, 1980.

Granma: Edición Especial. "*Dolorosamente cierta la muerte del Comandante Ernesto Guevara.*" La Habana: Comité Central del Partido Comunista de Cuba, October 17, 1967.

Guevara, Ernesto Che. Trans. Carlos P. Hansen and Andrew Sinclair. *Bolivian Diary.* London: Jonathan Cape/Lorrimer, 1968.

_____. *Bolivian Diary.* New York: Pathfinder, 1994.

_____. *Che Guevara and the Cuban Revolution: Writings and Speeches of Ernesto Che Guevara.* New York: Pathfinder/Pacific & Asia, 1987

_____. *Che Guevara Speaks.* La Habana: Pathfinder/Jose Marti 1988 (orig. 1967).

_____. *Che periodista.* La Habana: Editorial Pablo de la Torriente, Union de Periodistas de Cuba, 1988.

_____. trans. Victoria Ortíz. *Che: Reminiscences of the Cuban Revolutionary War.* New York: Monthly Review Press, Inc., 1968.

_____. Ed. Bonachea and Valdes. *Che: Selected Works of Ernesto Guevara.* MIT Press, 1969.

_____. *Diario del Che en Bolivia*. Buenos Aires: Editoral La-gasa, 1994.

_____. Ed. Orlando Borrego. *El Che Guevara en la revolucíon cubana*. La Habana: Ministerio, de Azúcar, 1969.

_____. *Ernesto Che Guevara (Obras)*, La Habana: Editorial de Ciencias Sociales del Instituto Cubano del Libro, 1972.

_____. *Ernesto Che Guevara: Obras. 1957—1967*. La Habana: Casa de las Américas, 1970.

_____. Ed. Roberto Massari. *Ernesto "Che" Guevara: scritti scelti*, vols. 1 and 2. Rome: erre emme, 1993.

_____. *Ernesto Che Guevara: Temas Economicós*. La Habana: Editorial de Ciencias Sociales, 1988.

_____. *Episodes of the Cuban Revolutionary War*. New York: Pathfinder, 1996.

_____. *Guerrilla Warfare*. Lincoln and London: University of Nebraska Press, 1985.

_____. *Ideario político y filosófico del Che*. La Habana: Editora Política/Olivo Colección, 1991.

_____. *La guerra de guerrillas*. La Habana: Talleres de INRA, 1961.

_____. Trans. Ann Wright. *The Motorcycle Diaries*. London: Verso, 1994.

_____. *A New Society: Reflections for Today's World*. Melbourne, Austraila: Ocean Press, 1991.

_____. *Notas de viaje*. La Habana: Editorial Abril, 1992.

_____. *Pasajes de la guerra revolucionaria*. La Habana: Edicio-nes Unión/ Narraciones, UNEAC, 1963.

_____. Ed. John Gerassi. *Venceremos: The Speeches and Writ-ings of Che Guevara*. London: Panther Modern Society, 1969, 1972 (orig. Weidenfeld & Nicolson, 1968).

Guevara, Ernesto Che, and Raúl Castró. Ed. Heinz Dietrich and Paco Ignacio Taibo II. *Diarios inéditos de la guerrilla cubana*. Mexico: Editorial Joaquín Mortiz. Grupo Editorial Planeta, 1995.

Guevara, Lynch, Ernesto. *Aquí va un soldado de las Américas*. Su-damericana Planeta, 1987.

_____. *Mi hijo el Che*. La Habana: Editorial Arte, 1988.

Harris, Richard L. *Death of a Revolutionary: Che Guevara's Last Mission*. W. W. Norton & Co., Inc., 1970.

Hodges, Donald C. *The Legacy of Che Guevara: A Documentary Study*. London: Thames & Hudson, 1977.

"In Cold Blood: How the CIA Executed Che Guevara," by Michele Ray. *Ramparts* (February 5, 1968).

James, Daniel. *Che Guevara: A Biography*. New York: Stein and Day, 1969.

_____. *The Complete Bolivian Diaries of Che Guevara and Other Captured Documents*. New York: Stein and Day Publishers, 1968.

Korol, Claudia. *El Che y los argentinos*. Buenos Aires: Ediciones Dialéctica, Colección Testimonial, 1988.

Larteguy, Jean. *Los guerrilleros*. Mexico: Editorial Diana, Mexico. 1979.

Lavretsky, I. *Ernesto Che Guevara*. Moscow: Progress Publishers, 1977.

Maestre Alfonso, Juan. *Ernesto Che Guevara: antología del pensamiento político, social y económico de América Latina*. Madrid: Ediciones de Cultura Hispánica, 1988.

"The Making of a Revolutionary: A Memoir of Young Guevara," By Dolores Mayano Martin. *The New York Times Magazine* (August 18, 1968).

Martínez Estévez, Diego. *Ñancahuazú: apuntes para la historia militar de Bolivia*. La Paz, Bolivia: Transcripción e Impresión Laser "Computación y Proyectos," 1989.

Martínez Heredia, Francisco. *Che, el socialismo y el comunismo*. La Habana: Ediciones Casa de las Américas, 1989.

Massari, Roberto, Fernando Martínez, et al. *Che Guevara: grandeza y riesgo de la utopia*. City TK: Tzalaparta, 1993.

_____. *Che Guevara: pensiero e politica dell'utopia*. Roma: erre emme, 1993.

_____. *Guevara para hoy*. La Habana: Centro de Estudios Sobre América/ La Universidad de Camilo Cienfuegos, Matanzas/erre emme edizioni, 1994.

_____. *Otros documentos del Che en Bolivia.* La Paz, Bolivia: Ediciones Katari(undated).

Peredo, Inti. *Mi campaña con el Che.* Mexico: Editorial Diogenes S. A.,1972.

Pérez, Galdós, Victor. *Un hombre que actúa como piensa.* La Habana: Editora Política, 1988.

Pradó Salmon, Gen. Gary. *La guerrilla inmolada: testimonio y análisis de un protagonista.* Santa Cruz, Bolivia: Co-Edición Grupo Editorial Punto y Coma, 1987. (Published in English as *The Defeat of the Che Guevara.* Westport, Conn.: Greenwood Press, 1990)

Rodríguez Herrera, Mariano. *Con la adarga al brazo.* La Habana: Lectura para Jovenes, Editorial Política, 1988.

_____. *Ellos lucharon con el Che.* La Habana: Ediciones Políticas, Editorial de Ciencias Sociales, 1989.

Rojas, Marta. *Testimonios sobre el Che,* Autores Varios. La Habana: Colección Pablo de la Torriente, 1990.

Rojo, Ricardo. *My Friend Che.* New York: Grove Press, 1969 (orig. Dial Press, 1968).

Saucedo Parada, Gen. Arnaldo. *No disparen soy el Che.* Santa Cruz, Bolivia: Talleres Gráficos de Editorial Oriente, 1988.

Sinclair, Andrew. *Guevara.* London: Fontana/Collins, 1970.

"The Spirit of Che." *Evergreen Review* No. 51 (February 1968).

Tablada, Carlos, Jack Barnes, Steve Clark, and Mary-Alice Waters. *Che Guevara: Cuba and the Road to Socialism (Che Guevara, Carlos Rafael Rodríguez).* New York: New International, 1991.

Tablada Pérez, Carlos. *El pensamiento económico de Ernesto Che Guevara.* La Habana: Ediciones Casa de las Américas, 1987.

Taibo, Paco Ignacio II. *Ernesto Guevara: también conocido como el Che.* Mexico: Editorial Joaquín Mortiz, Grupo Editorial Planeta, 1996.

Terán, Gen. Reque. *La compaña de Ñancahuazú: la guerrilla del "Che" vista por el comandante de la IV División del Ejército Boliviano.* La Paz, Bolivia: 1987.

"Tras Las Huellas del Che en Bolivia," by Carlos Soria Galvarro. *La Razon* (October 9, 1996).

Vargas Salinas, Gen. Mario. *El "Che": mito y realidad*. La Paz/Cochabamba: Los Amigos del Libro, 1988.

Vásquez-Viaña, Humberto. *Sobre los antecedentes de la guerrilla del Che en Bolivia*. Research Paper Series, No. 46. Stockholm: Institute of Latin American Studies, September 1987.

Vásquez-Viaña, Humberto, and Ramiro Aliaga Saravia. *Bolivia: Ensayo de Revolución Continental*. Bolivia (privately published, undated).

Villegas, Harry (Pombo). *Pombo: un hombre de la guerrilla del Che*. Buenos Aires and La Habana: Ediciones Colihüe, Editora Política, 1996.

"Where Is Che Guevara Buried? A Bolivian Tells," By Jon Lee Anderson. *The New York Times*, November 21, 1995.

쿠바, 피델 카스트로, 체

Acevedo, Enrique. *Descamisado*. La Habana: Editorial Cultura Popular, International Network Group, 1993.

Almeida Bosque, Juan. *Atención! Recuento!* La Habana: Editora Política, 1988.

_____. *La Sierra*. La Habana: Editora Política, 1989.

_____. *La Sierra Maestra y más allá*. La Habana: Editora Política, 1992.

Arenas, Reinaldo. *Before Night Falls: A Memoir*. New York: Viking Penguin, 1993.

Beschloss, Michael R. *The Crisis Years: Kennedy and Khrushchev, 1960—1963*. New York: HarperCollins, 1991.

Borge, Tomás. *Un grano de maíz: conversación con Fidel Castro*. La Habana: Oficina de Publicaciones del Consejo de Estado, 1992.

Blight, James G., Bruce J. Allyn, and David A. Welch. *Cuba on the Brink*. New York: Pantheon, 1993.

Brugioni, Dino A. *Eyeball to Eyeball: The Inside Story of the Cuban*

Missile Crisis. New York: Random House,1991.

Cabrera Infante, Guillermo. *Mea Cuba*. New York: Farrar, Straus & Giroux, 1994.

_____. *Vista del amanecer en el trópico*. Barcelona: Seix barral, 1974.

Castro, Fidel. *La historia me absolverá*. La Habana: Oficina de Publicaciones del Consejo de Estado, 1993.

Castro, Fidel, and Che Guevara. *To Speak the Truth*. New York: Pathfinder, 1992.

Chang, Lawrence, and Pete Kornbluh, eds. *The Cuban Missile Crisis 1962*. New York: New Press, 1992.

Chaviano, Julio O. *La lucha en Las Villas*. La Habana: Editorial de Ciencias Sociales, 1990.

Cuervo Cerulia, Georgina, ed. *Granma: rumbo a la libertad*. La Habana: Editorial Gente Nueva, 1983.

Darushenkov, Oleg. *Cuba, el camino de la revolución*. Moscow: Editorial Progreso, 1979.

Debray, Regis. *Prison Writings*. London: Pelican Latin America Library, Penguin Books, 1973.

_____. *Revolution in the Revolution?* London: Pelican Latin America Library, Penguin Books, 1968 (orig. Paris: Masperó,1967).

_____. *Strategy for Revolution*. London: Pelican Latin America Library, Penguin Books, 1973.

Draper, Theodore. *Castroism: Theory and Practice*. New York: Frederik Praeger, 1965.

Dumont, René. *Cuba: Socialism and Development*. New York: Grove Press, 1970.

Ediciones Políticas. *Cinco documentos*. La Habana: Editioral de Ciencias Sociales, Instituto Cubano del Libro, 1971.

Edwards, Jorge. *Persona Non Grata: An Envoy in Castro's Cuba*. London: The Bodley Head, 1977.

Franqui, Carlos. *Diary of the Cuban Revolution*. New York: A Seaver Book, Viking Press, 1980.

_____. *Family Portrait with Fidel*. New York: Vintage, 1985.

_____. *The Twelve*. New York: Lyle Stuart, Inc., 1968.

Galeano, Eduardo. *El tigre azul y otros relatos*. La Habana: Eidtorial de Ciencias Sociales, Editora Política, 1991.

Geyer, Georgie Anne. *Prince: The Untold Story of Fidel Castro*. New York: Little Brown & Co, 1991.

Gosse, Van. *Where the Boys Are: Cuba, Cold War America and the Making of a New Left*. London and New York: Verso, 1993.

Habel, Janette. *Cuba: The Revolution in Peril*. London: Verso, 1991.

Halperin, Maurice. *The Taming of Fidel Castro*. Berkeley: University of California Press, 1979.

Hinckle, Warren, and William Turner. *The Fish Is Red: The Story of the Secret War Against Castro*. New York: Harper & Row, 1981.

Iglesias, Joel. *De la Sierra Maestra al Escambray*. La Habana: Letras Cubanas, 1979.

Jenks, L. H. *Nuestra colonia de Cuba*. La Habana: La Empresa Consolididada de Artes Gráficas (orig. 1928).

Karol, K. S. *Guerrillas in Power*. New York: Hill & Wang, 1970.

Kennedy, Robert. F. *Thirteen Days: A Memoir of the Cuban Missile Crisis*. New York: A Mentor Book, Penguin, 1969.

Lara, Jesús. *Guerrillero Inti Peredo*. Cochanbamba, Bolivia: Edición del Autor, 1980.

Lazo, Mario. *Dagger in the Heart: American Policy Failures in Cuba*. New York: Funk and Wagnall, 1968.

Llovio-Menéndez, José Luis. *Insider: My Life as a Hidden Revolutionary in Cuba*. New York: Bantam, 1988.

Lockwood, Lee. *Castro's Cuba, Cuba's Fidel*. New York: Westview Press, 1990.

Mallin, Jay. *Covering Castro: The Rise and Decline of Cuba's Communist Dictator*. New York: Brunswick, New Jersey: U. S.-Cuba Institute, Transaction Publishers, 1994.

Martin, Lionel. *The Early Fidel: Roots of Castro's Communism*. New York: Lyle Stuart, Inc., 1977.

Martínez Víctores, Ricardo. *7RR: la historia de Radio Rebelde*. La Habana: Editorial de Ciencias Sociales, 1978.

Masetti, Jorge Ricardo. *Los que luchan y los que lloran*. Buenos Aires: Puntosur, 1987.

Matthews, Herbert L. *The Cuban Story*. New York: George Braziller, 1961.

_____. *Castro: A Political Biography*. London: Pelican Books, 1970.

Minà, Gianni, *An Encounter with Fidel*. Australia: Ocean Press, 1991.

Nuñez Jiménez, Antonio. *En marcha con Fidel*. La Habana: Editoral Letras Cubanas,1982.

_____. *Patria o Muerte*. La Habana: INRA, 1961.

Padilla, Heberto, *Self-Portrait of the Other: A Memoir*. New York: Farrar, Straus & Giroux,1990.

Pérez, Louis A. *Cuba: Between Reform and Revolution*. New York: Oxford University Press, 1988.

Quirk, Robert E. *Fidel Castro*. New York: Norton, 1993.

Robbins, Carla Anne. *The Cuban Threat*. New York: ISCHI Publications, 1985.

Rojas, Marta, and Mirta Rodríguez. *Tania la guerrillera inolvidable*. La Habana: Instituto del Libro, 1970. (Published in English as *Tania: The Unforgettable Guerrilla*. New York: Random House, 1971)

Rodríguez, Felix I., and John Weisman. *Shadow Warrior: The CIA Hero of a Hundred Unknown Battles*. New York: Simon & Schuster, 1989.

Salkey, Andrew. *Havana Journal*. London: Penguin Books, 1971.

Sarabia, Nydia. *Médicos de la revolución*. Apuntes Biográficos. La Habana: Editorial Gente Nueva, 1983.

Stubbs, Jean. *Cuba: The Test of Time*. London: Penguin Books, 1971.

Szulc, Tad. *Fidel: A Critical Portrait*. New York: William Morrow Co., 1986.

Taber, Robert. *M-26: The Biography of a Revolution*. New York: Lyle Stuart, 1961.

Thomas, Hugh. *Cuba: The Pursuit of Freedom*. London: Eyre & Spottiswoode, 1971.

Timmerman, Jacobo. *Cuba*. New York: Vintage Books, 1992.

"Una Leyenda llamada Tania," by Mario Rueda and Luis Antezana

Ergueta. *La Razón* "Ventana"(October 15, 1995)

Welch, Richard E., Jr., *Response to Revolution: The United States and the Cuban Revolution, 1959—61*. Chapel Hill: The University of North Carolina Press, 1985.

Wyden, Peter. *Bay of Pigs*. New York: Simon & Schuster, 1979.

아르헨티나

Barnes, John. *Evita: First Lady—A Biography of Evita Perón*. New York: Grove Press, 1978.

Baschetti, Roberto, ed. *Documentos 1970—1973: de la guerrilla peronista al gobierno popular*. Buenos Aires: Editorial de la Campana, Colección Campana de Palo, 1995.

Crassweller, Robert. *Perón and the Enigmas of Argentina*. New York: W. W. Norton, 1987.

Gilbert, Isidoro. *El oro de Moscú: la historia secreta de las relaciones argentino-soviéticas*. Buenos Aires: Planeta, Espejo de la Argentina, 1994.

Luna, Felix. *La Argentina: de Perón a Lanusse, 1943—1973*. Buenos Aires: Planeta, Espejo de la Argentina, 1993.

Main, Mary. *Evita: The Woman with the Whip*. London: Corgi Books, 1977, 1978.

Rock, David. *Authoritarian Argentina: The Nationalist Movement, Its History and Its Impact*. Berkeley: University of California Press, 1993.

Scobie, James R. *Argentina: A City and a Nation*. New York: Oxford University Press, 1971.

Tulchin, Joseph S. *Argentina and the United States: A Conflicted Relationship*. New York: Macmillan, 1990.

라틴 아메리카

Aguilar, Luis E., ed. *Marxism in Latin America: A Borzoi Book on*

Latin America. New York: Alfred A. Knopf, 1968.

Borge, Tomas. *The Patient Impatience.* New York: Curbstone, 1992.

Brown, Michael F., and Eduardo Fernández. *War of Shadows: The Struggle for Utopia in the Peruvian Amazon.* Berkeley: University of California Press, 1991.

Cajías, Lupe de. *Juan Lechín, historia de una leyenda.* La Paz, Bolivia: Los Amigos del Libro, 1994.

Castañeda, Jorge G. *Utopia Unarmed: The Latin American Left After the Cold War.* New York: Alfred A. Knopf, 1994.

Dunkerley, James. *Rebellion in the Veins: Political Struggle in Bolivia 1952—1982.* London: Verso Editions, 1984.

Gerassi, John. *The Great Fear in Latin America.* New York: Collier, 1963.

Gott, Richard. *Guerrilla Movements in Latin America.* New York: Collier, 1963. and Sons Ltd., 1970. (Reissued as *Rural Guerrillas in Latin America.* London: Pelican Latin America Library, Penguin Books, 1973.)

_____. *Land Without Evil: Utopian Journeys Across the South American Watershed.* London: Verso, 1993.

Gunson, Chamberlain Thomson. *The Dictionary of Contemporary Politics of Central America and the Caribbean.* New York: Simon & Schuster, 1991.

Herrera, Hayden. *Frida: A Biography of Frida Kahlo.* New York: HarperCollins, 1984.

Lindqvvist, Sven. *The Shadow: Latin America Faces the Seventies.* London: Pelican Latin America Library, Penguin Books, 1969.

Miná, Gianni. *Un continente desaparecido.* Barcelona: Ediciones Península, 1996.

Pendle, George. *History of Latin America.* London: Penguin, 1963, 1990.

Schlesinger, Stephen and Stephen Kinzer. *Bitter Fruit: The Untold Story of the American Coup in Guatemala.* New York: Anchor Press/Doubleday, 1983.

Szulc, Tad. *Twilight of the Tyrants.* New York: Henry Holt & Co.,1959.

Ydigoras Fuentes, Miguel. *My War with Communism*. New York: Prentice-Hall, Inc., 1963.

쿠바와 아프리카

Bridgland, Fred. *Jonas Savimbi: A Key to Africa*. New York: Paragon House Publishers, 1987.

"Che's Missing Year: Che Guevara and the Congo," by Richard Gott. *New Left Review* No.220 (1996).

"Comrade Tato," by José Barreto. Prensa Latina (June 1993).

García Márquez, Gabriel and Jorge Riquét, Fidel Castro. *Changing the History of Africa, Angola and Namibia*. Australia: Ocean Press, 1989.

Heikal, Mohammed Hassanein. *The Cairo Documents*. New York: Doubleday, 1971.

Jiménez Rodriguez, Limbânia. *Heroínas de Angola*. La Habana: Editorial de Ciencias Sociales, 1985.

Moore, Juan Carlos. Castro, *The Blacks and Africa*. Berkeley: Center for Afro-American Studies, University of California Press, 1988.

Taibo, Paco Ignacio II, Froilán Escobar, and Felix Guerra. *El año que estuvimos en ninguna parte*. Mexico: Editorial Joaquin Mortiz, Grupo Planeta, 1994.

"Tatu: Un Guerrillero Africano," by Juana Carrasco. *Verde Olivo* (June 1988).

냉전

Andrew, Christopher, and Oleg Gordievsky. *KGB: The Inside Story*. London: HarperCollins, 1990.

Frankland, Mark. *Khrushchev*. Lanham, Maryland: Madison Books, UPA, 1969.

Goodwin, Richard. *Remembering America: A Voice from the Sixties*. Boston: Little Brown & Co., 1988.

780

Grose, Peter. *Gentleman Spy: The Life of Allen Dulles*. New York: Houghton Mifflin, 1994.

Kwitny, Jonathon. *Endless Enemies: The Making of an Unfriendly World*. New York: Viking Penguin, 1986.

Schesinger, Arthur Jr. *A Thousand Days: John F. Kennedy in the White House*. New York: Houghton Mifflin, 1965.

Steele, Jonathan. *World Power: Soviet Foreign Policy under Brezhnev and Andropov*. London: Mchael Joseph, 1983.

Ranelagh, John. *The Agency: The Rise and Decline of the CIA*. London: Weidenfeld & Nicolson, 1986.

Thomas, Evan. *The Very Best Men: Four Who Dared—The Early Years of the CIA*. New York: Touchstone, Simon & Schuster, 1995.

Zubok,Vladislav, and Constantine Pleshakov. *Inside the Kremlin's Cold War: From Stalin to Khrushchev*. Cambridge, Mass.: Harvard University Press, 1996.

기타

Allaine, Marie-Francoise. *Conversations with Graham Greene*. London: Penguin, 1991.

Anderson, Benedict. *Imagined Communities*. London: Verso, 1991 (orig. 1983).

Armiño, Mauro, ed. *La lucha de guerrillas: según los clásicos del marxismo-leninismo*. Madrid: Biblioteca Jucar: 1980.

Bottomore, Tom. ed. *A Dictionary of Marxist Thought*. Oxford: Blackwell's, 1991.

Cantor, Jay. *The Death of Che Guevara*. (Fiction.) New York: Alfred A. Knopf, 1983.

De Beauvoir, Simone. *All Said and Done*. London: Penguin Books, 1968 (orig. Paris: Gallimard, 1972).

_____. *The Force of Circumstance*. London: Penguin Books, 1968 (orig. Paris: Gallimard, 1963).

Debray, Regis. *Loués soient nos seigneurs: une éducation politique.*

Paris: Gallimard, 1996.

Desmond, Adrian and James Moore. *Darwin*. New York: Warner Books, 1992.

Fanon, Franz. *The Wretched of the Earth*. New York: Grove Press, 1982 (orig. Paris: Maspéro, 1963).

Greene, Graham. *Fragments of Autobiography*. London: Penguin, 1991.

_____. *Our Man in Havana*. London: Heinemann, 1958.

Harris, Nigel. *National Liberation*. London: Penguin, 1990.

Malcom X. Ed. George Breitman. *Malcolm X Speaks*. New York: Grove Weidenfeld, 1990 (orig. 1965).

Nehru, Jawaharlal. *The Discovery of India*. Oxford University Press, 1985 (orig. Calcutta: Signet Press, 1946).

Neruda, Pablo. Ed. and trans. Ben Bellit. *Five Decades: A Selection (Poems 1925—1970)*. New York: Grove Press, 1974.

Payne, Robert. *The Life and Death of Lenin*. New York: Simon & Schuster, 1964.

Salisbury, Harrison. *The New Emperors: China in the Era of Mao and Deng*. New York: Avon Books, 1992.

Schama, Simon. *Citizen: A Chronicle of the French Revolution*. London: Penguin, 1989.

Snow, Edgar. *Red Star Over China*. New York: Grove Weidenfeld, 1973 (orig. Random House, 1938).

Westoby, Adam. *The Evolution of Communism*. New York: The Free Press, Macmillan, Inc., 1989.

찾아보기

옮긴이

허진 서강대학교 영어영문학과와 이화여자대학교 통번역대학원 번역학과를 졸업했다. 옮긴 책으로는 제니퍼 마이클 헥트의 『살아야 할 이유』, 패멀라 무어의 『아침은 초콜릿』, 캐서린 헤일스의 『우리는 어떻게 포스트휴먼이 되었는가』, 마틴 에이미스의 『런던 필즈』, 할레드 알하미시의 『택시』, 나기브 마푸즈의 『미라마르』, 앙투아네트 메이의 『빌라도의 아내』, 수잔 브릴랜드의 『델프트 이야기』 등이 있다.

안성열 한국외국어대학교 무역학과와 홍익대학교 대학원 미학과를 졸업했다. 현재 출판사 열린책들의 인문주간을 맡고 있다.

체 게바라 2

발행일 2015년 6월 5일 초판 1쇄

지은이 존 리 앤더슨
옮긴이 허진·안성열
발행인 홍지웅
발행처 주식회사 열린책들

경기도 파주시 문발로 253 파주출판도시
전화 031-955-4000 팩스 031-955-4004
www.openbooks.co.kr

Copyright (C) 주식회사 열린책들, 2015, Printed in Korea.
ISBN 978-89-329-1704-7
ISBN 978-89-329-1702-3 (세트)

이 도서의 국립중앙도서관 출판예정도서목록(CIP)은 서지정보유통지원시스템 홈페이지
(http://seoji.nl.go.kr)와 국가자료공동목록시스템(http://www.nl.go.kr/kolisnet)에서 이용하실 수 있습니다.
(CIP제어번호: CIP2015005528)